2018 年国家图书馆青年学术论坛论文集

国家图书馆　编

国家图书馆出版社

图书在版编目(CIP)数据

2018年国家图书馆青年学术论坛论文集/国家图书馆编. --北京:国家图书馆出版社,2018.7

ISBN 978-7-5013-6515-9

Ⅰ.①2… Ⅱ.①国… Ⅲ.①图书馆工作—文集 Ⅳ.①G25-53

中国版本图书馆CIP数据核字(2018)第186959号

书　　名　2018年国家图书馆青年学术论坛论文集
著　　者　国家图书馆 编
责任编辑　张　颀　高　爽　王炳乾　唐　澈
封面设计　耕者设计工作室

出　　版　国家图书馆出版社(100034　北京市西城区文津街7号)
(原书目文献出版社　北京图书馆出版社)
发　　行　010-66114536　66126153　66151313　66175620
66121706(传真)　66126156(门市部)
E-mail　nlcpress@nlc.cn(邮购)
Website　www.nlcpress.com ——→投稿中心
经　　销　新华书店
印　　装　北京鲁汇荣彩印刷有限公司
版　　次　2018年7月第1版　2018年7月第1次印刷

开　　本　787×1092(毫米)　1/16
印　　张　32.75
字　　数　840千字

书　　号　ISBN 978-7-5013-6515-9
定　　价　180.00元

本书编委会

目　录

一等奖

二等奖

三等奖

优秀奖

公共文化大数据平台架构与服务模式研究

敦文杰(数字资源部)

在互联互通的大背景下,我国的公共文化服务和文化产业将呈现一个新的发展态势。现阶段,大数据的研究和应用正成为信息时代的热点,随着技术的进步,数据的价值将被充分发掘,大数据将是引爆下一场文化领域新格局不可忽略的重要因素。本文以公益性文化机构为视角,对公共文化大数据的建设、技术架构与服务模式开展研究,为进一步利用大数据技术提升文化服务效益提供借鉴和参考。

1 公共文化大数据的产生与发展

"大数据"这一概念源自21世纪以来海量产生的各种数字化数据。大数据具有数据量大(volume)、类型多(variety)、存取速度快(velocity)三个基本特征[1]。大数据不仅仅是数据量的增加,数据类型的多样性、模式与数据的关系、数据处理对象和工具都在发生着根本的变化。现代信息技术的发展使得对海量异源异构大数据的分析与应用成为可能,大数据也因此成为重要的文化载体和信息资产而受到各国的重视。

1.1 公共文化大数据的产生

大数据的应用和发展对公共文化产业具有深远的影响。现代信息技术已将公共文化服务带入数字化和互联网时代,不同的文化机构和文化业态正在不断地创建出种类丰富、极富特色的文化内容,特别是我国的公共文化单位,经过长期的实践和积累,数字资源建设和服务能力显著提升,海量的数字化公共文化内容已初步具有大数据特点,并且知识含量更高、文化价值更大。

文化大数据将是未来文化创新发展的最重要的变革技术,根据《国务院关于印发促进大数据发展行动纲要的通知》文件精神,文化领域要加快促进文化大数据的发展,充分利用文化大数据的资源与技术优势,为国家文化创新产业的大力发展,为大众创业、万众创新的新形势提供资源与技术的支撑[2]。然而,不同机构所拥有的数字文化资源格式各异、技术规范不相统一,造成了我国文化资源整合程度较低,规模化服务能力不足,资源和平台的共享互通还有待加强。此外,我国公共文化服务以及公共文化产业发展过程中产生的运营数据、消费数据、管理数据等数据对于监控我国文化业态、掌握用户需求、改进服务模式具有非常重要的作用。如何对这些文化大数据进行有效管理和分析,为我国文化产业发展提供技术指导和支持对于提升我国文化进步,进而推动社会和经济发展具有重要意义。

1.2 公共文化大数据的建设现状

在长期的实践和发展过程中,我国公共文化机构累积了大量的资源数据和用户数据,不但包括正规的资源数据和业务数据，如图书馆的书目数据、各类资源的二次文献数据、博物馆和美术馆的馆藏和活动数据、文化馆和群艺馆的多媒体数据、资源访问数据等，而且有正在产生的、由用户创造的数据内容，种类繁多，类型复杂。总体来看，公共文化大数据主要分为以下几类：

1.2.1 文化资源数据

随着公共文化数字化工程的不断深入与完善，各文化机构已经拥有了大量的数据资源及其相关信息。例如，图书馆馆藏丰富，数据量庞大，包括善本古籍、名人手稿、地方志等各种类型的珍品特藏，还包括学位论文、期刊论文、报纸等文献资料，以及视频、音频、光盘资料等；博物馆拥有的藏品信息不仅包括对藏品名称、时代、地点、质地、外形尺寸、流传经过、所属关系、用途、保存情况、评价、征集者和征集时间等的文字类描述，还包括图片、视频、平面扫描、三位立体扫描等影像类信息；美术馆收藏了各类美术作品，包括近现代美术精品、著名美术家的代表作品、重大美术展览获奖作品，以及年画、剪纸、皮影、刺绣等民间美术作品。

1.2.2 资源访问数据

用户对公共文化机构的各类文化资源的访问行为主要包括点击和下载。因此，资源访问数据可分为资源点击量和资源下载量，这两类数据可以说明用户对某类资源的感兴趣程度，也说明了该类资源的可推广趋势。此外，对于某类资源，随着时间的变化，用户对其的感兴趣程度可能会发生变化，资源访问量变化趋势也可以作为评价资源的重要指标。

1.2.3 应用访问数据

公共文化机构在信息化过程中，形成了多种多样的应用系统。例如，国家图书馆为了通过多种渠道为用户提供服务，构建了中国国家数字图书馆网站、掌上国图、手机门户、微信公众号等应用系统；国内不少博物馆建立了网站、数字化博物馆、智能导览系统等；文化共享工程支撑平台的应用集成系统包括支撑特色应用公共文化交流平台、心声·音频馆系统[3]、边疆万里数字文化长廊系统[4]、问卷调查系统、数字学习港系统[5]及中国文化网络电视等。

文化机构的各类应用系统在运行过程中接受用户的访问量会各有区别，这些访问量反映了用户对各类应用的兴趣所在，从而也体现了各类应用的服务工作效能情况。此外，针对同一类应用系统，不同时间的访问量变化情况，也可以体现该服务的发展势头。因此，应用访问量数据可以作为公共文化服务评价的重要指标。

1.2.4 用户信息数据

用户是公共文化机构的服务对象，也是文化机构赖以生存的社会基础。文化机构要更好地服务用户，必须调查了解用户，研究用户的需求。因此，用户信息数据是与公共文化资源数据同等重要的战略性大数据资源，是建立公共文化大数据服务所必须掌握的核心资源。

在文化大数据建设方面，据统计，2015 年年末全国共有公共图书馆 3139 个，图书总藏量 8.38 亿册，古籍 0.27 亿册，电子图书 8.30 亿册，全年全国公共图书馆总流通人次 5.88 万亿。全国共有群众文化机构 44 291 个，藏书 2.62 亿册，组织开展各类文化活动 166.39 万场次，服务人次 5.48 亿，全国文物机构拥有文物藏品 4139.19 万件，其中博物馆文物藏品 3044.14 万件，占文物藏品总量的 73.5%。全年全国文物机构共安排基本陈列 10 859 个，举办临时展览 11 805 个，接待观众 9.2508 亿人次，其中博物馆接待观众 7.8112 亿人次[6]。通过以上数据可以看出，文化大数据除了自藏文化资源如图书文献、文物藏品相关数据外，根据其公共服务性质，还蕴含着海量的机构和个人行为所产生的动态数据。这些数据已成为文化机构的重要物质资产，对其加以挖掘和利用，对于我国进一步整合公共文化资源，提升资源服务效益，满足新时代民众的知识需要具有重要意义。

2 公共文化大数据服务平台架构

公共文化大数据平台以数字文化资源开放共享清单目录为基础，以整合公共文化机构的资源、平台、应用为目标，通过云技术对不同机构的硬件基础设施进行整合和组织，构建虚拟化资源池，实现对硬件设备和资源的统一管理，创造协同统一的工作环境和基础。平台不仅提供内容资源建设、信息传输、应用集成和管理，而且能够面向不同用户群体提供多种文化大数据服务，为业界提供文化大数据共享和使用，通过资源整合和有序组织建设特色专题库提高资源利用水平，以大数据技术应用为基础加强数据和资源的分析和挖掘为文化产业链相关机构和单位提供产业分析与决策服务。

2.1 平台技术架构

平台的硬件系统提供最基本的物理资源，包括计算、存储、数据和网络设备，通过虚拟化技术和集群技术把内存、I/O 设备、存储和计算能力汇集起来成为一个虚拟的资源池，以虚拟化环境提供支撑平台硬件系统统一的管理能力（见图 1）。硬件系统处于支撑平台技术体系的最底层，包括硬件设备和虚拟化组成。硬件设备由现有的各类数字资源管理服务器、存储设备、网络设备等构成；虚拟化则是运用虚拟化技术对物理硬件层进行管理，向上提供计算、数据存储和网络通信等虚拟资源，其主要目的是将异构的底层物理资源整合成相同类型的资源池，如计算资源池、存储资源池等，以便创造协同统一的工作基础。

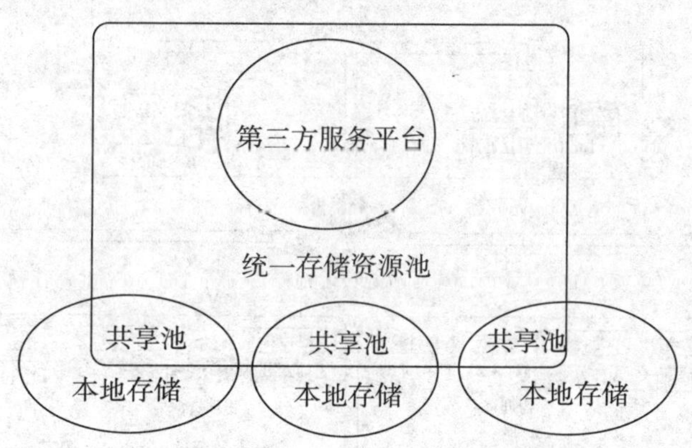

图 1 平台硬件系统共享示意图

平台硬件系统建设方面主要包括计算资源（服务器等）建设和存储建设。计算资源用于运行支撑平台基础软件系统、应用服务集成及未来扩展系统等。平台以这些共享的“云存储池”为基础，通过基础软件系统中的云管理系统实现对全国硬件系统资源的统一管理和调度。

平台采用基础设施即服务（Infrastructure as a Service，IaaS）理念，负责提供核心计算、网络传输、数据存储等云服务的基础设施架构。IaaS 云基础设施的安全、可靠性与系统可用性，决定了平台基础软件系统与应用服务的健壮性和友好性，是关系文化大数据服务质量与用户满意度的关键因素[7]。IaaS 涵盖了从机房基础设施硬件设备到云应用平台所有的基础设施资源层面。依据云平台 IaaS 基础设施功能与组织结构划分，可分为资源层、虚拟化层、管理层与服务层四个部分[8]：

资源层主要由各种云计算服务器、数据中心内部网络传输设备、云存储设备及其他云基础设施相关硬件设备组成，通过虚拟化技术将所有云计算资源、云存储资源、网络资源统一划分为虚拟资源池，由上层虚拟化层管理调度。

虚拟化层通过资源层基础物理设备支持，利用虚拟化技术将云基础设施资源和各种云应用统一划分为资源池，通过对虚拟机进行调度、管理，实现平台应用与服务效率最优化，确保云系统安全、高效、经济、低碳运营。

管理层通过对虚拟化层智能化、自动化的管理，实现对云系统资源的监控、报警、调度和优化，确保云基础设施资源和云应用服务的高效管理和负载均衡。按照用户对整个云资源的调度请求，按需从平台管理的资源中为用户分配所需的资源（如云计算、云存储和网络资源等），并通过初始设置后将资源访问路径返回给用户。

服务层是 IaaS 的高级应用层，负责用户的账户管理、服务目录管理、服务部署以及用户情况报告，通过用户自动服务门户与管理门户，实现用户云服务按需分配的自助服务，为应用和服务提供有效的基础设施服务保障。

公共文化大数据平台软件架构主要由平台基础软件系统，即云管理系统组成，分别在国家公共文化领域不同层级和机构进行部署，形成一一对接，实现对公共文化大数据服务的基础支撑作用。云管理系统要实现对不同层级文化机构和单位硬件系统的综合使用管理并形成统一视图，平台管理结构如下所示：

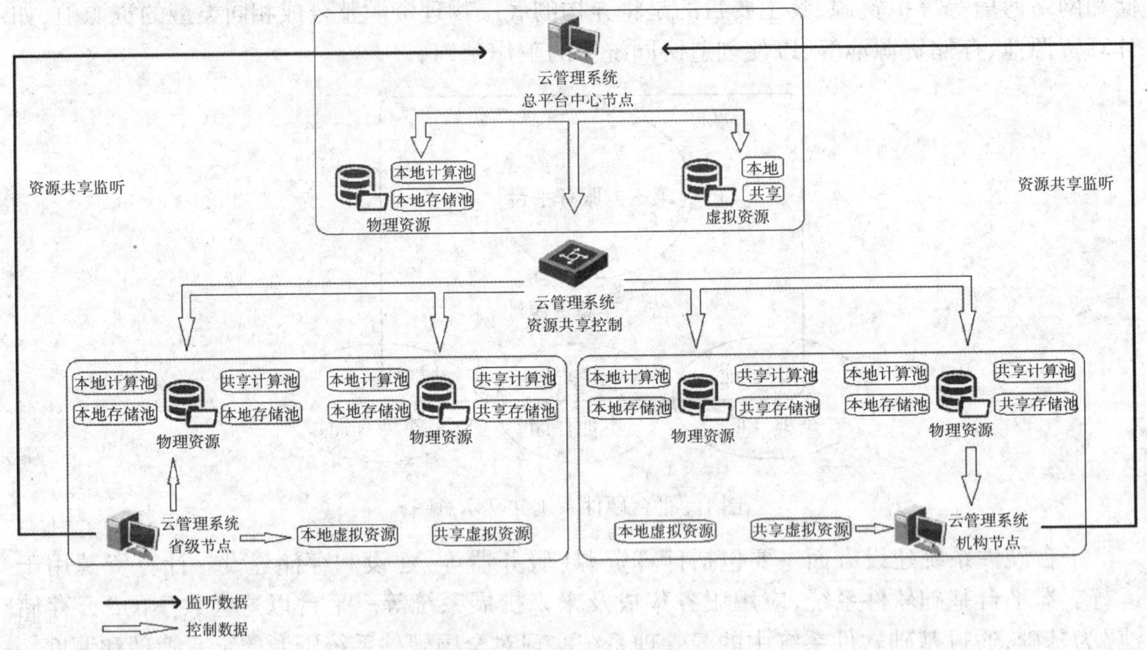

图2　平台云管理系统架构图

云管理系统主要实现以下功能：

方便的资源申请：允许用户方便地请求具有各种资源（CPU、磁盘、内存、网络等）的虚拟主机。用户可以方便地利用云资源，而不需要考虑计算能力、带宽、存储等问题。

集中的管理:CPU、磁盘、内存、网络等资源的管理全部由云管理系统完成。

统一的调度:CPU、磁盘、内存、网络等资源的调度全部由云管理系统来完成。

统一的维护:CPU、磁盘、内存、网络等资源的维护全部由云管理系统来完成。

良好的兼容性:支持硬件的多样化,即不同型号、品牌的服务器。

未来可扩展性:支持可灵活扩展基础云环境的规模或部署模型。如果出现计算资源不足时,可以很方便地实现资源池的扩容。

支持本地私有区与共享区计算资源、存储资源的隔离与分别管理等。

支持省(市、区)云管理系统与国家中心云平台对接,形成全国范围内的统一云管理视图。

2.2 平台功能架构

从实现功能上划分,公共文化大数据平台系统分为三个层次,分别为:基础资源层、数据处理层、应用服务层。

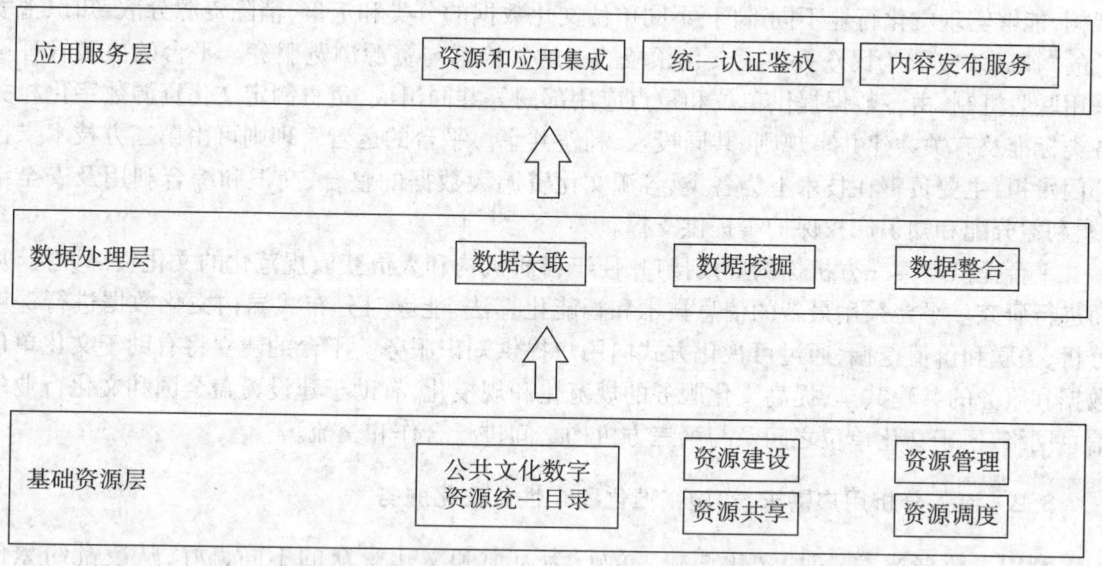

图3 平台功能层次划分

基础资源层依托全国公共文化数字资源统一目录,通过文化领域各层级、各机构所藏资源的建设和管理,打通文化大数据和资源的共享通道,实现数据和资源的智能调度及传输控制,为数字资源的共享访问、优质供给、高效传输提供支持。

数据处理层以全国共享文化大数据和资源为基础,通过并行实时计算和规模化离线计算,实现共享数据和资源的分析、关联和整合。运用大数据技术和人工智能化算法,进行数据的深度挖掘和提炼,为文化产业决策和知识化服务提供数据支持。

应用服务层由应用集成系统和发布服务系统完成。应用集成系统实现资源和应用访问的多终端导航入口;实现用户/机构管理和统一认证鉴权,实现文化数据共享应用的接入。发布服务系统实现对文化大数据和资源内容的发布和服务,通过多媒体手段和平台对内容进行发布显示,运用可视化技术实现数据资源的关联和分析,提供资源的导航和检索服务,并提供定制化数据服务满足用户个性化的需求。

3 公共文化大数据服务模式

文化大数据服务是在现有的文化数据资源的基础上进行跨行业和跨领域的深度整合与挖掘,不断提升规模化、提炼知识价值和提高文化吸引力的过程。同时,加强用户数据、管理数据、运营数据等的分析,可以为文化服务反馈重要的信息,为文化单位做好服务定位,为制定文化政策提供可信参考。同时,基于文化大数据分析,可以掌握文化产业发展方向,了解用户文化需求,有助于实现基于数据驱动的精准化、个性化文化服务。具体来说,文化大数据可以有以下几类服务方式:

3.1 加强资源关联整合与开放共享,实现资源汇集和一站式内容检索

数据整合和共享是网络服务的新模式,它顺应了网络技术开放与互联的潮流,以云技术为架构,能够实现文化行业不同部门、不同单位文化数据的分类和汇聚,消除资源分散、知识密度低的"孤岛效应",为民众提供大文化领域的一站式检索与资源浏览服务。平台的决策管理可采用联盟机制,由各数据提供单位和重点应用部门等共同组成,负责制定文化资源数字化相关各类标准及有关共建共享规则,共同投入,利益共享。平台的运营管理则可由第三方技术支持部门承担,主要负责在技术上为各类、各源文化资源大数据的整合、交汇和综合利用及安全维护、利益分配和知识产权保护等提供支撑。

平台提供与第三方机构的应用接口,便于科研机构和人员获取规范化的文化资源数据,从而进行研究。平台采用最新的信息技术和智能化算法,能够对分布式异构文化数据进行深度分析、关联和价值挖掘,通过可视化方式向用户提供知识服务。平台的建立将有助于文化单位数据和服务的共建共享,提高文化服务的规范化和规模化,有助于建设覆盖全国和文化行业的信息网络,便于文化单位之间及与第三方机构之间进行合作和交流。

3.2 深入分析用户需求,实施精准化和个性化文化服务

利用大数据技术,挖掘文化消费者的行为习惯和文化受众的不同喜好,从凌乱纷繁的数据背后找到文化消费者和文化受众真正感兴趣和喜爱的文化产品和文化服务,投其所好,同时对文化产品和文化服务进行有针对性的调整和优化,这是大数据对文化服务的一个重要价值。

针对不同人群对某个公共文化服务产品的需求进行倾向性研究。"人群"的划分变量可以是年龄、地区、学历等易获取变量,也可以是兴趣、性格、文化场所拜访率等复杂变量,还可以是上述多种变量的非线性函数关系组合。公共文化服务产品可以泛指行业、机构,也可以特指具体的某种活动、某类数字资源等。例如,对网站上讲座资源的点击量、观看时间进行分析,分类不同主题的讲座对大众的吸引力,进一步分析观看不同主题讲座的用户群体特征,以用于未来讲座选题及活动人数预测。同时根据分析结果也可以对不同人群推出不同的具有针对性的文化服务内容,满足个性化需求。

3.3 扩展文化大数据服务对象,面向社会提供多元化高水平服务

充分利用文化大数据建设成果,以全面收集、组织和分析后的文化大数据信息,针对不同

单位和群体开展高水平、多层次的服务。

首先是面向国家领导机关和政府机构的决策支持服务。海量文化大数据是我国的重要战略性资源,要高度重视文化大数据的处理和应用,着眼于国家社会信息化建设和社会主义文化事业的长远发展,为国家领导机关和政府机构的发展规划和重大政策制定等提供数据保障和智力支持。同时,通过基于网络的大数据整理和挖掘大力推进社会热点问题及专题性文化资源库的建设,加强网络舆情汇集与分析,不断增强网络文化安全保障能力,进一步推动我国由"文化大国"迈向"文化强国"。

其次是面向科研教育机构的学术研究服务。以重点科研生产单位、教育研究机构为服务对象,利用强大的信息资源优势,建设和完善专业化、规模化、现代化的文化资源储备库,加强文化信息数据的收集整理,通过数据挖掘、关联分析等加工处理,依据研究机构和用户的不同需求有针对性地提供特色学术研究信息服务,与相关科研和教育机构形成合力,为社会进步和科技创新增添原动力。

再次是面向社会大众的信息检索与揭示服务。在统一管理的基础上,通过各种媒介向社会大众提供全面的历史性和积累性文化信息查询与揭示服务。此外,文化大数据建设成果将以先进技术为支撑,向公众提供精准权威的文化信息发布服务,从而有效提升我国全民知识信息共享水平。

3.4 合理利用多种媒体终端和渠道,实现文化资源的广泛传播

新媒体服务主要是通过互联网、移动通信网、广播电视网等渠道,利用网站、智能化移动设备、可穿戴设备、虚拟化信息技术等来提供文化内容的服务方式。

移动新媒体服务可借助移动平台,如手机、平板电脑、可移动式媒体,实现文化的自由式传播。用户能随时进行文化的沟通和交流。人们可以通过移动媒体进行文化图文共享,可以在任何时间、地点获取文化信息资讯,享受新媒体提供的文化便捷。

新媒体环境下,文化的形态和内容更加丰富多彩。可以通过门户网站建设实现文化内容的统一发布与推送,通过可视化技术对资源进行更好的呈现,并实现用户与应用的交互,提升使用体验。加强文化创意产品和 App 的开发,基于文化数据,利用虚拟现实、增强现实等信息技术为用户创造新的文化展示空间与互动方式。

3.5 充分发挥自媒体优势,促进优秀文化内容的产生和传播

在互联网的影响下,用户产生内容(User Generated Content,UGC)迅速发展。社交网络不断普及并深入人心,由此产生了海量的用户数据。借助大数据技术,将会使得公共文化机构的服务有的放矢,既能激发群众的文化需求,又可引导公共文化产品的生产。大数据颠覆了传统的公共文化机构从资源到服务的全程单向提供的传统流程,而直接由需求驱动,由用户有意识地创造和提供内容,或者将用户在使用公共文化服务的过程中自然产生的行为数据作为资源内容,这样既能分析用户需求,又可以发挥广大用户群体的智慧和民间力量,建设优秀的文化内容资源,并促进文化的更广泛更深入传播。

3.6 加强线上展示与线下宣传力度,构建 O2O 的文化传播模式

移动互联网环境下,O2O 服务的应用有利于文化单位专业优势的发挥,有助于提升文化

服务水平。文化机构的关注重点不仅要放在线上虚拟服务上,还要放在线下实体服务中,其中线上虚拟服务注重用户需求的传递,线下实体服务注重的是与用户的直接交流。因此,文化大数据服务 O2O 模式的发展要尽量融合线上系统和线下服务,构建协同平台来支撑运行体系,并利用系统优势,进一步把服务内容精准化,实现线上功能创新化,线下服务完善化,使文化资源价值得到充分增强,并让用户最大限度地使用文化大数据,有效促进文化资源的品牌实现和服务推广。

我们已进入大数据时代,大数据伴随着云计算、移动互联网、物联网等信息技术的成熟而迅速发展,相较于过去几十年传统文化行业的研究与发展,大数据技术在未来几年将给文化领域带来革命性、持续性和创造性的变化,会对我们所熟知的知识服务能力和知识服务机制产生重大的颠覆和创新,我们必须面对大数据带来的挑战,加强学习,以饱满的信心迎接大数据的挑战,在挑战中寻找机会,抓住机会发展文化大数据服务。

参考文献

[1] 韩翠峰. 大数据带给图书馆的影响与挑战[J]. 图书与情报,2012(5):37 – 40.

[2] 国务院. 国务院关于印发促进大数据发展行动纲要的通知[EB/OL].[2018 – 03 – 23]. http://www.gov.cn/zhengce/content/2015-09/05/content_10137.htm.

[3] 赵琨. 大数据环境下图书馆音视频资源发展及建设研究[J]. 图书馆建设,2015(2):64 – 68.

[4] 范雪. 边疆万里数字文化长廊的建设与发展研究[J]. 现代情报,2016,36(5):128 – 132.

[5] 肖希明,曾粤亮. 公共数字文化资源整合与服务中的信息交流机制创新[J]. 图书馆论坛,2015(6):34 – 40.

[6] 中华人民共和国文化部. 中华人民共和国文化部 2015 年文化发展统计公报[EB/OL].[2018 – 03 – 23]. http://zwgk.mcprc.gov.cn/auto255/201604/t20160425_474868.html.

[7] 房秉毅,张云勇,程莹,等. 云计算国内外发展现状分析[J]. 电信科学,2010(8A):1 – 6.

[8] 马晓亭,陈臣. 云计算环境下图书馆 IaaS 平台的技术架构与安全策略[J]. 图书馆理论与实践,2012(11):1 – 3.

中俄图书馆法的研究与对比

刁一卓(外文采编部)

以专门法律保障图书馆事业发展是我国图书馆人的夙愿,近年来更是成为图书馆界关注的焦点。《中华人民共和国公共图书馆法》的颁布和施行是我国图书馆事业发展取得的历史性突破,也是我国文化法治建设的重大成果,它将大力推动文化大发展大繁荣和全面依法治国的实现。孟子曰:“不以规矩,不能成方圆。”图书馆法正如同“规”和“矩”,保障图书馆工作的顺利开展,成就图书馆事业的蓬勃发展。本文将对中国和俄罗斯在图书馆领域的立法进行研究与对比,结合实际总结经验,希望能为我国发展图书馆事业提供一定的启示。

1 中国图书馆立法概览

1.1 中国图书馆立法进程

我国图书馆事业的立法始于20世纪初。清朝末期，清政府日益腐朽，政治、经济、文化发展面临困境，民族矛盾和阶级矛盾不断激化。清政府为缓和严峻的国内形势，制定了相应的方针政策，1910年颁布的《京师图书馆及各省图书馆通行章程》（以下简称《通行章程》）便是其中之一。《通行章程》被认为是我国最早以政府名义颁布的图书馆法[1]，其内容涉及图书馆工作的许多方面。由此开始，“图书馆”取代“藏书楼”这一传统称谓，成为我国藏书机构的法定名称。《通行章程》对我国图书馆事业的发展具有重大意义。

我国近代史是一段一波多折的历史，中国先后经历了辛亥革命、新民主主义革命、国民大革命、抗日战争等重要时期，历史的动荡制约了社会的发展，也制约了图书馆领域的立法进程。

中华人民共和国成立后的前30年，由于种种原因，我国图书馆立法工作仍旧进展缓慢。一直到20世纪80年代，有学者提出“立法来保证我国图书馆事业的发展”，并起草了图书馆法建议草案。高树榆、胡养儒、乔新秋等学者就相关理论开展了研究，为图书馆法立法奠定了深厚的理论基础。与此同时，一些地方开始对地方性图书馆立法进行探索。1997年颁布的《深圳经济特区公共图书馆条例（试行）》成为我国第一部地方性图书馆法规。

进入21世纪后，我国图书馆事业面临的政策环境逐渐改善。2001年，文化部召开专家座谈会，图书馆领域的立法工作正式启动。此后的十几年里，公共图书馆事业的发展以党和国家就公共文化服务制定的相关政策为指导和依据，以《公共图书馆服务规范》《公共图书馆建设标准》等相关标准为指南和规范，以公共文化服务领域的一般法《中华人民共和国公共文化服务保障法》为立法参考，图书馆立法取得了长足的进展。2017年4月19日，国务院常务会议通过了《中华人民共和国公共图书馆法（草案）》。2017年11月4日，十二届全国人大常委会第三十次会议表决通过了《中华人民共和国公共图书馆法》（以下简称《公共图书馆法》）。2018年1月1日起，《公共图书馆法》正式施行。

1.2 《公共图书馆法》的内容和特点

《公共图书馆法》是我国图书馆领域第一部国家层面的法律，共包含6章55条[2]。第一章“总则”有12条，主要内容有立法宗旨，公共图书馆和文献信息的定义，公共图书馆的任务，政府规划及资金保障，管理职责，鼓励政策等；第二章“设立”有10条，主要内容有公共图书馆的设立、变更、终止，国家图书馆的设立与职能等；第三章“运行”有10条，主要内容有文献信息资源建设的总体要求，文献采购、交存、捐赠，馆藏文献保存，文献信息共建共享等；第四章“服务”有16条，主要内容有基本服务，服务能力建设，特殊人群服务，读者信息保护，政府信息公开服务等；第五章“法律责任”有6条，主要内容有文化主管部门或者其他有关部门及其工作人员的法律责任，公共图书馆、出版单位、读者的法律责任等；第六章“附则”有1条，规定当前法律自2018年1月1日起施行。

《公共图书馆法》从法律角度对公共图书馆进行了制度上的确认，彰显公共图书馆事业在中国特色社会主义文化建设中的重要地位；保障公民（含特殊群体）的基本文化权益，同时规定公民在使用图书馆时应当遵守的行为规范；明确加强数字化、网络化建设的发展方向和原则,推动数字网络环境下公共图书馆事业的转型发展;规定政府发展公共图书馆的责任,促进政府主导和社会参与的有机结合;揭示图书馆职业的专业性,提升社会公众对公共图书馆职业的认知。这部法律的颁布对公共图书馆以及我国图书馆事业的发展有着极其重大的意义。

2 俄罗斯图书馆立法概览

2.1 俄罗斯图书馆立法进程

俄罗斯最早的图书馆产生于基辅罗斯时期(882—1240 年)的修道院中。1054 年,俄罗斯历史上最重要的法律汇编《罗斯法典》颁布,其内容涵盖了古罗斯的社会、政治、经济、文化等方面,涉及图书馆的法律也包含在其中,因此俄罗斯图书馆领域的立法可以追溯到 11—12 世纪[3]。

基辅罗斯时期结束后,俄罗斯历经了蒙古桎梏、国家初建以及对西伯利亚的扩张,到 17 世纪彼得一世执政后,才真正发展成为俄罗斯帝国。18 世纪初,彼得一世进行了改革,其中文化领域的变革对图书馆事业的立法影响巨大。这一时期,彼得一世颁布了有关建立图书馆(科学院图书馆、莫斯科大学图书馆)的法令,如《关于 1706 年在莫斯科印刷厂建立图书馆的法令》(该馆后来被命名为国家公共图书馆)、《关于 1714 年在圣彼得堡开放珍品陈列馆及其图书馆的法令》(该馆后来成为科学院图书馆)。法令规定了图书馆的工作内容、馆藏构成、藏书扩充和读者服务等事宜。彼得一世改革为沙俄时期图书馆事业的立法开创了新局面,此后,沙俄政府颁布了多项图书馆法令。这一阶段的图书馆立法主要是君主或以君主名义颁布、签订法令、法规、规章、宣言以及其他具有法律效力并调节各种社会关系的法律条款,从法律内容上看,多以图书馆事业管理和书刊检查为任务,体现了政府的诸多约束和监督。

十月革命之后,以列宁为首的布尔什维克党和政府对苏联图书馆事业的发展起到了巨大的推动作用,俄罗斯图书馆立法也取得了重大进展。苏维埃社会主义共和国联盟中央执行委员会和人民委员会陆续颁布了多项法令,包括《关于外文文献采访和分配规则的法令》(1921 年)、《关于为国家级重要书库补充苏联境内所有出版物的法令》(1928 年)等。其中最重要的法令是苏联中央执行委员会颁布的《关于苏联的图书馆事业》(1934 年),它提出了管理图书馆的新体系。之后的几十年里,苏联颁布了一系列图书馆法令法规,明确了苏联图书馆事业的发展方向,并为之提供了强有力的保障。

1984 年,苏联首次尝试将图书馆立法上升到国家立法层面,颁布了《苏联图书馆事业条例》[4]。1990 年,俄罗斯联邦政府批准实施了《俄罗斯联邦到 2005 年的图书馆事业发展方案(草案)》,指出为使图书馆事业适应俄罗斯国内新形势,将考虑在《苏联图书馆事业条例》的基础上修改和制订新的图书馆法[5]。这项工作于次年展开,1992 年,《俄罗斯联邦图书馆法(草案)》基本形成。1994 年 11 月 23 日,俄罗斯国家杜马讨论通过了这一草案。1995 年 1 月 17 日,《俄罗斯联邦图书馆法》(以下简称《联邦图书馆法》)正式施行。

2.2 《联邦图书馆法》的内容和特点

《联邦图书馆法》共包含 8 章 28 条[6]。第一章“总则”有 4 条,主要内容有图书馆相关的基本概念,当前法律的适用范围,图书馆的基本类型等;第二章“公民在图书馆事业中的权利”有 6 条,主要内容有接受图书馆服务的权利,参与图书馆事业的权利,读者(含特殊读者群体)

的权利和义务等；第三章“图书馆的义务和权利”有 3 条，主要内容有图书馆的地位、义务和权利；第四章“国家对图书馆事业的义务”有 2 条，主要内容有图书馆事业相关的国家政策，国家在图书馆事业发展中的义务；第五章“图书馆保存和使用俄罗斯联邦各族人民文化财富的特殊规则”有 3 条，主要内容涉及国家馆藏资源，俄罗斯的国家图书馆；第六章“图书馆之间的协作”有 3 条，主要内容有国家对图书馆协同与合作服务的保障，中心图书馆，图书馆同科技情报机构和档案馆的协作；第七章“图书馆事业的经济调控”有 5 条，主要内容有图书馆的设立程序、改组和终止，图书馆财产，图书馆工作人员劳务关系等；第八章“最终条款”有 2 条，主要内容有当前法律的生效时间等。

一般认为，俄罗斯图书馆的立法进程以十月革命为界，但是无论在哪个时期，俄罗斯图书馆立法都是在国家的法律框架下进行的。《联邦图书馆法》为国家确定文化和图书馆事业上的政策方针奠定基本原则；对图书馆在保存、传播人类历史和文化遗产方面的职能做出明确规定；为俄罗斯公民行使宪法权利，通过合法途径自由检索、获取和传播信息提供必要前提；对图书馆这一社会机构的重要意义给予高度认可。

3 中俄图书馆立法对比

《公共图书馆法》和《联邦图书馆法》分别作为我国和俄罗斯第一部国家层面的图书馆专门法，在两国图书馆事业发展中的作用不言而喻，但是两部法律在很多方面存在一定区别，本章将从两个角度对二者进行对比。

3.1 立法进程的对比

我国最早以政府名义颁布的图书馆法《京师图书馆及各省图书馆通行章程》产生于 1910 年，而俄罗斯的图书馆立法可以远溯至 11—12 世纪的法律汇编《罗斯法典》，到 18 世纪初彼得一世时期已有图书馆领域单独的法律。因此，总体来看，俄罗斯图书馆事业立法比我国起步要早，发展过程更长。

对于国家层面的图书馆立法，我国的《公共图书馆法》于 2017 年颁布，俄罗斯《联邦图书馆法》颁布于 1994 年，时间上相差 23 年。需要注意的是，我国国家图书馆立法于 2001 年正式启动，而俄罗斯国家图书馆立法的首次尝试是在 1984 年，也就是说，粗略来看，从国家层面图书馆立法的启动到完成，我国用时 16 年，俄罗斯用时 10 年。不论从立法的时间先后还是完成速度上，俄罗斯都领先于我国，其中有各方面的综合原因，可以肯定的是，这与俄罗斯图书馆立法的悠久历史密切相关。

对于地方层面的图书馆立法，我国第一部地方性图书馆法诞生于 20 世纪末，先于《公共图书馆法》出现；俄罗斯的情况正好相反，地方性图书馆法在《联邦图书馆法》颁布后才陆续出台。这种差异是基于政治制度而形成的，俄罗斯实行联邦民主制，由 85 个联邦主体组成，联邦主体是俄罗斯的一级行政区，被直接赋予文化事业管理权。因此，俄罗斯地方性图书馆法规的制定以联邦法律《联邦图书馆法》为法律基础，但是伴随着权力的地方化，在对地方图书馆事业的作用和影响力方面，《联邦图书馆法》将让位于地方性图书馆法规，而后者更具有针对性，对地方图书馆事业的发展可以提供更有力的保障。

3.2 法律内容和特点的对比

3.2.1 法律内容和特点的整体对比

我国《公共图书馆法》和俄罗斯《联邦图书馆法》在结构上都分为几章，每章下又设具体条款；内容上均涵盖国家、图书馆和公民层面；性质上皆为国家层面的法律。两部法律在整体上虽有共性，但又有所不同：

	我国《公共图书馆法》	俄罗斯《联邦图书馆法》
法律条款的数量	55 条	28 条
结构划分的方式	主要以图书馆的设立、运行、服务等管理流程为脉络划分	按照国家、图书馆和公民三个层面划分
法律适用的图书馆对象	公共图书馆，是指“向社会公众免费开放，收集、整理、保存文献信息并提供查询、借阅及相关服务，开展社会教育的公共文化设施”[7]	各级国家权力机关、地方政府机构、法律实体和个人设立的图书馆，除公共图书馆外还包括企业机构图书馆、私人图书馆等[8]

从法律条款的设置，章节的划分和法律适用的主体、对象来看，我国《公共图书馆法》更加具体和细致，它将法律适用的图书馆限定为公共图书馆，并由此根据图书馆的各项工作划分整体结构，脉络更为清晰，对公共图书馆开展工作的指导性更强；俄罗斯《联邦图书馆法》中图书馆的涵盖面更广，法律的结构划分相对宏观，它强调图书馆事业中的权利和义务，为每个条款设置单独的标题，以便于更好地理解和查找相关规定。

3.2.2 有关国家图书馆内容的对比

鉴于国家图书馆的特殊属性，我国《公共图书馆法》和俄罗斯《联邦图书馆法》对其都有专门叙述，并各设一项单独条款，以法律形式明确了国家图书馆的地位及职能。但是就有关国家图书馆的内容而言，两部法律之间存在较大差异，对比如下：

	我国《公共图书馆法》	俄罗斯《联邦图书馆法》
有关国家图书馆的单独条款	第二十二条规定：“国家设立国家图书馆，主要承担国家文献信息战略保存、国家书目和联合目录编制、为国家立法和决策服务、组织全国古籍保护、开展图书馆发展研究和国际交流、为其他图书馆提供业务指导和技术支持等职能。国家图书馆同时具有本法规定的公共图书馆的功能。”	第十八条“俄罗斯联邦国家图书馆”明确了俄罗斯的三个国家图书馆（分别为俄罗斯叶利钦总统图书馆、俄罗斯国立图书馆和俄罗斯国家图书馆）以及它们的基本职能；强调了国家图书馆作为俄罗斯的重要文化设施，属于特殊联邦财产；特别指明了需由国家图书馆进行数字化处理的几种文献类型；赋予国家图书馆在各地方建立相关机构的权利
“国家图书馆”一词在全文中出现的频率	3 次	15 次
“国家图书馆”一词在全文中出现的位置	第二章第二十二条，第三章第二十六条	第四章第十五条，第五章第十八条，第六章第二十条

续表

	我国《公共图书馆法》	俄罗斯《联邦图书馆法》
国家图书馆与呈缴	第二十六条规定:“出版单位应当按照国家有关规定向国家图书馆和所在地省级公共图书馆交存正式出版物。”	无明确叙述

具体来说,首先,《公共图书馆法》第二十二条着重体现了国家图书馆和公共图书馆之间的定位关系:由于国家图书馆需要承担特殊职能,即条文中所列举的七个方面的核心职能,因此对于公共文化服务功能只能兼顾,所以国家图书馆虽有其特殊性,但“同时具有本法规定的公共图书馆的功能”。《联邦图书馆法》的第十八条同样强调了国家图书馆的国家级地位及其职能,并特别指出了国家图书馆进行文献数字化的职能和建立地方机构的权利,结合“国家图书馆”一词在文中出现的频率不难看出,《联邦图书馆法》有关国家图书馆的规定更为完善具体。而相应的,俄罗斯针对国家图书馆的立法也走在了前面,例如,2011 年俄罗斯政府颁布了《联邦国家机构“俄罗斯国立图书馆”章程》[9]。

另一方面,《公共图书馆法》第二十二条位于第二章“设立”之下,《联邦图书馆法》第十八条属于第五章“图书馆保存和使用俄罗斯联邦各族人民文化财富的特殊规则”。通过对比有关国家图书馆的条款在法律中的章节位置可以看出,我国法律更强调国家图书馆的制度层面,而俄罗斯法律更偏重国家图书馆在文化事业中的具体职能与作用。

与此同时,关于呈缴的法律条文也涉及国家图书馆。我国《公共图书馆法》中的“交存”即指出版物呈缴。我国的呈缴制度始于 20 世纪初[10],虽历经百年,但始终停留在行政法规和规章的层面,至今尚无一部专门的呈缴法。这条规定从法律层面确定了国家图书馆接收出版物呈缴的权利,我国在呈缴制度和图书馆事业的发展上可谓迈出了重要一步。俄罗斯《联邦图书馆法》中并无关于国家图书馆与呈缴的明确叙述,但是俄罗斯早在 1994 年便通过了专门的呈缴法——《俄罗斯联邦文献呈缴法》(以下简称《联邦呈缴法》)。《联邦呈缴法》与《联邦图书馆法》共同组成了俄罗斯的两部图书馆专门法律,同为俄罗斯图书馆法律体系的重要基石,因此俄罗斯对国家图书馆与呈缴的法律规定远非空白。

通过与俄罗斯的对比我们认识到,我国《公共图书馆法》体现了新时代中国特色社会主义文化的特点和优势,具有其先进性,但与此同时,我国图书馆事业立法还有很长的路要走。笔者认为,一方面,需要进一步制定相关的法律法规,如完善各地方图书馆法,制定国家图书馆法、其他类型图书馆法以及呈缴法等;另一方面,对于《公共图书馆法》应尽快加强普法工作和执法监督,确保法律得以全面、有效地落实。《公共图书馆法》不仅是重要的法制基础,同时也是充满活力的新生事物,它的颁布为我国图书馆事业的发展注入了新动力,提供了新机遇,开启了新篇章。

参考文献

[1] 吴钢. 我国图书馆法制化建设的突破与未来路径——《中华人民共和国公共图书馆法》颁布之际的思考[J]. 图书馆建设,2018(1):30 - 36.

[2][7] 中华人民共和国公共图书馆法[EB/OL]. [2018 - 03 - 30]. http://www. npc. gov. cn/npc/xinwen/

2017-11/04/content_2031427. htm.
[3] Чувильская О А. Законодательство о библиотечном деле-эволюция и современное состояние[J]. Научные и технические библиотеки,2009(9):17 – 27.
[4] 屈红军,刘明. 中俄图书馆国家与地方立法比较研究[J]. 图书馆建设,2015(6):87 – 92.
[5] 梁平. 图书馆法简史要略[J]. 河南图书馆学刊,2001(6):76 – 79.
[6][8] Федеральный закон《О библиотечном деле》от 29. 12. 1994 N 78 – ФЗ(ред. от 03. 07. 2016)[EB/OL]. [2018 – 03 – 30]. http://fzrf. su/zakon/o-bibliotechnom-dele-78-fz/.
[9] ПОСТАНОВЛЕНИЕ от 8 сентября 2011 г. N 760 ОБ УТВЕРЖДЕНИИ УСТАВА ФЕДЕРАЛЬНОГО ГОСУДАРСТВЕННОГО БЮДЖЕТНОГО УЧРЕЖДЕНИЯ "РОССИЙСКАЯ ГОСУДАРСТВЕННАЯ БИБЛИОТЕКА"(в ред. Постановления Правительства РФ от 01. 08. 2016 N 737)[DB/OL]. [2018 – 03 – 30]. https://www. rsl. ru/photo/! _ORS/1-O-BIBLIOTEKE/7-documenty/obshie/1_ustav-rgb. pdf.
[10] 霍瑞娟. 出版物呈缴制度与中国国家图书馆国家总书库建设[J]. 中国图书馆学报,2011,37(196):113 – 119.

消除第三道数字鸿沟

——新时代公共图书馆维护公民文化权利的挑战

闵 然(参考咨询部)

随着中国特色社会主义进入新时代,我国社会主要矛盾已经转化为人民日益增长的美好生活需要和不平衡不充分的发展之间的矛盾。当前,我国社会生产力水平总体上显著提高,社会生产能力在很多方面进入世界前列。特别是在文化资源方面,总量已有显著提升。国家统计局数据显示,2017 年全国文化系统共有艺术表演团体 2054 个、博物馆 3217 个、公共图书馆 3162 个、文化馆 3327 个。全国规模以上文化及相关产业企业营业收入 91 950 亿元,比上年增长 10. 8%。全国居民人均教育文化娱乐消费支出为 2086 元,占全部支出的 11. 4%[1]。

但另一方面,虽然对于农村文化建设的倾斜越来越多,但农村青少年的文化生活被网游、视频网站等质量不高的文化产品所占据的现象并不少见。在东西部和城乡之间,富裕人群和贫困人群之间对信息的掌握、拥有、控制和使用能力上的差别依然存在。在这种情况下,文化供给不足显然并非数字鸿沟现象出现的唯一原因。信息素养的缺失、文化环境的缺乏同时也加剧了城乡间对信息、网络应用等现代数字化技术的掌握程度的差距,从而导致社会中政治、经济新的地位差异。在新时代,消除数字鸿沟的第三道沟——知识沟,已成为保障公共文化权利所面临的重要挑战,公共图书馆有责任和能力做出更多努力。

1 新时代公共图书馆在消除数字鸿沟上的使命

1.1 消除数字鸿沟是图书馆界的社会责任

社会责任是指一个组织对社会应负的责任。一个组织应以一种有利于社会的方式进行经营和管理。社会责任通常是指组织承担的高于组织自己目标的社会义务。它超越了法律与经济对组织所要求的义务，社会责任是组织管理道德的要求，完全是组织出于义务的自愿行为。图书馆界很早就将消除信息不公平的社会责任纳入自己的愿景，提出为了维护人类在信息交流活动中的自由权利，图书馆资源的提供与用户对图书馆的利用都不应受到种族、背景、宗教信仰、观点的限制，图书馆要为用户提供全面翔实的信息资源[2]。

现代学界普遍认为1852年英国曼彻斯特公共图书馆的成立是现代公共图书馆诞生的标志。其产生于19世纪英国“社会民主、公民权利、社会平等和信息公正等现代人文意识成熟”的时代背景下。在其建设之日，就确立“公费支持，免费服务，以及社会成员无区别服务”的公共图书馆的核心精神。1949年，联合国教科文组织通过了《公共图书馆宣言》，正式表达了世界文化知识界和图书馆界对公共图书馆的基本立场。随后历经1972年和1994年两次修订，但图书馆界对消除信息不公平的精神始终不变。在1994年修订版的《图书馆宣言》（UNESCO Public Library Manifesto 1994）中明确提到“自由、繁荣以及社会与个人的发展是人类根本价值的体现。人类根本价值的实现取决于智者在社会中行使民主权利和发挥积极作用能力的提高。人们对社会以及民主发展的建设性参与，取决于人们所受良好教育和存取知识、思想、文化和信息的自由开放程度”。并指出，公共图书馆是传播教育、文化和信息的一支有生力量，是促使人们寻找和平和精神幸福的基本资源。

在实践中，各国图书馆界面也以不同的方式将这一社会责任加以明确。1969年，美国图书馆协会设立“社会责任圆桌会议”（Social Responsibilities Round Table），提出图书馆和图书馆员必须了解和帮助解决社会问题及社会不公正[3]。

随着技术的发展，当前社会中存在的最大的信息不公平已不再单纯是曼彻斯特图书馆创立时平民接触纸质书籍的困难，而是不同人群间对信息、网络应用等现代数字化技术的掌握程度不同，是数字鸿沟的存在。因此，消除数字鸿沟是图书馆界一脉相承的社会责任。

1.2 消除数字鸿沟是新时代我国社会主义文化法治对公共图书馆的要求

文化权利是人权的重要组成部分，每个公民，不分贫富、不分性别、不分年龄、不分种族，都应当平等地享有基本的文化权利[4]。消除数字鸿沟等各种公民实现文化权利的不平等因素是保证信息公平的重要方面，也是保护公民文化权利的重要内容。

我国是社会主义国家，保护公民权利是社会主义事业一贯的宗旨，在宪法和各级法律法规中都有充分体现。首先，在《中华人民共和国宪法》（以下简称为《宪法》）层面，我国从两个方面规定了公民所享有的文化权利。第一，直接规定公民享有某项文化权利。如现行《宪法》第四十七条规定，中华人民共和国公民有进行科学研究、文学艺术创作和其他文化活动的自由。第二，规定国家为保护公民文化权利的实现而必须采取的措施，如现行《宪法》第二十二条规定，国家发展为人民服务、为社会主义服务的文学艺术事业、新闻广播电视事业、出版发行事业、图书馆博物馆文化馆和其他文化事业，开展群众性的文化活动。这一方面的规定，从宪法的层面明确了图书馆等公共文化服务机构有责任和义务为公民实现文化权利创造条件。

其次，在《宪法》之外，由全国人大及其常委会制定的法律是保障公民文化权利的最重要的法律形式。在文化基本法律层面，我国近年来一改过去文化事业领域法律规范欠缺的局面，法律制度保障得到显著增强。2016年以来，国家颁布了《中华人民共和国公共文化服务保障法》，分别印发了《关于推进县级文化馆图书馆总分馆制建设的指导意见》和《关于实施中华优秀传统文化传承发展工程的意见》等多项法律法规，重点着眼于保障人民群众基本的文化权益。特别是，2017 年 11 月 4 日第十二届全国人民代表大会常务委员会第三十次会议审议通过了《中华人民共和国公共图书馆法》（以下简称为《公共图书馆法》），更是将人民群众对于公共图书馆的期盼和要求用法律的形式体现出来，明确了我国公共图书馆“保障公民基本文化权益，提高公民科学文化素质和社会文明程度，传承人类文明，坚定文化自信”的最高宗旨。在此背景下，我国公共图书馆致力于消除数字鸿沟的责任更加明确，事业的可持续发展也得到了根本保障。例如，《公共图书馆法》明确了国家扶持革命老区、民族地区、边疆地区和贫困地区公共图书馆事业发展的基本原则，明确了公共图书馆服务强化对未成年人、老年人、残疾人等特殊群体的人文关怀，充分体现了新时代社会主义法治环境下，公共图书馆维护公民文化权利平等方面的责任和义务。

2 知识沟假设——新时代数字鸿沟现象的新特点

2018 年第 2 期的《半月谈》杂志以《谁来填补农村青年的文化空白》为题，深入观察和剖析了农村青少年文化生活质量欠佳的现象，认为农村青年沉溺于手机，反映出这一群体渴求精神文化生活，然而农村精神文明建设以及文化发展不平衡、不充分的现实，导致他们的需求无法得到充分满足，一些低俗内容填补了他们内心的空虚[5]。

但是，随着移动互联网的发展和普及，乡村在文化资源的信息获取的便捷性上已取得很大进步。根据 CNNIC 发布的第 40 次《中国互联网络发展状况统计报告》，截至 2017 年 12 月，我国网民规模达 7.72 亿，普及率达到 55.8%，超过全球平均水平（51.7%）4.1 个百分点，超过亚洲平均水平（46.7%）9.1 个百分点[6]。纯粹由于设备欠缺造成的信息不公平问题已经得到显著缓解。而互联网上资源供给也不能说稀少，数字图书馆、大型开放式网络课程 MOOC（Massive Open Online Courses）等的获取也并不困难。互联网上既有低劣的文化产品，也有优秀的文化产品，文化供给数量的确存在城乡差距，但这显然不是问题的全部答案。

1969 年，美国电视台开始播放科普节目《芝麻街》。其制作本意是让黑人、贫民子弟等弱势群体享有相同的文化权利，然而产生的效果却是相反的。美国传播学者蒂奇纳（P. Tichenor）、多诺霍（G. Donohue）和奥里恩（C. Olien）通过对《芝麻街》等节目的实证分析，发现富人的小孩比穷人家的孩子更专心地看节目，反而加大了已有的认知差距。次年，蒂奇纳等人发表《大众传播流动和知识差别的增长》，阐释了大众传播与知识差距的关系，并提出知识沟假设（Knowledge-gap Hypothesis），即随着大众传媒向社会传播的信息日益增多，社会经济地位较高的人将比社会经济地位较低的人以更快的速度获取这类信息，这两类人之间的知识差距将呈扩大而非缩小之势。也就是说，单纯加大文化供给，反而可能扩大而非缩小城乡间的数字鸿沟[7]。

随着信息技术的发展，一些学者注意到此前关于数字鸿沟的研究都聚焦于数字技术的接入和使用上，而忽略了数字技术接入和使用上的鸿沟问题，开始将知识沟现象在互联网环境下的表现进行阐述和归纳。他们提出，数字鸿沟应该分为三道鸿沟。第一道数字鸿沟为“接入沟”，第二道数字鸿沟为“使用沟”，第三道数字鸿沟即为“知识沟”[8]。这有力地解释了《半月谈》所提到的，当前中国农村青少年间出现的文化空白现象，对信息的处理能力和使用习惯而非接触信息的渠道影响了农村青少年等群体的文化水平。

不管知识沟假设的影响在多大程度上是数字鸿沟发展的原因,都将带来严重的后果,并需要被重视和解决。区别于之前我们关注的,不同人群“拥有”和“没有”某种信息这种界限分明的数字鸿沟,数字鸿沟的第三道沟——知识沟的存在使得信息资源上处于弱势的群体的需求更难以被注意到,从而使情况更加恶化[9]。

3 新时代图书馆在缩小数字鸿沟方面的新策略

3.1 推进社会服务机制 优化文化资源配置

供给侧改革,是以提高供给质量为目标,用改革方式进行的结构调整,作用在于矫正要素配置扭曲,扩大有效供给,提高供给结构对需求变化的适应性和灵活性[10]。对于公共图书馆来讲,单纯由政府主导的从上到下的管理机制并不一定能满足不同人群的文化需求。一方面,大多数公共图书馆所考虑馆藏和服务方向都基于最大多数的大众,并不一定能满足特定人群的文化需求;另一方面,公众自身对于文化活动缺乏参与感,很多时候容易沦为看客。这造成公共文化资源并没有得到最合理的配置。

社会化服务建设可以有效地解决这一问题。政府通过委托管理、契约监督等方式,使群众成为管理主体。一方面,可以激发和引导公共图书馆改善服务的内在动力,更加准确地识别不同群体的文化需求,提供多元化的主动服务。通过改善文化供给侧,农村青少年将获得更丰富的文化产品和服务,从而改善其数字鸿沟的状况。另一方面,群众被鼓励和要求参与公共图书馆的建设和管理中,从而产生主人翁意识。这将有效地提高人们对文化资源的珍惜程度和利用效率,激发其主动接触优质文化资源的意愿,建立更佳的文化产品使用习惯,从而对消除数字鸿沟的第三道沟——知识沟,起到有利作用。

3.2 履行社会教育职能 提高民众信息素养

对于图书馆这种拥有文化资源的信息提供者来说,有责任和义务为人们进入知识社会提供平等的钥匙:正如联合国教科文组织所提出的,要提倡公民终身学习能力,建立高效的知识社会,促进公民社会参与。对于人类的生存和自我实现来说,信息和知识始终是至关重要的。对于每个人来说,具有良好的信息素养是判断文化资源质量,并获取自己需要的文化资源的钥匙。提高公众,特别是在文化资源上面处于弱势地位的人群(如农村青少年等)的信息素养,是打破知识沟,消除数字鸿沟的必然选择。

信息素养(Information Literacy)是信息社会的一种适应能力,它涉及信息的意识、信息的能力和信息的应用。根据 1989 年美国图书馆协会(American Library Association, ALA)的定义,信息素养一般包括文化素养、信息意识和信息技能三个层面。即能够判断什么时候需要信息,并且懂得如何去获取信息,如何去评价和有效利用所需的信息。为此,图书馆应该加强信息资源、信息技术和人才的保证。最重要的是从意识上认识到信息素养培训的重要性,并拓宽对信息素养的理解。

当前,公共图书馆在向公众介绍馆藏资源和信息检索方法等信息技能培养方面十分重视,并通过开设讲座、进行数字资源展示等各种形式对公众进行培训。但对于面临数字鸿沟的用户群体来说,确认哪些是自己需要的优质信息是掌握如何接触到这些信息的基础。换言之,让农村青少年知道什么是自己喜欢的书等文化资源,是教会他们如何找的前提。在信息技能培养之外，文化素养和信息意识的建立同样重要。

对此，一些提供文化服务的做法很值得借鉴。比如，不同于大多数书店对读者浏览图书的行为进行限制，已经成为北京一个文化地标的三联韬奋书店不仅推出了24小时营业的服务，更十几年如一日地鼓励读者在书店内进行阅读。浏览而非查阅的行为，有利于帮助读者发现感兴趣的图书，并建立阅读习惯。公共图书馆也可以增加开架浏览的阅读区域，提高公众的文化素养和信息意识。同时，许多图书馆都会开展文化知识讲座，开设网络公开课，这类文化资源的提供和推广同样是提高公众信息素养，消除数字鸿沟问题的重要组成部分。

3.3 塑造文化氛围　成为文化传承的殿堂

公共图书馆在文化建设中所承担的角色不仅仅是提供知识和信息服务，其百年愿景和机构形象已经使图书馆成为文化传承的殿堂，集中体现了人类文明的传承，具有独特的精神内涵和象征意义。这种文化氛围的塑造会潜移默化地影响公众对文化事业的认识，从而提高对高品质文化产品和服务的向往。

在塑造文化氛围上，公共图书馆需要使用符合图书馆形象的设计，使图书馆成为满足公众需求的社区空间楷模。例如，作为2017年美国建筑师协会（American Institute of Architects，AIA）和美国图书馆协会选出的年度AIA/ALA图书馆建筑奖（AIA/ALA Library Building Awards）项目，波士顿公共图书馆中央图书馆改造（Boston Public Library，Central Library Renovation）项目将原建于1895年的图书馆彻底焕然一新。这次改造充分考虑了现代读者的需求，为图书馆设计了光线充足的新型公共广场，建造了适应于休闲到正式场合的多种空间，比如，有能坐340人的礼堂、供表演所需的开放空间、能吸引公众兴趣和激发创意的会议中心等。天津滨海新区图书馆凭借优秀的设计，亦获得了前所未有的关注。这座被称为“最美图书馆”的建筑总建筑面积33 700平方米，设计立意“滨海之眼”和“书山有路勤为径”。建筑层数为地上6层，建筑主体高度约为29.6米，设计藏书总量达120万册。虽然图书馆的馆藏和业务能力是图书馆提供公共文化服务的基础，但美好的设计的确会唤起民众对于高品质文化生活的向往，有利于激励民众走进图书馆，为下一步消除数字鸿沟创造条件。

同时，图书馆也需注重自己的公众形象，更加积极地参与各类文化活动。例如，国家图书馆在每年12月最后一周都会举办读书周，通过开展经典图书推荐与分享、馆藏特色资源与服务培训等活动，向读者展现图书馆建设和服务成效，以及传承中华优秀传统文化方面所取得的成果。2018年元旦，国家图书馆还开展了“馆长带您走进国家图书馆”直播互动活动，邀请读者走近国家图书馆镇馆之宝——《四库全书》，欣赏国家宝藏。这些社会活动，通过倡导社会大众走进身边的图书馆，为社会营造良好的文化氛围，对消除数字鸿沟起到了有力推动作用。

综上所述，在新时代，文化供给不足已经不是数字鸿沟现象出现的唯一原因。是对信息的处理能力和使用习惯而非对接触信息的渠道，影响了农村青少年等文化弱势群体享受同等的文化资源。在建设社会主义法治社会要求下，公共图书馆有责任和义务，通过优化资源配置、提高公众信息素养、营造良好文化氛围等方式，提高文化弱势群体对信息处理的能力，改善其信息使用习惯，为消除数字鸿沟的第三道沟——知识沟，做出更多贡献，从而保障公民的公共文化权利。

参考文献

[1] 中华人民共和国2017年国民经济和社会发展统计公报[EB/OL].[2018-03-22].http://www.stats.gov.cn/tJsJ/zxfb/201802/t20180228_1585631.html.

[2] 李京.知识自由与图书馆研究[D].哈尔滨:黑龙江大学,2008.

[3] 于海霞.图书馆社会责任视角下的数字鸿沟问题[J].大学图书情报学刊,2014,32(1):5-9.

[4] 莫纪宏.论文化权利的宪法保护[J].法学论坛,2012,1(1):20-25.

[5] 床+手机+Wi-Fi:谁来填补农村青年的文化空白[EB/OL].[2018-03-22].http://www.ha.xinhuanet.com/news/2018-02/09/c_1122394705.htm.

[6] 第41次《中国互联网络发展状况统计报告》[EB/OL].[2018-03-27].http://www.cnnic.net.cn/hlwfzyJ/hlwxzbg/hlwtJbg/201803/t20180305_70249.htm.

[7] 张萱.我国"知识沟"的现状及对策探讨[J].青年记者,2011(9):103-104.

[8] 韦路,张明新.第三道数字鸿沟:互联网上的知识沟[J].新闻传播与研究,2006,13(4):43-53.

[9] 迪克.网络社会——新媒体的社会层面[M].北京:清华大学出版社,2014.

[10] 杨宜勇,邢伟.公共服务体系的供给侧改革研究[J].人民论坛·学术前沿,2016(5):70-83.

浅谈国家图书馆开展文化志愿服务活动的经验与启示

——以开展"春雨工程"为例

宣艺瑶(党群工作办公室)

文化志愿服务作为实现服务创新的重要方式,对于提升公共文化机构的公共服务水平和服务效能意义重大。党的十八大以来,文化志愿服务进入了蓬勃发展时期,文化志愿服务工作被纳入公共文化服务体系建设,融入国家文化发展总体战略,《中华人民共和国公共文化服务保障法》《中华人民共和国公共图书馆法》都对公共图书馆开展文化志愿服务工作提出相关要求。开展文化志愿服务活动既是国家图书馆引领社会主义精神文明方面的责任使命,也是国家图书馆完善公益性服务、发挥行业引领作用的自身发展需要;既一脉相承,共同践行着志愿者精神,又肩负着满足公民基本文化需求、提高公民科学文化素质和社会文明程度的神圣使命。

"春雨工程"——全国文化志愿者边疆行活动(以下简称"春雨工程")是由中央文明办和文化部(现文化和旅游部)共同主办的,通过内地组织招募文化志愿者,以"大讲堂""大舞台""大展台"为基本载体,融合文化、志愿、边疆、少数民族四个元素,通过双向互动形式的文化志愿服务活动,搭建内地与边疆民族地区文化帮扶与交流平台。2010年活动实施以来,国家图书馆积极落实《文化部　中央文明办关于广泛开展基层文化志愿服务活动的意见》(文公共发〔2012〕31号)与中宣部、中央文明办等七部门印发的《关于公共文化设施开展学雷锋志愿服务的实施意见》等文件要求,依托"春雨工程"文化惠民志愿服务工作,先后开展"网络书香边疆行""文津图书奖"阅读推广、中华古籍保护志愿服务行动等结合图书馆资源特色的文化志愿项目,在策划组织文化志愿活动中做出了一系列有益探索,取得了良好的社会效益,为公共图书馆开展深入、持久、覆盖面广、特色鲜明的文化志愿服务提供参考。

1　国家图书馆开展“春雨工程”文化志愿服务活动基本情况

1.1　指导思想

2011 年 4 月，文化部、中央文明办印发《关于组织开展“春雨工程”——全国文化志愿者边疆行工作的通知》，明确文化志愿活动指导思想，要围绕“共同团结奋斗、共同繁荣发展”的主题，着眼于满足边疆民族地区人民群众精神文化需求，以加强边疆民族地区公共文化服务内容供给和队伍建设为重点目标，发挥文化志愿服务在支持边疆民族地区文化建设中的重要作用，推动边疆民族地区基本公共文化服务均等化。

1.2　队伍建设

国家图书馆“春雨工程”志愿者队伍由馆内员工文化志愿者和馆外文化志愿者两部分组成（见表 1），文化志愿者主要参与展览讲解、讲座培训、宣传推广、技术指导等工作。充分发挥馆内员工文化志愿者队伍专业性强、人员稳定性强等优势，逐步形成以馆内员工志愿者为主体、馆外志愿者为补充的队伍构架，在协助实施文化惠民工程项目，使更多读者能够享受国家图书馆提供的优质文化服务的同时，也对全社会传播志愿精神、图书馆精神、国图精神起到积极推动作用。

表 1　国家图书馆“春雨工程”文化志愿者队伍建设

志愿队伍	主管部门	整合资源	招募方式	支持保障	队伍建设	运行效果
馆内文化志愿者	业务管理处牵头协调，承办项目部门日常管理	国家图书馆在编、在岗员工	结合志愿意向、业务背景等，与岗位要求匹配，将志愿者选派至各项目	经费、培训、制度等	在参与的项目中组成团队	根据项目特色，组织开展长效化、常态化志愿服务
馆外文化志愿者	承办项目部门与对接单位齐抓共管，社会共同参与	在校大学生、中小学生、专家、离退休人员、其他	通过委托对接地方单位公开招募、定向招募等，用人部门与志愿者双向选择	经费、培训、制度等	结合项目需求招募志愿者	逐步实现志愿活动多样化、志愿文化多元化

1.3　“春雨工程”文化志愿服务项目列举

国家图书馆基于国家级公共文化服务设施的职能定位和丰富的文献馆藏资源优势，结合落实“春雨工程”各专项任务，策划文化志愿者服务项目（见表 2）、开展文化志愿服务，做出以流动服务和数字服务为延伸的志愿服务模式尝试，在“大文化志愿工程中”中设计“小文化志愿项目”，培育“小文化志愿团队”，努力打造“网络书香边疆行”“文津图书奖”阅读推广、中华古籍保护志愿服务行动等特色文化志愿活动，培养并锻炼了一支高素质、专业性强的志愿者队伍，这支志愿者队伍逐渐成为联系图书馆和社会公众的重要纽带，在图书馆公共文化服务中发挥日益重要的作用。

表 2 “春雨工程”文化志愿服务项目

项目名称	活动形式	志愿者队伍建设	志愿服务内容	活动持续时间
网络书香边疆行	大展台、大讲堂	馆内志愿者＋对接单位招募的志愿者	培训授课、展览讲解	约6个月
文津图书奖	大展台	馆内员工志愿者	展览讲解、图书资源捐赠	约6个月
中华古籍保护志愿服务行动	古籍普查	馆内志愿者＋业界专家志愿者、定向招募的大学生志愿者	古籍登记、清点	约3个月
国家图书馆流动讲坛	大讲堂	馆内员工志愿者	培训授课、交流座谈	约1个月

1.3.1 数字图书馆推广工程数字阅读推广活动

“网络书香边疆行”依托国家图书馆、数字图书馆推广工程，以“大展台”“大讲堂”等活动形式，开展数字图书馆推广工程建设成果展览、“印象·数字图书馆”体验区、读者及图书馆员培训、赠送实体及数字资源等线上线下活动，与边疆、少数民族人民共享“网络书香”。2013年以来，国家图书馆每年都选取边疆民族地区图书馆试点开展精准帮扶和服务推广工作，选拔派出阅读推广领域、图书馆业务专家志愿者面向基层馆员授课培训，年均培训基层文化干部近500人。

除馆内员工文化志愿者外，还在活动举办地由项目对接的地方公共图书馆公开招募志愿者。由国家图书馆对地方招募的文化志愿者进行数字图书馆及数字图书馆推广工程的知识培训，考核合格后参与服务项目，为公众提供“印象·数字图书馆”体验区展览的讲解服务。

1.3.2 “文津图书奖”阅读推广活动

“文津图书奖”是国家图书馆阅读推广品牌项目，是由国家图书馆发起、全国图书馆界共同参与的公益性图书评奖活动。2011年起，在国家图书馆的倡导下，多家边疆图书馆作为联合评审单位参与“文津图书奖”的评选和推广工作，并在“4·23”世界读书日揭晓奖项。多馆多地多平台联动，同期同步开展图文并茂的展览，丰富传播渠道，推广全民阅读。“文津图书奖”阅读推广活动主要以“大展台”巡展、获奖图书颁赠等形式，向全社会推介优秀图书，向基层图书馆推送优质图书资源、捐赠获奖图书。

文化志愿者对获奖图书展览进行讲解，分享专家学者为获奖图书撰写的书评，并代表国家图书馆向基层图书馆捐赠获奖图书，引导广大读者树立正确的读书观，进一步增强文津奖的影响力。巡展地各馆观展人数总数逾万人，得到了广大读者和当地群众的积极参与和大力支持。

1.3.3 中华古籍保护志愿服务行动

在国家图书馆、国家古籍保护中心的支持下，中国古籍保护协会成立了中国古籍保护协会古籍保护志愿服务专业委员会和中国古籍保护协会文化志愿者联合会，开展中华古籍保护志愿行动，助力各公藏单位古籍普查和保护。2015年，中国古籍保护协会以河北省为试点实施“中华古籍普查志愿服务行动”，公开招募京津冀等高校相关专业的大学生文化志愿者，帮助古籍存藏单位开展古籍普查，清点登记古籍20余万册/件，在文化部全国文化志愿服务评选表彰活动中，被评为“文化志愿服务活动典型案例”。

2017年，“中华古籍普查文化志愿服务行动吉林·云南·新疆行”被正式列入“春雨工程”重点需求项目，文化志愿者与近百名图书馆业务骨干入户存藏单位普查古籍，清点登记古籍达40余万册/件。中华古籍保护志愿服务行动不仅丰富了志愿者的古籍知识，传播优秀传统文化，也为全国普查和宣传推广提供了有益探索和良好示范。

1.3.4　国家图书馆流动讲坛

国家图书馆流动讲坛是国家图书馆2011年至2016年推出的讲座品牌项目。活动以“大讲堂”双向互动的形式，组织文化志愿者与边疆地区图书馆开展合作交流。国家图书馆通过自愿报名、集中招募的形式，组织相关部门员工志愿者结合援疆、援藏文化志愿工作，先后与宁夏回族自治区图书馆、疆维吾尔自治区图书馆联合主办“国图·塞上人文讲坛”“国图·昆仑讲坛”等针对地方特色的主题讲座，将国家图书馆社会教育服务引入基层公共文化建设。

文化志愿者在培训讲解、座谈调研的过程中，增进了边疆民族地区群众对中华民族的认同感、归属感，加深了与基层图书馆的相互了解，建立起良好的合作关系，畅通了基层获取国家图书馆文化资源的渠道。

2　国家图书馆开展文化志愿服务活动的思路与做法

2.1　紧密围绕“春雨工程”专项任务和目标要求，在国家级文化项目实施工作中发挥志愿者作用

国家图书馆是重要的公共文化服务窗口，是面向社会公众提供公共文化服务的重要阵地，也是开展文化志愿服务的重要场所。国家图书馆把文化志愿服务工作纳入图书馆发展的整体规划，紧密围绕“春雨工程”专项任务和目标要求，依托文化和旅游部统筹优势和前沿平台，了解基层需求，有的放矢。在项目策划实施方面，深度研究制订符合对接地区文化需求和发展的中长期规划，策划文化志愿者服务项目、开展文化志愿服务活动，与对接单位顺畅沟通、合理配合，避免了“想起一出是一出”、“东一榔头西一棒槌”的一次性志愿项目；在志愿服务管理方面，抓好组织体系和制度建设，让志愿者在国家文化建设大局中贡献智慧和力量，激发了志愿者的服务热情，并切实产生了重要的服务成效。“网络书香”数字图书馆推广工程数字阅读推广活动让基层百姓共享数字文化建设成果、文津图书奖阅读推广活动丰富了基层文化阅读资源，中华古籍保护志愿服务工作推动了全国古籍普查工作深入开展，“流动讲坛”深化了与边疆民族地区的沟通交流，文化志愿服务切实发挥了重要作用。

2.2　精准对接边疆民族地区群众实际文化需求和文化发展需要，按照基层群众需求实际量身定制文化志愿服务活动

国家图书馆承担着国家古籍保护中心和国家典籍博物馆的职能，又是中华古籍保护计划和民国时期文献保护计划的牵头实施单位，在传承和弘扬优秀传统文化方面肩负着重大的历史使命。边疆民族地区公共文化设施落后，但不缺乏民族文化，既有着需要继承发扬的优秀传统文化，也存在亟待提高的公共文化设施建设。国家图书馆在开展“春雨工程”活动中，组织文化志愿者在边疆民族地区开展服务、深入调研，了解边疆民族地区群众文化需求，做好志愿项目设计，大胆突破如读者引导、图书整理、展览讲解、少儿活动等传统服务领域，为对接地区量身定制如大型阅读活动展演展示、图书馆阅读辅导、知识讲座、参考咨询、古籍整理等主题突出、对接精准、特色鲜明的特色服务项目，并提供技术支持、图书捐赠等，同时，积极谋划好支援边疆民族地区文化建设的长远发展，避免陷入只根据自身发展意愿定向定题的“任务型志愿活动—

被动接受志愿服务”的“怪圈”，为今后做好基层文化精准帮扶提供新视角、新思路。

2.3 充分依托国家图书馆文化资源和专业人才队伍优势开展志愿服务，在志愿服务项目中锻炼人才、培养人才

国家图书馆是国家文献信息资源总库，纸本文献和数字资源文献丰富，在促进全民阅读方面也拥有许多引领业界的项目资源，同时，具有一支较高水平的专业人才队伍。在策划实施志愿者服务项目时注重发挥国家图书馆资源优势、服务优势和人才优势，通过定制资源推送、业界资源共建共享、派出业务骨干深入基层开展服务等方式，为基层广大群众提供丰富的文化资源和服务。同时协助指导基层文化机构加强业务建设、挖掘利用好地方资源、帮助培训基层文化队伍，不断提高基层公共文化服务能力和水平。在文化志愿项目调研筹备、策划实施、资源调配等方面，通过选拔青年员工作为文化志愿者深入边疆民族地区参与基层文化建设和群众文化活动，使青年员工感受基层群众对文化资源的需求，体会基层文化工作者立足岗位无私奉献精神，加深青年员工对国情、馆情、民情的了解，认识到公共文化服务不均衡的短板。在志愿服务实践中，增强青年员工责任感使命感，提升青年人的组织能力、策划能力。志愿服务不仅为青年馆员探索新领域、寻找新机遇、谋求新思路提供了新平台，也为国家图书馆锻炼人才、培养人才提供了重要途径。

3 国家图书馆文化志愿服务存在的问题

3.1 志愿服务项目与志愿队伍缺乏长效支持难持续

专项文化志愿服务项目需要上级部门的长效支持，与地方合作的项目对接需要合理长效的沟通。目前“春雨工程”的政策支持、财政支持，来源都比较单一，志愿服务形式也较单一。

3.2 志愿服务“时间说”待定义

“春雨工程”是一项长期的文化志愿活动，馆内员工志愿者的加入增强了文化志愿者储备。参与服务的志愿者大多是承担项目部门科组的员工，他们既是专业图书馆员，也是热心文化志愿者；既具备从事图书馆志愿服务的专业能力，也自愿为图书馆事业的发展贡献才智和时间。他们参与的志愿活动既是工作任务，也是公益行动。“双重身份”衍生的角色尴尬、定义冲突亟待研究。

4 国家图书馆开展文化志愿服务活动的启示

4.1 “政府牵头+社会参与”，创新文化志愿治理模式

近几年，无论是文化和旅游部在全国广泛开展的主体建设年，或是每年举办的“春雨工程”品牌活动，主办与承办主体都是各级文化主管部门文化志愿服务组织机构和公共文化单位文化志愿者团队，有着鲜明的公共服务特征。国家图书馆的文化志愿服务也主要由文化和旅游部相关司局和图书馆推动进行。由于政府的人力、物力、财力有限，文化志愿项目只能斟酌设计一些资源消耗量较小的活动，特别是一些人民群众迫切需要的日常性常态文化志愿服务，服务效能会打折扣。因此，在构建现代公共文化服务体系的背景下，公共图书馆可以采取

“政府牵头＋社会参与”的模式，图书馆作为掌舵者，承担资源提供、政策制定和服务监管等工作，通过非政府机构聘请图书馆专业志愿组织指导志愿者开展志愿活动，同时积极谋求与高校、社区、企业等社会力量合作共建，通过寻求冠名、赞助志愿活动等方式，减轻餐饮、服装、交通、保险等方面产生的经费压力，尽可能为文化志愿服务提供多元化的支持。

4.2 “志愿组织＋图书馆特色”，形成文化志愿服务图书馆特色优势

2016年，文化部（现文化和旅游部）颁布的《文化志愿服务管理办法》第一章第二条规定“文化志愿者是指利用自己时间、知识、技能等，自愿、无偿为社会或他人提供公益性文化服务的个人”。但是，文化志愿服务的专业强，文化志愿服务的专业性培训、试岗、服务等都需要持续性开展，能提供文化志愿服务的志愿者大多是有公共职业的员工，志愿服务时间只能是法定休息日或节假日。公共图书馆应逐步转变、完善原有的“文化志愿者”定义，采取“志愿组织＋图书馆特色”的模式，在坚持客观事实的基础上，回避志愿服务“时间说”，引入馆内员工志愿者队伍，让专业的图书馆员志愿者做专业精准的文化志愿服务。紧密结合图书馆文化特色和资源优势，强化专业、凸显特色、优势发展，在不断提高公共图书馆文化志愿服务的专业化特色化的同时，继续组织开展形式多样、特色鲜明的文化志愿服务活动，逐渐形成公共图书馆文化志愿队伍优势、文化志愿活动品牌优势。

4.3 “固定志愿者＋项目志愿者”，优化文化志愿者队伍建设

《中华人民共和国公共文化服务保障法》第四十三条明确规定，国家倡导和鼓励公民、法人和其他组织参与文化志愿服务。文化志愿服务的目标是全民参与、提高文化素养，同时也为公共图书馆与文化资源弱势群体搭建起交流的平台，促进公共文化服务均等化。但是，文化志愿“全民参与”并不等于招募条件“零门槛”、志愿活动“零约束”。要逐步建立完善文化志愿者招募、培训、激励、退出机制和文化志愿者管理流程，让优秀的文化志愿者“干得好、留得住”。要坚持需求导向，对志愿者队伍中职业、技能、特长要求有合理的招募规划，构建起常态化志愿者库，并根据文化志愿项目内容、服务范围、设施规模等，有计划地招募培养项目文化志愿者，使志愿队伍里既有稳定的“常住人口”，也有一定数量的“流动人口”，在动态的基础上保持合理稳定的规模，培育有图书馆特色的专业化志愿者队伍，实现图书馆文化志愿者队伍与志愿服务的良性循环发展。

4.4 “服务实践＋问题导向”，重视文化志愿理论研究

理论研究是发展图书馆文化志愿服务的基础，也是文化志愿服务工作中容易被忽视的薄弱环节。我国公共图书馆文化志愿服务工作尚处起步探索阶段，许多问题矛盾都需要在志愿活动开展中边实践边解决、边总结边完善，作为图书馆行业龙头，这就要求国家图书馆要积极采取“服务实践＋问题导向”的模式，加强对文化志愿服务的全过程管理，逐步建立完善畅通的反馈机制，从文化志愿项目设计、对接、报送、实施等各个环节都要做好记录总结。要坚持问题导向的原则，结合好在开展文化志愿服务中遇到的问题难题，把破解问题作为理论研究的出发点和落脚点，让理论研究切实来自于实践，也服务于实践。要将在“春雨工程”专项文化志愿活动中的经验做法融会贯通在依托图书馆阵地志愿服务活动开展上，拓宽文化志愿服务领域，在公共图书馆文化志愿服务上，充分发挥国家图书馆的行业引领作用，为文化和旅游部制

定图书馆文化志愿事业发展政策提供依据，做好参谋。

通过梳理国家图书馆开展“春雨工程”文化志愿服务的项目内容、经验做法与问题启示，可以看出，在构建现代公共文化服务体系的大背景下，随着文化志愿服务在我国公共图书馆日渐丰富开展，理念欠更新、理论欠深入、特色欠鲜明等问题引发图书馆界关于如何开展好文化志愿服务的思考。“政府牵头 + 社会参与”建设模式强调了多元主体的分层治理，党和政府的领导是中国特色，但文化志愿服务不再是政府包办，公共图书馆要积极开展与社会各方的合作，为文化志愿服务提供多元化支持。“志愿组织 + 图书馆特色”的建设模式是对尊重图书馆文化志愿服务客观事实、淡化文化志愿服务中“时间”概念等问题的思考。“固定志愿者 + 项目志愿者”的建设模式是兼顾常态短期志愿者，推进志愿服务广泛参与，解决文化志愿队伍不稳定、培训资源流失浪费的重要手段。“服务实践 + 问题导向”对国家图书馆发挥行业引领、发挥公共图书馆文化志愿理论引领，推动文化志愿服务研究深入开展提出了新目标。

参考文献

[1] 张麟，莫申江，陈宏辉. 国外员工志愿服务研究回顾及对中国本土研究的启示[J]. 管理学报，2015，12(8)：1248 – 1254.

[2] 程大帅. 公共图书馆开展文化志愿服务可行性及实践探究——基于信息弱势群体的视角[J]. 图书馆工作与研究，2017(1)：99 – 104.

[3] 李国新. 现代公共文化服务体系建设与公共图书馆发展——《关于加快构建现代公共文化服务体系的意见》解析[J]. 中国图书馆学报，2015(3)：4 – 12.

[4] 白兴勇. 美国图书馆志愿者项目管理探究——以伊利诺伊州图书馆知识素养项目为例[J]. 图书馆，2017(1)：72 – 78.

[5] 张皓珏. “欧洲文化之都”对我国公共图书馆文化志愿服务的启示[J]. 图书馆工作与研究，2017(11)：16 – 21.

中国儿童文学中儿童观的演进

——“炫彩童年：中国百年童书展”精解

周华琼（典藏阅览部）

由国家图书馆主办的“炫彩童年——中国百年童书展”，全面宏观地呈现了一百年来中国儿童读物的发展脉络。本次展览从百年来出版的众多儿童读物中精选出 100 余种，彰显了中国百年童书发展历程中不同时期儿童读物的风貌，集中展示了各个时期代表性强、艺术水平高、影响力深远的经典童书。从各个单元的表现内容看，各个不同时期的儿童读物有着不同的时代印记，表现着不同的儿童观和儿童文学观。

儿童观，是看待和对待儿童的观点的总和，是人们对儿童的基本看法和基本态度。我国近代以前对儿童的认识，是基于中国几千年的文化传统构建而成的。在儒家文化“父为子纲”

"祖宗崇拜""老者本位"的社会文化心理和观念中,儿童的地位比较低下;教育理念中应试教育特别突出,古代儿童从小接受的教育一开始便是与科举考试相结合,在实用功利的教育观念下,儿童被当作光耀门庭的工具;在传宗接代和养儿防老的观念下,儿童作为个体的发展需求往往被忽视,更多地强加了家庭和家族的因素;在男尊女卑的背景之下,女童的个体发展更加不容乐观。

从19世纪末开始,随着西方文艺复兴以来各种思潮在中国的传播与民族资本主义的勃兴,近代中国文化逐步发生根本性变化,社会精神文明有了新的进步,妇女解放、个性解放初露端倪,儿童教育开始受到资产阶级有识之士的关注,与儿童教育紧密相关的儿童读物与儿童文学开始出现引人瞩目的变化。

1 晚清至"五四"时期:西方译著的传入和国内思想理论的构建推动了中国现代儿童观和儿童文学观的启蒙

晚清到"五四"之前,是中国现代社会的萌芽期,也是中国现代儿童读物的发生期。这一时期无视儿童社会地位的儿童观开始松动,全社会对儿童成长的关注度不断上升。在一些有识之士的大力倡导和实践之下,有关儿童读物的创作与出版活动逐渐受到社会的关注。

这一时期出现的外国儿童读物译著有林纾译的《爱国二童子传》《海外轩渠录》(即《格列佛游记》)、《鲁滨孙漂流记》,周桂笙根据格林童话、伊索寓言、阿拉伯民间故事翻译的《新庵谐译》,梁启超译的《十五小豪杰》,包天笑译的《馨儿就学记》(即《爱的教育》),孙毓修编译的《无猫国》《大拇指》,鲁迅翻译的《月界旅行》与《地底旅行》。热心儿童读物编译、创作的作家有梁启超、黄遵宪、吴趼人、周桂笙、曾志忞、林纾、李叔同、沈心工、徐念慈、孙毓修等。近代资产阶级创办的《中国白话报》《童子世界》《杭州白话报》等报刊,发表了不少旨在向少年儿童灌输爱国主义、民主主义思想的作品。

晚清是中国现代儿童观生成过程的重要环节。这一时期的儿童观,已经将儿童作为独立的个体看待,认识到儿童是独立的"人",而不是成人的"附属品",专门的儿童作品已经出现。严重的民族危机、救亡图存的迫切要求,使先觉的知识分子认识到了儿童作为一种生命形式的重要价值,他们是民族的未来,国家的希望,儿童不再是成人的附庸,而是国家民族希望的承载者。对儿童的这种认识和肯定,虽然由于时代的局限,承载了成人的文化理想和政治功利主义,还没有完全达到从文化层面发现儿童的高度,但已构成了对统治中国两千多年的古代儿童观的一次重大修正,并直接开启了"五四"时期现代儿童观的建构过程。

"五四"时期,新文化运动对以儒教为核心的传统封建文化进行了激烈的批判。它对扼杀人个性的纲常礼教进行了毁灭性的打击,人性的解放、对人的发现是新文化运动的重大成就。部分先觉者把对人的个性关注转移到了儿童身上,他们发现儿童作为一个人的生命阶段具有其独特性,尊重儿童的本能和本性已成为时代的共识。"儿童的发现"和"儿童本位"的观念终于催生了中国现代儿童观。在儿童观念的革命性变化中,"五四"新文学作家扮演着先锋者的角色,他们摇旗呐喊,因着启蒙和救赎的需要,一个原先被人们忽视而且认为不值一提的思想领域被挖掘出来,并在随后的历史变迁和时代变革中大放异彩。

从外部影响因素看,这一时期中国的儿童观主要受到杜威的"儿童中心主义"的影响。1919年杜威应邀来华讲学,他的"儿童中心主义"在当时的中国文学界和教育界引发了强烈反响。他认为:“儿童是中心,教育的措施便围绕他们而组织起来。”“我们必须站在儿童的立场上,并且以儿童为自己的出发点。”[1]而在国内,郭沫若提出儿童的文学要用儿童本位的文字,鲁迅认为民族振兴要坚持“儿童本位”,周作人指出儿童要顺乎自然成长等观点,则是“五四”时期儿童观理论构建的内部要素。鲁迅的《我们现在怎样做父亲》堪称是中国人儿童观转变的宣言书,鲁迅在这里接受了西方教育思想中的“儿童本位论”,对中国人传统儿童观的误区提出了质疑乃至批判,并发出建立新儿童观的呼吁:“一切设施,都应该以孩子为本位”,而且他把以孩子为本位视作是符合道德的观念,以后觉醒的人首先要洗净东方古代的儿童观,把儿童当成私有财产、当成附属品、当成一个缩小了的成人都是不道德的。周作人的《儿童的文学》中反复强调首先要把儿童作为一个正当的独立的人来看待,要尊重儿童的社会地位与独立人格,这是现代意义的儿童观的重要方面。这一时期的儿童文学实践注重反“载道”,把四书五经、《三字经》《千字文》等清理出儿童读物园地;重译儿童读物,如《洋迷小影》(《皇帝的新衣》)、《馨儿就学记》(《爱的教育》),翻译大量讲述“仙女精灵,小猫小狗”的童话、小说、故事;整理开发民间儿童文学等。

2 “五四”以后至中华人民共和国成立以前:革命和战争的现实导致中国现代儿童观和儿童文学观发生转折

儿童文学作为一种特殊的精神产品,其产生和传播离不开背后的社会背景和文化动机,受到时代规范和文化选择的影响。20世纪20年代至50年代,中国进入第二次国内革命战争和全民族抗战时期,儿童文学不得不放下儿童的需求,适应时代的需要,进入了“革命”“阶级”和“救亡”的主题。随着中国社会“革命与救赎”的潮流,中国社会的“儿童观”发生了很大的变化,深刻地影响了“儿童文学观”[2]。

数千年来中国传统的集体文化的巨大作用,使“五四”期间的“儿童本位论”被传统的“儿童教育观”所取代。“儿童教育观”是中国传统文化对儿童的定位,是重视生活现实和理性思考的产物。它重视成年人作为指导者的地位,并将儿童置于群体概念之中,以服务社会发展的需要。这种对儿童的看法是以“群体”作为观察儿童的观点,强调儿童作为一个群体,以及参与革命斗争的自觉意识。在一定程度上,这种对儿童的看法并没有完全抹杀“五四”倡导的那种自由自主的精神,它只是从对个体的精神探求中做出了理性选择。这种对集体精神的倡导是对“五四”儿童观的深刻延续。20世纪30、40年代,具有社会和集体倾向的“儿童教育观”概念一直作为主流引导着现代儿童文学的发展。

20世纪30年代,张天翼的《大林和小林》成为当时现实主义儿童文学的典型代表。从今天的角度来看,《大林和小林》是一个典型的政治童话故事,它表现的是两个阶级之间的对抗和对立。大林的性格代表了资产阶级的形象,小林的性格代表了无产阶级的形象。大林和小林从一对亲兄弟最终发展成为激烈的斗争关系,实际代表的是两个阶级的对抗。两个童话人物形象虽是虚构人物,但在现实生活中又有着坚实的基础。整个故事脉络显示了两个走到不同阶级的儿童的不同生活和不同命运。在此之前,中国还没有任何一部现代童话中的人物形象概括了如此深广的社会内涵,把如此“血淋淋的现实带给孩子们”,并“跟政治和社会密切地联系起来”[3]。类似于这种宣扬现实主义的儿童文学作品自20世纪30年代以来一直成为创作的主流,一直持续到20世纪60年代初和70年代初。

3 中华人民共和国成立以后至改革开放以前：现实主义和集体主义的儿童观和儿童文学观得到延续和发展

中华人民共和国成立后，现代国家的建立和发展已成为中国的艰巨任务。真诚讴歌新社会，追求美好共产主义社会，成为时代的共同追求，热心参与政治已成为必然选择。这个时期的“儿童教育观”概念有了一个新的内涵：孩子是祖国的花朵，是祖国的希望。他们配合政治运动，接受教育，“准备成为共产主义的接班人，为共产主义事业而奋斗”[4]。作为教学主题的一部分，成人儿童文学作家有义务接受这一使命，并通过文学创作来实践他们的教学。20世纪50年代中国儿童文学的主要传媒有《中国少年报》《中学生》《红领巾》《少先队员》《儿童时代》以及两家专业少儿读物出版社——上海的少年儿童出版社（1952年成立）与北京的中国少年儿童出版社（1953年成立）。以充满感激、崇拜、青春的激情，歌颂中国共产党，歌颂新中国，歌颂新人新事新社会，立志做共产主义事业接班人，是当时少年儿童活动的主要内容之一，同时这也是50年代儿童文学创作的突出特点。

这一时期，同一叙事模式下相同的话语意义制造出一个又一个雷同的儿童形象。这些形象无一例外地丧失了自然天性与独立人格，仅作为成人主导话语指挥下的“木偶”而存在。这个时期，此种“儿童教育”思想统领着整个儿童文学领域，显示着它浓重的社会化倾向。在这一时期的儿童文学创作实践中，代表作品之一的《神笔马良》几乎家喻户晓。此外该时期的代表作还有徐光耀的《小兵张嘎》、张天翼的《罗文应的故事》和《宝葫芦的秘密》等。从这些作品中我们可以看出，将儿童个体的发展置于整个民族和国家的大背景之下，具有浓重的现实主义情怀，是这一时期儿童观的主要特点。

4 改革开放以后至21世纪以前：探索全方位、多角度的儿童观和儿童文学观

经过了近百年的摸索和探究，尤其是80年代以后大量西方儿童文学译著的出现，西方经典儿童教育、儿童心理学的传入，新时期的中国儿童观发生了巨大变化，全方位、多角度关注儿童的儿童观开始形成。很长一段时间以来指导儿童文学的“儿童教育”思想仍对新时期儿童观影响至深，但是已经有了明显的改观。同时，以儿童为本位的儿童观重新得到发展，对儿童个体发展的认识和探索正在逐渐深入。

20世纪80年代以来，国家各方面政策的重大调整不仅在一定程度上改变了社会结构，也不断影响人们的思想观念、理论构建等文化因素。宽容的社会环境开始启发、唤醒人们的主观意识，人们的价值观逐渐变得开放和多元化。过去在弘扬集体主义精神的时代，一个文学童话的形象是由“群体意义上的”的作家们塑造的，我们看到的童话人物是标准化和概念化。而现在个人的价值再度出现，个人和精神追求也得到充分尊重，将会出现丰富多彩的，与个体、教育、生活、经历、性格特征和兴趣爱好等有关的多元的人物形象。

我们发现，在这个社会结构的探索和转化过程中，多元文化环境的融合和碰撞使得人们以更加开放和宽容的态度看待儿童，“儿童的儿童观”得到了重新发展，对儿童的理解和探索也在逐渐加深。同时，中国传统文化对人们的儿童观仍然有潜在的影响。

20世纪50年代至60年代的儿童文学塑造的主要是充满共性的、"一边倒"的形象，热爱集体、热爱劳动、热爱人民公社，提高阶级斗争觉悟，甘做革命的小小螺丝钉等，这是当时流行的少儿人物形象的共性，当然这有其时代意义与教育作用，体现了那个时期的社会文化对儿童的期待。而80年代以后的儿童文学创作，可以说是异彩纷呈，旗号林立，风格各异。其中有一个现象特别抢眼，这就是普遍看好、推崇那些具有鲜明个性的敢想敢做的素质健全的少儿人物形象，突出塑造人物的个性特征、创新思维，勇于独立思考、独立判断。

20世纪90年代出版的《男生贾里》《女生贾梅》系列以幽默、机智、清晰的风格叙述了当代青年的精神面貌和精神语境，体现了新一代人的道德观、人生观、理想观的巨大转变。该书讲述的是20世纪90年代中学生的都市生活场景，散发出了强烈的时代气息。在该书中，作者能够以如此逼真的方式描述中学生的日常生活，其中一个重要原因是作者在创作过程中以儿童的视角贯穿始终，不仅在具体的写作技巧方面，而且渗透到该书的文字内容，同时也体现了作者对儿童精神世界、日常生活的深刻理解和把握。《男生贾里》中的五名男生形象的刻画描写运用了全方位的儿童视角，为当代儿童文学的创作提供了宝贵的经验[5]。

这一时期儿童文学具有代表性的作品还有童话作家郑渊洁的作品。郑渊洁作为"热闹派"最具代表性的儿童作家，他的童话不同于过去童话的重视教育和一般规范的现实特征，而是从一开始就体现了特有的叛逆特征和意义指向。他反对对生命灵性的压抑，提倡"快乐至上"原则。他的童话区别于以往童话规范化和概念化的现实特质，始终站在"儿童本位"的审美立场，寻找抵达儿童内心世界的路径，力求把握儿童的阅读心理和审美期待[6]。

在这一时期，伴随社会变革带来的思想转变，儿童文学界已有了向文学主体回归的讨论，儿童文学被定义为"适合于各年龄阶段儿童的心理特点、审美要求以及接受能力的，有助于他们健康成长的文学"，在注重儿童文学读者的特殊性及其文学属性的同时，曹文轩等作家致力于倡导儿童文学"塑造民族未来性格"的责任与使命，其作品《草房子》《山羊不吃天堂草》等可以说是在更高的意义上诠释了儿童文学的教育性。

5 21世纪的新时期：多元发展格局的新型儿童观和儿童文学观正在形成

进入21世纪以后，面对市场化和网络化的新形势以及新时代儿童新阅读期望，儿童文学的创作和出版进入了新的转型时期，其创作理论、审美追求要求等方面都有了新的特征，相应也创造了更广阔的思考和探索的空间。21世纪以来，相比于国内原创儿童文学，国外的译介作品占据了更广阔的空间，如《哈利·波特》系列、《魔戒》系列等；区别于之前幼年文学和少年文学作品多、小学生年龄段作品少的不均衡现象，新世纪以来童年文学作品有了较大的增长，如"淘气包马小跳"系列儿童小学、《大头儿子小头爸爸》系列、《巨人的城堡》等作品，出现了分组阅读的认识和推广；受到译介文学的影响，国内幻想文学创作异军突起，走上了与中国道家、武侠等本土文化整合的道路。

21世纪以来，中国儿童文学开始逐步呈现出教育与娱乐、文学与文化、艺术与技术、商业与产业的多元发展格局，而儿童文学要"促进儿童的精神成长""为儿童打下良好的人性基础"仍然是被广泛认同和接受的观念，"教育"仍然牢固地植入儿童文学包括创作、研究、推广、应用的各个领域并发挥着至关重要的作用。

在成人和儿童的两极世界中建构当代新型儿童文学的儿童观，这种双主体互动性的实现将成为必经之路。从这个角度来看，在我们的理论视角下，构成儿童观的两方——成人与儿童中的任一方都不会再以中心话语地位自居而否定对方的存在价值，他们互为主体地独立存在。成人会尊重儿童自身的主体性特征，发挥他们的主观能动性。同时成人也会作为社会经验的积累者发挥他们自身的主体性作用，去引导、激发、调动儿童潜在主体的发展[7]。

儿童观是儿童文学的支点。作家持有什么样的儿童观，即对儿童采取什么样的态度，不但决定了儿童文学的发生与发展，而且直接制约着儿童文学的美学倾向和艺术风格[8]。

儿童观是人们社会性建构出的，在不同的建构主体间存在差异，在时间序列中也体现出阶段性变化，儿童观定义的多样性、发展性即是此种性质的体现。从“缩小的成人”，到之后由于中国特殊的社会发展路径，儿童被建构为“祖国的花朵”“集体主义的接班人”等变化至今，随着世界一体化进程的加快、影响的逐渐显现，儿童观也出现了这样的趋向趋势：在当今中国，儿童已经被作为具有情感价值的存在而不仅仅是具有社会经济文化价值的存在。

“炫彩童年：中国百年童书展”不仅呈现了百年以来各个时期童书的不同特点，也为我们提供了一条有关儿童文学中的儿童观的思考路径。纵观整个书展，一百多年的童书向我们展现了各个时代儿童文学的发展走向，其中儿童观是贯穿儿童文学的一条主线，儿童文学在儿童观的指导和影响下形成。儿童观问题应该是我们考察新世纪中国儿童文学观的一个重要切入点和视角，如何用正确的儿童观指导当代的儿童阅读、儿童文学创作以及儿童作品出版工作，也是一个值得我们深入思考的问题。

参考文献

[1] 杜威. 杜威教育论注选[M]. 赵祥麟，王承绪编译. 上海：华东师范大学，1981：31－32.

[2][3] 王全根. 儿童观的转变与20世纪中国儿童文学的三次转型[J]. 娄底师专学报，2003，1(1)：68－73.

[4] 丁海波. 从动选择下的缪斯精神——五十年代张天翼儿童文学创作的矛盾性[D]. 吉林：东北师范大学，2004.

[5] 周双丽，李乃莹. 童心可鉴——简论秦文君《男生贾里全传》[J]. 当代文坛，2003(1)：82－84.

[6] 张焕霞. 当代儿童文学的核心价值——以郑渊洁童话为例[J]. 兰州石化职业技术学院学报，2014(2)：71－73.

[7] 李利芳. 论中国现当代儿童文学中的儿童观[J]. 兰州大学学报(社会科学版)，2000(1)：140－144.

[8] 冯丽军. 儿童观：儿童文学的支点[J]. 韩山师范学院学报，2002，23(4)：41－46.

面向新型智库建设的国家图书馆立法决策服务研究

孙　圆(立法决策服务部)

近年来，党和国家高度重视智库建设，逐步将其放在国家战略层面进行顶层设计。党的十八大报告提出“坚持科学决策、民主决策、依法决策，健全决策机制和程序，发挥思想库作用”。

2013 年 4 月 15 日，习近平总书记做出重要批示，提出“建设高质量智库”“推动中国特色新型智库建设”。2013 年 11 月，党的十八届三中全会通过了《中共中央关于全面深化改革若干重大问题的决定》，提出要“加强中国特色新型智库建设，建立健全决策咨询制度”。“新型智库”成为我国智库建设发展的新方向。2015 年 1 月 22 日，中共中央办公厅和国务院办公厅印发《关于加强中国特色新型智库建设的意见》，明确提出“到 2020 年，统筹推进党政部门、社科院、党校行政学院、高校、军队、科研院所和企业、社会智库协调发展，形成定位明晰、特色鲜明、规模适度、布局合理的中国特色新型智库体系”。2017 年 10 月 18 日，习近平总书记在十九大报告中指明：“深化马克思主义理论研究和建设，加快构建中国特色哲学社会科学，加强中国特色新型智库建设。”建设中国特色新型智库已是时代赋予的使命。

新型智库的发展需要雄厚的信息资源做支撑。国家图书馆是国家总书库，是国内最大的文献资源储备机构，管理和利用信息资源是其天然职责，在机构设置和研究方法上国家图书馆有成熟的体系。《中华人民共和国公共图书馆法》（以下简称《公共图书馆法》）第二十二条规定：“国家设立国家图书馆，主要承担国家文献信息战略保存、国家书目和联合目录编制、为国家立法和决策服务、组织全国古籍保护、开展图书馆发展研究和国际交流、为其他图书馆提供业务指导和技术支持等职能。”立法决策服务是国家图书馆的一项重要职能，在与政府机构用户的合作上，国家图书馆有多年的服务经验和业务积累。

国家图书馆既具备资源基础也有法定的立法决策服务义务，如何深度发掘专长，将新型智库建设与立法决策服务职能进行更为有效的衔接和深化，是摆在国家图书馆面前的问题和机遇。

1 国家图书馆立法决策服务参与新型智库建设的背景

1.1 中国特色新型智库的内涵

现代智库的概念来源于西方，其起源有多种说法。概括来说，大约在 19 世纪到 20 世纪初，智库是由政府或者较有规模的社会团体为提高决策能力所成立的研究组织，以团队形式存在，起到决策“外脑”的作用。

随着智库机构的发展，各国智库的管理模式也各有差异。现代智库在不同国家呈现出显著的个性化特征，如美国以非政府捐助为主要资金来源，政府与智库的“旋转门”制度非常灵活；德国智库以政府划拨资金为主要资金来源，大多数属于学术智库，与学界交往密切；日本智库则既有政府划拨资金也有财团资金，受财团影响大，独立民间智库极少。几种智库尽管在服务侧重点上有所不同但均将研究的独立性作为发展原则。

我国智库建设起步晚，要建设成中国特色的新型智库，需要合理借鉴国外智库的经验，但核心在于立足发展实际，以激发不同层级智库机构的发展活力。中国特色的新型智库，一方面有相对的独立性、自主性，同时又要坚定服务于党和国家的工作大局。中共中央办公厅、国务院办公厅给了中国特色新型智库一个精准的定位，即“以战略问题和公共政策为主要研究对象、以服务党和政府科学民主依法决策为宗旨的非营利性研究咨询机构”。建设中国特色新型智库，要突出中国特色，突出“新”，要在管理方式、组织模式上尊重实际，符合发展需要；也要在服务方式上充分发挥特长，深度挖掘优势，既有专攻，也有突破创新。

1.2 国家图书馆立法决策服务的开展

国家图书馆早在成立之初就承接过政府机构的各类咨询委托。1928 年 9 月，国立北平图书馆(现国家图书馆)设立参考科,开启了参考咨询的常规化服务。中华人民共和国成立后,各行业迎来了发展的高峰,伴随而来的是,查阅资料、文献咨询的需求量日益增多。在此期间,国家图书馆完成了大量服务于国家政治、经济、文化、外交国防决策之需的咨询。原有的机构设置已不能满足日益增长的需求,1998 年北京图书馆(现国家图书馆)启动全面改革,1999 年底,原参考咨询辅导部加挂"立法决策服务部"的牌子。2008 年初,国家图书馆独立建制立法决策服务部,以此为标志,国家图书馆立法决策服务进入了新时期。

国家图书馆立法决策服务是一项以参考工作为核心内容,为国家立法机构及各级政府决策部门提供文献信息支撑和保障的综合性服务。从独立建制至今,国家图书馆立法决策服务已经有了 10 年的业务积累和经验,服务于包括中共中央办公厅、国务院机关、全国人大和全国政协及各部委等机构用户。

1.3 国家图书馆立法决策服务参与新型智库建设的优势

文献储备丰富,数据体量可观。国家图书馆藏书规模居亚洲第一,世界第三,纸本文献数量的宏富无须赘述。大数据时代,国家图书馆引入丰富的数据资源,总量达 1160.98TB,截至 2017 年底,国家图书馆外购数据库共计 255 个,包括中文数据库 127 个、外文数据库 128 个。这些对智库研究本身无疑是强大的信息资料来源。

人才队伍成熟,专业配置合理。国家图书馆立法决策服务部目前有员工 59 人,硕士以上学历占 81%,专业背景涉及图书情报、经济、法律、历史、文学、国际关系、国际政治、计算机、物理、化学、生物等 20 多个专业,涵盖人文社会科学和自然科学多个领域,还包括英、法、日、德、俄、意、西等多语种的专业语言人才①。人才队伍专业背景丰富且具备多语言的译读能力,成为团队研究视野拓展、咨政能力建设的有利条件。

既有用户与智库服务定位相契合。国家图书馆立法决策服务的用户集中在中央国家机关、各部委以及"两会"代表委员等,属于参政议政的决策层,这与新型智库的服务对象相契合。立法决策开展服务以来,业务要求与时俱进,用户满意度高,忠诚度高,合作周期长,继续推广新型智库服务的用户基础较好。良好的合作基础也利于研究成果传达渠道的直接有效,提高研究成果的转化率。

2 国家图书馆立法决策服务参与新型智库建设的路径与尝试

2.1 精深文献情报服务

传统的文献咨询是国家图书馆立法决策服务的基础业务,过去的文献服务强调资源保障能力,即"别人没有我有";大数据开放环境下,资源获取变得容易,面对的反而是"要读的太多,要挖掘、发现和分析的隐性交织的内容太多太复杂,要掌握的方法、技术与工具太多太复杂"。有效分析和利用信息成为亟待解决的问题。要符合新型智库建设的要求,就要将自身角色由信息中介转化为信息工厂,为用户提供精细化、个性化服务。尤其在用户的命题较宏观或者只有方向性需求的时候,专业的破题与任务分解、预判性的研究与服务就显得尤为重要。

自独立建制以来,国家图书馆在立法决策服务中以产品质量带动需求升级,取得了很好的

---

① 数据统计截至 2017 年 12 月 31 日。

社会效应。如今以信息稀缺为动因的咨询已经越来越少，随着业务能力的提升，更多的服务以信息资源深度加工或者专题性研究为主。近年来国家图书馆立法决策服务部承担了多项难度大的重点咨询，如今年中央某单位提出的有关基本国情再认识的研究报告，这份咨询任务定位高、难度大、时间紧，最终以高水准完成，报告的研究深度和参考价值得到用户的高度认可，促成了双方的进一步合作。

2.2 打造特色专题数据库

“互联网＋”的时代背景下，信息资源的整序获取已经远远不能满足用户需求，以原始文献单元为主要特征的加工存取也已经跟不上大数据的更新发展，新型智库服务对信息的整合程度有了更深的要求，特色数据库和资源平台正是在这一背景下适时而生的产物。特色数据库和资源平台旨在打造新型智库服务亮点，在自身资源和人员配备的基础上，为用户量身定制知识单元服务，实现用户搜索与利用的便利；而专题数据库本身也可形成体系化数据源，有利于成果复用，促进新型智库服务的进一步开发。

国家图书馆立法决策服务部结合自身优势和用户需求，打造了多款特色数据库，例如智库报告数据库。该数据库是目前国内唯一收集海外智库研究中国报告的专题数据库，收集了涵盖11种语言、218个智库机构的智库报告。截至2017年10月31日，累计完成18 861条数据上传。数据库更新及时，信息收割广泛，实现了情报信息产品的升级，目前这款数据库产品被众多机构用户订阅。

2.3 嵌入智库研究项目

研究能力是新型智库服务的基本要求。传统图书馆服务重文献管理，轻文献解读，在用户服务体系中，多承担文献管理者或浅层次的文献传输者的身份。新型智库建设不仅要求信息资源的提供，还要求观点思想的输出。立法决策服务需要转变发展思路，主动了解社会现实需求与学界关注热点，分担新型智库的研究项目，积极嵌入教学、科研过程，既培育创新体制，又培养研究型人才。

北京高校中国特色社会主义世界影响力研究协同创新中心（以下简称“协同创新中心”）是由11所北京高校牵头，协同京津冀50所高校和科研机构共同成立的新型智库机构，国家图书馆正是其中的参与机构之一。协同创新中心围绕进一步提升中国特色社会主义世界影响力的一些理论问题开展研究，国家图书馆立法决策服务部积极参与研究项目，承担了包括“文化强国”战略、海外视域中的“中国梦”、南海问题文献等在内的6个科研课题，实现了嵌入智库机构，参与智库研究项目的目标。

2.4 引入外脑整合专家资源

传播智库声音，提高智库影响力，需要相关领域有实践经验的专家以及在相关领域有突出成果的学者资源做后盾。如美国智库与政府之间的“旋转门”制度，官员与学者之间的流通搭建了智库与政府的桥梁。新型智库建设立足我国国情，借鉴外国经验，合理地吸纳专家学者十分有必要。

国家图书馆自己专家的研究领域相对集中，文献咨询专家多，政策战略专家少。为更好地跟进用户需求，加强研究力量，2010年6月，国家图书馆聘请了37位长期在党政军领导机关工作、具有较高政策理论修养的领导，组建“国家图书馆国情咨询顾问委员会”；聘请19名学养深厚，在相关学科领域具有广泛影响力的国内专家学者，组建“国家图书馆国情咨询专家委员会”。两个专门委员会的成立为国家图书馆引入外脑、充实专家库、整合智慧资源提供了制度保障。两个专家委员会在之后的立法决策服务中也起到了关键作用，如2015年在《文献为证——钓鱼岛文献图籍录》的出版过程中，国情咨询专家委员会中的李国强研究员、厉声研究员提出了诸多建设性意见，对于该书的出版起到积极的推动作用。

2.5 策划服务助推智力建设

习近平总书记站在全局和战略高度提过一个新论断：中国共产党人依靠学习走到今天，也必然要依靠学习走向未来。打造学习型政府是新时代的具体要求。新型智库建设也可以着眼于此，跳出传统智库为政府递送研究报告、输出研究人才的模式，创新服务方式，不局限于智库本身的成果输出；创新服务思维，以用户为主体进行智慧构建。且国家图书馆以书为媒介，有丰富的线下活动经验和资源，可以基于自身优势，在熟悉领域开拓新的服务项目。

2017年新启动的“发改书吧”项目就是这样一个尝试。为实现国家发展和改革委员会建设“两学一做”，打造学习型机关的目标，部门配合建设了“发改书吧”。书吧利用图书馆熟悉的文献资源服务，辅以数字建设成果，集成优质资源，创新学习理念，为领导干部提供更为便捷的学习渠道和资源获取途径，创造性地形成智慧共享空间，助推机关用户的智力建设，取得了非常好的反响。

3 存在的问题及思考

新型智库建设背景下，有多年业务积累与实践做支撑，国家图书馆的立法决策服务获得了更多的发展机会。但从严格意义上讲，目前距离一个成熟的高水平智库机构还有很大的差距。2015年12月，25家国家高端智库建设试点工作启动，包括国家图书馆在内无一家图书馆进入高端智库行列。国家图书馆的新型智库建设任重而道远。

3.1 当前存在的一些问题

国家图书馆在立法决策服务方面要利用优势积极参与建设新型智库，同时也要正视实际情况，发现问题，为早日建成新型智库不断探索。

3.1.1 具备智库研究能力的人员不足

图书馆不乏文献专家和咨询专家，但上升到理论层面，就某些决策问题提出思想观点的研究型专家数量较少；相对应的，图书馆能提供的具有较大反响的理论观点也不多。虽然借助外脑的机制有利于充实图书馆智库建设的专家资源，但只有培养起自己的智库型研究专家或情报专家，才有利于图书馆新型智库建设的良性发育，有利于提升图书馆智库的建设活力。

3.1.2 知名度和影响力不足

在立法决策服务的过程中不难发现，外界对于图书馆的印象还比较刻板，许多用户的认识还停留在借还书、查阅报纸杂志等基础业务上，这其中不乏政府机构用户。对立法决策服务认识的缺失成为制约其发展的一大桎梏。近些年，业务能力渐渐受到用户的肯定，老用户的忠诚度很高，慕名而来的新用户也日渐增多，但距离达到高水平智库所应该具备的知名度和影响力还有不小的差距。

3.1.3 主动研究成果反馈渠道不通畅

国家图书馆在立法决策服务过程中处理机构用户的命题咨询往往能取得很好的反馈，但智库建设除了接受命题研究之外，先于用户需求的主动性、预见性成果也有很多。国家图书馆立法决策服务部编制了不少质量高、选题好的专报，定期为订阅用户报送，但此类主动报送的专报存在反馈不及时、评价机制不完善的情况，这就造成了问题梳理迟滞和需求更新缓慢的问题，影响选题策划与新产品的开发。

3.1.4 与高端智库机构交流合作的机会欠缺

要建成高端的新型智库，需要与此类型的智库进行交流。在现阶段，对于许多高端智库的论坛和交流活动，国家图书馆的参与频次不足，或是旁听居多，参与程度不深。这种现状影响了国家图书馆智库研究能力的提升和智库建设经验的借鉴。

3.2 当前的任务及建议措施

3.2.1 明确自身定位，提高行业信心

当前，图书馆在发展过程中已经感受到创新和竞争带来的压力，单纯以馆藏为基础，强调“信息稀缺”的发展模式会在大数据时代渐渐失去活力。国家图书馆作为唯一的国家级图书馆，需要在传统保存和资源采集的功能以外，开发新的信息资源功能，以强化自身价值，保证其不可替代性。新型智库建设是机会也是出路。国家图书馆在立法决策服务中可以以此为契机，立足能力，发掘潜力，打造自己的特色产品，做行业的领头羊，尽早实现建成新型智库的目标，以增强整个行业的信心。

3.2.2 创新管理机制，吸引高端人才

人才是新型智库建立的基础，这些年国家图书馆也出台了一系列人才培养机制和奖励机制，给人才很多实实在在的优待。不过基于越高端的人才的选择越多、流动性越强的特点，要想吸引人才、留住人才，还需要以人为本，继续创新管理机制，健全激励机制，在福利待遇和发展机会上为高端人才拓展升值空间。

3.2.3 挖掘服务深度，以能力赢得影响力

上文提到，图书馆在智库研究中的作为被质疑在于知名度和影响力都不足。除去社会对图书馆的固有认识根深蒂固，更多原因在于图书馆现有能力达不到高端智库水准，也就转化不成影响力。打铁还需自身硬，国家图书馆在立法决策服务中也必须依靠自己的能力，证明自己的价值。值得一提的是，这个过程不会一蹴而就，要耐得住性子循序渐进，需要“在具备一定的智库能力后，逐步走向协同，与其他智库团队合作，一起来推动智库建设，开展智库研究”。

3.2.4 促进产品升级，解读“新”型智库

由于机构用户的特殊地位，他们所掌握的信息服务内容丰富，数量庞大，要想在其中出类拔萃，产品的升级必不可少。新型智库要突出“新”，就目前而言，新的服务模式、新的服务内容都是图书馆立足现实，发挥特色的着力点。不脱离原有优势，比如擅长信息梳理；利用优越条件了解用户现实需要，比如在“两会”服务或者部长讲座期间可以近距离接触用户等。再辅以反馈机制的完善、创新思维的应用等，都有助于促进现有服务产品的升级，找到国家图书馆立法决策服务智库研究的方向。

3.2.5 扩大业务交流,开展深度合作

新技术的应用和开发,让服务模式日新月异。图书馆人要走出去,引入新观点新方法,充实知识体系。国内外有关智库的学术会议、研究论坛颇多,图书馆人要广泛参与,最好带着学术成果深度参与,在智库界内传播自己的声音,了解智库研究领域的新动态新方法。从另一个角度来说,许多智库研究机构都是采取合作研究的方式,图书馆加强与其联系与交流,也是寻求嵌入高端智库研究的机会。

建设中国特色新型智库已是国家发展的重要战略,“国家图书馆‘十三五’规划”提到:“加强立法决策服务的针对性、前瞻性和专业性,力争通过五年的努力,将国家图书馆建设成为支持国家立法决策的新型智库。”新的时代背景为立法决策服务的发展带来了契机和挑战。新一代图书馆人要把握机会,深化服务,在百舸争流中突出国家图书馆在决策咨询上的优势和特色;也要顺应变革,开拓进取,在信息化发展的新阶段形成立法决策服务工作的新境界,早日实现国家图书馆“十三五”规划目标,为国家科学决策贡献自己的力量。

参考文献

[1] 王佳宁,张晓月.智库的起源、历程及趋势[J].重庆社会科学,2012(10):102-109.

[2] 关于加强中国特色新型智库建设的意见[EB/OL].[2015-01-20].http://www.gov.cn/xinwen/2015-01/20/content_2807126.htm.

[3] 李凡,张曙光.国家图书馆立法决策服务的探索与实践(1998—2013)[R]//国家图书馆立法决策服务部.图书馆立法决策服务工作调研报告.北京:国家图书馆出版社,2014:237.

[4] 张晓林.研究图书馆2020:嵌入式协作化知识实验室?[J].中国图书馆学报,2012(1):11-20.

[5] 习近平.在中央党校建校80周年庆祝大会暨2013年春季学期开学典礼上的讲话[EB/OL].[2013-03-01].http://cpc.people.com.cn/n/2013/0303/c64094-20656845.html.

[6] 初景利,唐果媛.图书馆与智库[J].图书情报工作,2018,62(1):46-53.

[7] 梁宵萌.图书馆智库功能探析[J].图书馆,2018(1):48-53.

[8] 田贺龙.美国国会图书馆的立法决策服务[J].国家图书馆学刊,2011(1):24-28,40.

[9] 李致忠.中国国家图书馆馆史:1990—2009[M].北京:国家图书馆出版社,2009.

[10] 国家图书馆立法决策服务部.国家图书馆立法决策服务工作调研报告[R].北京:国家图书馆出版社,2014.

国家图书馆海外中国问题研究资料中心十年历程回顾与思考

尹汉超(立法决策服务部)

国家图书馆入藏中国学文献始于20世纪20年代。在近百年艰辛而辉煌的风雨历程中,几代国图人辛勤求索,不遗余力地发扬求全求精的搜采精神,终成今日中国学特色专藏,国家图书馆也因此成为国内首屈一指的中国学文献收藏机构。为及时传递揭示国外中国问题研究最新动态和成果，进而为政府科学决策提供有力的信息支撑和保障，为国内外从事中国学研究的机构和学者提供专业的文献信息服务，2008 年 7 月 7 日，国家图书馆正式成立海外中国学文献研究中心，后经 2011 年第 28 次馆务会研究决定，将其更名为——海外中国问题研究资料中心（以下简称“中心”）。它的成立标志着国家图书馆的中国学文献研究与服务工作已经进入一个新的历史发展时期。

2018 年 1 月 1 日，《中华人民共和国公共图书馆法》（以下简称《公共图书馆法》）正式实施，这是我国图书馆事业发展史上一个重要的里程碑。该法明确规定了国家图书馆的职能与地位，为国家图书馆在新时代的发展提供了法律制度保障。2018 年又恰逢中心成立十周年，对中心的工作进行回顾与思考，从理性角度全面审视中心的发展历史，进一步探讨未来的发展趋向，无疑具有积极意义。

1 服务定位

中心的创立得到馆领导的大力支持。国家图书馆将中心设立在 2008 年独立建制的立法决策服务部之下，由当时的中国学文献组负责具体工作，为中心明确了目标和职责，指出中心的服务对象应为国家立法与决策机构及相关部门、中国国内的中国学研究机构、国外的中国学研究机构和大学图书馆的东亚图书馆。经过近十年的探索、实践和发展，中心在继承国家图书馆中国学文献收藏传统的基础上，积极促进中国学馆藏资源建设和文献研究利用，其服务定位更加明晰，服务职责的内涵更加丰富。

“为国家立法和决策服务”这一职能已明确写入《公共图书馆法》，中心在海外中国问题研究文献收集、整理和开发方面发挥重要作用，从而为中央和国家机关立法与决策机构提供文献信息支持和保障服务。中心非常重视国内外科研机构的文献需求，依托国家图书馆丰富的馆藏资源和服务渠道，主动开发利用馆藏中国学文献，注重发掘采访所缺文献，为众多中国学研究机构提供文献信息服务。中心利用馆藏资源，在海外研究地方专题文献方面加大了对国内其他图书馆的业务指导与支持。国外图书馆在收集、整理国外出版的中国学文献方面具有得天独厚的优势，中心与其建立良好的合作关系，增进相互之间的文化交流。为社会公众提供文化服务是国家图书馆作为全国公益性文化机构的题中应有之义，将公众读者纳入阅览室服务对象，既保持了服务于专业学者的初衷，又为公众提供了一个了解海外中国学的窗口。

上述服务对象虽有不同，但并非彼此割裂，而是互相支持与转化的。立法决策机构制定政策时的参考和依据、业界机构对区域专题中国学文献的需求，都可以为研究机构和专业学者提供新的研究方向，而研究机构的成果又能够转化为政府决策的重要参考，同时促进地方文献的开发和整理。此外，社会公众对中心收藏和服务的认知，既体现了国家图书馆公益服务的特点，又为专业学者提供了交流学术研究成果的平台。因此，做好不同用户类型的服务工作都会积极促进中国学研究的繁荣与发展。

2 服务历程

国家图书馆中国学文献服务实践最早可追溯到民国时期。当时的京师图书馆从 1927 年开始，每年都编纂大量中国研究相关外文书目，并与北平各机关与图书馆共同编辑中国问题西籍联合目录，创办学术刊物《图书季刊》揭示馆藏，打造中外学术交流平台。中华人民共和国成立后，这项服务在国家图书馆各个历史阶段也都有所体现。如在20世纪80年代，当时参考研究部曾专门设立中国学文献研究室。但国家图书馆全面系统地提供中国学文献服务，特别是主动承担配合政府立法决策职责的履行，大规模搜罗海外中国学文献，积极参与国家文化建设，还是始自中心成立。

中心成立十年来大体经历三个阶段：

2.1 创立起步阶段(2008年7月—2011年5月)

这一阶段，中心根据初创时期的职责定位，针对不同用户层级推出专题文献产品，加强与国外学者的学术交流，得到学术机构和业界的普遍认可。

中心成立伊始，便承担着三项艰巨任务：筹备中国学阅览室、承办“互知·合作·分享——首届中国学文献信息研究与服务学术研讨会”、建设海外中国学文献研究中心网站（以下简称“中心网站”）。

适逢2009年国家图书馆百年华诞，中心工作主要从三个界面切入，一是对馆藏中国学文献进行全面调研，为阅览室的开放做好筹备工作；二是与海内外中国学教学研究机构和中国学文献收藏服务机构的专家学者沟通协调，做好会议的筹备工作；三是为中心网站项目立项，完成项目需求书，开展软硬件系统调研、选型和采购，系统安装，页面、栏目和数据库结构设计等工作。

2009年9月8日，作为国家图书馆庆祝建馆一百周年系列庆典活动的重要内容，“互知·合作·分享——首届海外中国学文献研究与服务学术研讨会”隆重召开，国内外中国学研究机构和中国学研究文献资源典藏服务机构的近百名学者莅临盛会。此次会议在促进海内外中国学教学研究机构和中国学文献收藏服务机构的交流与合作、促使海外中国研究与本土中国研究相互取长补短、推动“中国学”研究发展等方面都起到积极作用。9月9日，中心阅览室举行揭牌仪式，开启了国家图书馆中国学文献研究与服务的新篇章。北京大学中国语言文学系教授严绍璗说，该中心为研究者提供了一个原典文献的基地，使国内中国学研究向前跨了一大步。

2010年，中心网站形成以中心资讯、学术信息、学术专论、文献研究、网络导航、新书推荐六个信息类栏目和一个自建资源发布栏目为主题的网站内容架构。网站搭建5个自建数据库，包括专家学者库、中文书目库、论文题录库、讲座音视频库和背景资料库。12月24日，网站正式在国家图书馆主页上开通服务。其后，中心积极与法国国家图书馆（以下简称“法图”）开展合作，将法图所藏中国学的数字化文献定期收割，通过中心网站提供给国内学者访问使用，赢得高度肯定。

除以上三项任务外，中心还开展其他多项工作，切实发挥文献研究服务职能。

2011年3月，时值“两会”期间，中心推出《观点·海外观点》，遴选海外学者、专家关于中国政治经济、行政管理、社会民生等各方面问题的观点，为“两会”代表和委员提供相对独特的观察视角，在“两会”期间受到广泛关注。

为及时传达国外研究中国的最新动态、理论和成果，2010年中心推出“海外中国问题研究资料中心”系列产品，包括《海外中国问题研究资料中心通讯》（季刊）、《馆藏外文新刊中国研究篇目汉译目录》（月刊）和《海外中国问题研究资料中心文献资讯》（月刊）等，从不同维度，对馆藏中国学文献进行深度揭示与开发利用。这些产品每月定期推送给相关学者和学术机构,吸引了一大批中国学专家学者和读者到馆研究,得到汤一介、王晓秋、钱婉约、任大援等著名国内学者的好评。王晓秋时任第十一届全国政协委员,在表达感谢之外提出希望查找国外研究辛亥革命的相关文献,中心在很短时间内完成,为其参政议政提供参考。

为了加强以中国为研究对象的海内外学术交流和文化对话,活跃中国研究的学术氛围,促进中国研究的学术发展,中心以 2010 年"中意文化年"为契机,推出"中国研究专题系列讲座",该讲座品牌也成为国家图书馆多个专题系列讲座之一,在公众读者之中广受好评。参加主讲的比利时布鲁塞尔第二欧洲学院数学、科学与化学系教授仪赛雅·亚纳科内(Isaia Iannaccone)多次将自己发表的文章和收集的文献转交中心,以期加强国外研究中国科技史方面的学术交流。

2.2 探索积累阶段(2011 年 5 月—2014 年 9 月)

2011 年 5 月,中心因国家图书馆总馆南区进行装修改造而闭馆,直至 2014 年 9 月 9 日重新开放为社会公众提供服务。这一阶段,之前延续制作的几项文献产品被迫中断。为继续发挥中心优势、保证用户服务,中心不断探索新的服务模式,在专题数据库建设、远程服务以及书目编制方面取得较大进展,满足了不同用户的需求。

鉴于国外智库关于中国研究的信息和成果对立法机关与政府决策机构所具有的重要参考价值,2013 年,中心对海外智库机构进行广泛调研,重点关注其发布的涉及中国的研究报告和评论性文章,并着手进行分类整理。2014 年初,中心开始建设智库报告专题数据库,由专业咨询馆员定期进行内容更新。智库报告专题数据库支持分类浏览、关键词检索、全文检索,实现了信息资源的长久保存、有序整合和有效利用。

为满足用户多样的文献需求,发挥中心的服务效能,中心通过维护和发布数据,及时传递中国学文献研究的最新动态和成果,同时在网站开通在线服务委托功能,避免了传统到馆咨询在空间上的局限性,让用户以最快捷便利的方式,获取高质量、高效率的文献服务,受到用户的肯定与欢迎。

为使服务对象及时了解中国学文献最新出版信息,提高中心服务效率,中心于 2012 年底开始编撰《国外中国研究著作选目提要》(2012)。这项工作将图书馆业务工作与海外中国学专业研究有机结合,将 2012 年首次出版的纸质正式出版物和内容有更新、修订、增补的再版书纳入收录范围,并对部分著作进行提要编撰,既为专家学者提供助力,又为国家图书馆的中国学文献采访提供补充。

2.3 稳步推进阶段(2014 年 9 月至今)

2014 年 9 月 9 日,适逢国家图书馆成立 105 周年,中心经过 3 年多的装修改造之后重新面向公众开放。凭借中心阅览室的窗口效应,中心与用户之间的联系日益紧密,之前中断的服务重新启动,各项工作稳步推进,主要呈现出以下几方面特点:

第一,服务产品实现专题化转变。这一阶段,中心重新推出"海外中国问题研究资料中心"系列产品,继续编撰和出版《国外中国研究著作选目提要》(2013、2014),对海外智库机构涉华报告进行编译整理,于 2016 年推出《海外智库中国研究信息专报》,服务于中央政府决策机构。中心在继续建设智库报告专题数据库的同时,借助中国学网站改版契机,推出专题文献研究数据库，逐步使产品和服务向预研性、研究性和专题化转变。

第二，与学者之间互动交流得到深化。中心历来将研究学者作为重点服务对象，主动为其提供文献服务，并注重加强与他们的交流互动，也得到学者们的认可。刚刚故去的耿昇先生在中心重新开放之后，多次来查阅相关文献，受到中心工作人员的热情接待。在得知法图中国学文献资源可以在中心网站访问，他非常激动和兴奋，向中心人员讲述这批文献的重要价值，并为中心发展出谋划策。2015 年 3 月，他在参观云南香格里拉的“德钦专藏”后，认为具有重要文献价值，曾联系中心希望能够将这批文献进行数字化保存，可惜后因种种原因未能实现。2016 年，中心与法图合作共建“中法文化门户”网站，曾请耿昇先生提笔作序，先生欣然同意，为我们撰写《搭建中法文化交流的友谊虹桥》。正是与专家学者的互动交流，中心工作日益得到学界重视并取得良好的社会效益与口碑，为未来发展赢得广阔的空间。

第三，与教学科研机构的合作领域进一步拓展。2015 年底，中心与北京外国语大学等五家单位合作参与申报“中国特色社会主义世界影响力研究协同创新中心”，并获得北京市教工委批准。中心还先后以座谈、会议、约稿等形式与中共中央党史研究室、中央编译局海外理论信息研究中心、河北大学宋史研究中心等多家单位进行学术交流。这些交流与合作，不仅为科研机构提供了文献支撑，而且为中心今后的专题文献梳理、专业人才培养、学术成果积累等搭建了平台。

第四，国际交流与合作更加紧密贴近现实需求。按照国家图书馆与法图签署的战略合作协议（2015—2018），双方共同建设“中法文化门户”网站。作为此项工作的中方主要承办机构，中心在中心网站开通“中法交流”栏目，系统展示中国法国学文献，供中法双方学者和读者研究使用。习近平总书记提出“一带一路”国家战略以来，得到国际社会的高度重视。2017 年法图在之前网站建设基础上，向中心明确提出将“一带一路”倡议下文献资源合成一个专题，并在“中法文化门户”网站做主题介绍。网站的建设，不仅反映出中法两个文化大国源远流长的友谊，而且提升了中心今后与国外图书馆合作共建的能力与水平。

经过十年的发展历程，中心的各项工作虽未枝繁叶茂，臻于理想境界，但也初露头角，基本形成集阅览服务、咨询服务、文献研究、网站建设、讲座出版、科研协作、对外交流多位一体的立体化业务发展格局。应当看到，今日之局面的形成，离不开历代国图人的辛勤耕耘与探索。今后的工作中，中心仍将筚路蓝缕以启山林，栉风沐雨砥砺前行。

3　未来发展的思考

近年来，尤其是党的十八大以来，党和国家开始高度重视国外对中国问题的研究，陆续做出系列重要部署。2016 年 3 月 17 日，经第十二届全国人民代表大会第四次会议批准发布的《中华人民共和国国民经济和社会发展第十三个五年规划纲要》明确提出推进国际汉学交流。同年 5 月 17 日，习近平总书记在哲学社会科学工作座谈会上指出：要鼓励哲学社会科学机构参与和设立国际性学术组织，支持和鼓励建立海外中国学术研究中心，支持国外学会、基金会研究中国问题，加强国内外智库交流，推动海外中国学研究。

文化部于 2017 年 2 月 23 日发布的《文化部“十三五”时期文化发展改革规划》提出：加强国际汉学交流和中外智库合作。促进中外智库交流与合作，大力推动国际汉学和中国研究的发展，培养一批具有发展潜力的青年汉学家、翻译家。

通过回顾中心发展历程，结合党和国家的重大战略规划，笔者认为，中心在服务意识、服务领域、服务手段、服务水平、服务环境方面不断创新发展，取得些许成就。但作为国内最大的中国问题研究文献收藏地，中心距离“国内一流，世界领先”的建馆目标仍存差距。为了实现这一宏伟目标，笔者认为应该把中心建设成为四方面的中心：世界性的中国学文献收藏中心、书目中心、研究服务中心与文化交流中心。

3.1 中国学文献收藏中心

世界主要发达国家图书馆无不将对本国研究的文献列为重点收藏对象。国家图书馆在20世纪20年代开始注意收藏中国研究专题文献，并将这一原则逐步确立为采访方针之一。2017年国家图书馆业务管理处编制的《国家图书馆业务规范》就明确规定：应“遵循《国家图书馆文献采选条例》的规定，在经费允许的情况下，对属于全面采选范围和有关中国学方面的图书，不得发生重大遗漏”。

在今后的工作中，中心应首先关注海外中国问题专家的最新成果，分析海外中国问题研究机构的历史、现状和研究动态。在此基础上，注意文献的出版状况和文献质量，一方面将世界各主要国家图书馆收藏的中国学文献与国家图书馆所藏文献进行比对，配合采访部门完成中国学文献的补藏工作，将国外正式出版的富有研究价值的中国学文献尽可能收藏齐全，另一方面注重收集整理有关中国问题的国际学术讨论会报告集或论文汇编、智库机构的报告或文章等非正式出版文献，从而将国家图书馆建设成为世界范围内首屈一指的中国学文献收藏机构。

3.2 中国学文献书目中心

《公共图书馆法》第二十二条明确规定，国家图书馆承担国家书目和联合目录编制的职能。因此，作为国家馆，不仅应编制本国所有出版物书目，而且应编纂世界上所有国家和地区出版的涉及中国问题的书目。

在法国汉学家亨利·考狄（Henri Cordier，1849—1925）编撰了《汉学书目》（*Bibliotheca Sinica*）、国家图书馆前辈袁同礼（1895—1965）编撰了《西文汉学书目》（*China in Western Literature*）之后，学界虽然有一些专题性书目，但目前尚未有一部综合反映20世纪60年代以来中国学研究情况的总书目，这不仅妨碍了国内全面了解和借鉴国外中国学研究成果，而且与国家图书馆争创“国内领先，世界一流”的目标不相适应。

国家图书馆坐拥国内最全的中国学文献收藏，为编制中国学书目提供了可靠的文献保障。国家图书馆应该在业务发展规划制订和具体实施操作过程中，对中国学书目的编制给予高度的重视，把该项工作列入重点项目，统筹安排经费和人员，保证这项工作长期而顺利地开展下去，使得我国的中国学书目编制走在世界前列。

为使书目工作具有连续性和及时性，中心可以做好两方面工作：一方面应充分利用现代技术手段，把中国学书目数据单独建成专藏书目数据库，为以后更新书目、编制专题书目和回溯性书目提供有利条件，提高书目的使用价值；另一方面应加强同海内外有关学术机构或业界机构的联系，共同编制中国学专题文献联合目录，为全世界研究学者提供研究便利。

3.3 中国学文献研究服务中心

之所以强调研究服务中心，是因为图书馆毕竟不是学术意义上的研究机构，它首先是个服务机构,研究目的是为了提供更好的服务。戚志芬先生在20世纪80年代就提出:专题文献研究目的是为提高图书馆的藏书质量和情报服务质量。图书馆的专题文献研究,主要是从专题文献表面特征揭示深入内容揭示,以提供文献信息的内容服务。因此,专题文献研究服务应遵从"从实际工作中来,到实际工作中去"的原则,最终目的是为采访部门提高藏书质量以及为用户提供专题化、情报化的文献服务。

做好专题文献研究服务的核心要素是咨询馆员。中心应在今后工作中不断提高咨询馆员的服务意识,加强咨询馆员与用户之间就文献研究方面的互动交流,提升咨询馆员的文献检索能力、情报分析能力、资源整合能力和科学研究能力,培养他们逐步掌握中国学特定专题文献的来源、特点、质量、分布和发展趋势,从而实现提高藏书质量、提供高质量专题书目和高水平咨询服务的目标。

3.4 对外文化交流中心

任何一种文明都是在与其他文明的碰撞、融合、交流中认识自己的,中国问题研究如果从大文化的角度看,本身就是不同文化之间的互动和影响,展示了世界文化的多元性。国家图书馆从20世纪30年代开始,不仅以其中西合璧的建筑风格闻名遐迩,而且作为中西学术交流和国际中国学研究中心之一享誉海外。费正清(John K. Fairbank)、顾立雅(Herrlee G. Creel)、赛珍珠(Pearl S. Buck)等著名学者的早期研究成果无不得到国家图书馆的帮助,成就了中外文化交流史上的许多佳话。

在今后工作中,中心一方面应借助北京作为全国文化中心和国际交流中心的区位优势,与在京各驻华使馆文化处以及其他文化机构建立常态化联系机制,通过合作举办讲座、展览、会议等形式加强沟通交流;另一方面,依托国家图书馆具有开展国际文化交流的职能,关注国家重大发展战略,尤其是"一带一路"倡议下,加强与"一带一路"国家之间的文献交流,及时了解和掌握这些国家对中国的研究动态,增强与海外中国文化中心、孔子学院等机构的联系,共同促进中华文化在海外的传播。

改革开放四十年,中国与世界都发生了并仍在发生着巨大的变化。随着中国综合国力的提升及国际影响力的增强,与中国有关的话题正受到世界的广泛关注。中国学作为中外沟通的一个重要学术渠道,对我们认识自身、理解和反省自身在发展过程中遇到的问题具有重要意义。中心作为中国学文献收藏、研究和服务机构,在长期服务实践过程中发挥了一定的作用,但仍需不断思考和总结工作中存在的问题。十年如白驹过隙,弹指一挥间,但见证了中心从创立到发展的过程。未来发展,中心仍将不忘初心,反映学术动态,推动学术繁荣,增进中国与世界的相互了解,将建设具有世界影响力的中国学中心作为目标,开创新的辉煌!

参考文献

[1] 中华人民共和国公共图书馆法[EB/OL].[2018-04-01]. http://www.npc.gov.cn/npc/xinwen/2017-11/04/content_2031427.htm.

[2] 詹福瑞. 国家图书馆开展中国学研究的服务定位与目标实施[J]. 国家图书馆学刊,2010,19(1):40-42.

[3] 曾福泉. 国图馆藏海外中国学文献面向公众[N]. 中国青年报,2009-09-29(9).

[4] 中华人民共和国国民经济和社会发展第十三个五年规划纲要[N]. 人民日报,2016-03-18(11).

[5] 习近平. 在哲学社会科学工作座谈会上的讲话[N]. 人民日报,2016-05-19(2).
[6] 文化部法规司. 文化部"十三五"时期文化发展改革规划[EB/OL]. [2017-04-01]. http://zwgk.mcprc.gov.cn/auto255/201702/t20170223_491392.html.
[7] Henri C. Bibliotheca Sinica: Dictionnaire Bibliographique des Ouvrages Relatifsà l'Empire Chinois[M]. Taipei: Ch'eng-wen Publishing Co., 1966.
[8] Tongli Y. China in Western Literature: A continuation of Cordier's Bibliotheca Sinica[M]. New Haven: Yale University, 1958.
[9] 国图发〔2011〕51号. 关于立法决策服务部内设机构调整的通知[Z]. 北京:国家图书馆,2011-12-05.
[10] 毛雅君. 国家图书馆业务规范[M]. 北京:国家图书馆出版社,2017:10.
[11] 戚志芬. 参考工作与参考工具书[M]. 北京:书目文献出版社,1988:48.

我国数字图书馆服务推广模式研究

郑云霞(数字资源部)

服务推广是数字图书馆履行社会教育职能、促进文化交流和发展的重要方式。随着国家数字图书馆的建成和数字图书馆推广工程的实施,全国各地图书馆依托丰富的文化内容开展了各具特色的服务推广实践,将数字图书馆的建设成果推送到广大人民群众中,实现了文化惠民的建设目标。本文旨在通过梳理我国各地数字图书馆服务推广现状,总结并分析服务推广模式,为下一步工作提供参考和借鉴。

1 服务理念推广

先进的服务理念对图书馆服务有重要的指导作用,因此做好理念推广,有助于用户了解并使用图书馆。

1.1 理念推广

对于服务理念,我国图书馆无论在理论还是实践方面都有了很好的探索与实践,例如东莞图书馆提出的"享受图书馆",杭州图书馆倡导的"市民图书馆,平民大书房",深圳图书馆"24小时自助图书馆"和"不要把你的钱包带进图书馆",苏州图书馆"老百姓身边的图书馆"[1]等。服务理念的推广使图书馆公益文化服务的定位深入人心,激发用户对图书馆的潜在兴趣,使用户产生利用图书馆的意愿。

1.2 Logo 推广

Logo 是由抽象图形组成的一种大众传播符号,通过单独或与相应文字不同的组合应用,将具体的事物、事件、场景及抽象的精神、理念表达出来。目前 Logo 已成为图书馆提升自身形象、展现文化底蕴、引导读者阅读的重要手段之一[2]。但图书馆在实际运用中,对 Logo 运用的意识和策划还不够到位,有些图书馆仅仅是用在网站上和图书馆建筑物外墙上,缺乏延伸[3]。也有图书馆尝试了一些拓展的推广方式:如把 Logo 印在图书馆温馨伞上面,每到下雨的时候,读者取用温馨伞,Logo 也就随之流动。又如数字图书馆推广工程专门设计了 Logo,主体是圆形,中间一个“图”字,周围分别是推广工程的中英文名称,通过在全国各地开展各项活动中使用该 Logo,使数字图书馆的形象符号植根于用户心中,引导他们利用数字图书馆。

1.3 品牌活动推广

近年来,数字图书馆策划开展了丰富多彩的服务推广活动,并逐步形成了一些有特色的活动品牌,用户在活动中逐步了解并使用数字图书馆提供的资源和服务。例如,推广工程的“网络书香”活动,通过在线诵读、答题、征文、摄影大赛、微视频大赛、少儿绘画等线上线下主题活动,让公众更好地体验推广工程与数字图书馆服务,已经成为各地开展活动、对外宣传、推介文化服务内容的主打品牌。以此为基础,各地纷纷依托自身优势,开展各具特色的“网络书香”公益文化服务,如包头市图书馆的“网络书香,德润鹿城”,组织人员深入基层嘎查、学校、部队开展数字图书馆推广服务,定期对基层人员进行数字图书馆业务培训。贵州省图书馆的“百万公众网络学习工程·网络书香飘贵州”,在省馆、市馆和县馆开展网络学习活动,推进全省全民数字阅读的常态化。昆明市图书馆开展的“网络书香满春城”系列活动,已经成为昆明市常态化的数字图书馆推广活动,取得良好的社会效益。

2 服务内容推广

资源和服务是数字图书馆推广的重要内容。针对数字资源本身特点和用户需求,将资源和服务作为产品来包装,进行引导资源和服务的活动[4],是数字图书馆常见的服务推广方式,其宣传推广效果直接影响数字资源与服务的利用效果。

2.1 开展趣味活动

数字图书馆经常采用网页展示、资源宣传册、海报、资源展览和资源使用培训等方式进行推广。此外,数字图书馆可以借助网络和技术开展趣味活动,如推广工程开展的资源搜索竞赛,各地读者反响很好。贵州省图书馆开展的“百万公众网络学习工程”网上答题活动效果也非常好,一方面搭建学习、咨询、测试、统计、抽奖的平台,一方面加强培训与宣传,调动了公众参与活动的积极性和主动性。有的图书馆将借阅规则、馆藏资源、检索途径、用户工具等,设计开发成在线小游戏,用户通过参与游戏获取一定的积分奖励,这些在线小游戏增强了用户体验,增进了图书馆和用户的交流互动[5]。如国家图书馆设计开发的“数字资源掘宝大赛”等游戏,增强了活动的趣味性,用户体验较好。

2.2 拓展服务内容

公共图书馆用户群体具有多样性特征,需求自然也具有多样性,为此,公共图书馆逐步扩展了服务内容,延伸至医疗、就业、餐饮、购物等与生活息息相关的方面,满足用户的不同需求。现在,有些数字图书馆不仅仅为用户提供资源服务,还拓展了一项新服务,即为用户提供材料、技术、工具和空间的创客空间服务,该服务作为一种新型的服务形式受到图书馆界的欢迎。例如,上海图书馆将一个原有的800平方米的专利标准检索工具阅览室改造成集“设计师家园”“极客先锋空间”和“创客天地”于一体的全新开放式创意阅览室——“创·新空间”,并于2013年5月27日正式启用,是我国图书馆开展创客空间服务的首次大胆尝试[6]。长沙图书馆在2014年创立了“新三角创客空间”,打造了湖南省第一个以公共图书馆为基地的非营利性创意制作平台,空间配备160平方米的加工工作室,200多种工具设备供市民免费使用,常年开设创客沙龙、创客制作、创意生活、创客竞赛、创意展览等活动[7]。

3 服务对象推广

数字图书馆需要面向终端用户开展服务,而要真正服务好用户,则离不开高素质的图书馆员,因此满足图书馆员的专业知识需求,提高从业水平和服务能力也是图书馆服务推广工作的重要组成部分,从而激发他们为用户提供更加优质的服务。

3.1 用户群体推广

公共图书馆用户群体囊括社会上各类人群,有覆盖面广、需求多样化等特点,满足不同用户的需求是数字文化内容推广的主要难点。各地图书馆多采用面向特定人群推广的方式,将用户划分为不同类别,根据自身的馆藏特色制定相应的推广策略。例如,上海图书馆每年都专门拿出20万经费为上海著名脑外科专家订购外文原版刊 *Brain Research*,据介绍,此刊专为该专家及其弟子利用。这说明了上海图书馆的顾客意识和市场意识[8]。有的图书馆针对不同的用户群体,开展不同的服务推广活动,如昆明市图书馆在寒暑假期间,针对中小学生开展资源推广活动,重点推出适宜中小学生的数字资源。在春运期间,昆明市图书馆联合全市市县两级图书馆开展“文化共享,伴你同行”主题服务活动,针对进城务工人员的网上订票、网上购物、网络资讯查询、远程视频聊天等互联网运用技能以及数字图书馆资源使用等开展免费培训。针对老年人及弱势群体读者,昆明市图书馆开展“四季网络学堂”公共电子阅览室公益服务,解决他们使用计算机的困难与问题,受到老年读者大力支持与高度评价。

特殊群体是图书馆用户的组成部分,我国政府高度重视弱势群体服务,建设了中国盲人数字图书馆和中国残疾人数字图书馆两个专题网站为盲人和残疾人服务。山东省图书馆建设了“光明之家”盲人数字图书馆,搭建了视障数字阅览室,在全省建点60余个,建设了可延伸到盲人身边的基层服务网络。甘肃省图书馆专门建立了残疾人阅读服务中心,设有盲文及盲人有声读物阅览室,开展“阳光工程”,专门为盲人读者服务。

3.2 馆员内部推广

图书馆馆员是数字图书馆服务推广的重要人才因素,对馆员进行数字图书馆相关培训,提高其服务能力,方能激发其为用户提供更加优质的服务。这项工作在各地图书馆的开展从未间断,并卓有成效。有的图书馆将三大公共数字文化惠民工程作为统一的培训内容进行系统培训,例如,福建省图书馆自2012年起针对全省县级以上公共图书馆馆长及业务负责人开办高层管理人员培训,既有政策解读,又有思路拓展。针对基层图书馆管理人员和业务骨干,开展公共数字文化巡讲培训,对高层管理培训进一步细化。有的图书馆按照不同的区域划分,针对公共数字文化建设开展省域内的轮训,例如,江苏2015年在全省13个区域分期分批开展了全省基层公共数字文化建设培训，落实国家数字文化工程项目建设任务，实现了培训的全省覆盖。有的图书馆针对数字图书馆推广工程具体项目或业务，开展区域培训，例如，江西省图书馆2015年按照不同的区域划分，将推广工程培训分为三期，不仅将省内全部市级图书馆，还包括全部的县级图书馆进行了整体培训，使推广工程培训在全省范围内迅速铺开。通过对图书馆员的培训，在全国范围内培养了一大批数字图书馆建设与服务的专业人才，为数字图书馆的建设发展与服务推广提供了坚实的人才保障。

4 服务范围推广

图书馆要服务更广泛的人群，就需要打破地理位置的局限，拓展服务范围，提高服务效能。

4.1 总分馆推广

实行总分馆制有助于拓展服务范围，更好地共享数字图书馆的资源与服务。例如，为构建覆盖马鞍山全域的公共文化服务体系，完善市、县（区）、乡镇（街道）、村（社区）四级公共文化设施网络，马鞍山市图书馆积极协调，统一技术标准，利用Interlib图书管理联盟平台，完成市、县、区三级图书馆服务网络体系，建成4家区级分馆、13家社区分馆、10家24小时街区自助图书馆、8家流动服务点和8家企事业单位分馆，服务范围覆盖到社区、边检、学校、拘留所、医院等，在保障公众信息获取，发挥图书馆的教育、休闲、娱乐功能等方面起到了重要作用。长沙市建成了以长沙图书馆为总中心馆，各区县（市）图书馆为中心馆，街道（乡镇）、社区（村）图书馆为分馆，农家书屋、民办图书馆为补充，兼顾企业、学校等其他图书馆的地区图书馆网群。全市的91个总分馆、75个流动图书车服务点已实现数字资源一卡通服务，2000余个乡镇、街道、社区、村公共图书馆（室）、农家书屋均能登录长沙图书馆读者证系统，实现数字资源的统一检索、资源共享，市民足不出户就能查阅到自己需要的数字资源，同时，联合91家分馆开展推广工程相关活动，全市图书馆联动对数字图书馆的推广产生了广泛而深远的影响。苏州图书馆也建设了70家分馆，覆盖了姑苏区、相城区、高新区和工业园区。

4.2 图书馆联盟推广

为了更好地实现资源共享，拓展服务规模和效益，图书馆界不断尝试新的思路和模式，以成立图书馆联盟的形式进行合作。例如，湖北、湖南、江西三省于2012年成立湘鄂赣公共图书馆联盟，2013年安徽加入，成立了“中三角”公共图书馆联盟，有效集合各类资源，利用联盟的综合优势，总体推进四省公共图书馆事业的发展[9]。成都图书馆一年服务150万读者，自2014年开始建设成都市公共图书馆联盟，市—县两级通借通还网络建设完成，到2020年全市“市—县—镇—村”四级网络建成，通借通还点位覆盖到所有行政村，其他形式经过授权的分馆、流通点也不断发展，全市所有点位数量超过3000个，通过联盟图书馆建设，成都市实现了数字图书馆的快速发展，服务范围不断扩大，服务水平显著提高。在2015年十大数字阅读城市评选中，成都居首，数字阅读氛围非常好。

4.3 基层服务推广

除了总分馆模式和图书馆联盟模式的服务推广实践以外，在服务范围的拓展方面，很多图书馆采取了多种方式，将图书馆的服务推送到广大基层群众身边。例如，宜昌市图书馆的网格化阅读服务进社区的做法很值得借鉴与推广。宜昌市把城区划分为1421个网格，每个网格配备一名网格管理员。将1421名网格管理员作为基层社区工作者，统一培训管理，负责公安、综治、人社、民政、计生、城管、食品安全七项信息采集和综合服务。宜昌市图书馆结合社区网格管理丰硕成果推广全民阅读，发挥“格格”们的亲民优势，调动他们参与数字文化阅读推广的积极性，成为社区居民与图书馆间的纽带。图书馆在社区的网格管理员队伍中遴选兼职读书联络员，扩充志愿者队伍，对网格员进行数字阅读推广服务培训，让他们司职网格阅读服务，将图书馆信息服务阵地直接延伸到社区，充分发挥公共文化便民惠民功能[10]。苏州图书馆“网上借阅社区投递”项目借鉴O2O模式，通过互联网与遍布全市的物流体系，将读者需要的文献精准投递到读者手中，在方便市民借阅图书的同时，提高文献资源的使用效率，这种节约型、经济型、方便型的图书馆服务新模式，解决了苏州文化惠民活动“最后一公里问题”[11]。

5 服务渠道推广

5.1 传统方式推广

传统图书馆通过媒体、讲座、展览、宣传册、小礼品等进行推广的手段在数字时代中仍然适用，虽然这些推广方法经常局限在一定范围内，但却是多数图书馆最常用的推广方式。如各地图书馆配合推广工程进行建设成果的展览，制作带有工程标志的易拉宝、宣传册、小礼品等，面向不同受众开展读者讲座或者周末课堂等。

5.2 “互联网+”推广

信息技术的迅速发展及万物互联的时代大背景催生了“互联网+”的新生态，图书馆与互联网的结合大力促进了传统图书馆向现代图书馆的转变，新的图书馆服务推广方式应运而生。

5.2.1 整合平台推广

数字资源整合平台和一站式检索一直是图书馆追求的目标。上海图书馆的市民数字阅读平台将图书、期刊、报纸等资源进行整合，内容偏重大众阅读。该平台深度整合各种资源的元数据，实现与不同资源之间的无缝链接[12]。福建省图书馆建设公共文化数字支撑平台，其中“文化一点通”资源服务平台实现公共数字文化资源通过PC、平板电脑、智能手机等设备为基层群众提供公共文化服务。江西省图书馆利用现代技术，对海量、分布、异构的数字资源进行整合，形成有序的整体，搭建了江西省公共数字文化服务平台，通过电脑、平板、手机、触摸屏、网络电视等多种方式卓有成效地推动公共文化服务更好地向市、县、区以及基层延伸，消除文化服务空白点。

5.2.2 跨界合作推广[13]

“互联网+”环境下强调跨界融合，图书馆自然也不例外。例如，国家图书馆与京港地铁合作，以“地铁图书馆”为主题，联合举办大型公益阅读推广活动“M地铁·图书馆”，获得较好的社会反响。内蒙古图书馆与新华书店合作，开展了“我阅读，你买单——我的图书馆我做主”，通过下放图书采购权力于读者的理念创新，外移借阅服务职能于书店的技术创新，真正实现了公共文化服务与群众需求对接，有效解决了读者借书难的问题，这种服务模式被称为“彩云服务”[14]。“彩云服务”于2014年实施以来，获得了广大读者的高度认可，全国已有100

余家图书馆借鉴、复制、推广这一创新模式。福建省图书馆与社会各界联合举办文化艺术类培训，如与福建社科联共同创办公益性讲座“东南周末讲坛”，普及社科知识；与省作家协会打造“作家讲坛”，分享写作与读书经验；与福建广播电视大学合作，打造“市民课堂”，为市民生产和生活技能的提高搭建学习平台；与省老干部局合作打造“康乐大讲坛”，为老年读者提供健康生活讲座；与团省委合作打造“红领巾讲坛——家长课堂”，为家庭文化教育提供科学指导。在阅读推广方面，福建省图书馆紧跟技术前沿，在网络直播盛行的当下，与新浪福建合作，在世界读书日开展阅读推广活动，视频直播现场活动盛况，吸引了16万余人次观看。上海图书馆与微信、腾讯新闻、手机QQ、支付宝、手机淘宝、手机微博等移动互联网应用公司合作，打造城市服务平台，开展多入口的手机在线阅读服务，受到用户的喜爱。

5.2.3 多媒体多终端推广

4G时代智能移动终端普及，内容资源不断丰富，读者对数字阅读的认知不断加深，用户的阅读行为发生了深刻的变化，图书馆顺应趋势，运用手机、数字电视、触摸屏等多种媒体、多种终端、多种技术手段进行服务推广。国家图书馆与中国国际广播电视网络台及中国网络电视台合作开展互联网电视服务。手机端先后开通短彩信服务、国家图书馆手机门户网站、手机应用App、微博、微信服务及移动阅读平台，通过多种创新服务方式，整合优质数字资源，提升用户体验。在活动推广方面，国家图书馆运用先进技术打造数字图书馆体验区，运用最时尚的AR、VR技术，让读者在虚拟现实中感受数字图书馆。在微博、微信服务方面，全国大多数图书馆都已经开通了此类服务，像湖南图书馆、深圳图书馆、杭州图书馆、厦门图书馆、广州图书馆等图书馆的微信公众平台活跃度总体排名靠前，在移动端服务方面做了很多有益的尝试，探索出了一些经验。很多图书馆基于云服务理念开展服务推广，如吉林省图书馆的“吉林云图”以移动无线通信网络为支撑，以吉林省内图书馆、博物馆、文化馆等文化行业单位信息管理平台和基于元数据的信息资源整合为基础，以适应移动终端一站式信息搜索应用为核心，以云共享服务为保障，通过手机、平板电脑等智能移动终端设备，为吉林省图书馆联盟读者提供搜索、查询、订阅和全文阅读数字文化信息资源服务[15]。

我国各地数字图书馆服务推广工作内容丰富，形式多样，促进了数字图书馆建设成果的转化利用，数字图书馆建设的社会效益逐步体现。新技术环境下，数字图书馆建设要加强创新，通过多种渠道、方式和手段开展丰富多彩的服务推广活动，共享数字图书馆建设成果，满足广大人民群众的文化需求。

参考文献

[1] 杨玉麟. 图书馆服务理念之我见[J]. 图书与情报，2010(4)：4－6.

[2] 于景琪. 公共图书馆群Logo的设计理念与实践[J]. 图书馆工作与研究，2013(6)：49－51.

[3] 李超平. 图书馆推广：观念与操作——兼论读者活动[J]. 图书馆建设，2008(10)：56－60.

[4] 柯平. 大学图书馆数字资源营销策略研究——以南开大学图书馆为例[J]. 晋图学刊，2007(4)：1－5.

[5] 姜晓曦. 国外数字图书馆宣传推广模式研究[J]. 情报资料工作，2012(6)：101－105.

[6] 王敏，徐宽. 美国图书馆创客空间实践对我国的借鉴研究[J]. 图书情报工作，2013(6)：97－100.

[7] 韩晓雪，宋甫. 我国图书馆MakerSpace构建研究[J]. 图书馆学研究，2016(12)：60－64.

[8] 刘岩玲. 我国公共图书馆营销研究[D]. 保定：河北大学，2008.

[9] 黄俊. 区域性公共图书馆联盟建设思考——以“中三角”(湘鄂赣皖)公共图书馆联盟为例[J]. 图书馆杂

志,2016(12):23－31.
[10] 冯海涛.阅读推广网格化　数字服务进社区——浅析宜昌市图书馆数字阅读服务推广模式[J].图书情报论坛,2016(4):61－62.
[11] 幸娅.苏州图书馆网上借阅社区投递服务探析[J].新世纪图书馆,2015(11):25－27.
[12] 上海市图书馆学会,上海图书馆.图书馆数字阅读服务白皮书[EB/OL].[2018－03－26].http://society.library.sh.cn/node/402
[13] 姜晓曦.国内外图书馆营销推广实践模式研究[J].新世纪图书馆,2016(6):52－56.
[14] 韩冰,李晓秋.内蒙古图书馆"彩云服务"探究[J].图书馆论坛,2016(3):65－69.
[15] 谢原,张静鹏,周秀霞.图书馆联盟云计算服务平台的设计与实现——以吉林省图书馆联盟云服务平台建设为例[J].情报科学,2012,30(12):1854－1857.

《中华人民共和国公共图书馆法》颁布后的国家图书馆立法决策服务思考

杜照熙(立法决策服务部)

2017年11月4日,第十二届全国人民代表大会常务委员会第三十次会议通过了《中华人民共和国公共图书馆法》(以下简称《公共图书馆法》),并于2018年1月1日起施行。《公共图书馆法》是中国第一部图书馆专门法,是党的十九大之后我国颁布的第一部文化立法。本法是为了促进公共图书馆事业发展,发挥公共图书馆功能,保障公民基本文化权益,提高公民科学文化素质和社会文明程度,传承人类文明,坚定文化自信而制定。

通过对这部法律中相关条文的分析和对国家图书馆历史,尤其是国家图书馆立法决策服务历史的追溯,能够更好地促进国家图书馆发挥法律规定的职能作用,为国家立法和决策服务贡献力量。

1 《公共图书馆法》确立了国家图书馆为国家立法和决策提供服务的法律地位

《公共图书馆法》第二十二条规定:"国家设立国家图书馆,主要承担国家文献信息战略保存、国家书目和联合目录编制、为国家立法和决策服务、组织全国古籍保护、开展图书馆发展研究和国际交流、为其他图书馆提供业务指导和技术支持等职能。国家图书馆同时具有本法规定的公共图书馆的功能。"

其中,明确"为国家立法和决策服务"成为国家图书馆的核心职能之一。

1.1 "为国家立法和决策服务"成为国家图书馆的一项法定职能

《公共图书馆法》是由全国人民代表大会常务委员会通过并颁布施行的法律。作为公共图书馆领域的专门法律，以明文法条的形式确认了国家图书馆的法律地位和核心职能，其中“为国家立法和决策服务”作为国家图书馆的法定七项职能之一，有了明确的法律意义。

国家图书馆的法定职能，是通过《公共图书馆法》这一法律的规定和授权所必须进行的行政活动。法定职能，是被法律规定或授权的机构必须进行作为的职责。因此，国家图书馆得到《公共图书馆法》的授权后，必须采取积极的措施和行动，依法履行职责。这种法定职能既意味着权力，也意味着责任。

在过去的几十年中，国家图书馆虽然一直从事着相关的立法和决策服务工作，但是这仅仅是作为国家图书馆的业务拓展，没有法律强制规定。在《公共图书馆法》出台后，为国家立法和决策提供服务从此成为国家图书馆至关重要的工作职能和重要工作内容，是国家图书馆必须积极承担的责任。立法和决策服务不仅仅是国家图书馆的一项日常业务，而是其核心职能之一，是国家图书馆必须重视且推动规范化发展的工作。

1.2 此项法律规定产生的可行性和必要性

在《公共图书馆法》制定的过程中，国家图书馆就参与其中，相关领导和工作人员都在这部法律的起草、调研、协商中发挥了重要的推动作用。对于将“为国家立法和决策服务”纳入国家图书馆的法定职能，从国家图书馆本身的功能和既往提供过的立法和决策服务来看，这一职能有其可行性和必要性。

国家图书馆作为国家总书库，在成立之初就建立了参考咨询组。随着党和国家的立法与决策日趋重视科学化、专业化，在近70年的岁月中，国家图书馆实际上一直在为党和国家领导机关提供着立法和决策的咨询服务。如1953年国家图书馆的参考咨询馆员通过手工查检，完成铜矿923处、硫矿700处信息汇编，报送地质部，为决策部门提供《文献报矿》，并形成3万多字的《祖国两千年前铁矿开采和锻冶》、12万余字的《中国古今铜矿录》等专书。另有铝矿1607处、铅矿114处、锡矿422处、硝矿349处、油页岩60多处的信息汇编，交给燃料工业部。为国家掌握重要矿产资源及分布提供了重要的史料依据[1]。

1998年，国家图书馆已经正式将为中央国家机关立法决策服务列为重要工作内容，并于1999年正式成立立法决策服务部[2]，专门为党和国家重要立法和决策机构提供服务。迄今为止，国家图书馆在立法和决策服务方面已有近20年的专业经验积累。如，面对2008年的汶川地震，国家图书馆推出《汶川地震灾后重建信息专报》，以每周2至3期的频率直接报送100多位中共中央、国务院领导，以及报送参与灾后重建的国务院各部委领导和灾区三省领导手中，总计61期。专报得到了高度评价，温家宝总理还做了重要批示。再如，在2007年《中华人民共和国物权法》（以下简称《物权法》）通过以前，国家图书馆从2004年起就一直对《物权法》历次审议情况进行跟踪，为全国人大提供了多篇中外关于物权法研究的背景资料以及物权法审议情况报道，为《物权法》的最终通过提供了丰富的文献参考。此外，还有为国家各部委建设国家图书馆部委分馆，定期举办“部级领导干部历史文化讲座”，为全国“两会”提供咨询服务并搭建数字化的服务平台，等等。

国家图书馆有能力为党和国家领导机关提供立法和决策服务，这是此项职能的可行性。而党和国家领导机关在其工作中，也需要国家图书馆这种科学、专业、及时的服务，这也是此项职能入法的可行性和必要性。

1.3 国际实践为此项法律规定出台提供良好的先例经验

将国家图书馆作为国家立法机关的服务机构，在国际上也并不少见。通过借鉴其他国家的法律规定和制度设计，评估其实际成果，可以看出这一规定有利于立法和决策服务规范化，有利于党和国家的决策科学化。

以美国国会图书馆为例，早在1914年，美国国会就通过了成立国会图书馆的法案，规定其“搜集、分类并以译文、索引、文摘汇编或通报等形式获得了立法资料或与立法有关的资料，并向国会、各个委员会以及国会议员提供这些资料”。1970年，立法参考部更名为国会研究服务部，其工作人员由各种学科的专家所组成，能针对各种复杂立法问题，为国会提供参考[3]。目前，这一部门已经为美国国会及其成员提供了大量的政策与法律分析。如在2017年，美国国会研究服务部就做出了一份暗网报告，提出了暗网和深网的概念，指出其危害风险和对执法的挑战以及可用性，为美国有效打击非法利用网络空间的恶意行为和执法、军事、情报领域利用暗网进行活动提供了分析和参考[4]。

日本国立国会图书馆既是日本的国家图书馆，也是国会的图书馆。1948年颁布的《国立国会图书馆法》明确指出该馆“以搜集到的图书及其他资料，在帮助国会议员完成公务的同时，对行政和司法部门以及国民提供法律上所规定的图书馆服务为目的”。依照法律，日本国立国会图书馆设立了调查及立法考察局，专门承担为日本国会服务的职责，在2011年已经有全职人员193人，其他业务部门为此部门提供基础保障。此外，馆内还为国会议员设置了专门的阅览室和研究室[5]。

此外，英国、韩国等国家的国家图书馆都有相关服务。这种由国家图书馆为国家重要决策机构提供立法和决策服务的模式，在很多国家中都有着一定的历史经验，其工作效率和质量也得到了证明。通过这次《公共图书馆法》的制定、颁布和施行，将“为国家立法和决策服务”作为国家图书馆的核心职能之一，不但有利于国家图书馆的立法决策服务规范化发展，也将有利于国家图书馆更加规范有效地为党和国家领导机构服务。

2 《公共图书馆法》对国家图书馆立法决策服务的影响

作为公共图书馆领域的专门法律，《公共图书馆法》的颁布和施行势必对国家图书馆的职能行使和业务调整造成重大影响，尤其是对立法决策服务的影响，这种影响主要有以下两个方面。

2.1 为国家图书馆进行立法和决策服务功能提供了法律保障

党和国家领导机关在进行立法和决策时，都需要经过一段时间的前期调研、协商等过程。以立法为例，立法作为国家的专有活动，是国家机关依照法定程序进行的活动[6]。具体而言，立法过程需要经过立法预测、立法规划、立法决策、立法协商等环节。在这一系列的环节中，立法主体都需要得到科学、专业和及时的咨询服务，方便其聆听民声和专家建议，了解相关领域的历史沿革、国内外情况，吸取经验，才能最终形成较为完整、系统、全面和科学合理的法律草案。在进行立法时，相关机构势必需要通过各种途径进行信息采集、分析和资料整理乃至得到起草建议、设计问题解决方案等。

国家图书馆在《公共图书馆法》出台之前就已经为全国人大及其常委会、国务院、各部委等相关立法机关和法律授权的机构提供相关法律咨询。比如《物权法》的出台、《中华人民共和国刑事诉讼法》的修订、《社会服务机构登记管理条例》的起草过程等都有国家图书馆的参与。但是这些服务都是国家图书馆以业务扩展形式向相关机构提供的服务，并不是出于职能行使的必要行为。因此，在进行相关业务时，一个重要的问题就是如何取得相关机构的信任。国家进行立法和决策的行为是影响深远、具有重要社会意义的活动，相关机构不能随意将资料共享或者将需求泄露。部分机构让国家图书馆参与其中，主要是考虑到国家图书馆作为文化部下属事业单位的性质以及其丰富的馆藏资源和专业的人员配置，既能够实现相关机构的保密需求，也能够满足相关机构的文献和资料需求。即使如此，国家图书馆在进行立法和决策服务时，还是无法律可依，与前述美、日等国的国家图书馆境况不大相同。

在《公共图书馆法》出台之后，这种情况将彻底得到改变。作为全国人大常委会通过的法律，《公共图书馆法》的法律位阶较高，能够为国家图书馆向国家立法和决策服务提供有力的法律支撑。以后，国家图书馆在与相关机构进行业务对接和提供服务时，都有了充分的法律依据和相应的法律地位。“为国家立法和决策服务”成为国家图书馆的法定核心职能，《公共图书馆法》的相关规定就是国家图书馆行使这项职能的法律保障。

2.2 对国家图书馆的立法决策服务提出了新要求

《公共图书馆法》不仅为国家图书馆的立法决策服务提供了法律保障，同时，也对国家图书馆提出了新的要求。作为一项法定职能，国家图书馆在为国家立法和决策服务的问题上，不仅要有制度上的规范化建设，还要有相关专业人员的配置，同时也要求一定的财政投入。

以美国国会图书馆为例，美国国会图书馆是世界上最大的用于为国会服务的国家图书馆，在1992年馆内就有工作人员864名，其中90%是专家和学者，在1997年其预算总额为3.6亿多美元。无论其馆藏规模还是资金投入或人员配备，都是世界上最大的国家馆。在如此雄厚实力的支撑下，仅1996年，就完成国会咨询近50万件次[7]。2000年通过的《国会图书馆财政运营改进法案》规定，“在美国国库建立周转基金账户，用于存储为其他联邦机构服务所带来的收入，并且不受财政年度结束的限制，可以用于支持下一财政年度的研究工作”，这为其发展提供了更可靠的财务制度保障[8]。仅2009年，其下属的法律图书馆就为国会用户制作研究报告611份，并接待国会用户访问3000余次。在2015年，全馆工作人员有3000多名，财政拨款6.308亿美元[9]。美国国会图书馆为国会及其成员提供的专业服务，不仅有基本的资料查询、文献传递，还有高质量的调查报告、专业的前瞻分析，等等。可以看出，完善的制度保障、专业的人员配置和雄厚的资金投入，都是美国国会图书馆在立法决策服务方面取得显著成就的巨大助力。

中国作为推动法治化建设的大国，在这一方面也要奋起直追。在《公共图书馆法》的规定中，中国国家图书馆既有公共图书馆的功能，又区别于一般的公共图书馆，具有双重性质。因此，这部法律的颁布施行也对国家图书馆提出了新的要求，要依照法律调整自身定位。国家图书馆在为国家立法和决策服务的问题上，要做到专业、及时、高效，严守保密要求，保证质量和效率，在党和国家需要的时候提供高质量、有深度的立法和决策服务。面对“为国家立法和决策服务”这一功能，中国国家图书馆必须进行规范的制度建设，进行专业的人员队伍建设，投入足够的资金和关注，保证这一职能的顺利实行。

3 对国家图书馆立法决策服务的建议

应对《公共图书馆法》的颁布施行，对国家图书馆行使“为国家立法和决策服务”这一职能，有以下几个建议：

3.1 形成以立法决策服务部为主，全馆各部门协同配合的服务体系

国家图书馆既有的立法决策服务部，从部门成立以来，一直以为党和国家领导机关提供咨询服务为主要业务，积累了一定的经验，取得了不错的成绩。以2015年为例，立法决策服务部完成了文献信息咨询服务共计1300余件。截至2015年，完成16家部委分馆的建设，累计举办部级领导干部历史文化讲座229场次。全馆其他部门，在以往的立法决策服务中也有相关的配合经验，如在每年全国“两会”期间，典籍阅览部、保卫处等部门协同立法决策服务部完成上会任务，如2008年推出的、面向党和国家领导机关的“国家图书馆立法决策服务平台”就是在充分利用馆藏数字资源的基础上建设起来的。

因此，建议在面向党和国家领导机关服务时，由立法决策服务部为推广和接洽业务的部门，承担主要责任，避免多头接洽，造成服务对象的认知混乱和业务上的责任不明。在馆内进行业务分配时，各部门协同一心，互相配合，完成工作任务。

3.2 尽快制定相关制度，明确这一职能行使的范围和程序

在以往的工作中，国家图书馆在类似业务中的规定，一般都是以立法决策服务部自身的业务发展规划为准，对用户进行服务。而现在“为国家立法和决策服务”已经成为国家图书馆的法定职能，在履行这一法定职能的时候，需要有更高层次的规范可依，需要有更健全的制度规定。因此，制定相关制度，将这一职能如何行使进行规范化，是当务之急。法定职能要在法律框架内行使，符合法律规范，所以必须要有相关的规定作为依据，同时还要制定科学、合理、高效的流程，建立可追溯的责任机制，协调馆内各部门，完成这一职能的行使。

3.3 重视人才队伍的建设，建立专业的咨询团队

国家的立法和决策行为，是专业要求极高的国家活动，为国家立法和决策服务需要专业的人员配备才能够满足需求。社会主义法治的完善需要大批人才的智慧和努力，国家重要政策的制定需要各方面专家的关注和研究。专业的人才队伍是进行立法决策服务的基本保障。

以2016年的立法决策服务部人员配置情况为例，部门共有正式员工64人，其中58人为本科及以上学历，具有硕士和博士学历的人员共计48人，占83%的比重，这些人员有30个不同的学科背景，其中法学类有15人。正是这种学历高、专业性强的人员配置，使得该部门能够完成相应的立法决策服务。但是，在面对“为国家立法和决策服务”这一法定职能的行使上，现有人员配置还是略显不足，需要引进并留住人才资源。如何大力发展专业的人才队伍建设，如何保留住人才资源，是国家图书馆需要解决的重要问题。

同时，国家图书馆还需要加大与其他专业咨询团队和专家的合作，引入社会力量，承担专业和深度咨询。以2010年国家图书馆组建的“国家图书馆国情咨询专家委员会”为例，聘请

了国内著名专家学者,以自然科学和人文社会科学领域研究成果为基础,为国家立法和方针政策制定提供可靠的科学依据。在以后的工作中,这也将成为国家图书馆利用专业人才、大力服务国家立法和决策的重要手段。建议在今后的工作中,国家图书馆协同社会上的知名专家和团队,为国家立法和决策提供专业化的服务。

3.4　加大财政投入,为国家图书馆行使职能提供有力的物质保障

在进行立法决策服务的过程中,无论是人员队伍的建设、专家团队的打造,还是文献资源的存储、利用和数字资源的购买,都需要足够的财政投入作为基本保障。

1979 年至 2015 年,公共图书馆财政投入的增长速度年均增速(16.6%)明显高于同期 GDP 的增长速度(年均增速 9.6%)。这是国家重视基本公共文化服务的体现。但是,以 2009 年为例,国家图书馆财政投入仅为 4.9 亿元人民币,不仅远远少于许多发达国家的国家图书馆的财政拨款,也少于上海图书馆财政投入的 5.9 亿元人民币。国家图书馆作为一种特殊类型的图书馆,行使着与其他图书馆不同的职能,也意味着其有更多的资金需求,但是从上述数字可以看到,这方面的需求还未得到满足。由于资金的不足,目前在国家图书馆立法决策服务部也存在着专业人员流失和购买信息资源的资金拮据等问题。

因此,建议政府加大对国家图书馆的财政投入,国家图书馆加大对立法决策服务的财政支持,及时、有力地拨付款项,将资金用于专业人才队伍的培养和建设以及专业信息资源的采购和使用中去,使"为国家立法和决策服务"这一功能高效率、高质量行使,真正成为国家图书馆的核心职能之一。

希望在《公共图书馆法》颁布施行以后,国家图书馆能够更好地利用自身资源,行使为国家立法和决策服务的职能,积极发挥自身优势,保证为党和国家领导机关提供规范化、专业化和及时高效的立法决策服务。

参考文献

[1] 庄建. 国家立法决策的参谋与助手——国家图书馆立法决策服务发展历程及成效[N]. 光明日报,2013-09-04(7).

[2] 王磊,卢海燕. 国家图书馆立法与决策服务十年历程回顾与思考[J]. 国家图书馆学刊,2008(1):10-15.

[3][8] 田贺龙. 美国国会图书馆的立法决策服务[J]. 国家图书馆学刊,2011(1):24-28.

[4] Finklea K. 美国国会研究服务局暗网报告摘要[J]. 马可,译. 中国信息安全,2017(11):81-82.

[5] 张曙光,陈颖艳. 日本国立国会图书馆立法决策服务考察[J]. 国家图书馆学刊,2011(1):18-23.

[6] 朱力宇,叶传星. 立法学[M]. 北京:中国人民大学出版社,2017.

[7] 唐绍明. 美国国会图书馆的国会服务[J]. 图书馆,2000(1):42-43.

[9] 张英. 美国国会图书馆的历史及现状[J]. 河南科技学院学报,2016(5):48-51.

融合新型资源，提升文化服务

——新时代文献资源建设与服务模式探析

王　菲（业务管理处）

公共图书馆的文献资源建设与不同社会背景下的经济、政治、法律、科技、教育、文化等领域存在着密切的联系，它的发展不仅需要技术的支撑，更有赖于国家政策和法律的保障。近年来，党和国家高度重视公共图书馆事业的发展，提出“构建现代公共文化服务体系”的明确要求，大力建设社会主义文化强国，努力实现中华民族伟大复兴“中国梦”。与此同时，《中华人民共和国公共图书馆法》（以下简称《公共图书馆法》）的颁布对我国图书馆事业的发展和公共文化服务的开展产生了巨大的影响，对于进一步健全图书馆文献资源建设的方针策略具有重要的指导作用。作为公共文化服务主阵地的图书馆，其文献资源建设直接关系到馆藏质量，影响着服务水平，在法治环境下的新时代，唯有正确研判发展趋势，跟踪把握事业政策，准确了解社会需求，积极有为开拓创新，才能位于文化事业创新发展与公共服务现代化的前列。

在新技术、新学科不断涌现的新时代，社会公众获取信息的途径正日趋多样化，对文献资源的类型和衍生服务也有着更高的要求，从传统的纸本印刷文献，到计算机时代的电子书、电子期刊，再到互联网、大数据时代的整合数据库、MOOC（慕课）资源，每一次变革都对图书馆文献资源建设与服务提出了更高的要求。面对日新月异的文献类型和大众日趋多样化的文化需求，图书馆必须以《公共图书馆法》为法律依据，贯彻落实以人民为中心的理念，以国家及各级政府为主导，在社会各界的帮助支持下开展文献资源建设与服务，进行文献资源建设的跨界融合和公共文化服务的稳步提升。因此，在法制环境下的新时代，公共图书馆需借助互联网的便利积极开拓创新，深入理解图书馆用户的需求变化，重新审视文献资源的建设与服务模式，履行新时代图书馆在坚定文化自信、推动社会主义文化繁荣兴盛伟大事业中的责任，推动文献资源建设与服务实现专业化、体系化、现代化的发展，全面提升公共文化服务能效，成为可以不断满足人民群众文化需求的重要阵地。

1　《公共图书馆法》对文献资源建设的影响

随着《公共图书馆法》的正式出台和实施，我国的图书馆发展迎来了新时期。该法对公共图书馆的设立、运行、服务以及法律责任做出了详细的规定，将作为我国公共图书馆开展文献资源建设和服务的主要法律依据，进一步规范我国图书馆的文献资源建设与服务模式，引导图书馆的管理体系，明确图书馆的权力与义务，指引图书馆事业的发展方向。

1.1 为文献资源建设提供法律保障

法律保障是图书馆事业持续稳定发展的基础。自1850年英国颁布了世界上第一个全国性的公共图书馆法以来,迄今为止世界上有100多个国家颁布了图书馆法。各国的公共图书馆法规虽在内容和表述上有很大的区别,但都将文献资源建设纳入法律条款之中,因为图书馆的文献资源建设不仅是图书馆的一项基础性业务工作,更是图书馆赖以生存并开展各项服务的基石,需要国家法律法规的规范和保障。早在2008年文化部(现文化和旅游部)召开《公共图书馆法》立法工作会议之时,诸多图书馆业界专家就开展了有关文献资源建设法律法规的立法支撑研究,旨在为《公共图书馆法》提供可供参考的依据和建议,其中肖希明、张勇及多位省市公共图书馆馆长共同撰写的《公共图书馆文献资源建设法律保障研究》体现了各级图书馆在文献资源建设中对法律的强烈需求。《公共图书馆法》的正式实施,不仅反映了广大图书馆工作者的共同心愿,也意味着图书馆的文献资源建设与服务步入了法治环境下的新时代。

1.2 为文献资源建设提供充足的经费保障

《公共图书馆法》第一章(总则)第四条中明确规定"加大对政府设立的公共图书馆的投入,将所需经费列入本级政府预算,并及时、足额拨付",有力地向社会各界宣示了国家对公共图书馆事业的支持与重视。

文献购置经费是文献资源建设的核心问题,而经费短缺问题长期以来一直制约着图书馆事业的发展。世界各国的图书馆均面临经济、社会与技术的严峻挑战,不少国家和地区大幅削减图书馆经费,有的甚至关闭了图书馆设施。据统计,2010年至2016年英国关闭了464家公共图书馆,美国51所州立图书馆收支分别减少了24%和22%。相比之下,在过去数十年里,伴随着我国经济实力增强和科学技术发展,以及提出构建和谐社会、学习型社会的要求,我国公共图书馆的发展日益受到重视,公共图书馆事业呈飞速发展的态势。据数据统计,2012—2017年,全国公共图书馆机构数量逐年上升,由2012年的3076个增加到2017年的3174个,图书流通、书刊文献和文献外借情况也呈逐年增加态势①。

《公共图书馆法》的颁布不仅会带来图书馆规模的发展,而且会提升文献资源建设与服务的品质,进一步增强广大图书馆工作者的使命追求。今后,在文献资源购置经费有保障的前提下,图书馆的文献资源建设与服务将更有序进行,更加稳步提升。

1.3 明确文献资源建设与服务的目标和任务

《公共图书馆法》第三章(运行)和第四章(服务)中规定了公共图书馆文献资源建设和服务的目标及具体实现方式。其中,第三章第二十四条明确规定"公共图书馆应当根据办馆宗旨和服务对象的需求,广泛收集文献信息;政府设立的公共图书馆还应当系统收集地方文献信息,保存和传承地方文化";第四章第三十三条和第三十六条中提出了公共图书馆应免费向社会公众提供的服务除了文献借阅等服务外,还包括"开展公益性讲座、阅读推广、培训展览等服务",以及"开展阅读指导、读书交流、演讲诵读、图书互换共享等活动,推广全民阅读"等,体现了图书馆文献资源建设与服务创新转型的时代要求。

---

① 数据出自《2018—2023年中国公共图书馆运营管理及发展模式分析报告》。

《公共图书馆法》为公共图书馆开展文献资源建设与服务提供了法律保障。其规定了公共图书馆广泛收集文献信息的依据是“办馆宗旨”和“服务对象的需求”即馆藏发展目标和用户/读者需求,二者相互促进,相互协调,馆藏发展政策应服务于用户需求,用户需求的反馈促使馆藏发展政策不断完善,继而开展符合用户需求的文献资源建设和相关服务项目。具体运行机制如图1所示。

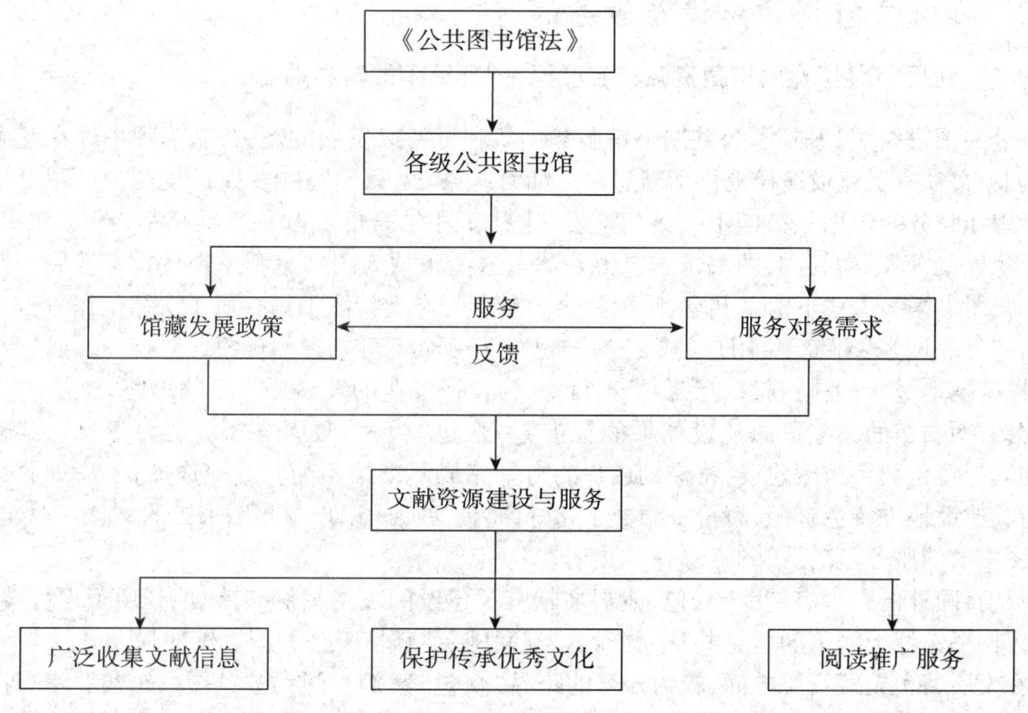

图1　法治环境下的文献资源建设与服务模式

各级公共图书馆应依据《公共图书馆法》合理制定馆藏发展政策,深入调研并理解图书馆对象用户的需求变化,使馆藏建设符合新时代和人民的需要。例如,在文献资源建设方面,重视用户意见对资源建设的作用,系统地统计用户需求,规范读者荐购的工作流程,将其拓展为资源采购的重要途径之一;在开展阅读推广服务方面,拓展媒介平台,以用户喜闻乐见的方式获取所需服务,并通过平台反馈其服务质量和体验感受,不断改善图书馆的服务能效。

1.4　明确公共图书馆文献资源建设的意识形态属性

《公共图书馆法》第一章(总则)第三条明确了公共图书馆的意识形态属性,即“公共图书馆是社会主义公共文化服务体系的重要组成部分,应当将推动、引导、服务全民阅读作为重要任务。公共图书馆应当坚持社会主义先进文化前进方向,坚持以人民为中心,坚持以社会主义核心价值观为引领,传承发展中华优秀传统文化,继承革命文化,发展社会主义先进文化”。

图书馆作为公共文化服务的重要窗口,在弘扬社会主义核心价值观上担负着重要的责任。该项法律规定为公共图书馆文献资源建设筑起了防范其他意识形态渗透、入侵的法律屏障,使公共图书馆旗帜鲜明地坚持社会主义先进文化前进方向,坚持以人民为中心,坚持以社会主义核心价值观为引领,发挥传承中华优秀传统文化、发展社会主义先进文化的作用。这就要求图书馆各工作流程要严格把控文献的意识形态，加强制度建设，责任明晰，深化落实意识形态工作责任制，守好文化和意识形态阵地。《公共图书馆法》颁布恰逢党的十九大胜利闭幕，把深入学习党的十九大精神与贯彻落实《公共图书馆法》有机结合起来，使广大图书馆工作者进一步坚定信心、明确目标、开拓进取。

2 提升文献资源建设与服务的有益举措

2.1 利用“众包”发展馆藏资源：“互联网 +”环境下的跨界融合

《公共图书馆法》开拓了公共图书馆服务创新和可持续发展的新方向，为图书馆在互联网时代创新文献资源建设途径提供了新思路。如第八条“国家鼓励和发挥科技在各个图书馆建设、管理和服务的作用”、第四十一条“建设线上线下相结合的文献信息共享平台”、第四十六条“国家鼓励公民参与公共图书馆志愿服务”等，这些条款为图书馆利用现代技术发展馆藏资源、加强图书馆线上线下信息共享、吸引社会力量参与和支持图书馆提供了法律依据。

在“互联网 +”环境下，用户的广泛参与已成为一个不可忽视的现象，通过互联网平台，用户可以跨越地域、行业限制参与到各类项目中，为各行各业的发展提供新的思路，即“众包”模式。公共图书馆的文献资源建设如果能够借鉴“众包”模式，吸引各领域的力量参与馆藏建设，尤其是特色数字馆藏建设，将借助用户的力量完成图书馆不能独立完成的任务，如收集珍贵史料、建设地方特色资源、海量资源数字化等，将使更多的用户参与图书馆的文献资源建设，扩大图书馆的服务范畴。

目前，国外已有很多借助“众包”发展文献资源建设的成功案例，有效地利用了现代技术，实现了图书馆线上线下的信息共享，展现了“互联网 +”环境下公共图书馆的强大号召力。

在发展特色馆藏资源方面，较为知名的跨界“众包”案例有纽约公共图书馆实验室（NYPL LABS）发起的“一起写菜单（What’s on the Menu）”项目。该项目吸引了众多历史学家、厨师、美食爱好者的踊跃参与，为图书馆收录的纽约 19 世纪中期的 45 000 份菜单提供了编目数据之外的如餐馆名称、餐馆地址、菜品评价和菜品价钱等信息，发展了该馆的特色馆藏。除此之外，文献目录建设是图书馆文献资源建设的重要工作之一，如能通过志愿者的形式实现海量文献目录建设将有效提高图书馆资源管理效率。英国不列颠图书馆启动的“群众图书馆（LibCrowds）”计划，将 10 万种中文图书、2500 种中文期刊以及印度尼西亚文的文献通过“众包”方式进行文献目录的数字化，完成了 57 亿条书目数据的数字化。

在海量的数字资源面前，图书馆凭一己之力能够处理的信息十分有限，我国图书馆如果能创新资源建设流程，利用“众包”建设特色馆藏，那么互联网的每个用户都可能成为图书馆潜在的“众包”志愿者，实现跨语言、跨地域、线上线下“互联馆藏”。但在实施“众包”之前，我国公共图书馆仍面对很多问题，比如馆员对资源的把控与监督作用、对志愿者的有效激励机制等需要各个图书馆发挥现代技术的优势，根据实际情况开展调研。

2.2 加强 MOOC 资源建设：发挥数字信息素养教育职能

《公共图书馆法》明确了公共图书馆为大众提供文献信息服务应坚守开放性、平等性和共享性的原则，并鼓励公共图书馆加强与学校图书馆、科研机构图书馆等开展联合服务。如第一章（总则）第一条提出制定图书馆法的主要目的之一是“提高公民科学文化素质和社会文明进程”，第四章（服务）第三十三条“公共图书馆应按照平等、开放、共享的要求向社会公众提供服务”、第四十八条“国家支持公共图书馆加强与学校图书馆、科研机构图书馆以及其他类型图书馆的交流与合作，开展联合服务”。公共图书馆应该以《公共图书馆法》为依据保障其文献资源体系构建，与其他类型图书馆开展合作，共同开放和共享优质服务，从而推动全民阅读，提高全民文化信息素养。

在信息时代，公共图书馆如果要继续发挥其公民终身学习、继续教育阵地的作用，就必须不断扩展传统服务的界限，掌握信息时代的发展脉搏。大规模网络公开课程（Massive Open Online Course，MOOC）作为一种新型的互联网资源，有着较广泛的受众群，国内某知名 MOOC 平台自 2013 年运营以来，从 Coursera 和 edX 引进了 200 余门课程，网站日平均用户注册量超过 2000。经过近五年的发展，MOOC 在国内已逐渐成为一种成熟的商业出版模式和信息资源，公共图书馆可以将 MOOC 资源作为数字信息素养发展的有利契机，将其纳入数字资源采访的范畴，进行整合、采访和研究利用。MOOC 资源包括以下三种。

整合商业类 MOOC 资源。商业类 MOOC 多为高校联盟平台、MOOC 供应商平台提供，受众群体多为在校生或互联网用户。图书馆可以与国内外高校联盟、MOOC 供应商合作采访该类资源，整合与图书馆馆藏相契合、符合服务对象需求的资源。传统图书馆用户通常是到馆读者和持有该图书馆证件的远程访问读者，将 MOOC 平台纳入馆藏范围中，将使 MOOC 用户成为图书馆的又一大主要用户群，跨界合作扩大其教育资源的覆盖率，提升信息素养。

参与研究类 MOOC 资源。除了采购 MOOC 资源，图书馆还可以通过与高校、教育机构合作开发研究类 MOOC 平台建设。公共图书馆参与此类 MOOC 课程不仅可以提升其社会影响力，也可以提升图书馆的相关文献利用率和场所空间的利用。如美国威斯康星大学麦迪逊分校与 21 家公共图书馆合作开设“五大湖地区气候和环境变化”的 MOOC 课程，由 21 家公共图书馆合作共享有关全球变暖科技信息的视频、读物、线上讨论和问卷，与高校、科研机构合作呈现五大湖地区发生的变化。据统计，课程开课一周共有 3846 名来自巴西、南非和中国等各国的学生参与；在开课第二周共有 6000 余人参加，并有约 200 人到现场参加交流会。

自建特色文化类 MOOC 资源。图书馆除引进国内外商业 MOOC 资源外，还可以通过自建 MOOC 资源的方式，充分整合特色文献资源、发挥馆舍优势，使图书馆在提升信息素养中起到引领作用。如中国国家图书馆于 2015 年在国内率先上线了以“大规模、开放、在线”为理念的“国图公开课”，推出了一系列适合公众在线学习、图书馆自有版权的精品互联网课程。“国图公开课”在服务形式上强调馆藏文献关联与线上线下用户体验。

数字时代赋予了图书馆更多的角色，图书馆不但是文献资源的中心，也是公众获得技能培训、职业指导、交流学习的场所。在 MOOC 浪潮中，公共图书馆如能采集符合本馆馆藏发展政策、服务对象需求的 MOOC 资源，推广并指导 MOOC 资源的使用，将形成课程供应商、高校互利共赢、共同营造全民终身学习的社会氛围。

2.3 规范读者反馈机制：实现用户—馆员共同驱动的文献资源建设机制

《公共图书馆法》第四十二条规定“公共图书馆应听取读者意见，完善反馈机制，接受社会监督”。公共图书馆只有积极接受读者反馈，才能有效提高公共图书馆的文献资源建设与服务质量。图书馆应开发数字媒介和移动平台的服务评价系统，及时获取用户对馆藏资源的利用、馆舍环境、馆员的服务质量、阅读推广活动等的需求和意见；图书馆还应定期开展读者阅读服务问卷调查,不断完善其文献资源建设和服务体系。

在如今"互联网+"的环境中,公共图书馆可以借助大数据等技术手段,对读者的借阅信息、阅读需求、阅读情况进行数据挖掘和分析,将结果利用到图书馆文献资源采购和服务中去。目前,国内很多图书馆开展了读者荐购服务,将读者对文献的需求有效地反映到文献资源建设与服务中。荐购服务即读者向图书馆发出荐购请求后,图书馆给予处理和回复,及时向读者反馈信息,补充相应的文献资源,近年来国内外热议的"用户驱动选书模式"(Patron-driven Acquisition,PDA)其本质也是读者荐购的一种模式。目前国内常见的荐购模式可以归纳为以下四类:

基于馆际互借的POD模式。即根据馆际互借需求产生的按需采购。由馆员设定文献采购标准,根据用户的馆际互借请求审核后下订单,书到后通知用户取书,用户使用后归还图书馆进行编目上架。

OPAC选书模式。图书馆根据一定的馆藏标准对书商书目经过查重等处理后,把MARC数据导入本馆的OPAC中,由文献采访部门设定一定的采购标准。用户在检索OPAC时,可以点击"请求购买这本书",需求通过系统提交给采访馆员进行审核,决定是否予以采购。

图书馆—书商线下PDA模式。由图书馆和书商确定展示书目或可购书目,读者在指定地点进行图书的荐购或借阅,图书归还后系统提示图书馆工作人员进行图书编目入藏,图书馆和书商进行金额核算。

传统荐购的升级模式。读者访问平台检索资源,平台对读者检索资源与图书馆资源查重,若图书馆没有该资源则提交读者需求,图书馆采访馆员对需求进行审核,审核通过则采购图书并给予读者回馈。

无论是哪种荐购模式,图书馆员都发挥着至关重要的作用。其引导读者采购,并根据文献资源建设情况和本馆读者的实际阅读情况设定采购的条件,对触发购买文献的标准参数进行科学设置。图书馆应该在《公共图书馆法》的基础上构建完善的资源建设与服务的读者反馈体系,规范公共图书馆的服务模式,使大众都能加入到公共文化创建的过程中来,共同构建先进的、特色的、适合社会主义发展的文化体系。

3 公共图书馆文献资源建设与服务的建议和思考

3.1 细化文献采选条例:完善新型文献资源综合评价体系

法制环境下的图书馆要根据馆藏发展目标和服务对象的需求不断细化文献采选条例,使新时代图书馆文献资源建设在法制环境下有规可循,有序进行。随着新型文献类型的不断涌现,如MOOC、OA(开放获取资源)等,为了使图书馆更规范地收集、融合互联网新型资源,需要进一步细化不同类型资源的采选途径和标准,对不同类型资源进行全面的评价与分析,包括资源的内容、意识形态、读者的使用情况和反馈、与馆藏发展的匹配度等因素。只有不断赋予文献采选条例新的时代内涵,才能使文献资源建设符合时代和人民的需要,进而提升公共文化服务。

3.2 文献资源服务理念转型:从文献提供到知识服务

法制环境下的图书馆要根据用户的需求不断升级服务理念,采用互联网思维,拓展多样化的知识服务。首先,为了更好地发挥馆藏文献资源的价值,应通过线上、线下多种形式开展文献资源服务,加强对纸质图书和数字资源的宣传和推介,包括提供新书推介、推出借阅排行榜、专家推荐书目、专题书目、零借阅图书推荐等,通过微信推送、展板宣传、读书沙龙等各种形式宣传资源,使读者能够了解资源、更好地利用资源。其次,应当将推动、引导、服务全民阅读作为重要任务,更加注重读者阅读素养、信息素养、技术素养以及职业素养等多元素养的提高,拓展图书馆传统图书阅览室空间,设立如学习空间、讨论空间、体验空间、创客空间甚至联合办公等共享设施,更加注重信息交流与知识分享,促进图书馆与读者、社区之间的联系。

3.3 实现馆员角色的转变,从 Librarian 到 Cybrarian

法制环境下的图书馆员要知法、懂法,不断提升自身技能,用法律和知识武装自己,保护弘扬社会主义先进文化,开拓创新文献资源建设与服务的途径。新时代的图书馆员需从传统"图书管理员"的角色中走出来,成为具有崭新服务理念、知识技能的信息资源管理者(Cybrarian)。图书馆员所掌握的知识要从图书馆学知识拓展为跨学科知识、信息知识和过硬的外语功底的新型知识结构,同时,在工作中注重坚持以人为本,坚持以社会主义先进文化为服务方向。只有这样,图书馆员才能更好地为广大读者服务,承担时代重任,开创新时代图书馆美好的未来。

《公共图书馆法》体现了新时代中国特色社会主义文化的制度优势。作为新时代的图书馆员,我们不仅要深刻理解、广泛宣传图书馆法颁布的意义,而且要以此为契机,发挥青年馆员的创新意识,大力推进图书馆转型,使文献资源建设与社会发展紧密相结合,使公众文化服务与人民对美好生活的需求相适应,努力提升图书馆服务的质量和能效,为实现中华民族伟大复兴的中国梦做出青年图书馆员应有的贡献。

参考文献

[1] 冯佳. 英国《1850 年公共图书馆法》发展研究[J]. 图书与情报,2010(5):37-42.

[2] 顾犇. 公共图书馆立法支撑研究的力作[J]. 国家图书馆学刊,2012(6):68-72.

[3] 肖希明,张勇,许建业等. 公共图书馆文献资源建设法律保障研究[M]. 北京:国家图书馆出版社,2011.

[4]《公共图书馆法》将给我们带来什么——访中国图书馆学会副理事长吴建中[J]. 图书馆研究与工作,2017(12):5.

[5] New York Public Library labs[EB/OL]. [2018-03-16]. http://www.nypl.org/collections/labs.

[6] 大英图书馆推众包项目,寻求中文目录翻译志愿者[EB/OL]. [2018-03-16]. http://ouzhou.oushinet.com/britain/20150626/197528.html.

[7] List of crowdsourcing proJects[EB/OL]. [2018-03-16]. https://en.wikipedia.org/wiki/List_of_crowdsourcing_proJects

[8] MOOC 中国接受《环球时报》英文版专访:MOOC 证书对求职有用吗[N/OL]. [2018-03-16]. http://www.mooc.cn/news/834.html.

[9] Public Libraries, U. Wisconsin-Madison Team Up on Climate Change MOOC[EB/OL]. [2018-03-16]. http://lJ.libraryJournal.com/2015/03/ed-tech/public-libraries-u-wisconsin-madison-team-up-on-climate-change-mooc/.

[10] 孙一钢,张炜,谢强,等. 国家数字图书馆的数字阅读服务与推广[J]. 图书馆杂志,2016(10):4-8.

[11] 刘华."读者决策采购"在美国大学图书馆的实践及其对我国的启示[J].大学图书馆学报,2012(1):45-50.

[12] 胡振宁,纸本图书 PDA:发展模式及案例分析[C].第十三届全国高校图书馆资源建设年会,2018.

我国期刊数字出版物的呈缴问题分析

张建存(中文采编部)

随着数字技术和信息技术的发展,信息的传播呈现多种载体形式,从国家保存文化和传承文明的角度,各种载体类型都需要得到有效的保存。期刊作为重要的知识载体,是国家科技文化发展的重要体现,作为出版物的重要一部分,期刊的保存也是不可或缺,起着对科学和文化传承的作用,为人类智慧传递发挥着重要的保障作用[1—3]。在互联网时代,期刊数字出版物因其体积小、数据存量大等特点,比重逐年增加,虽然在 2008 年国家新闻出版管理单位公布了新的电子出版物出版管理规定,规定在电子出版物发行前须向图书馆和新闻出版管理单位免费呈缴样品,但是针对期刊数字出版物的呈缴还没有法律法规,数字出版物概念和范围还不是非常清晰[4]。2018 年实施的《中华人民共和国公共图书馆法》规定"出版单位应当按照国家有关规定向国家图书馆和所在地省级公共图书馆交存正式出版物",为出版物呈缴工作提供了强有力的法律支持,在此形势下,加强对期刊数字出版物呈缴的研究显得更为迫切。

国外已纷纷开始推进数字出版物的呈缴,例如澳大利亚将停止传统出版物的印刷,使用数字出版物进行受缴,法国、俄罗斯、英国等国家将数字呈缴作为补充条款写进了国家的相关法律当中,在数字出版法定缴存方面也有较多的研究和研究成果[5—7]。我国新闻出版管理单位在 1997 年颁布了第一版《电子出版物管理规定》,要求电子出版物需要进行呈缴,之后 5 年内发表的研究论文都比较少,还没有引起国内学者的极大的关注。直到 2005 年之后,国家制定了 4 项出版管理规定,引起了学界对呈缴制度的关注和研究[8]。目前,国内对期刊数字出版物的呈缴处于探索阶段,研究信息技术对期刊出版呈缴带来的新的挑战,改善呈缴现状具有现实的实践意义。

1 期刊数字出版和呈缴的相关概念

期刊数字出版是数字出版的最终形式,是指期刊通过编辑、加工后将所有的信息转为二进制代码存储于介质中,借助计算机或多媒体设备进行信息的传播。电子出版和数字出版有着相近的概念,如今的数字出版包括出版数字化的全过程,将数字化和电子化结合,以前的数字存储介质逐渐被淘汰,例如磁带、黑胶唱片、软盘等。国际上将数字出版分为在线数字出版物和离线数字出版物,这种划分方式是通过获取的方式不同进行划分。国内按照出版传统习惯将数字出版物分为电子出版物和网络出版物。根据网络出版物的特点,又可分为静态网络出版物和动态网络出版物,电子期刊、电子书、数据库等出版后内容较为固定,称为静态网络出版物;网络出版的模式目前有自助出版、按需出版和其他类型等3种模式。自助出版借助平台进行出版,可以控制和参与整个出版流程,流程较为简单,易于操作,审核周期较短,例如亚马逊公司提供的自助出版模式和知识产权出版社推出的自助出版平台[9—10];按需出版是一种新型的出版类型,通过网络系统,将计算机系统的出版内容采用数字处理技术和印刷技术,根据时间的需要,实现即需即印;其他新型的出版模式有付费在线阅读、广告宣传阅读等。

真正意义的呈缴制度始于法国,目前有100多个国家制定了出版物的呈缴制度,对于传统印刷型的出版物,由于建立的制度较早,目前相对完善;而非印刷型的数字出版物的呈缴制度和规定并不是特别健全,由于数字出版物的载体、发行渠道等都有所不同,在版权、保存方式方面存在着一些难题。我国目前在行的出版物呈缴制度规定出版单位应按照国家有关规定向国家图书馆呈缴正式出版物[11]。对期刊数字出版物进行呈缴调查发现,图书馆对于数字出版物的呈缴工作实际尚未全面开展,对具体的执行也缺乏具体规范,图书馆难以针对性地开展呈缴工作。

2 我国期刊数字出版呈缴存在的问题

2.1 制度方面的问题

从国外的呈缴制度来看,呈缴制度是依靠国家立法确定的。目前我国关于出版物的呈缴有两种制度,国家层面的法律法规和地方政府呈缴制度。数字出版物的呈缴在一些规定中虽有提及,但数字出版物的概念不清,缺乏可操作性,并未真正执行。当前,期刊数字出版物呈缴客体和主体并不明确,呈缴的数量和方式没有具体的规定,并且在大部分的行政法规中提及的是电子出版物,数字出版物的概念范围较窄,而数字出版物与电子出版物的概念相近,甚至数字出版物才是广义的电子出版物,国家对数字出版物的概念和类型也需明确界定才能更好地实施呈缴制度。缺乏期刊数字出版物的实施制度的配套措施和解决方案,不能有效地协调呈缴各方的利益,没有很好地解决期刊数字出版物的保存、版权等方面的法律问题。

2.2 保存方面的问题

期刊数字出版物保存对象主要是论文文件和期刊出版文件,两种有不同的特点,保存的方法差异较大。论文文件的保存内容比较多,内容较为完整,通常作者采用的格式也众多,各个来源的文件格式没有统一的标准,一些数据内容需要大量的前期投资,成本较高。期刊出版文件较好地呈现了期刊的外观,无须格式的转换,用户体验度很好,成本稍低,但是各个出版机构为了保护自身利益,也采用不同的格式进行出版以便做到商业保护,保存过程中可能出现数字的迁移,保存方案也没有统一的标准。长期保存强调的是在未来一直处于可被访问状态,需要确保期刊出版物具有持续的可访问性,不会随着期刊数字存储格式的变化导致淘汰或数据丢失。

目前中国也没有针对数字出版物保存进行立法,也缺乏一个各出版社的数字出版呈缴平台,NESLi2是英国图书馆采用的长期保存的结构框架,针对长期保存,出版社对图书馆停购的期刊数字出版物提供永久访问权,可提供已订购的期刊数字出版物的副本,可以在第三方设备上保存已订购的期刊副本。这样的保存系统可以让长期保存的职责界定清晰,各司其职,建立一个较为良性的期刊保存和传播系统。

2.3 版权方面的问题

期刊数字出版的版权问题直接关系到出版商的直接经济利益，因为呈缴本不仅用于保存，还可以提供用户使用，这势必会导致用户不再从出版机构进行购买，触及了出版机构的利益，也是出版机构比较抵制的原因之一。在数字出版物的模式下，呈缴本对用户的使用会导致用户数量“无限大”，而对出版机构销售收入的负面影响也是巨大。这也是出版机构对自身数字出版物采取格式转换的原因，受缴部门必须通过技术措施才能形成统一的格式，但是这势必造成一定的版权侵犯，也未将期刊数字出版物的合理使用权写入法律法规。

国外目前采用的模式有 3 种，立法授权模式、协商约定模式和开放许可模式。法国在 2006 年规定，只要图书馆是以搜集、保存和检索为目的，出版机构不能干涉图书馆的复制，图书馆可以通过非授权的技术手段进行格式转换[12]。但国内并没有未经授权对期刊数字出版物进行技术手段解密的权利。

3 建议措施

（1）出台期刊数字出版物的相关制度

出版和保存部门应加强沟通，也就是出版部门和图书馆多交流，尽快对期刊数字出版物的概念和类型进行清晰地界定，明确呈缴主客体、数量和方式。各相关部门联合呼吁，尽快制定期刊数字出版物呈缴的相关法律法规，建立以法律为基石的保障，针对数字出版物呈缴制度单独立法或将数字出版物呈缴制度写入版权法、图书馆法或出版相关的法律中。明确期刊数字出版物的概念增加至互联网领域，扩大呈缴的范围，并制定相关的标准；确定呈缴主体和受缴主体；建立对呈缴本的版权保护规定，出现呈缴本的非法利用时，可进行监督检查，如果出现侵权情况可以有申诉的通道，从而保障呈缴主体的切身利益。

（2）建立集中管理的体系，避免各自为政

明确期刊数字出版物的呈缴主体，节约呈缴的成本，避免呈缴资源的浪费，规范和指导呈缴主体的呈缴工作。公共图书馆和出版行政管理机构要加强沟通联系，避免各个部门互相推诿，建立统一的呈缴格式便于呈缴和受缴双方对呈缴工作的管理，同时方便呈缴本的保存和提高其利用程度。对于网络期刊出版物进行筛选，制定网络期刊出版物的选择标准，规定自愿呈缴的范围，将不具备原创性的编辑内容去除。

（3）平衡各方利益，建立补偿机制

在呈缴本的缴存和收集中，图书馆需要制定必要的措施来保证数字资源的完整和安全，呈缴方可以提出监督抽查。建立呈缴主体的补偿机制，对期刊数字出版物进行经济补偿，对于未进行呈缴的主体进行处罚，调动呈缴主体的积极性。协调呈缴各方的利益，做好承担方的经费安排，不仅采取金钱补偿的方式，还可以通过采用减少征收税款等方面的补偿方式。

（4）建立网络呈缴的平台

呈缴平台应具备呈缴功能，能够在线上线下进行呈缴，通过网络可以更为便捷地呈缴期刊样本；具备数字资源的保存功能，建立云盘储存空间，可以将期刊数字出版物方便地上传至云空间保存。建立图书馆与云端空间的连接，既能实现资源共享，又能起到备份保护的作用。期刊数字资源易于复制，因此对数字资源须设置访问权限，设置不同的权限能保证数字资源的合理利用,杜绝侵权现象的发生。

随着中国传统出版物向数字出版物的转型,期刊的数字出版物数量也逐年上升,期刊数字出版物的呈缴问题亟待解决。期刊数字出版物的呈缴不仅需要在法律法规上进行补充和完善,还要制定呈缴的相关工作的保障规定。协调平衡受缴主客体的利益,建立补偿机制,完善集中管理的体系,建立统一格式的期刊数字出版物的呈缴网络平台,以便更快捷全面地进行期刊数字出版物的呈缴工作。

参考文献

[1] 韩萌,黄红华. 国外数字出版物法定呈缴制度研究[J]. 图书馆建设,2018(2):35 – 40,47.

[2] 郑晓军. 数字出版资源呈缴制度中的版权保护机制研究[J]. 新世纪图书馆,2017(8):37 – 40.

[3] 张建存,赵志刚,穆浴阳. 电子书的运营模式及对图书馆呈缴的启示[J]. 农业图书情报学刊,2017,29(5):97 – 99.

[4] 张乃琪. 出版物呈缴者的权利内容及其保护[J]. 出版广角,2017(7):34 – 36.

[5] 王纪璇. 我国出版物数字呈缴制度建立研究[D]. 保定:河北大学,2017.

[6] 李婉. 数字出版物呈缴的版权问题分析[J]. 出版广角,2017(4):41 – 43.

[7] 刘春燕. 我国电子出版物呈缴标准体系构建研究[J]. 图书馆理论与实践,2016(12):1 – 6.

[8] 姜晓曦,冷熠. 我国数字出版物呈缴制度完善建议——基于权利人呈缴意向调研[J]. 图书馆工作与研究,2016(12):37 – 41.

[9] 徐春成. 论呈缴本制度的性质及内在机制重构[J]. 大学图书馆学报,2016,34(6):105 – 109.

[10] 涂志芳. 出版物法定呈缴制度中的补偿机制研究[J]. 图书馆论坛,2017,37(1):71 – 78.

[11] 姜晓曦,冷熠. 我国数字出版物呈缴现状及其制约因素分析[J]. 图书馆建设,2016(8):32 – 36.

[12] 李雪阳. 中国数字出版物呈缴问题研究[D]. 郑州:郑州大学,2016.

图书馆古籍资源服务的融合与提升

——以孔府文献保护与推广项目为例

赵洪雅(国家古籍保护中心办公室)

公共图书馆是我国重要古籍收藏机构,随着图书馆界对发挥自身社会教育职能的不断重视,围绕古籍资源开展实物展览、公益讲座及整理出版工作已逐渐成为图书馆的核心业务。各级图书馆均将开展古籍类文化推广活动作为读者服务工作的深化与延伸予以高度重视。古籍是中华优秀传统文化的重要载体,兼具文献属性和文物属性,具有重要的历史、学术和艺术价值。如何结合丰富多样的宣传推广活动,拓展图书馆传统古籍服务,是值得探讨的议题。

自2007年“中华古籍保护计划”实施以来已取得多项阶段性成果,古籍服务的开放程度总体提高,古籍信息的公开度和服务对象的普遍性均有大幅度提升。通过古籍修复、数字影印、整理出版等原生性和再生性保护手段,无论线上线下,读者能接触的古籍资源越来越多,利用途径也愈加便利。古籍服务已突破传统的借阅、复制等内容,通过古籍实体的展览展示、古籍内容的挖掘阐释、目录提要的整理出版等方式,将图书馆古籍服务向更为多元化、全方位、立体化的方向推进。

1 古籍实体展陈、公益讲座与整理出版的互补效应

1.1 古籍实体的展览展示

古籍实体展览是指基于某一主题将古籍文献按照一定的形式加以组合,陈列于特定的空间之中,以达到宣传馆藏、教育公众的目的,是古籍开发利用的重要手段之一。与浏览古籍数字资源或整理出版物相比,古籍实体展览的展品和环境是具体可感的,直观性较强,观众能够近距离地观看珍稀善本,获得最佳的视觉效果。相较而言,古籍数字资源和出版物重在展现文本内容,而古籍实物展陈则能够在装帧形式、版式、纸质等方面予以观众更为直观形象的展现。

以内容为标准进行划分,古籍展览可以分为综合性展览和专题性展览。综合性展览的主题范围较大,多用于介绍某一地区较长时间段内的发展、沿革情况,如国家古籍保护中心主办的"册府千华"系列国家珍贵古籍特展,在青海、贵州、河南、四川、云南、内蒙古等地陆续开展,展示各省典籍特色和优秀文化,展品类型丰富,展览信息量大,能够使观众对展示主题形成完整而深刻的认识。专题性展览一般就问题的某一方面展开介绍,针对性强、重点突出,展示内容可以是某一主题、人物、出版机构、历史时段或馆藏精华的集中展示,如由国家图书馆、曲阜市人民政府、孔子博物馆主办的"圣贤的足迹　智者的启迪——孔府珍藏文献展",集中展示了一批反映孔子思想和儒家经典的珍贵文献和文物,从"孔子世家""金声玉振""杏坛设教""开宗儒学""诗礼传家""万世师表""保护传承"七个方面,展现孔子及其学说对中华民族绵延发展的巨大影响。

古籍实体展陈可以提高馆藏利用效率,宣传特色馆藏,开展公众教育,是一种主动、直观的资源服务形式,辅以文字、图片、文物、讲解及互动体验等丰富形式,可以让观众对展示主题的整体性有更为直观的了解。但实体展陈的缺点也较为突出,展览中所能传递给观众的信息量有限,且不够细化,层次单一。观众如想进一步了解更为详细、专业的内容,还需要展览图录、专题讲座、阅读推荐、专业咨询以及古籍内容的整理出版等加以辅助。

1.2 专题讲座的阐发揭示

专题讲座作为图书馆实现教育职能的重要途径之一,已成为图书馆服务读者的重要活动方式,也是图书馆延伸服务的重要内容之一,对宣传馆藏文献、扩大阅读推广、提高文献利用率起着重要作用。目前国家图书馆已开发系列讲座十余种,包括文津讲坛、中国典籍与文化系列讲座等,形成了品牌,深受读者喜爱。与古籍资源相关的专题讲座,可以某部古籍、某类文献或某一专题为切入点,以点带面,进行深入挖掘,以多样化的选题和丰富的内容为支撑,深度阐释文献典籍中蕴藏的中华优秀传统文化,拓宽古籍服务领域,深化古籍服务内涵。2017 年,国家古籍保护中心举办"大师讲堂"系列专题讲座,其中如陈洪教授"诗为津梁,走近东坡"讲座,即以苏轼的一首小词《定风波》为切入点,讲述东坡词中的诗情画意和精神风骨,由浅入深,引人入胜。

专题讲座往往能够就某一主题条分缕析,层层递进,表述生动,引起观众的兴趣和思索。

其所传达的信息往往较展览而言更为具体、细化，但同时也具有更多的个性化因素。此外，讲座的时空限制较强，部分受众因宣传途径、时间安排、讲座频度等方面的限制而不能实际到场，且后期产品制作如录音录像的整理和传播、讲座资料的采集归档等往往并不到位，很大程度上影响了讲座的传播效果。

1.3 古籍资源的整理出版

图书馆作为古籍文献的重要收藏机构，开展古籍文献的整理出版工作是开发古籍资源、拓展古籍服务的题中之意。古籍文献的整理出版，既包括古籍文献目录、提要、索引工具的整理出版，也包括辑佚本、校勘本、标点本、注释本、今译本以及再造影印的出版。自2007年以来，“中华古籍保护计划”已形成目录提要、教材与科研成果、再造影印及文化传播推介等多个系列出版成果：目录提要如全国古籍普查登记目录、《海外中华古籍书志书目丛刊》；再造影印如《中国古籍珍本丛刊》《海外中华古籍珍本丛刊》；文化传播推介类如“中国珍贵典籍史话丛书”等，反映了“中华古籍保护计划”在古籍再生性保护方面的阶段性成果，也成为古籍资源化身千百、服务大众的重要形式之一。

对古籍资源的整理出版属于再生性保护，即通过现代信息技术、科技手段将古籍内容复制或转移到其他载体并进行有效管理和保存，以达到长期保护与有效利用古籍的目的。整理出版往往是古籍工作者、专家学者在对古籍原本进行深入挖掘研究的基础上得以实现的，将珍稀古籍化身千百，既可以一定程度上解决古籍收藏单位“藏”与“用”之间的矛盾，又能最大限度地发挥古籍的研究利用价值。研究、阅读古籍文献的整理出版物，是学者和公众利用古籍资源最直接的途径和最根本的落脚点，也是让“古籍中的文字活起来”的最终旨归，是古籍资源高层次的服务形式。

整体而言，古籍的实体展陈、专题讲座和整理出版是图书馆面对不同用户群体需求，对古籍资源进行优化整合和服务产出的活动。尽管三者有着不同的信息载体和信息传播方式，互有优劣，但若能有机结合，做到动态与静态、立体与平面的优势互补，便可融合发展，取得良好的传播效应。下文将以国家图书馆（国家古籍保护中心）策划主办的孔府文献保护与推广项目为例，探讨古籍资源服务的整合与创新途径。

2 孔府文献保护与推广项目

为贯彻落实习近平总书记在纪念孔子诞辰2565周年国际学术研讨会暨国际儒学联合会第五届会员大会开幕会上的讲话精神及中共中央办公厅、国务院办公厅印发《关于实施中华优秀传统文化传承发展工程的意见》文件精神，2017年6月至2018年3月间，国家图书馆（国家古籍保护中心）围绕孔子、孔府文献和儒学经典，策划举办了孔府文献保护与推广项目，包括“圣贤的足迹　智者的启迪——孔府珍藏文献展”“儒家思想与儒家经典名家”系列讲座以及《孔子博物馆古籍普查登记目录》的编纂出版等活动。

孔子是我国古代伟大的思想家、教育家、政治家。他开宗儒学，经历代发展完善，成为中华民族传统文化的根基和命脉，对中华文化的发展传承厥功至伟。孔府文献保护与推广项目通过展览、讲座、出版物等形式，对儒家经典进行深入挖掘和集中展示，使图书馆古籍资源服务得以融合和提升。

2.1 “圣贤的足迹 智者的启迪——孔府珍藏文献展”

2017年9月28日，在孔子诞辰2568周年之际，国家图书馆（国家古籍保护中心、国家典籍博物馆）、曲阜市人民政府、孔子博物馆联合主办“圣贤的足迹 智者的启迪——孔府珍藏文献展”，向观众展示孔子及其思想学术长久以来对人类精神发展的积极作用。

展览选取孔子博物馆和国家图书馆所藏的文物、文献近百种，展品丰富、亮点纷呈。如国家图书馆藏宋刻本《东家杂记》、宋刻本《四书章句集注》、蒙古时期孔氏刻本《孔氏祖庭广记》，孔子博物馆藏清孔广森稿本《大戴礼记补注》等，均为首次集中展出。除国家图书馆和孔子博物馆精选的多部珍贵古籍善本之外，此次展览还联合展出了多组珍贵文物。在展出的孔府文物63种77册/件中，仅国家一级文物就有19种23件，涵盖铜器、瓷器、竹木雕、玉石器、珐琅器、象牙器、书法绘画、印玺符牌、古籍雕版、档案文书等十几大类，其中明天启时期的象牙笏板、明代兽面纹掐丝珐琅五供等为国家一级文物，这是孔府高等级文物第一次离开曲阜，进行大规模、系统性集中外展。

此次展览内容全面、重点突出，集思想性、时代性、文物性与观赏性为一体，通过丰富的文字图片资料，辅以珍贵文献和文物，使得观者对孔子及其思想学说、后世影响有了更为直观的理解和感悟，也为观众了解孔府文献和儒家典籍提供了良好契机。

2.2 “孔子·儒学·儒藏——儒家思想与儒家经典名家系列讲座”

为配合“圣贤的足迹 智者的启迪——孔府珍藏文献展”，2017年11月至2018年1月，国家图书馆（国家古籍保护中心）和北京大学《儒藏》编纂与研究中心联合主办“孔子·儒学·儒藏——儒家思想与儒家经典名家系列讲座”，为期两月，每周邀请一位知名学者进行讲座，引导大众走近儒家经典，了解儒家学说的发端、发展，深刻地体会孔子及其思想对当代中国和世界文化的重要意义，使观众在观展的同时，不断加深对中华优秀传统文化的认识，以更加虔诚、敬畏的态度对待和传承中华优秀传统文化。

“儒家思想与儒家经典名家系列讲座”共10讲，内容丰富，深入浅出。首讲中，楼宇烈先生以“儒家文化与中华民族复兴”为题，深入阐述儒家文化的理念与实践，探索中华民族伟大复兴的精神根基和文化内涵，受到读者热烈欢迎。孙钦善、牟钟鉴、李中华、安平秋、陈来、王博、魏常海、景海峰、郭齐勇等知名学者也从各个角度，深刻阐述儒家思想与儒家经典在当今社会的现实意义，主题包括“儒学的核心价值及其基本精神”“儒家的‘乐感’文化与忧患意识”“儒释道三教互动及其现代意义”等多个方面，社会反响热烈。

此次系列专题讲座，与“圣贤的足迹 智者的启迪——孔府珍藏文献展”展期重合，两者形成宣传合力。在形式上，与孔府文献的实物展陈相互呼应，观众可以通过观展得到直观的视觉体验，进而通过讲座扩大信息渠道，强化知识获取；在内容上，孔府文献、儒家经典与《儒藏》编纂三者不可分割，学者以《儒藏》为切入点，阐释儒家经典与孔府文献中蕴含的精神文化内涵，加深观众对儒家学说的了解，提升公众对经典阅读的兴趣。

2.3 古籍普查成果——《孔子博物馆古籍普查登记目录》编纂出版

全国古籍普查登记是“中华古籍保护计划”的首要任务，也是我国历史上第一次由政府组织、收藏单位参与最多的全国性古籍普查登记工作。《全国古籍普查登记目录》（以下简称《目录》)是古籍普查工作的阶段性成果,旨在摸清家底、揭示馆藏、反映古籍的基本信息。随着工作的深入开展,截至2017年底,全国已完成250余万部古籍的普查登记工作,160家古籍收藏单位的49种89册《目录》正式出版,共收录古籍数据664 823条。

2017年5月,《孔子博物馆古籍普查登记目录》正式出版。孔子博物馆前身为孔府文物档案馆,在2009年入选第二批"全国古籍重点保护单位"及第一批"山东省古籍重点保护单位"。孔子博物馆现藏有古籍图书6400余部40 000余册,古籍雕版4000余块。其中在级古籍106种2400余册,包括一级文物5种、二级文物52种、三级文物49种。所藏古籍多为孔府旧藏,具有鲜明的私家藏书特色,是研究明、清、民国时期孔府藏书的第一手资料,具有较高的文献价值和学术价值。

2007年"中华古籍保护计划"启动以来,孔府文物档案馆随之成立了古籍小组,开始设专人从事古籍保护工作。在国家古籍保护中心的大力推动下,2011年孔府文物档案馆启动古籍登记编目工作,对馆藏古籍图书进行了全面整理,完善了题名卷数、著者、版本、存卷、行款、批校题跋、尺寸、来源、完残程度等12项著录项,基本摸清了馆藏古籍图书的总体情况。2013年完成馆藏全部古籍编目后,国家古籍保护中心多次专门委派工作人员赴当地指导协助该馆开展数据审校和上传全国古籍普查登记平台等工作,推动馆藏古籍目录出版进程。2017年,在国家古籍保护中心、山东省古籍保护中心以及曲阜市文物局等各方的共同推进下,馆藏古籍编目得以出版问世。

古籍普查和《目录》的出版是对古籍资源的大规模梳理和揭示,是提供古籍资源服务的基础性工作。《孔子博物馆古籍普查登记目录》是孔子博物馆参与全国古籍普查登记工作的重要成果,该目录将孔府千年传承积累的文化成果公布于世,对进一步研究孔府各个时期藏书、刻书情况,具有重要推动作用。

孔府文献保护与推广项目由国家图书馆(国家古籍保护中心)、北京大学《儒藏》编纂与研究中心、曲阜市人民政府及孔子博物馆协力举办,融汇了"实物展览+专题讲座+目录出版"等多元要素,取得了良好的社会效益,是国家古籍保护中心深化整合古籍资源的有益探索。

3 古籍资源服务整合的重要意义

对图书馆古籍资源进行深度整合是提升图书馆职能的有效手段。首先,围绕古籍资源开展实物展览、专题讲座、整理出版等活动,有利于拓展图书馆的服务功能。目前,图书馆古籍服务以线下的阅览服务与线上的数字服务为主,为更大程度上满足不同受众群体、不同层次的精神文化需求,使图书馆业务得到进一步的延伸,图书馆应对古籍资源进行深入梳理和整合,产出适宜不同读者需求的知识文化产品,包括古籍展览、公益讲座、古籍整理出版成果,开展相关培训、提供专业咨询、搭建数字人文平台等,从而推动知识服务向以人为本的方向转变。

其次,有利于加强图书馆与社会的联结。展览、讲座等古籍服务形势为社会公众提供了传播知识、学习交流和信息共享的平台。通过拓展古籍资源服务,可以有效扩大图书馆的社会联结。图书馆所举办的古籍展览、讲座、整理出版等活动,并非均由图书馆独家举办,与政府部门、高等院校、企事业单位、社会团体以及个人联合举办的文化活动占有一定比重。同时,以展览和讲座为载体,也促进了图书馆行业之间的交流、合作与共享。

再次,有利于推动图书馆的人才培养。图书馆为不断满足多层次、多样化的知识需求和精神文化需求,仅靠传统意义上的古籍采编人员是远远不够的。通过拓展图书馆古籍资源服务,图书馆的人才队伍得到进一步优化和完善,培养了一批既熟悉古籍业务工作,又能策划、组织、开展相关古籍服务的优秀人才,从而使图书馆的服务能力得到全方位的提升。

最后,有利于提高公众思想道德素养和科学文化素养,让“古籍里的文字活起来”。图书馆具有社会教育职能,在传播科学文化知识、倡导社会新风、提高全民族素质等方面发挥着重要的作用。图书馆对古籍资源的整合,应本着公益性服务原则,坚持面向社会、服务大众,融知识性、趣味性、思想性和娱乐性于一体,以其独特的文化魅力吸引广大公众的广泛参与。

国家图书馆(国家古籍保护中心)通过策划举办孔府文献保护与推广项目,将古籍实体展陈、系列专题讲座及文献目录的整理出版分别纳入整体项目框架之下,在内容上各有侧重,既相互关联又相对独立,以各自的载体形式,丰富的文化内涵,吸引不同的受众群体参与、体验图书馆形式多样、层次鲜明的古籍资源,是对图书馆古籍资源服务进行融合与提升的有益尝试。

参考文献

[1] 曾淑贤. 揭开古籍文献与历史图像神秘面纱——谈古籍资源创意教育推广及文创加值[J]. 新世纪图书馆,2016(11):34-41.

[2] 汪秋雁. 移动新媒体环境下图书馆公益讲座服务模式的创新与发展[J]. 图书馆学刊,2016(12):64-66.

[3] 曹娟. 公共图书馆讲座衍生品发展的回顾、现状与前瞻[J]. 图书馆学研究,2017(11):83-87.

[4] 周红. 我国图书馆所藏稀见古籍出版现状分析与评价[J]. 科技情报开发与经济,2014(6):3-6.

[5] 刘梅. 图书馆古籍开发研究——兼谈高校图书馆古籍开发[D]. 西安:陕西师范大学,2009.

[6] 中华人民共和国文化部. 古籍定级标准:WH/T 20—2006[S]. 北京:北京图书馆出版社,2006.

[7] 陈力. 中华古籍保护计划下的古籍服务研究[J]. 图书馆杂志,2014(10):62-66.

[8] 王世伟. 对公共图书馆讲座工作的再认识——以上海图书馆讲座为例[J]. 图书馆杂志,2006,25(6):32-35.

[9] 温宇. 试论公益讲座与展览的互动效应——以常熟市图书馆为例[J]. 现代经济信息,2016(23):388-390.

少年儿童图书馆数字资源建设思考与建议

于　琳(数字资源部)

1　少年儿童图书馆数字资源建设意义

少年儿童图书馆作为公共图书馆事业的重要组成部分,是广大未成年人的第二课堂。《中华人民共和国公共图书馆法》第三十四条规定:政府设立的公共图书馆应当设置少年儿童阅览区域,根据少年儿童的特点配备相应的专业人员,开展面向少年儿童的阅读指导和社会教育活动,并为学校开展有关课外活动提供支持。有条件的地区可以单独设立少年儿童图书馆。

良好的阅读习惯应从少年儿童时期开始培养,传统的少年儿童图书馆提供到馆的资源阅读服务,在时间和地域上具有一定的局限性。在信息化、网络化、数字化快速发展,“互联网+”理念渗透到社会生活各个领域的时代背景下,发展少儿数字图书馆,建设符合少儿需求的数字资源是少年儿童图书馆发展的必然,数字资源不仅可以突破时间限制,为读者提供全天候的资源阅读服务,还可以打破区域差别,减少东西部地区和城乡之间因经济发展不均衡导致的资源质量和数量的差距。

目前,如何根据少年儿童的特点,为他们选购或建设符合其需求的数字资源,进而提供更好的服务,是少年儿童图书馆普遍面临的问题。近年来,关于少年儿童图书馆数字资源的研究主要集中在服务层面,但针对资源建设方面的研究还比较少。宋艳对国内10家少年儿童图书馆的数字资源建设现状进行了调查分析[1]。王明慧对国际儿童数字图书馆与中国少儿数字图书馆在资源种类、数量、来源、读者获取方式等方面进行了比较研究[2]。现有研究主要侧重于对少儿数字资源建设情况的调研和比较分析,缺乏针对少儿数字资源本身特点的研究,缺少对少年儿童图书馆在数字资源建设过程中遇到问题的具体分析。本文拟通过对少儿数字资源的内容、类型、服务方式及版权等方面的现状进行整理,分析目前少年儿童图书馆在少儿数字资源建设中存在的问题,进而有针对性地提出发展建议。

2 少儿数字资源现状分析

2.1 资源内容

少儿数字资源按照资源内容划分,主要有两种类型:综合性资源和专业性资源。

综合性少儿数字资源是指数据库中收录多种类型的资源,比如既有少儿图书,又有期刊、视频等资源。其优点是资源内容丰富、形式多样,可以在同一资源库中检索并使用多类型资源;缺点是各类资源内容质量都比较平均,缺乏优质资源。此类资源产品如超星少儿数字图书馆、易趣少儿数字图书馆等。

专业性少儿数字资源是指数据库中只收录单一类型的资源。其优点是可以将某种类型的资源在资源数量、质量、平台功能等方面都做到最好;缺点是对于图书馆等机构采购用户而言,资源类型单一,不利于为读者提供全方面的资源服务。此类资源产品如中华连环画、乐儿科普动漫、中少快乐阅读期刊等。

2.2 资源类型

传统少儿数字资源按照资源类型划分,主要包括少儿电子书、少儿期刊、少儿报纸、少儿音视频等,其中少儿电子书中又包含少儿连环画和绘本,少儿音视频中包含少儿动画和动漫等。

近年来,随着科学技术的发展,出现了以互动性为主的少儿数字资源,这种类型的新资源相较于传统少儿资源,更容易吸引低幼少儿读者的兴趣,逐渐成为少儿资源的建设趋势。使用方式也突破了传统少儿资源通过PC端使用的模式,更多地采用触摸屏和AR、VR技术为少儿读者提供体验式和沉浸式的阅读环境。

2.3 服务方式

少儿数字资源按照服务方式划分,主要有两种类型:本地镜像和远程包库。

本地镜像是指将资源存储在图书馆的服务器上,通过本地链接地址进行访问的服务方式。由于少儿读者未成年的特殊性,为防止互联网中存在的不良信息导致不当引导,少年儿童图书馆一般会对本馆的网络进行限制,少儿读者仅可以访问图书馆局域网,不能访问互联网,这种情况下,图书馆就需要通过本地镜像的方式提供服务。其优点是资源使用不受网络条件的限制,稳定性强,且资源可做长期保存;缺点是资源定期更新,更新周期较长。

远程包库是指通过外部服务器的链接地址访问资源的服务方式。这种方式需要少年儿童图书馆开放互联网访问权限,其优点是资源更新及时,有利于开展数字资源的线上的活动;缺点是资源需要按年购买,图书馆仅有使用权。

2.4 版权所有

少儿数字资源按照版权状态划分,主要有两种类型:采购版权和自建版权。

采购版权是指数据库资源的版权是由数据库商从数字资源版权原始所有者处购买而来。其优点是可以保证资源的延续性和内容质量的稳定性;缺点是资源使用的灵活度和广泛度会受到原始版权人的制约,若数据库商将未获得版权的数字资源销售给图书馆,容易产生法律纠纷。

自建版权是指数据库的平台和资源均由数据库商独立开发,数据库商拥有资源内容的一切原始权利。其优点是可以根据资源特征定制内容,内容深度可以根据数据库的不同定位而自主开发,资源使用灵活度较大,版权无纠纷;缺点是内容的数量和质量较难把控,对数据库商的技术能力和研发成本有很高要求。

3 少年儿童图书馆数字资源建设存在问题

3.1 资源利用有限,使用效果不佳

少儿数字资源普遍存在使用量不高,资源利用不充分的问题,究其原因,主要有几个方面:①图书馆层面,传统的图书馆工作主要将精力放在资源建设和读者服务上,对于资源宣传不够重视,导致很多少儿读者对图书馆所采购的数字资源不熟悉甚至完全没有使用过;另外,一些少年儿童图书馆的数字资源仅可以在馆舍内使用,对访问范围的限定影响了部分读者的使用。②资源层面,部分少儿数字资源内容和展现形式不够新颖,内容同质性严重,互动性不强,无法吸引少儿读者的兴趣。③用户层面,随着生活水平的提高,少儿读者的课余时间被其他娱乐项目或课外兴趣班占据,所剩可支配时间不多;另外,家长对少儿读者访问数字资源所持态度比较谨慎,管控比较严格。

3.2 低幼资源集中,青少资源欠缺

少年儿童按照年龄一般可以划分为三个阶段:0—6 岁幼儿期,7—12 岁儿童期,13—15 青少年期。笔者从事少儿数字资源采购工作 7 年间,调研到的少儿数字资源多以幼儿期和儿童期的读者为服务对象,而针对青少年读者的资源较少。以国家少儿数字图书馆为例,采购的 14 个少儿数据库中,有 11 个是针对儿童读者的,资源类型包含连环画、绘本、动画片、科普动漫等多种形式,而针对青少年的数据库只有 3 个,占比仅为 1/5,资源类型主要是电子图书和期刊。

市场上适用于青少年读者的数据库较少的原因主要有：首先，专门针对青少年阅读的传统资源种类和数量不多，且原创的数字资源较少，就目前而言，面向青少年的数据库多以将纸质资源数字化的形式建成；其次，相比于面向低幼读者的数据库，以青少年为读者的数据库对资源内容的质量要求更高，数据库建设门槛高、成本高，导致数据库商不愿意投入时间和经费开发此类数据库，而多集中于建设面向低幼用户的资源。

3.3 资源依赖外购，自建能力不足

目前，全国独立建制的少年儿童图书馆共有70家，其中，东部地区44家，中部地区16家，西部地区10家。同时，部分公共图书馆设有少儿部，负责少儿读者的服务和少儿资源的建设。笔者通过网络调查法，调研独立建制的少年儿童图书馆的数字资源情况，发现少年儿童图书馆数字资源的建设方式多以外购资源为主，自建资源为辅。有自建资源的主要有广州少年儿童图书馆的“广州记忆（青少年版）”、大连少年儿童图书馆的“特藏连环画资源库”、重庆市少年儿童图书馆的“红岩主题动画”“巴渝文化历史典故动漫”等，而自建资源的使用范围多为局域网，不利于资源的馆外使用和推广。

调研发现，部分少年儿童图书馆并未充分挖掘特色馆藏自建适用于少儿读者的数据库，究其原因，一是部分地区的少年儿童图书馆缺乏资金支持，无力承担自建数据库的经费压力；二是不同省份的少年儿童图书馆因馆藏资源量、技术水平、人才配备等条件的差异，在自建少儿数据库方面存在较大差距，建设能力不均衡。

3.4 资源揭示分散，缺少统一检索

调研发现，目前我国少年儿童图书馆的网站多采用色彩丰富、活泼互动的动画页面来吸引小读者，但对于数字资源的展示并不一目了然，大多采用叠加的方式陈列，并没有对资源按照类型、年龄段进行划分。很少有图书馆将外购和自建的少儿资源整合成一站式的统一检索，少儿读者在查找所需资源时，需分库进行搜索和浏览，无形中浪费了很多时间，还有可能会因为分库查找不完全造成资源的漏检，而读者因无法获取所需资源会放弃使用图书馆的数字资源服务，导致用户流失。

3.5 专业人才短缺，技术能力较弱

少年儿童图书馆的从业人员需要具备较高的综合素质，特别是负责数字资源建设相关的馆员，一方面需要具备数字资源质量和内容的鉴别和遴选能力，面对市场上类型多样质量不一的少儿数据库，能够做到根据少儿的心理和喜好，选择符合各年龄段少年儿童的读物；另一方面需要具备处理网络和服务器故障的技术能力，特别是有本地镜像资源的少儿图书馆，馆员要有维护资源正常运行，保障图书馆正常提供数字资源服务的技术能力。然而，目前少年儿童图书馆从业人员的专业多元化，图书馆学或者计算机专业馆员较少，专业技能较弱，需要在工作中逐步掌握。

4 少年儿童图书馆数字资源建设发展建议

4.1 拓展推广渠道，提高使用效果

为加强少儿读者对图书馆数字资源的认知，提高数字资源的使用率，图书馆可以采用以下几种方式：①建立少儿主题体验区，将数字资源由单纯通过PC端的使用方式转换为通过环境布置、硬件定制等方式来使用，提高读者参与度；②开展移动阅读服务，使读者通过自有移动终端来使用少儿数字资源，例如微信平台、手机App、大屏阅读、电视点播等，增加读者使用的灵活度；③实现数字资源立体化，通过AR、VR、互动投影等技术，将少儿数字资源以新颖的方式呈现，提供读者体验式和沉浸式阅读；④通过活动带动阅读，定期举行少儿数字资源阅读主题活动，一方面对读者进行使用培训引导，另一方面形成长期的数字资源阅读氛围；⑤数媒纸媒相结合，将数字资源通过纸质书+移动阅读结合的方式呈现，通过纸质书外借的方式推广数字资源的使用。

4.2 细分年龄层次，按需采购资源

不同年龄的读者，其阅读的内容和喜好会有很大差异。少年儿童图书馆将适当难度的资源推荐给适龄的孩子，会很大程度上增强其阅读的自信心，帮助他们培养阅读兴趣、提升阅读能力。少年儿童图书馆应对未成年读者做更细致的年龄划分，为不同年龄段的孩子提供符合其身心特征的数字资源，比如：为幼儿提供生动活泼的有声绘本；为儿童提供寓教于乐的国学动漫；为青少年提供开阔视野的期刊图书等，并开展相应的资源推荐活动。

同时，少年儿童图书馆应在充分了解少儿数字资源的基础上，利用专业优势，对不同年龄段孩子对数字资源内容的喜好进行调研和分析，真正了解孩子们的需求，按照少年儿童不同年龄段的心理发育程度及不同特点和智力水平确定科学的数字资源采购计划，提供有差别的数字资源内容和类型，真正做到以读者需求为资源采购导向。

4.3 增强多方合作，共建共享资源

《中华人民共和国公共图书馆法》第四十八条规定“国家支持公共图书馆加强与学校图书馆、科研机构图书馆以及其他类型图书馆的交流与合作，开展联合服务”。由此，少年儿童图书馆可以加强与学校或者学科专家的合作，共建共享少儿资源。在资源共享建设中要解放思想，更新观念，少儿馆和中小学图书馆都应该彻底摒弃“封闭办馆”的传统模式和观念，用现代的、系统的、网络的、全局的思维方式指导资源建设。

加强与学校合作，比如深圳市少儿文献资源共享“常青藤”计划，就是深圳少年儿童图书馆与深圳市电教馆联合市内中小学共同建设的，为当地中小学生提供了一个文献资源共享平台[3]。加强与学科专家合作，比如台湾公共资讯图书馆通过与学科暨数字化教材专家合作建立了支援教学的三大数据库：“圆梦绘本数据库”“解密图书DNA”及“数位典藏教材推广网页”，不仅为少儿提供生动有趣的数字化学习课程，也供教师辅助教学使用。“圆梦绘本数据库”专门收录学生创作绘本、地方特色绘本及得奖绘本作品，为丰富数据库内容，2013年公共资讯图书馆与台湾艺术教育馆签订协议，合作推广“学生图画书创作奖”，得奖作品转制为电子书收录于该数据库[4]。

4.4 优化网站页面，集中揭示资源

简单清晰、资源集中展示的少年儿童图书馆网站有利于少儿读者查找所需资源。少年儿童图书馆应重视网站的建设，在展现生动活泼吸引力的同时，可对界面进行优化，使之更加简捷并突出重点，从而让少儿读者更容易发现资源并获取访问资源。

对于有条件的少年儿童图书馆，可以对外购和自建的所有数字资源进行整合，提供统一检索。实现全部资源的统一检索，需要将各个资源的元数据按照统一标准进行梳理、整合和发布。对于外购数据库，需要数据库商的支持，提供尽可能多且有效的元数据；对于自建数据库，需要图书馆在建设过程中，按照标准全面记录资源的元数据信息，两者结合，在统一的检索平台实现资源的跨库检索，可有效地缩短少儿读者获取所需资源的时间，提高检索效率，增强读者使用信心以及对图书馆数字资源的依赖度。

4.5 注重人才培养，加强业务培训

少年儿童图书馆的数字资源建设需要以专业的人才队伍为基础，针对专业人才不足的情况，图书馆应加强对从业人员的岗位培训工作，通过定期培训，使馆员及时了解少儿数字资源的最新动态，不断更新业务知识，提高业务能力。另外，图书馆可以为少儿馆馆员提供更多的机会“走出去”，参加业界的学术研讨会，通过同行间的业务交流，拓展专业视野，汲取兄弟馆资源建设的成功经验应用于本馆的少儿数字资源建设中，从而进一步提高数字资源的建设质量和数字资源服务能力。

少儿数字资源既有传统数字资源的特点，又因其服务的人群为少年儿童而具有特殊性，因此，少年儿童图书馆在数字资源建设过程中，应根据少儿读者的年龄层次和阅读需求有针对性地建设资源，对于外购数据库无法提供的资源内容，图书馆可以加强与学校等教育机构的合作，实现共建共享。同时，少年儿童图书馆应优化数字资源的展现和使用形式，拓展数字资源的宣传渠道，使少儿读者能够更轻松地获取资源，进而提高少儿资源的使用率，形成少儿读者对少年儿童图书馆数字资源的忠诚度和依赖度。

参考文献

[1][3] 宋艳. 我国少年儿童图书馆数字资源建设现状调查分析[J]. 图书馆学研究，2015(23)：26－29.

[2] 王明慧. 国际儿童数字图书馆资源建设的启示——与中国少儿数字图书馆的比较研究[J]. 新世纪图书馆，2015(10)：74－76.

[4] 严贝妮，邢欣. 我国台湾地区公共图书馆少儿数字资源服务调查与分析[J]. 图书馆建设，2016(10)：43－49.

基于国家图书馆的数字音乐图书馆建设的思考

马大为(数字资源部)

音乐是用有组织的乐音来反映现实生活、表达理想抱负以及个人或集体思想的一门艺术，也是最容易表达情感的重要载体之一。一首旋律优美节奏明快的音乐作品可以迅速地传达到大江南北，是大众沟通情感的重要纽带。随着移动互联时代的到来，数字音乐的传播将伴随着移动互联网络传播得更加广泛，数字音乐也将拥有更大的发展前景。

国家图书馆拥有丰富的音乐类资源，包括古典音乐、现代音乐、民族音乐等，已进行了大量的资源数字化工作，并且许多资源已经在网站上进行展示和服务，视听服务中心也建设完毕，通过搭建视听资源的总库以及元数据建设，打造国家图书馆的音乐类为主的视听资源服务体系。

1 国内外数字音乐图书馆进展情况述评

吴旭指出，在标准制定和协作共享以及文献使用及管理方式上，美国比较领先，他们的音乐图书馆协会制定一个工作手册、音乐资源索引以及书目生平、技术报告以及音乐专业类季刊，来保证音乐资源的管理与标准的统一，另外美国专业音乐图书馆的文献选择一般是由专家、该馆馆长进行文献决策工作，可以保证其专业性。

目前在国内外已经有许多机构进行了数字音乐图书馆建设，我们以 ASP(Alexander Street)(出版社推出的音乐类数字化典藏数据库)为例，该数据库拥有 1000 小时的古典音乐视频，还包括近 2000 位作曲家的手稿、传记画像等资料，9 万多首古典音乐。该数据库还搜罗了大量当代世界音乐，近 5 万首，此数据库具有对音乐类文献科学的分类和展示，并将每种音乐风格进行明确的分类，每种风格下都有子风格，对相对应的风格进行明确的说明，并进行样例展示，对用户的帮助不仅是在浏览文献上更加明确，同时也在潜移默化中对用户进行了信息素养的培养。

不仅仅是欧美的数据库，库客数字音乐图书馆也对音乐类资源进行了深度揭示和整合。库客收藏了世界上自中世纪以来 9000 余位古典音乐家的作品、50 余万首的曲目，还将一些珍贵的历史影像制成了数字化资源，供用户在网络上获取和欣赏，另外在音乐分类上比较清晰，用户使用界面也非常友好，同时为了帮助移动设备用户更好地使用这个数据库，库客还具备其他使用功能诸如(听众圈子、音乐订阅等)，这使得其数字音乐图书馆更加符合目前的时代需要。另外虾米音乐、百度云音乐、网易云音乐都具有其独到的分类方式和整合方式，并在展示与服务上更加符合目前用户的使用需求。

2 国家图书馆的数字音乐图书馆发展中面临的机遇与挑战

2.1 馆藏情况与数字化建设情况

国家图书馆的音视频资料数字化建设持续进行，自2013年起至今已数字化6000余种，音频服务级数据29万余分钟，制作1万多条标引，还制作密纹唱片50多种，保存级数据3480分钟。除此之外，馆藏音视频资源的收藏量巨大，每年以7000—8000种的入藏速度不断丰富，音视频资料15万余种。同时国家图书馆还进行了音视频数字化资源库的建设，读者可以通过国家图书馆网站进入音频资源库进行数据检索，在检索方式上采用比较简洁的方式进行检索，有专辑名称、责任者、出版者、主题词、曲目的检索信息。

音视频资源的数字化标准明确，对数字化技术规范统一、格式统一，并对已数字化文件有明确的内容单元切分要求。

2.2 面临的挑战

2.2.1 内容的选择

对将要数字化的音乐内容的选择，缺乏一个专业流程化的规范化选择标准，虽然每年有不少音乐资源被国家图书馆收藏，但是在进行数字化之前，要进行内容的评价和选取。图书馆是一个公众服务机构，并不能做到相当专业的内容选择，但数字化文献需要巨大的人力和财力物力，只有选择适合的文献及内容进行数字化，好钢用在刀刃上，才会对未来国家图书馆的数字音乐类资源的质量和服务起到决定性的作用。

2.2.2 专业人员的缺乏

专业对口人员较为缺乏，虽然国家图书馆是一个公众服务单位，对于音乐资源的专业性并没有那么高的需求，但是如果能有相对专业的人才给一些专业建议和指导，那么对文献的采选、编目、阅览方式、数字音乐的数字化和元数据制作，都会起到重要的作用。

2.2.3 元数据待优化

元数据结构虽然科学、简单、便于使用和交换，但是也有一些内容性的问题和结构性的调整与挑战，比如虽然采用了两个集合层的元数据，但是从整体结构上还是围绕以单个的出版物载体来打造，没有提炼出一些可以单独存在比如以作品为引领的相关独立集合，当然目前的设计非常适合图书馆使用，但就内部的一些描述项如责任者的标引以及相关描述等，如果没有一个相对专业的内容进行填充，很有可能标引出错，所以这个风险是存在的，也是面临的挑战之一。

另外就是一个作品的多语种情况，比如天鹅湖，英文名称叫作Swan Lake，中文名称叫作天鹅湖，俄语名称叫作Лебединое озеро，在这种情况下，如果读者只会中文，那么他选择检索这类数字资源时也就只能通过中文名称来进行曲目检索，那么没有标引中文名称的作品就搜索不到，原汁原味的俄罗斯出版商和俄罗斯本土作品集也许就搜索不到，这也是对元数据内容优化的挑战之一。

2.2.4 风格元素在音乐资源中的作用和优势

元数据中还缺少音乐资源较为重要的一个元素，就是风格，音乐分类的重要性在于首先音乐和图书有一些内容和表达上的巨大差距。音乐是线性的，是音频文献，无法通过文字来准确表述内容的完整性和准确性。另外音乐在表述上具有很大的不同,这些不同的组成部分和音乐本身的风格有很大关系。相似音乐要素组成的集合统称为风格。风格其实是音乐范畴中各种音乐要素——曲调(调式)、节奏、音色(乐器人声的音色)、力度、和声、织体和曲式等富有个性的结合方式。音乐风格相比与其他元素的优势在于:①音乐风格分类在对音乐的实质内容定义上更加纯粹、精准,便于大众和专业人士对各个类型的音乐进行参考;②音乐风格能够比较具象地将相似的音乐内容进行聚合,形成一个总体的音乐大类,便于检索和查找;③音乐风格可以和每个音乐家进行匹配,让一些专业人士或大众能够找到对应的音乐家,并能检索到其他相似的音乐家。

目前这三点都是音乐风格分类的独特优势,其他优势暂待挖掘。

2.2.5　界面友好度的提高空间较大

数字音乐浏览和预览界面可以更加友好和富有吸引力。作为一个公众服务图书馆,国家图书馆在音视频资源的选择、数字化和发布的所有环节做得非常规范和到位,但是目前来看,我们的资源库界面略显陈旧,没有吸引力,而库客或虾米等在线音乐库,其版面富有吸引力和灵活性。

我们先以库客数字音乐图书馆为例:

(1)音乐的分类

点击库客数字音乐图书馆的“唱片”选项我们可以看到以下几种分类:①古典音乐(按照时期进行分类);②电影原声;③世界民族音乐;④按照音乐体裁分类;⑤出版时期;⑥轻音乐;⑦怀旧、爵士;⑧大师历史录音;⑨当代爵士乐。

应该说这种细分有一定的特点,从学科严谨性上来说,有一部分参考价值。

(2)界面

从阅览使用上,库客数字音乐图书馆的使用感受还是比较好的,简单直接明了,可以明确点击标签并能将音乐专辑迅速播放和阅览。

(3)其他使用功能分析

从其他使用功能上看,库客音乐图书馆具备:①“听众聚类(圈子)”可以方便听众进行交流,并能够了解音乐读者的需求;②FM 则是通过频道播放某些专辑或将相似类型风格的作品进行整合播放的一种播放形式,当听众没有明确目标时此类形式比较方便快捷;③RSS 订阅,实际上是资讯订阅,为用户提供兴趣推送。

虾米甚至会有各种兴趣合集和新进音乐的推送,它还会根据个人用户的浏览情况每天推送该用户喜好的相似风格的作品,极具人性化。

①自建集合:作为商业音乐数据库,虾米的音乐推荐比较多元,除了有听众自建的内容,也有小编自己编纂的音乐内容,内容上聚类方比较多元,但并不是真正的风格分类。

②风格分类:虾米也有一个音乐风格的概览页面,没有进行地域上的划分,而是将流行乐比较常见的风格进行了分类,其分类方式比较接近 ASP,而且每个风格大类下面还隐含了一些风格小类,并且点击分类后,页面展示了代表作品,并附有风格类型的说明。

③艺人与风格:此处是虾米音乐的特点,每个艺人和艺术家的标签下都有其相关的风格标识,并且会在页面中展示和其相似的艺人,便于用户阅览和聆听其作品。

④每日推荐:作为一个商业数据库,虾米对于用户的兴趣推送做得比较具有针对性,比如首页每天会有专题推送,不管是艺人推送或者其他类型的集合推荐,内容和制作比较精美。

⑤猜你喜欢:根据用户的使用浏览记录针对每个用户的兴趣来进行作品推送。

⑥新碟首发:对新发的音乐作品进行推荐,能够看到近几周的新作品。

⑦虾米精选集:精选集是由许多用户根据个人喜好进行聚合的作品集,此内容比较主观,更符合大众对于音乐鉴赏和聆听的主观感受,并没有严谨分类。有的集合是表达一种心情,有的是对一个电影音乐的集合或者一些获奖歌曲的集合,比较随意,但是也会有相当一部分人会愿意聆听这些歌单。

国家图书馆的发布展示界面从实用角度来看也没有相似作品的关联或者对于该作品的更多描述信息的揭示,其实略显苍白,用户在欣赏作品的同时可能更需要相关的一些背景知识来充实对这个作品的理解和感受,这点也是极具挑战。

3 国内外建设数字音乐图书馆的可借鉴之处

针对目前数字音乐图书馆面临的以上挑战,本文对国内外对于数字音乐制作的方式和方法进行调查和研究,力图从中找到与本馆建设的契合点,试图提出一些可行的解决方案。

3.1 引入相关知识专业人员

以美国为例,张继红、杰瑞·麦克布莱德指出美国音乐图书馆的编目员大多是音乐编目专家,不断对音乐资源的编目规则进行完善和总结,他们会组成权威机构,通过美国音乐图书馆协会制定编目规则,培训编目人员,会不定期发布相关修订意见,对于音乐资源的遴选方面,上文也提到了,美国图书馆也大多采用专业音乐知识背景的专家进行内容选择。

现实地说,这种有相关音乐知识背景的复合型人才比较少,懂得音乐知识的编目人员更是少之又少,所以要努力挖掘相关知识领域的复合人才,最好既懂数字化技术又懂音乐相关知识或懂得并熟练掌握文献采选编目等传统业务流程的员工,让他们参与音乐资源的图书馆工作流程中,从实践中提炼出更多相关经验和技巧来解决编目和网络资源发布的一些局限性问题。

尤其目前国家图书馆的数字音乐资源元数据是MARC和DC的结合型,互相补充和借鉴,音乐描述性元素的内容填充与展示也会成为重要的一环,所以数字化工作人员和编目人员都需要具有一定的音乐知识,才能充实元数据,特别是描述性元数据的内容。

另外,可以组成特别小组,专门解决此类问题,定期进行经验交流和通气,保证编目的专业化程度逐步增强。

3.2 对于元数据优化的一些建议

上文提到同一作品不同语种的问题,其实在数字化的过程中这种情况很普遍,作品和载体主要存在的语种有德语、法语、英语、中文等,参照美国音乐图书馆协会的相关操作,他们将原始名称统一成英文,那么结合国家图书馆的情况,我们也应该将第二个集合层对名称进行统一,具体统一的中文名称应该有明确的规定,并进行必要的更新,形成音乐类元数据制作的一个规范性手册,其中添加作品统一命名的明细,对照相应的语言命名,并实时更新,而以载体为主的第一个集合层根据情况进行名称统一。

增加第二个集合层的元素,如风格元素,上文已经提到了风格元素在整个音乐检索中的优势，我们可以在 ASP 数字音乐典藏数据库的检索项中找到此项目，而参照国内的大部分音乐类数据库，我们依然可以发现风格分类也是普遍存在的，比如虾米音乐的风格分类以及库客音乐的风格分类也很明确。作为一个公共图书馆，我们可能不需要像虾米音乐那样对通俗音乐进行那么细致地划分，也不需要像 ASP 或者库客那样对古典音乐进行那么细致地划分，因为有些 MARC 字段也能揭示相关内容，我们可以将 MARC 和 DC 再结合，找到一个合适的解决办法。

3.3 设计数字音乐资源平台使其更有吸引力

张莉、李林芳指出，音乐网站满足用户需求需要达到三个基本的目标：首先是能够满足用户的基本需求；第二是满足大多数人的需求；最后是让用户感到网站有吸引力，而且有趣。

参照国内国外一些音乐网站的设计元素，比如豆瓣 FM，它会设计一些间接的界面供你使用，比如从艺术家、作品单曲、风格、语言/年代、心情/场景出发等，点击之后会有对应的歌曲给用户推送。

虾米比较有特色的是用户推送，并且虾米的风格分类比较有特点，分类清晰，样例较多。另外还有音乐达人的推荐等，都是该网站吸引用户的方式。

数字音乐库的样例比较多，就不一一赘述了，对于国家图书馆的数字音乐馆藏发布平台设计，从本馆的实际情况出发，探索图书馆读者群对于音乐资源的需求，对已有的平台进行设计、修改、重构，使得数字音乐资源发布平台更具吸引力。

在建设数字音乐图书馆的过程中，还是要注意从本馆实际情况出发，逐步进行拓展和完善，音乐相对于文字类信息更富有吸引力，如果能够在发布以及元数据揭示等层面上多下功夫，那么国家图书馆的数字音乐图书馆建设将成为未来发展的重要方向之一。

参考文献

[1] 吴旭. 美国斯坦福大学音乐图书馆的馆藏建设与启示[J]. 图书与情报,2013(2):65-68.
[2] ASP[DB/OL]. [2018-03-23]. https://alexanderstreet.com/.
[3] 库客音乐中心[DB/OL]. [2018-03-23]. http://www.kuke.com/artcenter.
[4] 张继红,麦克布莱德. 美国音乐图书馆的专业性及对中国同行的启示[J]. 环球采风,2015(9):78-81.
[5] 洪颖. 音乐信息元数据标准的研究[J]. 图书馆工作与研究,2007(1):26-30.
[6] 韩圣龙. 音乐元数据研究现状[J]. 大学图书馆学报,2007(2):67-72.
[7] 张莉,李林芳. 在线音乐网站的情感化交互设计[J]. 工业设计,2012(8):67-69.
[8] 陈扬. 公共图书馆特色服务新体验——以天津图书馆音乐图书馆特色服务为例[J]. 图书馆工作与研究,2016(1):83-86.
[9] 郭旗. 关于音乐图书馆统一使用分类法的意见[J]. 中国音乐学,1993(2):91-92.
[10] 单亚莉. 漫步音乐世界——库客数字音乐图书馆评介[J]. 图书馆建设,2011(8):46-49.
[11] 刘婷. 浅析音乐院校图书馆音像资料的分类[J]. 科教导刊,2016(6):44-45.
[12] 孙豪. 数字化领域的中国传统音乐资源元数据设计[J]. 民族艺术研究,2016(3):81-86.
[13] 温带宝. 特色资源建设与专业服务整合研究——以音乐图书馆为例[J]. 图书馆学研究,2012(6):70-73.
[14] 聂文静. 天津市图书馆音乐图书馆的声学设计[J]. 演艺科技,2014(5):38-43.
[15] 柳较乾,王富民. 音乐科学分类初探[J]. 十堰大学学报,1996(3):62-64.

[16] 肖霞,魏玲. 音乐网站的设计与实现[J]. 电大理工,2006(4):15-18.
[17] 邹于丰. 在线音乐网站的设计与实现[J]. 计算机时代,2011(7):21-23.
[18] 徐朗. 专业音乐图书馆的文献分布、开发及其利用[J]. 乐府新声(沈阳音乐学院学报),2000(1).
[19] 周海宏. 专业音乐图书馆分类体系研究[J]. 中央音乐学院学报,1996(4):55-64.

开放环境下数字图书馆面临的挑战和机遇

叶升阳(数字资源部)

开放存取从提出至今20多年的时间,在学术界掀起了学术开放的浪潮,大大小小的开放仓储和机构知识库在世界范围内建立起来。开放存取运动的迅速发展引发了人们对各种资源开放的研究和探索,研究者不再局限于学术领域的期刊资源,而是将目光投向范围更为广泛的"数据"开放,这些数据可以是一个企业的运营数据,也可以是一个城市的公共交通数据,或者可以是某个实验室的实验数据。这些数据的开放共享能够让更多的人参与知识的重新组织和创新中,让这些"旧知识"通过人们智慧的加工变为"新知识"。

近年,"开放"越来越引起各国政府的关注和重视。2013年6月,在以美国为首的G8峰会上签署了一份关于开放数据的宪章——《开放数据宪章》(*Open Data Charter*)。宪章指出了开放数据在政府行使管理职能中的核心作用,并强调开放数据必须面向所有人且同时对机器和人可用。相比于国外开放存取活动的蓬勃发展,我国在开放存取方面的进展显得有些滞后,理论研究和实践主要集中在各高校图书馆和情报机构,开放存取的门户和仓储数量也非常有限,政策上缺乏指引和支持。鉴于国际上的经验,国内的许多专家学者也在努力积极推进这方面的政策研究和实施。

目前,开放的理念开始蔓延至企业界和政府机构,越来越多的组织和机构纷纷加入其中,依托互联网的平台将自己的数据开放共享,同时从他人的开放数据中获取有用的信息为自己所用,极大地促进了知识、资源共享。因此,许多国内外学者高呼:我们生长在开放的环境下!

面对这样一个开放的环境,图书馆所扮演的角色和地位也在发生着变化,传统的文献收藏和检索服务也面临着极大的挑战,开放的仓储、便利的网络资源以及良好的用户体验使得人们可以轻松快捷地获取想要的资源,图书馆的作用被弱化。同时,在资源整合和揭示方面,受限于人员和技术等因素,许多优秀的特色资源并不能很好地被展示出来,发挥它们应有的作用,因而图书馆的优势不能得以施展。虽然开放给图书馆的发展带来了重重困难,但我们不能忽视它所带来的发展机遇。因此,我们需要重新审视图书馆的地位,挖掘自身的优势,开发新的服务模式,融入开放的环境中,继续发挥图书馆在学术交流中的重要作用。

1 开放环境下的主要技术概念

现如今人们越来越意识到,社会是一个有机的整体,各行各业不再只顾着筑起自身的高墙,而是正在打破传统的壁垒寻求跨行业的多元合作和发展,这就需要企业和机构能够开放共享自己的资源,而对这些资源的有效整合和利用则需要相应的软件和工具来支持。因此笔者认为,当前的开放环境下,"开放"有两方面的含义:一是数据的开放,二是工具的开放。数据的开放是指数据资源的开放和共享,而学术界所发起的开放存取运动正是数据开放的一种模式。随着互联网技术的高速发展和开放环境的形成,数据规模急速增长,大数据成为新的关注热点。工具的开放是指组织和管理数据工具的开放共享,开源软件的出现为数据的处理带来了极大的便利,因其高可靠、低成本、易使用等优势而被越来越多的企业和机构采用,开源软件的本质就是自由、开放、透明、共享。下文将逐一简要介绍大数据、开放存取和开源软件三个概念。

1.1 大数据

随着社会网络、移动互联网和新媒体技术的日益普及和成熟,网络环境也愈来愈开放,各种信息的发布方式不断出现,大量的数据开始以惊人的速度增长和累积,大数据成为继云计算和物联网之后又一颠覆性的技术革命。社会各界开始密切关注大数据带来的影响和变化。

2012 年,美国《纽约时报》以一篇 *The Age of Big Data* 宣告了大数据时代的来临。文中提到,在商业、经济及其他领域中,决策将日益基于数据和分析而做出,而并非基于经验和直觉。正如哈佛大学量化社会科学学院院长 Gary King 所说的那样:"我们正在进行一场革命,庞大的新数据来源所带来的量化转变将在学术界、企业界和政界中迅速蔓延开来,没有哪个领域不会受到影响。"[1]

大数据的定义目前还没有定论,不同的定义基本是从大数据的特征出发,通过这些特征的阐述和归纳试图给出其定义[2]。维基百科给出的最新定义则是:所涉及的数据量规模巨大到无法在一定时间范围内用常规软件工具进行捕捉、管理和处理的数据集合[3]。早在 2001 年,Doug Laney 最先提出了大数据的 3V 特性,即规模性(Volume)、多样性(Variety)和高速性(Velocity)[4]。美国 IBM 公司则在此基础上认为大数据还必须具有真实性(Veracity)[5],因而提出了 4V 特性。虽然大家对大数据的定义尚未达成共识,但丝毫不影响我们对它的研究和探索,研究者也不必拘泥于其定义的问题。

1.2 开放存取

开放存取(Open Access,OA)是 20 世纪 90 年代末由国际学术界、出版界、信息传播界和图书情报界倡导发起的一项运动,旨在打破学术交流的障碍,促进科研成果的自由传播。因其成本经济、传播及时、获取广泛等优势,得到联合国教科文组织、世界知识产权组织以及很多国际组织的支持。

2001 年 12 月,开放协会研究所在匈牙利的布达佩斯召开了一次有关开放访问的国际研讨会,并起草和发表了《布达佩斯开放存取倡议》(BOAI)。BOAI 对开放存取的定义为:开放存取文献是指 Internet 上公开出版的,允许任何用户对其全文进行阅读、下载、复制、传播、打印、检索或连接,允许爬行器对其编制索引,将其用作软件数据或用于其他任何合法目的,除网络自身的访问限制外不存在任何经济、法律或技术方面的障碍的全文文献[6]。BOAI 还提出了实现开放存取的两种途径:自我存档和开放存取期刊。

在政府层面,开放获取同样引起了足够的重视。2013 年 6 月,第 39 届 G8 峰会上,各国首脑共同签署了《开放数据宪章》。宪章指出开放数据的5个基本原则:第一,默认情况下数据是开放的;第二,保障数据的质量和数量;第三,人人皆可用;第四,开放数据是为了提升政府管理;第五,开放数据是为了创新。宪章重点强调了政府数据的开放,并表示政府和公共部门掌握着海量的数据,而这些信息可能是公众感兴趣的。开放数据可以帮助人们去获取和利用,能加强民主体制和产生更多惠民的政策。

1.3 开源软件

开源软件(Open Source Software,OSS)是一种可以任意获取源代码的计算机软件,这些软件通常是免费发布的,软件持有人在软件协议规定下允许用户下载、学习和修改,并且修改后的软件也必须遵循相关许可,提供源代码供其他人学习、使用。

开源软件源起于自由软件[7]的提出,自由软件运动倡导软件应不被受限制地自由使用、复制、研究、修改和分发。自由软件从概念上来说比开放源码更为严格,对软件的开放度要求也更为苛刻,而开源软件则主要涉及源代码的开放,因此并非开放源代码的软件就可称为自由软件。然而,无论是自由软件还是开源软件,无疑都是开放精神的体现。

开源软件的出现使得企业和用户不再过分依赖于某个软件的开发团队,用户可以根据自己的需求对其进行定制开发,大大降低了购买成本。许许多多的开源软件已经被广泛地运用到各个系统中,最为人们所熟知的就是Linux,从发行至今约有300余种版本发布,因其强大的功能和稳定性成为服务器的首选操作系统。

近年来,数字图书馆系统也纷纷引进开源软件,例如DSpace、Fedora、EPrints、Lucene、Solr等。DSpace、Fedora、EPrints主要用于知识库的建设和管理,Lucene、Solr则用于资源的检索和索引。这些开源软件是免费使用的,只需根据需要进行二次定制开发,节省经济成本,缩短了开发周期,是国内外数字图书馆的热点研究和使用对象。

2 开放对传统服务的挑战

开放的环境日趋成熟,传统的服务模式面临着诸多挑战。从政府办公、交通、医疗、教育到科学、学术领域,封闭的数据、平台和服务已经不能满足公众的需求。

2.1 开放对学术交流模式的挑战

学术交流的本质,是为了促进科学或行业知识的分享,加速人类智力资源的传播利用和知识创新。传统出版环境中,出版商以利益为主导,垄断着出版市场,而日益增长的出版费用和版权问题则阻碍了学术的交流与发展。传统的出版模式下,论文从评审到刊出需要经历漫长的时间,使得许多前沿的学术研究成果不能尽快为人所知晓。

开放存取运动的兴起打破了出版商的学术垄断,为学术信息交流创造了网络化、开放化的环境,对信息交流和利用方式产生了重要影响。开放存取采用了“作者付费,读者免费”的模式,同时提供了个人网站、论坛、博客等多种交流渠道,只要作者同意遵守一定的协议就可以在保留部分权利的同时实现论文的最大范围传播,而得益于社交网络的普及,论文被引用的频次也成倍增长。并且,开放存取出版采用先进的数字化出版技术,省去了传统出版中的排版、印刷和发行等步骤,大大简化了出版流程,缩短了出版周期,有效解决了出版时滞问题[8]。另一方面，开放存取出版提供了多种信息发布渠道，科研人员可以选择多种方式来发布科研成果，一定程度上影响了出版商的发行量和稿源，压缩了出版商的利润和市场份额。

因此，许多的出版商开始调整自身的政策，允许部分、延期或完全的开放存取出版。如 Highwire 出版社则将其出版的期刊提供全文免费网络服务，截至 2015 年 3 月 25 日已开放论文 7 659 003 篇和全文论文 2 434 604 篇，被称为全球最大的免费全文学术论文数据库。除此之外，一些出版巨头还相继推出了开放存取项目，如 Springer 推出 Open Choice 项目，作者向其支付一定的基本费用就可以将研究成果向社会公众公开，实现公开存取。英国牛津大学出版社也于 2003 年 11 月宣布参加 SHERPA 项目，允许全球科研人员在线免费获取 2002 年以来牛津大学作者出版的学术论文[9]。

在开放思想的影响下，许多大学和研究机构纷纷建立起机构仓储，用于保存学术成果和学术研究过程中的阶段性成果。国际上，美国国家科学基金会、澳大利亚科学研究委员会、欧洲研究理事会、英国研究理事会、哈佛大学等高校都制定了强制性存储政策。在国内，国家社科基金重大项目“我国公共部门信息资源增值利用对策研究”首席专家、武汉大学教授陈传夫呼吁：“公共资金资助的科研成果应实行开放存取。”[10]

2.2 开放对图书馆的挑战

开放的环境对图书馆提出了诸多挑战，图书馆在学术交流中的作用也发生着变化，同时开放存取模式和开源工具的出现对图书馆的资源建设和服务理念产生了重大冲击。

一直以来，图书馆在传统的信息交流过程中扮演着重要角色，在出版商与读者用户之间起到不可替代的中介作用。然而，在开放的出版模式下，作者付费出版，读者免费使用，用户可以不利用图书馆，直接在网络平台上实现学术信息的自主存取和交流，这极大地弱化了图书馆的作用。随着开放存取期刊和机构知识库数量的不断增多，用户获取学术资源的渠道也越来越多样化，而期刊价格的增速远远超过了图书馆经费的增速，图书馆购买商业期刊的能力逐年下降，图书馆已不再具有资源上的优势。

开放存取不仅改变了资源的获取模式，而且对信息的组织方式和服务模式产生了深刻的影响。

3 开放带来了新的服务模式

伴随着开放而来的除了挑战，更多的是全新的服务模式，这些模式在开放的土壤里得以滋生和成长，带来了许多惠及民生的改变。

例如在政府信息方面，各国开始倡导“开放政府”“透明政府”，美国、英国以及澳大利亚开通的政府数据网站为民众提供可下载的数据集，民众可以浏览、下载、利用相关的政府数据，建立相应的 App 应用、程序软件，进行数据分析和挖掘，不仅使民众获得了方便，还能促使民众积极参与到政府工作中来，正是倡导“开放政府”“透明政府”的有效体验[11]。

在科学方面，有一个名为宇宙动物园（Zooniverse）[12]的在线科学网站，它为科学爱好者提供了一个与研究人员共同参与科研和实践的平台，研究领域涉及天体物理学、气候学、生物学等，目前已有 1 544 452 名志愿者参与各项科学实验。曾经有一个名为星系动物园的子项目，邀请公众协助在网络上为上百万个星系在线上进行分类的天文学计划，“如果没有志愿者，研究人员将花上数年时间来处理那些图像,但是估计最少有1万到2万名志愿者已经将自己的时间投入分类星系的工作中,这样处理时间将会缩小到一个月”。志愿者不必掌握天文知识,项目网站上的指南会告诉志愿者怎样识别螺旋星系、椭圆星系等,志愿者们还会在额外的一些图片上经过一些测试,测试合格后即可注册。

在教育方面,慕课(MOOC)的兴起打破了传统的教学模式,听课和学习可以随时随地地在网上进行,课程的范围也涵盖了数学、计算机科学、自然科学、人文科学等众多领域,而且大多数课程是免费开放的,有些课程甚至可以获得学分和证书。

4 开放环境下数字图书馆发展新契机

面对知识、数据的日益开放,图书馆也一直致力于寻找发展的新突破口,将重心从以实体书籍服务为主转移到以数字资源服务为主上来,利用最新的开放工具重新整合和组织资源,提高检索准确率,注重发现知识的内在关联。同时挖掘自身馆藏的特色资源,通过数字化加工和新的展示平台开放给公众。国内外许多的图书馆和科研机构在这方面都做了有益的尝试。下面主要从资源建设和服务创新两方面谈谈数字图书馆发展的新契机。

4.1 资源建设

数字时代,实体馆藏逐渐被弱化,数字资源的建设和管理是图书馆对外服务的基础,资源的有效组织既能提高检索效率又能大大提升资源的利用率,让写在书本上的知识流动起来。基于数据存储和管理的开源软件的出现为数字图书馆的资源建设提供了新的解决方案,目前在图书馆领域应用较为广泛的开源软件有 DSpace、Fedora、EPrints、Lucene、Solr 等。国内有许多图书馆和研究机构纷纷引入这些开源软件,根据自身需求进行配置或二次开发,取得了不错的效果。国家科学院图书馆基于 DSpace 平台实现了 CALIS 机构知识库中心系统,为国内高校已建设机构知识库解决了登记注册和宣传的问题。

伴随 MOOC 的兴起,国家图书馆于2015年上线了国图公开课平台[13],借助馆藏丰富视频资源,遴选上千场精品课程讲座视频,打造了“百部经典”等品牌,为读者提供了在线课程学习与互动服务,在开放资源建设服务上迈出了重要的一步。

图书馆在资源建设上应充分挖掘自身的特色资源,合理利用开源软件,将资源进行展示。同时还可以制作成格式统一、机器可读的数据集供公众下载,方便科研机构或个人进行使用。

4.2 服务创新

有人把图书馆现有的服务模式比作超市,里面摆放着琳琅满目的商品,顾客只能被动地挑选,而未来的图书馆应该是一个开放式的厨房,里面提供各种原材料,读者可以像厨师一样随心所欲的利用工具将原材料加工成自己喜爱的美食。图书馆的角色在发生变化,逐渐从收藏性图书馆转为创造性图书馆,建立支持开放服务创新的基础环境,将知识从图书馆和数据库中解放出来成为人们的创新利器。国内外一些图书馆正在进行这样的开放服务探索,例如哈佛大学图书馆就单独设立了一个创新的版块,为学生和研究人员提供基础资源和交流平台,鼓励研究者创新。

来自卡尔加里大学的 InnoVis 研究组做了一个名为波西米亚书架(Bohemian Bookshelf)[14]

的项目。项目的发起者认为目前都是有针对性的搜索，但有时候我们并不确切地知道我们在寻找什么，因此他们想要建立一个开放式的、鼓励在图书馆或书店意外发现的“浏览书架”体验。波西米亚书架由5个互联的可视化并行系统组成，分别提供对藏书的不同评价和视角，包括书籍的审美和外形的特质以及书籍内容的数据。通过提供书籍的多种特性，目的是为鼓励更多有趣的、开放式的书籍探索提供开放接口。

2013年9月，中国科学院大学和中国科学院国家科学图书馆联合举办了“科研教育开放信息创新应用大赛”，旨在支持广大研究生利用开放数据开展科研或教育创新、促进知识发现和知识应用、提高数字环境下的创新能力，推动创新型教育的发展。大赛平台将提供大量的开放数据集和开放工具，参赛者可以以各种方法灵活运用大赛提供的以及参赛者自己拥有或发现的开放数据资源，结合科研、教育、管理以及社会生活等各方面的需求，通过数据嵌入、混搭、集成、整合、分析、计算、可视化等方法，创造出新颖实用的应用工具或服务。

以上两个案例是图书馆在服务创新上的有益尝试，读者不再是被动地获取知识，而是参与到知识获取的过程中，而我们所做的，就是为读者提供资源和工具。将开放数据与开放工具相结合，为用户提供开放的平台，引导读者自主行动来创造个性化服务，这是图书馆服务创新的方向。

我们身处一个开放的时代，学术研究与服务的模式正在发生变化，如何更好地利用海量的数据提供服务是研究者们一直努力的方向。图书馆在开放的环境下，致力于自身的资源建设和服务创新，为读者提供开放与创新的平台，引导读者自行探索与解决问题，把知识从图书馆中解放出来成为人们的创新利器，将图书馆建设成为最好的公共开放服务创新平台。

参考文献

[1] Lohr S. The Age of Big Data[EB/OL]. [2018-03-20]. http://www.nytimes.com/2012/02/12/Sunday-review/big-datas-impact-in-the-world.html? pagewanted = all.

[2] 孟小峰，慈祥. 大数据管理：概念、技术与挑战[J]. 计算机研究与发展，2013，50(1)：146-169.

[3] Big data[EB/OL]. [2018-03-28]. https://en.wikipedia.org/wiki/Big_data.

[4] Doug Laney. DOUG LANEY'S ADVICE FOR BIG DATA ADOPTION[EB/OL]. [2018-03-28]. http://dataconomy.com/2014/07/doug-laney-advice-big-data-adoption/.

[5] IBM. What is big data? [EB/OL]. [2018-03-26]. http://www-01.ibm.com/software/data/bigdata/.

[6] 开放存取[EB/OL]. [2018-03-24]. https://baike.baidu.com/item/开放存取/1688963? fr = Aladdin.

[7] 自由软件基金会. 什么是自由软件？[EB/OL]. [2018-03-28]. http://www.gnu.org/philosophy/free-sw.zh-cn.html.

[8] 黄如花，冯晴. 论开放存取出版对科学信息交流和利用的影响[J]. 出版科学，2008，3(16)：75-78.

[9] Highwire Free Online Full-text Articles[EB/OL]. [2018-03-26]. http://highwire.stanford.edu/lists/freeart.dtl/.

[10] 陈传夫. 公共资金资助的科研成果应实行开放存取[EB/OL]. [2018-03-28]. http://www.cssn.cn/skJJ/skJJ_JJyw/201406/t20140623_1223159.shtml.

[11] 杨菲菲. 国外政府数据开放存取对我国的启示[J]. 燕山大学学报，2016，3(17)：41-44.

[12] Zooniverse[DB/OL]. [2018-03-27]. https://www.zooniverse.org/.

[13] 国图公开课[EB/OL]. [2018-03-28]. http://open.nlc.cn/onlineedu/client/index.htm.

[14] The Bohemian Bookshelf[DB/OL]. [2018-03-27]. http://innovis.cpsc.ucalgary.ca/Research/BohemianBookshelf.

情境教学在经典阅读推广中的应用探析

——以国家典籍博物馆展览配套活动为例

卢　璐(展览部)

当今社会,文化无疑是最时尚的热点问题,从党的十七大提出推动“文化大发展大繁荣”到十八大明确“建设文化强国”,再到十九大强调要“坚定文化自信”,文化在国民经济与社会发展中的重要性日益提升[1]。经典文献是文化的重要载体,是传承和弘扬优秀传统文化不可或缺的力量源泉,阅读经典是学习经典,进而热爱经典所承载的传统文化的重要途径,同时也是培养青少年文化认同、树立文化自信的必由之路。国家典籍博物馆作为国内首家集中收藏、展示、研究典籍文物的博物馆,在经典阅读推广的过程中肩负着重要使命,本文旨在探讨将情境教学法应用于典籍博物馆展览配套活动对于推广经典阅读的方法及意义。

1　在博物馆中学习

博物馆的定义经历了不断发展的过程,当今世界普遍认同的定义来自国际博物馆协会2007年修订通过的《国际博物馆协会章程》,其中指出“博物馆是一个为社会及其发展服务的、向公众开放的非营利性常设机构,为教育、研究、欣赏的目的征集、保护、研究、传播并展出人类及人类环境的物质及非物质遗产”[2]。如果在逾半个世纪的时段上对国际博物馆协会关于博物馆的定义进行观察的话,可以发现收集、保管和展示的传统价值不断弱化,博物馆的核心价值逐步转移到研究、教育和愉悦上[3]。在此思想的指导下,博物馆更应深入研究、发掘自身展览及藏品内涵,开展博物馆社会教育活动,为社会公众提供知识与美的盛宴。

2　经典阅读推广现状分析

在新媒体时代,时间和篇幅概念上的碎片化阅读越来越多的充斥在人们日常生活中,对阅读氛围要求较高的经典著作似乎离人们越来越远。在推广经典阅读的过程中,公共图书馆及高校图书馆一直发挥着重要作用,活动形式多样、主题丰富,如公共图书馆举办名家讲座,诠释经典;开展亲子阅读专场,引导儿童阅读经典;利用多媒体现代化技术手段,丰富阅读体验[4];高校图书馆在开展学习经典读书小组、经典导读课程等活动上也具备独特的优势[5]。

博物馆与图书馆同属公共文化服务机构,但因二者服务方式、服务对象的差异,博物馆在经典阅读推广领域的研究和实践比较少见,仅有名人故居纪念馆就“博物馆与文化景观”主题对文学阅读中“物”与“人”关系的探讨,将作家的人生经历、创作空间与经典文本相结合,赋予景观以生命的同时为经典作品的重读提供方法[6]。此研究强调人文景观与作家作品间的背景、内容联系,为博物馆利用自身优势推广经典阅读工作提供了思路。

3　情境教学的特点

情境教学法是学校教育中应用较广的一种教学方法，教师通过创设鲜明的形象、带入真切的感情、营造广远的意境等手段，调动学生学习的主动性，帮助学生理解，激发学生的想象力，诱导学生进行深入思考，其本身具有“形真”“情切”“意远”“理念寓于其中”等特点[7]，与博物馆的实物性、直观性、广博性[8]相得益彰。

博物馆的社会教育活动因其内容的非强制性，依托展览及展品的直观性、实物性等特点，与传统学校课堂以教师为主导进行的“教”有显著区别，更加适合学生作为主体体验“学”的过程——由博物馆工作人员依据主题设置情境，学生利用博物馆展览及展品资源，沉浸情境之中进行探索式学习。典籍博物馆自开馆以来，在将情境教学法具体应用于博物馆社会教育活动、推广经典阅读的实践中不断摸索，开展了一系列展览配套活动。

4　典籍博物馆推广经典阅读的方式及成果

推广经典阅读不是一朝一夕的工作，需要全社会持续的关注和不断的努力，为此，博物馆更应重视激发观众，特别是青少年群体阅读经典的兴趣，通过主题参观、互动体验、讲座沙龙等多种多样的形式，为观众提供高质量的经典阅读推广活动，为他们提供方式方法上的建议，进而鼓励他们在日常学习、生活中对经典文献产生兴趣，重视阅读经典的重要性。

典籍博物馆自开馆以来，展览形式和内容紧密依托馆藏精品，其中不乏以中外经典著作为主题的展览，如“从诗经到红楼梦——那些年我们读过的经典”“从莎士比亚到福尔摩斯：大英图书馆的珍宝”等，其他主题的展览中，与经典著作相关的展品更是数不胜数。可以说作为典籍类专题性博物馆，典籍博物馆在推广经典阅读的工作中有着得天独厚的资源优势，充分利用展览及展品资源开展不同种类的社会教育活动，如深入解读中国经典著作内容、挖掘经典著作背后折射的文化观、以包容的心态学习外国经典著作等，有助于社会公众了解和深度解读中外经典，助力经典阅读推广工作。

4.1　作为参与者了解中国经典著作

中国历代经典著作是中华文明的重要组成部分，早已融入中华民族的血脉，成为我们的文化基因。将书本上的经典作品转化为青少年可以亲身参与的主题参观学习、舞台剧、探秘游戏等丰富多样的形式，使青少年作为参与者走进经典著作的历史背景、作品场景中，了解这些经典著作的内容、提升他们对经典阅读的兴趣，是典籍博物馆在经典阅读推广工作中的思路之一。

4.1.1　“民族记忆　精神家园——国家珍贵古籍特展”配套活动

“民族记忆　精神家园——国家珍贵古籍特展”集中展示了承载着中华民族博大精深的传统文化的珍贵古籍，展览按照经、史、子、集、民族交融和世界交流的顺序展示儒家经典、史学著作、诸子百家、古典文学、少数民族文献和涉及世界文化交流等不同门类的古籍，将古籍保护工作者多年来的工作成果呈现给观众，揭示典籍文献在中国历史上的重要贡献和地位。

展览恰逢中国中医科学院研究员屠呦呦以“有关疟疾新疗法的发现”（即“青蒿素”）获得

2015 年诺贝尔生理学或医学奖不久，展览中更是展出了启发这一研究的关键性文件——东晋葛洪所著的《肘后备急方》。书中记载了“青蒿一握，以水二升，渍绞取汁，尽服之”，科研人员从中悟出青蒿当生用，不做煎煮，从而提取了抗疟单体“青蒿素”。而主持这一研究的屠呦呦，名字更是取自《诗经》中“呦呦鹿鸣，食野之苹”之句。该展览的配套活动即选取这一社会热点，开展“呦呦鹿鸣，食野之‘精’”活动，通过建立展览内容与青少年观众熟悉的知识点之间的桥梁，带领青少年一同领略中国古代文献的风采，寻找浸润着古人聪明才智、不断滋养后世子孙精神和智慧的典籍。通过主题参观学习，青少年可以了解经典典籍在历史发展不同阶段的文化意义，从而使青少年了解典籍与科学、典籍与历史、典籍与当代社会之间密不可分的联系，进而增添学习经典篇章的兴趣。

该展览还展出了古典长篇小说《西游记》，为此，典籍博物馆特组织青少年编演其中的经典段落，通过展品解读、道具制作、台词练习、剧本排演、现场演出等一系列过程，让青少年有机会追本溯源，将耳熟能详的故事与作家创作时的历史环境相结合；深度学习，将古籍上的文字以生动的语言和肢体动作表现出来；推陈出新，以丰富的创造力对经典作品进行再创作。

4.1.2 “红色记忆——纪念中国共产党成立九十五周年馆藏文献展”配套活动

“红色记忆——纪念中国共产党成立九十五周年馆藏文献展”从馆藏文献史料的角度，重温党走过的九十五年历程。展览分为马克思主义在中国的传播、党章与党的机关报、反“围剿”与长征、统一战线建设、党的思想作风建设、党的群众路线建设、人民文艺成果七个主题单元。展览紧密结合“两学一做”学习教育活动，在现场设置了“两学一做”读者互动区，让观众在观看展览的同时可以深入学习党章、重温入党誓词。配合该展览举办的“念念不忘　必有回响”长征主题诗会，则旨在让青少年沉浸在长征情境中诵读经典篇章，在外部观感和内心体会共同作用下学习和了解党的历史，学习不畏艰难的长征精神和党艰苦朴素的优良作风。

4.1.3 “从诗经到红楼梦——那些年我们读过的经典”配套活动

“从诗经到红楼梦——那些年我们读过的经典”精选 70 余件古籍，按照时间顺序将先秦到明清的中国古典文学作品串联起来，向观众集中展示文人墨客饱蘸深情的作品，通过馆藏古籍文献展现中国古代灿烂辉煌的文学史。配合该展览举办了“丝路大富翁”游戏，带领青少年将展览中单纯的文学发展时间脉络整合成为地理线索，沿着陆上丝绸之路追寻历代诗人在沿途留下的诗歌作品。在“丝路诗路”主题参观学习后，以大富翁游戏的形式进行分组闯关，巩固知识。游戏环节在检验参与者学习效果的同时，丰富他们的活动体验，提升他们了解经典文学作品的兴趣，进而鼓励他们在日常生活中将经典阅读与游戏、地理、空间等多学科知识进行整合，以更为丰富的手段学习经典著作。

此类活动紧密贴合典籍博物馆实时展览，以展览及展品为基础，从中选取青少年熟悉的知识点作为起点，注重多学科综合的学习方式，带领青少年扩充对经典的认识，形成多学科相融合、立体的经典阅读观念，对经典著作产生探知欲、面对“大部头”著作时不畏难，将经典阅读变为日常学习的常态内容。

4.2 作为参与者走入经典背后的文化世界

古籍是经典著作的重要载体，但展览中由于受到空间、页面、篇幅等具体因素的限制，观众能够实际阅读到的内容并不多。如何将未展示出的、静态的文字转化为动态的文化类互动体验活动，使青少年作为亲身体验者进入经典情境之中，探索经典著作折射的文化观、世界观，促进他们对经典著作、传统文化产生更为生动直观的认识，是典籍博物馆在经典阅读推广工作中的又一思路。

4.2.1　透过文字本身感受一脉相承的中华文明

文字是经典著作及其承载的中华文化得以一脉相承的关键，典籍博物馆中众多展览都与文字相关，如“甲骨文记忆”展从汉字的起源谈起，向观众展示三千多年前的甲骨文字及其背后的商代社会；又如“金石拓片”展览通过甲骨、青铜、石刻等金石器物的拓片展示文字、书体的演变过程；再如“少数民族语言文字”精品展集中展示不同民族的文字文献，向观众展现祖国灿烂辉煌的多元文化遗产宝库。结合这些以文字为主题的展览，典籍博物馆先后策划并开展了“商王的一天”“说文解字”“文字背后的故事”等主题活动，以兼具知识性与故事性讲授向青少年介绍文字的起源与发展演变，更好地透过文字认识中华文明一脉相承的特性，感受典籍文化的深远魅力。

“商王的一天”活动以学龄前期儿童作为主要受众，将甲骨文单字串联成一个个生活图景，以讲故事的方式模拟商代帝王一天的生活，帮助参与活动的青少年认识有趣的甲骨文字，了解甲骨文在商代具有的重要意义，体会汉字的图画性，感受文字之美。活动有效地帮助识字期儿童在观察和识图的基础上认识汉字，很多小朋友在活动之后都说：原来认字这么有趣！除帮助学生识字认字外，“商王的一天”还融入了商代王室应用甲骨进行占卜的场景，带领学生走进商人的精神世界，感受一系列占卜程序背后蕴藏的信仰与生活哲学。学生在学习甲骨卜辞的内容、结构之后，更是愿意以现代汉语自行创作一条“卜辞”，卜辞内容往往与他们的生活和自己的愿望密切相关，通过这样与现实生活相联系的环节，拉近他们与商代历史间三千多年的时间跨度，帮助他们产生对历史、对文字的亲切感。

“说文解字”及“文字背后的故事”活动针对学龄期青少年群体，带领他们沿着文字发展演变的历史脉络了解汉字的构造方法、书体的演变及其社会背景、金石传拓与文字印刷技术的发明过程、少数民族文字古籍所承载的民族创世故事和他们的精神世界，学会以发展、动态、包容的眼光看待历史。

4.2.2　透过文字载体的演变感受典籍的时代烙印

从写刻在龟甲、兽骨上的甲骨文，刻铸在青铜器上的金文，到简牍绢帛应用于书写，再到纸张的发明与改进，中国历史悠久的书写传统在诸多文献和文物中得以体现，了解文字载体的演变过程对于青少年学习相应时代的文献，以及不同文字载体对应的书体都很有帮助。此类型的活动以学生参与其中的互动体验为主，在书写、传拓甲骨文，动手编竹简，体验雕版及活字印刷术、制作古代装帧形式的书籍等活动的过程中，感受不同书写载体的特征，尝试站在当时人们的角度，思考不同书写载体对文和经典著作的影响。

通过亲自触摸、观察、打磨龟腹甲，学生可以感受其坚硬的特性，进而理解契刻在甲骨上的文字笔画较为尖折的原因。通过动手编制竹简，学生可以感受竹简与甲骨、青铜相比，在作为书写载体方面有哪些进步，将竹简与后世使用的纸张相对比，又可以理解其不便之处。通过模仿汉代跪坐的校雠俑，学生可以感受跪坐与低矮几案应用于书写对人们书写姿势的影响。通过实际体验雕版印刷与活字印刷，学生可以将这两种印刷方式进行对比，得出二者各自的优势与劣势，并列举二者适用于不同印刷需求的情况。通过制作蝴蝶装、包背装、线装等不同装帧形式的书籍，学生可以体会古代纸质书籍不断发展、改进的原因，同时亲身感受蝴蝶装因其可以完全展开而适用于画册的特点。

4.2.3 透过年节习俗感受传统文化的温暖

春节是中华民族最隆重、最盛大、最丰富的传统节日，而记载了年节习俗的典籍文献又可谓汗牛充栋。在每年新春佳节到来之际，典籍博物馆都会举办年俗主题的参观及互动活动，如邀请名家现场演示并与青少年互动的"名家带你写春联"、以亲子家庭为单位的游戏"新年直通车，勇闯典博关"、将主题参观学习与非遗互动体验有机结合的"年俗年味嘉年华"，带领青少年透过浩瀚典籍穿越千年历史，重拾温暖前人内心的年俗和年味儿。

此类活动旨在让青少年观众通过互动、体验、模仿等形式亲身将经典典籍文献中的文字记录活化，利用有趣的故事、参与程度高的手工互动为青少年了解传统技艺、学习经典著作，感受传统技艺及经典著作背后的文化底蕴，传承优秀传统文化提供可能。

4.3 作为参与者学习世界经典

经典是有普世价值的，这体现在不仅本国、本地的人们能够认识、理解其珍贵之处，其中蕴含的真理更是全世界共同的宝藏。阅读经典、推广经典阅读当然不应局限于对中国本土经典著作的阅读与学习上，对于世界其他国家和地区的经典著作，无论是博物馆还是观众都应以开放包容的心态进行学习，感受不同文明间文化的交流与碰撞。以生动有趣的活动配合中外文化交流类展览，是典籍博物馆在推广经典阅读工作中的又一次有益尝试。

4.3.1 "从莎士比亚到福尔摩斯：大英图书馆的珍宝"展览配套活动

"从莎士比亚到福尔摩斯：大英图书馆的珍宝"是在中国国家图书馆与英国国家图书馆通力合作中而应运而生的大展，是一场前所未见的文学盛宴。展览展出了英国标志性作家的9部手稿、2部早期印本，同时还展出了这些英国文学在中国的著名译作、手稿、改编及评论书籍或稿件等。观众惊叹于珍贵而精彩的展品的同时，在展厅中也常能听到观众，特别是亲子观众表示参观展览需要具备英国文学史相关的知识背景，希望能够通过参观、活动等多种形式更好地理解展览及展品的内涵，配合该展览的情境式体验活动就此应运而生。

"我从剧中来"戏服制作沙龙精选展览展出的名家作品，参与活动的学生在熟悉作品的基础上，由专业老师指导完成演出服装的手工制作，并进行装扮、彩排人物台词及动作。"名剧猜猜猜"展演活动则邀请这些参与者上台表演，由观众根据人物装扮和台词猜出剧目及角色。活动尝试通过不同的参与方法——学生参与手工制作、台词表演等环节，观众现场观看判断、猜测剧目信息——使不同需求的观众都能加深对英国经典文学作品的兴趣与认识。

"福尔摩斯的假期"主题参观带领青少年以大侦探福尔摩斯的视角开展度假旅行，从他伦敦的住所贝克街221B出发，一路走过泰晤士河、剑桥大学、约克郡等与英国文学史息息相关的地点，与一个个英国文豪来一场隔空对话。活动将主题参观与学案引导相结合，帮助学生将地图上的地点以虚拟旅行的方式串联起来，利用学案梳理知识，巩固学习效果。

4.3.2 "世界插画大展——国际安徒生奖（终身成就）50周年展"配套活动

"世界插画大展——国际安徒生奖（终身成就）50周年展"集中展示了迄今为止荣获国际安徒生奖的26位插画家的经典作品，展览在展出插画家原作的同时，将炫酷的科技元素和丰富的趣味互动融入其中，无论是成年观众还是小朋友，都能沉浸其中，在精彩的儿童绘本世界里翱翔。结合该展览举办了"金秋故事会"活动，邀请家长志愿者通过讲故事的方式与小朋友分享作家和他们的代表作，丰富观众的观展体验。

此类型活动紧密结合不同国家的经典作品，为青少年营造充满戏剧感的情境，以专题性知识讲授、情境式互动体验等形式帮助他们了解和学习外国经典著作，以开放包容的心态博采众家之长，感受不同文明间的交流与碰撞。

5 情境教学应用于经典阅读推广的意义

结合典籍博物馆配合展览举办的活动可以发现，典籍类展览因其展品内容包罗万象、具有历史纵深感等特点，在经典阅读推广工作中必将大有作为。而情境式教学方法有效解决了文献展品在展览中受空间、篇幅、展出页面等因素限制的不足，通过营造与展览主题相适应的情境及氛围，青少年可以沉浸其中，学习经典著作的内容及其背后蕴藏的文化内涵，将展览主题和展品知识通过学习带入他们的日常生活中，成为推广经典阅读、传承优秀传统文化的使者。

参考文献

[1] 伍隅. 解读“十九大”文化发展新思想[EB/OL]. [2018 - 03 - 15]. http://sike. news. cn/statics/sike/posts/2017/11/219526193. html.

[2] International council of museums. Museum Definition[EB/OL]. [2018 - 03 - 16]. http://icom. museum/the-vision/museum-definition/.

[3] 徐坚. 走出收藏史，走向思想史[J]. 中国博物馆，2015，34(4):1 - 13.

[4] 寿晓辉，叶丹，翁亚珂. 公共图书馆经典阅读推广的实践与思考——以杭州图书馆为例[J]. 图书馆研究与工作，2017(12):56 - 59.

[5] 李久艳，梁益铭. 高校图书馆经典阅读推广研究——以中山大学图书馆阅读推广模式为例[J]. 图书馆研究，2016，46(3):76 - 80.

[6] 张勇. 博物馆文化景观视域下的文学经典阅读方式的变革[J]. 中国博物馆，2017(1):49 - 56.

[7] 李吉林. 情景教学的理论与实践[J]. 人民教育，1991(5):27 - 33.

[8] 王宏钧. 中国博物馆学基础[M]. 上海：上海古籍出版社，2001:42 - 45.

中文报纸复合性馆藏初探

金文昌（中文采编部）

国家图书馆是国家总书库，履行国内外文献资源收藏和保护的职责。报纸作为主流文献资源类型之一，构成了国家图书馆（以下简称“国图”）馆藏的重要组成部分。目前国图馆藏中文纸质报纸 8545 种，是全国报纸收藏品种最为齐全的图书馆之一。

随着数字时代的到来，网络化和信息化改变着人类的社会观念与生活方式，越来越多的文献信息以数字资源的形式出现，如电子图书、电子期刊、电子报纸等，人们的阅读习惯也逐渐发生着变化。电子报纸也称网络报纸或数字报纸，最初从“报纸网络版”发展而来，大致可以分为 4 类：报纸数据库、电子报纸、增强型电子报纸（即 App 型电子报纸）、户外公共终端报纸[1]。截至目前，国图收藏中文电子报纸 1214 种，主要通过外购数据库、国家图书馆报纸数字典藏项目、电子报纸征集、触摸屏读报系统及在线读报系统获得。

为进一步做好国图中文报纸的保存和利用,促进纸质文献与数字文献的融合发展,有必要对目前报纸的复合馆藏情况进行统计和分析,并在此基础上对未来发展提出建议。

1 中文纸质报纸馆藏情况

国图文献采访总原则是"中文求全,外文求精"。目前纸质报纸的入藏范围为地市级及以上城市正式出版的报纸(电视报和教辅类报纸除外)。据国家新闻出版广电总局统计,2015 年全国共出版报纸 1906 种[2],其中国图入藏的纸质报纸有 1483 种,占报纸出版总量的 77.8%。

中文纸质报纸采访主要通过两个渠道:接受缴送和购买。接受缴送是确保报纸馆藏的重要渠道之一。根据新闻出版广电总局的相关规定,报纸出版后需要向国家图书馆缴送一份作为永久保存。部分报纸无购买渠道,只能依靠缴送予以保障,国图将这类报纸统称为纯缴送报纸。2016 年度纯缴送报纸有 457 种,约占现有入藏报纸数的 30.8%。

购买包括邮局订购、书商代订、报社直订等方式。邮局发行作为现行报纸发行的主要方式,是国图报纸购买的主要渠道之一。2016 年度邮局订购报纸达 903 种,约占现有报纸入藏总数的 60.9%。另外通过代理公司购买报纸 50 种,通过报社直订报纸 60 种。

1.1 纸质报纸采访中存在的问题

1.1.1 缴送率、缴全率有待提高

报纸作为连续出版物,缴送是否良好的主要统计指标为缴全率,缴全率达到 85% 以上为缴送良好,缴全率不足 30% 为缴送较差。2015 年国图入藏纸质报纸的缴送情况如表 1 所示,过半的报纸缴送良好,但仍有 1/3 的报纸缴送情况较差。

表 1 2015 年入藏纸质报纸缴送情况

缴全率	报纸种数	所占比例
缴全率 > 85%	846	57.05%
85% ≥缴全率 > 50%	70	4.72%
50% ≥缴全率 > 30%	25	1.69%
缴全率≤30%	542	36.55%

近几年来,国图主要通过发函、电话、QQ 等方式进行报纸日常催缴工作,每年外出催缴也会拜访当地新闻出版局、相关报社进行缴送工作的宣传和催缴。呈缴工作虽取得了一定的成绩,但由于呈缴法律的缺失、主管部门监管力度不够、部分报社对呈缴工作不够重视、邮局寄送丢失等主客观原因,目前报纸的量与实际出版量仍存在着一定的差距。

1.1.2 购买渠道受限,供应商服务质量难保证

邮局订购是国图报纸购买的主要渠道,但仍有 40% 通过非邮发的方式进行发行。非邮发报纸直订需要逐家联络报社,费时费力。另外因报社发票等原因无法订购的情况也很多。即便订购成功,也存在报社内部沟通不畅导致订购的报纸无法按时寄达,最终造成报纸缺藏。非邮发报纸通过书商代订,虽然规避了不合格发票的问题,但是增加了与报社的沟通成本,也增加了后期催补的难度。

1.1.3 出版频率高、期次多,容易造成漏藏

如前两点所述,通过购买和呈缴仍无法保障应入藏品种的完整性,而报纸出版频率高、期次多的特点也为入藏工作带来更高的挑战。截至2016年7月底,在现有入藏的报纸中,有417种报纸为日报,208种报纸每周出版6期,172种报纸每周出版5期,每周出1期至4期的报纸合计609种。高频率的出版特点对报纸的完整收藏带来很高的挑战,不管是通过购买还是缴送,都容易出现缺期的情况。

另外报社地址、人员变动频繁,更新信息无法及时获得,也是造成报纸缺藏的重要原因。

综上几种原因,截至目前统计,2015年入藏的纸质报纸中存在缺藏/缺期的报纸约有220种,占入藏总数的14.8%。缺期达半年以上的报纸约有70种,占缺载/缺期总数的31.8%。

2 中文电子报纸馆藏情况

根据国图"中文求全,外文求精"的采访总原则,中文电子报纸的采访一直是中文数字资源建设的重点之一。国图通过各种采访渠道,目前有4种方式来进行电子报纸采访及相应的服务,分别是外购数据库、报纸数字典藏项目、数字资源征集项目中电子报纸征集、触摸屏读报系统及在线读报系统。

2.1 外购数据库

截至2016年8月,国图中文引进数据库中全文收录电子报纸共计12个,其中单库多报型数据库7个、单库单报型数据库5个、常规数据库11个、少儿数据库1个。

新闻出版广电总局数据显示,2015年全国出版报纸1906种,国图引进的中文电子报纸数据库累计收录我国内地发行的中文报纸总量2627种(未查重),查重后为1188种,其中有847种持续更新。

各数据库给予国图的使用权限、提供的更新服务和并发用户数都有所不同,这些限定范围对数据库使用效益有较大影响。

2.2 数字资源征集项目

为联合全国各图书馆共建国家数字图书馆,进一步提高国家数字图书馆的公共文化服务水平,2010年4月起,国家图书馆全面启动了面向全国范围的数字资源征集项目,大规模征集图书馆享有自有版权和可转授版权的数字资源,获得了各地图书馆的热切响应和积极参与。

数字资源征集项目中的电子报纸均为各地图书馆申报建设,多为缩微胶卷数字化产品,因此年代离得较远,除了部分北京地区报纸为中华人民共和国成立之后的报纸,其余均为中华人民共和国成立之前的报纸,甚至有的可追溯到清朝。截至目前,共计征集报纸数量为88种。所加工的电子报纸符合国图对于电子报纸内容及格式的要求。

目前,所征集来的电子报纸均已通过发布平台进行发布,为国图和数字图书馆推广工程读者提供阅览服务,并进入国图长期保存体系进行长期保存。

2.3 读报系统及在线读报系统

国图2008年百年馆庆推出了触摸屏系统,读者可以通过到馆使用来阅读全国各地当天的

200 种报纸。为了进一步将该服务延伸到网络，扩大服务的范围，拓展多样化的服务方式，2010 年又进一步引入了在线读报系统，其目的是实现触摸屏读报系统与数字报纸典藏项目数据的统一发布和展示，并具有报纸的检索、阅读、下载、剪报、管理及点击量统计等功能。

由于该项目持续时间较长，负责人更迭较多，回溯至最初较为困难，因此本文选取了 2016 年度触摸屏更新报纸数据作为参考，目前触摸屏读报系统更新 210 种报纸，与外购数据库进行比对查重，仅有 11 种为触摸屏读报系统独有的报纸，其余均与外购数据库中的报纸重复。

触摸屏读报系统在国图触摸屏硬件设备上开展服务，在线读报系统针对馆内局域网用户开展 PC 端服务，该系统中的电子报纸数据进入国图长期保存体系进行长期保存。

2.4 数字典藏项目

国家图书馆是国家的总书库，基于数字资源长期保存的战略考虑，于 2005 年建立了报纸数字典藏（Digital Newspaper Repository，DiNeR）项目，对互联网上 PDF 格式的电子报纸进行采集与长期保存。目前主要采集方式是通过人工从报社网站下载数据或访问 FTP 服务器（报社已授权）。

但 11 年来，国图累计采集的电子报纸仅 119 种，与当前国内电子报纸的实际出版情况有很大的差距，且因电子报纸上传不规律、发布不完整、格式不统一等特点，截至 2015 年仅有 45 种能继续下载。

2010 年开始，电子读报系统上线，原报纸数字典藏项目的发布服务数据不再更新，由电子读报系统替代。2010 年至今收集的电子报纸只进行保存，未进行加工和发布。

3 国家图书馆报纸复合馆藏情况评估

3.1 电子报纸收藏范围不全

2015 年全国共出版报纸 1906 种，由于未公布详细的报纸目录及统计方法，所以本文以国图现有报纸目录和邮局订购目录作为报纸总目，查重后共计 1834 种（除去部分停报品种）。其中入藏的纸质报纸有 1483 种，入藏率为 81%。

电子报纸以触屏报纸（210 种）和 8 个数据库（包括慧科、方正、同方、维普、中少社、人民日报、经济日报、参考消息，共计 1302 种），以及近三年来通过国家数字报纸典藏项目采集的电子报纸目录（66 种）为基础数据，查重后共计 1214 种，入藏率为 66.2%（见表 2）。

表 2 国图报纸整体情况

是否入藏	纸版报纸（占比）	电子版报纸（占比）
入藏	1483（81%）	1214（66.2%）
未入藏	351（19%）	620（33.8%）
共计	1834（100%）	1834（100%）

将上述纸质报纸目录与电子报纸目录比较和分析发现存在以下问题。

3.1.1 馆藏纸版报纸中超过 1/3 无对应电子版馆藏

国图入藏的 1483 种报纸中，有电子版馆藏的 936 种，占 63.1%；无电子版馆藏的报纸 547 种，占 36.9%（见表 3）。从载体类型上来看，超过 1/3 的报纸只有纸质版这一种馆藏载体形式。

表 3　馆藏纸质报纸对应电子版馆藏情况

有电子版馆藏(占比)	无电子版馆藏(占比)	共计(种)
936(63.1%)	547(36.9%)	1483

3.1.2　未入藏的纸版报纸中有 92.5% 无电子版馆藏

国图未入藏的 351 种报纸中,有电子版馆藏的仅 26 种,占 7.4%;同时也无电子版馆藏的有 325 种,占比高达 92.6%(见表 4)。

表 4　未入藏纸质报纸是否有对应电子版馆藏情况

有电子版馆藏(占比)	无电子版馆藏(占比)	共计(种)
26(7.4%)	325(92.6%)	351

3.2　电子报纸自主采集品种少

目前国图电子报纸来源主要是外购数据库,而外购数据库则重在使用,其对象数据和元数据需要依赖于提供商平台才可进行发布服务,不利于长期保存。

国图报纸数字典藏项目是电子报纸采集和保存项目。电子报纸的征集主要是向报社发征集函,待报社授权后再通过网络进行下载。电子报纸采集的目录主要以有影响力、读者群广泛的精品大报为主,但报纸数字典藏项目存在着下列问题:

3.2.1　采集种类少,且与现有电子报纸重复率高

从采集数量上来看,截至 2015 年 12 月,十年间国图累计采集电子报纸 119 种,容量 5678GB。电子报纸采集的品种数量和资源质量等方面,均与当前电子报纸的实际出版情况有很大差距。因电子报纸更新频率快、上传不规律、发布不完整、格式不统一等特点,导致在 119 种电子报纸中能够保证连续、完整采集的比例不到 4%。根据原有电子报纸采集目录,119 种报纸中目前能继续下载的有 45 种。

从采集品种上来看,2014 年采集电子报纸 51 种,2015 年采集 45 种,2016 年采集 47 种。采集的 66 种电子报纸中,有 51 种已包含在购买的数据库中,12 种包含在发布的触屏报纸目录中,仅有 15 种为电子报纸采集目录独有数据,仅有 22.73% 的电子报纸没有重复采集。

3.2.2　主要采集当年的电子报纸,未对之前年份进行采集

该项目主要采集方式是人工下载网络报纸。报社虽已授权国图进行采集保存,但人工下载费时费力,无法对所有年份的电子报纸进行全部采集,导致目前采集只针对当年的电子报纸,采集不够完整。

3.2.3　只针对网络版电子报纸,无法对碎片化、开放化的网络报纸信息进行采集

网络版电子报纸是报纸数字出版的初级阶段,随着互联网和移动媒体的进一步发展,报社积极探寻“报网融合”之路,读者的阅读需求已不再仅仅是电子报纸本身,而是更为丰富的、开放化、扁平化和碎片化的网络报纸信息。以新闻为主的综合性网站、手机报等新媒体的出现,正在逐渐改变报纸的出版模式,只采集网络版电子报纸将无法适应这种新变化。

4 结论与建议

4.1 进一步做好纸质报纸的收藏工作

一方面，继续做好对专业（行业）类（如石油、钢铁、铁路、煤矿等）报纸、少数民族文字报纸以及县级机关报的跟踪调研；另一方面，要进一步提高入藏报纸的缴送率及缴全率，特别是确保纯缴送报纸的入藏。同时，积极探索国图与各省图书馆在文献资源建设上实行分工协作的可行性，如国家图书馆负责地市级及以上报纸的收藏，各省负责本地区所有报纸的收藏，实现资源共享，避免重复建设。

4.2 进一步做好商购电子报纸的品种协调和元数据收集工作

目前国图商购电子报纸由于受供应商打包销售模式以及多项目并行的采购模式影响，使得电子报纸品种存在重复入藏现象。在今后的工作中进一步加强与供应商沟通，结合缺藏目录，推进个性化采购的可能性。并借助各种商业手段在购买电子报纸的过程中加强配套元数据的采集工作，为后续服务工作。

4.3 调整电子报纸采集目录及采集方式

目前国图电子报纸采集存在着品种少、重复率高和采集不完整等问题。国家图书馆报纸数字典藏项目于2005年启动，是在缺少数字出版物呈缴规定的情况下，对互联网上电子报纸采集、保存、加工、利用的有效尝试。该项目在当时的技术背景下主要采取人工下载的形式并延续至今，不仅费时费力，而且采集的品种和数量有限，也与现有纸质馆藏重复率高。目前，随着网络资源采集工具软件的开发，信息自动抓取技术的实现，海量的自动网络资源采集成为可能，同时国外图书馆将网络出版物纳入呈缴范围并进行采集的做法也值得我们借鉴。因此，本文建议，一是放弃报纸数字典藏项目中人工采集电子报纸的低效方式，对国图电子报纸采集模式进行调整；二是调整报纸数字典藏项目中人工采集电子报纸的采集方向，从纸质缺藏报纸中优先选择信息相对丰富的行业类、日晚报类报纸，将其纳入采集目录。

4.4 可通过版权征集的方式对报纸馆藏进行补充

针对目前报纸复合馆藏情况，可尝试对入藏范围内既无纸质馆藏又无电子版的报纸品种进行版权的征集，确保该品种报纸较为完整、全面的入藏。

4.5 进一步做好电子报纸的保存和利用

4.5.1 电子报纸的保存

目前电子报纸典藏项目存储的方式为树状结构的文件夹，报纸在根目录存放。该种形式让整个报纸集合的情况不能一目了然，调用不方便，与纸质馆藏关联复杂，建议采用数据库形式保存电子报纸，并制定相应的元数据格式，方便报纸集合的管理、报纸的提取、利用与关联等。

4.5.2 电子报纸的利用

传统资源与数字资源的整合利用将是图书馆今后面临的主要挑战。纸质报纸和电子报纸载体形态存在很大的差异,目前国图采集的电子报纸均为图像版,无法进行全文检索,也不具备相应的元数据,存储结构也是树状结构,查找和搜索起来均较为复杂和烦琐。如果将来提供利用,应该考虑通过电子报纸数据库等管理方式,将电子报纸与本馆 OPAC 中的纸版报纸目录进行整合关联。另外,在国家未出台相关政策前,对于该类资源的发布服务需慎之又慎,参照相关国外图书馆对呈缴的数字出版物的利用情况,可将采集来的电子报纸通过文献传递的方式来提供服务,即原版原貌报纸的打印复制。

4.5.3 注意版权保护

在电子报纸的采集过程,很多出版单位都担心知识产权问题。工作中会以优先保存再谈利用的方式进行采集,很多单位都以默许但无明确授权形式同意下载。但是采集到馆的数据在对外使用中需要全馆统筹协调,注意知识产权问题,以免引起纠纷。

4.5.4 建立电子出版物呈缴平台

随着电子报纸、电子期刊等各类电子出版物越来越多,国图作为国家法定呈缴机构,接收电子出版物的呈缴工作是迟早要面对的事情。因此急需未雨绸缪,举全馆技术人员之力,筹建一个未来可以接收各类电子出版物的平台。

参考文献

[1] 贺子岳.数字出版形态研究[M].武汉:武汉大学出版社,2015:198.

[2] 2015 年全国新闻出版业基本情况[EB/OL].[2016-09-01].http://www.sapprft.gov.cn/sapprft/govpublic/6677/875.shtml.

关联数据在图书馆中的应用

——以国图公开课关联数据加工为例

王 丽 周笑盈 秦 静(数字资源部)

2006 年,Tim Berners-Lee 首次提出关联数据(Linked Data)的概念,目的是构建一个计算机能理解的、结构化的、语义丰富的数据网络,在此基础上构建更智能的应用[1]。作为语义网的轻量级实现,关联数据因其框架简洁、标准化、去中心化、低成本等特点,得到快速应用和发展。2011 年 8 月,图书馆关联数据孵化小组发表了一份研究报告,建议图书馆应该从两个方面来拥抱信息网络:利用关联数据将图书馆的数据变成可利用的,将数据网络融入图书馆服务中去。报告提出图书馆能够在数据网络运动中担当领导者的角色[2-3],将有价值的数据发布到互联网中,使其在互联网中得到关注并能被重用,成为网络中的一个关联枢纽,真正融入整个信息世界中去[4]。类似的观点,Eric Miller 在一次演讲中也提到,图书馆不仅能为关联数据世界贡献数据,而且能够引领多种关联数据建设的实践[5]。由此可见,关联数据的发展为图书馆进入以数据技术为特征的下一代互联网带来了契机。

图书馆保存了海量的文献资源,纸质文献到电子文件的数字化工作一直在进行中,虽然已为读者提供了基本的文献检索服务,然而读者的需求逐渐从对文献资源的获取过渡到知识的获取,如何将海量文献资源的知识内容进行描述并加以利用,最终为读者提供语义丰富的知识服务,是当前图书馆发展面临的挑战[6]。

1 关联数据发展概述

2007 年 5 月,关联开放数据(Linking Open Data, LOD)运动正式启动。纵观 2007 年至今[7],LOD 云图中开放数据集数量、涉及领域等对比分析,发现三个发展趋势:第一,数据集数量增长迅速。截至 2017 年 2 月,LOD 云图中已经有 1139 个开放数据集,图 1 所示是自 2007 年 5 月至今可查到的 LOD 数据集数量增长趋势图,可以看出数据集增长迅速。2008 年起,年度互联网大会(WWW Conference)、ISWC(International Semantic Web Conference)、DIST 大会(Data Integration through Semantic Technology)、The SEMANTiCs 会议,每年都会为关联数据召开专门会议。The SEMANTiCs 会议更是自 2010 年起,每年的大会主题均以关联数据为关键词,2016 年大会主题为"The Linked Data Conference",可见关联数据受到极大的重视。这些都积极促进关联数据研究和发展。第二,从一家独大到平分秋色。在 LOD 云图中,每种颜色的圆圈代表不同的领域或者行业,圆圈面积大小代表数据集关联关系数量的多少。对比 2014 年 LOD 数据云图及 2017 年 LOD 数据云图,可以看出,2014 年其他关联数据集积极和 DBpedia 进行关联,而到了 2017 年,面积比较大的圆圈不止一个,几乎每个领域都有,说明关联数据集之间的关联关系更多、更均衡,而不再集中关联 DBpedia。从 2017 年 LOD 数据云图还可以看到,生命科学领域无论从关联数据集的数量还是关联关系的数量,均发展迅猛。2014 年数据量排名前三的领域分别是出版行业(publication)、政府信息(government)、社会网络(social networking)。2017 年数据量排名前三的领域分别是生命科学、政府信息、语言学和出版行业。

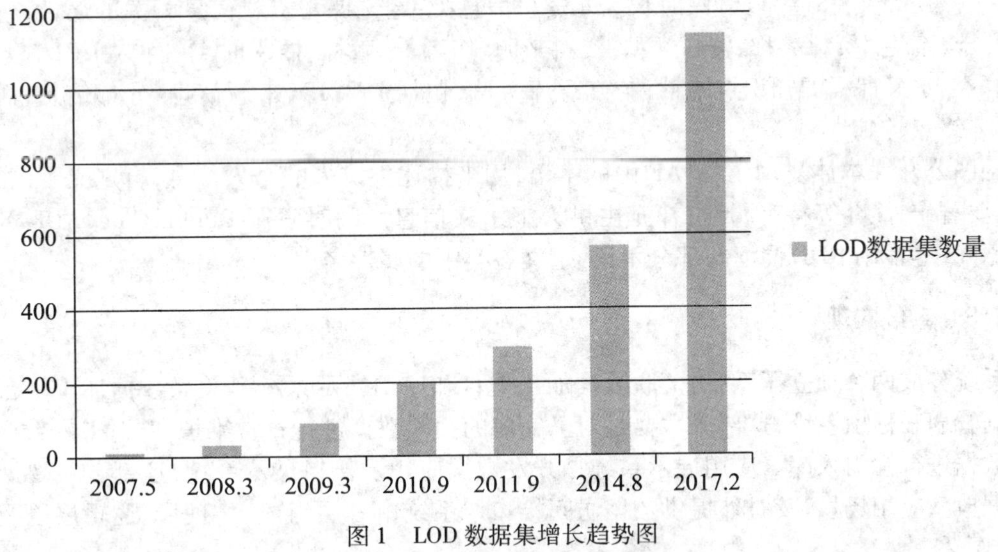

图 1 LOD 数据集增长趋势图

具体到图书馆领域,关联数据的研究和实践项目如火如荼。美国国会图书馆于 2008 年率先发布主题词表(LCSH)关联数据,同年瑞典国家图书馆将全国联合目录(LIBRIS)采用关联数据框架，并将 LIBRISDE 的瑞典语主题词和 LCSH 关联起来。随后大量图书馆关联数据项目如雨后春笋般涌现，在 Datahub 数据管理平台中搜索“library linked data”和“bibliography data”，可以搜索到 1496 个数据集。从数据类型来看，图书馆发布的数据以书目数据和分类法、主题词表、名称规范等规范数据为主，涉及众多领域，如生物、医学、农业、经济、信息技术、艺术等。值得一提的是，期刊、论文、历史手稿、家谱特藏等多种资源元数据的关联数据化实践研究也逐渐开展[8]。

2 公开课元数据关联数据化

2.1 图书馆利用公开课作关联数据的意义

“国图公开课”依托国家图书馆藏海量资源，秉承开放、自由、多元和交融的理念，立足于中华优秀传统文化的弘扬和传承，以服务国家战略、传播中华优秀传统文化、提高公众文化生活品质为主线，打造精品课程内容。为配合国图公开课资源建设和服务的进一步深化和普及，国家图书馆计划开展以元数据为基础的国图公开课关联数据加工，利用资源描述框架（RDF）进行语义化描述，形成关联数据集，实现基于网络的新的知识组织和知识发现尝试，从而使资源在更大范围内被准确、高效、可靠地查找和分享。

2.2 公开课关联数据模型设计[9]

根据国图公开课关联数据的内容关联性，将数据组织在五个类中：①课程类：定义课程相关的属性，包括课程 ID、题名、语言、提供单位、主题、分类、课程简介、封面图、背景图、课程评价、时长、专题名称、隐私权限、推荐课程等，另外还需要关联课程的四个子类，包括分集、主讲人、资料信息、知识点关联。②主讲人类：定义课程主讲人相关的属性，包括编号、姓名、性别、出生年月、国籍、单位、邮箱、职务、职称、专业、学历、主要著作、研究方向、社会兼职、简介、头像等。③课程分集类：定义课程的各个分集（即视频信息，或称小节）相关的属性，包括：分集 ID、分集名称、视频文件、字幕文件、时长。④资料信息类：定义课程资料信息相关的属性，包括资料 ID、分集信息、资料名称、资料类型、资料来源、作者、出版社、插入时点、摘要、URL。⑤知识点关联类：定义课程的知识点属性，与知识库关联，包括关联 ID、来源信息、分集信息、插入起点、插入终点、知识点。

国图公开课本体复用了 FOAF 中的术语，用来描述主讲人的个人信息，自定义了国籍、学历、主要著作、简介等特有属性，补充主讲人上下文信息。同时复用 Dublin Core、RDF、RDFS、XSD、XML 等常用 RDF 词汇的部分术语，定义各类中的属性名[10]。

2.3 系统实现

系统分成两个独立子系统：关联数据加工平台和应用展示系统。关联数据加工平台是一个数据管理和标引系统，这部分主要是对已完成的关联数据进行日常维护，并对未来新增的公开课数据进行标引入库。应用展示系统是开发数据应用及接口展示系统，这部分主要展示关联数据典型应用场景，及对外提供数据访问接口。系统由三层组成：物理层、逻辑层以及应用层（见图 2）。

（1）物理层，用于存贮和计算的硬件设备。主要包括关系数据库服务器和 RDF 数据库服务器两部分。关系数据库服务器用于运行关系型数据库，为应用系统提供视频元数据信息及管理服务,包括视频信息、用户注册信息、权限管理、用户行为信息、系统维护信息等。RDF 数据库服务器用于运行 RDF 数据库,存贮应用系统所需要的全部 RDF 数据,为应用系统提供数据管理、查询分析服务。

(2)逻辑层,主要包括视频逻辑数据库和 RDF 逻辑数据库两部分。视频逻辑数据库用于实现对视频播放所必需的逻辑数据组织和查询,以及支撑应用系统管理所必需的逻辑数据组织和查询。RDF 逻辑数据库用于组织和管理 RDF 数据,并提供 SPARQL 查询服务。

(3)应用层,面向用户服务的界面及其实现。主要包括视频播放、关联数据应用几个应用系统:视频播放。向用户提供公开课视频播放服务。本系统不存贮视频文件,只存贮视频元数据信息,视频文件直接使用国图公开课视频库,本系统通过 URL 进行链接播放。关联数据应用。通过播放过程主动查询及用户交互方式,对关联数据进行查询和可视化展示,并提供必要的主动信息推送。接口服务。向外部系统提供调用接口,以便将关联数据应用到其他平台系统中。数据后台管理。对在库关联数据进行管理,并可批量导入数据。进行用户及权限管理。系统参数管理等。

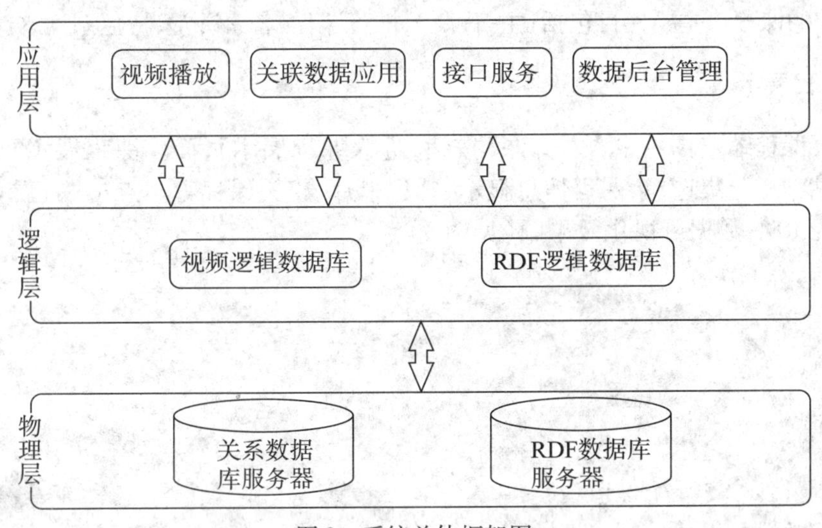

图 2　系统总体框架图

2.4　关联数据加工平台

关联数据加工平台子系统包括:课程类数据管理、主讲人类数据管理、类属性管理和数据标引四个模块。

(1)课程类数据管理

用于对课程类数据进行日常管理,包括对属性值的增、删、查、改。支持 xml 格式数据批量导入、导出,也可以对课程的附属类数据进行管理,包括分集、资料信息、知识点。

(2)主讲人类数据管理

用于对主讲人类数据进行日常管理,包括对属性值的增、删、查、改。支持 xml 格式数据批量导入、导出。

(3)类属性管理

对各个类的属性进行管理,包括修改现有属性中文名称、英文名称、值类型、默认值等,也可以新增或删除现有属性。为了保持各类数据的关联性不被破坏,有一部分属性是不允许修改和删除的。

(4)数据标引

支持 excel 格式批量导入新增公开课课程,通过自动标引和人工标引对数据进行加工,形成 RDF 数据,并存入 virtuoso 数据库中。

3　基于国图公开课元数据的关联数据应用

基于国图公开课元数据的关联数据,制作了相应的应用展示系统。关联数据应用展示子系统是开发数据应用及接口展示系统,这部分主要是给出关联数据的典型应用场景,及对外提供数据访问接口。它主要分成以下几个模块:

3.1　系统首页

系统首页主要展示国图公开课的主要课程,并设定了一些特色栏目,供读者方便、快速地找到自己感兴趣的课程。主要栏目包括:主打课程、推荐课程、名家讲堂、特色系列、分类导航等。

3.2　课程展示

点击首页课程缩略图中的"去听课"按钮,进入课程展示页面。课程展示页面主要功能有:课程视频播放、分集选择、课程信息显示、知识卡片、相关课程等。点击"查看 RDF"可以查看相应课程的 RDF 数据可视化效果图(见图 3)。

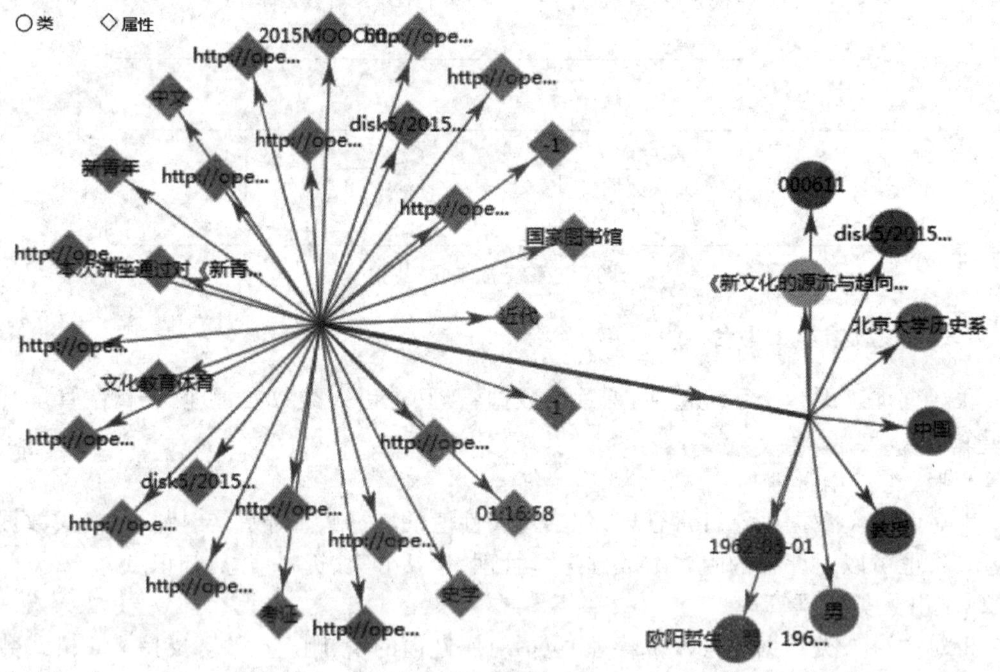

图 3　某一课程的 RDF 数据可视化①

① 课程实例图数据来自国图公开课。

3.3 课程查询

此模块提供对课程的智能查询功能，有一定的语义理解能力，读者输入一个或多个检索词，系统会自动分析用户检索意图，并据此进行检索，对检索结果按意图相关性进行排序输出，读者可以点击课程缩略图进入课程展示页面听课。

3.4 知识图谱

此模块利用知识图谱技术，将关联数据用知识可视化的方式进行展示，方便读者发现课程数据中所隐含的知识及知识的发展趋势。主要包括主题词/知识点的词云图、主题词/知识点与分类的关系图、主题词/知识点对应的课程关系图、课程的区域分布图等。

3.5 对外接口展示

作为开放关联数据，需要提供通用的、方便的对外接口，以便第三方引用和查询。本模块设计了三种对外接口方式：一是开发 SPARQL 查询接口，第三方应用可以通过 SPARQL 语句直接查询 RDF 数据库资源；二是开发 URI 直接访问接口，第三方应用直接通过所需要资源的 URI 来获取资源 RDF 数据；三是开发 API 接口，第三方应用可以通过 WEB API 接口调用来查询和获取到所需要的资源数据。

基于国图公开课的关联数据加工及应用实践，利用现在信息技术手段和可视化研究工具，使资源发挥更大的价值。但在平台建设过程中也遇到了不少问题和困难，如数据的映射和转换、推理规则的研究、提高查准率等，都是该项目继续深入应该加以优化和深入研究的问题。

图书馆保存了海量的文献资源及规范数据，因此在关联数据加工方面有着得天独厚的优势，应当在多种关联数据建设的实践起引领作用。同时图书馆有大量的读者搜集文献、使用文献的需求数据，因此在消费关联数据及基于关联数据的应用实践中，也应当积极探索，使文献资源的组织、揭示及服务能够满足读者对知识层面的需求。

参考文献

[1] Berners-Lee T. Design issues: Linked data[EB/OL]. [2018-04-10]. http://www.w3.org/DesignIssues/LinkedData.html.

[2] 林海青，楼向英，夏翠娟. 图书馆关联数据：机会与挑战[J]. 中国图书馆学报，2012(1):58-67，112.

[3] LLD XG final report(Draft of the general part)[EB/OL]. [2018-04-10]. http://www.w3.org/2005/Incubator/lld/wiki/DraftReportWithTransclusion.

[4] 吴建中. 知识是流动的：出版界与图书馆界的新课题[J]. 图书馆杂志，2015，34(3):4-11.

[5] Miller E. Linked data and libraries[J]. The Serials Librarian，2011(60):17-22.

[6] 白美程. 我国关联数据的研究进展分析[J]. 图书馆研究与工作，2016(4):11-14.

[7] LOD 关联开放数据平台[EB/OL]. [2018-04-10]. http://lod-cloud.net/.

[8] 曹月珍，马建玲. 关联数据在图书馆的最新发展[J]. 图书馆学研究，2014(14):6-12.

[9] 夏翠娟. RDB2RDF 标准及应用研究[J]. 现代图书情报技术，2013(4):10-17.

[10] 夏翠娟，金家琴. 从关系数据库到关联数据：W3C 标准应用探析[J]. 图书馆杂志，2015(5):85-94.

少年儿童图书馆数字资源融合创新服务的思考

王桂杰(中文采编部)

1　前言

自1979年10月文化部、教育部、共青团中央等联合发出《关于切实解决青少年文化活动场所意见的通知》到2018年1月1日正式施行的《中华人民共和国公共图书馆法》明确规定政府设立的公共图书馆应当设置少年儿童阅览区域和开展面向少年儿童的阅读指导和社会教育活动,在我国法律体系越发完善情况下,我国少年儿童图书馆建设发展进入全新高速发展时期,截至2015年底,全国共有独立和非独立建制的少儿图书馆113座[1]。同时随着少儿馆办馆场地规模日趋增大、少儿纸质文献资源优化、少儿多媒体数字资源等快速发展,各省市级少儿图书馆数字资源建设和服务均取得很大进步。随着媒体融合发展的不断深入,以智能手机为代表的智能终端的不断普及,数字阅读成为少年儿童应掌握的重要的能力。据《2017年第十四次全国国民阅读调查报告》和《第八次中国未成年人互联网运用状况调查报告发布》显示,截至2016年底,成年国民数字化阅读方式的接触率达68.2%,91.9%的未成年人有使用互联网的经历,远高于我国网民的总体触网率,超过四分之三的未成年人拥有自己的手机,娱乐游戏、完成作业、查阅资料和放松休息是他们上网的主要目的[2—3]。少年儿童受新媒体数字环境影响,对数字阅读呈现出强烈兴趣,少儿在阅读模式、阅读习惯与阅读内容上较过去发生极大变化,这也同时对少儿图书馆数字资源建设和服务带来机遇和诸多挑战。

近几年,诸多学者对少儿图书馆数字资源建设存在的问题进行了研究。武娇对美国公共图书馆少儿阅读推广数字资源概况进行了分析,对我国公共图书馆提出了建议[4]。李岩对我国中小型图书馆为少年儿童提供数字阅读服务应注重坚持长期性、持续性、整体性进行了讨论[5];何婉莘对10个少年儿童图书馆网站数字资源建设中存在的动画设置多、网页开启缓慢、网站维护不及时、缺乏特色数据库资源等问题进行分析和探讨[6]。李丽梅和陈来义建议少儿图书馆要多关注、收集和利用整理数字网络资源来提升服务能力[7—8];江慧介绍了合肥市少年儿童图书馆、杭州市少年儿童图书馆和厦门市少年儿童图书馆的多媒体分级阅读少儿数字资源平台建设典型案例并提出创新分级阅读模式建议[9];黄洁、陈慧娜所著《我国少儿图书馆研究》中对少儿图书馆数字资源服务与推广进行了详细论述[10];陈一梅对国外少儿数字图书馆数字资源使用中的少儿心理学、教育学、信息技术学等进行研究综述[11];李曦从儿童数字阅读需求视角来研究图书馆儿童数字信息服务,以心理学、阅读学等理论为基础对陕西省儿童数字阅读需求进行实证调研[12];各地区少儿图书馆发展水平不一致,各馆少儿数字资源建设存在各种不同问题。

本文主要从全国主要省市级少儿网站数字资源建设现状实际出发,通过网站查询调研、文献调研和综合比较等研究方法,对全国主要省市级少儿图书馆网站的数字资源建设现状进行梳理,总结省级少儿图书馆和国家图书馆少年儿童馆数字资源建设存在的不足,提出提升少儿馆数字资源融合提升服务的建议。

2 少年儿童图书馆数字资源建设服务现状问题

2.1 少儿图书馆数字资源种类丰富,但实际利用率不理想

这其中原因有多种,一是家长和少儿读者对少儿图书馆数字资源利用的意识和能力薄弱,家长存在对少儿图书馆服务模式误解的情况,对图书馆数字资源认识不到位;二是少儿图书馆数字资源宣传和推介服务效果不够,部分少儿图书馆存在只管建设不重视数字资源的更新和维护工作。国家图书馆少年儿童图书馆网站开馆10个月访问量为50万人次[13],这个此网站访问量不符合作为国家馆的地位和示范作用;三是对于少儿图书馆数字资源深层次信息开拓服务利用存在人员和管理问题,有的少儿图书馆数字资源采访建设和数字资源一线服务人员对于资源利用挖掘深度存在误差[14]。

2.2 少儿图书馆偏重纸质文献建设而轻视少儿数字资源建设服务依然存在

原因有多种,一方面少儿图书馆建设者管理思路需要调整,体制性限制还一定程度存在。比如在第六次全国县级以上公共图书馆评估定级中的《县级少年儿童图书馆等级必备条件和评估标准》要求各地区一级和二级少年儿童图书馆的纸质文献馆藏量有定量的限制,采访馆员只能优先保障少儿纸质期刊、绘本、图画书等资源的采访,特别是对于市县级以下少儿图书馆本身建设经费比较紧张,对于其少儿网站、少儿多媒体服务和数字资源采访往往有心无力;其二,在2017年全国县级及以上少儿图书馆评级中尽管增加网络与新媒体、数字资源建设服务标准[15],但在笔者2017年的县级图书馆实地调研中发现基层少儿图书馆申请评级经费困难情况普遍存在,经济较好的县级少儿图书馆在能申请下来有限评级经费的情况下,也存在突击购买少儿数字资源以至于资源实际利用率不高的问题;其三,相对于我国每年出版的4万多种少儿纸质出版物资源,少儿图书馆采访馆员可选择的少儿数字资源范围小很多,目前少儿图书馆馆配市场上,每年新推出的成熟且优秀的少儿数字资源库较少,大部分是已有少儿数据库的数据年度更新,并且少儿数据库价格少则三万元多则数十万,少儿图书馆很难从有限办馆经费中安排少儿数字资源的有序采访。

2.3 少儿图书馆数字资源服务模式多样,但少儿读者访问使用时受限太多

目前少儿图书馆数字资源访问服务模式有多种,主要有互联网公开访问模式、少儿读者卡远程登录访问模式、少儿馆区局域网访问、教育网访问等模式。宋艳对全国十余家有代表性的少儿图书馆网站的数字资源服务模式进行了详细的对比分析[16]。调研分析大部分少儿网站的数字资源需要读者卡远程登录或注册登录使用,限制了很多家长和少儿读者的非强烈、目的性明确的网络访问。这最主要原因是少儿数字资源厂商不愿意就其产品在少儿图书馆网址开放进行公共网络访问,担心其放开访问权限后对其后续少儿数字资源产品市场开发带来负面影响。

但是,据笔者在少儿图书馆数字资源一线采访体会,国家图书馆少年儿童图书馆有少儿数字资源实例证明,放开其全部少儿数据资源的公共网络访问非但不影响其产品的市场开发工

作,反而能促进其产品的知名度的扩散,带来更多的数据库访问量和其他市场深层次的开发机会。扭转少儿数字资源提供商的市场保护心态,需要广大少儿图书馆一线数字资源采访馆员去用智慧和有效方法与数字资源提供商做大量论证和沟通交流工作。

2.4 少儿图书馆数字资源建设与主流多媒体移动数字资源发展步调不一致

2.4.1 少儿图书馆采访馆员依然存在等待数字资源商上门推荐产品的心态

基层少儿图书馆员受专业和学历受限,不能把少儿数字资源日常调研放进常规少儿馆资源建设整体规划中去。少儿数字资源采访工作重在"访",只有做到足量的"访",才能做到"访中有数",才能把最适合本馆少儿读者的数字资源采访到本馆。近年来,我国少儿数字多媒体资源市场出现很多优秀数字和动漫数字资源,比如少儿动漫资源《新大头儿子和小头爸爸》《熊出没》《小猪佩奇》《托马斯和他的朋友们》等,但是笔者对主要省市级少儿图书馆网址进行查询后发现,少儿网站数字资源很少有采选使用最新少儿数字多媒体资源。

2.4.2 少儿图书馆采访馆员结合工作对少儿移动数字资源关注度不够

移动数字资源发展迅速,特别是受家长和少儿欢迎的手机应用 App,国内如多纳学英语、魔力小孩(magikid)系列 App,国外有 PlayKids 等,少儿图书馆馆员结合少儿数字阅读关注移动应用 App 资源的意识需要加强。图书馆馆员应主动了解主流儿童数字资源发展新趋势和方向,保持少儿图书馆数字资源建设与主流移动数字资源发展趋势步调一致。少儿图书馆馆员应主动调研少儿数字资源发展新方向,促使少儿图书馆数字教育在少年儿童教育中被逐渐提升,进一步加强图书馆在家长和少年儿童成长经历中的第二课堂地位。

2.5 共建少儿数字资源力度不够强,省市级少儿图书馆领导示范作用参差不齐

少儿图书馆是专业性较强的图书馆,但有的偏远省份都没有省级独立建制的少儿图书馆。一项省级以上公共图书馆少儿服务调查显示,在 32 所省级以上公共图书馆中只有 28% 的图书馆设置了少儿电子阅览室,有 53% 的图书馆提供少儿网络服务,有 34% 的图书馆提供少儿数据库资源[17]。省级以上公共图书馆在少儿数字资源服务中应发挥全省区域领导和示范建设作用,东中西少儿图书馆建设水平不均,这与当地经济发展水平有密切相关,但各少儿图书馆需要组团联合发展,吸取沿海地区优秀少儿图书馆办馆思路,共同建设和发展儿童数字教育。

目前这方面做得比较突出是杭州、上海、广州、北京等城市的少儿图书馆。杭州少年儿童图书馆的"公共图书馆数字资源覆盖中小学"项目,实现了杭州地区公共图书馆与中小学校的文献信息资源共享,具有创新性和突破性,为全国其他少儿图书馆与中小学校开展跨界、跨系统数字资源共建合作提供了借鉴[18]。深圳市少年儿童图书馆与深圳市中小学图书馆成立"常青藤"建设行动项目,与项目加盟学校图书馆实现数字资源共建共享,纸质资源通借通还,最终目标是创新构建深圳市中小学生图书文献资源"四平台一体系"。

3 国家图书馆少年儿童馆数字资源建设现状

3.1 国家图书馆少年儿童馆数字资源建设总体情况

国家图书馆少年儿童馆自 2010 年开馆,同时国家少儿数字图书馆网站上线,少儿数字图

书馆网站数字资源涵盖自建资源和商购资源。少儿馆网站服务采取双平台服务，访问模式为互联网访问和局域网访问双网站服务模式并存，最大限度让读者公网访问商购少儿数字资源。具体数字资源内容建设情况如表1。

表1 国家图书馆少年儿童馆数字资源建设情况

资源种类	栏目	数据资源名称	资源形式
自建	书刊阅读	少儿电图书推荐专题等	电子书
	在线展览	炫彩童年、我们的文字、凯迪克获奖图画书展等专题展览	专题在线展览
	视频讲座	文津少儿讲坛、文化科普、馆藏故事等讲座	讲座
	才艺展示	少儿图书馆小读者作品展示	图片
	校外课堂	千家诗	古诗讲解视频
	网站导航	各省市主要少儿图书馆网站	网址链接
商购	书刊阅读	在线书屋（中华数字书苑）	电子书
		杂志部落（龙源少儿期刊）	电子期刊
		知识乐园	动漫学习
		快乐阅读（中少快乐阅读平台）	电子报刊和动画片
	校外课堂	欢乐随堂学（新东方多媒体学习库少儿版）	少儿英语和幼儿互动动画游戏课程
		知识视界少儿版	地理、历史、生命等科普视频
		音乐欣赏（库克数字音乐图书馆）	国内外古典音乐、民族风情音乐等
		卡通动漫资源库（领航教育卡通动画资源库）	幼教、小学、初中卡通教育片
	我爱动漫	连环画（中华连环画数字阅览室）	连环画电子书
		中国漫画专题库	少儿等主题漫画
		动漫世界（点点书库）	少儿漫画电子书
		科普动漫（乐儿动漫多媒体平台）	互动和科普动漫
	视频讲座	网上报告厅（乐与学少儿多媒体图书馆）	趣味动漫和科普学习

3.2 国家图书馆少年儿童馆数字资源服务存在的问题

最近几年，国图少儿图书馆一直在数字资源方面开展服务创新，比如，少儿馆网站联合乐儿动漫开展每月一主题的网上和线下相结合的“乐儿公开课”等，少儿读者可通过访问国图少儿网站参与网络知识和游戏答题活动，有效传播了国图少儿馆数字资源阅读品牌；另外，国图少儿馆在“喜马拉雅 FM”App 中创建“国图少儿馆”频道，全年发布音频46个，扩展了少儿新媒体服务。

但是，国家图书馆少年儿童馆数字资源建设也存在一些问题。首先，少儿馆网站数字资源可视化界面不够丰富，有些少儿数据库界面版式老化，不足以满足家长和少年儿童进行多次访问、搜索的需求，在这方面应向杭州市少年儿童图书馆、江苏省少年儿童图书馆等网站借鉴，加快升级改版向更生动化、模块化、便捷化、智能化等少儿读者使用方式升级。其次，部分少儿自建数字资源更新频率低，比如有些少儿电子绘本书是2003年左右出版的，资源更新略显滞后。最后，国图少儿馆数字资源传播力亟待加强，特别是中国传统文化数字资源的传播力和影响力，要认识到与优秀中国传统文化资源平台的传播力的差别和差距。

4 提升少儿图书馆数字资源融合建设提升服务的策略

诸多学者对少儿图书馆数字资源建设和服务提出很多好的建议，比如蒋逸颖等提出整合数字化资源和创建少儿数据库[17]；王丽华等认为少儿图书馆应注重少儿特色动漫资源的开发利用[19]；王播建议区域联合建设少儿数据库和减少重复购买数据库[20]。除上述学者提出的建议外，笔者想从数字阅读立法、传承中华优秀传统文化、审查数字资源内容等方面进行建议提升少儿图书馆数字资源融合服务。

4.1 加快全民阅读法律制定，保障少儿数字阅读权利

4.1.1 出台规范少年儿童数字阅读方面的法规或细则

目前我国除了《公共图书馆法》规定的公共图书馆必须开辟专门的儿童阅览区外，《全国青少年网络文明公约》也倡议青少年要善于网上学习，加强数字资源利用，有关部门还应继续推进“全民阅读法”尽快出台以及《全民阅读促进条例》内容的贯彻和落实。在全民阅读法中应增加规定少年儿童图书馆等公共阅读区域场所内的少儿数字阅读权利的内容规定和指导，应该在少儿数字阅读监护、指导意见、权利、场所等方面做出一定详细规定。

4.1.2 加强少年儿童数字阅读时代“数字侵害”的防护

美国《儿童互联网保护法》规定接受联邦特定资助的图书馆和中小学必须采用网络过滤技术和其他措施，防止未成年人接触不恰当和有害的网络内容，保护其电子通信方式和个人信息等安全。日本政府2001年颁布的《儿童读书推进法》规定4月23日为儿童读书日，政府、公共图书馆、公共团体等必须致力于开展一系列儿童阅读活动等[21]；我国出台《中华人民共和国未成年人保护法》《中华人民共和国义务教育法》《妇女与儿童保护法》等法律对青少年的监护、成长、教育等方面进行保护，我国法律还应加强对少年儿童阅读特别是网络数据隐私、数字阅读学习的立法保护。

4.2 加大融合中华优秀传统文化的少儿馆藏，加强优秀传统文化数字资源采访

少年儿童是传承中国传统文化的重要主体之一。近年来年面对韩流偶像粉丝文化、日本二次元文化、欧美自由奢靡文化的文化侵袭，我国青少年的中华优秀传统文化传承教育面临诸多外来文化的挑战。2015年《中共中央关于繁荣发展社会主义文艺的意见》明确提出要“传承和弘扬中华优秀传统文化”，实施中华文化传承工程，通过国民教育、民间传承、礼仪规范、政策引导和舆论宣传、文艺创作等各个方面，创作系列绘本、童谣、儿歌、动画等，进一步加深青少年对中华优秀传统文化、革命文化和社会主义先进文化的理解和把握。要求我国少儿图书馆在数字资源建设和采访中，应主动加强对中华诗词、音乐舞蹈、书法绘画、曲艺杂技和历史文化纪录片、动画片、出版物等采选。比如最近两年影响力较大的文化类电视视频节目，融入比赛机制的传播优秀古代诗词《中国诗词大会》，融合经典诗歌吟唱的《经典咏流传》及创意性加入戏剧舞台表演的珍贵文物展示栏目《国家宝藏》，让少年儿童在学习优秀传统文化资源时，无

形地增加了保护和传承文化内涵意识,将其融入青少年的人生观和价值观。

4.3 做好少年儿童监护人对少儿图书馆数字阅读的引导与培养

4.3.1 家长、老师及法定监护人等要有正确的数字资源使用观

笔者在平时生活中常发现令人担忧的现象,少年儿童经常拿着父母或自己的手机玩网络游戏等,有些甚至达到"机不离手"的严重沉迷手机的程度,这一方面有父母监管不力和数字游戏厂商博取利益的原因,也有青少年自身心理约束能力发展受限等原因。中国青少年协会发布的少年儿童网瘾调研数据显示,我国城市青少年网民中网瘾青少年约占14.1%,人数约有2400万[22]。为引导少年儿童正确使用数字产品和内容,少儿图书馆应举办各类数字阅读趣味大赛等,承担更大和更多的社会责任和义务。

4.3.2 正确引导少年儿童使用课程作业软件的频率

"一起作业网""学科网"等课程作业软件是一把双刃剑,需要校方老师、家长、少年儿童三方共同协商讨论其中的利与弊,防止在少年儿童成长阅读学习中固定式、依赖式使用软件,限制少年儿童思维模式多样性、发散性的发展。必须要在少年儿童学习乐趣、少年儿童教学方式、作业软件提供商道德监督三方交流中找到少年儿童数字阅读和学习最优化解决办法。

4.3.3 监护人要正确引导少年儿童对少儿图书馆数字读物的利用

加强少年儿童对公共文化服务中心的接触和学习理解,培养少年儿童对学校体制外公立少儿图书馆数字资源的趣味性、知识型、开放性、包容性的理解,培养增强少年儿童在图书馆等公共文化中心的沉浸式数字阅读体验。

4.4 加强少儿图书馆网站防护病毒,严格审查少儿图书馆数字资源引进内容

2018年1月以来,媒体相继曝光了从国外流入中国毒害儿童的视频内容的新闻,这种从国外流入的以儿童卡通节目为幌子却充满暴力、血腥、色情以及各种病态价值观的"儿童邪典片"以卡通片、儿童剧、木偶剧为包装,对少年儿童喜爱的艾莎公主、米老鼠、蜘蛛侠、小猪佩奇等卡通形象二次加工,其中允斥大量血腥暴力、恐怖、虐待、色情等内容[23]。这也反映了互联网监管力度需要加强,数字资源引进商审核监管不到位,少儿数字资源内容的审核不严等问题。

对于少儿数字资源内容审查,首先在少儿图书馆引进数字资源过程中要提前做好数字资源厂商内容制作或引进的审核作为第一层防护;其次,少年儿童图书馆馆员要做好资源内容的二次审读把关,严格执行数字资源内容和意识形态审查责任制度,用制度来严防此类事件;再者,少儿图书馆馆员要做好少儿多媒体触摸屏资源、少儿网站数字资源、网站防病毒攻击等日常网络检查和防护工作。

4.5 少儿图书馆应多引进贴近少儿成长发展的前沿技术应用的数字资源产品

少儿图书馆在引进数字资源时要多注重最新前沿技术的考量。近几年,AR、VR、语音技术越来越多地加入少儿数字出版物中,必将引导少儿数字出版阅读平台技术的迅猛发展,这些新技术也将引导复合型儿童读物蓬勃发展,使电影、电视、游戏与少儿电子图书、少儿数据库资源互融性增强。比如麻省理工学院设计开发的Scratch(https://scratch.mit.edu/),是面向少年儿童的简易编程工具,它是一款可视化积木拼搭的编程软件;又如Tynker儿童可视化代码

学习平台(https://www.tynker.com/)可在可视化块和Swift之间切换,目前在国外已经有多所学校的学生开始用Tynker学习编程。国内少儿图书馆也应该关注前沿技术和产品对少年儿童成长的促进作用。

4.6 完善少儿图书馆网站资源导航和少儿优秀书目数据库建设和推荐

目前省级少儿图书馆网址资源中都有相关少儿图书馆、少儿阅读网站、少儿数字资源网站等资源导航,但是存在导航主题无章、链接失效等多种问题。建议在少儿图书馆网站资源导航和推荐书目中,应更多推荐国内和国外一流童书的引进和展示。比如,国外有国际儿童读物联盟"国际安徒生大奖(Hans Christian Andersen Award)"、美国"凯迪克大奖(The Caldecott Medal)"、法国"女巫奖(Prix Sorcières)"等优秀国外少年儿童读物名单;国内有"丰子恺儿童图画书奖""陈伯吹国际儿童文学奖"、国家新闻出版广电总局为全国青少年推荐的"百种优秀出版物目录"等。在少年儿童图书馆网站上充分发挥这些优秀少年儿童出版物的引领示范作用,用最新、最优秀的资源去传播和揭示少儿图书馆数字服务。其次,要做好优秀少儿网站数字资源导航链接,大数据互联网时代,数字资源成几何倍数增长,优秀的少儿互联网资源也应该链接到少儿图书馆网站,如虫虫阅读网、红泥巴村读书俱乐部、儿童资源网等,最大资源宽度服务少儿读者和家长。

4.7 创新少儿图书馆多元化数字资源阅读活动,重视少儿图书馆新媒体服务拓展

儿童阅读推广人阿甲说,用有趣的方式去读有趣的东西才是阅读的最大价值。少儿图书馆数字资源服务创新应形成本馆特色服务并持续开展。北京西城区青少年儿童图书馆举办"西城区青少年儿童图书馆CNKI在线主题阅读与少儿网知识竞赛"系列活动等,形成本馆特色少儿数字阅读活动;绍兴图书馆儿童馆与本地新媒体中广有线的导视频道《上电视吧》栏目合作,录播"金苹果"少儿系列活动精彩片段和每年绍兴市未成年人朗诵大赛的比赛片段回顾;中国图书馆学会阅读推广委员会策划发起的数字阅读推广公益行动"扫码看书,百城共读"活动,以数字图书为推广内容,创新利用海报宣传、名人形象推广等方式将包含在线阅览地址二维码的数字图书信息推送到读者身边,截至2017年12月底,全国各地申报参与单位达247家,活动7期推荐共63本书,累计阅读总量为489 237次,其中少儿书目共15本,阅读总量为88 514人次,数字阅读的便捷性和数字新媒体的使用对活动效果起决定作用。

提升少儿数字资源在网络大数据时代中突出自我特色。少儿图书馆数字资源服务应主动利用微博、微信等数字信息平台,提升其在少儿网站App、微信服务号的等新媒体渠道揭示服务的能力,提高家长和少儿读者利用少儿数字资源的利用效率。

4.8 重视留守和偏远少数民族儿童获取少儿图书馆数字资源及互联网使用权利

根据2015年全国1%人口抽样调查数据,2015年中国0—17周岁儿童人口为2.71亿,其中农村未成年人为1.38亿,少数民族未成年人为0.31亿人[24]。区域间经济发展不平,必将体现在当地少儿图书馆建设水平方面,我们应该推动少儿图书馆资源建设的"精准扶贫",以发达地区少儿图书馆带动偏远和少数民族区域的少儿图书馆特别是少儿数字资源的建设。大连市少儿图书资源通过全域共享工程向省内贫困地区和大连对口扶贫的甘肃省白银地区、辽宁省辽阳地区及贵州省六盘水地区辐射,建设大连市少年儿童图书馆数字分馆,这三个地区读

者已达 24 200 人,数字资源对口帮扶和共建共享效果凸显[25]。

4.9 鼓励区域少儿图书馆成立联盟平台,共建共享数字资源

相对于中国高等教育文献保障体系(CALIS)、国家科技图书文献中心(NSTL)等成熟图书情报领域联盟平台,目前全国 100 多所少儿图书馆还没有图书馆发起成立或形成有成果的少儿图书馆联盟。目前带有联盟性质的平台为国图少儿馆主持和联合各省区市少儿图书馆(室)以及公共图书馆和少儿出版社等建设的"全国少年儿童阅读推广服务平台";深圳市少年儿童图书馆与深圳市中小学图书馆成立"常青藤"建设行动项目也是准联盟平台,截至 2016 年共有 86 所学校与深圳市少年儿童图书馆签订"常青藤"加盟协议。

大多数少儿图书馆本身资源建设经费不充足,相对于少儿绘本、少儿报刊等纸质文献,少儿数据库价格一般都在 3 万元以上,多则几十万元,虽然不至于出现像 2016 年北京大学图书馆等多所高校由于某数据库厂商单方面不可协商地涨价而停止续订其数据库的情况,但少儿图书馆对于少儿数据库厂商的议价能力和购买财力不足情况比较普遍。目前国家图书馆少儿图书馆负责推进的数字推广工程中少儿数字资源建设,探索为全国部分省、县、市少儿图书馆免费和联合购买全国优秀的少儿数据库,取得一定成效示范和探索作用。所以,笔者建议区域内比如以省少儿图书馆牵头或省际联合成立少儿图书馆联盟,既可以对文献资源联合采访,优化少儿馆藏文献建设,还可以集中低价采购少儿数字资源,共建共享少儿数字资源,以"盟"促建,提高采访效率,节省少儿图书馆建设费用。

4.10 提高少年儿童阅读研究组织关于数字资源使用的推广和研究水平

1953 年日本儿童图书馆研究会成立,这是日本图书馆协会下属专门研究儿童图书馆服务工作的组织;2009 年美国国会图书馆成立了儿童阅读中心;中国图书馆协会阅读推广委员会也成立了儿童与青少年阅读推广专业委员会,承担着理论研究和实践推动的双重任务,致力于少年儿童阅读权利的保障。国内福建少儿出版社成立了"海峡儿童阅读研究中心",能给我们一些案例研究借鉴;文化部于 2015 年开展的全国少儿图书馆数字阅读推广服务培训班等,加强少儿的数字资源阅读顶层设计和制度培养,特别是中国图书馆学会确定的"2018 全国少年儿童阅读年"系列活动启正式启动,对"小学生专业阅读指导"专题培训进行分级阅读标准解读。

建议以少儿图书馆等公共文化服务机构为中心成立权威少儿数字阅读研究中心,提高少年儿童数字资源研究深度和广度。针对少儿文学读物、低幼读物、绘本和科普读物等少儿分级数字阅读关系,推进国内少儿数字资源的国际合作,如推进国内少儿社与 EPIC(世界最大儿童电子书阅读平台)等国外优秀少儿数字阅读平台的研究合作。

国内少儿图书馆建设事业还处于初期阶段,应在《公共图书馆法》颁布之际,依法加大建设少儿图书馆力度,做好互联网大环境下少儿数字资源建设规划。目前我国少儿图书馆整体存在自建少儿数字资源特色不突出、外购少儿数字资源远程访问用户体验不佳,少儿共享数字资源还没有形成强有力的平台或联盟等问题,需要少儿图书馆界等加快全民阅读法律制定,加大融合中华优秀传统文化在少儿图书馆揭示力度,保障少儿数字阅读权利,创新多元化数字资源阅读品牌活动,严格审查少儿图书馆数字资源引进内容,关注前沿科学技术和数字产品对少

年儿童的成长促进作用等,才能综合提升少儿图书馆数字资源整体融合服务水平。

参考文献

[1] 中国图书馆学会,国家图书馆. 中国图书馆年鉴 2016[M]. 北京:国家图书馆出版社,2017:448.

[2] 搜狐网. 全方位解读"第十四次全国国民阅读调查报告"[EB/OL]. [2018 - 03 - 30]. http://www. sohu. com/a/134750121_178249.

[3] 新华网. 第八次中国未成年人互联网运用状况调查报告发布[EB/OL]. [2018 - 03 - 30]. http://www. xinhuanet. com/video/2016-01/06/c_128600939. htm.

[4] 武娇. 浅谈美国公共图书馆少儿阅读推广数字资源建设[J]. 科技情报开发与经济,2013(24):32 - 35.

[5] 李岩. 中小型图书馆为少年儿童提供数字阅读服务的工作方法与实践[C/OL]//全国中小型公共图书馆联合会 2015 年研讨会(三). [2018 - 03 - 30]. http://kns. cnki. net/KCMS/detail/detail. aspx? dbcode = CPFD&dbname = CPFDLAST2015&filename = XBGT201506003045&uid = WEEvREcwSlJHSldRa1FhcEE0RVZySzZsQXdQMHd4OVA0T3JOZ05jd1NtTT0 = $9A4hF_YAuvQ5obgVAqNKPCYcEjKensW4ggI8Fm4gTkoUKaID8j8gFw!! &v = MjkyNTRHNEg5VE1xWTlGWitzTENSTkt1aGRobmo5OFRuanFxeGRFZU1PVUtyaWZadTV2RWlubVU3M0lKbHNXUFMvTWVy.

[6] 何婉莘. 浅析少年儿童图书馆网站建设[C/OL]//福建省图书馆学会 2011 年学术年会. [2018 - 03 - 30]. http://kns. cnki. net/KCMS/detail/detail. aspx? dbcode = CPFD&dbname = CPFD0914&filename = FJTB201110001034&v = MzAwNTFxcXhkRWVNT1VLcmlmWnU1dkVpbm1VNzNOSmxzWEl5ZmZiTEc0SDlETnI0OUZaZXNNQ0JOS3VoZGhuajk4VG5q.

[7] 李丽梅. 互联网 + 情境下少儿图书馆服务能力的提升[J]. 桂林师范高等专科学校学报,2016(2):121 - 124.

[8] 陈来义. 互联网环境下的少儿图书馆服务与发展[J]. 科技情报开发与经济,2010(12):66 - 68.

[9] 江慧. 分级阅读视角下合肥市少年儿童图书馆阅读推广调查与分析[D]. 合肥:安徽大学,2017:32 - 34.

[10] 黄洁,陈慧娜. 我国少儿图书馆研究[M]. 北京:国家图书馆出版社,2015:102 - 109.

[11] 陈一梅. 国外少儿数字图书馆研究综述[J]. 新世纪图书馆,2009(4):78 - 79,85.

[12] 李曦. 基于数字阅读需求的图书馆儿童数字信息服务研究——以陕西省儿童为调查对象[D]. 西安:西北大学,2004:30 - 40.

[13] 马子雷. 国图少儿馆推广数字阅读[N]. 中国文化报,2011 - 06 - 03(1).

[14] 芦霞. 对少年儿童图书馆数字资源提高利用率的研究——以福建省少年儿童图书馆为例[J]. 内蒙古科技与经济,2014(12):114 - 115.

[15] 中华人民共和国文化和旅游部. 文化部办公厅关于开展第六次全国县级以上公共图书馆评估定级工作的通知[EB/OL]. [2018 - 03 - 30]. http://zwgk. mcprc. gov. cn/auto255/201701/t20170117_477673. html.

[16] 宋艳. 我国少儿图书馆数字资源建设现状调查分析[J]. 图书馆学研究,2015(23):26 - 29.

[17] 蒋逸颖,周淑云. 我国大陆地区省级以上公共图书馆少儿服务的调查研究[J]. 现代情报,2015,35(4):102 - 107.

[18] 深圳市少年儿童图书馆. 常青藤项目简介[EB/OL]. [2018 - 03 - 30]. http://www. szclib. org. cn/hdzx/cqt/201504/t20150427_15856. htm.

[19] 王丽华,宗蕾. 我国少年儿童图书馆动漫数字资源建设研究[J]. 图书馆建设,2010(7):49 - 52.

[20] 王璠. 福建少年儿童图书馆发展现状及对策研究[D]. 福州:福建师范大学,2015:69 - 70.

[21] 黄英. 中日图书馆少儿服务之比较[J]. 新世纪图书馆,2012(5):72,76 - 77.

[22] 中国青少年网瘾报告 2016[EB/OL]. [2018 - 03 - 30]. https://wenku. baidu. com/view/c507183158eef8c75fbfc77da26925c52cc591c0. html.

[23] 肃清网络,让儿童雅典视频无处可藏[EB/OL]. [2018 - 03 - 30]. http://bbs1. people. com. cn/post/1/1/

2/166168251.html.

[24] 联合国儿童基金会.2015年中国儿童人口状况—事实与数据[EB/OL].[2018-04-01].http://www.unicef.cn/cn/index.php? m=content&c=index&a=show&catid=226&id=4242.

[25] 林红宣,方圆.以全民阅读为目标,搭建少儿阅读平台[N].新华书目报,2016-04-15(17).

RDA视角下国家图书馆黑胶唱片的信息组织工作

张丽娟　张　薇(外文采编部)

1　引言

《中华人民共和国公共图书馆法》(以下简称《公共图书馆法》)于2018年1月1日起正式施行。该法律旨在促进公共图书馆事业发展,发挥公共图书馆功能,保障公民基本文化权益,提高公民科学文化素质和社会文明程度,传承人类文明,坚定文化自信[1]。

《公共图书馆法》的颁布是我国图书馆界的一件大事,它充分体现了我国社会主义文化制度的优越性,对我国图书馆事业乃至整个公共文化事业的发展都有着巨大的推动作用。《公共图书馆法》明确了国家图书馆的"七大核心职能"。在这样的新形势下,国家图书馆要履行好《公共图书馆法》赋予的职责和使命,就需要重新审视日常的工作内容与规范,找寻新的业务增长点,提升阅览室服务水平是直接的效果体现,但更重要的是从基础业务的角度,加强信息组织力度,提升资源揭示水平,搭建好读者服务的数据平台。

《公共图书馆法》第二条提到:本法所称公共图书馆,是指向社会公众免费开放,收集、整理、保存文献信息并提供查询、借阅及相关服务,开展社会教育的公共文化设施。前款规定的文献信息包括图书报刊、音像制品、缩微制品、数字资源等[2]。音像制品是重要的文献信息组成部分,许多图书馆通过建立试听阅览室、音乐图书馆等方式丰富服务形式,提升图书馆服务效能,满足读者多元化阅读需求。

经过几十年的积累,国家图书馆音乐资源业已初具规模,形式多样,有CD、录音带、录音盘、乐谱等多种类型。截至2017年上半年,国家图书馆通过购买、缴送、捐赠、交换等渠道已收藏实体视听文献达398 450件;自建数字音频资源馆藏总量1 137 907首[3]。国家图书馆资源积累具有先天优势,但缺少的是利用数据拓展信息服务的意识和能力。

为充分开发利用馆藏音乐资源,在国家图书馆成立108周年之际,视听服务中心正式对读者开放。作为重点文化工程展示服务的窗口,视听服务中心内设黑胶唱片欣赏区、CD欣赏区、DVD欣赏区等丰富多样的视听展示阅览区,为读者提供了全方位视听享受。为充实视听服务中心的资源储备,国家图书馆于2017年购藏了15 000余种外文黑胶唱片,规格主要是12英寸33转的密纹唱片,于20世纪50年代至70年代由德、英、荷、法、意等欧洲发达国家制作发行,既有很高的欣赏价值,又有极其珍贵的保存价值。这批宝贵资源的购藏引发了对音乐资源编目的关注。

虽然,国家图书馆馆藏中一直拥有一定数量的音视频、乐谱等音乐资源,但是由于音乐资源的特殊性和编目的难度较大,对这部分文献的编目始终缺乏统一的标准。国际编目规则 RDA 对包括音乐资源在内的各种类型资源都提供了详尽的编目规则。笔者基于 RDA 的最新内容,对外文黑胶唱片的编目难点和编目技巧进行了解析,以期为其他各类音乐资源的编目提供参考借鉴。

2 黑胶唱片的编目难点

音乐黑胶唱片是一种特殊的音乐资源,通过树脂或合成塑料上面凹凸的坑纹记录声音。如何清晰描述其载体特征,如何清楚标示将其所承载的音乐流派和风格,如何合理设置音乐作品、指挥家等检索点,这些都是黑胶唱片编目的难点,主要体现在如下方面:

2.1 信息源复杂,确定首选信息源难

书目著录处在载体表现层,一套完整的黑胶唱片多是由唱片、固定于唱片上的标签、封套等部分组成。12 英寸黑胶唱片的标签直径仅有 10cm 左右,在如此小的平面上,难以充分呈现各个元素的信息,既有信息也字体微小,信息标识不明显。另外,出版商为了装帧效果,可能会采用“铜板体”和“斯宾塞体”等外文字体形式印刷,以增加其装饰性。此外,紧靠标签外边缘通常还印有一些暗刻的文字和数字,这是刻版的专业数据,发行年代不同可能版别不同,对黑胶唱片不了解的人,很难发现这部分信息。这些都为黑胶唱片各著录项的信息源选取和著录增加了难度。

2.2 特殊元素多,识别资源不易

与图书相比,黑胶唱片作为一种特殊的载体类型,有许多特殊元素需要描述。黑胶唱片的声音特征就包括录音类型、录音媒介、播放速度、播放声道等元素,此外,还有音乐资料出版编号、表演媒介、数字标识、调等元素。没有一定的音乐资源编目经验或音乐知识,很难区分和识别这些特殊元素。编目员音乐专业知识水平及对音乐作品的认知程度,直接影响到黑胶唱片编目的数据质量。

2.3 汇编文献多,揭示曲目信息,编目精度深

将同一作曲家的作品集中在一起出版,或者将曲风相似的音乐作品汇集出版,或者将作品按照某种特征集中在一起出版是音乐资源出版中比较常见的方式。读者在索取音乐资料时,多以具体的音乐作品、作曲家等为检索点,如果仅以唱片本身为编目对象,在载体表现层揭示信息,会导致读者无法通过曲目信息获得满意的结果。所以,如何为分部作品构建检索点,提升编目精度一直以来都是汇编作品编目工作中的难点。

2.4 不适用常见文献类型的排架体系及加工方法

馆藏文献排架是将文献按一定的规则,系统、科学、有序地排列在书架上,在内容或形式上使文献相互之间保持一定的联系,以便文献的检索、利用和保管[4]。分类排架是按文献所属的学科门类,依据特定的分类法来排列的方法,是图书馆中最常用的排架方法。黑胶唱片基本

为音乐作品，按照《中国图书馆分类法（第五版）》分类规则，类号集中在J6音乐。另外，黑胶唱片的唱盘直径多为12英寸，封套尺寸也差别不大，面对形状相同、类号相似的唱片，如果仍按照分类排架，既不利于工作人员排架、顺架，又不方便读者寻找自己需要的资料。

黑胶唱片的加工主要包括加盖馆藏章，粘贴条形码、书标，写书角号等工作，常被认为是图书馆中最容易做的工作，其重要性容易被忽视。条码、书标等粘贴位置不当，容易遮挡信息源，妨碍黑胶唱片的读取，如果有脱落或污损，需要重新修改数据，重新加工，无形中增加了员工的工作量。

3　RDA视角下黑胶唱片的编目技巧

国际编目规则RDA是专为适应数字环境而制定的最新国际编目规则和元数据标准，为包括音乐资源在内的多种类型的资源都提供了详尽的编目规则，多个国家和地区的图书馆已经宣布使用RDA标准。2018年1月1日国家图书馆外文文献资源正式采用RDA规则编目，2017年12月《国家图书馆外文文献资源RDA本地政策声明暨书目记录操作细则》［简称“NLC PS（FLM）”］也正式出版。笔者对黑胶唱片与其他文献的共性特征不在此赘述，仅以RDA国际标准和NLC PS（FLM）本地规则为指导，对外文音乐黑胶唱片所特有的编目元素和编目方法进行阐述如下：

3.1　信息源的选择

黑胶唱片是独立发行的音乐录音资料，采用综合著录。根据RDA2.2.2的规定[5]，按照资源的呈现格式划分，黑胶唱片属于其他资源，其首选信息源优先选择顺序应为：①永久印制于或固定于资源的载有题名的标签，不包括所附的文字资料或容器；②包含题名的文本形式的嵌入元数据；③构成资源本身一部分的另一来源（如果有多个，优先选择以正规形式出现的来源）[6]。黑胶唱片的封套，随盘小册子等随黑胶唱片一起发行，属于资源本身的一部分。所以当信息取自封套、小册子等来源时，不必附注或加方括号“［］”，但是当题名信息取自标签之外的其他首选信息源时，仍需在500字段附注来源。

例如245字段的题名信息取自封套，则需要启用500字段附注信息来源：

500　$a Title from container

3.2　黑胶唱片的编目要素

3.2.1　内容的语言

在黑胶唱片编目过程中，编目员容易将题名的语种与内容的语种混淆。音乐资源最主要的语种取自声道语言，如歌剧或戏剧的唱词、歌曲歌词语言等，一般声道语言的代码记录在008/35－37字符位，无语言的纯音乐语言代码为“zxx”。如果音乐资源还包括其他语种，可将其记录在041字段，并用附注的形式在546字段或500字段予以说明。

例如英语歌曲唱片，则记录为：

008/35－37：eng　546　$aThe songs sung in English

3.2.2　载体表现标识符

音乐资料常见的载体标识符是出版者编号，由出版者分配，用于识别音乐资料的发行编号或标签号,一般标注在标签或封套的封底上。出版者编号记录在 028/ $a 子字段,出版者编号的来源记录在 028/ $b 子字段记录,两者都是必备子字段。有些黑胶唱片封套的封底会出现一组条码信息,这类通用产品代码(UPC)、国际商品号(EAN)等标准号或代码信息则要记录在 024 字段。另外,对于其他在资源上出现的无法区分类型的载体表现标识符信息,可以记录在 500 字段,并注明来源,如“Disc label”等。

例如“Sono Luminus”唱片公司发行的编号为“DSL - 92159”的唱片记录为:

028 02 $a DSL - 92159 $b Sono Luminus

3.2.3 音乐作品形式

笔者对音乐作品形式的理解为:类似文学体裁,如小说、诗歌、散文等,诗歌具有律诗、绝句、词等样式,通过七言绝句、五言绝句等这些具体样式表达文学作品的思想内容。同理,音乐作品则是通过音乐作品形式表达音乐作品的思想。音乐作品形式适应音乐作品的内容,同时还反映音乐流派。音乐作品形式记录在 008/18 - 19 字符位,当包含多个形式时,启用 047/ $a 子字段分别记录音乐作品中包含的每种作品形式代码。

例如音乐作品形式为爵士乐,则记录为:

008/18 - 19 Jz,047 Jz

3.2.4 持续时间

通常在黑胶唱片的标签或者封套上能够找到或通过计算容易确定播放的总时间,并将播放时间记录在 300/ $a 子字段。如果不能确定确切的时间,也可估算播放时间,通过前置术语“approximately”记录在 300/ $a 子字段。同时以格式化的数字形式记录在 306 字段,形式为“hhmmss”,不足的位数用“0”补齐。如果播放时间在资源上不容易确定,也可以不记录持续时间。通常资源上出现的持续时间形式是“mm:ss”。

例如播放时间是 42 分 41 秒,记录为:

300 $a 1 audio disc(42 min. ,41 sec.); $c 12 in. 306 $a 004241

对于汇编音乐作品也可以将各分部作品的播放时间记录在 505 字段各分部作品题名后,置于圆括号“()”中。

3.2.5 内容类型、媒介类型、载体类型

RDA 将 GMD 拆分为内容类型、媒介类型和载体类型三个元素,解决了之前存在的内容和载体混淆的问题,MARC21 增加了 336 字段、337 字段、338 字段记录这些元素。按照 RDA 提供的术语表,音乐黑胶唱片的内容类型为表演音乐,336 字段术语是“performed music”;资源内容的获取需要通过播放声音的设备进行,337 字段媒介类型术语是“audio”;资源的载体为唱片,338 字段载体类型术语是“audio disc”。

3.2.6 声音特征

声音特征是指与资源中声音编码有关的技术规格,包括录音类型(数字或模拟)、录音媒介、播放速度、纹槽特征(粗纹、密纹等)、播放声道(单声道、立体声等)等特征。编目过程中,通常按照黑胶唱片的盘标或封套上所呈现的依据,用 RDA 提供的术语将上述特征分别记录在 344/ $a 子字段、344/ $b 子字段、344/ $c 子字段、344/ $d 子字段、344/ $g 子字段。

例如“33 又 1/3 转、密纹立体声、模拟录音黑胶唱片”的声音特征著录为:

344 $a analog $c 33 1/3 rpm $g stereo

3.2.7 作曲者、表演者、指挥等责任者

对于音乐资源而言,音乐作品的创作者是作曲者,著录在245/ $c 子字段。RDA 规定作品的第一个创作者是核心元素,需为第一作曲者在100 字段创建规范检索点,在 $e 子字段记录关系说明语“composer”,关系说明语取自 RDA 附录 I。

此外指挥、钢琴演奏者、歌手、乐团等表演者虽不是 RDA 的核心元素,但对识别资源有重要作用,通常著录在附注项511 字段,钢琴、小提琴等表演者用编目语言指明其表演媒介。也为这些贡献者在7xx 字段创建规范检索点,并在 $e 子字段记录关系的说明语。

例如由“Les Ombres”乐团演奏,由“Margaux Blanchard”和“Sylvain Sartre”指挥,记录为:

511 0# $a Les Ombres ; Margaux Blanchard, Sylvain Sartre, conductors.

700 1# $a Blanchard, Margaux, $e conductor.

700 1# $a Sartre, Sylvain, $e conductor.

710 2# $a Ombres(Musical group), $e performer.

3.3 音乐汇编作品编目要点

将各音乐作品按照某种特征汇集在一张黑胶唱片上发行,这类音乐汇编作品体现的是作品之间的整体/部分关系。在编目实践中,通常对汇编作品进行综合著录,也就是将该唱片作为一个整体进行著录,将其汇集的作品作为分部作品进行著录。

以作品的责任者为依据,音乐汇编作品可以分为两类:同一作曲家作品汇编及不同作曲家的作品汇编。这两类汇编作品,又分别根据是否存在总题名进一步分为有总题名和无总题名的作品汇编。汇编作品的编目的难点主要集中在如何记录正题名,如何记录各分部作品题名,而重点则是为各分部作品构建规范检索点。

3.3.1 记录题名和各分部作品名

有总题名的音乐汇编作品,将总题名作为正题名记录在245 字段,汇编作品中各分部作品名记录在505 字段。无总题名的音乐汇编作品,将各分部作品名按其在信息源上出现的形式及顺序记录在245 字段。如果是同作曲者,则第1 部作品的正题名著录于245/ $a 子字段,其他题名信息及其他各分部作品名均著录于 $b 子字段。如果是不同作曲者,则第1 部作品的正题名著录于245/ $a 子字段,责任说明及其他分部作品名均著录于 $c 子字段。

例如:245 00 $aKonzert FFo Harfe und Orchester B – dur, Op. 4 No. 6 / $cGeorg Friedrich HFried. Konzert FFn Harfe Und Orchester C – dur / Johann Georg Albrechtsberger. Introduction Et Allegro FAl Harfe, Streichquartett, FlFli und Klarinette / Maurice Ravel. Danses FFn Harfe Und Orchester / Claude Debussy.

3.3.2 为各分部作品构建规范检索点

音乐汇编作品的整体与部分关系,在书目记录中,可以通过由规范记录所控制的规范检索点以及结构化或非结构化的描述予以表达。各分部作品的规范检索点记录在7xx 字段,第2指示符为“2”,采用 RDA 附录 J 的关系说明语“Container of(work):”,记录在 $i 子字段。当汇编作品中分部作品名与其首选题名形式不同时,需另将该分部作品名记录在740 字段,第2 指示符为“2”。例如:

700 12 $i Container of(work): $a Scarlatti, Domenico, $d 1685 – 1757. $t Dirindina.

700 12 $i Container of(work): $a Schubert, Franz, $d 1797 – 1828. $t Quintets.

3.4 排架体系设计及加工方法

排架体系的建设首先是排架法的确定，即根据馆藏文献的类型和数量选择适当的排架法，如分类排架法或固定排架法；其次是索取号结构的设计。黑胶唱片馆藏多集中在J6音乐，分类排架不容易区分，而固定排架法是按每种文献入藏先后顺序编制一个固定的排架号，以此号为顺序依次排列馆藏。基本不用为后到馆文献预留空位，而且又避免了馆藏文献增长带来的倒架麻烦。每一种黑胶唱片从流通后都能在书架上得到一个固定、明确的位置，方便工作人员与读者迅速准确的定位和取还黑胶唱片，降低图书馆工作人员的工作强度，也降低黑胶损坏的概率。外文黑胶唱片的索取号按如下方式构成：语种代码+编目年/资料类型代码+流水号（5位数）。例如：西文黑胶唱片的馆藏记录表示为：2-2018/AP00001。

本着不遮挡重要信息源、便于读者通过索取号定位文献的原则，工作实践中，外文黑胶唱片按照如下细则进行加工：①保留原有装帧形式，特殊情况下可另行装盒处理；②条形码加贴于封套的右下角空白处；③同一封套内装有多张黑胶唱片时，靠右侧按从上到下的顺序排列，并标注序号；④书角号用光盘专用记号笔手写在盘面标签上；⑤书标加盖长方形馆藏章后粘贴在封套书脊距上端约两厘米处，以不遮盖重要信息为原则。

参考文献

[1][2] 中华人民共和国公共图书馆法[EB/OL].[2018-03-16]. http://www.npc.gov.cn/npc/xinwen/2017-11/04/content_2031427.htm.

[3] 国家图书馆视听服务中心介绍[EB/OL].[2018-03-16]. http://www.nlc.cn/stfwkJ/zxJs/.

[4] 罗翀，蔡丹. 图书馆文献排架体系之比较研究[J]. 河南图书馆学刊，2009，29(2)：49-52.

[5] RDA发展联合指导委员会. 资源描述与检索(RDA)[M]. 北京：国家图书馆出版社，2014：34-35.

[6] 国家图书馆编目工作委员会. 国家图书馆外文文献资源RDA本地政策声明暨书目记录操作细则[M]. 北京：国家图书馆出版社，2017：42-43.

浅析民国期刊保护工作的现状及问题

赵 楠（中文采编部）

1 前言

民国期刊特指1911年—1949年9月在中国境内出版发行的期刊。民国时期是我国历史上转型重要时期之一，这期间新旧文化、中西文化激荡碰撞，可谓百家争鸣、百花齐放。民国文献作为该特殊时期的记忆符号，蕴含丰富的文化内涵。期刊这一文献类型具有报道及时、内容广泛、连续出版的特点，正因如此，民国期刊具有不同于其他民国文献类型的重要学术价值及现实意义。

民国时期被称为“中国文献昌盛期的开端”[1]，民国文献的出版发行种量规模空前。据

《民国时期总书目》统计，民国时期我国出版的期刊达2万多种，报纸1.3万多种。由于印刷技术水平所限，加上民国时期时政不稳社会动荡，民国期刊破损情况严重，保存现状严峻，保护工作已迫在眉睫。2012年，“民国时期文献保护计划”正式启动，民国文献的保护和利用工作进入新阶段。相关机构积极组织开展普查、研讨、培训等活动，竭力推进民国文献保护工作进程，现已取得可观的成果。本文从原生性保护和再生性保护两个方面，浅析民国期刊保护工作的现状和仍待解决的问题。

2 民国期刊保护现状

参照《全国中文期刊联合目录(1833—1949)》，全国56家省市级公共图书馆、高校图书馆均对民国期刊有所藏，但数量不同。超万余种的图书馆有五家，分别为上海图书馆、国家图书馆、广东省立中山图书馆、南京图书馆及北京大学图书馆[2]。民国期刊的现存种量、册数之庞大，蕴含内涵之丰富更不言而喻。这些文献资料为民国历史研究、文化研究提供了重要的史料支撑。

表1 国内五家图书馆馆藏民国期刊数量一览①

单位	期刊种数	期刊册数
上海图书馆	19 733种	
国家图书馆	13 000余种	20万余册
广东省立中山图书馆	13 200余种	6万余册
南京图书馆	10 000余种	
北京大学图书馆	10 000余种	

国家图书馆曾对馆藏民国文献进行破损度抽样调查。据统计，民国文献中度以上破损已达90%以上，民国初年的文献破损率达100%，其中严重破损的占54.78%。民国文献保存现状不容乐观。造成这一局面的原因可从技术和意识两个角度分析。民国时期的造纸技术正由手工向机械化过渡，造纸原料混乱，工艺技术落后，采用木材纸浆的化学造纸工艺使得纸质更易酸化和老化。民国时期，时局动荡，对民国文献保存方式不当、保护意识薄弱，亦加速文献损毁。

2.1 民国期刊原生性保护

文献的原生性保护可分为两方面，预防性保护和补救性修复。预防性保护的原则是不加害，补救性修复的原则是止损[3]。主要有以下几种方式：(1)储藏环境：研究显示，当库房内的温度变化时，纸张会有所收缩或者膨胀。同时温度不稳定也会间接造成湿度波动。湿度过高，空气中的水汽量越大。水汽是霉菌生长的重要条件，水汽过多利于霉菌生长，不利于纸张保存。以国家图书馆特藏书库为例，其温度控制在16—22摄氏度，湿度控制在45%—60%。空气中含有灰尘等细微硬质颗粒，可和水汽分子结合，在纸张表面形成覆盖薄膜，利于微生物生长，不利于纸张保存。空气中还存在酸性的大气污染物，加剧纸张酸化老化。库房需定期进行除尘，安装空气过滤系统，保持空气新鲜流通。(2)纸张脱酸：基本原理是使用碱性物质中和

① 数据来自各图书馆网站及相关文章。

纸张中的酸性物质,主要方法有碳酸氢镁水溶液脱酸法、“维托法”和双液两步脱酸法。其中双液两步脱酸法是我国文献界经常使用的脱酸的方式,并且被认定为是碱水溶液脱酸法中最好的方法[4]。双液两步脱酸法使用的是氢氧化钙与碳酸氢钙,共2个步骤。第一步,使用采用浓度为0.15%的氢氧化钙溶液浸泡待修复纸张,让纸张内的酸与氢氧化钙发生中和反应。第二步,使用0.15%的碳酸氢钠溶液浸泡已完成第一步的纸张,让纸张中过多的游离氢氧化钙与碳酸氢钠发生化学反应,逐渐转为碳酸钙。(3)人才培养:以41家国内大型图书馆为对象的调查显示,真正开展民国文献修复的图书馆只有11家,其中专门从事民国文献修复工作的人员仅5名,从事古籍修复兼修民国文献工作的人员36名[5]。专业人才缺口大,科研力量薄弱。各机构应据业务实情组织不同层次的文献修复方面的培训班或交流会,各高校亦可灵活设置相关专业课程。

民国期刊的原生性保护是一切保护工作的基础,任务艰巨。这其中仍存在许多困难和问题亟待解决,诸如经费有限、人才不足、技术不够等,应引起各相关机构的足够重视,制定标准,改善保存环境,建设专业书库;深入研究,提高纸本脱酸技术,加强修复工作;重视人才培养,设置专业课程。

2.2 民国期刊再生性保护

鉴于民国期刊损毁程度严重,绝大部分原版刊已不供读者阅览。为保证民国期刊这一宝贵资源能物尽其用,大多数收藏机构采取了再生性的保护措施,有效解决“藏”与“用”之间的矛盾。再生性保护是指改变原文献的物理特征和载体形式,进而达到保存文献内容的文献保护方法。采取再生性保护措施后,民国期刊所承载的内容将不受其物理特征或载体限制,可广泛地复制和传播[6]。再生性保护主要分为两部分内容,整理出版和数字化。

2.2.1 整理出版

20世纪50、60年代,多家出版社如中华书局、商务印书馆、人民出版社等开始关注民国文献的整理出版,取得一批有影响力的成果。上海文艺出版社影印出版包含《前哨》《文艺研究》等优秀民国文艺类刊物的《中国现代文学史资料丛书》;人民出版社影印《新青年》《解放》《红色中华》等;上海书店于20世纪80年代影印《新语林》《夜莺》《烽火》等;中华书局于20世纪80年代影印《中国近代期刊汇刊》;全国图书馆文献缩微复制中心出版《民国珍稀期刊》《民国佛教期刊文献集成》《抗日战争期刊汇编》等专题影印文献;广西师范大学出版社出版《美国哈佛大学哈佛燕京图书馆藏民国文献丛刊》《中日关系档案》等。

影印出版在载体和形式上更接近原件,无须进行修改,能够最大程度展现文献的初始面貌。还存在另一种出版形式,整理出版。整理出版是整理编辑加工后出版,主要指对某一种文献或以人物、时间或学科领域为题材的某一类文献进行整理,通过选辑、摘录、重新排印等方法,将文献重新组织后出版[7]。民国期刊的价值与意义不仅体现在“初始面貌”中。民国期刊的文献特点决定了其更需要去进行深层次的挖掘重组蕴含在文字中的信息资源,将分散在各个文献单册中的独立信息资源系统化,使其可以直接高效服务于读者。民国期刊直接记录着民国时期社会各界的实践活动,对印证史实具有不可替代的参考作用。随着学术研究的深入和细化,深层次、多方向、系统化地对民国期刊信息资源进行具有学术含量的研究性开发,将成为未来的发展趋势。

图书馆依托馆藏资源优势,拥有长期从事文献工作的稳定团队,出版社依托整合资源信息优势，与各方有广泛的合作基础。民国期刊的成功出版是两方共同努力协同并进的结果。近年来，两方合作出版了许多以专题形式切入的专业性强、收录面广、影响力大的大型期刊汇编影印本。全国图书馆文献缩微复制中心出版宗教类期刊如《民国佛教期刊文献集成》《民国佛教期刊文献集成补编》等，时政类期刊如《中国共产党早期刊物汇编》《抗日战争期刊汇编》等，按期刊内容汇编出版如《民国漫画期刊集粹》《民国时期集邮期刊汇粹》《民国画报汇编》等；国家图书馆出版社出版文史类期刊如《民国文物考古期刊汇编（附博物馆馆刊）》《民国史地期刊汇编》及《辛亥革命稀见文献汇编》等，外国研究类期刊《南洋史料》和《日本研究五种》，其他专题性汇编如《胡风主编期刊汇辑》《近代学报汇刊》《民国时期电影杂志汇编》等。以上仅列举两家机构部分成果，其实民国期刊的整理出版机构数量和出版成果逐年增多，选题更加深入，内容更加丰富。

2.2.2　数字化建设

近年来，民国期刊数字化得到了社会各界的日益重视，各图书馆采取了不同形式的数字化方式，建设民国期刊数据库。上海图书馆、国家图书馆、北京大学图书馆、重庆图书馆等将全部馆藏期刊或者部分精选期刊进行全文数字化，江西省图书馆、安徽省图书馆、首都图书馆等完成了馆藏期刊的书目数字化，便于读者检索利用[8]。图书馆民国期刊数据库建设分为两类，综合性民国期刊数据库建设和民国文献专题数据库建设。上海图书馆的“民国时期期刊全文数据库（1911—1949）”、国家图书馆的“民国中文期刊资源库”和大学数字图书馆合作计划（CADAL）的“民国期刊全文数据库子库”为综合性民国期刊数据库，国家图书馆的“民国法律文献库”，上海图书馆的“近代民国中医药专题”、上海师范大学在建的“民国教育文献全文数据库”等为民国文献专题数据库[9]。现阶段在开发或已建成的民国期刊数据库以综合性为主，还需开发更多专题数据库，满足特殊用户需求。借鉴民国期刊整理出版的发展经验，深入某一学术领域选取特定选题汇集期刊和论文资料，形成具有特色的专题数据库，应该成为图书馆民国文献特色数据库建设的方向。

表2　国家五家图书馆馆藏民国期刊数字化状况一览①

单位	民国期刊数字化进程
上海图书馆	建成民国时期期刊全文数据库（1911　1949），每年不断更新计划收录2万余种民国期刊，现已实现单篇文章检索[10]
国家图书馆	建成民国期刊数据库，现提供4351种期刊电子影像的全文浏览
广东省立中山图书馆	在建缩微期刊全文数据库（提供馆藏缩微民国期刊968种、约85万拍全文的检索、浏览及在线阅读）
南京图书馆	已完成司法院公报、南京市政公报以及民国油印本和稿本等2000余种民国文献的全文扫描工作
北京大学图书馆	在建北京大学民国期刊服务平台

数字化建设的主要内容民国文献的数字化主要包括3个方面，即民国文献组织管理的自动化、内容的数字化、传输平台的网络化，其核心是内容数字化[11]。内容的数字化实质将纸本信息进行数字采集、文献编辑、格式转换等加工整合。数字化的文献信息投放到传输平台，一方面满足读者的阅览需求，另一方面可以通过个性化信息采集完善交互式服务。随着一系列

① 数据来自各图书馆网站及相关文章。

民国期刊数据库构建完成,读者获取文献信息不必亲临图书馆或其他收藏机构,打破时空界限。“以人为本”“读者第一”的服务理念深入推进民国期刊数字化进程。

3 几点思考

3.1 深入调查,分级保护

民国期刊数量大、种类多、情况较为复杂。全面细致的调查工作对后续民国期刊保护及利用开发环节至关重要。首先熟悉馆藏如馆藏总量、损毁情况、内容分类等,然后根据损毁程度和其内容的重要程度进行定级,结合自身实际情况制订短期与长期计划。针对不同等级的民国期刊应采取不同的保护措施,科学有效地开展民国期刊保护工作。

3.2 深入交流,协作共赢

民国期刊编目应该顺应当今编目发展趋势,建立全国联合目录。参考《全国中文期刊联合目录》,制定统一的著录标准,有效避免不统一不规范所造成的错误或重复数据,为信息资源的开发利用提供基础条件。数据库建设时应资源共享,避免重复扫描、重复建设造成的人力财力的浪费。

3.3 深化认识,任务艰巨

我国已进入又一个转型期,关于民国时期各领域的研究不断深入,对深刻分析中国特色把握历史发展有重要作用。同时,国学热的升温使社会各界对民国历史文化的关注度日益增长。民国期刊收藏机构,应充分认识民国期刊保护工作的重要性和任务的艰巨性。民国文献是记载了中国现代化转型时期政治、经济、文化教育、社会历史等方面的文化遗产,是中华文明绵延数千年、一脉相承的历史见证,也是人类文明的瑰宝[12]。具有实效性、直观性、生动性等特点的民国期刊其使用价值更是排在民国各类文献之首。作为民国期刊重要的收藏机构中一员应在平日工作点滴中做到“守护经典,传承文化”。

参考文献

[1] 王俊杰. 文献学概论[M]. 宁波:宁波出版社,2006:25.

[2] 杨敏. 民国期刊数字资源建设现状研究[J]. 图书馆学研究,2013(12):43 – 45.

[3] 段晓林. 民国文献整理与研究的现状及其方向——回眸与展望:民国文献整理与研究国际学术研讨会综述[J]. 图书馆杂志,2017(3):115 – 120.

[4] 周建华. 民国文献原生性保护综述[J]. 科技创业家,2013(13):251.

[5] 林明,张珊珊,邱蔚晴,等. 我国图书馆民国时期文献保护状况调查[J]. 国家图书馆学刊,2015(2):57 – 61.

[6] 吴小兰. 民国文献保护刍议[J]. 科技情报开发与经济,2006,16(18):75 – 77.

[7] 陈晓莉,严向东. 民国文献的整理与开发问题研究[J]. 图书馆,2013(4):94 – 97.

[8] 林岫. 试论馆藏民国期刊的开发[J]. 四川图书馆学报,2015(5):45 – 47.

[9] 段晓林. 从影印出版及数据库建设看民国期刊的整理与利用[J]. 图书馆,2013(3):107 – 110.

[10] 臧晴. “文献数字化”的用户体验——以上海图书馆晚清与民国期刊和全文数据库为例[J]. 九江学院学报(社会科学版),2013(4):50 – 59.

[11] 张丁,王兆辉. 试论民国文献的数字化建设[J]. 数字与缩微影像,2011(1):22-23.
[12] 国务院办公厅关于进一步加强古籍保护工作的意见[EB/OL]. [2008-01-09]. http://www.gov.cn/zwgk/2007-01/29/content_511825.htm.

关于法治环境下图书馆阅读推广服务中内容营销的几点建议

张志超(缩微文献部)

1 引言

2018年1月1日,《中华人民共和国公共图书馆法》(以下简称《公共图书馆法》)正式施行。北京大学教授李国新[1]指出:"《公共图书馆法》的颁布实施明确了今后公共图书馆的发展方向、基本目标和重点任务,强化了政府保障和政府责任。"其意义之重大,不待言语而自明。

《公共图书馆法》第三条指出:"公共图书馆是社会主义公共文化服务体系的重要组成部分,应当将推动、引导、服务全民阅读作为重要任务。"第三十六条也提出:"公共图书馆应当通过开展阅读指导、读书交流、演讲诵读、图书互换共享等活动,推广全民阅读。"对于全民阅读,《公共图书馆法》前后反复,再三致意,可见其对此的重视程度。

2 研究综述

2.1 阅读推广

在过去的二十余年间,图书馆事业最大的变化,除了信息技术的冲击,首推阅读推广成为主流服务的事实[2]。与此同时,信息技术带来的对传统阅读的冲击[3],使得阅读推广成为挖掘图书馆价值的重要手段。

在这种背景下,阅读推广的研究蔚为大观。在Web of Science核心集中检索(时间为2018/3/21)以"reading promotion"为主题的文献共1164篇,其中信息技术和图书馆学方向的共86篇。国内的相关文献则能达到5000篇以上(截至2018/3/21)。

在已经蔚然成林的阅读推广研究中,实证研究始终是最茁壮的主干。这不仅因为阅读推广强烈的实践性,还因为其理论体系的复杂性。阅读推广的字面意思很简单,但很少有人对其下定义,其难点在于对阅读推广的基本认识[2]。谢蓉等[4]尝试将阅读推广的研究划分为理论构建、案例研究、评估评价等五个方面,并突破性地以传播学的范式解读阅读推广。陈幼华[5]更进一步,提出了包括"文史范式""图书馆学范式"在内的六种范式,从更广阔的维度解读阅读推广。

以上专家们关于阅读推广理论的观点,只是相关研究的一小部分,但已经提供了很好的智慧和指向。从"图书馆学范式"研究阅读推广,以案例分析为起点,牢固把握对阅读推广的基本认识,庶几可以有所微得。

2.2 内容营销

在新的时代背景下,图书馆营销成为了实现图书馆社会价值的重要手段[6]。其中,内容营销可以极大地促进图书馆阅读推广服务的效能[6][7]。这方面的研究很大一部分精力集中于将内容更好、更广泛地传递给读者,对于内容的选取,通常付之阙如。

关于内容的选取,陈幼华[5]指出,已有的阅读推广研究中,只有"文史范式"对此给予了更多的关注。这种尴尬的现实同图书出版的空前繁荣,读者思想的日趋活跃、差异性增加有很大的关系[8]。

黄静[8]认为众包策略是解决这个难题的一把钥匙。所谓众包策略,就是把一个机构的工作,以自由自愿的形式外包给特定的大众网络的做法。这种策略在国外图书馆的工作中已经取得了一些成果[9],显示了其在内容选取服务当中的潜力。除了读者,专家们还可以求助于数字技术。例如图书推荐算法,也能有效地实现内容选取[10]。

事实上,对内容营销而言,内容的选取和展现同样重要。后者甚至更重要,因为图书馆需要吸引读者,才能更好地实现自身资源的价值。上述研究都能较好地兼顾两个方面,但其中存在着一些难点和缺陷,本文将由此出发,做一些浅显的分析。

3 几点建议

3.1 专家书单

在我国的历史传统中,阅读推广一向是书商或学问家的事情。前者为了牟利,书单质量不稳定;后者开列的书单,则往往因其在相关领域深厚的造诣,而富有价值。读者们习惯并且享受这种服务。

但事情在最近的几十年发生了变化。以 2015 年为例,仅一年时间,我国国内便出版了近 50 万种图书[11],这还不包括期刊、报纸、音像制品以及数字出版物等。我们的出版事业相比于 100 年前,发生了翻天覆地的变化,最直观的就是出版物数量的大幅度增长。相比较而言,学问家们的学术修养、阅读习惯的变化可以忽略不计。以有限的学问家,利用其有限的精力,穷尽无限的图书,显然是一个不可能完成的任务。

针对这种问题,许多优秀的机构做出了尝试。用更广泛的评委,来筛选更广泛的图书。比如国家图书馆的文津图书奖[12],在读者、图书馆和评审专家的共同努力下,每年精选出包含 70 种图书的书单。这是对传统专家书单的一个有益的补充,当然,相比于庞大的图书资源,仍显得很不足。

其次,专家书单的另一个窘境在于"曲高和寡"[8]。以梁启超的书单为例,他著有一篇《最低限度之必读书目》①。这些书目对于今日的青年人,显得"不太友好"。因为今日社会所必备的技能和常识的学习,就要占据青年人大多数的精力,指望大家能够达到这个"最低限度",

---

① 书目包括:《四书》《易经》《书经》《诗经》《礼记》《左传》《老子》《墨子》《庄子》《荀子》《韩非子》《战国策》《史记》《汉书》《后汉书》《三国志》《资治通鉴》(或《通鉴纪事本末》)《宋元明史纪事本末》《楚辞》《文选》《李太白集》《杜工部集》《韩昌黎集》《柳河东集》《白香山集》。

是不太现实的。

但纵然有上述的问题，专家书单依然是不可或缺的，尤其对于历经时间考验的经典图书而言。专家往往能综合学识、经验和最新的研究成果，指点一条阅读经典的道路。就好像在陌生地区的导游和地图，其节省的精力和时间，是不可估量的。

综上所述，专家书单在新增长的出版物方面，有其天然的劣势。但对经典读物的筛选，仍是最值得信赖的推荐。虽然有“曲高和寡”的问题，但可以通过一些方式稍加避免。

3.2 专家附属书单

专家书单的缺陷，已经于3.1中详述之。往往需要研究此领域的学生、学者才能穷究书单的极致。对于做兴趣爱好的读者而言，不免“畏途巉岩不可攀”。如果把书单比作崇山峻岭，图书馆可以尝试为其叠梯架桥。

一本优秀的书，往往可以通其他的书互相阐释，这也是参考文献的价值所在。在今天出版行业如此发达的情况下，专家推荐的图书，往往有更简单、通俗的图书来阐释，读者可通过这些图书，逐步接近乃至“啃掉”专家书单。

以梁启超的书单为例。《左传》是一本必读书，但因为其年代久远，行文和措辞较普通文言文尤难。但《左传》的节缩本、故事集合车载斗量。仅2017一年出版的以《左传》为主题词的图书就达到33种，其他相关图书更有千余种。其间不乏语言幽默，通俗易懂的大作，图书馆可在其中筛选门槛低，易通行的数种，列为梁启超这个书单的附属书单。再比如最近影响很大的电影《妖猫传》，其实全围绕白居易《长恨歌》展开，梁启超的书单中《白香山集》也是必读书目。《妖猫传》背后的日本小说《沙门空海之大唐鬼宴》也可以通过热点的方式入选这个附属书单。

附属书单的设置，可以很灵活，而且要时时更新，力争将专家书单的品位和时代紧密地结合起来，提高服务的效能。

3.3 众包策略

众包策略，是把一个机构的工作，以自由自愿的形式外包给特定的大众网络的做法。图书馆阅读推广中的众包策略，就是把阅读推广服务中筛选图书的工作，用某种方式交给读者去做。读者反馈书目、书评，再应用于读者。图书馆在这个过程中，只要做好媒介和桥梁的工作就行。采取众包策略，能够极大地降低阅读推广的难度；因为图书是由读者选出来，就不用担心会偏离读者的品位和好恶。

采用众包策略的方法，可以借鉴已经成熟的机制。许多社交网络平台致力于此：如爱书单、豆瓣读书，甚至微博、微信都有类似的推荐阅读的版块[8]。更可喜的是，图书馆的阅读推广服务和这些社交网络之间的功能并不冲突，完全可以通过合作达到双赢。

使用众包策略进行阅读推广的图书馆，面临的最大的问题即如何激发读者的兴趣，让其参与到推荐书目、撰写书评的活动中。我们可以采取4.2节中提供的方法，或者更具备想象力和吸引力的方案来实现读者的融入。当参与的读者达到一定的规模，将形成读者参与—读者获利—更多读者参与的良性循环。

另外，众包策略还能体现出一种社会性的优势，读者不仅能得到图书，还能得到交流。

众包策略有两个缺点。其一，读者的知识结构和阅读经验千差万别。一方面，某个读者的心头好，可能被另外的读者弃之如敝屣。另一方面，阅读推荐是一项专业的功课[13]，未经训练的读者很可能做出质量偏差的书单、书评。对这些问题，社交网络采取依靠点击量、回复数量等硬性指标来甄别好的书单、书评提供者，通过各种奖励机制来诱导高质量书单、书评的产生。但外在指标很难直观评述书单、书评的质量。

其二，众包策略很受社会风尚的影响，不容易提出具有前瞻性的书单、书评。读者们容易趋向社会的热点。例如，李克强总理 2014 年考察浙江的商业银行时，推荐了加拿大作家阿瑟·黑利的《钱商》，很快，图书馆中阿瑟·黑利的作品被借阅、浏览的数目大大提升。思想界有个观点：好的思想是在用未来的方式思考的。一些优秀的观点和作品很可能因为其“不合时宜”不被普通读者所注意，图书馆有义务也有责任标记这些具有前瞻性的书单。但依靠读者的众包策略则力有未逮。好在，这是专家书单的擅长。不过，基于新出版物的数量等客观原因，图书馆也可以采取 4.3 节提出的方法应对之。

3.4 交流空间

众包策略的要点，在于吸引读者的参与，也就是激发读者自我表达的愿望。其中，在图书馆内组织读者交流活动，不仅能更准确地搜集信息，把握读者心理，还能更好地利用图书馆的空间。

在利用图书馆为媒介展开阅读交流方面，日本的“读书会”当仁不让[15]。我们的读者交流，也可以看作一个个具体而微的“读书会”，不规定具体的书目而只限定主题，不强求发言而鼓励留言，不做严格的流程安排而任读者自由选择。这样，仿照高校的“英语角”设立“读者交流空间”，通过比较深入的途径沟通读者，效果必然要远远超出网上的联络。

“交流空间”每日轮转不同的主题，吸引读者在其中交流、讨论、留言。对羞涩的读者而言，阅读也是为了交流。因为阅读本质上就是和作者思想上的一次沟通。

图书馆员需要为此设立主持人，鼓励大家发言；也可以开辟小角落方便私下交流，为那些不愿公开发言但又想沟通的读者提供便利。交流空间的宣传，可以采用传统的手段，比如在显眼的场所设置标识之类；也可以通过当日的主题，在数据库中筛选，一旦有人借阅相关主题的书籍，可以推荐他去交流空间“聊一聊”。

最重要的，可以在交流空间中实现阅读推荐的众包策略。让发言的读者提出书目、书评；让不爱发言的读者留言；对优秀的发言施以鼓励。庶几可以增大读者对图书馆的归属感和认同感。

3.5 图书推荐算法

图书推荐算法是一种通过客观指标的计算，权重的配比，最终将图书的质量和读者的喜好量化的计算机算法。现在的音乐[14]、电影网站使用的推荐算法深受用户的青睐。其中，协同过滤算法是普及度较高，准确率也较高的一种算法[10]。

协同推荐算法的核心思想很接近众包策略，即把具有相同爱好的读者联络到一起，在互相推荐每个读者阅读过的书目。判断这个算法优秀与否，主要需判断其分别、量化读者爱好的策略。对读者的爱好判断越准确，算法也就越出色。其他的算法也要遵循这个思路，即判断读者、量化读者。

使用算法截取客观变量可以极大抵消主观因素的影响，可以说是在众包策略基础上的更进一步。读者不需要再费心的参阅书单、书评之类，可以轻易获得更好的阅读体验。但也正因如此，阅读推广的众包策略中不能兼具前瞻性的缺点表现得更明显了。

算法的数据库可以通过借阅和闭架浏览的基础数据库得到。但图书馆开架阅览事实上会吸纳更多的读者，图书的流动量也更大，现在还没有有效的方法采集这些数据。如果图书归架时能采集当然是最好，但负责图书归架的馆员已经很辛苦了，不可能承担这种工作。

算法推荐图书还有一个天然的缺陷，即读者阅读行为很难，或者说不能量化。比如把读者的兴趣点按中图法分类，这已经是成熟的科学体系了。但很少有读者只专注于中图法的某个类号的图书。更普遍的情形是，读者喜爱甲类号下面某几种图书，也喜爱乙类号下面某个作家的作品，往往甲乙类号是没什么联系的。

不过，当某个读者的兴趣图书和另一些读者发生大幅度重合时，推荐的准确率将呈指数级别上升。这取决于数据库数据的基数。

图书馆有个准则，叫作“为人找书，为书找人”。对于图书馆而言，这种依靠读者互相推荐，读者自身探索的阅读推广服务是被动的。很多图书，可能具备卓越的价值，但大多数读者不能意识到。在这种情况下，图书馆采取下面的方式是可能起到作用的。

3.6　基于图书推荐算法的二次提炼

本节应对的问题类似于上节。图书推荐算法采用了读者阅读的记录，往往就失掉了小众图书。我们可以通过“冷门书单”来弥补，也可以采用分析推荐结果的方式来获得。

推荐算法虽然是一种客观的程序的执行法，但不能就此把它和主观分析判断一分为二。它最具吸引力的地方在于它掌握了大量的读者阅读数据。这些数据值得进一步的分析，而不是单纯的作为推荐的基础。

这些分析可以分为两步。第一步，抽取一定数量阅读爱好高度趋同的读者，提炼出这个团体中偏好的书单，可能是十几本书，也可能是几十本。做一个详尽的分析，了解这个团体对知识领域、热点问题的偏好情况，总结出一定的规律。

第二步，通过上一步总结的规律，图书馆可以采取多种方式发现这个领域中其他有价值的图书，在通过图书推荐系统推荐给读者。

这种方式，从效率上来讲，是远远低于冷门书单的。但经过专家，图书馆员等图书专家的阅读，其价值要高远冷门书单。更何况，虽然强调阅读面前的平等，图书馆员不具备道德优越性，但必要的价值引导还是可以通过这种方式来实现。

3.7　冷门书单

阅读推广中一个尴尬的悖论是，由于图书的基数过大，总有些好书要被遗漏。即便在图书数目有限的古代，这样的事情也是时有发生。例如明末清初的王夫之，因为其朴素的哲学理论不受时人的青睐，其人也处于半隐逸状态，和当时文人过从不密。导致其文章的价值在清中后期才得以发掘。今日这样的事情更是屡见不鲜。

图书馆的图书借阅系统和闭架浏览系统，可以增加一个借阅、浏览次数的选项。那些久久少人问津的图书，可以采择进入冷门书单。其命名要以尽量能提起读者的兴趣为旨归。例如“淘金书单”，将大家未发现的好书比作黄金，激发读者探索的欲望和兴趣。对于那些可以将图书从冷门书单中拯救出来的读者，图书馆可以酌情予以奖励。

冷门书单的设置,可以防止那些外在信息不佳的好书被遗漏。最明显的就是名字取得不好,或者装帧糟糕的图书。读者们往往也"以貌取'书'",很多书需要的只是一个被翻开的机会。冷门书单,提供的就是这个机会。

3.8 书单的宣传法

对于图书馆已经掌握的书单、书目等等信息,各个图书馆都有很成熟的推荐策略,毋庸多言。值得注意的是,在国家文化政策的影响下,传统文化的复兴和宣传在最近出现了百花齐放的姿态,也很值得图书馆学习。

在过去的一年中,两档优秀的阅读推广栏目,《见字如面》和《朗读者》占据了全国观众的视野。图书馆界已经注意到了这两款节目对阅读推广服务方式的深刻影响[16]。在2018年初,中央电视台再接再厉,推出了新的《经典咏流传》,将诗词同音乐结合到一起,可以说彻底的打破了阅读和其他艺术门类的界限,是一场革命式的突破。

同样值得借鉴的,还有国家博物馆等博物馆推出的大型文博类节目《国家宝藏》以及精美的纪录片《如果国宝会说话》。博物馆界在视听领域的新探索,已经领先了图书馆一个身位。

事实上,一份好的策划、策展方案的价值等同于一份好的书单,这些新时代优秀的媒体栏目,为图书馆寻找更好的书单宣传法,为图书馆在法治环境下提升服务效能,提供了很多好的思路。

图书馆的阅读推广活动,不只是图书馆在数字时代同数字资源的一次赛跑,也是新时代图书馆全面实现乃至提升自身价值的必经之路。正因如此,《公共图书馆法》才在阅读推广的问题上表现出了高度的重视。

阅读推广在理论和实践中,遇到的问题远不止内容营销这样简单。即便是内容营销,在已经有了相当成熟方案的基础上,还存有改动的空间。当然,这些改动的方案在实际执行的过程中不见得能完全符合图书馆自身的情况,但解决方案的思路和方案反映出的问题确实是需要图书馆重视的。

本文还存在几个悬而未决的问题。比如数据的采集,开架阅览室中的数据很重要,很能反映读者的喜好,但数据的采集还茫然无头绪。再比如对众包策略和冷门书单中读者的奖励机制,还不够具体,可操作性不强。另外,在对图书推荐算法分析的步骤中,如何从团体书单中总结规律,还需要一定的实证研究。最后,图书馆新时代的宣传法,优秀的策展方案,还需要在实践中不断的探索。

参考文献

[1] 专家解读《公共图书馆法》[EB/OL].[2017-11-10]. http://www.sohu.com/a/203569979_748548.

[2] 范并思.阅读推广与图书馆学:基础理论问题分析[J].中国图书馆学报,2014,40(5):4-13.

[3] 田菲.我国国民阅读发展趋势研究——基于1999—2015年全国国民阅读调查数据分析[J].出版发行研究,2016(5):5-9.

[4] 谢蓉,刘炜,赵珊珊.试论图书馆阅读推广理论的构建[J].中国图书馆学报,2015,41(5):87-98.

[5] 陈幼华.论阅读推广的研究范式[J].图书馆论坛,2018(3):1-9.

[6] 张忠凤.基于内容营销的图书馆深度数字阅读推广研究——兼以高校电子期刊数字阅读推广为例[J].图书馆学研究,2017(9):60-63,59.

[7] 徐川.基于内容营销的图书馆数字阅读推广模式研究[J].中国中医药图书情报杂志,2018,42(1):53-55.
[8] 黄静.书单策展:大学生阅读推广的众包策略[J].图书馆杂志,2013(9):62-68.
[9] 东方.众包在国外图书馆中的应用及有益启示[J].新世纪图书馆,2012(12):38-40.
[10] 黄瑛,杨维伟.基于个性化的协同过滤图书推荐算法研究[J].电脑知识与技术,2016,12(28):88-89.
[11] 2017年中国出版行业发展现状分析及未来发展趋势预测[EB/OL].[2017-08-09].http://www.chyxx.com/industry/201708/548812.html.
[12] 国家图书馆文津图书奖[EB/OL].[2018-03-23].http://wenJin.nlc.cn/twelfth1/first1.Jsp.
[13] 曹娟.从阅读推广到阅读推广人才——论图书馆界主导阅读推广专业教育[J].图书馆论坛,2018(1):78-85.
[14] 基于近邻用户协同推荐算法的音乐推荐系统[EB/OL].[2016-03-03].https://blog.csdn.net/zcf1002797280/article/details/50786893.
[15] 汪亮.日本的"联合读书会"[J].图书馆理论与实践,2003(4):71-72.
[16] 周昕,罗芳.基于央视"朗读者"栏目的高校图书馆阅读推广[J].产业与科技论坛,2018,17(1):251-252.

《公共图书馆法》下的图书电子版呈缴的相关问题调研①

王天琪　王来祥(中文采编部)

我国电子出版始于20世纪80年代中期,过去多是纸质图书的PDF版,或是纸书的扫描件,但随着时代的发展,电子书加工技术和保存方式也越来越多样②。随着智能终端的普及和移动互联网的发展,数字化阅读方式逐渐普及,电子阅读已经成为不可避免的潮流。据《2015—2016中国电子图书产业年度报告》数据显示,我国电子图书的产品规模增加显著,从2011年的90万种增加至2015年的170万种,增长率为91.1%。2018年开始实行的《公共图书馆法》中对出版单位的样本交存做了规定,即"交存正式出版物",对于电子图书及图书的电子版是否需要交存,出版单位对应的保存现状、呈缴意向以及顾虑等又有哪些呢?

1　图书电子版保存现状

经过对全国十几个省份的出版单位进行了初步调研,共收集有效问卷309份。

在图书电子版的保存方面,大部分出版机构都十分重视。据统计,有68%的单位表示有专职部门负责保存电子版;16%的单位表示不清楚是否对图书电子版本进行专职的保存,16%的单位目前没有专门进行电子版的保存(如图1)。

---

① 本文为国家图书馆一般课题"实体出版物对应电子版本呈缴研究(编号:NLC-KY-2014-05)"研究成果。

② 摘自《中国新闻出版报》2015年7月2日第7版。

进一步对有图书电子版保存的单位进行统计调查时发现，保存电子版本的部门主要分布在技术部门(32.38%)，业务部门(37.14%)，还有其他特殊部门(30.48%)，如办公室、新媒体部、印厂、资料室等(如图2)。

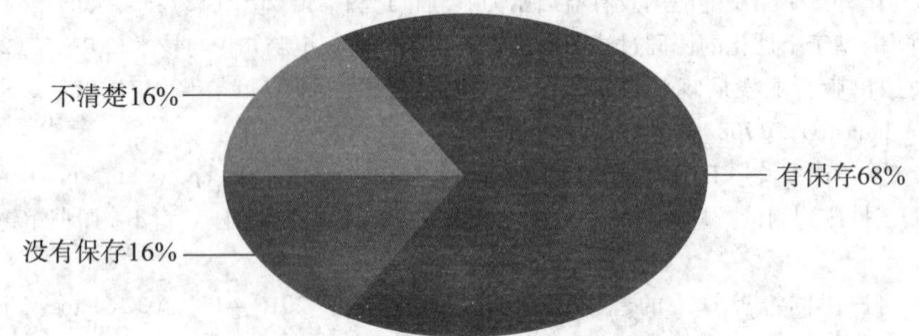

图1　出版单位图书电子版的保存情况

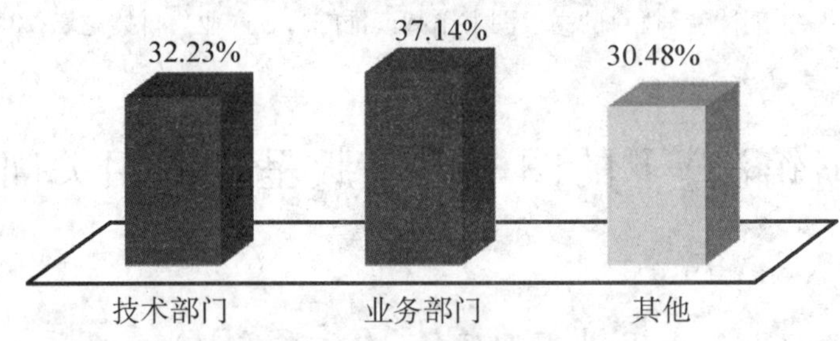

图2　出版单位图书电子版的保存部门

通过进一步访谈，目前全国对于图书电子版的保存方式，主要有以下三种形式：

一是出版社自行保存排版文件、PDF文件或者相关格式的文件。通常这类做法在出版物在付印的同时将电子版进行保存。将图书电子版文件或压缩制成光碟或进行硬盘储存，出版单位再根据各自情况进一步的处理及利用，如数字资源部进行进一步加工、管理部门统一归档整理留存等。在保存格式上虽然各单位没有进行统一，但基本上大同小异。在出版物电子版的选择和保存范围方面各社也不尽相同，有全品种保存、将现有的图书加以筛选保存、进行回溯性图书电子版本保存等几种情况。自行保存图书电子版是目前出版单位最常见的保存方式，其特点为成本适中、操作简单、易于存储查找和后期利用方便。

二是出版社与其他专业图书网络平台、电商等平台合作，对图书电子版进行保存利用。此方式下，出版单位对图书的电子版本不进行专门的加工与保存，仅向合作方提供图书电子版本并授权其利用，由网络平台、电商等进行加工、保存和利用，所获利润分成。在调查中发现很多出版单位由于本身人力和财力等资源有限，并没有对图书电子版进行专业的加工、保存和利用，因此选择与商业平台进行合作。最常见的合作方诸如人天公司的畅想之星、超星电子书、中国知网、万方、当当网、亚马逊等。此种保存利用方式出版单位自身不对电子版进行过多的处理，其优点为出版单位投入成本小，操作简单；缺点为不利于电子版本的长期保存和利用，并且合作方过于强大的商业运作模式下，出版单位很难在电子版本利用的收益分成上占有主动权。

三是搭建自有平台，由专业后台对图书电子版进行进一步加工、存储和利用。这类电子版的保存方式多见于大型出版社及出版集团，包括吉林出版集团、江苏凤凰出版集团等。这类保存方式的资源通常包括回溯性电子资源和新产生电子资源两部分，保存和加工操作相对专业。操作模式通常为：出版单位在实体出版物付印的同时将电子版本单独提取，然后交由对应的技术团队进行进一步加工、利用和保存。此种保存方式的优点为功能性强，利用度较高，能够更好地发挥实体出版物电子版本的作用；其缺点为对资金成本和技术要求高。因自有平台的搭建需要大量的资金和技术支持，一般小型单位如无特殊项目和资金的扶持很难独自完成整个项目，因此目前此种保存方式并不多见。

实体出版物电子版的保存已经成为大部分出版单位的日常工作之一。同时，由于种种原因有少部分传统图书出版工作人员对于该单位出版物电子版的保存工作并不清楚，因此在传统出版和电子版保存利用方向上相关工作人员还有待沟通。除此之外还有少部分单位对于实体出版物的电子版并没有进行保存，其未保存的原因也是多种多样，如经费不足、技术力量有限或者正在积极准备等，此处不一一列举。

2　出版机构的交存意愿及交存方式

针对出版单位图书电子版的保存情况进行调查时发现，虽然大部分出版单位对于图书的样本是进行保存的，但是无论是纸板样本还是电子版保存的情况都并不甚理想。如教辅类图书无论纸版还是电子版样本出版社都不予全面保存；普通图书很少进行回溯性电子版的加工保存，很多之前保存的样本胶片（菲林版）和电子版因胶片老化、软件升级等原因都已无法使用；部分图书由于合作出版等原因，出版社无法对图书电子版保存利用等。因此，出版单位进行电子版交送是完整保存出版物电子版的一种最有效、最经济的方式，虽然现阶段《公共图书馆法》已经实施，但因无具体操作规范等原因，诸多因素，如政策、版权、技术、管理等都多少影响着图书电子版的交存。

因此进一步针对各省出版单位对图书电子版的交送意愿进行了调查（如图 3）。

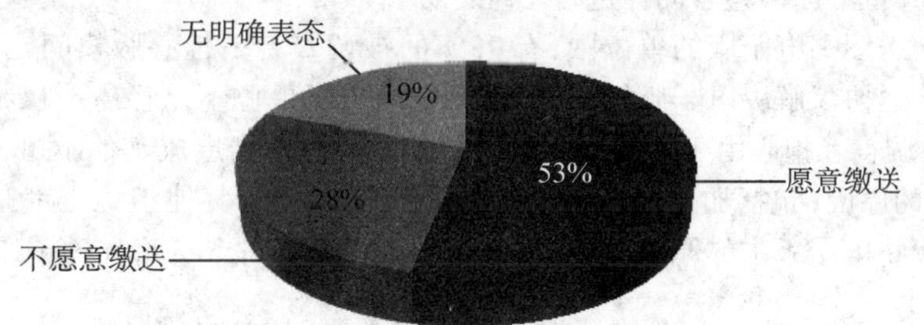

图 3　出版单位图书电子版的呈缴意愿

调查中发现多数的被调查出版单位表示愿意交送出版物的电子版本（53%），对出版物电子版交送无明确表态、呈观望态度的出版单位占 28%，而明确表达不愿意进行出版物电子版交送的出版单位占总数的 19%。

访谈中发现出版单位在电子版交送方面有诸多顾虑，如作者未对出版单位进行电子版权（网络传播权）授权、针对目前版权保护现状对电子版交送心存疑虑、电子版格式问题、电子版交送传输方式及安全的疑虑、交送出版物的合理使用及对出版社的经济补偿等。

针对上述情况，如何送缴图书电子版已经成为不得不开展的研究领域，因此笔者借助课题平台对其进行了进一步的统计分析。

在图书电子版呈缴方面,有43%的出版单位选择了希望能够遵循自动送的原则,有27%的单位希望相关部门进行主动收集或者由政府指定部门对其电子版主动进行收集,有24%的单位希望能够制定电子版交送的相关法律规定之后再进行交送,有6%的被调查者选择了其他方式(如图4)。

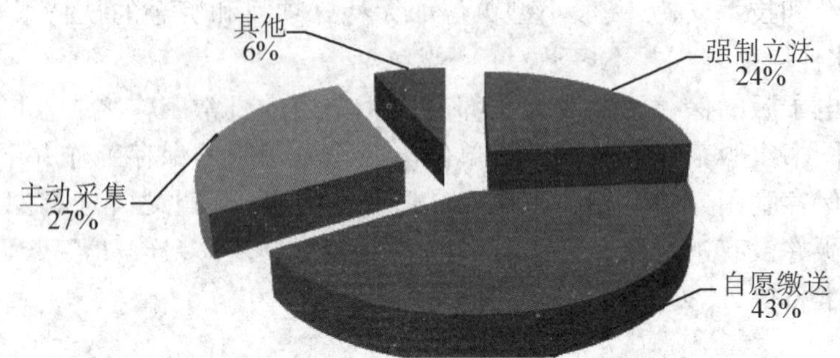

图4 出版单位图书电子版的呈缴条件

结合在出版单位的实体访谈,笔者发现大多数单位是有图书电子版呈缴意愿的。部分地区新闻出版管理机构也对电子版本的保存交送的工作上做了进行积极的推进,例如广西壮族自治区举办的广西新闻出版辉煌六十年项目,此项目中广西新闻出版总局联合出版集团和各出版单位,要求出版单位上缴各社历史书目的电子目录并集合成册。除广西外,其他各地出版局在调研过程中也对图书电子版本交送的构想给予了一定的肯定。

3 不愿交送图书电子版的主要原因

除了有意愿进行图书电子版交送的情况,当然还遇到了部分对于交送图书电子版有抵触的出版单位,对其抵触原因笔者同样进行了统计分析。

在不愿意交送图书电子版的单位中,有46%的被调查者是担心版权问题,一方面出版单位需要与作者沟通协议解决电子版权问题,另一方面出版单位不愿轻易授权给接收交送的单位;有24%的被调查者担心由于本单位和接受单位的管理不当造成其他不可控的后果。除此之外,技术方面的原因(包括加密、传输、处理等)、经济原因和其他担忧也都是被调查者表示不愿意交送出版物电子版本的原因,这些因素在调查中分别占13%和17%(如图5)。

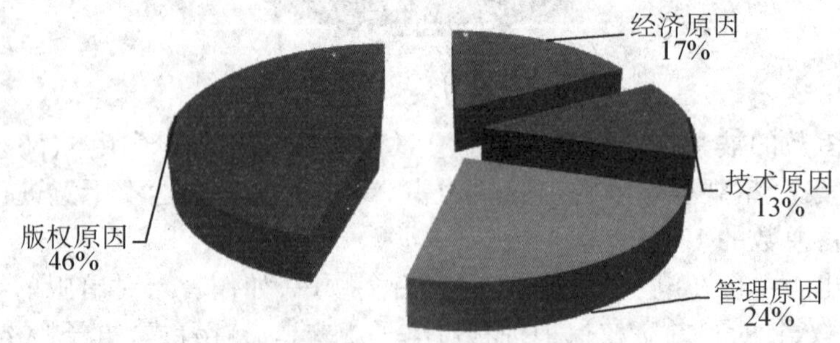

图5 出版单位图书电子版不愿意交送的原因

针对图书电子版交送情况,出版单位也给出了一些建议。例如:江苏一些出版单位提出“希望能够把选题管理和交送管理挂钩，通过交送管理更好地查询和跟踪样品交送情况”“建议专业机构维护并出具报告，供交送单位方便查询相关资料”“希望能制定相关的法规制度，维护各方合法权益”等关于出版物电子版交送依据及电子出版物交送后续问题；而安徽的一些被访者提出了“希望可以根据出版单位的数字出版情况渐进推进”“因与网站有合作，担心影响合作协议”等在电子版交送过程中的建议和担忧；浙江的一些受访单位则提出了“格式如何规范但又便于出版社转换，版本如何保存以确保不外泄”“主要是确保数据的安全、存储的安全及管理、版权的问题”“应做好技术支持工作”等技术及信息安全方面的顾虑和建议。

在调查中虽然各单位对于出版物电子版本交送的态度不同，但是对出版物电子版交送这一问题还是积极的提出了相关的建议。

4 实例分析——以安徽、江西省为例

在针对全国大部分地区的调查中发现，安徽省无论是从图书电子版保存还是交送意向均在数据上与调查结果相近，而江西省则是在图书电子版保存和交送意向上态度最为鲜明的地区，因此选取这两个省的数据及访谈接过作为示例进行具体呈现。

4.1 安徽省具体情况

在国家提倡的大背景下，图书电子版保存成为安徽省各出版单位首先开展的工作之一，保存的格式、方式、载体各异，大都根据本单位定位、支持程度由简单到专业化。在图书电子版保存项目方面，笔者了解到该省正在积极准备，计划申请“30 年图书、音像数字化保存”项目。安徽省新闻出版局在与课题组的座谈中发现国家图书馆有此职能，表示如果由国家图书馆牵头来做意义重大。除此之外课题组还了解到现在安徽省内整体情况是对于图书电子版基本无交送概念，认为图书电子版交送情况复杂，但表示应该向国家图书馆交送保存，还可用于开发利用。

在图书电子版的保存情况方面调查结果如下（如图 6、图 7）：

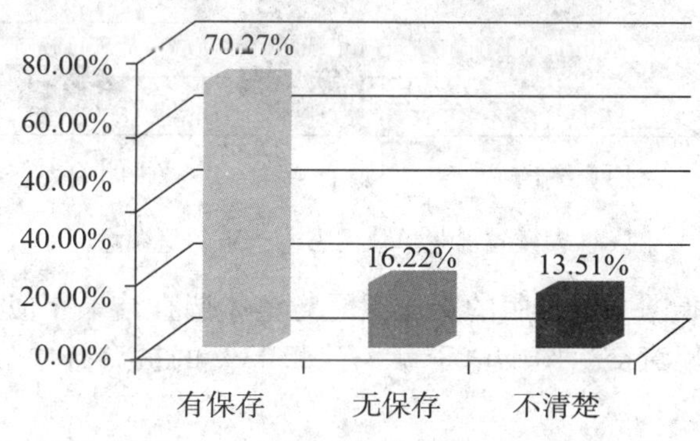

图 6 安徽省出版单位图书电子版的保存情况

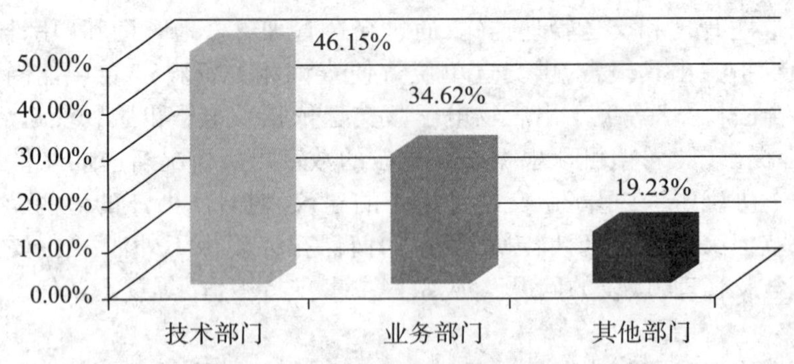

图7　安徽省出版单位图书电子版的保存部门

在安徽省的调查中，有70.27%的单位明确表明对出版物电子版进行了保存，16.22%的单位对出版物电子出版物无保存，对保存情况不是很清楚的占13.51%。在保存图书电子版的单位中，由技术部门对电子版进行保存的占46.15%，由业务部门进行保存的占34.62%，其他部门进行保存的占19.23%，其中有2家受访者明确表示出版物对应电子版本由该单位办公室进行保存。

值得一提的是在安徽省调研过程中发现，一些出版单位的图书电子版保存意识十分强烈，例如中国科学技术出版社。虽然该社一年出版量只有300余种，但均为影响力较高的高校教材及学术著作。因此该社对其电子版的保存十分重视，纸质和电子版图书均妥善保存并且在专门保存电子版本的电脑上还设有密码，用以保护信息安全。

安徽省出版单位交送电子版本的整体意愿如下（如图8）：

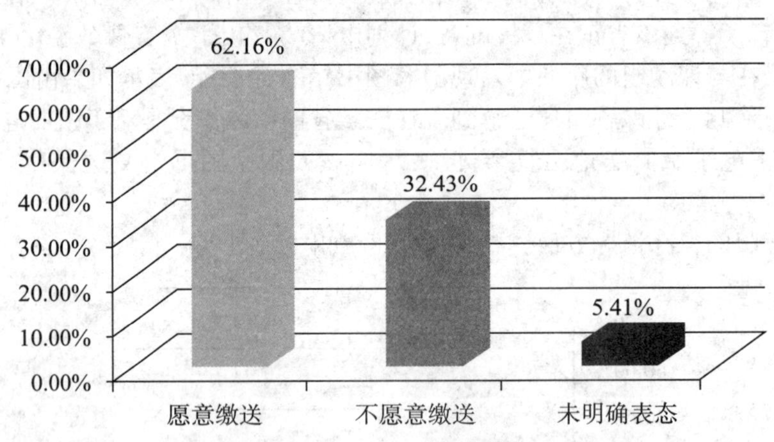

图8　安徽省出版单位图书电子版的呈缴意愿

安徽省出版单位对于图书电子版的交送意愿与整体调查结果相似。在调查中有62.16%的被调查单位明确表示愿意交送图书电子版，有32.43%的被调查单位表示不愿交送图书电子版，5.41%对此事未表态。

有39.13%的被调查者表明愿意交送图书电子版的前提是希望通过国家强制立法来保障，有30.43%的人表明图书电子版交送的前提是要遵循自愿原则，有8.7%的出版单位表明希望政府制定部门或者由相关单位进行图书电子版的主动收集（如图9）。

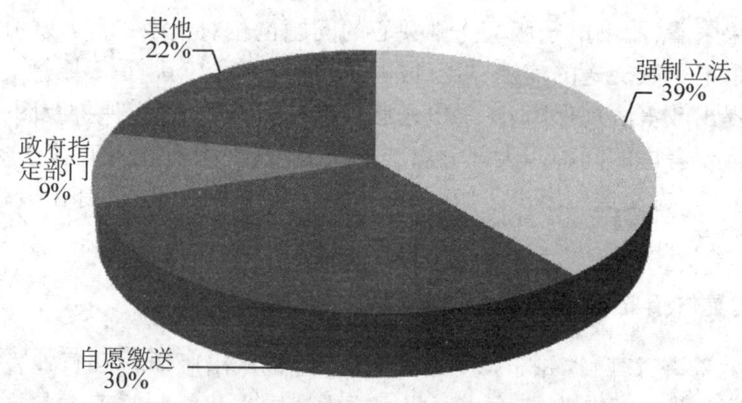

图 9　安徽省出版单位图书电子版的呈缴条件

在调查不愿交送电子版本的原因中，有 47.83% 的被调查者是因为担心版权问题，21.74% 的被调查者担心各方管理问题，有 17.39% 的被调查者是因为经济问题，4.35% 的被调查者是因为技术的原因（如图 10）。

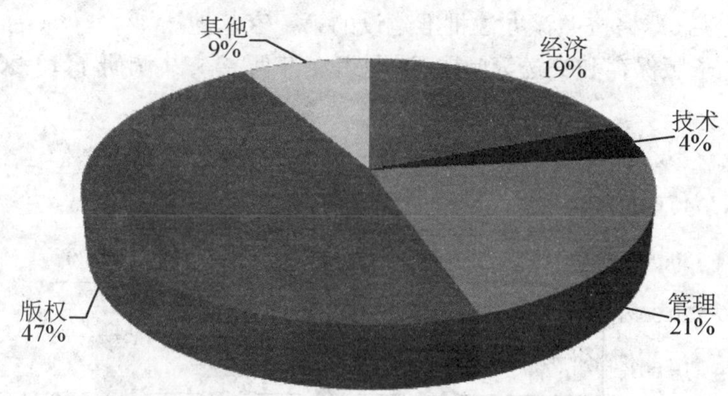

图 10　安徽省出版单位图书电子版呈缴的影响因素

除了影响电子版交送的因素之外，安徽省出版机构对于交送的图书电子版利用也十分关心（如图 11）。

图 11　安徽省图书电子版呈缴的利用意愿

30.3% 的受访单位认为只适宜作为文化遗产进行长期保存，有 21.21% 的受访者认为可以用于国家立法、司法及行政机关的查询服务，有 21.21% 的单位认为可以供专业人员进行研究使用，有 27.27% 的受访单位认为可以在馆区内提阅览服务。

从调研的结果来看，图书电子版交送中关心的问题也相对集中，近四成的出版单位强调强制立法是保障图书电子版交送的前提，近五成的单位表示版权问题是不愿意交送的主要原因。出版单位进一步提出政策法规保障、图书电子版标准格式选取、版权保护及图书电子版的呈缴方式等都是目前需要考虑的问题。大部分出版单位表示，如果有相关政策法规保障且签署有约束力的协议，愿意考虑交送图书电子版；只有个别出版单位表示，只有在出版单位自行调研后才能决定是否交送。

4.2 江西省具体情况

从传统意义上来讲，江西省并非一个出版大省，但是从出版质量和行业发展上来说，江西省应算是一个出版强省。2006 年江西出版集团成为全国文化体制改革试点单位，2010 年整合出版全产业链，实现中文天地出版传媒股份有限公司成功上市，2014 年中文传媒以 105.03 亿元的营业收入名列 13 家出版发行上市企业第一位，集团连续六届入选中国“文化企业 30 强”。2015 年 5 月，国家新闻出版广电总局正式批准江西省建立国家数字出版基地。这是总局重启国家数字出版基地审批工作后获批的第一家基地，也是《国家新闻出版产业基地（园区）管理办法》出台后，严格按照该办法批准建设的第一家基地。

针对出版物电子版保存和交送等问题，课题组在江西省一共调研了 13 家出版单位，情况如下（如图 12）。

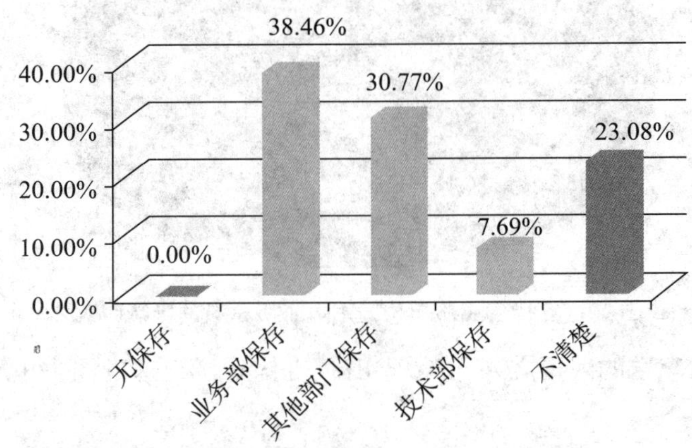

图 12　江西省出版单位图书电子版的保存情况

江西省出版单位对图书电子版的保存相对重视，多为出版社自行保存，以方便修改和重印。在被调查的出版单位中明确表示出版物电子版本没有保存的为比例 0，不清楚是否保存电子版本的为 23.08%，76.92% 的受访者明确表示该单位对出版物的电子版本进行了保存，其中 38.46% 的单位由业务部门保存电子版，7.69% 的单位由技术部门保存电子版本，30.77% 的单位由其他部门保存电子版（其他部门包括数字出版部、新媒体部、总编室等）。在操作方式上通常为统一规范管理。

在具体操作上，保存格式主要有两种类型，一种是保存 PDF 版，其优点是保留原版原式，缺点是无法更改；另一种是保存 WORD、TXT 等格式的电子版，其转换成 EPUB 等相对容易。各社根据自己的需要衡量利弊选择合适的格式来保存。江西大部分出版社图书电子版由新媒体出版公司统一保存（该公司隶属于江西出版集团，成立于 2012 年）。各社将每种图书的排版文件(包括 TXT、PDF、方正排版文件等)上传至公司指定的服务器(双机备份),或由公司定期用硬盘拷取,然后统一根据平台商的需求转换为特定模式的文件进行保存和推广利用。

课题组在江西省的调研中也发现一些图书电子版保存方面存在的问题。部分出版单位虽然在各环节都有电子版的保存,但每一环节只留存当下环节的文档,未进行整体联动,一旦印刷过程中对图书电子版的内容、格式等有所调整,则前端保存的版本便与最终版本不一致,造成了电子版本保存混乱的状况。

在图书电子版的交送方面江西各出版单位态度非常鲜明,具体情况如图 13。

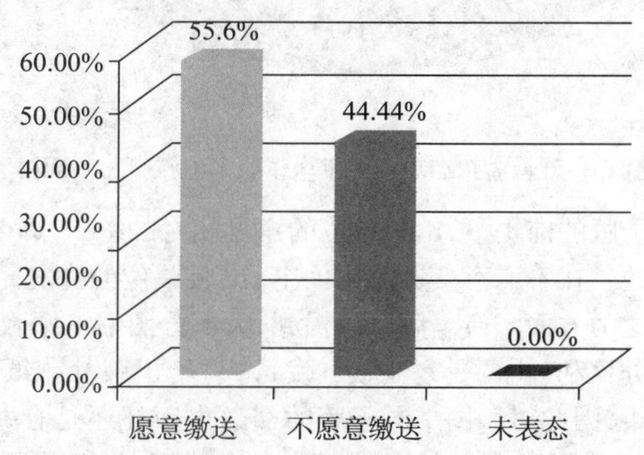

图 13　江西省出版单位图书电子版的呈缴意愿

在江西省图书电子版交送的意愿调查中,有 55. 56% 的出版单位表示愿意交送图书电子版,44. 44% 表示不愿意交送,没有单位未表态。从调查结果上看,虽然所有的出版单位对图书电子版均有保存,但是对于图书电子版交送意愿不是很强烈,愿意交送图书电子版的单位只有一半多,不愿意交送图书电子版的出版单位有 4 成多。

在一个出版行业发展速度较快、全部出版单位都保存电子版的地区为什么有近一半的单位不愿意交送图书电子版呢? 课题组对其关心的因素进行了调查,对江西省出版单位图书电子版交送影响因素调查情况如下(如图 14,图 15)。

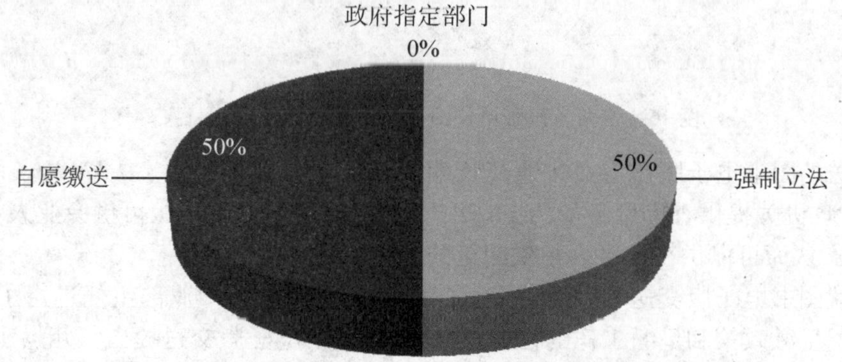

图 14　江西省出版单位图书电子版的呈缴条件

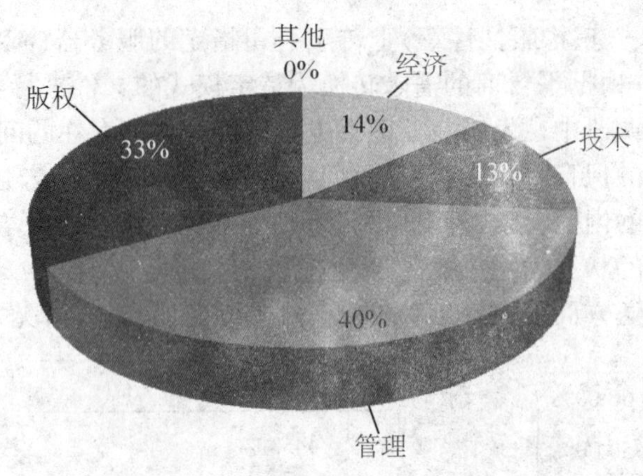

图15　江西省出版单位图书电子版不愿意呈缴的原因

在愿意交送图书电子版的前提下，出版单位的意见相对的统一，即要求有强制立法的保障或者由出版单位自愿交送。在不愿意交送的原因上，出版单位的意见主要集中在图书电子版的管理问题和版权问题这两方面。有出版单位提到，大部分图书电子版版权都在作者手中，图书出版时作者仅让渡部分权利（主要是复制权和发行权）给出版社印纸书，电子版权需要出版社单独获取授权或者购买，因此对于图书电子版的交送出版社还是有一定的顾虑。另一方面出版社担心交送给图书馆的图书电子版会进行非合理使用，因此需要具体可惜的措施予以保障。

交送的图书电子版利用的意愿调查如下（如图16）：

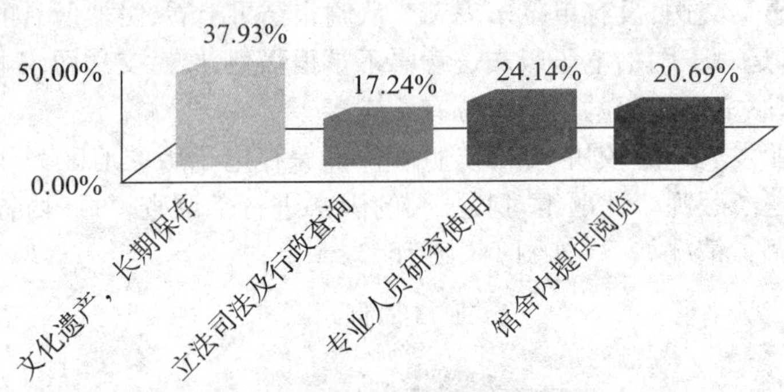

图16　江西省出版单位图书电子版呈缴的利用意愿

认为交送的图书电子版作为文化遗产长期保存的单位比例最高，占37.9%，认为可以为国家司法、行政机关提供查询服务的为17.24%，认为交送图书电子版可供专业人员研究使用的有24.14%，认为可以供在馆区内提供阅览的为20.69%。

课题组就图书电子版交送和利用事宜对江西出版集团出版产业部主任进行了访谈，该主任充分肯定了呈缴政策和呈缴工作的社会意义，并就图书电子版交送提出了几点建议：一是要“全”，建议交送排版文件为清晰度较高的PDF文件；二是要与版权分开，需有国家政策法规保障，交送仅用于保存，不能用于营利性用途。

5 调查结果与建议

根据整体调查结果统计及对部分省市访谈结果分析,六成以上的出版单位对图书的电子版都在进行保存,一般由业务部门或技术部门对图书电子版进行保存。从范围来说,各出版单位保存的图书电子版并不完全,会根据自身需求会选取部分图书电子版进行保存,且于图书电子版保存没有统一的格式和标准。

在图书电子版交送方面,虽然大部分出版单位对图书电子版交送的意义和重要性都充分肯定,但是在现在环境下只有五成的出版单位明确表示愿意进行交送。大多数出版单位认为强制立法、切实可行的具体操作规范和遵循自愿交送原则是保障图书电子版交送的重要前提,而版权问题和管理问题则是影响图书电子版交送至关重要的因素。从这些因素上可以看出,目前对于图书电子版的交送各家单位虽然都了解其意义和重要性,但是现实状况缺少保障其顺利进行的条件,出版单位在版权和管理上都有所顾虑。

对交送图书电子版的利用上各省出版单位的意见相对统一,认为最适宜的是作为文化遗产进行长期保存。

因此,想要做好实体出版物对应电子版的收缴工作,立法、自愿、版权、管理和技术安全等问题都是需要慎重考虑和亟待解决的。将来如何进行统一保存、处理和利用也有待深入的探讨和考虑。

参考文献

[1] 张立. 2015—2016 中国数字出版产业年度报告[M]. 北京:中国书籍出版社,2016:53 - 54.

[2] 赵志刚. 对国家图书馆接受呈缴本的思考:基于新经济学视角的分析[C]//第二届全国图书采访工作研讨会论文集. 北京:北京图书馆出版社,2007.

[3] 阮玉顺. 浅议我国电子书格式标准化[J]. 出版广角,2015(3):29 - 31.

[4] 林巧敏. 国家图书馆电子资源法定送存制度之研究[J]. 大学图书馆,2008(2):79 - 105.

DADVSI 法案与法国信息社会著作权保护

杨　柳(外文采编部)

著作权的概念最早诞生于欧洲。公元 529 年,东罗马帝国皇帝查斯丁尼一世颁布了古罗马法律汇编《民法大全》,其中便出现了著作权的雏形:“……无形的东西,由于它难以占有,不应属于一般财产。”

尽管著作权的思想古已有之,中世纪关于作者身份和作品复印权的诉讼仍时有发生。随着印刷术于 15 世纪传到欧洲,盗版和复制日益猖獗,作者迅速丧失了对其作品传播的控制权。由此可见,是图书产业这一现代传播方式的飞速发展刺激起作者保护其思想产物并从中获利的愿望,从而促进了现代著作权理念的发展。1710 年英国颁布了世界首部版权保护法律——《安娜法》。该法赋予作者或其代理人在 14 年的期限中独享其作品的复制权,并且可进行延期。而在此之前,只有出版者享有该权利。

现代著作权的含义比传统意义上的"版权"更加广泛,分为著作人格权与著作财产权。现代著作权理念主要存在两大流派:以法国为代表的人文流派(又称拉丁或罗马流派)和以美英为代表的盎格鲁—撒克逊流派。前者提倡对作品的创作者给予更多的保护,后者则主张给予作品的传播者和开发者更多保护。

1 法国著作权法发展概述

15 世纪末,法国皇室以"许可"的方式授予作品开发专营权利,称为"特权许可"。作者通常将其作品转让给开发者(戏剧团、学院、大学、手工工场),后者以自己的名义寻求"特权许可",而作者本人则无权从其作品的开发中获取利益。为了获得"特权许可",作品必须接受政府部门的审查,审查内容包括作品的原创程度、质量及其对公众的意义等。但事实上,从别国传入的盗版作品屡禁不止,政府也无甚作为,关于盗版的诉讼从未引起足够重视。

法国大革命期间颁布了 7 项法律,承认并巩固了作者的权利。1791 年 1 月 13 日与 19 日颁布的两项法律赋予剧作家专享其作品表演的经营权利,该权利持续作者一生,并在剧作者死后 5 年内由权利所有者享受。1793 年 7 月 19 日与 24 日颁布的法律将这一权利的执行范围扩大到所有作家,并将期限延长到作家死后 10 年。1866 年 7 月 14 日的法律则将这一期限延长到作者死后 50 年。

上述与著作权相关的法律一直实施到 1957 年。进入 20 世纪,为了应对通信技术发展带来的诸多挑战,1957 年 3 月 11 日,当时执政的第四共和国政府通过了一项新的法律文本,以保障作者的权利。1985 年,第五共和国的立法部门对该项法律进行补充,引入了邻接法的概念,使表演者、制片人和音像公司也有权控制他们所参与的作品的传播与复制,并有权从中获利。

1992 年,法国参众两院通过了《知识产权法典》,内容主要包括文艺产权和工业产权两大部分,文艺产权部分的第一卷即为著作权。该部分的内容主要是对 1957 年和 1985 年法律内容的重组。《知识产权法典》通过后又经历了多次修订,1995 年的修订中提出对复制进行集中管理,直接促使了法国复制权开发中心(Centre Français d'exploitation du droit de copie,CFC)的成立。

2 DADVSI 法案的诞生

为了转化欧盟 2001/29/CE 指令,即信息社会中的著作权与邻接权指令,2006 年 8 月 1 日,法国议会通过了一项关于著作权及其邻接权的新法律,即《信息社会著作权与邻接权法》,简称 DADVSI 法律。该法律是 21 世纪法国在知识产权领域最重大的变革,它大幅修改了法国《知识产权法典》中关于公职人员著作权、网络资源呈缴以及追续权等方面的内容。

2.1 诞生背景

为解决国际互联网环境下应用数字技术而产生的版权保护新问题,1996 年 12 月 20 日,世界知识产权组织主持签署了《世界知识产权组织版权公约》(简称 WCT)和《世界知识产权组织表演和录音制品条约》(简称 WPPT)。

作为缔结者之一,欧盟于 2001 年 5 月 22 日颁布了《信息社会中的著作权与邻接权指令》(以下简称"欧盟指令"或"该指令"),要求各成员国在 2002 年 12 月 22 日前将该指令转化为各成员国法,以确保上述两项公约的某些强制性规定在欧盟及欧盟各成员国的内部得以适用。自 2005 年 7 月起,欧盟指令取代了除西班牙、捷克和法国以外的大多数欧盟成员国的法律。因为未能及时执行欧盟指令,欧洲法院对法国进行了裁决,并于 2005 年 7 月向法国发出警告,督促其立即执行判决,否则将有可能面临经济制裁。

事实上,早在 2003 年 11 月 12 日,法国文化与通信部部长就曾向议会提交了一项名为"信息社会著作权与邻接权"的法案。该法案旨在使文艺产权体系适应信息和通信技术的新发展,加强对作者和创作者的保护,使其权利免受不断泛滥的数字盗版的损害,同时便利公民,尤其是残疾人获取文献。该法案向著作权中引入了两个新的特例,一方面是对残疾人群的优待措施,另一方面则是与网络传播息息相关的临时性技术复印。然而,来自不同领域的多个专业团体对此法案反应激烈,提出了许多修改意见,致使该法案迟迟不得通过。

2.2 诞生经过

收到欧洲法院的警告后,DADVSI 法案立即成为国会工作的优先事项。然而,由于该法案牵扯利益集团众多,再加上法国的党派政治,各方利益的博弈以及意见的反复使得该法案的出台经历了漫长的过程和激烈的议会辩论,期间数度生变。

2003 年 10 月,时任文化与通讯部部长的 J. J. Aillagon 提交了首个草案,向当时的法国法律中引入了技术限制措施(数字版权管理,DRM)和法律制裁措施。2005 年,法国收到,欧洲法院的判决与警告。2005 年 9 月,时任总理的多米尼克·德维尔潘要求议会启动紧急程序来审议 DADVSI 法案。同年 12 月,政府意图通过两项修正案将 2003 年草案彻底改动,允许支付固定费用后进行点对点(P2P)下载或从互联网下载,遭到国民议会反对。第二年 3 月,国民议会对法案进行了首次审议,政府在本次审议的法案中跳过了之前引起争议的修正案,经过 18 次会议及 60 小时的辩论,国民议会通过了该法律。同年 5 月,参议院通过了法案以及两项新的修正案:对教学和研究的特例,以及建立官方机构来规范数字版权管理。2006 年 6 月,在未进行二次审议的情况下,参众两院便通过了该法案。2006 年 7 月,宪法委员会宣布法律审议程序及法律本身均符合宪法精神,DADVSI 法案由时任总统的雅克·希拉克正式颁布,并于同年 8 月发布在官方文件中。

3 法案主要内容

最终通过的 DADVSI 法案包含 52 项条款,几乎涉及著作权的所有领域,其规模远超 2003 年预计的草案。它不仅转换了欧盟指令,还试图为信息社会商业与网络的应用创造一个法律框架。法案中与信息社会著作权相关的主要内容如下:

3.1 制裁措施

长期以来,法国立法者一直头疼于利用 P2P 技术进行信息交换是否应界定为违法。最终,宪法委员会明确指出:“P2P 网络信息交流的特性并不能使其成为有别于受争议之条款所确立之处理方式的理由。”这意味着法国正式将 P2P 定性为盗版行为,对实施者可判处 10 个月的监禁以及最高 3 万欧元的罚金。DADVSI 法案在这点上与宪法委员会的意见保持一致。

另一方面,DADVSI 法案中还规定对于“故意编辑、传播明显以诱导公众使用未授权之作品或受保护之对象的软件或将该软件告知或交给公众使用的行为”判处 3 年监禁及高达 30 万欧元的罚金,即提供“犯罪实施工具”的个人或机构也应承担责任。

3.2 例外

3.2.1 教学与科研例外

2006 年,多位大学校长发表公开信,提醒政府他们每年已经为受保护作品的合法复制支付了一定金额。如果不将教育与研究设为特例,非法文内容与谷歌在教研领域的统治地位将会继续增强。他们的要求得到了部分满足,参议院在政府法案中引入了教学与研究的例外,不过条件极为苛刻:

- 例外原则中不包含教育作品(课本)及“印刷作品的数字版本”。
- 例外原则仅涉及学生、教师和科技工作者在非盈利条件下对解说性内容的复制。
- 例外原则要求支付经过协商的公平补偿(固定收费)。

因此,教育与研究的例外原则仅限于对数据库和印本图书非物质形态的复制,不适用于数字图书馆或其他的“非解说性”用途,即使后者是出于科研的目的。该例外条款于 2009 年正式实行。

3.2.2 信息查阅例外

该项例外主要涉及图书馆、博物馆和档案馆等公众信息服务机构。著作权人不得禁止相关机构或个人出于信息查阅的目的在图书馆、博物馆或档案室对馆藏作品进行复制。公众信息服务机构亦可自由复制图表艺术作品、雕塑艺术作品或建筑艺术作品以直接、及时向公众提供各种艺术作品的信息介绍。

值得一提的是《信息社会版权与邻接权法》将法定呈缴的范围扩大到互联网领域,规定互联网信息资源的出版和发行机构有义务向法国国家图书馆提供文献的数字版本,并赋予国家图书馆收集和保存网络资源的权力。根据该法典规章部分 R132 - 23 条规定,所有以 . fr 为域名的网站,或是以 . com,. org,. net 为域名的网站,且个人或法人居住在法国境内,均属于法定呈缴范围。在法国领土上出版的电子出版物,即使由外国公司负责传播,也是缴送对象。

3.3 协调与管制

法案要求建立一个新的独立行政机构——技术措施管制委员会(Autorité de régulation des mesures techniques)。该委员会的职责是防止技术措施阻碍交互操作,享有准司法权,可解决技术措施与私人复制之间以及技术措施与交互操作之间的冲突。

3.4 私人复制

DADVSI 法案保障了 1957 年 3 月 11 日法律早已认可的私人复制(出于私人用途对合法

获取的作品进行复制)的权利,同时指出技术措施的目的在于限制私人复制的数量,如果技术措施可能限制消费者阅读,则应让消费者知悉、理解这一限制。但是该法案在私人复制方面并不具备较强的操作性,如法案并未规定可复制的数量等。对私人复制的裁决一定程度上依赖法庭对单个案例的分析。

除上述主要内容外,该法案还界定了用于保护网络内容的数字版权管理的技术性保护措施,并提出由政府将出资为愿意免费传播其作品的作者打造一个开放存取平台。

4 反对意见与后续发展

4.1 反对意见

DADVSI 法案从一提出便争议不断。大型利益集团对该法案总体满意,而图书馆和教研单位则抱怨自己的需求则被放在了次要地位。反对意见主要集中在网络监视、开源软件、艺术家报酬和私人复制等方面。

一些反对者强调,为实施该项法律,国家必须采取与"老大哥"①所统治的高压社会如出一辙的严密网络监视。他们认为该法案无法实施,除非设置"网络警察",而这一行为又违背了网络本身倡导的自由平等精神。部分文艺行业从业者认为,法案中的制裁措施使所有收益都进了政府的口袋,并不能为艺术家带来任何收益。还有反对者认为对私人复制的三步检测法的实施将会大大减少正当的私人复制,事实上,DADVSI 法案对私人复印和数字版权管理等技术性问题的处理都差强人意,还需要法院进行裁决或由下届政府进一步规范。另外,还有相当部分的反对者提出对违法行为的界定难以实现。例如,普通软件与"明显用于盗版"的软件如何区分,对 P2P 下载的监控与举报到底是由政府还是网络运营商来承担等。

尽管 DADVSI 法案出台后一直争议不断,但它受到了著作权人和文化艺术产业组织的热烈拥护,客观上有利于法国文化创作市场的繁荣,促进互联网创新事业的可持续发展。法国对网络版权的保护虽也设定了合理使用、法定许可等对著作权进行限制的条款,但更多地还是保护了著作权人的利益,这也是与法国著作权立法历来奉行的原则——对作品的创作者给予更多保护——是不谋而合的。

4.2 后续发展

DADVSI 法案并不是数字时代著作权发展的最终阶段。法国在转换欧盟指令的过程中所暴露出的种种问题使人们意识到欧盟指令在不断发展的数字环境中还存在颇多局限。随后,法国政府于 2009 年 6 月与 12 月相继颁布了《创新与互联网法》(简称 HADOPI 法案)及 HADOPI2 法案两项法律,采用"三振出局"的渐进反应机制,通过电子邮件、挂号信警告和断网惩罚措施,从法律层面严厉打击"网络上的一切都免费"的消费习惯,并专门成立了独立机构网络著作传播与权利保护高级公署,负责处理相关事宜。

根据 HADOPI 法案规定,法国政府对非法下载行为采取先警告后处罚的办法。如果用户

① 老大哥(Big Brother),英国左翼作家乔治·奥威尔于 1949 年出版的小说《1984》中的人物。奥威尔在小说中刻画了一个令人感到窒息和恐怖的,以追逐权力为最终目标的假想极权主义社会。老大哥是这个社会的领袖,他的存在始终是作为权力的象征和人们膜拜的对象。

在互联网上非法下载,将通过电子邮件的形式对其进行初次警告,同时网络服务提供商开始监控相关侵权账户的使用情况,被控侵权人需安装网络服务商提供的过滤软件;在随后的六个月内如果再犯,则用挂号信的方式寄出第二次警告信;假如侵权行为仍在继续,网络著作传播与权利保护高级公署可将侵权案件移交司法机关,按规定对侵权人处以 1500 欧以内的罚款,并在网络运营商的协助下对侵权人实行断网惩罚。侵权用户在断网期间不能向另一个网络供应商要求提供服务,否则将再次被处以 3750 欧元的罚款。此外,侵权者还有可能面临牢狱之灾,对最严重的盗版侵权行为,会处以高达 30 万欧元的罚款,并判处 3 年期的监禁。

除"渐进式惩罚措施"外,法国政府还采取了多种途径,鼓励互联网用户,尤其是年轻用户进行合法的下载行为。如为 12 至 25 岁的年轻人提供优惠券,供他们从多个内容提供商处以更加优惠的价格下载合法音乐,培养新一代网民合法网络消费的习惯。

"渐进式惩罚措施"和合法下载鼓励措施出台后取得了明显的成效,收到第一次警告的用户中约有 92% 停止了侵权行为,余下的 8% 互联网用户中的绝大多数也在收到挂号信寄达的第二封警告信后停止了侵权行为。根据高级公署的统计数字,自 2010 年法案实施以来,截至 2011 年 12 月,有 82. 2 万人收到了通过电子邮件发出的第一次警告,6. 8 万余人收到了以挂号信方式寄出的第二次警告,最终仅有 165 人收到第三次警告,并因此受到惩罚。另据包括 Nielson Report 在内的 4 家法国主流统计机构对 HADOPI 系统的分析和评估,证实该系统确实有效减少了 P2P 平台的侵权行为,法国音乐创作和传播环境均得到不同程度的改善,点对点非法下载案例数量下降了 26%。内容创作者获得了较为公正的回报,薪酬上涨了约 30%。

5 争议原因探究

法国的互联网著作权保护法案的出台可以说是一波三折,这是由主客观多方面的原因造成的,可以归纳为政治、科技和欧盟三大因素。

5. 1 政治因素

法国实行多党制,共有大小政党 30 多个,政党间的分化与合并时常发生,大致可以分为左翼、右翼、极左、极右和中间派五大类。2006 年 DADVSI 法案提交两院审议时,正值 2007 年大选开始前夕,各党从自身利益出发,既要考虑民意对来年大选的影响,又要面对不同利益集团的压力,因此均对法案持不同的态度,导致最终通过的法案中有许多折中之处,甚至将许多"烫手山芋"留给了下届政府。以私人复印为例,2006 年法案通过时虽然保留了私人复制的权利,但是却将对"私人复制"概念的定义及其适用范围的界定留给了下届政府。因此,DADVSI 法案通过仅三年后,新政府又推出了后续的 HADOPI 和 HADOPI2 两部法案,对互联网环境下的著作权保护进行进一步的规范,对惩罚方式和力度等关键问题做出了明确规定。

5. 2 科技因素

印刷术的发展促进了现代著作权理念的产生。然而自印刷术传到欧洲到英国《安娜法》的颁布,期间经历了三四百年的时间。时至今日,互联网的普及不过几十年时间,却给著作权保护带来了翻天覆地的变化。一方面科技发展日新月异,网络传播手段层出不穷,消费者获取文献不再受到时间和空间的限制;另一方面文艺创作形式不断创新,随意性增强,而且呈现出非物质化的特点，这些都给著作权保护带来了巨大的难度。另外，在互联网著作权保护过程中，版权人、网络服务供应商、网络传播平台等均有自身的利益诉求，如何平衡各方利益也是解决网络侵权问题需要考虑的重要环节。目前各个国家对于网络著作权保护都还处在探索阶段，因此，法国互联网著作权保护相关立法的波折也就不难理解了。

5.3 欧盟因素

DADVSI法案的通过与来自欧盟的压力不无关系。欧洲法院连续两次向法国发出警告，敦促其尽快转换欧盟指令，否则将可能面临经济制裁。在此情况下，时任总理的多米尼克·德维尔潘为了应对欧盟压力，尽快实现欧盟指令的转换，只能要求议会启动紧急程序，仅由两院各进行一次审议便进行投票表决。紧急程序的启动为众多专业人士所诟病，他们认为DADVSI法案牵扯到大量复杂的技术性条文，不应在如此匆忙的状态下表决通过。因此匆忙产生的DADVSI法案必然"先天不足"，存在许多模糊难解之处。而后续迅速出台的新法也带有明显的查漏补缺的特点，为DADVSI法案许多悬而未决的问题提供了最终的解决方案。

综上可以看出，网络著作权的保护是互联网技术迅猛发展带来的新课题。这一问题的妥善解决，需要来自国家层面清晰的思路和坚实的法律支持，平衡各方利益，既要加大宣传，鼓励合法行为，为互联网使用者提供合法下载的便利措施，培养良好的互联网使用习惯，也要制定严厉的惩罚措施，对恶意下载、屡教不改的人群适时加以惩罚，才能更好地支撑网络版权管理。

参考文献

[1] Le proJet de loi sur le droit d'auteur et les droits voisins dans la société de l'information: attention, danger! [J]. Documentaliste-Sciences de l'Information, 2005/1(42): 62-63.

[2] Les professionnels de l'information et le proJet de loi sur le droit d'auteur[J]. Documentaliste-Sciences de l'Information, 2004, 6(41): 356-357.

[3] Battisti Michèle. Débat de l'interassociation » Accès à l'information et droit d'auteur: une solution équilibrée est-elle encore possible? [J]. Documentaliste-Sciences de l'Information, 2004, 2(41): 120-123.

[4] Battisti Michèle. Journée d'étude IABD. La loi DADVSI ... et après? [J]. Documentaliste-Sciences de l'Information, 2007, 2(44): 166-170.

[5] Battisti, Michèle. Le droit d'auteur, un obstacle à la liberté d'information? [J]. Bulletin des Bibliothèques de France, 2004(6): 31-36.

[6] Loi n° 2006-961 du 1 août 2006 relative au droit d' auteur et aux droits voisins dans la société de l'information [EB/OL]. [2018-04-06]. https://www.legifrance.gouv.fr/affichTexte.do?cidTexte=LEGITEXT000006054152&dateTexte=20180406.

[7] Presentation, HADOPI[EB/OL]. [2018-04-02]. https://www.hadopi.fr/organisation/presentation.

[8] Lionel Maurel. Bibliothèques numériques: le défi du droit d'auteur[M]. Villeurbanne, Presses de l'ENSSIB, 2008.

[9] 张耕，施鹏鹏. 法国著作权法的最新重大改革及评论[J]. 比较法研究，2008(2): 120-129.

[10] 孙阳. 合作之路：网络环境下的版权治理新模式研究[J]. 武陵学刊，2016(5): 52-59.

略论丛书的文献价值与文化价值

贾大伟(古籍馆)

1　丛书的概念和缘起

什么是丛书,丛书的概念是什么?简单来说,只要是将两部以上的书籍编为一套书,就叫丛书。那为什么要将两部书或多部书合在一起编为一套书呢?最重要的原因是为了便于查阅、检索书籍。书籍是文化知识的载体,随着人类社会的不断发展,文化知识不断增长,书籍数量大幅提高。怎样才能在浩如烟海的书中更快捷地检索到自己想要的典籍呢,将多部书按照一个主题来编为一套书是一个非常便捷的途径,这是丛书产生的动因。应该说丛书是文化发展、书籍数量大幅提高后的直接产物,是书籍发展史中的一个必然结果。

"丛书"这个词汇最早见于唐韩愈的《剥啄行》,诗中说,"门以两版,丛书于间",但当时并没有丛书,而且诗中的"丛书"二字也不是书名,其含义只不过是说屋里汇集着许多书可供阅读而已。"丛书"被作为书名,始于唐陆龟蒙编辑的《笠泽丛书》,但是《笠泽丛书》并非今天真正意义上的丛书,而是陆龟蒙的诗文杂著,相当于别集中的杂录,所以仍不能视其为丛书的起源[1]。那么中国最早的丛书是哪一部呢?如果按照丛书的概念来说在汉代人们将《诗》《书》《礼》《易》《乐》《春秋》六部儒家经典合称"六经",就具有丛书的性质了。根据这一概念,许多学者认为中国第一部丛书应该是东汉熹平四年(175)至光和六年(183)刻立在汉魏洛阳城的《熹平石经》。但通常来说最早的丛书是宋代的《儒学警悟》和《百川学海》。近代学者叶德辉在《书林清话》中提到"丛书举四部之书而并括之,诚为便于购求之事。宋人《儒学警悟》《百川学海》二者,为丛书之滥觞"。叶德辉说得很清楚,丛书将多部书合并为一部书,是为了便于购买、搜求。汇编丛书可以大大降低获得书籍的成本,这是编刻丛书的一个重要原因。宋代是中国文化、科技发展的重要时期,雕版印刷技术在这时日臻成熟,因此编刻丛书在宋代成为可能。

南宋嘉泰二年(1202)俞鼎孙、俞经二人编刻的《儒学警悟》,是中国最早的丛书。但这部书流传甚少,历代皆不重视,直到民国十一年(1922)才由陶湘刊行出来,被世人所知。在中国书籍史上真正发挥作用,具有巨大影响力的第一部丛书是南宋咸淳九年(1273)由左圭编辑的《百川学海》。《百川学海》分甲乙丙丁午己庚辛壬癸十集,共收书 100 部,所收之书多为唐宋时期的野史、杂说。它诞生之后,引发了后续一批丛书的编辑、发行,明代的《续百川学海》《明世学山》《百陵学山》和清代的《学海类编》都是仿左圭的《百川学海》而成的丛书。在宋代丛书虽然已经产生,但宋代的丛书并没有以"丛书"二字来命名。真正以丛书二字来命名的丛书是明代万历二十年(1592)程荣编纂的《汉魏丛书》,是历史上第一部"名实相符"的丛书。它按照经、史、子三大类收集自汉至魏时期的书籍 38 种,产生了巨大影响。继它之后产生的《广汉魏丛书》《格致丛书》《唐宋丛书》都是仿照它的体例编纂而成。

2 丛书的文献学价值

自南宋始有丛书以来，丛书作为一种重要的书籍出版形式就出现在我国的文献之中。《中国丛书综录》收录丛书2797种，实际数量远超于此。丛书体例的完善是在宋元时期，发展繁荣于明代，在清代进入鼎盛期。当然，近代以来丛书的数量有了井喷式发展。仅改革开放之后所诞生的丛书数量就远远超过了历代总和，到今天也没有具体的统计数字。那么丛书作为一种重要的集群式图书，它有哪些重要的文献学价值呢？

2.1 文献的主要保存载体

丛书作为一种集群式图书，不同于一般典籍，它是多种典籍的集合，是保存文献的重要方式。据学者杨家骆统计中国历代著述之确成书并经著录者至少有25万多种。而今存者仅约10万种左右，其中收入丛书中者约达8.5万种，赖单行散刻者，为数仅1.5万种。故而，今存之10万种左右中国古代典籍，赖丛书之辑刊而不坠者，多达约7万种。由此可见，古籍丛书在整个中国古代典籍中占有举足轻重之地位[2]。当百分之七十的典籍要依靠丛书这种图书编辑形式而留存下来，可以说丛书是中国古代文献最主要的保存形式。丛书与其说是一种典籍，不如说是典籍一种重要的保存形式和载体。丛书作为文献的重要保存载体，大量典籍赖丛书得以保存。如今现存的古籍约有一半以上是以丛书零种的方式保存下来的。如明初陶宗仪编纂的大型丛书《说郛》就保存了汉魏至宋元的各种笔记小说，其中大部分内容为现存典籍的最早版本。其他如《古今说海》《明世学山》等明代大型丛书几乎全书所辑录之典籍均为现存最早版本，足见丛书对文献保存贡献之大。

2.2 文献的主要传播形式

书籍是人类知识的载体，是传递知识、信息的重要媒介。作为知识的载体，它存在的最终目的是通过传播将知识输送给读者。因此书籍是以何种形式传播给大众的，是一个重要的研究课题。丛书这种将多种书籍汇编为一套书，冠之以一个总名之下，它产生的动因，如前文所述就是为了让人们更好地搜求到所需的典籍。因此丛书实际上之所以能够保存大量文献，根本原因是因为丛书本身已经成为中国古代典籍最主要的传播形式。也就是说大量书籍在产生之后长期是以丛书零种的方式刻印存在的，虽然很多读者在阅读书籍的过程中并不会注意到该书是存在于哪种丛书之中，但是因为刻印的方便和低成本，还是使得大量的丛书成为书籍留存的主要形式。在古代中国由于雕版印刷成本高昂，加之人们长期的文化习惯，有学者指出直到明代嘉靖、万历时期刻本才代替抄本成为书籍最主要的传播方式。而丛书这种书籍编辑方式何时代替单行刻印本成为古代典籍最主要的留存形式，还有待研究论证。不过依据现存的主要丛书类目来看，丛书真正的发展完善，种类和编辑方式日趋多样化还是在清代完成的。因此我们可以推测，古代典籍在清代主要是以丛书的形式存在于人们的视野中的。这也最直观地解释了为何是丛书能够保存大量典籍的最早版本。

2.3 文献的重要分类方式之一

图书分类最主要的方式是目录。将书籍按照不同种类进行编排，以便于人们检索、查阅书籍,是书籍目录最重要的作用。随着知识的发展和学科结构的不同,我国古代的图书分类法几经演变,最终确立了经史子集四大类的四部分类法。近代随着西学东渐,我国学习西方图书分类法,逐渐确立了新的中文图书分类法,《中国图书馆分类法》将书籍按照内容不同分为22大类。目录的编辑形式也随着书籍的增长变得日趋多元。由原来的二级分类发展到后来的三级、四级目录分类。

但是当我们真正理解了丛书编纂的动因之后,我们就会发现实际上丛书不仅仅是一种集合型图书,而且也是典籍的一种重要分类方式。丛书是将两部或多部书,按照一个主题编纂到一起,最终冠以一个总名而成。而为什么丛书的编辑者要将不同的典籍,编辑到一个总名之下,这些看似不同的典籍都具有一定的相关性。它们或是内容相近,或是作者时代或地域相同,或者干脆是一种学科或学术流派的典籍经典。另外,凡是大型综合类丛书,都是将书籍按类分存。如前文提到的《百川学海》分甲乙丙丁午己庚辛壬癸十集,《汉魏丛书》则是按照经、史、子三大类来收集自汉至魏时期的书籍。到后来,清代曹溶编辑的《学海类编》更是将书籍按照经翼、史参、子部、集余四部分类法来进行分类的。它实际上是将书籍按照目录学的方式排好,最后再将书籍在一个总名之下全部刻印出来。这种形式的最终完整版是乾隆时期编纂的《四库全书》。《四库全书》与其说是中国古代最大的综合类丛书,不如说是一个巨大而完整的学科目录。《四库全书总目》将图书分为经史子集四大类,44小类和66小属。并且在每一大类和小类的前面都写好了该类书籍,或者说该方面学术发展之流变。整个丛书不仅是文献的汇聚载体,而且也是中国古代传统文化的学术史总结。

所以,《学海类编》《四库全书》等大型综合性汇编类丛书的出现,其实揭示了一个历史现实。那就是丛书实际上成为古籍目录的一个现实载体。它本身的出现是围绕一个主题,将不同的典籍完整的汇集到一起,成为一部书。而这个主题如果是一个小的文化主题,那么该丛书实际上就是这种书籍的小型目录。如《汉魏丛书》也可以看成是汉至魏时期的一个典籍目录。《明世学山》可以看成是明代学人野史小说著作的目录。而《四库全书》更是古代典籍经典的一部重要目录。而如果《汉书·艺文志》等官方编辑的书籍目录,如果将书全部刻印,冠以一个总名共同刊刻出来,本身就是一个大型丛书。丛书和典籍目录因其编纂动因的相同性,在作用和性质上也有很大的趋同性。它们都成为书籍的一种重要分类方式。

3 丛书发展的文化研究价值

如上文所述,丛书自南宋诞生以来,经历了一个漫长而多元的变化过程,由原来的书籍编辑方式之一变为了书籍的主要保存载体、主要传播形式和重要分类方式之一。那么它的变化、发展和演变实际上就是中国文化发展变化的一面镜子。丛书自诞生之日起就在目录学中处于一个尴尬的位置,那就是按照传统的四部分类法,丛书似乎格格不入,不知道应该处于什么位置。《四库全书》等官修大型书目通常将丛书放置在子部杂家类中,这实际上还是承袭了唐代陆龟蒙编辑的《笠泽丛书》而来,但是这完全不符合丛书在书籍分类体系中应该有的位置。直到清代的祁承㸁认为丛书地位特殊,无法归为任何一类文献中去,"因此在他的《澹生堂藏书目》中,在四部分类法子部下单设了丛书类"[3]。而丛书最终确立其独立于四部分类法之外,成为经史子集后的第五大类图书则是清末张之洞编辑的《书目答问》中编排的。那么丛书作为重要的文献载体,第五大图书种类,它的发展变化到底对于中国文化和学术变迁有着那些研究价值和指向性意义呢?

第一,它是学术发展变化的重要标志。不同于其他图书,丛书是书籍之书。因其编纂的特殊性使得它具有明确的学术指向功能。它的变化发展就是学术发展的一个重要标志。一个时代的丛书的发展就是一个时代的学术发展。任何一种学术思潮和新学科的兴起,都会引发相关丛书的繁荣。如小说成为明代中后期的重要文学体裁,深受士人喜爱,因此也成为明代丛书编刻的主要类型。明代戏曲、小说类丛书的编刻是其丛书发展过程中的一个特色,其编刻集中于明代后期,这与当时的社会状况有着紧密联系,此时的商品化大潮、市井阶层的壮大、私坊规模的扩大等都是致使这种新的通俗文学作品活跃起来的重要因素。《古今说海》《虞初志》《烟霞小说》《稽古堂丛刻》《稗乘》《稗海》《快书六种》《五朝小说》等小说类丛书的出现为明代的丛书编刻添上了光鲜的一笔[4]。

而到了清代,丛书的编刻进入鼎盛时期。无论是官刻丛书还是民间的坊刻、家刻丛书在清代都呈现出了异彩纷呈的状态。而这一时期丛书的编刻更是成为学术思想的主要指针,是学术发展的最直观体现。如清初学术思想仍依前朝,以宋明理学为主流学术思想。而清代初期的丛书延续了晚明遗风,以拾集小品为主,如湖南漫士辑《水边林下》、张潮辑《檀几丛书》《昭代丛书》,陆恒辑《奇晋斋丛书》、周亮工辑《赖古堂藏书十种》等。当时亦有迎合理学盛行而汇刻的经解类化书,代表性的有《通志堂经解》《正谊堂全书》等[5]。但是这种学术风向到了清代中期则转眼被乾嘉考据学所替代。清代中期的丛书与方兴未艾的汉学考据之风相呼应,丛书编刊多重视考据、尚实、求真。如谢国侦曰"当明、清之际,一般学人刊刻丛书,亦不过囊辑化残而已,至乾隆间,刻书之家乃于囊辑之中,独具别裁之意,非独古人如力藉资以传。而且爬梳整理,从事抉择校雠,欲使古籍流传不致发生谬误。"其中凡古必真、凡汉皆好的吴派校勘古书特点是"谨守家法,笃信汉儒",多喜收集散逸的汉人旧说。代表校勘家有顾广圻、黄丕烈等,代表性的丛书有《士礼居丛书》等[6]。

至于清代后期,西学日盛,无论是宋明理学高谈心性义理,还是汉学考据,重视名物训诂,都已经不能满足当时人们的思想需要。因而丛书的编纂日趋多样化、复杂化、西方化。大量介绍西方著作的丛书因势而兴,如《西政丛书》《西学自强丛书》《西学大成十二编》等。而近代以来,随着社会的日益发展,丛书依然成为不同时代学术思想的最重要指向性标志。如民国时期,大量西方著作进入中国,中国现代化的学科体系初步形成。而丛书编刻呈现出学科齐全、内容专门的特点。"民国时期专科丛书的出版,突破了四部的范围,涉及哲学、宗教、心理学、社会科学、政治、法律、军事、经济、文化、教育、体育、语言文字、文学、艺术、历史、地理、自然科学、医药卫生、农林牧业、工程技术等各种学科门类,每一学科都有其专门丛书。"[7]而中华人民共和国成立之后,丛书种类更是异彩纷呈,各个学科、各种门类的丛书出现在市面上,丛书发展也进入了一个新的时期。

第二,它是书籍传播影响力的指向性参考。丛书由于其流传量大,刻印较多的特点实际上成为书籍传播的重要途径。尤其是官刻丛书多反映官方思想和当时的意识形态。而民间编刻的丛书多具商品性,因此凡是被丛书收录的书籍在当时大多具有很深的文化影响力,或是当时官方意识形态的重要产物,或是民间喜闻乐见的畅销书籍。因此一种书是否具有文化影响力和在当时社会是否有着强大的传播影响,是否入选丛书是一件非常重要的指向性参考。

如清代官修丛书《四库全书》,其入选的3503种著作均是当时影响巨大,且符合官方意识形态的书籍。而存目书籍或禁毁书籍就其整体性而言,确实在文化价值和影响力上无法和入选的3000多部典籍相提并论。再如明代朱升编纂的《小四书》明显是将《名物蒙求》《性理学训》《历代蒙求》《史学提要》这四部宋元时期的开蒙性理学著作提到了一个很高的位置。反映了在明初理学思想已经渗透到官方意识形态的最深处,既开国名臣朱升都要来编纂这样一部理学性质的丛书来为其学术思想进行积极传播。

而在民间,丛书的刻印更加具有广泛性和普遍性。而民间刻印的丛书更能反映一个时期下层士人和民众的趣味取向和阅读喜好,从而更直观地了解一部书籍传播的广泛性。如明末毛氏汲古阁刻印的《津逮秘书》《山居小玩》《群芳清玩》等丛书直观地反映了明末士人的阅读取向和生活雅趣。其中的《书鉴》《石谱》《刀剑录》《蝶几谱》等书更是了解明代艺术史的重要资料。应当指出,丛书的发展实际上有一个自下而上的历史发展过程。早期的《儒学警悟》《百川学海》,再如前文提到的《续百川学海》《明世学山》《百陵学山》都是民间编纂、刻印的丛书。他们的编纂者大多是身处社会中下层的底层知识分子。如《百川学海》的编纂者左圭,史料记载机会没有,甚至其名号、籍贯都难以查考。而著名丛书《说郛》的编纂者陶宗仪也仅仅是举人之身,而其生平在史料中记载亦不甚详,其生卒时间在《明史》和历代《黄岩县志》《松江府志》等书中均无记载。但进入明代以后,丛书开始受到上层知识分子的重视。如毛晋、范钦、顾元庆都是当时著名的士人,有的还是政府官员。而进入清代之后官方意识形态开始注意到丛书的巨大作用,一批官方编刻的丛书陆续出现。而其中影响最大的就是《四库全书》。总之,丛书作为集合型书籍,是古代书籍的重要汇编形式。它的发展是学术文化发展变化的重要指向性标志,是书籍传播影响力的重要参考。

丛书作为一种重要的书籍类型,有着深远的文化研究价值。它是我们研究中国古代学术、书籍史的重要材料。它的发展变化就是中国学术思想发展变化的一面镜子,是典籍之汇编,书籍之书。从文献学的角度讲它是古代文献的主要保存载体,是文献的主要传播形式,同时也是书籍分类的重要方式之一。而从学术文化史的角度而言,丛书是学术发展变化的重要标志,是书籍影响力的指向性参考,有着重要的研究价值。而且在当今的中国丛书发展依旧方兴未艾,它作为一种重要的书籍在今天的书籍传播领域仍然发挥着重要的作用。它是我们研究中国书籍发展史的一把钥匙。

参考文献

[1] 宋文坤.丛书的起源与发展[J].沈阳师范学院学报,1995(1):117.
[2] 陈东辉.中国古籍丛书的价值[J].中国典籍与文化,1997(2):63.
[3] 鲍金秀.论杨守敬及其对丛书分类目录的贡献[J].津图学刊,2003(2):68.
[4] 李务艳.明代丛书编刻研究[D].西安:西北大学,2014:18.
[5][6] 庞颖翠.清代学术丛书的编刊与学术发展[D].南京:南京大学,2014:7.
[7] 贾鸿雁.民国时期丛书出版述略[J].图书馆理论与实践,2002(6):64.

国家图书馆灾难备份技术研究

陈克俭(信息技术部)

1 背景

灾难备份,简称灾备,它是指用科学的技术手段和方法,提前建立系统化的数据应急方式,以应对灾难的发生。其目的就是确保关键业务运行的持续性以及减少非计划内的宕机时间。

随着网络以及计算机技术日益进步,各种新近技术逐渐出现国家图书馆在各项工作中,加快自身向现代化图书馆的转型的速度,正在逐渐成为国家重要的信息基地和知识枢纽。数字图书馆是国家信息基础设施建设、知识创新体系和创新能力的重要组成部分,并逐渐成为各个国家竞相投入的一个热点[1]。国家图书馆肩负着发展中国数字图书馆的责任。发布与服务系统、文献数字化系统、长期保存系统等一系列的数字图书馆相关系统将会在国家图书馆陆续上线,加上自身日常业务的相关系统,国图的压力日趋增大,哪怕是一次意外停电都将会影响国家图书馆对外服务以及数据安全。因此对于一年要正常运营365天的国家图书馆来说,数据安全至关重要。

2 国家图书馆灾备的必要性

随着数字化进程的加快,各种数字资源丢失造成的危害性越来越大。许多人为与自然因素都有可能对数据造成损坏,一些数据损坏后有可能进行恢复或者重建,但是代价非常高,而且绝大多数的数据如果没有备份,丢失后是无法重建的,这种数据的丢失损失是无法估计的。我国某大学图书馆曾因为系统设备故障还有工作人员的疏忽未对数据进行相应的备份,导致有两届毕业论文的数据丢失,影响了数据库的正常使用。那次高校图书馆丢失数据事件,对整个图书馆界的数据安全敲响了警钟。

对于国家图书馆来说,其数据以及系统都是非常重要的。国家图书馆存储系统虽然是基于SAN的存储结构,相比于网络存储NAS、直连式存储DAS在安全方面有了很大的改善,独立的光纤网络使得数据的传输更加安全快捷,采用专门的盘阵设备以及合理的冗余设置能够很好地屏蔽单个硬盘或者管理器故障造成的数据丢失或者服务中断。但是这种模式的隐患也是很突出的,存储的集中管理导致了存储设备的集中,就像俗话说的“一个篮子里的鸡蛋”。特别是国家图书馆目前的存储情况,主要的存储设备都集中在同一个机房,受着诸多条件的牵制,像电力、空调的稳定性直接影响着存储的稳定性,从而影响数字图书馆整个业务的运行。

数字图书馆的数字资源一般包括以下数据:数字资源和业务数据。数字资源主要由三大块组成:自建数字资源、网络信息资源与购买的数字资源。自建的数字资源主要由馆藏文献数字化产品与专题信息库组成,这类资源数据如果损毁或丢失,除重建数据带来的人力物力以及资金的损失外,而且会对我国文化遗产造成严重的损失。其他的网络资源、购买的数字资源等损坏虽然可以重新获取和进行恢复,但恢复过程带来的服务延迟,必然会降低整体信息服务质量和效率。业务数据主要有两大类,即行政管理数据与业务管理数据,这些数据一旦丢失,必然会使图书馆正常的业务工作陷入停顿,而且很难在短期内恢复正常,甚至造成无法弥补的根本性影响。

因此建立一套灾备系统来保证数据的安全和对外服务的连续性,对目前数字图书馆的体系架构来说是十分有必要的。

3 灾备技术分析

不管是何种系统,各项业务的开展都是基于其各项数据之上的,国家图书馆的灾备建设也是如此。国家图书馆数据的特点是总量庞大,来源广泛,用途复杂,根据数据保存的特点分为在线/近线数据和离线数据这两大类,目前的灾备技术分析是围绕这两大类数据分别展开。

3.1 数字图书馆在线/近线容灾数据复制技术

数字图书馆是由数字资源以及各系统组成,再细点分各个系统又是由各自的数据库以及对象文件组成。在线数据是指:数字资源发布与服务过程中需要使用的数据、文献数字化加工产生的未正式提交的数据、数字资源加工产生的未正式提交的数据、实时产生的书目记录等数据。在线数据主要是保存在磁盘阵列性能比较高的硬盘当中。近线数据是指:利用率低的在线数字资源、永久保存的高质量的数字化文件数据、数字资源加工后的数据、国内资源供应商保存的数据、互联网采集到的资源、文化信息共享的资源、购买的资源等数据,近线数据主要是保存在磁盘阵列性能较低的硬盘当中。

针对在线/近线的数据,目前市场上可提供的容灾数据复制技术解决方案主要有:①基于应用的交易复制容灾技术(应用程序在本地、远端双写 I/O);②基于数据库复制的容灾技术(数据库本身的远程复制);③基于文件系统的远程数据复制软件容灾技术;④基于 SAN 存储虚拟化灾备(交换机虚拟化设备担任复制引擎);⑤基于存储的远程数据复制容灾容灾技术(智能存储远程数据复制)[2]。如图 1 所示:

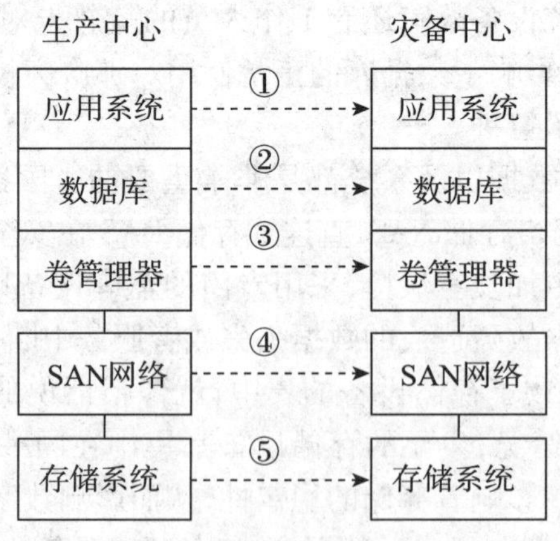

图1 5 种远程复制方式

(1)基于应用的交易复制容灾技术

基于应用的交易复制容灾技术,用的是应用嵌入方式,复制的粒度是应用级,任务执行方为应用程序的内嵌代码，复制涉及的范围为单个应用系统。复制的原理是应用程序负责将同一个任务同时在生产中心和异地中心执行。

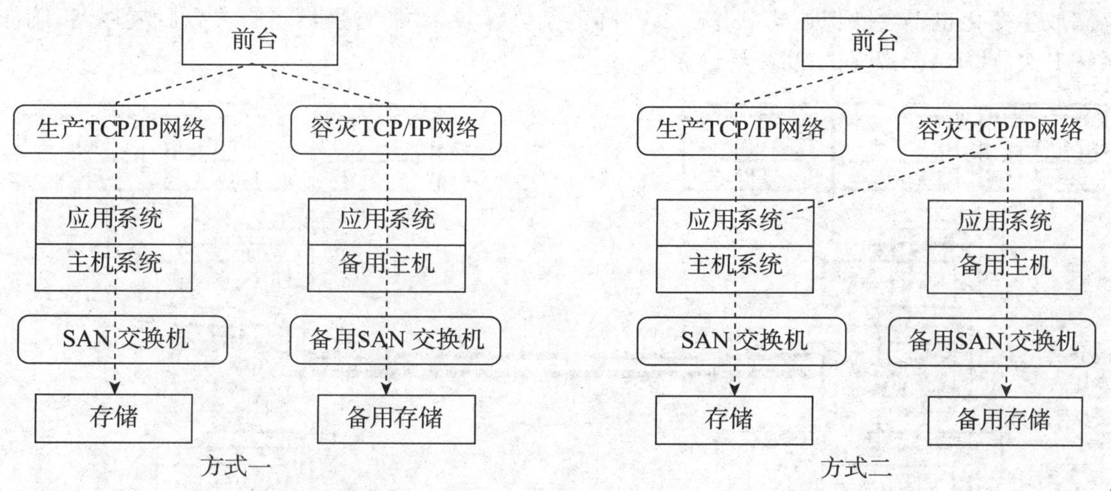

图 2　两种不同的基于应用的交易复制容灾技术方式

（2）基于数据库复制的容灾技术

这种容灾技术是通过数据库管理系统的辅助软件或模块，复制的范围为单个数据库，复制的粒度是数据库内数据操纵动作（Data Manipulation Operation）。在对数据日常操纵动作的过程中，数据库管理系统将一组整体完成的动作集合来进行管理；另外由于数据库本身的联机日志记录其变更情况，归档日志可以定期将联机日志进行切割、保留，并将这两部分日志传输到灾备中心，更新灾备中心数据库，使得两中心的数据一致性。

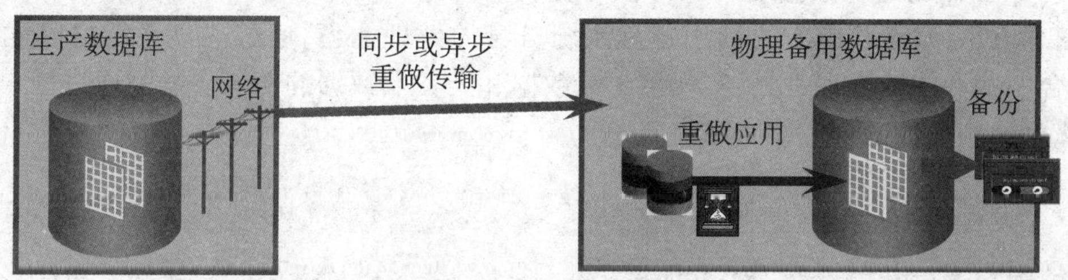

图 3　基于数据库传输方式

（3）文件系统的远程数据复制软件容灾技术

采用文件系统方式，可以采用相应的基于文件复制的软件，根据操作系统的不同需要定制不同的复制策略。当文件发生结构变化或者文件内容的变化，文件系统会根据相关的系统日志，将生产系统除日志记录外的变化同步到灾备系统当中。这种方式的复制会影响主机的性能，可以根据需要设定同步时间，尽量在半夜影响较小的时间进行同步处理。其实我们平常最普通的数据拷贝也是一种文件系统备份方式，文件系统方式除了软件外，对于更新不频繁的数据也可以通过手工方法定期向灾备端备份数据。

（4）基于 SAN 存储虚拟化容灾技术

如图 4 所示，基于 SAN 存储虚拟化容灾，一般通过专门的虚拟设备为远程复制容灾提供 I/O 路径和复制路径，实现基于 SAN 层次的数据容灾。通过在用户端和容灾中心的系统中配置专用服务器，在其上安装专用软件。通过两端虚拟设备间的数据交互实现数据容灾。这种方式的优势是无论后端物理存储时什么设备，服务器及其应用系统看到的都是逻辑映像，物理存储放生变化也不会映像逻辑映像。从而降低了操作复杂度，管理员不必关心后端存储，例如系统升级、改 RAID 级别等都容易许多。

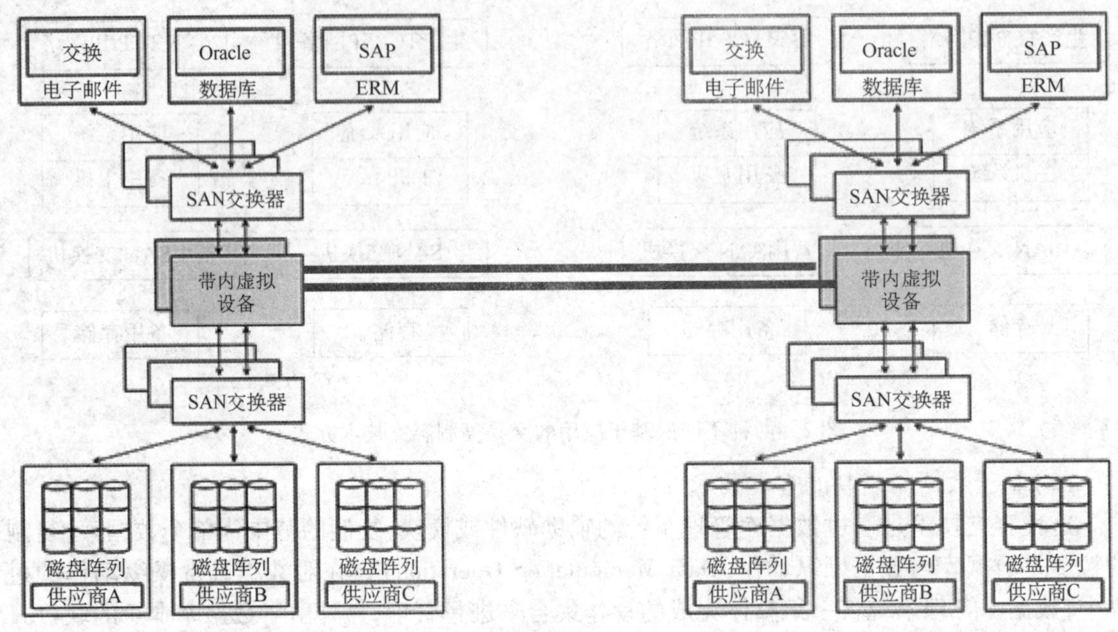

图 4　基于 SAN 存储虚拟化灾备技术

(5)基于存储的远程数据复制容灾容灾技术

如图 5 所示，基于存储方式利用磁盘系统自身的处理能力，通过磁盘系统之间的通道连接，并结合一些专门的管理工具，实现生产端数据和灾备端数据的传输。复制通过用户端和容灾中心磁盘阵列上的微处理器实时完成。

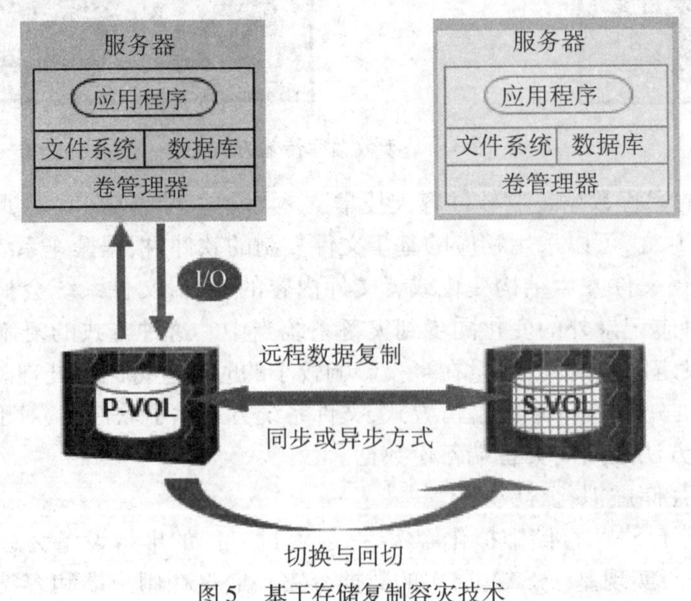

图 5　基于存储复制容灾技术

3.2 数字图书馆在线/近线数据容灾数据复制技术选择

单纯从业务需求来说，基于应用的交易复制容灾方式应该是最好的选择，因为采用这种方式时容灾中心日常一直处于运行状态，而且切换速度最快，甚至对外是透明、用户无法察觉的。首先从实现层面来讲应用嵌入方式实现方式非常复杂，系统响应慢，可维护性较差，需对现有的应用架构进行整体调整，甚至颠覆现有的架构，而且其规模浩大，难度极高，可实现性较低；其次从后期应用维护来说，这种方式会对生产中心的运行带来额外的负担，且需要同时维护生产及容灾两个中心，另外由于其应用软件本身的准确性及稳定也存在一些不可控因素。不过其高效的容灾切换速度，以及对外的透明度，某些行业采用该方式的容灾技术，比如地铁系统的容灾，采用的是赛门铁克公司基于应用的交易复制容灾方式的解决方案。但是对于数字图书馆的情况来说，纷繁复杂的各式系统进行容灾建设，如果每台需要灾备应用服务器都进行一次嵌入式的系统架构调整，显然不是很现实，而且维护起来也非常复杂。因此对于数字图书馆的容灾系统建设，这种容灾技术无法单独满足要求。

基于数据库数据复制方式，是由于数据库的特殊性，利用数据库本身自带的相关配置或采用者第三方软件将生产中心数据库中的联系日志或归档日志传送到容灾中心的数据库并做相关更新使得两中心数据库一直从而实现灾备，这种方式的实现方式由于已产品化，因此其实现相对比较简单。虽然由于复制过程中需要网路和内存等延迟会影响生产数据库一些性能，但这种方式已基本能满足一般企业的容灾需求。但是这种复制方式只能做到数据库数据的复制，并不能复制其他数据，无法单独满足数字图书馆数据库数据和文件级的数据都需要灾备的需求，可以考虑对于数字图书馆非核心系统的数据库灾备。

文件级的远程数据复制软件容灾方式的优点是实现最简单。但其实现的是文件级别的数据复制传输，无法实现对数据库的复制传输；且这种方式效率不高，实时性非常差，不能满足每天都有大量而且不断的数据更新的企业需求。因此这种方式仅适合用作历史文件或文件级数据的复制传输，而不适合对实时性要求高的企业，同样对于数字图书馆来说，这种方式单独使用也不是很适合，但是这种方式实现简单，而且实现成本较低，可以考虑数字图书馆非核心系统文件级数据灾备。

基于 SAN 存储虚拟化容灾与基于存储复制的容灾技术，其实是一个类型的数据远程方式，区别在于由于基于存储的复制方式只在同构存储设备之间实现，而采用 SAN 存储虚拟化的方式能够实现异构存储设备之间的数据传输。由于是存储级别的数据复制传输，同步的颗粒度非常小，实时性非常高，因为生产中心产生的每一个 IO 操作都会复制传输到容灾中心。而且数据复制传输基本完全交由存储设备来实现，实现方式很简单，因此非常适用于对实时性需求比较高的企业的数据容灾。这两种方式都能实现数字图书馆数据库数据和文件级的数据的复制传输，但是由于基于存储的方式受到同构设备的限制，相比之下基于 SAN 存储虚拟化容灾方式适用性更广，更能满足数字图书馆核心系统的容灾需求。

3.3 离线数据灾备保存方式

离线数据是指：没有利用率的数字资源、进入长期保存的数字资源、备份的近线/离线的资源的数据，离线数据主要是保存在磁带库当中。

由于离线数据的备份没有时效性的要求，因此对于离线数据的灾备方式就比较简单明了，如图 6 所示,利用现有生产端的离线备份方式,将生产端保存在磁带库的离线数据备份到灾备端的磁带库当中,由于国家图书馆原始离线数据量非常庞大(截至 2017 年,国家图书馆特长期保存资源存储量计 1059.69TB[3]),同时考虑到一定规模的日增量数据,因此这部分离线数据的远程复制对于带宽的要求非常高。

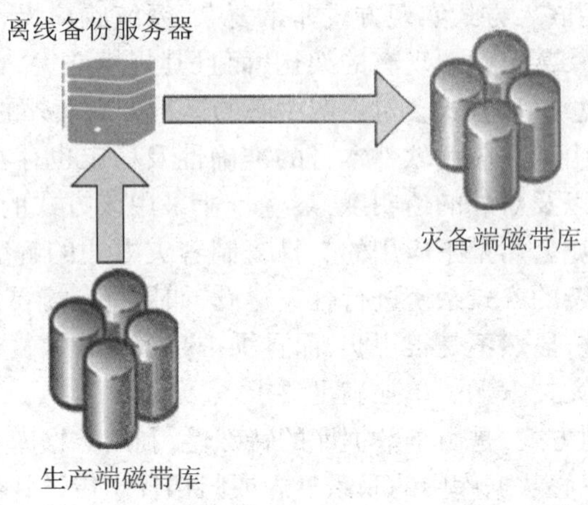

图 6　离线备份方式

4　国家图书馆灾备架构设计

如图 7 所示,国家图书馆灾备架构实现数据级灾备,其架构设计综合考虑到在线/近线数据和离线数据的灾备,利用远距离光纤链路分别实现这两部分数据的远程复制传输。在线/近线数据的远程复制采用 SAN 虚拟化方式实现,离线数据的远程复制是基于国家图书馆生产端原有的离线备份服务器,将离线数据利用光纤链路直接备份到灾备端磁带库。

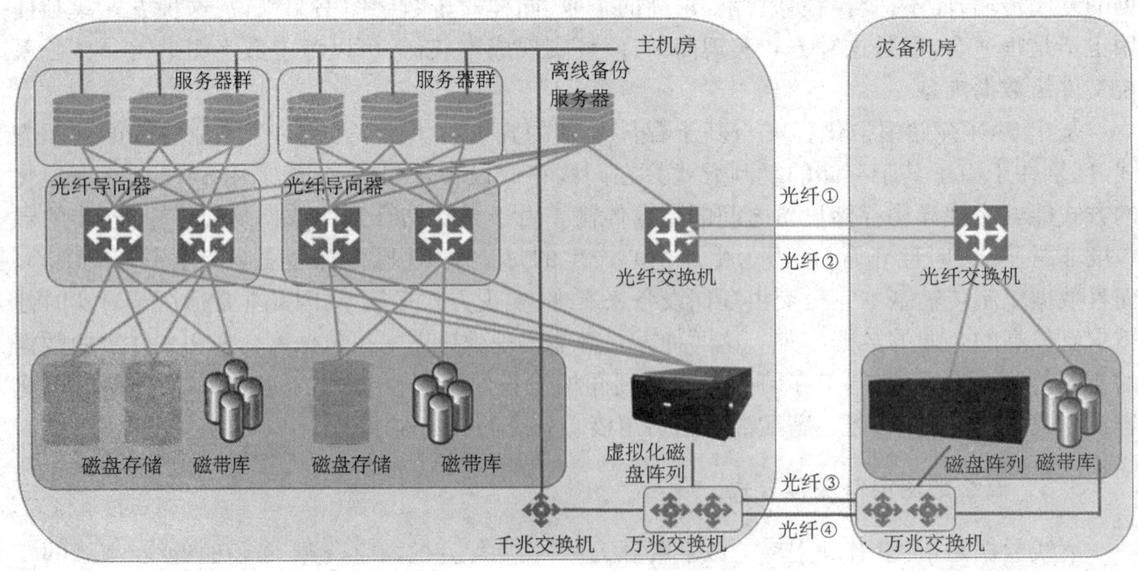

图 7　数字图书馆灾备架构

4.1 在线/近线数据的灾备

如图 8 所示,在线/近线数据的灾备架构设计是采用 SAN 存储虚拟化方式来实现,有两个点需要注意的是,首先并未将生产端与灾备端的 SAN 环境进行整合,是考虑到国家图书馆原有的 SAN 环境比较复杂,如果整合需要涉及光纤交换机之间的级联,以及原有光纤交换机的升级,有一定的风险,为了规避这种风险,将两端的磁盘阵列之间直接进行数据传输,未将现有的 SAN 环境复杂化。另一个是两端的磁盘阵列之间的数据传输时通过以太网的 ISCSI 协议传输,而不是基于 FC 协议,是考虑到以后日常的设备的网络管理可以复用(如果采用链路 FC 协议无法复用,管理网络占有带宽非常少不影响日常数据传输使用)。

通过这个架构在线/近线数据的恢复就比较方便,如果某个应用系统的数据出现故障,可以通过两端磁盘阵列之间的数据逆拷贝,将灾备端的数据恢复到生产端磁盘阵列原卷组。结合磁盘阵列的快照的方式,也可以防止一定时间内由于人为的失误造成的数据误删除。

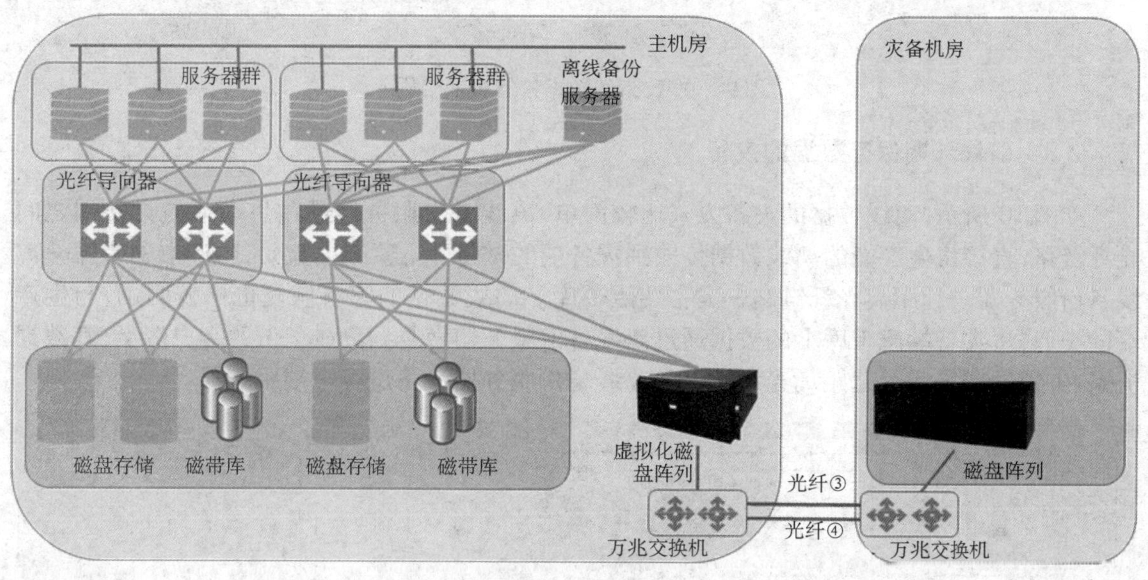

图 8　在线/近线数据灾备架构

4.2 在线/近线数据的接管验证

在线/近线数据的接管验证,是生产端的应用系统直接使用灾备端的数据,验证数据的可靠性。也可以是某些特定环境下,生产端应用系统的数据量庞大无法短时间内恢复,这种临时的接管可以比较服务的长时间中断。由于未将两端的 SAN 架构进行整合,生产端的应用无法直接使用灾备端的存储,因此这部分的数据恢复验证是利用两端磁盘阵列之间传输的以太网链路,通过交换机将应用服务器加入进来,形成了一个 IPSAN 环境,如图 9 所示。通过这个新建的 IPSAN,应用服务器可以直接利用灾备端的磁盘阵列上的数据,达到数据接管验证的效果。

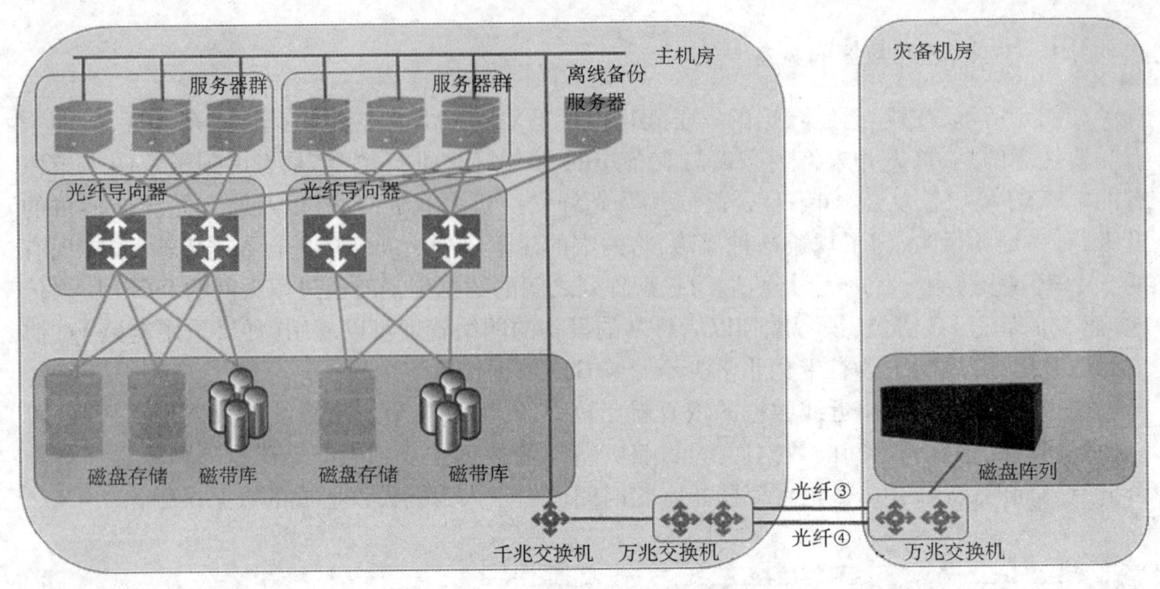

图9　在线/近线数据接管验证架构

4.3　离线长期保存数据的灾备

如图10所示，离线数据的灾备方式比较简单，离线备份服务器通过生产端与灾备端之间光纤链路，直接将生产端的离线数据传输到灾备端的磁带库上。数据流是：生产端磁带库—离线备份服务器—远距离光纤链路—灾备端磁带库。离线数据的灾备恢复也比较明了，与生产端的类似，将灾备端磁带库上的数据通过离线备份服务器恢复到离线备份的客户端上，其数据流是：灾备端磁带库—远距离光纤链路—离线备份服务器—备份客户端服务器。

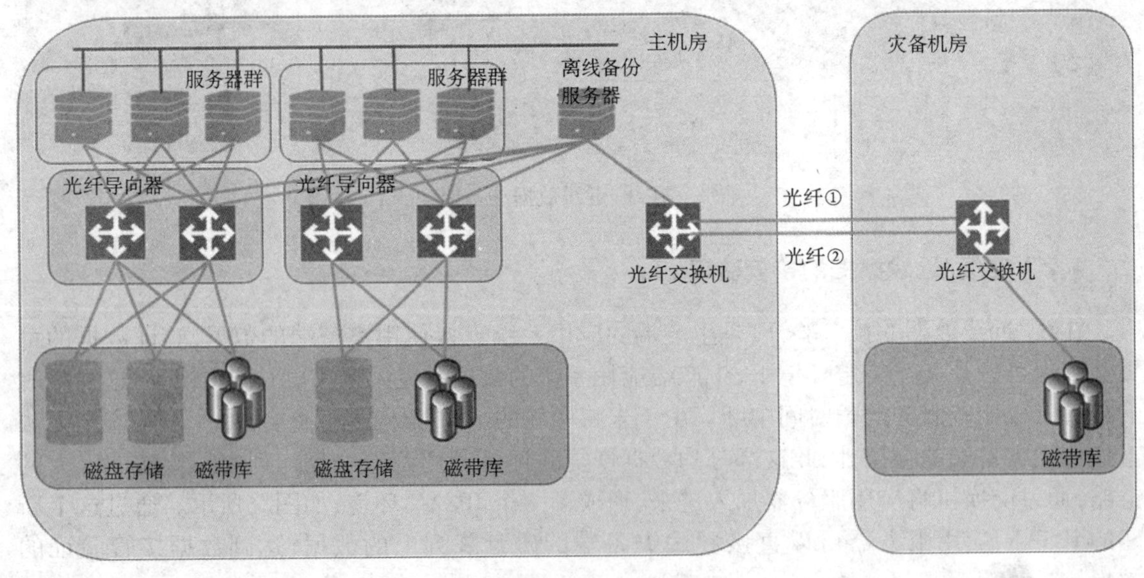

图10　离线数据灾备架构

国家图书馆灾难备份技术研究有助于国家图书馆同城异地灾难备份系统的建立。当然一套比较完善的灾难备份机制，只有灾难备份的技术是远远不够的，还需要一套合理的人员机制、便捷的恢复流程以及考虑周全的数据管理机制等，这些都是我们需要继续开展深入研究的。

同时于2018年1月1日正式实施的《中华人民共和国公共图书馆法》[4]明确规定国家设立国家图书馆，主要承担国家文献信息战略保存等职责。除了同城异地灾备外，文献战略储备库的建设是我们的下一个目标。国家图书馆灾备技术的研究不仅为同城灾备提供思路，而且为以后要建立的战略储备库的信息化建设提供了有效参考。随着文献战略储备库的开展建设，国家图书馆"两地三中心"的容灾架构也逐渐清晰明了，国家珍贵优秀文化数字资源的安全和长期可用得到了保障，同时促进了中华优秀文化的广泛、久远传播，全面提升了我国在信息环境下的文化软实力。

参考文献

[1] 杜薇薇. 网络环境下图书馆信息资源配置研究——以国家工程技术图书馆为例[J]. 情报杂志，2007(3)：143-145.

[2] 杨义先，姚文斌，陈钊. 信息系统灾备技术综论[J]. 北京邮电大学学报，2010，33(2)：1-6.

[3] 国家图书馆年鉴[EB/OL]. http://www.nlc.cn/dsb_footer/gygt/ndbg/nJ2017/201712/P020171220581165135977.pdf.

[4] 中华人民共和国公共图书馆法[EB/OL].[2017-11-29]. http://news.xinhuanet.com/2017-11/04/c_1121906584.htm.

读者利用中的保存本文献破损情况及对策分析

孟燕燕（典藏阅览部）

国家图书馆是国家总书库，有着丰富的馆藏资源，而保存本作为第一本进入书库的文献，相比基藏本和流通本更富永久保存的使命。近年来，随着国家图书馆服务的拓展、读者流量的增加以及读者阅读范围的扩大，保存本的提取量也在不断增加，这在一定程度上加大了保存本的流通压力，致使许多珍贵、有保存价值和保存意义的文献不堪压力，频频"歇业"在架，既影响了对读者的服务，又不利于文献的保护。保存本作为国家图书馆永久馆藏的文献复本，它承担着传承人类文化遗产的重大使命，这些文献的破损显然不利于国家图书馆"传承文明，服务社会"的核心价值观的体现。保存本文献的保护应该引起重视。为此，笔者将对读者利用中的保存本文献的破损现状、原因及解决对策进行探讨分析，望能引起广大同仁的重视，以便更好地履行国家图书馆的使命与职责。

国家图书馆的保存本主要收录了自民国时期以来的中文文献，主要履行国家中文文献的存储功能，其中包括民国图书、刘国钧分类法图书（1949年后）、中图分类法图书（1986年以来的图书）以及港澳台期刊；设有内部书库，主要存放保密、存疑、限制类书刊，另外还有一部分西文及小语种类文献。目前，民国文献以及内部库文献不对读者开放，所以本文的研究对象只针对对读者开放的其他保存本文献。

1 保存本文献破损现状

为了了解保存本近年来的文献破损情况，笔者查阅了自有记录（从2014年开始至今）以来保存本文献的流通记录，发现在这些文献流通过程中均有因文献破损而无法向读者提供借阅服务的情况出现。首先，笔者对2014年至2018年（截至2018年3月）的文献破损情况做如下统计，如表1：

表1 2014—2018年保存本流通过程中的破损文献统计

预约时间	预约文献破损量统计
2018年(1至3月)	3册
2017年	16册
2016年	17册
2015年	12册
2014年	8册

并且，通过统计发现，这些破损文献中大都集中在以下几类。具体如图1所示：

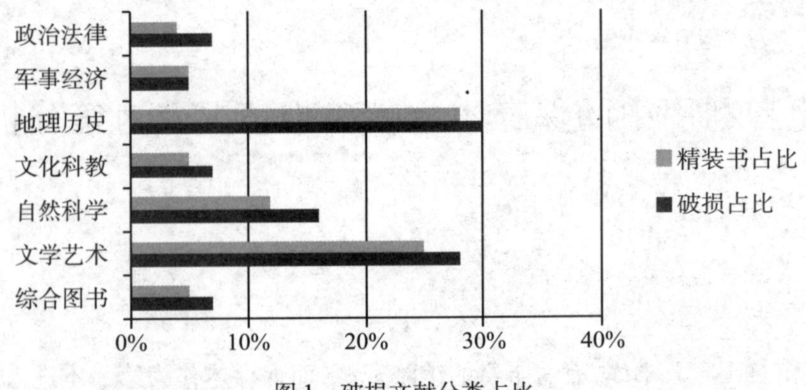

图1 破损文献分类占比

根据观察，这些破损的文献大部分集中在精装类文献上，尤其是文学艺术以及地理历史类文献。这些精装书的破损大都表现为封面字迹模糊和封面信息缺失、书槽断裂、书脊脱落以及由此引起的书芯脱页、漏页等。例如：《中国百年军服（典藏版）》，精装书，自入藏国家图书馆保存本以来借阅记录高达197次。2016年开始，书槽部分开始出现明显磨损，但书芯内容保存完好，总体来讲不影响读者借阅。2017年以来，该书书脊部分字迹变得模糊，书脊脱落，书槽部分出现断裂，虽然书芯内容大体保存完好，但已经不再适合向读者提供借阅服务。如下图2所示：

除此之外，还有一部分文献破损较为突出，即为刘国钧分类法文献。这一类文献的破损表现为文献脱钉脱胶、书芯残缺掉页、封面破损缺失等。这些文献破损程度较为严重，已经不能再向读者提供借阅服务，具体如图3所示。

图2 《中国百年军服(典藏版)》现状

图3 刘国钧分类法文献破损示例

2 保存本文献破损原因分析

保存本的文献有其一般性,也有其特殊性,我们在分析其文献破损原因的时候不能一概而论,要做全面考虑,下面我们将一一进行陈述。

2.1 馆藏量

保存本也称为样本书,即从每一种文献中抽取出一本作为样本,保存于保存本书库[1],与基藏本相比,它更具完整性和全面性,它是整个书库的后备依托。文献的馆藏量从一定程度上决定了文献的提取位置,而保存本文献的提取是建立在基藏本缺失的前提下的。因此,对于馆藏复本只有1本的文献来讲,保存本无疑成了读者的最后一道保障。这类文献或者提取数量较大或者提取频率较高,因此破损程度也比其他文献要高。

例如:《中国百年军服(典藏版)》馆藏复本1本,自入藏国家图书馆保存本以来借阅纪录高达197次,是保存本借阅频率较高的文献之一。此外,笔者还对该文献在东部地区主要公共图书馆的馆藏情况做了调查。调查发现:该文献仅在国家图书馆、南京图书馆和辽宁省图书馆各有1本馆藏复本,而首都图书馆、北京大学图书馆、上海图书馆、天津图书馆、河北省图书馆、深圳图书馆和广东省立中山图书馆等均无馆藏。《中华人民共和国水文年鉴》,每年的水文年鉴馆藏复本只有1套,在保存本的借阅记录中一天就有高达35册的借阅量。此类文献册数较多,跨度较大(2010—2017),读者借阅频繁,文献经常处于留存状态。

刘国钧分类法的文献大部分是1949年后的中文文献,这一时期政治军事经济时有动荡,思想文化方面也为我们留下了丰富而又宝贵的历史文献。时至今日,部分文献都已成为孤本或者绝版,绝无仅有的馆藏面对众多的读者的需求显得不堪压力。

2.2 装帧设计[2]

从装订形式来讲,文献的装订一般有平装和精装两种。由图1可以看出,精装书在破损文献中的占比率极高,可见这种精装文献的装帧形式对文献的破损有极大的影响。精装类文献一般开本大、页数多且较为厚重,文献在经过长时间地翻阅,会出现书槽断裂,书脊脱落,封面和书芯容易脱离的现象。虽然精装文献的书芯部分在经过一段时间的流通后依然保存完整,不影响借阅，但长此以往，“唇亡齿寒”，书芯内容也将有可能面临破损。

例如：《中国百年军服（典藏版）》，880 页，26cm，页数较多，较为沉重，使用不便，在较为短暂的时间内，文献封面的破损就影响到了书芯部分的完整性。

从装订工序上来讲，现在的文献大都采用无线装订，只用胶水将书页粘连在一起，文献经长时间地翻阅也容易出现断裂，致使书芯部分散落，引起掉页、缺页甚至破损。

2.3 管理人员和读者

文献管理人员是文献的主要管理者，文献的品相如何、能否为读者提供借阅服务，管理人员都能较为清楚的把控。然而，在现实工作中，由于文献管理人员在岗位培训方面有所欠缺，尤其是文献保护和文献修复方面的知识，导致他们在文献保护方面的意识相对薄弱，再加上监管不力，对于破损的文献没有引起重视，文献在不实施任何的修复和保护措施的情况下就直接归库放回原架。

读者是文献资源的借阅和阅读主体，读者的阅读行为也影响着文献的品相。有的文献较为厚重、开本大，使用不便，读者在使用过程中容易出现脱手跌落。有的读者对文献随意折压造成损害，甚至有的读者恶意撕毁损坏文献，对文献造成不可逆的损害。再者，读写携带的笔、饮料等也会对文献造成污损，有的读者会在文献上习惯性地写画，容易造成珍贵文献关键信息的缺失，影响后续读者的使用以及文献的保存[3]。

2.4 历史原因及自然损耗

保存本中刘国钧分类法的文献记录了 1949 年后的文献内容和形式，留存时间较长，限于当时的印刷技术的落后，使用纸张又偏酸性，加上文献在较长的一段时间内的“颠沛流离”，以及文献保护意识的薄弱和技术的不成熟，这些文献经过岁月的洗礼后已经出现了不同程度的破损，甚至文献的每一次移动都将造成文献进一步的损坏。

此外，在图书馆工作中，为了更好地保存和管理文献，工作人员会根据实际情况进行文献的倒架、紧架、顺架以及搬迁工作，再加上文献的日常流通，经常会有纸屑散落出来，或是文献夹页、腰封，或是被损毁的封面，这些碎片化的文献便很难在文献移动过程中重新定位并使文献恢复其原貌。虽然这些自然损耗不可避免，但非常值得我们文献管理人员引起重视和警醒。

3 解决对策

随着中华古籍保护计划和民国时期文献保护计划的相继开展，古籍文献和民国时期文献的保护取得了很好的反响，这告诉我们文献的保护刻不容缓，文献的保护需要我们时时敲响警钟，保存本文献也不例外。虽然保存本大部分文献留存时间都比较短，可是随着时间的推移，有的文献会逐渐退出流通领域，成为断版书；也有的文献制作成本昂贵，历时较长，短时间内不会再版等。这些文献都具有重要的研究价值、参考价值以及保存价值。所以，保存本文献的保护应全面引起重视及思考。

3.1 加强文献管理人员在文献保护和修复方面的培训

国家图书馆是国家总书库，国家书目中心，既有传承文明的使命，又有文献保护的责任，对于文献管理人员在文献修复和保护方面的岗位培训不可或缺。日本国会图书馆从 1997 年就展开了对图书馆工作人员就文献保护方面的培训,具体包括资料保存的基本方法以及简单的文献修复等[4]。美国国会图书馆也非常注重岗位培训,对于刚刚进入图书馆的工作人员会按照实际情况进行岗位培训,还会不定期举办关于文献保护和修复方面的专业培训[5]。这些做法都非常值得我们借鉴和学习,尤其是文献管理人员,极需要在文献保护和修复方面进行有针对性的学习和培训,对于破损的文献能够在第一时间内发现并实施简单修复来加以保护,破损严重的可根据实际情况进行再生性保护。

此外,还需加强相关部门及科组之间的交流,定期举办关于破损文献在修复和保护方面的座谈会,就文献破损、文献保护和修复展开交流讨论,将座谈会得出的实质性内容修订成册,并在馆内传阅普及,加强图书馆人的文献保护意识,将文献保护的意识深入人心[6]。

3.2 原生性保护和再生性保护相结合

文献的保护分为原生性保护和再生性保护。原生性保护是指在不改变原有文献的载体形式和原始特征的基础上进行的保护,主要表现在对原有文献的保护和修复。再生性保护是指改变原有文献的载体形式和原始特征进行的保护。再生性保护技术包括缩微复制、数字化以及影印出版等方式。这些技术的应用在文献的再生性保护方面取得了巨大的成绩。尤其是缩微复制,它以存储密度大、记录效果好、记录速度快,有利于长期保存、节约保存空间、便于再利用等被广泛利用。这一技术的应用为保护珍贵文献、提高文献利用率、降低维护费用等发挥了重要作用[7]。

保存本文献的保护除了我们在上文提到的原生性保护方式以外,我们还要考虑到如何使已经修复的文献不再受损,这就需要我们针对实际情况进行再生性保护,对于已经进入共有领域的文献实行复本流通或者建立数字化信息库,减少原件流通率,避免文献再次受损。

3.3 加强文献监管,增强读者爱书意识

加强文献的监管有助于减少文献由于各种原因造成的损害。不管是文献的搬迁还是文献的流通,有效的预防和监督非常重要。尤其是在文献流通过程中,文献管理人员在满足读者预约之前首先要检查文献是否有破损,损坏程度如何,还能否满足读者的预约请求。在读者使用过程中,对于出现撕毁、乱写乱画、随意折压等不良阅读行为的要给予提示。读者在使用完毕后,文献管理人员也要第一时间进行检查翻阅,看看是否有破损的情况出现,可以根据情节严重程度,对读者做出相应的警示。

读者作为文献阅读主体,增强其爱书意识和改善不良的阅读行为能大大减少文献的破损。具体措施如:在读者聚集的阅览室张贴关于爱护文献的标识语;在 4・23 世界读书日举办相关活动,大力倡导读者要爱书、护书;还可制作影视资料;举办文献的展览等进行文献保护的宣传等,让保护文献成为全民行动。

3.4 制定相应的使用政策

无规矩不成方圆,文献的保护也不例外。文献破损、污损的现象在图书馆用户使用的过程中经常会有发生,这些行为虽然属于个别行为现象,但是却直接影响了图书馆馆藏资源的使用和其他用户的借阅权利。因此,制定相应的使用条例,尤其是违规处罚条款,要做进一步的细

化,增强条文的可操作性,而不只是简单笼统的概括[8]。在美国公共图书馆,对于进入图书馆的读者在文献使用方面有明确的规章制度,他们对于用户类型、文献类型以及违规程度都有明确的划分。例如在波士顿公共图书馆,对于破损的文献则以文献的破损程度来定,能够修复的即可免除赔偿,如若不能修复,则根据破损文献的使用材料进行相应的赔偿(如有些平装书处以10美元的重置费用,带CD的书处以40美元的重置费用,一般类文献处以35美元的重置费用等)[9]。

在我们国家的公共图书馆则缺乏这样明确的赔偿细节,如果能够根据破损文献的文献类型、老化程度以及使用人群等进行细致的划分,并进行相关政策的制定,相信在倡导文献保护的当下,破损文献会越来越少。

3.5 文献的利用筛选

国家图书馆对于中文文献的收藏原则是求全。根据观察,在保存本文献中,读者利用率比较高的文献大都集中在部分文学艺术以及历史地理方面,而大部分文献在进入保存本库房之后一直处于沉睡状态,无人问津。例如教辅类文献、计算机类文献、各种版本的名著以及少儿文献等。这些文献利用率低,占地面积大,这对于用地紧张的库房来讲极为浪费空间。保存本库房占地的限制,极大程度上影响着文献的品相。在保存本,很多文献之间都是"零距离"衔接,容易造成文献的挤压,而且抽取不便,归位较难,破损难免发生。因此,节约保存本库房用地,对入驻保存本库房之后的文献进行利用筛选极为重要。

近年来,国家图书馆保存本库房也做了一些文献的筛选,如教辅类文献,不仅量大占地多且利用率低,存疑、限制及保密文献限于内容不对读者开放等,鉴此,该类文献部分已经进行了装箱封存。可是,面对入驻文献的逐年增加,小幅度的调整并不能从根本上解决库房占地紧张的问题。从笔者的工作经验中发现:计算机类的文献大多千篇一律,而且随着信息技术的发展,很多文献已经失去效用;文学类的小说、名著收藏了各种版本、各种装帧形式甚至划分了使用国别及使用人群;少儿类图书借阅群体特殊,不能进入阅览室,只能去少儿图书馆进行借阅,这样的图书与人群的分离致使少儿类文献无人问津;还有异形类文献,占地较大且不适于向读者提供借阅服务等。在保存本库房,类似占用空间且利用率低的文献不计其数,这些文献极大地挤压了保存本文献的占地,使得库房文献隔段时间就需要紧架、倒架,工作量大又容易损坏文献。

所以,合理进行文献的利用筛选,节约占地,不仅是解决保存本库房用地紧张的重要课题,更是妥善保存文献的一大举措。

3.6 认真学习并大力宣传《中华人民共和国公共图书馆法》

2017年11月4日,十二届全国人大常委会第三十次会议表决通过了《中华人民共和国公共图书馆法》,该法案是中国第一部图书馆专门法,它的落地对加强公共图书馆的管理,推动我国公共图书馆事业的发展具有里程碑式意义。其中,该法案第二十八条规定:公共图书馆应当妥善保存馆藏文献信息,不得随意处置;第四十四条规定:读者应当遵守公共图书馆的相关规定,自觉维护公共图书馆秩序,爱护公共图书馆的文献信息、设施设备,合法利用文献信息;借阅文献信息的,应当按照规定时限归还。对破坏公共图书馆文献信息、设施设备,或者扰乱公共图书馆秩序的,公共图书馆工作人员有权予以劝阻、制止;经劝阻、制止无效的,公共图书馆可以停止为其提供服务;第五十三条规定:破坏公共图书馆的文献信息、设施设备或者未按照规定时限归还所借文献信息,造成财产损失或者其他损害的,依法承担民事责任[10]。这些条例的呈现将文献信息的保护上升到了法律层面,进一步约束了破坏文献信息的行为举止,为我们的文献保护提供了坚实的后盾。

参考文献

[1] 王杭. 馆藏书之价值——保存本的维护和利用之见[J]. 现代情报,2006(5):141.

[2] 郑直. 图书馆图书破损的成因及其防范措施[J]. 图书馆学刊,2010(4):45-46.

[3] 陈媛. 医学院校大学生读者不良阅读行为浅析[J]. 内蒙古科技与经济,2015(18):160.

[4] 胡海燕. 日本国立国会图书馆的文献保护方法[J]. 图书馆学研究,2004(5):97-99.

[5] 李乘阳. 美国公共图书馆借阅制度分析及启示[J]. 四川图书馆学报,2018(1):96-99.

[6][8] 李靖,刘雅静. 美国的文献保护工作概述[J]. 文献与情报,2011(3):117-118.

[7] 马建平. 馆藏民国时期文献保护初探[J]. 四川图书馆学报,2012(6):30-31.

[9] Borrowing and Circulating Information[EB/OL]. [2018-03-10]. http://www.bpl.org/general/circulation/.

[10]《中华人民共和国公共图书馆法》正式出台(附全文)[EB/OL]. [2017-11-05]. https://mp.weixin.qq.com/s/m3wbEi5DhNezVCWEIz3Y9A.

基于《公共图书馆法》的图书馆培训业务发展思考

——以国家图书馆培训中心为例

彭增光(社会教育部)

"社会教育"一词最先由德国教育家第斯多惠(Friedrich Adolph Wilhelm Diesterweg)于1835年在其著作《德国教师培养指南》中首次提出。我国在1902年7月的《教育世界》杂志中刊登了日本利根川《家庭教育法》的译文,第一次出现了"社会教育"的称谓[1]。"社会教育"是指在学校教育、家庭教育之外的社会文化教育机构所实施的教育活动,其中图书馆作为面向全体公民提供服务的公共文化机构,在社会教育中承担起越来越重要的,并且是义不容辞的责任[2]。

公共图书馆法的建立,为新时期图书馆开展社会教育活动、履行社会教育职能提供了明确的法律依据,也为图书馆社会教育职能的开展指明了方向。本文将以《中华人民共和公共图书馆法》中相关条款的研究为基础,对国家图书馆培训中心开展图书馆业务培训的发展方向与发展思路提出思考。

1 公共图书馆法的建立及意义

2017年11月4日,我国首部国家层面的、面向公共图书馆的法律《中华人民共和国公共图书馆法》(以下简称《公共图书馆法》)经第十二届全国人民代表大会常务委员会第三十次会议通过，并于2018年1月1日起施行。这是我国在公共文化领域，特别是图书馆理论研究方面取得的重要成就，是继2017年3月1日开始施行的《公共文化服务保障法》之后，我国在公共文化领域内法制建设的又一丰硕成果。

《公共图书馆法》充分借鉴了国内外公共图书馆事业建设，特别是法制建设方面的先进经验，立足于我国公共图书馆事业发展现状，结合我国经济社会发展状况，规定了公共图书馆的事业属性和运行机制、强调了保障公民的文化权益并推进融合与发展、提升服务效能，为我国公共图书馆事业的建设和发展提供了强有力的法律保障，有利于推动公共图书馆事业的全面协调和可持续发展[3]。

2 公共图书馆法对于国家图书馆教育职能的要求

公共图书馆在满足全民文化需求，提高全民信息素养和文化自信等方面起着桥梁和引导的作用。《公共图书馆法》中，国家图书馆被赋予了具有公共图书馆属性，同时又承担国家职能的特殊图书馆身份。

《公共图书馆法》第三十三条规定，“公共图书馆应当免费向社会公众提供公益讲座、阅读推广、培训、展览等服务”[4]。国家图书馆是具有国家职能同时兼具公共图书馆属性的特殊图书馆，按照《公共图书馆法》的要求，国家图书馆同样应当免费向公众提供包括培训在内的服务。这是图书馆作为全民教育与终身学习的基地所应当具备的职责，也是法律赋予国家图书馆的神圣权利和光荣义务。

2.1 公共图书馆开展社会教育的基础与优势

首先，与学校教育和家庭教育相比，公共图书馆可以面向全体公民提供全民教育。因此，公共图书馆在开展全民教育方面具有不可多得的先天优势。

（1）以全体公民为教育对象

公共图书馆的服务对象决定了其面向全体公民提供服务，并不因为身份、地位与财富等自身条件而加以区别对待，对每一位读者都赋予相同的使用权与知识获取权。

（2）馆藏资源的丰富性与综合性

公共图书馆储备了大量的文献资源，这些文献资源展现了历史的延续性、体现了知识的丰富性。尽管读者的层次和需求存在诸多差异，但几乎都可以在丰富的馆藏资源中得到满足。

（3）馆藏增加的持续性与稳定性

图书馆的文献资源处在不断增加与扩充的过程中，这些不断丰富的馆藏资源，为开展社会教育提供了良好的持续性与稳定性条件[5]。

（4）教育手段的多样性

时代的发展推进了技术的发展与革新，图书馆在技术发展与革新的过程中也不断寻求创新的服务方式，以满足读者日益增长的阅读体验与知识需求。在数字图书馆技术的支持下，各种多媒体手段应用于阅览服务中，使得读者的阅读体验得到提升。公共图书馆能够提供网络化的服务，可以不受时间与空间的限制开展社会教育，成为社会教育的良好载体与平台。此外，阅读推广、公益讲座与读者培训、展览、图书馆公开课等多样的服务形式，满足了不同层次的读者深入学习的需求。

可见,公共图书馆在发挥社会教育职能方面拥有突出的先天优势,公共图书馆的很多服务实践表明,图书馆的服务与社会教育的职能是密不可分、相辅相成的。而《公共图书馆法》的推出,更为直接地将图书馆的教育职能列为其必须具备的核心职能,实至名归。

2.2 国家图书馆开展图书馆业界教育工作的职能要求与优势

国家图书馆作为具有特殊职能的公共图书馆,一方面向全体公民提供全民教育,另一方面,作为引领图书馆事业发展的先行军,国家图书馆因其特殊的身份与定位,为其在图书馆业界开展教育工作提供了独特的优势,为图书馆业界提供业务指导和技术支持也是义不容辞的职责。

联合国教科文组织在1976年针对国家图书馆的政策声明中指出,"国家图书馆应是图书馆事业的首要推动者,是各类型图书馆的领导。国家图书馆应在全国图书馆工作的各项规划中起到中心作用"[6]。

《公共图书馆法》第二十二条规定,"国家设立国家图书馆,主要承担国家文献信息战略保存、国家书目和联合目录编制、为国家立法和决策服务、组织全国古籍保护、开展图书馆发展研究和国际交流、为其他图书馆提供业务指导和技术支持等职能。国家图书馆同时具有本法规定的公共图书馆的功能"[7]。这样的职能要求,既符合联合国教科文组织对国家级图书馆的政策声明的要求,也与国际通行惯例保持一致,更突出了国家图书馆作为国内图书馆事业发展中心的地位、体现了国家图书馆对全国图书馆业界的业务指导定位。

世界上许多国家的图书馆行业法规均以法律的形式将"为图书馆界提供业务指导和技术支持"这一职责作为国家图书馆的职能加以确立。如《南非国家图书馆法》规定,"国家图书馆须领导南非各类图书馆,并提供指导和建议;负责规划和协调与其他图书馆和信息服务机构的合作";韩国《图书馆法》规定,国立中央图书馆须行使"图书馆馆员教育培训和对国内图书馆的指导、支持及合作"的职责[8];公共图书馆开展的业务活动包括"组织和举办演讲会、展示会、读书会、文化活动以及与终身教育相关的活动"以及"培育和设立具有地方特色的分馆"[9]。

国家图书馆在面向图书馆业界开展继续教育工作方面,也具有其独特的与无法替代的优势。

(1)丰富的馆藏资源

国家图书馆是全球中文文献资源馆藏量最大的图书馆。截至2016年年底,馆藏总量为36 459 962册/件,数字资源总量为1323.35TB[10]。巨大的文献资源储量,为充分利用馆藏文献、深入发掘文献价值、广泛开展继续教育提供了良好的前提和基础。

(2)全面的业务范围

国家图书馆作为国内图书馆事业的首要推动者和各类型图书馆的领导者,拥有全面的业务范围,涵盖了图书馆业务的各方面。

(3)大量的专业人员

丰富的馆藏和全面的业务类型,培养和锻炼了大批经验丰富的专业人才,为面向全国图书馆界开展继续教育工作储备了丰富的人力资源。

(4)广泛的影响力

国家图书馆作为国内图书馆事业的引导者,在业界具有较大的影响力和广泛的号召力,有利于调动全行业的力量进行优势互补、相互协作，面向业界开展继续教育工作。

3 国家图书馆培训中心在社会教育方面的实践及所面临的问题

《公共图书馆法》的颁布与实施，对公共图书馆开展社会教育提供了法律保障与法律依据，对国家图书馆培训中心的业务发展与服务效能提升也是不可多得的改革与创新机遇。

国家图书馆培训中心作为国家图书馆的专职培训机构，主要工作职责为开展图书馆业务及相关业务的培训辅导工作。工作内容主要包括两方面：面向图书馆界开展的业务辅导方面的继续教育、面向社会公众开展的社会教育。

3.1 面向图书馆业界开展的继续教育活动及所面临的问题

国家图书馆培训中心自成立之时就开始面向全国图书馆业界开展业务辅导工作。经过30余年的发展，面向图书馆业界的业务辅导工作已经成为国家图书馆培训中心的重点工作，并成为向业界宣传行业新理念、新技术和新方法，提高工作技能的一个重要渠道。近年来又针对不同类型图书馆的不同需求开展了定制培训，从范围上拓展了图书馆业界业务辅导工作的范围，从程度上加深了业务辅导工作的内涵。

3.1.1 图书馆业界的业务辅导工作发展及变化

面向图书馆业界的业务辅导工作是国家图书馆培训中心的重点工作。此项工作以年度为周期、以培训项目为单位持续开展，按照年初所拟定的年度计划逐一落实。每年的年初，会依据以往的工作规律，结合上一年度所收到的授课教师及学员对于培训主题的反馈意见初步拟定出年度计划，年度计划主要包括时间、地点与培训主题等项目。后期还需经过进一步的修改，如适时加入新的培训项目、合并类似的项目等方式，并逐渐形成确定的培训工作计划表。在此后的日常工作中，按照既定的计划表逐一展开和落实。按照培训主题与内容，基本可分为四类：分类法与编目业务、读者服务与参考咨询业务、数字图书馆业务、专题培训。

笔者对2011—2016年，国家图书馆培训中心面向业界所举办的业务培训班进行了统计与分析，6年间共举办各类业界培训班105期，学员总人数6249人，参与授课的教师人数为244人，具体数据如表1所示：

表1 2011—2016年培训班、学员、教师数量统计表

项目＼年份		2011年	2012年	2013年	2014年	2015年	2016年	合计
培训班数量		27	20	13	14	14	17	105
学员人数		1570	885	836	929	868	1161	6249
教师人数	高级职称	13	11	8	16	15	17	80
	副高级职称	23	32	15	20	16	16	122
	中级及其他	4	6	6	13	5	8	42
教师人数合计		40	49	29	49	36	41	244

(1)2011—2016 年培训班数量变化

2011—2016 年,短期业界培训班数量变化曲线如图 1 所示。从图中可看出,自 2011 年以后,培训班数量在经历了一个较大幅度的下降后保持稳定的发展趋势,究其原因,其一,2011 年适逢《中国图书馆分类法(第五版)》出版发行,行业内对于相关培训的需求居高不下,因此 2011 年的培训在数量上保持领先;其二,随着培训需求的不断降低和培训项目的不断调整,培训班数量随之呈现下降并保持稳定的趋势。

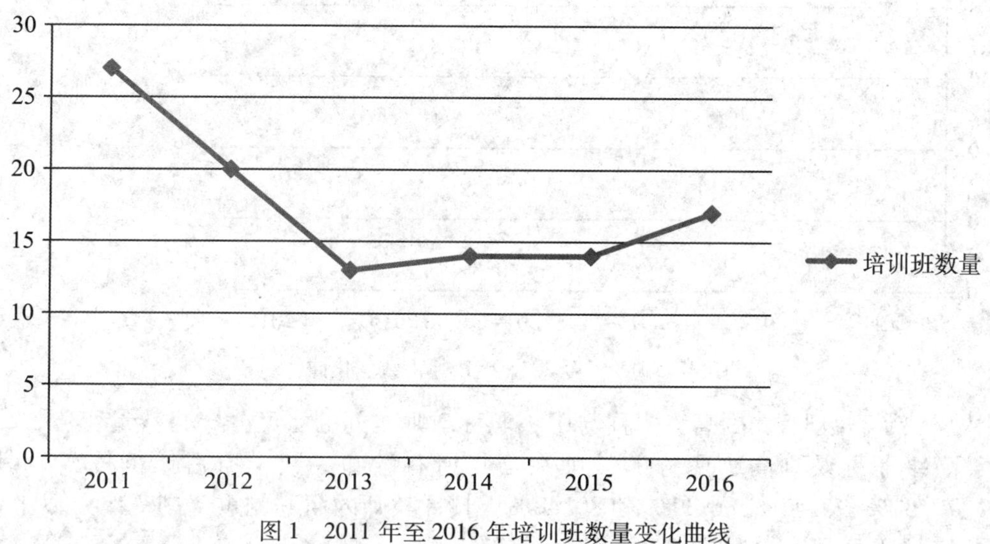

图 1　2011 年至 2016 年培训班数量变化曲线

(2)2011—2016 年学员人数变化

2011—2016 年,参加短期业界培训班的学员数量变化曲线如图 2 所示。学员人数的变化与培训班数量的变化原因一致,因此从曲线上表现出直接的正相关性。

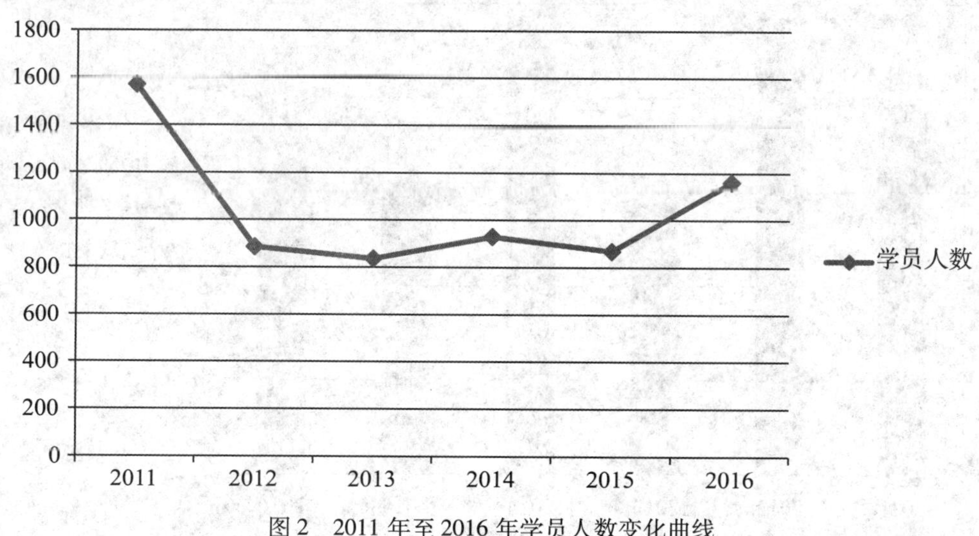

图 2　2011 年至 2016 年学员人数变化曲线

(3)2011—2016 年教师人数变化及职称分布

2011—2016 年期间,参与授课的教师人数的变化曲线如图 3 所示。由变化曲线可知,虽然从 2011—2013 年间,培训班数量及学员数量有较大幅度的下降,但教师数量并没有呈现出相同的变化。教师数量的变化主要取决于培训班的主题、培训班授课内容的丰富程度等因素。

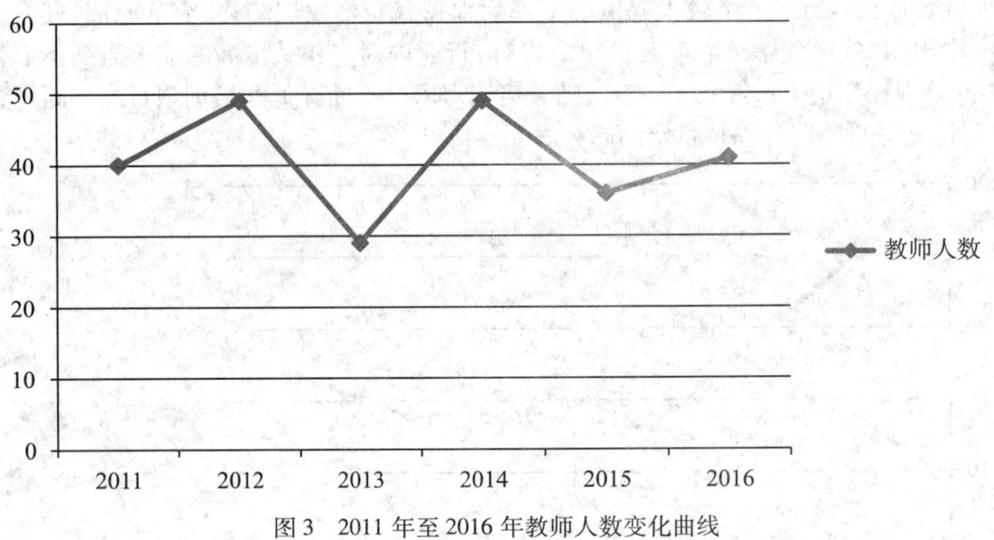

图3　2011年至2016年教师人数变化曲线

图4反映了高级职称、副高级职称与中级职称教师之间的年度分布与数量变化。2011—2016年，高级职称及副高级职称的教师在当年所有教师人数中所占比例依次为：90%、89.58%、79.31%、73.47%、86.11%和80.48%。授课教师的职称侧重于副高级及以上职称，这对于提高授课质量、保持培训班质量起到关键作用。

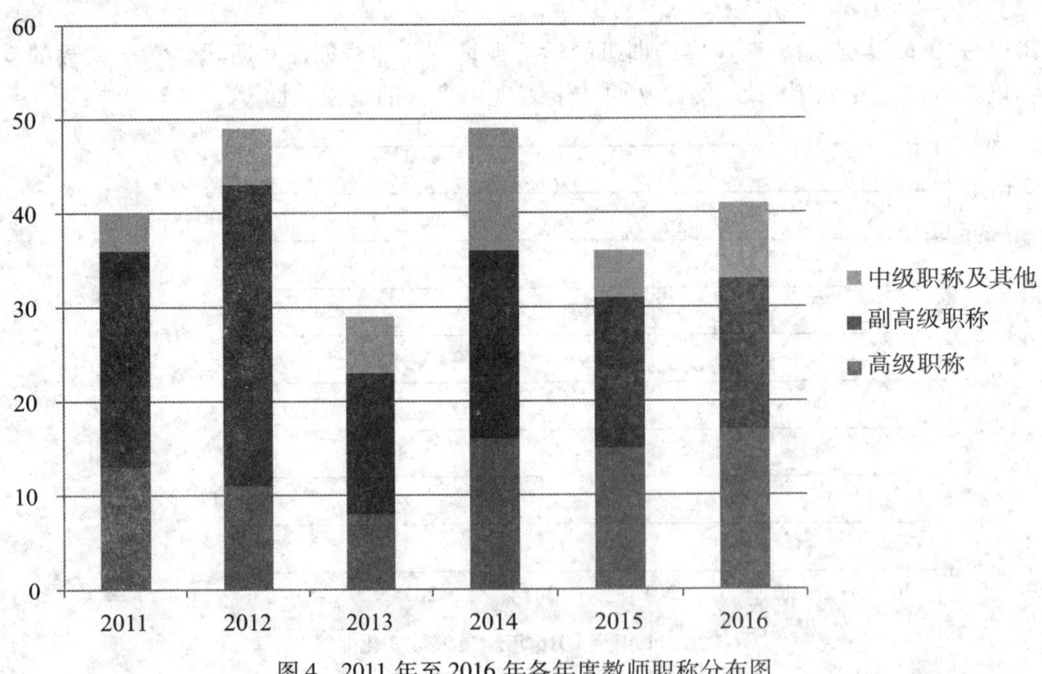

图4　2011年至2016年各年度教师职称分布图

3.1.2　面向图书馆业界开展的社会教育所面临的问题

业界培训班通过调查问卷的形式，了解学员对于培训班的意见。通过对调研问卷的统计

与分析,业界培训班所面临的问题主要表现在以下几方面:

(1)缺乏有效的针对性

就分类法与编目业务培训班,超过半数的学员认为内容太深,超出了自己的工作范围与接受能力。只有少部分来自大型图书馆的学员认为内容符合预期,对具体工作具有较强的指导性。究其原因,主要是参加培训的学员分布较为分散,大多数学员是来自中小型图书馆、高校图书馆与各类专业图书馆,其业务类型及业务量与国家图书馆的业务之间存在较大差距所致。

(2)重理论轻实践

无论学员来自何种类型的图书馆,均表现出较强的、通过实践来掌握理论的意愿,希望通过实践将理论快速转化为具体的工作能力。

(3)缺乏相应的广度

通过对2011—2016年间培训班数量、学员人数和教师人数的统计,可以看出各方面在数量变化呈现出直接的线性相关性,即学员人数与教师人数的变化取决于培训班数量的变化。培训班数量增加,则学员人数与授课教师人数增加,反之则减少。这说明培训项目缺乏较大的包容度与吸引力,缺乏长效与持续的吸引力。

3.2 面向社会公众的社会教育实践及所存在的问题

在面向图书馆业界开展系统的业务培训之外,国家图书馆培训中心还开设了针对社会公众的学历教育与传统文化类培训项目。从2008年起步至今,已近10年时间。表2反映了“古籍鉴定与修复”专业的成人大专学历教育在2011—2016年间的招生人数变化。通过统计发现,面向社会公众的培训与面向图书馆业界的培训存在类似的困境,即培训项目缺乏持续性与平稳性,年度招生人数起伏较大,究其原因,一方面在于公众对该培训项目的知晓度不够;另一方面在于培训的内容缺乏持续的吸引力;此外,外部环境的影响也在体现在招生人数上,即社会行业对于此类人才的需求的变化直接影响到招生的人数。

表2 2011—2016年“古籍鉴定与修复”大专学历教育招生人数表

年份	2011年	2012年	2013年	2014年	2015年	2016年
招生人数	16	27	26	32	13	23

4 对国家图书馆培训中心业务发展的思考

国家图书馆培训中心按照《公共图书馆法》的要求,面向图书馆业界和社会公众开展社会教育,既是法律赋予国家图书馆的权利,也是应尽的义务。在落实《公共图书馆法》的过程中,如何加强与其他图书馆之间的沟通交流、如何增强社会教育的效果,是国家图书馆培训中心所必须面对与思考的问题。

基于上述存在的问题,结合对图书馆业界培训多年来的工作经验,可以从以下几方面进行思考。

4.1 准确定位

在图书馆服务方式越来越多样化、服务途径越来越个性化的今天,要进一步提高国家图书馆培训中心社会教育工作的知名度与服务效能，首先要解决的问题就是准确的定位，进而找到适合的发展方向和独具特色的发展路径。

结合国图培训中心多年来的工作经验与优势，要在培训工作上保持长久与可持续的发展，不仅需要具备专业性，而且要体现丰富性与独特性的特色。在社会需求越来越多样化的今天，从"客户"的角度出发，为图书馆业界同仁提供切合实际需求、有针对性的、个性化的推荐与服务，针对他们在发展中与实际工作中遇到的困难，提出有针对性的建议和解决策略，进而推荐并提供特色的学习内容，把国图培训中心由传统的、提供模式化培训的机构转变为向图书馆提供专业咨询并提供有针对性解决方案的、个性化的一站式服务平台，或许是今后国家图书馆培训中心保持发展优势的定位与发展路径。

这样的发展方向既是国图培训中心的定位要求，也符合国图培训中心的职能要求：国家图书馆培训中心是专职的培训机构，其职能是面向图书馆界提供咨询、培训与相关服务。培训中心依托国图丰富的资源、专业的行业人才，承担起需求—供给的桥梁作用。一方面借助国家图书馆丰富的馆藏资源与人才优势，一方面了解全国图书馆界业界的动态与需求。因此向图书馆界提供个性化的综合服务，既是其职责所在，也是适应其未来发展的独特方向。

4.2 建立科学的课程体系和专业的人才队伍

在现有培训课程体系的基础上进行合理的整合，并在符合法律规定的前提下，积极推进免费的培训活动，并在此基础上丰富课程体系。

(1)建立一套更为科学的培训课程体系，例如可以按照培训内容体系、培训内容的适用对象、学习内容的难易程度等为依据，将培训划分为初级—中级—高级三个层次，并进而开展初级普适性免费培训与高级进阶收费培训，通过两种方式相结合的方式吸引业界同行与社会公众的兴趣、提高他们的参与程度，进而起到拓宽培训业务的路径的作用。

(2)明确培训活动的层次，即普及性推广—专业化培养、广泛参与—深度学习。在行业指导方面，通过定制培训等形式，向图书馆业界推广个性化、专业化的深层次培训指导。

(3)加强自身素养提升，培养专职教师，为图书馆业界提供专业的学习指导。

4.3 加强与其他图书馆、学校与社会机构的合作

现有的培训，尤其是面向图书馆业界的培训业务，其主要培训对象来自于图书馆业界同仁。在此基础上，可加强与其他公共图书馆、学校与社会机构的协作，将专业培训推广至更大范围。

(1)加强与老少边穷地区公共图书馆、基层图书馆之间的联系，定期推出较为基础的免费培训，在帮助他们提高基础业务能力的基础上提高他们对于更高级专业知识的学习兴趣与参与热情。

(2)加强与图书情报专业机构，尤其是高校之间的沟通，为在校师生提供免费的图书馆业务基础学习机会，并依托国图全面的图书馆服务，为在校学生提供社会实践的机会，培养高校学生对于图书馆专业的兴趣与参与热情。

4.4 加强与其他社会教育形式的联系与结合

进一步加强与其他图书馆社会教育形式的融合，加强与"全民阅读与阅读推广""图书馆

在线教育”“图书馆创客教育及实践”等社会教育形式的结合，推出相应的理论与实践课程，吸引更多人参与到学习活动中。

（1）图书馆专业教育方面，可将专业理论与实践相结合，采取阅读分享会、与第三方机构如“新世相”“言几又书店”合作的方式，借鉴他们先进理念与思维模式，开展阅读推广、推动全民阅读方面；或将阅读与图书馆在线教育的形式相结合，丰富在线教育的内容与提升阅读的体验。

（2）传统文化方面，结合图书馆创客营的实践，可以将文化创意产品开发的思维运用到创客工作坊中，开展深层次的延伸服务。特别是将创客营、文创产品开发等形式与古籍书画、甲骨拓片、文献鉴定与赏析等特色优势专业相结合，吸引更多爱好者与专业人士参与学习。

通过以上几方面措施，加强与图书馆界或其他机构之间的沟通与联系、增强图书馆从业者与社会公众对自身文化的自信程度、提升传统培训业务与其他教育形式的结合，将培训活动与图书馆发展的热点紧密联系起来、将培训活动与图书馆从业者和相关机构联系起来、将传统文化与社会公众的兴趣更紧密地联系起来，在全行业学习与响应《公共图书馆法》的大背景下，将与国家图书馆培训中心的培训业务与行业新发展、新趋势紧密结合起来，增强培训工作的工作效果、提升培训工作的工作效能，进行积极有益的探索与尝试。

参考文献

[1] 王雷.社会教育概论[M].北京：光明日报出版社，2007：13－26.

[2] 刘兹恒，周佳贵.试论图书馆社会教育职能在当代的发展[J].四川图书馆学报，2012(4)：2－6.

[3] 陈丽纳.《中华人民共和国公共图书馆法》法制框架下的总分馆体系建设研究[J].图书馆建设，2018(2)：29－34.

[4][7] 全国人民代表大会.中华人民共和国公共图书馆法[EB/OL].[2018－03－30].http://www.npc.gov.cn/npc/xinwen/2017-11/04/content_2031427.htm.

[5] 侯勇.公共图书馆发挥社会教育职能的先天优势与实现策略[J].图书馆学刊，2016(11)：13－15.

[6] 宓浩.图书馆学原理[M].上海：华东师范大学出版社，1988：81.

[8] 汪东波，张若冰.《公共图书馆法》与国家图书馆[J].国家图书馆学刊，2017(6)：50－55.

[9] 李国新，段明莲.国外公共图书馆法研究[M].北京：国家图书馆出版社，2013：156.

[10] 国家图书馆.国家图书馆年鉴 2017[M].北京：国家图书馆出版社，2017：252.

以蒙台梭利教育法为例试析图书馆的幼儿教育职能

张　章（党群工作办公室）

幼儿教育是当今社会非常重视的教育，幼儿教育的目标是摒弃各种违背儿童健康成长的理念与做法，开展符合儿童身心发展特点与规律的幼儿教育，尊重儿童学习的特点，着眼于幼儿一生的成长与发展。幼儿教育的本质特征可以概括为快乐幸福、理解尊重、保教关爱、身心健康、成长发展、习惯养成、心智启蒙、适宜环境八个方面[1]。依据幼儿阅读特点实施阅读指导,既是家长、幼儿园和社会的责任,也是图书馆义不容辞的责任。图书馆实施幼儿阅读指导并融入幼儿生活中,让幼儿在潜移默化的阅读教育中享有图书馆服务,是图书馆发挥社会教育职能的重要内容,也是图书馆服务实践需要探索的重要内容[2]。

蒙台梭利教育法是世界著名的教育法之一,广泛应用于幼儿教育阶段,主要使用在教育领域,针对不同年龄段孩子的天性,形成不同的教育方法。结合中国幼儿教育情况及少年儿童图书馆工作现状,本文试析其对于图书馆进行幼儿阅读推广工作以及图书馆幼儿教育职能开发中存在的理论和实践意义。本文主要探讨图书馆针对学龄前幼儿(1—6 岁)的阅读推广工作和图书馆的幼儿教育职能。

1 蒙台梭利教育法的基础理论

玛丽亚·蒙台梭利是20 世纪全球著名的幼儿教育思想家和改革家。她在意大利创办“儿童之家”,融合教育学、心理学、人类学,在实验研究的基础上形成了蒙台梭利教育法,并在全球范围内进行普及。作为幼儿教育体系的重要理论分支,蒙台梭利教育法受到广泛的认可,其教育法逐步发展完善。蒙台梭利教育法针对学前幼儿主要有以下几个较具特色的观点。

1.1 环境唤醒内在潜力

蒙台梭利认为环境要适合孩子发展的需要,要给孩子一个良好的发展空间,让孩子很容易就爱上它,并且愿意爱护它。在这样的环境里,幼儿会遵守秩序,保护物品,减小动静,同时对环境中的物品,他们会细心使用,这样他们就逐渐学会自理和独立,通过重复的工作,如打扫等,进行自我塑造。

1.2 儿童敏感期

蒙台梭利认为随着儿童成长,为了获得某种特定的品质或特征,产生一种暂时的个性倾向,这就是敏感期。儿童敏感期表现出了特殊的行为方式。如秩序敏感期的幼儿会敏锐地发现物品变换了位置,并在还原物品位置的过程中获得乐趣。当获得了这种品质或特征,敏感期就消失了。因此,掌握幼儿的语言敏感期、手的敏感期、秩序敏感期等敏感期特征,将有利于与幼儿交流,对幼儿进行教育。

1.3 教具的使用及幼儿能力的爆发

蒙台梭利认为:“儿童学会写字轻而易举,但仍需全面的准备,而不是片面的准备,儿童必须掌握写字必需的所有动作。书写的发展不是逐渐的,而是爆发式的。”[3] 她强调幼儿能力的实现,应该是爆发式的,唤醒天赋,这样更符合幼儿的自然发展特点。因此,在蒙台梭利教育法中教具发挥了很重要的作用,教具增强孩子感官认知能力,帮助其学习书写、运算。

1.4 自由与纪律

蒙氏教育理论认为儿童身上有一种天赋本能,这就是吸收力。这种本能推动了儿童身体发育和心理发育,使其更完美,因此它是自然发展的心灵胚胎。蒙台梭利主张要给孩子自由,幼儿的知识是在特定环境中吸收而来的,教育并非是要赋予幼儿什么,这关系到孩子个性培养，人格塑造，以及智能和精神发展，不要用成人的思想干预孩子。《蒙台梭利早期教育法》写道：“真正的纪律，其最初的曙光来自工作。在一个特定的时刻，一个孩子变得对一项任务极其感兴趣，全都写在了他的脸上，专注的神情，坚持不懈地做同样的练习，这一切就这样发生了。孩子已经踏上了走向纪律的道路。”[4]她认为自由与纪律并不冲突。给幼儿充分的自由，辅以合适的工作、恰当的时机，幼儿就能够拥有纪律。蒙台梭利教育法中的工作主要是指家务劳动或使用教具。

2 图书馆幼儿教育职能分析

2.1 图书馆具有幼儿教育的责任

图书馆具有社会教育的职能，《中华人民共和国公共图书馆法》明确指出：“公共图书馆，是指向社会公众免费开放，收集、整理、保存文献信息并提供查询、借阅及相关服务，开展社会教育的公共文化设施。”同时，针对少年儿童，提出：“政府设立的公共图书馆应当设置少年儿童阅览区域，根据少年儿童的特点配备相应的专业人员，开展面向少年儿童的阅读指导和社会教育活动，并为学校开展有关课外活动提供支持。有条件的地区可以单独设立少年儿童图书馆。”由此可见，图书馆具有社会教育职能，因此具有幼儿教育的职能，这是图书馆的责任，图书馆应为实现这个职能和责任提供各种条件，包括场地、书籍、人员及其他各种活动的平台等。

“少年强则中国强”，幼儿时期形成的阅读习惯将对一个人的成长起到至关重要的作用，因此图书馆应重视幼儿阅读群体，通过多种形式培养阅读兴趣，提高幼儿素质。

2.2 图书馆具有幼儿教育的条件

图书馆有幼儿教育的条件，具有书籍、场地等资源，图书馆员素质普遍较高，有一定的实践和研究能力。图书馆的吸收性强，能够融合各类单位、机构的资源和人员优势，具有幼儿教育的坚实基础。因此图书馆可以成为家庭教育、幼儿园教育以外的重要幼儿教育阵地。

现在国内独立建制的少年儿童图书馆有 122 个，总藏量 4231 万册，2016 年总流通人次达 2816 万人次，书刊文献外借达 3347 万册次，举办活动 10 155 个，参加活动读者数量达 384 万人次[5]，此外大部分公共图书馆具备少儿阅览室。《中华人民共和国公共图书馆法》对公共图书馆的设立、经费、人员、管理等都做了保障，因此，公共图书馆具备开展幼儿教育的基础条件。第六次公共图书馆评估标准[6]对省级（副省级）少年儿童图书馆的评估指标中，对经费、资源建设、基础设施等情况以及员工的教育培训、业务研究能力和成果情况、学历和职称情况都有明确的指标要求。由此可见，公共图书馆尤其是少年儿童图书馆普遍具备幼儿教育的基础条件，并且图书馆等级越高，它所具备的条件越完备。

利用图书馆的优势，补充、拓展幼儿教育的途径、形式和内容，将看护和教育幼儿工作与图书馆的阅读推广工作结合，可以形成新的图书馆幼儿教育理念，也是图书馆拓展幼儿服务的有效途径。

2.3 家长及孩子对多元化的幼儿教育有需求

在幼儿教育中，家庭教育和幼儿园教育是幼儿教育的重要方面。根据儿童早期发展的需求，图书馆开展幼儿阅读等幼儿教育形式是满足幼儿教育需求的有效补充。早期阅读行为对幼儿来说既是满足幼儿心理需求的一种方式,也是激发幼儿兴趣,培养幼儿阅读习惯的一种行为。

上海市教育科学研究院普教所课题组在 2007 年对上海市幼儿园幼儿参加兴趣班情况调查研究显示,家长对幼儿参加兴趣班的观念基本持赞同态度,认为幼儿有必要参加兴趣班的比例在 90% 以上[7]。《第十四次全国国民阅读调查报告》显示 2016 年我国 0—8 岁儿童图书人均图书阅读量为 7.76 本;在 0—8 周岁有阅读行为的儿童所在家庭中,平时有陪孩子读书习惯的家庭占到 90.0%,这些家庭中家长平均每天花 24.15 分钟陪孩子读书[8]。由此可见,很多家长非常重视孩子的阅读。

针对这些情况,图书馆可以拓展幼儿教育职能,利用自身的优势,把幼儿教育与阅读推广相结合,吸收社会资源,把幼儿教育做得更加正规,更加符合幼儿发展需求,从而充分发挥图书馆幼儿教育的职能。

2.4 图书馆幼儿教育的目标

图书馆开展的幼儿教育与家庭教育和幼儿园教育不同。图书馆开展幼儿教育的目标是培养阅读兴趣,提高幼儿素质,养成良好习惯,助力幼儿健康、积极的人格养成。培养过程中应该以幼儿的自由意志为转移,注重自由与引导,在幼儿自由发展的基础上,加以适当的引导,最终使阅读成为幼儿自身的需求。

3 蒙台梭利教育法对图书馆幼儿教育职能开发的启示

3.1 根据幼儿的习惯和特点,营造氛围,提供开展幼教的基本条件

蒙台梭利认为,环境唤醒幼儿的内在潜力。因此图书馆的布置需综合考虑符合幼儿特殊安全需求、符合幼儿习惯、符合幼儿心理等几个方面进行布置。家具的尺寸及摆放位置都应符合幼儿的身高、臂长等身体情况;坐卧装备、室内色彩、光线照明要使幼儿舒适愉悦,轻松自由[9]。图书馆的布置尤其是各种摆设和装饰物应是漂亮新奇的物品,引发幼儿兴趣,从而学会珍惜物品,珍惜图书。针对幼儿特别喜欢的图画、手工制作类图书可以通过复制等形式,提供充足的供应,空间比较大的图书馆可以划定游戏区域,做手工、画图画、玩游戏、摆教具等都能满足幼儿动手需求,减少书籍脏污和损坏,拓展幼教形式。

3.2 了解幼儿心理,利用敏感期理论提升幼儿兴趣,增强图书馆吸引力

根据蒙台梭利关于儿童敏感期理论,掌握儿童视觉、听觉、触觉等敏感期的不同特征,针对不同敏感期的幼儿开展不同的服务、培养不同时期的儿童认知系统发展,可以利用图书馆的书籍、蒙氏教具等加以引导。以图书馆排架为例,如针对 1—2 岁幼儿可以按书籍的颜色划分,同样颜色的书籍放在一起;针对秩序敏感期的幼儿要注意排架的整齐如一,甚至可以和幼儿玩排架游戏;针对触觉敏感期的幼儿可以将有触摸效果的书籍在一起;针对听觉敏感期的幼儿,可以将有铃铛、音效的书籍放在一起。这样的排架可以引起幼儿兴趣,增强书籍对他们的吸引力。此外,每一本书从内容、语言角度到组织、图画手法、文字数量及难易程度、装帧方式等多方面都有区别,图书馆员应充分了解书籍的特点和幼儿的共性特点,尽量了解每个幼儿的个性特点,针对不同的幼儿推荐更适合的图书,或者演示不同的阅读方法,以达到满足幼儿阅读需

求的目的。

3.3 以书籍作为幼教的直接工具，辅以其他教具，丰富幼教形式和内容，发挥图书馆的幼教优势

幼儿阅读的主体是幼儿，阅读的客体是书所表达的内容、意义和情感。利用蒙台梭利教育法开展幼儿阅读推广工作，其最重要的工具就是书籍本身。根据内容和形式的特点，幼儿书籍可以划分几类。不同类别书籍可选择其本身或者制作相应的工具作为引导阅读的工具。

针对低幼的实物认知类书籍可以选择实物作为工具配合书籍阅读。除了把书籍本身作为工具外，可以辅以其他对书籍的内容或者形式具有延展性的教具，以便于幼儿更好地理解书的内容。蒙台梭利教育法开发了众多教具，这些教具围绕认识大小、长短、形状、颜色、数量、体积等内容进行练习，可以作为儿童基本知识学习的辅助教具。此外，可以用如地球仪、积木类、动物毛绒玩具等工具，或者利用简单的材料自己制作工具，让幼儿产生兴趣，从而吸引幼儿去阅读书籍解答疑惑。

利用电子阅读器、点读机、电脑等电子设备作为工具，引导幼儿进行阅读，其色彩、形式及互动性对幼儿来说更具吸引力。不过幼儿使用电子设备的时间需要有所限定，避免身体，尤其是眼睛的损伤。利用图书馆音频资源，针对低幼儿童开展听儿歌、听诗词、念儿歌、念诗词的活动，以韵律为基础，引导幼儿语言发展，促进大脑发育，刺激语言学习能力提升。另外，众多网络资源、幼教课程、慕课等资源为图书馆员提供了更多可以利用的资源或教具，图书馆员可以根据需求，仔细斟酌资源或教具的质量，加以有效利用。

3.4 幼儿活动是图书馆幼教载体形式的一种创新

图书馆的幼教活动以读书类活动为主。在日常阅读指导同时，配合进行一些定期的阅读活动，能吸引或者帮助更多幼儿。亲子阅读故事会、诵读等活动能够通过馆员的演示，起到吸引幼儿的作用。让幼儿在图书馆的环境里自然而然地学会阅读，是一种事半功倍的方式。蒙台梭利认为兴趣大于奖励，提倡自由与引导。图书馆员在孩子爱上读书、学会读书的时候就可以不再过多进行干预，可以让孩子根据自己的兴趣爱好、思维方式，自行选择读物。

图书馆虽然具有空间优势，可以开展多样性的阅读活动，但是将图书馆内的活动延伸到图书馆外，有利于带动由于各种原因不能到图书馆的幼儿进行阅读，又能将更多的场地为图书馆所用。

图书馆的幼儿教育是幼儿园及家庭教育的补充，不要仅限于亲子读书会等幼儿阅读活动，国学教育、网络阅读指导、人文社会类教育（如保护动物、尊老爱幼等内容）、艺术创作课程、科学实验室、音乐戏剧表演、亲子班，以及基于知识和幼儿行为的各类比赛等都可以成为图书馆幼儿教育的形式。倡导终身学习和快乐学习的理念，培养幼儿综合素质，是图书馆幼儿教育的特点。蒙台梭利教育法强调工作对于锻炼孩子的重要性，工作不光是使用教具的教学练习，更是打扫等生活能力养成的练习。因此，吸引小读者成为图书馆志愿者参与图书馆日常工作流程的锻炼对于小读者来说也是一种教育。

蒙台梭利教育法是经过不断研究和实践长期发展而成的。图书馆借鉴蒙台梭利教育法开展幼儿教育，要通过不断的尝试，总结摸索出适合图书馆的方式和方法。此外针对幼儿服务的

馆员开展专业培训,是满足专业化需求的有效途径。将幼儿教育与图书馆工作相结合,进一步拓展图书馆幼儿教育职能,既是图书馆当下正在做的工作,也是我们未来发展的重要道路。

参考文献

[1] 程秀兰.幼儿教育本质的规定性及其意义[J].学前教育研究,2014(9):3-13.

[2] 严勇刚.试谈图书馆幼儿阅读指导[J].图书情报论坛,2011(6):42-45,51.

[3] 蒙台梭利.蒙台梭利早期教育法[M].龙玫,译.广州:广东经济出版社,2013:190.

[4] 蒙台梭利.蒙台梭利早期教育法[M].龙玫,译.广州:广东经济出版社,2013:232.

[5] 国家图书馆研究院.2016 中国公共图书馆事业基础数据概览[M].北京:国家图书馆研究院,2017.

[6] 中华人民共和国文化部.文化部办公厅关于开展第六次全国县级以上公共图书馆评估定级工作的通知[EB/OL].[2017-04-18].http://zwgk.mcprc.gov.cn/auto255/201701/t20170117_477673.html.

[7] 胡育,黄娟娟,丁昀.上海市幼儿园幼儿参加兴趣班情况调查研究[J],上海教育科研,2008(11):44-47.

[8] 第十四次全国国民阅读调查报告出炉:2016 年人均阅读 7.86[EB/OL].[2017-04-18].http://book.sina.com.cn/news/whxw/2017-04-18/doc-ifyeimqy2574493.shtml.2017-4-18.

[9] 徐雁.全民阅读推广手册[M].深圳:海天出版社,2011:10-11.

以法制之光照亮图书馆志愿服务前行之路

吕婷婷(中国古籍保护协会秘书处)

2017 年 11 月 4 日,《中华人民共和国公共图书馆法》(以下简称"《公共图书馆法》")由第十二届全国人民代表大会常务委员会第三十次会议表决通过,2018 年 1 月 1 日正式实施,共计 6 章 55 条,这是我国第一部图书馆专门法,也是党的十九大之后出台的第一部文化方面的法律。它的出台使得公共图书馆的各项事业发展有法可依、有据可查,奠定中国特色的公共图书馆的法律基础,确立政府主导、社会参与的公共图书馆建设格局,有助于公共图书馆事业健康发展。《公共图书馆法》的出台,体现了国家对公共图书馆事业的重视和关注,也反映出社会大众对图书馆的强烈需求和深切期待。

《公共图书馆法》中第四十六条中明确规定:"国家鼓励公民参与公共图书馆志愿服务。县级以上人民政府文化主管部门应当对公共图书馆志愿服务给予必要的指导和支持。"

1 志愿服务与图书馆

1.1 渊源

志愿者(Volunteer)源于拉丁语"Vduntas",词源的含义为"意愿"。19 世纪初,肇始于西方国家的宗教性慈善活动是现代志愿服务活动的前身。中华人民共和国建立后,我国现代志愿服务逐渐步入正轨。1963 年 3 月 5 日,《人民日报》刊登毛泽东主席题词"向雷锋同志学习",全国掀起学雷锋活动高潮并延续至今。进入 21 世纪,随着社会的发展和人民生活水平的提高，志愿服务活动发展势头良好，志愿者队伍日益壮大，呈现出蓬勃发展的局面。北京奥运会、上海世博会成功举办，让新时代志愿者的精神风貌和积极作用为社会所熟知。

2013 年修订的《中国注册志愿者管理办法》将志愿者定义为："不以物质报酬为目的，利用自己的时间、技能等资源，自愿为国家、社会和他人提供服务的人。"《公共图书馆法》规定"公共图书馆，是指向社会公众免费开放，收集、整理、保存文献信息并提供查询、借阅及相关服务，开展社会教育的公共文化设施"。1995 年，国家图书馆率先成立志愿者服务队，开图书馆界志愿服务先河，各省公共图书馆志愿服务相继展开。随着多年的探索和发展，图书馆志愿服务队伍不断壮大，质量日益提升，服务类型趋于多样化、专业化、体系化。

1.2 图书馆引入志愿服务的必要性

作为"没有围墙的大学"，公共图书馆除了承担征集、整理、咨询等业务工作，还肩负着开发馆藏、公共教育、建设数字图书馆等社会责任，志愿服务的引入缓解图书馆人手缺乏、经费紧张等困难，在公众对图书馆的需求不断增加的情况下，充足的社会力量为图书馆创新服务增添活力。

1.2.1 弥补人员、经费不足

志愿服务有着明显的社会经济效益，节省大量工作运行成本的同时，彰显出优质的服务水平，帮助图书馆缓解人员、经费不足的困难。志愿者从事读者导引、新书加工、上架整理等基础服务，对图书馆人力资源进行有效补充，缓解工作人员的服务压力，读者得以获得优质便利的阅读体验。图书馆员在志愿者的帮助下，将注意力放在专业性更强的工作上，挖掘馆藏潜力、做好咨询服务、从事专业研究，有助于图书馆公共文化服务功能的发挥。

1.2.2 充分了解读者需求

图书馆志愿者不少来自读者人群，站在客观的角度，志愿者对图书馆建设、发展路径、服务方式等方面有诸多想法，反映出公众对图书馆的期许。专业馆员与志愿者交流共事，可以感知读者的想法和建议，不断贴合读者需求，做好读者服务工作，切实加强图书馆服务社会能力。

1.2.3 创新工作模式

志愿者对图书馆工作充满热情，思想活跃、创新性强，他们生活在信息时代，对新事物的接受能力强，善于表达自己的观点。在服务过程中，志愿者对于图书馆服务与当下的热门话题和社会现象的创新性结合，往往有独到见解。图书馆员吸纳志愿者可行性建议，创新工作思路，开展喜闻乐见、深受欢迎的新颖活动，如 VR 体验活动、特色典籍展览、各类讲座公开课等。

2 图书馆志愿服务创新发展

随着志愿服务的纵深发展和广泛覆盖，专业化的志愿服务项目受到社会公众的青睐。专业的志愿服务项目针对性更强，有利于志愿者发挥个人专长，扩展知识面，提升专业素养，增强个人综合素质。为了挖掘志愿服务的潜力，保证其长久发展的活力，激励满足志愿者自身需求，图书馆志愿服务创新模式探索势在必行。本文以"中华古籍普查文化志愿服务行动"为例，尝试探究当前图书馆志愿服务创新做法。

2.1 “中华古籍普查文化志愿服务行动”活动概况

“中华古籍普查文化志愿服务行动”是由中国古籍保护协会发起,各省古籍保护中心参与的大型专业性志愿服务活动。目前该项活动已连续举办3年,通过招募高校大学生文化志愿者,利用暑期在有需求的省份开展古籍普查工作。三年来,参与省份达到12个,招募全国及海外89所高校500余名志愿者,深入114个基层受援单位,累计完成普查古籍近100万册/件,有力地推动当地古籍普查进程。

2.2 活动特点

《公共图书馆法》第十三条提到“公共图书馆服务网络建设坚持政府主导,鼓励社会参与。”大学生志愿者作为重要的社会力量,深入老少边穷地区,积极投身于基层图书馆古籍普查工作,帮助当地解决实际困难,扩展公共文化服务网络的深度和广度。

2.2.1 专业化的图书馆志愿服务

志愿服务最初始于邻里互助、扶危济困,更偏向于对困难人群生活上的帮扶,随着人们生活质量的不断提高,志愿服务的专业性日益凸显。古籍普查志愿服务活动属于图书馆重要的业务活动,即对馆藏古籍进行整理编目,具有鲜明的专业性特征。

(1)招募对象的专业性

古籍普查志愿服务活动对参与者的专业背景较为严格,以定向性的招募为主。考虑到古籍普查的难度、研究性质,招收的志愿者以历史、文献学专业硕博研究生为主。

为帮助志愿者尽快地进入角色,保证古籍的安全和普查的成效,各省会安排专业的岗前培训,详细讲解古籍版本鉴定基础、古籍著录标准规范,明确志愿服务工作目标,提高志愿者专业技能,保证志愿服务有的放矢地展开。

(2)招募过程的科学性

针对古籍普查服务的特殊要求,优化招募机制,对志愿者选拔过程严格要求、择优录取。活动伊始,各省古籍保护中心事先摸清待普查图书馆馆藏实际,确定招募志愿者数量。古籍普查志愿服务活动的招募对象以在读硕博研究生为主,各省接洽高校团委、勤工俭学部门,在平面媒体、官方网站、微博/微信公众号上发布招募信息。有意参与活动的在校大学生填写个人简介、教育背景、爱好技能等基本情况申请表进行报名。根据古籍普查要求,各省设置专业知识考试,对报名者进行筛选;组织面试对志愿者进行多方面考察,特别是考虑到古籍普查的特殊性,重视对志愿者品德的考量。最终录取的志愿者同招募单位签署协议,建立完备志愿者服务档案。

整个招募志愿者的过程从确定需求人数、发布招募信息,再到报名、考试、面试等筛选环节,充满着活动组织者的精心安排和预先谋划,“工欲善其事,必先利其器”,志愿者招募对古籍普查志愿服务的有序开展有着至关重要的作用,科学安排志愿者选拔方式为活动的顺利开展奠定坚实的基础。

(3)日常管理的严谨性

古籍普查志愿服务中,志愿者接触的是各馆珍贵古籍馆藏,严谨的日常管理显得尤为重要。各馆按照普查实际需求,将志愿者分为若干小组,安排带队老师和分组组长,带领志愿者开展服务;建立微信群和QQ群等即时联络群体,随时解答疑难问题;实行每日签到和请假制度，严格执行出入库规章制度，以保证古籍藏品安全。在服务过程中，带队老师还会经常与志愿者进行交流，了解他们的生活需求和心理状态，保证志愿者工作积极性和心理稳定性。

古籍普查对专业知识和技能要求较为严格，工作难度大、劳动强度高；又因古籍本身的珍贵程度和不可复制性，对活动参与者的工作责任心和职业道德素养要求高。严谨的日常管理，有助于帮助志愿者克服困难、调整心态，营造积极向上的工作氛围，推动志愿服务活动良性展开。

2.2.2　互利的志愿服务创新模式

志愿服务活动一直以来被认为是纯粹的利他行为，事实上，随着时代的进步和志愿服务的发展，志愿者在活动中的获得感日益显著。在古籍普查志愿服务活动中，志愿者在服务社会的过程提升自我、影响他人，实现《公共图书馆法》中“加强古籍宣传”“传承发展中华优秀传统文化”的要求。笔者以2015—2017年参与中华古籍普查文化志愿服务行动的文化志愿者为研究对象，围绕古籍普查志愿服务中的收获，通过问卷调查、电话采访、现场交流等方式，对志愿者进行访谈。现列表如下：

表1　志愿者在志愿服务活动中的收获

专业水平提升方面	巩固知识、增长经验
	找到兴趣、发掘爱好
扩大社会交往方面	结交朋友、扩大交际范围
	提升个人社会形象
志愿服务活动的影响方面	参加活动很开心
	活动很有意义
	会在相关领域继续求学
	会从事相关领域工作

（1）志愿服务有利于志愿者发掘爱好，提升专业水平

马克思主义实践观认为，实践是认识的来源，是认识发展的根本动力，是检验认识正确与否的唯一标准。当今世界处于快速发展的阶段，知识更新速度较快，通过社会实践，能及时获得尚未在书本中收录的鲜活资料，快速补充知识技能并同实际工作结合运用。

志愿者将所学知识运用于古籍普查整理编目实践，并在实践过程中加深对理论的理解，完善知识结构、增强理论结合实际的能力。通过与所学专业对口的社会实践机会得到第一手的资料，增进对古籍的认识和理解，加深古典文献学特别是版本学和目录学知识的认知，这是课堂上和教材中无法提供的宝贵实践经验。

通过古籍普查活动，志愿者与珍贵古籍朝夕相处，深入挖掘自身兴趣爱好，重新认识到自己当初选择所学专业的初衷——源于热爱，源于兴趣，这一认知激发志愿者工作热情和学习兴趣，有利于专业知识技能的进一步提升。

（2）志愿服务帮助志愿者扩大社会交往，提升个人形象

来自不同的学校和地域的志愿者互相切磋、交流学习，提高团队合作意识和个体交往能力，扩大了志愿者社会交往范围。志愿者在同前辈老师沟通中，加深对上一代人的理解的同时，也加深人们对大学生群体的认识，消弭代际隔阂，促进人与人之间的和谐相处。

奖励和评估机制的建立激励大学生持续参与志愿服务。中华古籍普查文化志愿服务活动由中国古籍保护协会统一制作颁发制式证书，为求学和工作增添有力的服务证明；活动结束后的各省总结大会对参与志愿者予以表彰，增强志愿者荣誉感和成就感；媒体宣传贯穿整个志愿服务活动始终，采用纸面媒体和网络媒体相结合的方式，对古籍普查志愿服务活动进行全方位、多角度的宣传报道，提升志愿服务活动影响力，满足志愿者自我实现的需求，提升了大学生志愿者的社会形象。

(3)志愿服务活动帮助志愿者实现角色转换

作为实践主体的大学生在基层服务过程中，独立人格得到体现，自主地去处理问题、支配时间、适应环境，学会同他人相处，增强团队协作能力。参与普查的学生需要对古籍进行下架、分类、排序，乃至简单的版本鉴定。通过古籍整理、编目、除尘、上架工作，志愿者磨炼身体意志、增强社会责任感。在社会实践中，志愿者加深对所学专业和实际工作的认识，了解到所学专业和未来工作方向的价值和意义。

古籍普查活动不仅使志愿者获得内心的愉悦感，个人价值得到肯定和实现，也帮助他们从学生角色转向社会人角色做准备。志愿者走入基层、认识社会，接触基层群众，真正实现从实际情况出发，深入了解国家的发展和人民生活现状，引导他们意识到自身肩负的社会责任，实现学生到社会人的角色转换。

志愿服务引导大学生发现自我价值，对人生进行科学规划，思考并寻求愿意为之奋斗和努力的事业方向。古籍普查志愿服务活动过程中，同学们对所学专业增进理性认识，加深对中华传统文化和中华古籍的热爱，坚定从事相关工作的信心，为古籍保护事业储蓄后备人才，为中华传统文化薪火相传的埋下火种。三年来，参与活动的志愿者已有若干学生选择毕业后进入图书馆及相关公共文化服务领域工作，或选择继续在相关专业深造学习。

2.2.3　志愿服务是公共图书馆发挥社会教育功能的有效途径

公共图书馆第二条明确图书馆职能之一是“开展社会教育”，志愿服务是实现社会职能的有效途径。通过志愿服务，学生们深入挖掘自身潜力，提升专业知识和理论素养，自身的能力和素质获得肯定，坚定报效祖国、服务社会的信仰。同时，图书馆员与志愿者朝夕相处、双向交流，志愿者的无私奉献、工作热情、创新活力，营造出积极向上、你追我赶的工作氛围，志愿者的工作成绩影响和带动着专业馆员，焕发专业馆员工作热情和积极性。

志愿者不仅在志愿服务中提升自我，影响专业馆员，还起到良好的榜样作用。“耳听为虚，眼见为实。”志愿服务的有序展开、志愿者的示范作用影响着身边的亲朋好友，引发社会公众对志愿活动的兴趣，吸引越来越多的社会力量投入志愿服务。古籍普查志愿服务中，不少志愿者都是在得知身边同学参与该项活动后，目睹活动的成效和意义，继而选择报名参与，无形中志愿者成了“播种机”、宣传员，让更多的人从活动中感受到古籍的魅力和中华传统优秀文化的精髓，促进公共图书馆与社会的交流往来、传播传承文明、服务社会的图书馆精神，实现了图书馆社会教育的功能。

2.2.4　志愿服务是对社会主义核心价值观的践行

《公共图书馆法》第三条强调公共图书馆应当坚持以社会主义核心价值观为引领，而志愿服务便是对社会主义核心价值观的践行。“奉献、友爱、互助、进步”的志愿精神根植于中华优秀传统文化，儒家思想倡导“为人由己”“仁者爱人”，道教宣扬“积德行善”，佛教主张“慈悲为怀”，扶危济困、友邻互助的优良传统古已有之，志愿服务精神与中华民族传统美德、社会主义核心价值观精神内核一脉相承。

志愿服务是一项传播文明、见证崇高的社会化公益事业，是构建社会主义和谐社会、践行社会主义核心价值观集中体现。志愿服务为公众提供助人为乐、奉献社会的途径，提高公民素质、培育公民道德、增强社会责任感，带动整个社会风气的提升。大学生存在多种可塑性，志愿服务使之了解多样化的文化群体、触及多方面的社会面貌，体会不同阶层、理论、意见的差异性，提升和改变自身的价值理念和就业目标。青年学子逐步认识时代赋予的重任和使命，既博览群书，又关心国家、关心人民、关心世界，学会担当社会责任，成为德智体美全面发展的社会主义事业建设者和接班人。

3　图书馆志愿服务未来发展趋势

志愿服务既是我国多层次社会保障体系的重要组成部分，又是国家加快建设公共文化服务和保障体系重要一环。随着国内经济的快速发展、居民生活水平和整体素质大幅提高，未来的图书馆志愿服务前景可期。

3.1　法律保障体系日益健全

我国对志愿服务工作的重视由来已久，在宪法和相关法律中皆有相关内容的规定，为志愿服务的发展提供法制依据。2017 年 6 月 7 日，国务院第 175 次常务会议通过《志愿服务条例》，自 2017 年 12 月 1 日起施行。这是我国第一部志愿服务方面的专门法规，体现出国家层面对志愿服务的肯定和支持。条例详细规定志愿服务的内涵外延、管理机制、权益保障、责任义务、鼓励措施，切实地为志愿服务和志愿者提供法律保障。2018 年 1 月 1 日正式实施的《公共图书馆法》则以独立的条款鼓励公民参与图书馆志愿服务，为志愿服务进入图书馆领域提供法律保障和制度依据，为建立健全志愿服务法制保障体系添砖加瓦。一系列专门法律法规的陆续出台，明确志愿者的身份地位和志愿服务的权利义务，内容具体、指导性强，有着广泛的适用性和实际的可操作性，反映出我国志愿服务保障体系日益健全，志愿者的合法权益受到全面保护，志愿服务的法律保障和政策支持落到实处，有助于公众对志愿服务基木原则和理念的认知，创造出良好的志愿服务大环境，加快推进我国志愿服务可持续发展。

3.2　志愿服务长效机制不断完善

社会公众所理解的志愿服务往往是一种纯粹的利他行为，志愿者付出一定的时间、精力、体力劳动和专业知识，不求实际金钱回报，是完全的奉献和牺牲。长此以往，志愿者的工作热情和积极性都无法得到保证，不利于志愿服务的常态发展。未来，志愿者服务将更加重视完善长效机制，特别是奖励机制，保护志愿者的工作积极性和服务热情。《公共图书馆法》第十二条对志愿服务提出鼓励措施，即“对在公共图书馆事业发展中做出突出贡献的组织和个人，按照国家有关规定给予表彰和奖励”。通过政府性的表彰和奖励，配合以广泛地、多渠道地媒体宣传，总结分享成果、记录先进事迹，提高志愿服务的社会认同度，加深公众对志愿服务工作的感知和理解。从国家立法层面建立一定的奖励制度，培养志愿者长期服务意识，吸引社会公众投入志愿服务活动。

3.3 社会力量参与趋势日益明显

《公共图书馆法》中多个条款涉及鼓励社会力量参与公共图书馆建设,为引入社会力量助力图书馆事业发展提供法律保障。如第四条规定:“县级以上人民政府应当积极调动社会力量参与公共图书馆建设,并按照国家有关规定给予政策扶持。”第二十三条规定:“国家推动公共图书馆建立健全法人治理结构,吸收有关方面代表、专业人士和社会公众参与管理。”《公共图书馆法》明确政府主导的同时,为社会力量参与公共图书馆建设创造充足的发展空间。国家出台相关法律予以政策支持,鼓励和激发社会力量助力公共文化。新时代图书馆志愿服务将不断走向社会、走向大众。依靠社会力量,取得更大的进步。

习近平总书记在十九大报告中提到:“青年兴则国家兴,青年强则国家强。青年一代有理想、有本领、有担当,国家就有前途,民族就有希望。”图书馆志愿服务同样离不开广大在校青年大学生的投入和支持。《公共图书馆法》的颁布和实施,以专门条款明确公共图书馆和志愿服务的密切关系,将图书馆志愿服务纳入法制轨道,推动图书馆志愿服务迈入新的发展机遇期。

参考文献

[1] 汪东波,张若冰.《公共图书馆法》与国家图书馆[J]. 国家图书馆学刊,2017(6):50-55.

[2] 柯平.《中华人民共和国公共图书馆法》全面保障我国公共图书馆体系化建设[J]. 图书馆建设,2018(1):19-23,36.

[3] 李国新. 开启新时代图书馆法治研究的新阶段[J]. 图书馆,2018(1):1.

公共图书馆推广传承传统经典文化的现状与思考

——以少儿阅读为例

张　雪(党群工作办公室)

近年来,对少年儿童加强中国传统文化教育逐渐成为社会共识,社会各界人士认识到,学习中国传统文化对少儿的人生观价值观的形成有着重要意义。党的十九大报告中指出:“中国特色社会主义文化,源自于中华民族五千多年文明历史所孕育的中华优秀传统文化,熔铸于党领导人民在革命、建设、改革中创造的革命文化和社会主义先进文化,植根于中国特色社会主义伟大实践。”中国共产党高度重视中华优秀传统文化,在中国革命、建设和改革中,一贯继承、弘扬、提升中华优秀传统文化。习近平总书记在讲话中曾多次阐述中国传统文化对国家和民族的重要性,并身体力行地倡导社会从中国传统文化中汲取营养。习近平在 2014 年曾表示:“我很不赞成把古代经典诗词和散文从课本中去掉。”就是希望少年儿童能够打下深厚的中国传统文化的知识基础。图书馆作为人类文明和文化的传承者,担当着在新时代弘扬中华优秀传统文化的使命。因此,如何在少儿阅读推广中弘扬中国传统文化,也成为少儿图书馆面临的课题。

1 适合少儿阅读的传统文化的范围界定

随着国学热兴起,社会上涌现出一批国学经典。国学是华夏文明之根,炎黄儿女之魂。中华文化是中华民族无数古圣先贤、仁人志士对自然、人生、社会的思索、探求与总结。国学是中国传统文化的精髓,对中国政治、经济、军事等各方面都有影响极大,对于传承文明,增强民族凝聚力,以及中华民族的复兴都起着重要作用。经典,通常是指那些有着持久的生命力,经过了历史考验,具有重要影响的、经久不衰的著作,其内容或被大众普遍接受,或在某专业领域具有典范性与权威性,刊载有该领域内最基本、最根源的知识①。国学经典即是中华文化中最优秀、最精华、最有价值的典范性著作。它们经过时间淘漉和历史沉淀的文化精品。适合少儿阅读的传统经典文化是基于以上中华优秀传统文化、国学经典,创作和衍生出来的易于少儿读懂、能够对少儿人生观、价值观形成起到引导作用的各类书籍、报刊、视听产品等。

2 在少儿阅读中推广传统经典文化的意义

美国发展生理学家玛丽安·沃尔夫在《普鲁斯特和鱿鱼:阅读头脑的故事和科学》一书中指出一个人的阅读能力基本是由童年时期的阅读技能所决定的②。少儿时期是个人习惯养成、品格塑造、人生观和价值观形成的重要时期,同时也是阅读、记忆等学习机能启蒙时期。儿童时期是形成阅读素养的关键时期,阅读习惯和阅读能力的培养至关重要,少儿阅读的品质和深度直接影响国家社会的未来和发展。俗话说"三岁看老",很大程度上讲的就是少儿时期对个人一生发展奠定了基础。

2.1 有助于少儿完善人格形成正确的人生观价值观

少年儿童在身心逐渐成长和发育阶段,充满好奇心和求知欲,这个时期更需要正确的精神引导来丰富心灵世界。中华传统经典读物不仅是中华数千年历史和文明的集中文献反映,而且融汇了适合人们代代相传的人文精神。品读传统经典不仅可以增长知识、开阔视野、发散思维,更是潜移默化的加强人文修养,逐渐形成正确的人生观和价值观。通过阅读名家名人的成长经历和励志故事,能够启迪少儿形成坚毅的性格。少年儿童阶段的阅读还是提供公民整体素质的有效手段。在国家大力倡导下,通过保障少年儿童的阅读来增强和提高全民族的文化素质和精神修养。

2.2 有助于少儿形成良好的阅读习惯提升阅读能力

少儿阶段是培养阅读习惯、开发阅读兴趣的最佳阶段。随着信息技术发展,少儿易于收到卡通动漫、电子游戏等越来越多的诱惑,这种快餐式娱乐习性的养成,会对少儿身心发展和学习能力产生严重负面影响。研究证实,越早对人开展阅读习惯的培养,就越有可能将这种习惯

---

① 王余光.阅读,与经典同行[N].光明日报,2009-04-30.

② 许欢.儿童传统经典阅读推广研究[J].图书与情报,2011(2).

发展成一生的爱好。在国家大力倡导全民阅读的背景下,少年儿童更加需要阅读传统经典读物来实现自身阅读能力的提升和发展,进而培养起终身阅读、终身学习的良好习惯。同时,传统经典具有较强的文学性和逻辑性,唐诗宋词等古文韵律优美、朗朗上口,通过阅读经典,能够丰富少儿的语言,提高其表达能力,培养他们理解和使用语言的基本技能,形成良好的思维习惯。

2.3 有助于优秀传统文化和中华民族伦理道德的传承,防止传统断层和缺失

全球化和信息化发展的今天古今中外文化不断交流碰撞,随着社会、经济和科技的发展,历史知识在现代人,尤其是少年儿童中普及率较低,人们对传统文化所承载的人文情怀也是知之甚少。“如果一个人从来没有阅读过本民族的任何经典名著,就不能称得上是一个受过教育的人。”①自古以来,传统经典文化是一代代人流传下来的宝贵资源。传统文化教育要从少儿做起,少儿在阅读经典读物之后,不仅可以获取知识,而且能够加深对家国的理解,从而形成良好的阅读氛围,对于书香社会的形成是十分有利的,同时经典阅读的行为和习惯的养成也有助于人类文明精华的延续。

3 公共图书馆将传统文化融入少儿阅读推广活动的现状

2015年3月15日,李克强总理在《政府工作报告》中提出“倡导全民阅读,建设书香社会”。此后不久,中国图书馆学会下发了《关于开展2015年“全民阅读”工作的通知》和《关于开展“2015全国少年儿童阅读年”系列活动的通知》,将全国2015“少年儿童阅读年”的主题定为“传承经典 弘扬优秀传统文化”。《全民阅读“十三五”时期发展规划》将“少儿报刊阅读季”活动纳入“少年儿童阅读工程”,成为全民阅读重点工作之一。随着中国国力的提升和民族自信力的增强,在构建当代精神文明的过程中,学习和了解传统文化成为更多人的共识。越来越多的中小学学生家长都愿意让自己的孩子阅读中国传统经典的著作。2000年,国家科技部研究中心对“古文诵读”的评价调查中显示,73.1%的家长和86.7%的教师认为背诵古典诗文能弘扬传统文化;88.7%的家长和6.7%的教师认为对孩子的修养和人格发育有好处;94.2%的家长和100%的教师认为对提高孩子的语言文字能力有好处②。公共图书馆利用自身资源,不断拓宽社会教育功能,在不遗余力的开展少儿阅读推广同时,以多种多样的形式将弘扬传统文化融入其中。

公共图书馆利用周末或寒暑假期,开展传统经典文化的学习。具有一定知名度的公共图书馆少儿国学经典阅读品牌主要是广州市图书馆的“少儿读经班”、天津市图书馆所举办的“国学冬令营”、深圳市图书馆的“亲子国学阅读”、上海图书馆的“国学阅读夏令营”等。图书馆策划开展经典诵读活动,利用馆藏文献策划组织相关活动,少年儿童不仅可以学习和阅读到符合其年龄特征的传统经典文化读物,而且通过这些读物的阅读加深对传统文化的了解。目前国内部分公共图书馆用各种都采用了多种形式进行传统经典文化阅读推广,并受到了学生

---

① 通识教育师生谈(14)——名著工程与美国的通识教育[EB/OL].[2014-01-15].http://www.fudan.edu.cn/tsJy/arti-cle.php? id=120.

② 诵读古典诗文有助人格发育[N].中国青年报,2000-01-05.

家长的热烈欢迎。

4 提高传承经典文化的认识，发挥图书馆传播先进文化主阵地的意识

图书馆是人类知识的贮存地，其中，公共图书馆不仅担负着知识存贮的任务，更担当着开展教育、传播文化、提供信息的重任。在1994年联合国发布的《公共图书馆宣言》中，更是明确指出，公共图书馆服务的核心内容之一就是要提高对民族文化遗产的认识，促进文化间的对话，增进文化的多样性。公共图书馆作为公共文化服务体系重要组成部分和前沿重镇，其服务的对象是包括未成年人在内的最普通的大众，部分公共图书馆开设了少年儿童馆并为少儿读者提供文献借阅、开展指导阅读活动。作为传播先进文化的主阵地，公共图书馆责无旁贷地担当起传承中华优秀传统文化的重任。公共图书馆组织少年儿童诵读古代诗词文化，在阅读古代经典文化的过程中，使之感染中华文化的熏陶，感受古典文化的魅力，感悟优秀文化的精髓。公共图书馆应成为经典文化的诵读者、传承者和倡导者。

4.1 完善公共图书馆传统经典文化读物的资源供给

根据不同年龄阶段的少年儿童的特点，掌握少儿阅读能力和阅读心理特点，科学开展传统经典文化读物资源采访工作，目的是让公共图书馆提供的经典读本能够吸引特定年龄段少儿的兴趣。图书馆要进一步完善少儿传统经典文化读物文献库，注重选取中华优秀传统文化、国学经典，创作和衍生出来的易于少儿读懂、能够对少儿人生观、价值观形成起到引导作用的各类书籍、报刊、视听产品；同时还要注重经典解读注释书籍的采购和推荐，使少儿在尊重原著基础上，发挥天性和想象力，从自身角度正确理解经典。图书馆应有效地选取国学经典解读注释书籍并及时推荐给少儿，将会引导他们对国学经典读物的理解朝着正确的方向发展。

4.2 加强家长对传统经典文化阅读引导能力的培养

亲子阅读往往是少儿进行阅读的第一线场所。因此，要想让少儿拥有良好的国学经典阅读氛围，加强家长对传统经典文化阅读引导能力的培养势在必行。图书馆不仅要向少儿推荐传统经典文化读物，还要注重让家长们充分掌握引导少儿进行阅读的方法。从目前开展国学经典阅读推广工作的实践经验来看，尽管很多父母很注重让少儿进行国学经典阅读，但由于自身能力有限，无法给予系统化的指导和帮助。因此，图书馆可以发挥自身的资源组织优势，通过邀请国学教育专家开展讲座的方式或者举行家长经典阅读交流会的方式，来提升家长引导少儿进行经典阅读的能力。另一方面，由于目前市场中各种表现形式的国学经典读物种类繁杂，其中就囊括了一些不宜少儿阅读的国学经典以及解读层次较低的国学经典解读注释读物，从而使得家长无从下手购买，因此少儿馆有必要加强对家长甄别读物能力的培养。

4.3 培养少儿对传统文化的阅读兴趣

“兴趣是最好的老师”，儿童教育学研究结果表明，少儿时期是人的心理和认知能力极速提升的重要阶段①，在其发展过程中，是一个行为能力、心理、心智和阅读能力综合发展的过

① 陆晓红．我国儿童阅读推广研究综述[J]．图书馆工作与研究，2013(9)．

程,是阅读兴趣和阅读能力培养的关键时期。在此阶段,少年儿童对知识的需求覆盖面极广,涉及各个领域,因此少儿图书馆需要针对各类小读者的兴趣特点,提供个性化的服务措施,并在整体布局结构和服务水平上进行优化,不仅要提供给少儿读者一个易于提升阅读兴趣的平台,同时要对少儿读者进行合理引导,帮助他们挖掘和增强阅读乐趣,提升少年儿童的阅读主动性及连续性,进而养成一种主动阅读和探索知识的良好习惯,使少年儿童对阅读产生更大的兴趣与激情。同时,积极借助新兴多媒体资源,充分利用网络、计算机、PAD 等新兴知识载体及媒介,将知识阅读同新媒体资源有机结合,探索出更加容易被少儿读者接受的阅读方式。另一方面,根据时代发展的需求,在传统阅读形式的基础上大胆创新,针对少儿读者特点,以寓教于乐的方式开展多样化互动阅读活动,让他们在享受影音、游戏快感的同时也能够学习知识,养成良好的阅读学习习惯。

4.4 多维度拓展传统经典文化阅读活动的组织形式

图书馆在开展传统经典文化阅读活动的时候,必须要结合少儿活泼多动等特点,提高活动的多样性,并以多个角度来提升活动的立体度,拉近少年儿童和国学经典的距离。开展如经典文学作品角色扮演、用图画来描绘唐诗意境等极具创新性和互动性的分享活动。儿童通过参加这种多样的活动,能够在吸取传统文化精髓的基础上,展开想象力和创造力,从而为经典阅读增添兴趣和活力。

4.5 结合地域优势,打造品牌项目打造特色品牌活动

优秀传统文化凝聚着中华民族自强不息的精神追求和历久弥新的精神财富,拥有五千年历史的中华文化源远流长,给后人留下众多宝贵历史财富。公共图书馆应以当地文化积淀为依托,着力打造自身服务特色,探索充分利用公共文化资源创新服务的新模式,以少年儿童熟知的地区文化为钥匙,开启一扇了解中华传统文化的大门。

作为公共文化服务重要载体的公共图书馆,特别是少年儿童图书馆,理应依托其浓郁的文化环境、精神氛围以及丰富的馆藏资源,主动向读者推荐馆藏优秀传统文化资源,宣传优秀传统文化,弘扬社会主义核心价值观。在国家大力倡导全民阅读、建设书香社会的时代背景下,如何推动国学经典的传承与发展已迫在眉睫。少儿图书馆作为服务于少年儿童阅读推广工作的前沿阵地,必须切实肩负起推广国学经典阅读的社会责任和使命。一方面,少儿图书馆要注重研究少年儿童接受国学经典读物的学习特征和心理特点,创造性地改进工作的方式和方法;另一方面,公共图书馆要注重营造少年儿童阅读国学经典的氛围,进一步在全社会范围内引起对少年儿童阅读国学经典的重视和关注,只有这样才能真正推动国学经典的传承和发展①。

参考文献

[1] 全国国民阅读调查课题组. 全国国民阅读调查报告[M]. 北京:中国书籍出版社,2013.

[2] 戴丽. 基于少儿认知规律的少儿图书馆的思考与实践[J]. 新世纪图书馆,2017(12).

[3] 郝振省,陈威. 中国阅读:全民阅读蓝皮书(第一卷)[M]. 北京:中国书籍出版社,2009.

---

① 何跃. 少儿图书馆国学经典阅读推广实践探索[J]. 图书馆学刊,2017(9).

[4] 崔喜梅. 少儿图书馆阅读服务模式创新探索——以河南省少年儿童图书馆“历史教室”为例[J]. 河南图书馆学刊,2017,36(10).

[5] 张婉莹. 浅谈少儿图书馆读者活动的策划——以“中国传统节日——我的端午记忆”为例[J]. 河南图书馆学刊,2017,36(10).

[6] 王志庚. 全国少年儿童图书馆基本藏书目录(第一版)[M]. 北京:中国少年儿童出版社. 2012.

[7] 朱光华,吴为鹏,童秀端. 尤溪县图书馆在优秀传统文化传承中的作用——以开展朱子文化系列活动为例[C]//福建省图书馆学会. 福建省图书馆学会 2013 年学术年会论文集. 福州:福建省图书馆学会,2013.

[8] 刘滨. 图书馆如何担当优秀传统文化的传承与超越[C]//福建省图书馆学会. 福建省图书馆学会 2011 年学术年会论文集. 福州:福建省图书馆学会,2011.

[9] 秦志华. 弘扬经典　亲近阅读——南京图书馆经典阅读推广活动探析[J]. 新世纪图书馆,2014(1).

[10] 郑辰. 福州市少儿图书馆的儿童阅读推广活动研究——家长的认知与态度[D]. 合肥:安徽大学,2013.

[11] 国家图书馆. 国家图书馆年鉴[M]. 北京:国家图书馆出版社,2014.

[12] 朱永新. 我的阅读观[M]. 北京:中国人民大学出版社,2012.

[13] 唐红. 公共图书馆与少儿阅读推广[J]. 科技情报开发与经济,2012(4).

大数据时代国家图书馆发展的 SWOT 分析

黄　静(党群工作办公室)

当前,数据以指数级速度增长,展现出前所未有的价值,大数据时代已经到来。对海量数据进行挖掘处理,找出数据背后的深层规律,可以有效指导工作实践,对产业发展也具有非常重要的借鉴意义。因此,世界各国竞相研究如何应用大数据技术推动社会、经济发展。目前,通过有效分析挖掘大数据提升本国国际竞争力已成为各国重要的战略发展目标。美国于 2012 年 3 月 29 日推出了《大数据研究和发展计划》。在此基础上,又于 2016 年 5 月发布了《联邦大数据研究与开发战略计划》。中国也制订相关发展规划,《中共中央关于制定国民经济和社会发展第十三个五年规划的建议》明确指出:“实施国家大数据战略,推进数据资源开放共享。”2015 年 8 月 19 日,国务院常务会议通过《关于促进大数据发展的行动纲要》。9 月 5 日,《国务院关于印发促进大数据发展行动纲要的通知》正式发布,该纲要提出将全面推进我国大数据发展和应用,加快建设数据强国。可见,大数据浪潮席卷全球,已成为不可避免的时代趋势,我国正积极参与其中,适应大数据时代新的社会环境。

在国家大数据战略的影响下,各行业均希望依托大数据提升产业的效率和质量,培育行业发展新动能。在公共图书服务领域,随着《中华人民共和国公共图书馆法》(以下简称《公共图书馆法》)的颁布实施,作为国家总书库、国家书目中心、国家古籍保护中心的国家图书馆,担负的责任越来越重大。在这一背景下,大数据时代国家图书馆将面临怎样的新环境?又将面临怎样的机遇和挑战?如何适应时代发展趋势、投身“大数据”变革浪潮,保持国家图书馆的业界领先地位?这些正是当前环境下亟须解答的问题。

1 大数据时代国家图书馆发展面临的新环境

1.1 大数据时代的特征

大数据时代的特征可以用“4V”进行表述：Volume、Variety、Velocity、Value，即数量大、类型多、处理速度快、价值密度低。数量大指的是数据的量级已经从 TB 升至 PB、EB 乃至 ZB(1PB = 1024TB,1EB = 2014PB,1ZB = 1024EB)，数据随时随地产生，增长速度快，总量惊人。类型多指的是数据来源丰富，包含文本数据、音频、视频、传感器数据、网络检索历史记录等诸多类型。处理速度快意味着对于随机产生的数据能以更快的速度进行处理和分析，在动态变化过程中瞬间完成分析工作。价值密度低是因为随机产生的数据总量巨大，需要对其进行系统分析挖掘，经过技术提纯后才能发现高价值、深层次的规律和知识，为预测和决策提供服务。

1.2 国家图书馆发展面临的新环境

1.2.1 读者需求不断变化

在大数据背景下，读者需求不断变化。一是读者需求信息类型多样化。读者所需要的信息不再局限于纸质资料，更希望通过检索获得关于某一研究领域的所有期刊、图书、电子文献等多种类型信息。二是读者获取资源自助化。随着技术的进步，集物联网技术和远程控制技术为一体的自助式智慧图书馆日益成熟，读者将主要通过自助终端、智能化电子设备等获取所需资料。三是读者要求获取资源简捷化。读者要求获取资源的过程更加简便，减少时间成本。

1.2.2 读者检索方式不断变化

现在的年轻读者是与计算机技术一起成长的一代，他们检索信息的途径不再只依赖于图书馆的检索系统，更多利用网络检索工具进行搜集。即使他们身处图书馆中，也往往离不开电脑和网络，因此他们更加注重检索信息过程的体验。同时，年轻读者对检索结果的评价标准也在变化。所以，读者对图书馆提供的检索工具、检索结果要求更高。

1.2.3 业务功能不断转变

随着互联网的普及，出版方式已经从传统的出版方式向数字出版模式转变，读者可从网络上公开获取图书资源，国家图书馆借阅服务功能被削弱，图书中介作用降低，国家图书馆的功能将发生转变，在保持传统借阅服务的基础上，本着资源配置效益最大化、注重用户需求的原则，深入拓展知识密集型、技术密集型业务，如参考咨询服务、古籍保护技术研发等业务。

1.2.4 服务方式不断变化

随着云计算、“互联网 +”等新兴技术手段的兴起，国家图书馆的服务方式将更加科技化、个性化，如馆外数据库访问等。同时，智能程度更高的电子设备将不断投入使用，提升读者检索效率，提高读者服务质量。

2 大数据时代国家图书馆发展的 SWOT 分析

《公共图书馆法》第二十二条明确规定：“国家设立国家图书馆，主要承担国家文献信息战略保存、国家书目和联合目录编制、为国家立法和决策服务、组织全国古籍保护、开展图书馆发展研究和国际交流、为其他图书馆提供业务指导和技术支持等职能。国家图书馆同时具有本法规定的公共图书馆的功能。”可见，在《公共图书馆法》颁布实施和大数据时代的双重促进下，国家图书馆的发展正面临前所未有的发展机遇，同时也承担着诸多使命。为此，本文借助SWOT模型，对国家图书馆的发展现状进行全方位的梳理，力求有助国家图书馆认清内外部形势、明确未来发展方向。

2.1 SWOT模型简介

SWOT模型，又被称为态势分析法，是一种比较成熟且常用的主流战略分析工具。SWOT模型中的四个字母分别代表Strength、Weakness、Opportunity、Threat，其含义分别为S：强项、优势，W：弱项、劣势，O：机会、机遇，T：挑战、威胁。SWOT模型主要是通过对行业内部具有的、外部面临的各种有利和不利因素进行全方位分析，然后将研究对象面临的优势、劣势、机会、威胁全部列举出来，依照矩阵形式进行排列，最后再运用系统分析的思想，把各种因素相互匹配起来进行分析，从而得出真实、有效的应对策略。

通过SWOT分析，可以帮助研究对象制定四种不同的发展战略：SO战略（优势与机会战略）、WO战略（劣势与机会战略）、ST战略（优势与威胁战略）、WT战略（劣势与威胁战略）。

2.2 国家图书馆的SWOT分析

2.2.1 优势分析

2.2.1.1 馆藏资源优势

国家图书馆是亚洲规模最大的图书馆，馆藏宏富，馆藏总量位居世界国家图书馆第七位。截至2016年底，馆藏实体资源合计36 459 962册/件，分别为：中文图书10 660 681册，外文图书4 075 092册，图书合计14 735 773册；中文期刊8 076 447册，外文期刊6 968 566册，期刊合计15 045 013册；中文报纸164 063（合订册），外文报纸96 438（合订册），报纸合计260 501（合订册）；特藏专藏合计4 315 809册；缩微文献（缩微胶卷、平片）1 619 419件；视听文献（录音带、录像带、激光唱片、立体声唱片、MP3、LD/VCD/VHD/DVD视盘）385 263（张/盘）；电子文献（CD-ROM等）98 184（张/盘）。此外，馆藏主要数字资源达到1323.35TB，外购数据库多达253个。

2.2.1.2 业务功能优势

国家图书馆下辖33个部（处），其中主要业务部（处）有17个，分别为中文采编部（全国图书馆联合编目中心、ISSN中国国家中心）、外文采编部、典藏阅览部（国家图书馆少年儿童馆）、立法决策服务部（海外中国问题研究资料中心、国家图书馆中国边疆文献研究中心）、参考咨询部（国家图书馆科学评价中心）、数字资源部（数字图书馆推广工程办公室、国家图书馆互联网信息资源保存保护中心）、信息技术部（国家图书馆现代技术研究所）、缩微文献部（全国图书馆文献缩微复制中心）、社会教育部（中国记忆项目中心、国家图书馆培训中心）、展览部、古籍馆（国家图书馆方志馆）、国家古籍保护中心办公室（国际图联保存保护中国中心办公室）、民国时期文献保护工作办公室、《中华传统文化百部经典》编纂工作办公室、出版部、中国图书馆学会秘书处、中国古籍保护协会秘书处。国家图书馆的业务类型丰富、业务能力较强，涵盖图书编目、数字资源建设、参考咨询、网络建设等诸多方面，不仅能够为国家机关提供信息支撑，也能为地方图书馆提供业务指导。

2.2.1.3 人才队伍优势

截至 2016 年底，国家图书馆共有在编员工 1529 人，其中博士学历 86 人、硕士学历 674 人、本科学历（硕士学位）67 人、本科学历 492 人、专科及以下学历 210 人，本科及以上学历人员占在编员工的 86.3%，所学专业涉及哲学、经济学、法学、教育学、文学、历史学、理学、工学、管理学等多个学科门类。可见，国家图书馆的人才资源丰富，专业优势明显。

2.2.1.4 经费支出优势

国家图书馆拥有稳定且持续的专项经费，用于图书采购、电子数据库购买、电子设备维修更新等各类支出。2016 年，用于购买中文书、西文书、东文书、俄文书、交换书、港台书、善本特藏、学会论文、视听资料的经费为 34 633.83 万元，国家数字图书馆资源建设及服务经费 2948.08 万元。因此，国家图书馆能够实现大数据时代的硬件设施要求，保证读者对大数据时代数字资源的需求和体验，提高图书馆的资源利用率。

2.2.2 劣势分析

2.2.2.1 大数据挖掘能力有待加强

国家图书馆面临大数据分析人才和工具不足的问题，难以对读者借阅历史、读者到馆频次、借阅偏好等数据进行有效挖掘。大数据时代，每位读者都是数据的创造者，每一次检索历史、每一条借阅记录都承载着诸多信息。但由于数据挖掘能力欠缺，无法进行有效的大数据分析，难以得出规律性、建设性的结论。

2.2.2.2 资源利用率低

随着互联网的普及，读者可在公共网络上获得诸多免费资源，冲击了传统图书馆文献资源的主导地位。同时，网络电子资源具有便捷性、灵活性等优势，使广大读者足不出户就可以获取知识，造成传统图书馆大批文献资源利用率下降。

2.2.3 机会分析

2.2.3.1 政策层面支撑

《公共图书馆法》是中国第一部图书馆专门法，自 2018 年 1 月 1 日起施行。该法明确规定了国家图书馆的职责，为国家图书馆的发展提供了前所未有的保障。同时，该法的落地实施，也极大地推动了公共图书馆事业的发展。此外，党和国家也越来越重视社会主义文化建设，对于图书馆事业的投入不断增加，这些都为国家图书馆的发展提供了先决条件。

2.2.3.2 大数据产业蓬勃发展

目前，我国大数据产业的发展呈现良好态势，并加速向各个行业和领域渗透。数据仓库、数据安全、数据分析、数据挖掘等围绕大数据进行的技术研发日趋成熟，大数据处理能力持续增长。诸多大数据研发企业加强对图书馆领域大数据相关技术的研究与应用开发，促使相关技术手段不断走向成熟。

2.2.4 威胁分析

2.2.4.1 资源获取渠道多元化

大数据时代，网络资源供应商如雨后春笋般涌现，传统图书馆面临的形势日益严峻。比如，期刊论文检索方面的中国期刊全文数据库（清华同方知网）、维普中文科技期刊数据库、万方数字化期刊等，电子报纸方面的慧科中文报纸数据库、中国报纸资源全文数据库（方正阿帕比）等。这些平台资源建设发展迅猛，使用率已远远高于传统图书馆的纸质馆藏和数字馆藏。上述资源获取渠道的飞速发展，不利于国家图书馆的进一步发展。

2.2.4.2 人员流动频繁化

随着时代的变化,图书馆工作人员的观念也随之改变,新时代的年轻人追逐自身价值最大化的动力越来越强,对工作内容与专业的融合度要求也越来越高。因此,在工作过程中一旦发现存在自身价值难以实现、所学专业不能继续应用于工作实践等问题,可能出现人员流动的现象。

3 大数据时代国家图书馆发展的战略选择

经过细致的SWOT分析后,国家图书馆发展面临的优势、劣势、机会和威胁逐渐清晰。如何有效地发挥国家图书馆的自身优势、弥补劣势、抓住机会、规避威胁成为重中之重。下面,将结合SWOT分析结果进行战略选择。

3.1 SO战略

(1)充分利用法律和政策支撑,推动国家图书馆事业发展;(2)发挥人才优势,打造一支高素质的人才队伍,引领公共图书馆事业发展;(3)利用出版物呈缴制度,最大限度扩充馆藏;(4)合理使用经费支出,保障大数据时代对国家图书馆数据分析和读者服务两方面的硬件要求;(5)继续丰富业务范围,保持业界领先地位;(6)融入大数据发展浪潮,构建国家图书馆大数据服务体系。

表1 大数据时代国家图书馆发展SWOT分析表

内部条件 / 外部条件		优势(S)	劣势(W)
		馆藏资源丰富、业务涵盖范围广、人才素质过硬、经费保障有力	数据挖掘能力差 资源利用率低
机会(O)	政策支撑、大数据产业迅猛发展	SO战略:依托政策支撑,扩充馆藏,构建大数据服务体系,丰富业务种类	WO战略:建立专业团队,调整馆藏文献种类和数量,建立数据管理部门
威胁(T)	竞争对手抢占用户、人员流动频繁	ST战略:建设弹性资源体系,给予价值实现渠道,设置专项奖励资金	WT战略:提高信任度,提升员工数据相关能力素养,提升竞争力

3.2 WO战略

(1)培养数据分析专业人才,引入先进分析工具,建立大数据服务团队,提升数据挖掘能力;(2)及时掌握读者需求,调整馆藏文献种类和数量,提高馆藏资源利用率;(3)建立专门的数据管理部门,收集读者产生的数据,用于分析总结。

3.3 ST战略

(1)建设弹性资源供给体系,提高检索结果的综合性,让读者体会到来馆查询资料的便捷性和不可替代性;(2)通过丰富多彩的文体活动、内容多样的岗位培训等方式,给予员工自我价值实现的多种渠道，增强员工归属感；(3)设置员工科研、发明等专项奖励资金，鼓励员工进行与工作相关的研究、创造，提升员工的自我价值认同。

3.4 WT 战略

(1)加大宣传力度，通过微博、微信公众号等新媒体平台宣传国家图书馆的特色资源，让外界了解国家图书馆的服务工作，获取读者信任，提高读者依赖度；(2)通过大数据相关的员工技能培训和专业人才引进，提升国家图书馆员工的技术素养和专业能力；(3)完善馆际协同机制，加快馆藏资源的共享速度，加强馆藏资源的开放程度，提升国家图书馆资源提供的竞争力。

大数据时代的国家图书馆如何实现可持续发展，是我们面临的时代课题，既充满发展机遇，又面临前所未有的挑战。大数据时代的到来，将促使国家图书馆对数据进行收集、整理、存储、分析，通过专业的数据挖掘分析探索大数据背后深藏的规律和价值，以便更好地指导业务工作、满足更多的读者需求，为社会大众提供更优质高效的文献服务。因此，国家图书馆要积极融入大数据发展的时代洪流，组建专业团队，完善技术手段，创新国家图书馆服务模式，不断提升自身核心竞争力，引领公共图书馆事业不断向前发展。

参考文献

[1] 张勇进，王璟璇. 主要发达国家大数据政策比较研究[J]. 中国行政管理，2014(12)：113 – 117.
[2] 彭知辉. 论政府在大数据发展中的作用：以大数据政策为视角[J]. 广东行政学院学报，2017(1)：12 – 20.
[3] 胡鞍钢，鄢一龙，姜佳莹. "十三五"规划及 2030 年远景目标的前瞻性思考[J]. 行政管理改革，2015(2)：13 – 20.
[4] 程学旗，靳小龙，杨婧，等. 大数据技术进展与发展趋势[J]. 科技导报，2016(14)：49 – 59.
[5] 李国杰. 大数据研究的科学价值[J]. 中国计算机学会通讯，2012(9)：8 – 15.
[6] 周艳晨. 大数据时代发展特征探讨[J]. 现代经济信息，2016(24)：312 – 313.
[7] 丁发红. 大数据时代的特征[J]. 环球市场信息导报，2017(17)：134 – 134.
[8] 杨强，邱均平. 大数据时代对馆藏资源的影响及其发展趋势[J]. 情报理论与实践，2014(5)：7 – 11.
[9] 崔倩. 近十年国内图书馆馆藏评价方法研究述评[J]. 图书馆杂志，2012(4)：11 – 19.
[10] 于良芝，陆秀萍，付德金. SWOT 与图书馆的科学规划：应用反思[J]. 国家图书馆学刊，2009(2)：17 – 22.
[11] 张文彦，武瑞原，于洁. 大数据时代的图书馆初探[J]. 图书与情报，2012(6)：15 – 21.
[12] 郭自宽，张兴旺，麦范金. 大数据生态系统在图书馆中的应用[J]. 情报资料工作，2013(2)：22 – 25.
[13] 姜山，王刚. 大数据对图书馆的启示[J]. 图书馆工作与研究，2013(4)：53 – 55.
[14] 王伟. 浅析大数据对图书馆的启示[J]. 教育科学，2016(5)：295 – 297.
[15] 巴赫曼，肯珀，格尔策. 大数据时代下半场[M]. 北京：北京联合出版社，2017：17 – 19.
[16] 国家图书馆. 国家图书馆年鉴 2017[M]. 北京：国家图书馆出版社，2017：250 – 256.
[17] 中华人民共和国公共图书馆法[M]. 北京：中国法制出版社，2017：5 – 7.

图书馆融合发展的理念审视

——基于《公共图书馆法》相关条款的解读与分析

马祥涛(研究院)

1 引言

21世纪以来,随着科学技术的迅猛发展和互联网络的广泛应用,人们的生产、生活方式及社会各行各业受数字化、信息化、网络化的影响日益加深,实体行业和服务行业发生了巨大变化。尤其是"互联网+"提出以来,新的社会发展态势和互联网创新成果对传统产业模式和原有服务形态造成了严重冲击,并对其未来发展提出了新要求、新标准、新能力等一系列挑战。由此,各行各业开始了顺应时代变革、转变思维方式、打破传统管理模式、改造升级服务功能的诸多尝试,其中,融合发展理念即被广泛采纳并运用到实践探索中,为传统业态的转型升级和创新发展提供了突破发展困境的新思路。以图书馆为例,图书馆作为重要的社会公共文化服务机构,承担着传递科学情报和提供信息资源的责任,曾是各类文献和信息的重要获取中心,但互联网的兴起和应用使得人们获取信息的渠道更加多元、成本更加低廉、时间更为迅速,致使图书馆的文献中心功能日趋弱化,纸质图书借阅率不断下降[1]。在这种大环境下,图书馆学界和业界以融合发展理念积极探索传统图书馆的转型升级,寻求图书馆行业本身及内部各要素与其他行业及外部要素之间的协调统一。例如,在中国知网数据库中,以"主题='融合发展'+'图书馆'or关键词='融合发展'+'图书馆'or篇名='融合发展'+'图书馆'"为检索条件,精确状态下检索,结果显示:论文总量约170篇,整体上逐年呈明显的上升趋势,且近五年来基本上持续增加,增幅最大;图书馆"融合发展"研究的涉猎面广泛,涉及服务内容与服务模式[2—3]、空间再造[4]、阅读推广[5]、机构合作[6]、学科服务[7]等。

《中华人民共和国公共图书馆法》以下简称《公共图书馆法》于2017年11月4日经十二届全国人大常委会第三十次会议表决通过,已于2018年1月1日正式施行。《公共图书馆法》是中华人民共和国成立以来第一部国家层面的图书馆立法,也是党的十九大胜利召开之后颁布出台的第一部文化方面的法律[8]。作为一部全国性图书馆法,该法律积极回应了新时代背景下人民群众的基本文化权益保护和基本公共文化服务需求,充分保障了我国图书馆事业尤其是公共图书馆事业健康、有序、持续发展的制度设计和法制框架,为具有中国特色的公共图书馆体系化建设和图书馆事业新发展提供了法律保障和条文阐释[9]。故而,该法不仅是对图书馆学界专家、业界管理人员、从业人员以及其他各界人士的努力和智慧的凝聚与汇总,更是对以往图书馆事业创新发展和实践探索的理论提升与经验总结。近年来,图书馆的融合发展是学界研究和业界探索的热点和前沿,《公共图书馆法》的具体条文和内容自然会涉及融合发展理念的阐释与彰显。基于此,本文拟结合我国当前图书馆事业发展现状,就《公共图书馆法》中的部分条款表述进行解读与分析,开展法律文本中有关图书馆融合发展的理念相关审视，这也正是本文的研究内容和目的所在。

2 图书馆融合发展的概念界定

“融合”一词有多重含义，既有“溶解、熔化”之意，亦有“调和、和洽”之义，前者如“孱水出孱山，其源出金银矿，洗，取火融合之，为金银”，后者如“天人报应，尚堕渺茫；上下融合，实关激劝”[10]。而我们所谓的“图书馆融合”，指后者之意。现参考借鉴已有相关研究成果[11—13]，试对“图书馆融合发展”的概念予以界定。

图书馆融合发展是指依托现代“互联网＋”及其相关新型信息技术，以数字环境为背景，以用户需求为导向，各类型图书馆及其有关要素之间的整合、汇聚、联合，不仅包括图书馆内部各要素之间以及图书馆与图书馆之间的融合，也包括图书馆与外部要素或外部机构之间的融合，如跨区域、跨领域、跨部门的资源融合、技术融合、空间融合、服务融合、业务融合等。相关概念体系内容如图1所示，本文暂不对此展开讨论，仅就《公共图书馆法》中体现图书馆融合发展理念的条款进行分析解读。

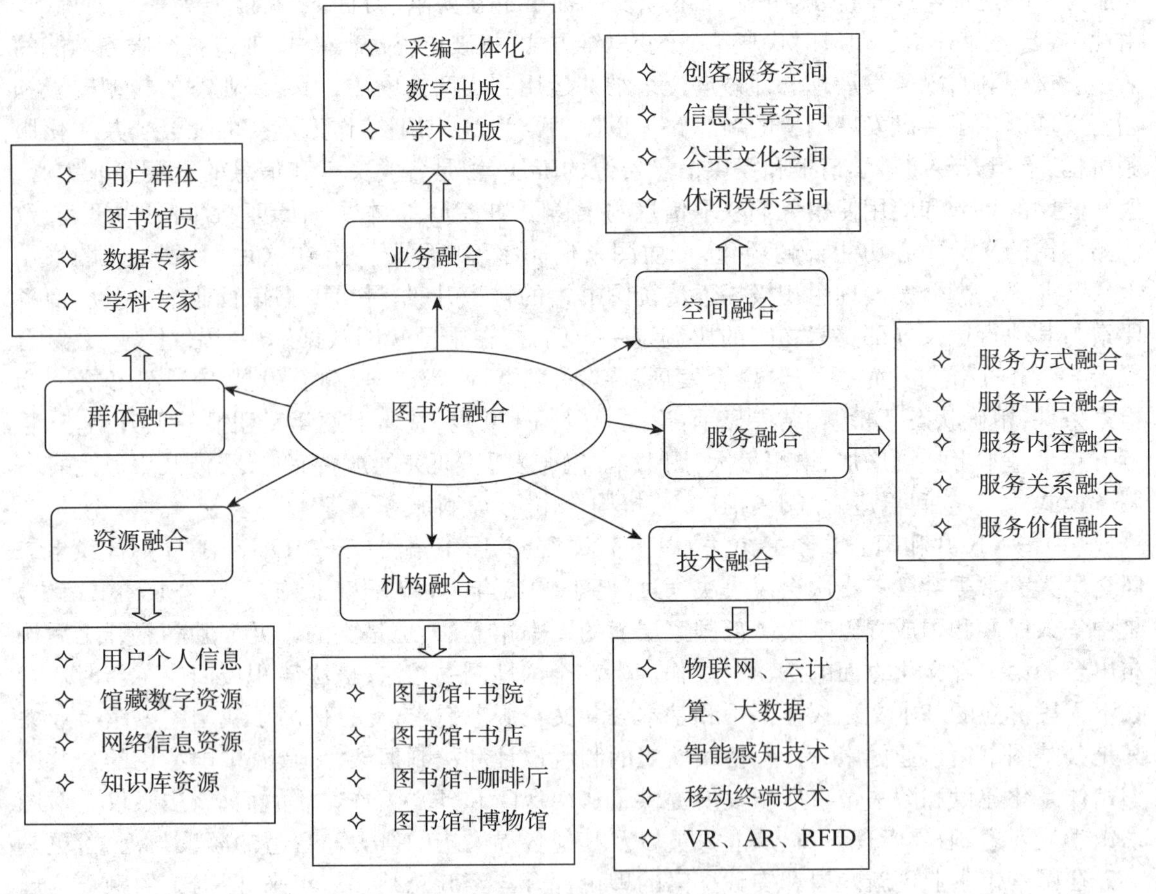

图1 图书馆融合发展概念体系

3 《公共图书馆法》中的融合发展理念

《公共图书馆法》全文共6章，总计55条，分为总则、设立、运行、服务、法律责任、附则等部分，对公共图书馆的建设、管理与服务，宗旨、性质与职能，现代信息和传播技术应用，数字化、网络化发展以及读者反馈监督制度等内容，进行了明确的法律规范和制度设计。其中，有关多元化办馆主体、社会力量参与建设管理、数字资源和数字服务、古籍保护和利用、读者参与服务评估、加强合作与交流等条款中都不同程度地体现了融合发展的理念。

3.1 多元化办馆主体

长期以来，我国诸多行政法规和行业标准都对"公共图书馆单一办馆主体"给出了明确的概念性规定，如《省（自治区、市）图书馆工作条例》、《广州市公共图书馆条例》《公共图书馆建设用地指标（建标74—2008）》等，同时在图书馆行业领域内传达着一种约定俗成的观念，即：公共图书馆由中央或地方政府主办；公共图书馆的办馆主体是单一的，只能是政府机构[14]。受这种单一办馆主体观念的影响，外加我国经济发展水平、政治管理体制、图书馆事业发展状况以及幅员辽阔、人口众多等因素的制约，"一级政府建一个公共图书馆"的管理体制长期存在并对公共图书馆事业发展造成严重影响，忽略服务半径和服务人口问题的公共图书馆服务体系呈现出基础条件薄弱、设施建设落后、服务能力偏低、社会影响力和社会地位不高、服务内容缺乏规范化、服务水平不均衡等一系列问题。基于这种背景，并伴随21世纪以来图书馆"以人为本"服务理念的确定和"普遍均等、惠及全民"公共文化服务体系的实施，国内业界和学界开始逐步探索和研究公共图书馆事业的多元化建设主体问题，及其相关的主体责任和应尽义务；同时，在一系列公共文化顶层制度的设计实施中予以体现，如《关于加快构建现代公共文化服务体系的意见》《关于促进社会力量参与公共文化服务实施意见》《国家"十三五"时期文化发展改革规划纲要》。

《公共图书馆法》顺应时代发展潮流，以法律形式对公共图书馆办馆主体予以规定，第十四条"县级以上人民政府应当设立公共图书馆"，第四条"国家鼓励公民、法人和其他组织自筹资金设立公共图书馆。县级以上人民政府应当积极调动社会力量参与公共图书馆建设"，其意义在于国家法律明确提出公共图书馆的建设主体除地方政府之外，还包括"公民、法人和其他组织"，这意味着公共图书馆的建设一改传统的"单一主体"形式，不再依赖政府这一"唯一主体"，而是发展为融合地方政府、公民个人、法人、其他组织等在内的多元化主体形式，在公共图书馆建设主体问题上体现出融合发展的理念。

3.2 社会力量参与建设管理

政府主导、社会参与是我国构建现代公共文化服务体系的重要原则。近年来，多项政策文件、行政法规对社会力量参与的内容与形式均做出明确规定：党的十七届六中全会明确了引导和鼓励社会力量参与公共文化服务的方针；十八届三中全会提出要推动公共文化服务社会化发展，进一步深化了对社会力量参与的认知；《关于加快构建现代公共文化服务体系的意见》明确了社会力量参与是公共文化服务发展的内生驱动力；《公共文化服务保障法》将鼓励和支持社会力量参与公共文化服务上升为法律制度；《公共图书馆法》将引导和鼓励社会力量参与确立为公共图书馆事业发展的基本方针,并对其做出更加明确、具体的规定,实现了政府引导和鼓励社会力量参与公共图书馆建设管理的制度创新[15]。

第四条规定"县级以上人民政府应当积极调动社会力量参与公共图书馆建设,并按照国家有关规定给予政策扶持",明确了社会力量参与公共图书馆建设的基本制度,主要包括捐赠资金、资助活动项目、提供设施产品等行为;第二十三条规定"国家推动公共图书馆建立健全法人治理结构,吸收有关方面代表、专业人士和社会公众参与管理",明确了社会力量参与公共图书馆法人治理的管理制度,为公共图书馆探索建立有社会力量参与的法人治理结构、理事会制度等提供了法律依据;另外,第四十五条、二十条、第六条分别通过政府购买服务制度、捐赠者冠名制度、税收优惠制度等规定了社会力量参与的鼓励措施。由此可见,《公共图书馆法》通过多项制度内容来完善社会力量参与方式,保障社会力量参与行为,完善社会力量参与措施,将各种社会力量作为社会化发展的重要驱动力融入图书馆建设、运营、管理过程中,一定程度上体现出融合发展理念。

3.3　数字资源和数字服务

数字时代信息网络技术和移动通信技术的迅速发展,使得信息资源的载体形式、存储方式、获取方式、服务方式等发生了重大变革;与此同时,移动通信设备、电子阅读器、App智能终端等被广泛使用,公众的阅读行为、方式与习惯迥异于以往,信息资源的需求表达、检索获取、管理利用趋于便捷。在这种背景下,图书馆的信息资源建设被卷入数字化浪潮之中,图书馆本质上由"纸质资源拥有者"蜕变为"数字资源使用者"[16]。当前,尽管数字资源的优势和重要性日益凸显,并有一举超越纸本资源的"架势",但纸本资源的价值仍旧毋庸置疑,"纸张崇拜"情结仍然存在,兰开斯特的"无纸的信息社会"预言仍是空想。正因如此,《公共图书馆法》第四十条才规定,政府设立的公共图书馆"应当加强"数字资源建设、配备"相应的设施设备",同时强调"建立'线上线下相结合'的文献信息共享平台"。这启示我们,实体纸本资源与虚拟数字资源都是图书馆馆藏资源中不可或缺的重要组成部分,馆藏资源体系建设要坚持"两条腿走路",融合"实体与虚拟""纸本与数字""线上与线下",不可有失公允,更不可荒废其一。

关于数字服务,《公共图书馆法》强调"国家构建标准统一、互联互通的公共图书馆数字服务网络,支持数字阅读产品开发和数字资源保存技术研究,推动公共图书馆利用数字化、网络化技术向社会公众提供便捷服务"。数字时代背景下,图书馆一方面要继续提供传统的读者到馆服务,如到馆借阅、现场咨询、观看展览、聆听讲座等;另一方面,要引入触屏技术、人工智能技术、虚拟现实技术等数字处理和移动网络技术,在整合数字资源的基础上构建完善的数字服务网络,互通有无、共建共享,融合网络媒体(如微博、微信)、移动媒体(如短信、App 客户端)、数字电视媒体(如 IPTV、移动电视)并应用于读者远程服务,提供听觉、触觉、视觉的多元化体验产品和服务。

3.4　古籍保护和利用

中华文明发展史中,古籍作为重要的标志文明的牌记,与中国古老的文明社会并驾齐驱发展着。从甲骨、金石、竹简、尺牍、缣帛到纸张,璨若星河,数量繁多,但都无一不向社会传播文明、传递知识,兼具文物收藏价值和文化研究价值。当前,受弘扬和传承中华优秀传统文化,加强优秀传统文化创造性转化、创新性发展等现实需求的影响，促进古籍文献的保护和利用收到全社会的普遍关注和重视。作为公共文化服务体系重要组成部分的公共图书馆，是重要的古籍收藏机构，在保障古籍资源安全、传承利用古籍内容方面肩负着重要使命[17]。《公共图书馆法》对古籍的保护、研究、宣传和利用做出了专门规定，对古籍保护和利用工作具有重要的指导意义。例如，第四十一条规定，“政府设立的公共图书馆应当加强馆内古籍的保护，根据自身条件采用数字化、影印或者缩微技术等推进古籍的整理、出版和研究利用”，数字化、影印技术、缩微技术不仅能够对古籍内容进行精确记录并保持文本原貌，而且储存密度较大、保存时间较长，利于文献本身的长期流通和研究，是古籍内容保护的重要方式；图书馆在不同时期的古籍保护工作中对各种信息存储、处理技术的应用，融合了传统的摄影方式和新兴的数字存档方式，体现出将现代信息技术融合应用于古籍保护实践的理念，即融合各种信息处理技术，发展古籍保护工作。同时规定，“通过巡回展览、公益性讲座、善本再造、创意产品开发等方式，加强古籍宣传，传承发展中华优秀传统文化”，古籍文献的生命力在于宣传普及和高效利用并对现实社会产生积极影响，法律要求图书馆要融合采用多种方式、多项手段促使“让书写在古籍里的文字活起来”，如开展珍贵古籍巡回展览、古籍善本知识讲座、大规模成系统地复制出版古籍；此外，还要求依托于馆藏丰富典籍，提取精髓的文化内涵，设计开发出文化创意产品加以传播。如，国家典籍博物馆于2012 年7 月成立后，多次举办“国家珍贵古籍特展”，联合举办系列讲座活动，开展传统文化培训教育，并依托馆藏设计研发《庆赏昇平》戏曲人物卡通形象钥匙链、《十竹斋笺谱》梅兰竹菊造型的笔记本等产品[18]。法律规定的将展览、讲座、培训、产品研发等多种服务手段应用于古籍知识学习、古籍文化宣传、古籍资源利用中，体现了古籍利用中服务理念的融入。

公共图书馆法对古籍保护和利用原则强调从“以藏为主”转向“重藏不轻用”，鼓励利用多种现代信息技术手段，加强古籍数字资源开发和共享，共建共用数字资源库和数据管理平台，满足读者的学习和研究需求，这体现了技术手段在古籍保护中的应用融合；同时通过展览、讲座、培训、复制出版、文创设计研发等服务系统向公众全面展示古籍资源，体现了服务手段与方式在古籍利用中的应用融合。

3.5 读者参与服务评估

数字互联时代，现代图书馆事业发展中的“一切为了读者”“读者第一、服务至上”等理念在图书馆界广为流传、深受认同，图书馆用户被赋予多元的选择权和话语权，一改前互联网时代下处于弱势地位的信息资源被动服务对象，成为服务的驱动者、决策者、定制者、提供者、宣传者等多重参与角色，以及图书馆整体系统中不可或缺的重要因素。现代图书馆坚持互联网思维，即坚持人本思维、以用户价值为依归，赋予读者一定的自由参与权力，鼓励读者直接参与融入图书馆业务流程重组、组织机构运营管理、服务项目创新优化等一系列流程中，如积极推行“读者决策采购”以简化工作流程、法人治理结构探索中吸引用户代表、送书上门特色服务等，读者参与项目从简单的交流互动、信息反馈、资源推荐、服务评价等延伸到机构业务和用户服务的整条价值链，读者参与深度由表面浅尝辄止深入到各层次、全方位[19]。

《公共图书馆法》第四十二、四十六、四十七条分别规定“听取读者意见，建立投诉渠道，完善反馈机制”“国家鼓励公民参与公共图书馆志愿服务”“考核应当吸收社会公众参与”，把全体社会公众作为图书馆服务条件改善的协助者、服务水平提高的监督者、服务效能考核的参与者,将读者(用户)吸引融入图书馆的各项业务活动、管理活动以及服务活动流程中。这不仅有利于增强用户体验,提高用户满意度,而且有利于汇集集体智慧,争取多方支持,体现了融合发展理念。

3.6 加强合作与交流

自20世纪初设立图书馆机构以来,我国的公共图书馆、学校图书馆、科研院所图书馆等各类型图书馆分别归属于不同的组织系统,严格等级隶属关系的弊端一直存在,不利于各类型图书馆之间的资源共建共享和彼此沟通交流,且容易导致人力、财力、物力资源的浪费和图书馆事业发展的不协调、不均衡。尤其在当前数字信息环境下,数字资源总量持续增加但价格不菲,数据类型多种多样但用户个性化需求强烈,非结构化、异构数据间的知识挖掘与关联技术亦非一家图书馆单独承担,这势必要求不同类型图书馆跨系统、跨区域、跨层级地加强交流与合作,推动资源共建,实现资源共享,开展联合服务。

《公共图书馆法》第四十八条规定,"国家支持公共图书馆加强与学校图书馆、科研机构图书馆以及其他类型图书馆的交流与合作,开展联合服务",以法律文本形式正式规定了克服图书馆管理体制弊端的路径之一,即:实现图书馆整个行业系统内各类型图书馆之间的资源融合、技术融合、服务融合,互通有无、合作共享,以共有形态的纸本和电子资源为全社会公众提供服务。同时,规定"国家支持学校图书馆、科研机构图书馆以及其他类型图书馆向社会公众开放",学校图书馆、科研机构图书馆扩展原先的"本校师生"服务范围,公开对外提供本馆馆藏资源,将校外人士融入本馆服务对象中。这些都体现出融合发展的理念。

《中华人民共和国公共图书馆法》是党的十九大胜利召开之后颁布出台的第一部文化方面的法律,对公共图书馆的建设、运营、服务、管理和保障等方面的内容做出了具体规定,对于进一步健全完善我国公共图书馆服务体系、促进公共文化服务体系建设、保障人民群众基本公共文化权益具有重要的促进作用。该法律一方面是对我国以往图书馆学理论研究和实践探索的经验总结、智慧凝结,将业界和学界具备普遍指导意义的共识内容以法律文本形式加以确认;另一方面,其文本内容又明确规定了公共图书馆事业的未来发展方向和业务规范内容,对公共图书馆的服务提供、资源建设、网络布局、运营管理、人才建设等均提出了较高要求。同时,数字互联背景下,图书馆的融合发展是近年来图书馆学理论研究和实践探索的重要内容之一,其目的在于整合、汇聚、重构图书馆系统内部的各个要素以及图书馆系统之外的各种力量,在业务开展、服务提供、资源建设、技术应用等环节中重新划定各构成部分之间的相互关系和相互作用,积极引入并综合运用各学科、各领域的相关知识和实践技术,通过多元化、系统化的组合从而实现图书馆服务效能的提档升级和事业发展的转型创新。基于此,本文通过对《公共图书馆法》具体条款的解读,从多元化办馆主体、社会力量参与建设管理、数字资源和数字服务、古籍保护和利用、读者参与服务评估、合作与交流等方面探讨分析孕育其中的图书馆融合发展理念,以便图书馆工作人员更加深刻地理解掌握公共图书馆法,在实际业务工作中秉行融合发展理念,促进图书馆事业的融合发展与创新转型。

参考文献

[1] 陈群."互联网+图书馆"融合发展路径探析[J].图书馆工作与研究,2017(12):10-16.

[2] 霍瑞娟."图书馆+":专业服务跨界融合发展的探索[J].图书馆杂志,2016(8):10-14.

[3] 安艳梅,周杰华."图书馆+书店"融合服务模式比较研究[J].图书与情报,2017(2):97-102.

[4] 刘芳.融合与创新——公共图书馆众创空间的实践与发展[J].图书馆学刊,2016(5):123-126.

[5] 姜进."互联网+"时代公共图书馆阅读推广跨界融合服务发展范式研究[J].图书馆学刊,2016(12):85-87.

[6] 马艳.新型社会智库建设与图书馆融合发展的思考[J].江苏省社会主义学院学报,2017(1):73-76.

[7] 付凯丽."互联网+"与高校图书馆学科服务融合发展研究[J].图书馆界,2017(1):1-4.

[8] 申晓娟.《中华人民共和国公共图书馆法》立法侧记(上)[J].图书馆建设,2018(1):7-18;29.

[9] 柯平.《中华人民共和国公共图书馆法》全面保障我国公共图书馆体系化建设[J].图书馆建设,2018(1):19-23;36.

[10] 百度汉语.融合[EB/OL].[2018-03-05].http://hanyu.baidu.com/s?wd=%E8%9E%8D%E5%90%88&device=pc&from=home#detailmean.

[11] 李立睿,邓仲华.基于"互联网+"的融合图书馆构建研究[J].图书与情报,2015(6):33-37;62.

[12] 霍瑞娟."图书馆+":专业服务跨界融合发展的探索[J].图书馆杂志,2016(8):10-14.

[13] 冯佳.当代图书馆重要实践问题的理论探索——公共图书馆与其他业态融合发展的思考[J].图书馆,2017(12):20-24;50.

[14] 杨玉麟,闫毅.多元化的公共图书馆办馆主体更符合中国国情——学习《中华人民共和国公共图书馆法》的体会[J].图书馆建设,2018(1):24-29.

[15] 刘晓东.社会力量参与公共图书馆建设的法律依据[J].图书馆,2018(2):5-7;13.

[16] 程焕文,黄梦琪.在"纸张崇拜"与"数字拥戴"之间——高校图书馆信息资源建设的困境与出路[J].图书馆论坛,2015(4):1-8.

[17] 王莞菁.公共图书馆法中的古籍保护和利用[J].图书馆,2018(2):8-13.

[18] 国家典籍博物馆[EB/OL].[2018-03-15].http://www.nlc.cn/nmcb/.

[19] 陈廉芳.互联网思维下图书馆推动用户参与的探索[J].图书馆工作与研究,2015(12):48-52.

基于读者需求的智慧服务研究

——以国家图书馆为例

李仕超(中文采编部)

随着计算机和互联网的普及,图书馆的发展过程可以大致分为三个时期,即传统图书馆时期、计算机化时期以及数字化时期。2018年《中华人民共和国公共图书馆法》的实施,在促进公共图书馆事业发展的同时也对公共图书馆提出了新的要求,公共图书馆服务模式也亟待新的转型——从数字化到智慧化。以读者需求为导向,开展智慧服务,将成为新时期图书馆的发展趋势。

1　国内图书馆智慧服务研究

近几年,国内学者开始对智慧服务展开了理论探索。以梁光德为代表的一些学者认为智慧服务是基于图书馆员智慧的知识服务,并分析其与知识服务的关系[1]。王世伟等人对智慧服务理念进行了初步的探究后认为智慧服务概念的核心就是“转知成慧”,即在智能技术的支持下实现书书相联、书人相联、人人相联[2]。乌恩认为,智慧服务即通过提供长期的嵌入式、关联式、协同式和启发式知识服务,使用户增强修养、提升智慧,最终实现人类知识可持续发展[3]。黄幼菲则提出智慧服务是对图书馆知识服务的扬弃和“飞跃”,智慧服务的核心功能在于引导人将知识转化为智慧[4]。

可以看出,虽然关于智慧服务的概念,尚没有统一的定论,但业内学者普遍认同,智慧服务是更高层次的知识服务;对于智慧服务的实现,多数学者是从技术角度进行分析,将智能技术与知识服务相结合,却鲜有人立足于读者需求,从读者的视角去审视智慧服务需要从哪些方面展开。

2　读者需求与智慧服务

从信息服务到知识服务,再到智慧服务,不仅仅是融入了智能技术,更是要坚持“以人为本”的原则,以读者需求为导向区开展各项工作,为读者提供个性化的智慧服务。

2.1　“以人为本”是国家图书馆智慧服务的基本原则

国家图书馆作为全国的总书库,一直以来秉承服务社会的宗旨,坚持以读者为中心,利用国家图书馆丰富的馆藏资源开展各项服务。

信息时代,图书馆的发展环境在变化,馆藏资源在变化,读者需求也在变化。过去国家图书馆曾围绕着馆藏资源建设开展各项工作,使得馆藏资源越来越丰富,文献获取也越来越便捷。然而读者并没有完全认同这些工作,虽然读者查询和获取文献、信息越来越容易,但是读者对其进行阅读、筛选却越来越困难。过多无效、重复的文献信息与读者日益精细化的需求成为不可调和的矛盾。这也告诉我们国家图书馆不能仅仅是国家总书库和阅览室,我们需要以读者为中心去研究读者的需求,进而为其提供相应的资源和服务。“以人为本”不仅是图书馆五定律的要求,也是国家图书馆提供智慧服务的基本原则。

2.2　读者对国家图书馆各项服务的需求分析

读者需求是图书馆开展各项服务的前提和依据。只有了解国家图书馆现阶段的服务还有哪些方面欠缺,才能做到有的放矢。笔者通过参考有关学者 2017 年对国家图书馆读者意见做的调查研究结果[5],分析现阶段国家图书馆的服务存在的问题。该调查选取了国家图书馆馆藏资源、资源获取等 6 个指标,并通过 SPSS、AMOS 等软件验证了问卷及模型的合理性,得出读者对各项服务评分(见表 1)。

表1　图书馆各项服务读者评价

测评指标	平均得分(5分制)
馆藏资源	3.5172
资源获取	3.6047
馆员服务能力	3.5885
图书馆服务	3.6777
服务保障	3.6205
环境设施	4.1019

其中,读者对国家图书馆的环境设施打分最高,而在馆藏资源、资源获取以及馆员服务能力方面打分较低。继续分析这三项指标,分别是通过三组更加细化的相关测量指标的均值再加权来计算出来[6](见表2、表3、表4)。

表2　馆藏资源

测评指标	分数(5分制)	权重
资源类型	3.37	0.09
资源总量	3.08	0.09
特色资源	3.14	0.10
特色服务	3.07	0.10
更新频率	3.57	0.11
覆盖需求	3.80	0.09
纸质电子资源分配	3.71	0.11
实用性	3.73	0.11
数据库资源	3.64	0.11
职能功能	3.97	0.09
馆藏资源平均分	3.5127	

由表2可见,在馆藏资源的10项细分指标中,评分最低的三项分别是特色服务、资源总量以及特色资源,这说明国家图书馆虽然馆藏资源丰富,但是不足以满足不同读者的需要。

表3　资源获取

测评指标	分数(5分制)	权重
检索	3.62	0.21
网站检索说明	3.56	0.21
异地获取	3.38	0.18
获取便捷	3.65	0.21
三位一体	3.80	0.19
资源获取平均分	3.6047	

由表3可见,在资源获取的5项细分指标中,评分最低的是异地获取,这也正说明传统的信息服务方式已经无法满足信息时代的读者需求,如何跨地域、全时段地为读者提供馆藏资源也是国家图书馆亟待解决的问题之一。

表4 馆员服务

测评指标	平均得分(5分制)	权重
仪表举止	3.77	0.16
服务态度	3.77	0.14
理解读者问题	3.66	0.15
专家解答	3.13	0.15
及时有效	3.66	0.16
人员素质	3.62	0.13
读者互动	3.48	0.11
馆员服务平均分	3.5885	

由馆员服务的7项细分指标(见表4)中可以看出,专家解答的评分是远远低于其他指标的,这也更好地说明了图书馆服务离不开人的智慧,馆员能力的提升也是实现智慧服务的必备条件。

2.3 从读者的角度分析现阶段信息服务存在的问题

通过对读者的需求分析,可以看出读者对国家图书馆的环境设施、服务保障等评分较高,说明读者对国家图书馆的硬件设施较为满意,对国家图书馆以读者为中心的服务理念也给予认同。但是,对馆藏资源、资源获取以及馆员服务能力方面评分较低,具体表现以下几方面:

(1)其中馆藏资源中的特色服务、特色资源以及资源总量方面并不能让读者满意。国家图书馆作为全国总书库,拥有最丰富的馆藏资源,而资源总量却在调查研究中评分最低,究其原因主要有两方面:一方面是由于不同的读者对资源结构的需求存在差异,但是当前的信息服务却不能做到"因人而异";另一方面由于国家图书馆目前使用的OPAC系统无法发现隐藏在馆藏资源中的隐性知识,这两方面都会让读者误以为某类资源不够全面,这也凸显了国家图书馆在馆藏资源建设方面的种种不足。

(2)资源获取尤其是异地获取资源不够便利。随着移动设备和4G网络的普及,人们的阅读习惯和阅读方式也发生了巨大变化,移动阅读等新型的资源获取方式渐渐走进人们生活,随之而来的是读者对传统图书馆的依赖越来越小。前不久,国家图书馆馆长韩永进在"两会"被采访时提到"2017年国家图书馆接待到馆读者超过580万人次,而网站访问量近10亿人次"。也就是说,异地获取国家图书馆资源的读者已经远远超过到馆获取资源的读者,因此,如何能够让读者更加高效、快捷地异地获取馆藏资源也成了目前亟待解决的问题。

(3)在馆员服务方面专家服务明显欠缺。为读者提供专业咨询是国家图书馆应尽的职责之一,随着信息时代的到来,读者对咨询服务的要求也越来越高,这就要求图书馆员的专业知识既要有广度也要有深度。图书馆服务的转变归根结底就是人的转变,智慧服务无疑对图书馆员的专业能力、综合素质等方面都提出了更高的要求。如何全方位提高馆员的业务知识也是智慧服务要解决的问题之一。

上述分析说明，目前读者越来越关注国家图书馆服务中的“软实力”。智慧服务则需要着重解决上述问题，以满足读者日益个性化、精细化及系统化的信息需求。

3 基于读者需求的国家图书馆智慧服务实现策略

智能空间、智慧化的馆藏资源及智慧馆员是智慧服务的重要组成部分。其中智能空间主要依托于物联网、云计算等技术手段，为读者营造开放、舒适、自由的阅读空间。这里的智能空间不仅仅是指传统意义上的图书馆阅览室，也包含虚拟阅读空间。智慧化的馆藏资源则是指优质、多元和个性化的馆藏信息资源。此外，智慧服务也对图书馆员提出了更高的要求。

从读者的视角来看，国家图书馆的智慧服务应该实现的更为优化的馆藏资源、更加便捷的获取方式以及更专业的人员服务。

3.1 馆藏资源的优化

对馆藏资源进行深入的知识挖掘和描述，不仅要求我们将数据等细粒度知识元从海量文献资源和信息资源中挖掘出来，还要对其进行语义化的表达和描述，最终形成结构化的知识、数据。

3.1.1 对馆藏资源进行深度挖掘

随着网络信息数量的日益增加，其多语言化和形式多样化的特点也越来越明显。为了让读者从海量多语种、多形式的资源中高效、精准地获得所需信息，对馆藏资源进行深度挖掘（即数据挖掘）成为业内的热点。数据挖掘是一个跨学科的产物，要利用各种先进的信息技术，对大量的资源进行分析和探索，并在各种结构化、非结构化的信息中对隐性知识进行挖掘和揭示，从而缩短读者检索所需资源的时间。

3.1.2 对馆藏资源语义化描述

对馆藏资源语义化描述是国家图书馆现阶段馆藏资源建设的一项重要内容。现有的书目数据对文献描述十分有限，读者很难从中提取出需要的内容。现阶段，语义化的知识描述较多采用 RDF（Resource Description Framework）三元组来描述信息资源及其相互的关系，即通过采用“资源—属性—属性值”的“主谓宾”结构来将知识描述为数据模型，该模型不需要由人读取就可以直接提供计算机操作，通过表达的资源与属性间的各种关联关系，来支持一定的语义搜索甚至初步的判断与推理[7]。

3.1.3 馆藏资源的深度聚合

国家图书馆现有馆藏资源是按照各类资源的若干特定属性进行纵向归类，缺少资源之间横向的关系揭示，也没有建立与互联网中其他相关资源关联。这样的组织方式并不利于大数据时代馆藏资源的发现与利用。因此，通过知识资源语义上的深度聚合，使馆藏资源之间、馆藏资源与外部知识资源相互关联，是提高读者对馆藏资源发现与获取能力的重要途径。实现知识资源语义的深度聚合主要有以下两个阶段：

基于元数据的聚合，即数据层的资源聚合。要实现知识资源语义上的深度聚合，首先要实现的是馆藏资源在数据层的聚合，也就是基于元数据的聚合。现阶段，各类馆藏资源描述框架如 RDA 已经有了很好的理论基础并逐步开展应用，为馆藏资源基于元数据的聚合提供了有力保障。通过元数据的描述,建立起资源内部的语义关联,这类多层次的书目框架已经彻底摆脱了以文献、信息的物理形态为主要依据的传统模式。

基于关联数据的聚合,即知识层的聚合。通过馆藏资源在数据层面的聚合,无疑会让馆藏资源数据的关联关系更加丰富。但仅仅通过元数据来丰富馆藏资源的语义关系是远远不够的,馆藏资源之间、馆藏资源与外部资源之间仍然是无组织、散乱的状态。因此,在元数据聚合的基础上,利用关联数据对以建立起来的关联关系进行序化是十分必要的。利用关联数据技术,不仅可以聚合相同类型的知识,还可以在不同类型的知识之间建立关联[8]。利用网状的、多维的组织方法将上述知识及之间的关联关系序化并连接起来,便形成了知识网络。

3.2 馆藏资源获取方式的优化

根据对读者需求的分析可以看出,现阶段读者获取馆藏资源的问题主要有两个方面,一是忽略了读者日益个性化的需求,二是异地获取馆藏资源读者体验较差。

3.2.1 为读者呈现和推送个性化的馆藏资源

智慧服务的核心思想是"以人为本",当今时代读者的个性化需求越来越多,不同读者对馆藏资源的要求也是千差万别。同样的检索词,普通读者和科研人员需要的资源结构是大相径庭的。这就需要通过分析读者需求为读者呈现和推送个性化的馆藏资源,实现个性化服务。

(1)个性化馆藏资源的呈现。个性化馆藏资源的呈现需要通过读者需求分析来实现对检索结果的动态组织。读者需求分析主要通过读者的注册行为、检索行为、浏览下载历史等等过程去分析读者的实际需求,并据此在对检索结果进行再组织,以提高服务质量和读者满意度。通过这种动态组织,即使面对相同的检索需求,也能够根据不同读者的不同领域、爱好等为读者呈现个性化的馆藏资源。

(2)基于读者需求的主动推送。通过主动服务来提高图书馆的用户体验也是智慧服务的任务之一。由于不同读者有不同的偏好,其获取信息的时间、信息内容偏好、信息展示偏好以及获取信息所使用的终端等都不同,图书馆可以根据读者需求,在合适的时间、地点,根据读者的需求主动推送信息,以节约读者获取信息的时间,提高用户满意度。

3.2.2 异地获取馆藏资源的优化

随着移动设备和4G网络的普及,图书馆的服务早已不是局限在馆区。火车上、街道上、办公室、咖啡馆都会成为读者获取馆藏信息的地方。根据情景感知原理对检索结果进行"后组织"。情景感知原理是通过读者的随身设备来获取、感知读者的实时环境、检索设备等信息,并根据读者身处的情境的差异对检索结果进行筛选、浓缩。举例来说,感知到读者处于办公室、咖啡厅等较为稳定地场所时,应向其提供系统的、详尽的结果;当了解到读者在不稳定的移动环境中(如公共交通上),应针对读者的需求为读者反馈浓缩的、纲要式的知识,来满足不同情境下读者的不同需求。

3.3 智慧馆员的培养

智慧馆员是智慧服务的核心和灵魂,无论是馆藏资源的建设优化,还是读者获取资源方式的改进,都是由馆员来完成的,因此,对馆员的培养就显得尤为重要。智慧服务对图书馆员的要求是成为一专多能、有较高职业素养的复合型人才。上海交通大学图书馆馆长陈进从宏观上概括了智慧服务环境下馆员能力建设的关键:职业价值、综合素质和团队精神[9],并指出智慧馆员首先要对职业有强烈的认同感、使命感和荣誉感,在此基础上去提高个人的综合素质和业务水平。在智能馆员的培养方面,要尊重馆员的能力和个性发展,充分发挥馆员的创造性。只有打造一支智慧馆员的队伍,才能最终实现图书馆的智慧服务。

随着信息技术的不断发展,从读者需求出发去开展智慧服务将成为未来图书馆的发展趋势。但国内对智慧服务及智慧图书馆的研究起步较晚,目前还停留在理论研究上,缺少实际应用和具体案例。目前国家图书馆已经做好了迎接新挑战的准备,不管是 RDA 的推进还是移动阅读的推广,都是在为服务转型做努力。因此,我们可以期待不久的将来图书馆迈进一个全新的时代。

参考文献

[1] 梁光德. 智慧服务——知识经济时代图书馆服务新理念[J]. 图书馆学研究,2011(6):88-92.

[2] 王世伟. 未来图书馆的新模式:智慧图书馆[J]. 图书馆建设,2011(12):1-5.

[3] 乌恩. 智慧图书馆及其服务模式的构建[J]. 情报资料工作,2012(5):102-104.

[4] 黄幼菲. 图书馆知识服务的扬弃和"飞跃":公共智慧服务[J]. 情报理论与实践,2013,36(2):26-30.

[5][6] 程豪杰. 国家图书馆读者满意度实证研究[D]. 天津:天津师范大学,2017.

[7] 胡小菁. 国外书目 RDF 词表的进展与趋势[J]. 图书馆杂志,2015(5):4-11.

[8] 刘炜,夏翠娟,张春景. 大数据与关联数据:正在到来的数据技术革命[J]. 现代图书情报技术,2013(4):2-9.

[9] 陈进. 智慧图书馆的设计与探索. 第六届图书馆管理与服务创新论坛[DB/OL]. [2018-03-31]. http://cflms.lib.sjtu.edu.cn/2013/download.html.

浅谈电子报纸呈缴

徐闻卓(中文采编部)

报纸是刊登社会政治、经济、军事、文化、科技等诸方面发展状况的一种文献,以文字和图片方式从不同视角反映社会发展的历史进程,具有原始文献的价值,是大众获取信息的重要途径,也是图书馆馆藏资源的重要组成部分。相对于图书,报纸传递信息的速度快、时效性强且传播范围广。

随着计算机技术、网络技术的发展,新媒体的普及与应用,传统出版发生了重大的改变,不论是信息的载体、记录手段,还是信息的传播方式、应用范围等方面,现代信息技术都扮演着重要的角色。近年来,网络技术的发展使报业界的竞争越演越烈,国内各报社为提高自身的信息竞争能力,已纷纷建立自己的网络站点,提供在线电子报纸。尤其是报业集团,实力雄厚,旗下不仅有自己的主报,还有若干种系列报纸,将这些报纸汇集在同一站点上,使读者方便地访问同一报业集团下拥有的不同时间段的各种报纸。在网上可查阅到的国内报纸中,以省市级的报纸为主,既有日报、晚报、早报、晨报之等都市报纸,也有渔业、矿业、畜牧、电力、化工、纺织、航天、金融、花卉等行业报纸，还有部分高校的校报。电子报纸的出现为报纸的发展带来了新的机遇和挑战，也为图书馆的信息资源建设带来了新的活力。

1 问题的提出

国家图书馆是我国法定的三家出版物样本受缴单位之一，馆藏文献资源大部分来源于各出版单位的呈缴。笔者在日常工作中经常要跟全国各地的报社联系，在联系报社催缴纸本报纸样本时，部分报社提出了以下问题：如“国家图书馆接收电子版报纸缴送吗？”“可否缴送电子版报纸来代替纸本报纸？”等，这反映出电子版报纸已经成为报纸出版的重要组成部分，各大报社普遍存有电子版报纸。

为了解报社对电子报纸呈缴的意愿和想法，通过外出催缴调研，对河南、上海、贵州、辽宁、浙江、江苏、重庆和广西地区的40家报社共计40人次进行了访谈与问卷调查，调查对象既有负责缴送的工作人员也有出版单位的中高层领导，对缴送政策的了解上基本是对半开，其中2人对缴送政策十分清楚，18人比较清楚，17人了解不多，3人完全不了解。对于电子报纸的保存，最多的是由技术部门负责（有16家报社），其次有7家报社是由业务部门保存，还有13家报社没有保存电子版本。在电子报纸呈缴意愿调查中，有23家报社愿意缴送，愿意缴送电子报纸的报社有11家选择了“自愿缴送”；有7家报社不愿意缴送，不愿意缴送电子报纸的报社主要担心的还是技术、经济等诸多问题。

通过这些问卷调查发现，其中有45%的出版单位愿意将实体出版物对应的电子版本交由国家图书馆保存。这一结果出乎我们的意料，也不禁让我们思考，既然有接近一半的被调查出版机构愿意缴存其实体出版物对应的电子版本，那么，国家图书馆应提前考虑做好接收此类出版物的准备。

2 电子报纸概述

2.1 电子报纸定义

2016年3月10日实施的《网络出版服务管理规定》[1]中明确指出，网络出版物包含与已出版的图书、报纸、期刊、音像制品、电子出版物等内容相一致的数字化作品。由此可知，在我国，电子报纸属于网络出版物的一种。

关于电子报纸的定义，可谓众说纷纭。美国国会图书馆编目发行处参加编制的《连续出版物载体转换编目手册》2002年修订版对“电子报纸”的概念做了如下界定：“一种电子报纸（e-newspaper）必须符合同时是一种报纸和一种远程存取的电子连续出版物的定义：一种登载专业性或一般性时事新闻、以机读形式发行、通过与电子计算机连接的输入输出装置存取的连续出版物。”[2]常征在硕士学位论文《电子报纸媒介研究——以解放日报报业集团“I-PaPer”为例》中提到：“电子报纸是一张个性化的电子报纸，它是一个带超薄型大屏面显示板的移动式网络计算机，不仅有图文声音，甚至扩展到三维空间，它以自我为中心，按照受众的需要进行信息项目自主选择、组织。”[3]邬彬彬的硕士学位论文《电子报纸经营管理模式探讨》中的定义为“电子报纸是一种以电子纸为载体的，能够远端存取图文、声音、动画等多媒体信息的新型报纸”[4]。

笔者认为,电子报纸是报纸新闻稿件和图片资料以数字形式存储并整合在一定的交互式界面上,经过网络传播,在计算机等阅读设备上进行展示阅读。由于数字出版物的发展变化与信息生产、传播技术革新等紧密相关,随着其他数字形式的不断增长与发展,数字出版物的概念与范畴也不断在扩大,例如电子报纸网站、手机报、多媒体数字报、阅读器版数字报纸、App版数字报纸等。本文所研究的电子报纸仅指传统纸本报纸对应的电子版,即以数字形式存在的传统纸本报纸的副本,它不同于独立的新闻网站和手机报等移动终端电子报纸,保留了纸本报纸的原有内容,又省去了印刷和发行环节,不受时间和地域限制,时效性更强,使用更为灵活。

电子报纸的特点是:高频率、多版次、时效性强,种类繁多,数量庞大,难以管理。

2.2 电子报纸类型

对于大多数的电子报纸而言,没有统一的信息组织模式,用户界面、数据格式均不相同。笔者上网查询了全国各地共300多家电子报纸,查看其阅读版面和可获取文件,发现主要有以下两种:

一是网络报纸,版面内容以网页方式展现,通过版面内容导航,非常容易地实现版面内容的高速浏览,但无报纸全貌。

二是数字报纸,通过图形板块加文字链接组织版面,既能浏览报纸全貌,也能浏览版面内容,呈现出数字报纸的灵活性和阅读的方便性,可获取的电子报纸文件格式为PDF、JPEG或EXE。

总体来说,网络报纸重在时效性和其他相关信息服务的扩展,它不是以天作为更换基本版面的时间计量单位,而是一有新消息就立即发布在网上;在报道一个事件时,它能通过超链接,让读者可以查到该事件的背景资料及其他相关报道。数字报纸展现了纸本报纸的原貌,关注点在自身报纸的信息服务上,重点凸显当日的头条新闻或重要新闻,对报纸内容提供多种检索方式,同时还提供电子报纸文件,让读者有更好的阅读体验。

2.3 电子报纸存储格式

PS格式:PS格式是方正飞腾系列排版软件的标准格式,国内绝大多数报社都采用方正飞腾系列排版软件进行报排版、采编、激光照排等。PS格式文件可编辑、修改、印刷,必须使用指定软件打开,而且数据非常大,以《新文化报》为例,仅一天的电子报纸PS格式文件就能达到2.5GB。PS格式的电子报纸保存、使用和数据共享都有一定的难度。

PDF格式:作为电子版式文档格式的标准,其特点是所见即所得。版面显示效果固定,在版式、版面、段落、区域分割、字体、字号等方面不会因软硬件环境的变化而变化,与显示和打印设备无关,在任何设备上阅读或印刷时,呈现的版式都是一致的。PDF格式文件不能对版面内容进行编辑和修改,但是PDF文件小,《新文化报》一天的PDF格式电子报纸不到100MB。大多数报社都采用该格式保存电子报纸。

EXE格式:EXE文件是一种可在操作系统存储空间中浮动定位的可执行程序(executable program,EXE File),属于可执行文件(executable file)的一种,由操作系统进行加载执行。EXE格式电子报纸是采用Flash技术,将报纸内容与图片有序排列,制作成动画并封装成可执行文件。阅读界面与数字报纸网页浏览界面一样,阅读体验较好。

JPG 格式:JPG 是图像数据经压缩编码后在媒体上的封存形式,是以 24 位颜色存储的单个位图。JPG 图片压缩是有损耗的,会使原始图片数据质量下降。由于体积小,JPG 格式在网络中常被用来储存和传输图片。JGP 格式的电子报纸文件数据质量不高,不利于使用。

3 电子报纸呈缴

当今世界绝大多数国家为了永久保存和传承本国的文化遗产,有效地开发和利用文献资源,逐步研制颁布了一项重要的文献征集和保存制度——出版物呈缴本制度。

呈缴本制度,是指一个国家或地区为完整地收集和保存全部出版物,用法律或法令形式规定所有出版机构或负有出版责任的单位,凡出版一种出版物,必须向指定的图书馆或出版主管机关无偿缴送一定数量的样本。此样本称为呈缴本或缴送本,而接受呈缴本的图书馆大多是各国的国家图书馆、其他大型图书馆或专门建立的版本图书馆。

2018 年 1 月 1 日,《中华人民共和国公共图书馆法》开始施行,其中第二十六条明确指出:"出版单位应当按照国家有关规定向国家图书馆和所在地省级公共图书馆交存正式出版物。"[5] 此外另有《出版管理条例》第 2 章第 22 条、《报纸出版管理规定》第 3 章第 45 条均提到,报纸出版单位须按照国家有关规定向国家图书馆缴送报纸样本。

近年,随着信息技术的发展,出版也从纸质出版扩展到了数字出版,作为数字出版的产物,数字出版物不仅具有学术价值和史料价值,还具有保存人类文化遗产的重要作用。数字出版物和纸质出版物在出版形式和传播方式上有着极大的差异,因此,原有的出版物呈缴本制度并不完全适用于数字出版物。为了避免这些重要数字资源的遗失,世界各国也纷纷建立相应的数字出版物呈缴制度。电子报纸作为数字出版物的一种,也被纳入了呈缴范围。

笔者认为,电子报纸呈缴是指各出版单位在电子报纸出版后的一定时间内,将电子报纸的最优版本或最终印刷版本的复本和与读取该出版物有关的计算机程序及其他读取工具、资料的复本一并缴送给指定的受缴单位。其中最优版本应为质量最佳且最适合保存和利用的版本。

电子报纸呈缴过程,首先,识别哪些类型的电子报纸应纳入呈缴范围;其次,在明确呈缴对象后,通过传递等方式将电子报纸资源送至受缴单位;再次,对电子报纸资源进行相应的编目、登记等加工处理;最后,将电子报纸资源妥善保存,在合理范围有效利用。电子报纸呈缴体现了电子报纸从生产者(电子报纸出版者)到保存者(图书馆等受缴单位)转移的过程,有国家层面的制度、法规作为实施保障,具有一定的强制性,强调电子报纸出版者的义务;其核心为全面保存一个国家的文化遗产,实现信息资源的长期获取与有效利用,保障公民的信息获取权利。

3.1 电子报纸呈缴管理

笔者认为,电子报纸呈缴管理是电子报纸呈缴过程中对电子报纸呈缴样本的有效获取,完整登记,实时催缴,分类统计等一系列活动的总称。

电子报纸呈缴管理包含电子报纸获取、登记、催缴和统计这四项基本活动。

(1)电子报纸获取:是通过传递、捕获等多种方式得到电子报纸呈缴样本的过程。

(2)电子报纸登记:将电子报纸呈缴样本完整记录在册,包含电子报纸资源的按种编目、按期记到,以及电子报纸书目的创建。

(3)电子报纸催缴:与呈缴单位沟通、协调,催促补齐未呈缴的电子报纸样本。

(4)电子报纸统计:对电子报纸呈缴样本数据的整理、计算和分析。

电子报纸呈缴管理将对国家完整收集本国的报纸出版物具有重要意义,为公众提供公益性的信息知识服务打下了坚实的基础,主要体现在以下四个方面:

一是电子报纸呈缴管理的实现将有利于国家信息资源的保存。电子报纸的保存形态、访问方式和存贮介质都不同于纸质资源,其传播和利用不受时间和空间的限制,但是,并不是所有的电子报纸都能够永久且免费获取的。当今社会,图书馆仍旧是公众信息获取的首选和最后的保障,是公众可以免费、平等的获取信息资源的地方。因此,需要有相应的信息资源建设和服务制度来保障图书馆能够有充足的报纸资源作为信息资源服务的基础。电子报纸呈缴管理是从国家信息资源保障的角度出发,将电子报纸资源纳入国家信息资源保存体系中,确保信息资源完整有序。国家层面的信息资源保存是由专业人员进行的,有着最好的技术手段、管理方式和存储条件,能够更好地对电子报纸进行有效获取、分类管理、长期保存。

二是电子报纸呈缴管理的实现将有利于报纸国家书目的建立。一个国家对于国内出版物的管理是建立在了解和掌握全部出版物的基础上的,要想掌握国内的全部出版物,就必须建立国家书目。国家书目是全面系统地揭示与报道一个国家在一定时期内的全部出版物,是一个国家全部出版物的现状与历史的记录,是用以掌握和管理一个国家全部出版物的重要手段,是实现资源共享的重要条件。目前,我国的国家书目仅有图书部分,没有报纸,其缘由在于我国呈缴本制度的不健全,受法规约束力不强、经济因素等条件的制约,未能实现国内出版报纸的全品种呈缴,而报纸也没有类似 CIP(图书在版编目)数据的目录,因此,无法建立报纸国家书目,不能实现对报纸出版物的全面管理。而电子报纸呈缴制度的建立将会弥补这些空缺,电子报纸呈缴管理将纸本报纸和电子报纸结合、互补,形成一个较为全面的报纸目录,再经由图书馆编目整理,逐步完善成报纸国家书目。可以说电子报纸呈缴管理是报纸国家书目建立的先决条件,为国家报纸出版物的管理打下了坚实的基础。

三是电子报纸呈缴管理的实现将有利于信息资源的整合。电子报纸呈缴管理不仅是管理电子报纸的呈缴活动,还将其与纸质报纸进行资源整合,形成互补,相互完善,减少纸质文献数字化重复建设和资源浪费现象,降低图书馆纸质文献数字化成本,缩短各类数据库建立时间,提高图书馆数字资源建设的效率和质量,实现信息资源的共建共享。

四是电子报纸呈缴管理的实现将有利于出版行业和图书馆跨界合作。随着时代的发展,各行各业之间的沟通协作越来越多,越来越重要,作为我国文化建设事业的主力军,出版行业和图书馆的关系密不可分,读书日、各类书展、博览会、全民阅读等各种阅读推广活动日益增多。图书馆是出版销售的主力购买者,每年购买数量巨大、种类繁多且码洋高的图书,同时也培养读者形成良好的阅读习惯,支持出版产业发展。出版产业出版了图书馆所需的文献资料,以呈缴和销售的方式为图书馆提供了大量的文献资源,丰富图书馆馆藏资源,更好地为读者服务,实现文献资源的有效保存和利用,将文化知识一代代传承下去。电子报纸呈缴管理将加强图书馆和出版单位之间的沟通合作,图书馆从出版单位获取呈缴资源,将相关信息统计汇总后反馈给出版单位;出版单位可以快速地收集信息,对呈缴资源再利用,形成良性循环,使得更多更好的精神文化产品生产、留存下来,发挥更大的作用。

3.2 电子报纸呈缴方式

电子报纸呈缴方式主要有出版单位自愿呈缴和免费公共资源下载两种。以国家图书馆为例，由于没有相关的政策法规提到电子报纸的呈缴工作，为了实现保存和利用丰富的电子报纸资源，国家图书馆于2005年启动了国家图书馆数字报纸典藏项目，通过向自愿呈缴的报社获取电子报纸资源和在线采集面向公众可免费获取的电子报纸资源两种方式收集并保存近年来出版的电子报纸，为读者提供检索、浏览、下载等服务。

(1)报社自愿呈缴

国家图书馆向报社发出收集、保存电子报纸的请求，部分报社给予了积极回应，自愿向国家图书馆呈缴电子报纸，通过口头或者纸质协议授权国家图书馆对报社的电子报纸进行长期保存、永久典藏，并在国家图书馆局域网内提供给读者免费使用。获取途径主要为寄送光盘、到报社拷贝、FTP授权下载和网络传输。收集来的电子报纸格式主要有PDF、PS、JPG和EXE文件。

(2)在线下载

随着数字技术的发展，越来越多的报社建立了电子报纸阅读平台，提供在线电子报纸，其中有部分报纸还提供电子报纸的下载链接，面向公众开放使用。对于这些可免费获取的电子报纸资源，由于版权保护问题，国家图书馆采取下载保存，但不提供服务的方式。

国家图书馆对网络电子报纸的下载有人工下载和服务器下载两种方式。人工下载，由工作人员在电子报纸网站手动下载可获取的电子报纸资源。服务器下载，则是通过配置电子报纸网站的采集文件，让服务器程序能够自动在电子报纸发布数据后较短时间内下载电子报纸。由于网络数据的不稳定性和易变性，为了保证电子报纸数据下载的及时性和完整性，还需要对已下载的文件进行定期检查、维护。

数字出版物呈缴制度在法律、政策、技术、管理方面尚有许多问题需要解决。现有的国内外相关研究多为宏观上的数字出版物呈缴制度立法建设、版权等法律问题研究，理论上的数字资源长期保存研究，实践上的具体国家或地区的数字出版物呈缴、数字资源长期保存实例研究，应用上的实现数字资源长期保存的基础上进行的数字出版物缴存制度的建设与完善，较少针对数字出版物的呈缴管理进行探讨，例如，数字出版物呈缴工作流程、数据管理、技术需求等。

发达国家的相关机构人员较早就意识到数字出版物法定缴存的重要性，近年来，许多国家、地区已经开始了数字出版物呈缴实践，不仅仅是政策层面上出台或完善一些相关的法律法规，也利用信息技术进行数字出版物呈缴实践。而我国在制度和政策层面，呈缴范围只涵盖了实体出版物(实体图书、期刊、报纸、音像制品和电子出版物等)，没有将实体之外的数字出版物(电子图书、电子报纸、电子期刊、数据库、网络出版物等)纳入。

随着出版物形式的不断多样化，为保证出版物的完整收藏与妥善保存，呈缴范围的不断扩展是必然趋势，今后必然会将实体出版物对应的电子版本及其他数字出版物都纳入呈缴范围。由于数字出版物类型繁多，电子报纸相较于其他载体或形式的数字出版物，其内容与形式与实体报纸最为接近，较为容易获取和保存，在版权保护等方面的问题也没有那么复杂，出版单位的缴送意愿和呈缴的可能性较高。因此，电子报纸的呈缴意义重大，不仅可以为数字出版物呈缴探路、为将来接收数字出版物做好相应的准备工作,促进整个数字出版物的呈缴;还有利于国家信息资源的保存,确保信息资源完整有序,更好地提供服务;有利于报纸国家书目的建立,实现全面规范管理;有利于信息资源整合,减少纸质文献数字化重复建设和资源浪费现象,实现信息资源的共建共享;有利于出版行业和图书馆跨界合作,形成良性循环,使得更多更好的精神文化产品生产、留存下来,发挥更大的作用。

参考文献

[1] 网络出版服务管理规定[EB/OL].[2018-03-30].http://www.gapp.gov.cn/govpublic/84/1067.shtml.

[2] 宋婷婷.电子报纸的版式设计探析[D].上海:复旦大学,2012.

[3] 常征.电子报纸媒介研究[D].厦门:厦门大学新闻传播学院,2009.

[4] 邬彬彬.电子报纸经营管理模式探讨[D].上海:上海交通大学,2007.

[5] 中华人民共和国公共图书馆法[EB/OL].[2018-03-30].http://www.npc.gov.cn/npc/xinwen/2017-11/04/content_2031427.htm.

新时代背景下我国公共图书馆发展方式探究

戴建武(中文采编部)

公共图书馆是传承人类文明、传播先进文化、开展社会教育的重要场所,是公共文化服务体系的重要组成部分,对满足公民精神文化需求、提高公民科学文化素质和社会文明程度有重要作用。在中国特色社会主义进入新时代这样一个大背景下,随着《中华人民共和国公共图书馆法》的颁布实施,我国公共图书馆事业逐渐走上法治图书馆的发展道路;随着科学技术的迅猛发展,图书馆事业逐渐向信息化、电子化、集成化的数字图书馆发展。新的发展趋势对现有的公共图书馆运行方式提出了新的挑战,同时也带来了图书馆事业飞速发展的新机遇。对于一个图书馆人而言,有责任也有义务为图书馆事业添砖加瓦。

本文旨在阐述公共图书馆的两大发展趋势,梳理发展过程中存在的问题,并分析其原因,进而提出针对的改进措施,希望可以为新时代背景下我国公共图书馆事业发展扫清障碍提供可能性。

1 新时代的图书馆法治化

《中华人民共和国公共图书馆法》由第十二届全国人民代表大会常务委员会第三十次会议于2017年11月4日通过,自2018年1月1日起施行,公共图书馆法是党的十九大之后出台的第一部文化方面的法律,也是继去年全国人大常委会审议通过公共文化服务保障法之后又一部重要的文化方面的法律,对公共图书馆事业的发展具有里程碑的意义,为促进图书馆事业进一步发展、建设社会主义文化强国提供了强有力的法律支撑。公共图书馆法的出台标志着我国公共图书馆事业跨入了新时代。

1.1 图书馆法治化的含义

图书馆法治化是在我国市场经济大环境的要求下,在法律的框架内进行图书馆机构体制改革和内部管理改革,并依据图书馆法例来治理图书馆的一系列法律实施活动,强调图书馆处于依法治理的状态,体现的是一种依法治馆的良好秩序。这是图书馆得以快速发展的必由之路,是文献信息资源共建共享的可靠保证,是与世界图书馆事业接轨的必然选择。

1.2 图书馆法治化的特点

图书馆法治化具有坚持党的领导,法治而非人治,保障公民权益,与时俱进、动态发展等特点。

1.2.1 坚持党的领导

公共图书馆法治化的发展模式,是顺应于我党全面依法治国的总目标的,其核心是坚持党的领导。其实质是党领导我国公共图书馆事业向公益化,制度化,规范化发展。

1.2.2 法治而非人治

公共图书馆法治化的发展模式,凸显了法治的地位,它建立了一系列不会以各馆领导意志为转移的制度性保障机制,在一定程度上削弱了人治的影响。领导者的行为受到法律的限制和规范,使得他们做出的决策更加的客观、务实,这就是法治。

1.2.3 保障公民权益

公共图书馆法治化的发展模式,并非指国家对公共图书馆有“偏爱”之心,而恰恰是更说明了公民使用图书馆的权力得到了重视和保障。公共图书馆法坚持以人民为中心的发展思想,坚持问题导向,实行公共图书馆免费开放,注重扶持革命老区、民族地区、边疆地区和贫困地区公共图书馆事业的发展,并注重维护老年人、未成年人和残疾人等特殊群体的权益。

1.2.4 与时俱进,动态发展

图书馆法治化是一个动态的发展过程,既包含图书馆法律体系和法律制度,同时也包含与图书馆相关的立法、司法、执法、守法等活动。而法治图书馆观念仅是一种意识表象,是一种概念形象,还未形成成熟的、稳定的、系统化的思想,它具有主观性、历史性、实践性和发展性的特点。

2 新时代的数字图书馆

随着信息技术的发展,需要存储和传播的信息量越来越大,信息的种类和形式越来越丰富,传统图书馆的机制显然不能满足这些需要。因此,人们提出了数字图书馆的设想。数字图书馆是一个电子化信息的仓储,能够存储大量各种形式的信息,用户可以通过网络方便地访问它,以获得这些信息,并且其信息存储和用户访问不受地域限制。

数字图书馆是传统图书馆在信息时代的发展,它不但包含了传统图书馆的功能,向社会公众提供相应的服务,还融合了其他信息资源(如博物馆、档案馆等)的一些功能,提供综合的公共信息访问服务。可以这样说,数字图书馆将成为未来社会的公共信息中心和枢纽。

2.1 数字图书馆含义

数字图书馆是一门全新的科学技术,也是一项全新的社会事业。它是用数字技术处理和存储各种图文并茂文献的图书馆,实质上是一种多媒体制作的分布式信息系统。它把各种不同载体、不同地理位置的信息资源用数字技术存贮,以便于跨越区域、面向对象的网络查询和传播。它涉及信息资源加工、存储、检索、传输和利用的全过程。通俗地说,数字图书馆就是虚拟的、没有围墙的图书馆,是基于网络环境下共建共享的可扩展的知识网络系统,是超大规模的、分布式的、便于使用的、没有时空限制的、可以实现跨数据库无缝链接与智能检索的知识中心。

数字图书馆不是图书馆实体:它对应于各种公共信息管理与传播的现实社会活动,表现为种种新型信息资源组织和信息传播服务。它借鉴图书馆的资源组织模式、借助计算机网络通讯等高新技术,以普遍存取人类知识为目标,创造性地运用知识分类和精准检索手段,有效地进行信息整序,使人们获取信息消费不受空间限制,很大程度上也不受时间限制。

2.2 数字图书馆特点

与一般意义上的图书馆不同的是,数字图书馆主要呈现出文献电子化,管理自动化,资源分享网络化等方面的特点。

2.2.1 文献电子化

信息化、网络化、数字化,这一连串的名词符号其根本点在于信息数字化。随着文献信息化进程不断加快,传统的纸质文献将会进一步地进行数字化处理,借助计算机技术以及数字媒体技术实现文献的电子化。文献电子化是当前数字图书馆范畴内的一大特点,以国家图书馆为例,仅普通纸质文献在 2017 年一年就电子化了 30 万册。

2.2.2 管理自动化

数字图书馆文献的日常管理主要是通过相关的计算机软件,来实现电子文献或者纸质文献的查询,借阅,续借等相关服务,借助不断完善的管理信息系统,图书馆管理将会呈现出更加自动化的特点。

2.2.3 资源分享网络化

数字图书馆借助"互联网 +"技术实现了公共图书馆文献资源的共享,这就很好地弥补了传统图书馆在空间上、资源上所受到的限制,以及所带来的一系列不足。读者不仅可以通过移动阅读平台阅读文献,还可以通过移动数字图书馆进行文献查询和借阅,也可以通过资源共享平台搜索相关图书资源。

3 我国公共图书馆发展中存在的问题

随着国家将文化事业放在了更高的战略位置,公共图书馆作为公共文化服务体系的重要一环也迎来了发展的春天。这不仅表现在公共图书馆数量、规模的扩大,藏书的丰富,办馆模式和服务方式的多样化与现代化,还表现在图书馆布局日趋合理,社会覆盖面越来越大,网络化程度越来越高,资源共享程度也日渐提高。然而我国公共图书馆发展运行中还存在着一定的问题,主要包括了服务质量不到位,管理机制单一落后,技术创新及应用能力不足、从业人员素质参差不齐等方面的问题。

3.1 服务质量不到位

服务是图书馆存在的核心价值。近年来,随着社会经济的发展,人们利用图书馆读书看报、休闲娱乐、自我提升、相互交流的需求越来越强烈,对图书馆的服务水平和服务能力也提出了更高的要求。而在实际中,由于受到多种因素的制约,公共图书馆在开放时间,馆藏数量、图书借阅以及丢失赔偿等方面无法满足广大读者的需求。例如:从人均拥有公共图书馆藏量方面来看,与发达国家还存在巨大差距。2017 年,中国人均拥有公共图书馆藏量为 0.65 册,发达国家人均则超过 1.5 册,这对于致力于复兴中华文化的我们而言馆藏量还是远远不够的。此外,公共图书馆的服务水平存在着"不平衡,不充分"的问题,"不平衡"既体现在东部与西部发展的不平衡,也体现在东部的不同地区间发展的不平衡。"不充分"则体现在全国虽然有 3000 多个县级以上公共图书馆,但县级以下基层公共图书馆网点少、藏书少,服务读者的能力较弱。

3.2 管理机制单一落后

管理意识不强,无论是在高校教育教学领域还是在社会公共建设领域,管理工作都没有得到足够的重视,这就导致图书馆管理缺乏必要的资源,影响了图书馆管理效能综合水平的提高;管理理念滞后,当下公共图书馆的管理工作主要由馆长负责,权利与责任往往比较集中,这就使得基层管理人员的危机意识、责任意识不强,无法充分的调动管理人员的工作积极性,与此同时在公共图书馆整体的管理过程中,存在着一定的被动等待现象,读者来则存在对应的管理工作,读者不来则坐吃山空,这就使得公共图书馆的配套管理工作不能第一时间满足读者的阅读需求;管理工作缺乏长效机制,目前公共图书馆的管理工作,基本上属于粗放式、临时性的简单管理,缺乏中长期的科学规划。

3.3 技术创新能力不足

从机读目录到图书馆自动化管理系统,再到数字图书馆建设与服务,图书馆事业的每一次进步都与新技术的研发息息相关。进入 21 世纪以来,计算机技术、网络技术和信息处理技术迅猛发展,深刻地改变了人们的学习方式、工作方式和生活方式,也对图书馆事业产生着不容忽视的影响。虽然我国各级公共图书馆的现代化水平发展较快,但与整个社会信息技术环境突飞猛进的发展速度相比还存在较大差距,许多公共图书馆仍以面向到馆读者提供文献阅览、文献外借等传统服务为主,普遍缺乏现代化服务手段。据统计,截至 2017 年底,全国公共图书馆共建设网站 1052 个,网络实际访问量 2 152 421 450 页次,比上一年缩减 3.40%。可以说,在信息化高速发展的今天,公共图书馆并没有能充分发挥其功效。

3.4 从业人员参差不齐

人才是立馆之本。近年来,我国公共图书馆从业人员的数量和质量都实现了逐步提升,但是队伍总体情况仍然相对落后。据统计,截至 2017 年底,我国县以上公共图书馆 3174 个,从业人员 57 561 人,其中高级职称人员仅占 10.8%,具有中级职称的人员占 32.7%。与发达国家相比,我国公共图书馆的从业人员规模仍偏小,与我国人口规模的匹配度相对较低。此外,乡镇、社区图书馆从业人员队伍专业技术结构失衡的情况更为严重。与此同时,公共图书馆在职人员队伍的专业化水平与高校图书馆和专业图书馆相比,也存在较大差距。随着图书馆法治化,数字化的新发展要求,现有从业人员知识结构和观念落后陈旧,无法较好地满足提供法治化、数学化信息资源服务的要求,这也是不容忽视的一点。

4　新时代公共图书馆工作改进措施

要想解决以上问题,我认为应当从服务能力,管理创新,国际合作,引导阅读,员工素质等方面对我国的公共图书馆工作进行改善。

4.1　增强服务能力

提高服务质量,推进公共图书馆服务多元化发展。推进公共图书馆免费开放。各级公共图书馆应加大免费开放时间,以及拓展免费开放项目,加强信息公开力度,及时向社会大众传递各类信息。各级公共图书馆应当不断提升自身业务能力,为各级政府科学决策提供咨询服务,为当地企业和教育科研机构提供专题服务,为大众创新创业提供文献支撑和信息服务。各级公共图书馆应加强对老年人、未成年人、残疾人、农民工和农村留守妇女儿童等特殊群体的关注,对他们提供新技术应用培训、阅读辅导、送书上门、网络服务等服务。

4.2　推进管理创新

深入推进公共图书馆法人治理结构改革。有能力的公共图书馆按有关规定可以适当扩大人事管理自主权、收入分配自主权等。加强行业组织建设。强化行业组织自身能力建设,完善内部管理制度,促进其在服务行业发展、开展行业自律、制定相关标准、维护会员权益等方面发挥积极作用。鼓励公民、企事业单位、社会团体等力量参与到公共图书馆的建设、管理和服务,接受但不局限于捐资、捐赠、捐建等方式。广泛开展文化志愿服务。公共图书馆应当积极开展各类文化志愿服务,开发具有自身发展特色的文化志愿服务活动。行业协会可以协助完善公共图书馆志愿者注册招募、服务记录、管理评价和激励机制。

4.3　加强国际合作

加强与国际图书馆协会联合会等国际图书馆行业组织,以及国外图书馆界的联系与合作。积极参加国际图联举办的国际学术会议,加强学术探讨,向先进发展理念进行学习。事实证明,许多国际合作项目的建立,也都是通过国际会议中的交流而促成的。同时也向世界展示我国在图书馆事业发展上取得的成果,吸引更多优质的世界资源前来与我国进行交流、合作。

4.4　引导大众阅读

公共图书馆存在的意义之一就是为社会公众提供一个可以安静阅读的场所。因此,公共图书馆,有责任、有义务去推动、引导、服务全民阅读,通过依法推荐优秀出版物,开展阅读指导、图书互换共享等活动,培养公众阅读兴趣和习惯。各级公共图书馆应当根据自身的特点制定相应的阅读推广计划。围绕世界读书日、图书馆服务宣传周、全民读书月以及中华传统节日、重要节假日和重大节庆活动,深入开展系列阅读推广活动。

4.5　提升员工素质

任何事业的发展都离不开人才的发展。在图书馆发展趋向于信息化,法治化的新形势下,图书馆事业的发展对从业人员提出了更高的要求。对于信息化的发展需求,从业人员需要熟练掌握信息技术,专业化的参考咨询,古籍文献电子信息化,网际间的文献传递等等业务技能。对于法治化的发展需求,随着《中华人民共和国公共图书馆法》实施,从业人员需要使用好该项法律法规去为图书馆事业发展添力,但若想用好法,首先要做到学好法、弄懂法。这就需要对从业人员进行定期的信息技术、法律法规,规章制定等方面的培训以及适时的开展学习交流,并结合自身的工作实践,不断积累出适合法治化、数字化的工作方式。

中国特色社会主义已经进入了新时代,伴随着信息技术的不断研发及应用,《中华人民共和国公共图书馆法》的颁布实施,公共图书馆事业发展走向了法治化、数字化的新时代。在新的发展形势下,通过对现有公共图书馆运行模式不足的分析,本文探究性地提出了服务,管理,合作,阅读,人员五个方面的改进措施,希望这些措施可以对新时代背景下公共图书馆事业的发展提供助力,也希望我国的公共图书馆事业在政府及全社会更多的帮助下可以越做越好。

参考文献

[1] 申晓娟. 国家图书馆"十三五"发展规划概要[J]. 数字图书馆论坛,2016,11(150):2-11.

[2] 李国新. 开启新时代图书馆法治研究的新阶段[J]. 图书馆,2018(1):1.

[3] 张凌玮. 新时代数字图书馆视域下的图书馆管理工作变革[J]. 现代交际,2018(1):219-220.

[4] 范并思. 构建中国图书馆核心价值体系之思考[J]. 图书与情报,2015(3):50-55.

[5] 王茜,杨玉麟. 论公共管理学对我国图书馆管理及事业发展的影响[J]. 理论研究,2014(11):20-25.

[6] 夏汉群. 公共图书馆档案管理工作普遍问题和解决措施[J]. 图书情报论坛,2016(2):48-50.

[7] 张彬. 我国公共图书馆从业人员规模实证分析及建议[J]. 学理论,2015(1):128-129.

[8] 潘晶. 大学数字图书馆国际合作计划的回顾与展望[J]. 大学图书馆学报,2013(4):19-25.

基于 XML 描述的网络知识组织系统研究

郝嘉树(中文采编部)

1 引言

作为图书馆的一项重要工作,信息检索和咨询服务的前提和保障是对文献资源进行揭示和组织。过去文献资源的揭示是使用纸版的信息组织工具,如在分类法和叙词表中人工查找合适的分类号或主题词,这种方式需花费时间翻阅、查找,效率低下。为了解决这些问题,出现了信息组织工具的电子化,它是将工具的内容结构用 MARC 表示,最终形成数据库化形态,并通过本地安装客户端的形式提供使用。随着网络的发展,信息组织工具的载体发生迁移,出现了网络信息组织系统(Network Information Organization System),它不需要在本地安装客户端,通过 HTML 揭示、用网页即可提供浏览和查询功能。该种组织形式及技术成为目前信息组织使用的主流[1]。

当前信息组织工具亟需融合新技术,实现服务效能的提升。信息组织工具的电子化和网络信息组织系统都只是字面、形式及视觉层面的组织,它们不足以解决当前网络信息呈混乱无序状态的问题,不能从语义层次对网络信息加以组织和利用。在这种情况下,如果要实现公共图书馆服务效能的提升,就必须对信息组织工具加以提升和改进。目前,从语义层面提供智能化的网络信息组织方法成为新研究方向,其中,可扩展置标语言(Extensible Markup Language,以下简称 XML)是在语义网(Semantic Network)框架下发展出来的语义描述语言,其目的是实现机器可理解、可处理的信息描述和组织方式[2]。

XML 有自身的结构,包括头文件(命名空间)、文件主体(由元素、属性、类型组成)、结尾部分(包括注释、处理命令等)。它的格式简单、灵活,更加适应网络环境下信息组织的需要,为基于 Web 应用提供了一个描述和交换数据的有效手段。目前 XML 在各类型单据(图书目录、保险单、索赔单)、专业领域(如航天、化学领域进行实验和分析)、财务交换等方面得到应用,Adobe、微软、火狐等公司开发了使用或兼容 XML 的软件工具或插件。XML 在图书馆的使用使信息组织工具变得有语义、有结构,并能让计算机理解,成为网络知识组织系统(Network Knowledge Organization System)。

本文对基于 XML 描述的网络知识组织系统进行研究,调研国内外使用 XML 表示网络知识组织系统的项目和案例,并对这种组织形式的优劣进行了分析和评述。

2 基于 XML 描述的网络知识组织系统项目与案例

2.1 基于 XML 的 MeSH 语义化

美国国家医学图书馆(以下简称 NLM)一直致力于医学主题词(以下简称 MeSH)的网络化和语义化研究和描述,并于2002 年研制出基于 XML 表示的 MeSH 供下载,现已经将 XML 作为标准格式。NLM 用 XML 表示 MeSH 的做法是考虑到 XML 的标签表达形式可以使 MeSH 结构清晰、易于用户理解,其中的元素非常有利于表达术语的同义关系和其他各种关系,并且与之前用 ASCII 和 ELHILL 表示 MeSH 使用的格式元素相比,XML 表示使用的格式元素数量大幅减少。

图 1 为基丁 XML 描述的 MeSH 记录结构,该描述记录中有一个描述(DescriptorRecord),包括 UI、描述名、注释和概念列表,其中概念列表包括 UI、概念名、范围注释和术语列表,术语列表中有两个术语,结构为 UI、字符串和创建日期[3]。

基于 XML 的 MeSH 的特别之处在于 NLM 定义了较多的数据元素,在 XML MeSH 数据元素列表中包含 97 种元素,每种元素提供定义、描述和用法,并且包含 ELHILL MeSH 与 XML MeSH 之间的对应元素[4]。XML MeSH 另一个特点是采用“描述—概念—术语”三层结构,描述比概念要宽泛,并且由一类概念组成;同样,概念由同类术语组成;每一个描述、概念和绝大部分的术语都使用 UIs 表示,这样的结构可以给 MeSH 中的不同数据元素附加合适的对象。例如,范围注释属于概念而非描述,一个描述中可以有多个概念和范围注释。XML MeSH 与以往 MeSH 数据结构的最大区别在于 XML 元素的多层次结构,这种等级结构虽然是 XML 所固有的,但是是面向概念、而非亚元素的可进行伸缩的等级结构。

```
<DescriptorRecord ...><!-- Descriptor  -->
  <DescriptorUI>D000005</DescriptorUI>
  <DescriptorName><String>Abdomen</String></DescriptorName>
  <Annotation> region & abdominal organs...
  </Annotation>
  <ConceptList>
     <Concept PreferredConceptYN="Y"><!-- Concept  -->
        <ConceptUI>M0000005</ConceptUI>
        <ConceptName><String>Abdomen</String></ConceptName>
        <ScopeNote> That portion of the body that lies
        between the thorax and the pelvis.</ScopeNote>
        <TermList>
           <Term ... PrintFlagYN="Y" ... ><!-- Term  -->
              <TermUI>T000012</TermUI>
              <String>Abdomen</String><!-- String = the term itself -->
              <DateCreated>
                 <Year>1999</Year>
                 <Month>01</Month>
                 <Day>01</Day>
              </DateCreated>
           </Term>
           <Term IsPermutedTermYN="Y" LexicalTag="NON">
               <TermUI>T000012</TermUI>
               <String>Abdomens</String>
           </Term>
        </TermList>
     </Concept>
  </ConceptList>
</DescriptorRecord>
```

图 1　MeSH 的 XML 描述

2.2　ADL 的 XML 描述及协议建设

亚历山大数字图书馆(以下简称 ADL)叙词表协议是由 ADL 开发的一个访问分布式叙词表资源协议的项目,目的是通过计算机程序可访问和使用叙词表。该协议遵循 ANSI/NISO Z39.19—1993 标准并构建了一个叙词表模型,其中定义了 8 种 XML 格式,分别用于描述词表中的术语、属性以及术语的组织和排列,它们是 <properties>、<term>、<term-description>、<extended>、<list>、<hierarchy>、<error> 和 <response>[5]。这些格式除了能表示叙词表的用、代、属、分和参关系外,还能表示术语列表、术语的等级结构以及术语服务。

该项目主要通过 ADL 叙词表协议提供的五类独立、无状态的术语服务来实现对叙词表的查询和浏览功能。五类术语服务分别为 get-properties( )、download(include-nonpreferred, format)、query(operator, text, fuzzy, format)、get-narrower([starting-term,] max-levels, format) 和 get-broader(starting-term, max-levels, format)。客户端通过发送 HTTP GET 请求来访问这五类术语服务,如客户端想得到包含某个术语的所有叙词,可发出类似"http://host.com/mythes/query?operator=contains-any-words&text=某术语=true&format=term"这样的请求,并通过 <response> 返回包含该术语的所有正式叙词,图 2 即为 ADL 项目中用 river 或 bends 检索返回的叙词。

```
HTTP/1.0 200 OK
Content-Type: text/xml; charset=UTF-8
Content-Length: 572

<?xml version="1.0" encoding="UTF-8"?>
<!DOCTYPE response SYSTEM "http://www.alexandria...">
<response
  xmlns="http://www.alexandria.ucsb.edu/thesaurus"
  version="1.0">
  <list>
    <term preferred="true">bends (river)</term>
    <term preferred="false">canal bends</term>
    <term preferred="false">lost rivers</term>
    <term preferred="false">road bends</term>
    <term preferred="false">river bends</term>
    <term preferred="true">rivers</term>
    <term preferred="false">stream bends</term>
    <term preferred="false">wadi bends</term>
  </list>
</response>
```

图2　用 river 或 bends 检索返回的结果

2.3　DDC 的 XML 描述

对杜威十进制分类法(以下简称 DDC)的 XML 描述目前只有个别学者进行了探讨。其中,戴安娜(Diane V. G.)的研究认为,DDC 与其他词表的 XML 表示相比,标签的定义繁多、不直观,易读性较差,如图 3 所示:

```
<?xml version="1.0"?>
<!-- Copyright (C) 2001 OCLC Online Computer Library Center, Inc. -->
<!-- All rights reserved. -->
<rec>
<en><a><ddc>006.31</ddc></a></en>
<eh><a>*Machine learning</a></eh>
<nin><a>Including</a><b>genetic algorithms</b></nin>
<nse><a>For</a><b>machine learning in knowledge-based systems</b><c>,
see</c><d><ddc>006.331</ddc></d><t>.</t></nse>
<nfx><f>*</f><a></a><b>Use notation <ddc>T1--019</ddc> from Table 1 as modified at
<ddc>004.019</ddc></b><t>.</t></nfx> <ieh><a>Genetic algorithms</a><b>computer
science</b><b>artificial intelligence</b></ieh>
<ieh><a>Machine learning</a></ieh>
<SM><f0>sh 94004662</f0><a>Computational learning theory</a></SM>
<FM><f0>sh 94004662</f0><a>Computational learning theory</a><b>--Congresses</b></FM>
<SM><f0>sh 91000149</f0><a>Computer algorithms</a></SM>
<FM><f0>sh 91000149</f0><a>Computer algorithms</a><b>--Congresses</b></FM>
<SM><f0>sh 92002377</f0><a>Genetic algorithms</a></SM>
<EM><f0>sh 96010308</f0><a>Genetic programming (Computer science)</a></EM>
<SM><f0>sh 96010308</f0><a>Genetic programming (Computer science)</a></SM>
<FM><f0>sh 96010308</f0><a>Genetic programming (Computer science)</a></FM>
<SM><fU>sh 85079324</f0><a>Machine learning</a></SM>
<FM><f0>sh 85079324</f0><a>Machine learning</a></FM>
<FM><f0>sh 85079324</f0><a>Machine learning</a><b>--Congresses</b></FM>
<SM><f0>sh 90001937</f0><a>Neural networks (Computer science)</a></SM>
<SM><f0>sh 92000704</f0><a>Reinforcement learning (Machine learning)</a></SM>
</rec>
```

图3　DDC 的 XML 描述

戴安娜对图书馆 OPAC 中的搜索结果用基于 XML 的 DDC 进行自动分类实验来探索网络分类法的作用,如用 cookies 这个多义词在 OPAC 中进行检索,通过自动分类技术对标有 DDC 号码的书目数据再次进行检索,检索结果被分到了 DDC 的 004、005、641 这 3 个三级类目中,他们分属不同的学科[6]。有些资源虽然分属不同的类目,但从相关性排序中,用户可以容易地检索到想要的信息。通过这些实验,戴安娜认为网络化词表有新的用武之地,不过需要通过不断的实验进行探索。

2.4 基于 MarcXchange 描述的 CLC

中国国家图书馆中文采编部研究了中国图书馆分类法(Chinese Library Classification,以下简称 CLC)的 MARC 格式和 MarcXchange 之间的对应关系,并试图用自动的方式实现 CLC 从 MARC 到 XML 的转化。他们使用 ISO TC46/SC4 发布的标准草案 ISO/DIS 25577,依据 MARC 字段和子字段与 MarcXchange 各元素和属性的对应关系,通过计算机程序实现了两者之间的自动转化。

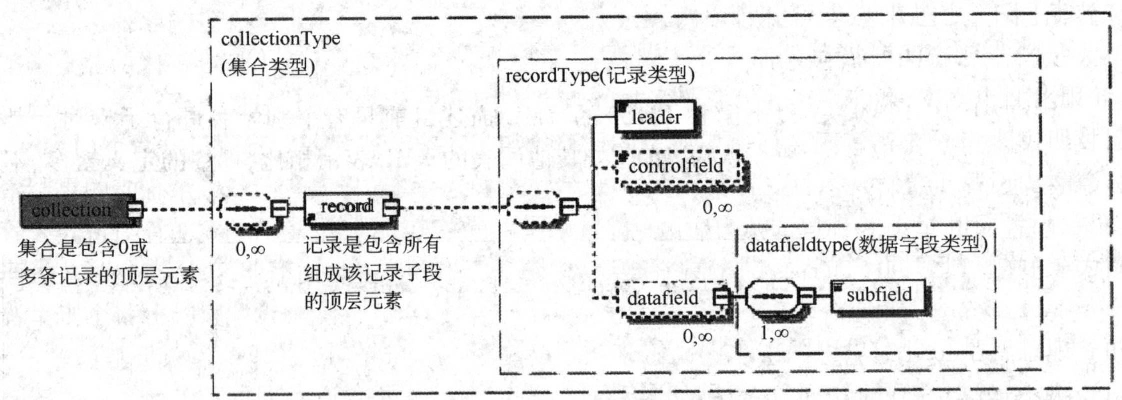

图 4　MarcXchange 通用结构

以上为 MarcXchange 的通用结构:collection 可以包含多个 record;record 包括 leader、controlfield 和 datafield 三个元素、format 和 type 两个属性。其中 format 揭示 MARC 格式,如 MARC21、UNIMARC,type 揭示记录的类型,如书目数据、名称规范、分类法等;controlfield 用来揭示标示字段和参考字段,包含一个属性 tag;datafield 可以用在所有的字段,它包含 subfields、tag、ind1 至 ind9 等共十个属性。

通过 MARC 字段和子字段与 MarcXchange 各元素和属性的对应,转化为 XML 格式的 CLC 如下所示:

record 中的 type 和 format 揭示了词表的类型为分类法、编目格式用 UNIMARC 表示,各元素的 tag 属性用来揭示 MARC 中的各字段。从图 5 中可看出,该分类法的 001、005、100 和 184 等字段都用 datafield 来具体表示,其中 datafield 的 184 字段中用 subfield 描述分类法的名称、版本和语种,具体对应为"中国图书馆分类法""4"版和"中文";datafield 的 250 字段揭示具体的类目,该例中为 A 大类"马克思主义、列宁主义、毛泽东思想、邓小平理论";datafield 的 801 字段揭示归属和时间;datafield 的 825 字段揭示该类目的注释。从该描述还能看出,用 subfield 中 code 的不同表示来揭示类名和类号等,从结构上实现了语义化表示,但内容只是简单的采用字符串表示,并没有进行语义化处理,这是 XML 需要解决的一个问题,也是在语义转化中需要注意的地方。

```xml
<?xml version="1.0" encoding="windows-1251"?>
<collection xmlns=" info:lc/xmlns/marcxchange-v1" xmlns:xsi="http://www.w3.org/2001/XMLSchema-instance"
 xsi:schemaLocation=" info:lc/xmlns/marcxchange-v1 http://www.loc.gov/iso25577/v1/marcxchange-1-1.xsd">
  <record format="UNIMARC" type="Classification">
    <leader>00411aw   2200109 a 45  </leader>
    <controlfield tag="001">C000001</controlfield>
    <controlfield tag="005">20051001102030.0</controlfield>
    <datafield tag="100" ind1=" " ind2=" ">
      <subfield code="a">19991009aaaa abachiy0108    ea</subfield>
    </datafield>
    <datafield tag="184" ind1="0" ind2=" ">
      <subfield code="a">CLC</subfield>
      <subfield code="b">中国图书馆分类法</subfield>
      <subfield code="c">4</subfield>
      <subfield code="e">chi</subfield>
    </datafield>
    <datafield tag="250" ind1="8" ind2=" ">
      <subfield code="d">01</subfield>
      <subfield code="a">A</subfield>
      <subfield code="j">马克思主义、列宁主义、毛泽东思想、邓小平理论</subfield>
    </datafield>
    <datafield tag="801" ind1=" " ind2="0">
      <subfield code="a">CN</subfield>
      <subfield code="b">NLC</subfield>
      <subfield code="c">20051001</subfield>
    </datafield>
    <datafield tag="825" ind1="0" ind2=" ">
      <subfield code="i">各国出版的马克思、恩格斯、列宁、斯大林、毛泽东、邓小平著作的译本或汇编本，如果编译有错误...</subfield>
    </datafield>
  </record>
</collection>
```

图 5　CLC 的 MarcXchange 结构表示

2.5　IBM 基于 UDDI 的应用

IBM 的商业注册中心使用 UDDI(Universal Description, Discovery and Integration)技术提供目录服务。UDDI 使企业可以对 Web services 进行注册和搜索,并存储有关 web services 信息的目录[7]。以上功能的实现是因为 UDDI 中提供了一些标准的分类法,用它们尽可能地全面描述每一个目录,如可以具体描述某企业的类型和物理位置,甚至还可以描述该企业提供的确切产品是什么。通过使用分类法 UDDI 的查询 API 可以迅速、有效地将企业和服务与需要的客户准确地连接起来。

该系统分类法每一条款目都由一个称为 tModel 的 UDDI 条目进行唯一标识,并且通过 tModelKey 引用。用 XML 格式对以上所述信息进行 UDDI 数据结构描述的样例如图 6 所示,企业、服务或技术模型通过 Category Bag(种类包)描述,这个种类包保存有通过键值标识的引用(即分类法代码、定位器或关键字),这些引用可以具体描述其企业的类型、物理位置和提供的产品,以上 tModelKey 表示对分类系统或分类法的引用,Keyvalue 表示此分类法的文本域,keyname 表示一个针对可读的描述内容的文本域[8]。

值得一提的是,除了这些内置的分类法外,外部的标准和分类法可以很容易地在 UDDI 中发布、描述和引用。UDDI 提供了植入系统的方法让它们能注册到 UDDI 内,从而使任何企业、服务或技术模型能将其标准和分类法与 UDDI 内的种类包关联起来。

```xml
<categoryBag>
  <keyedReference
   tModelKey="UUID:C0B9FE13-179F-413D-8A5B-5004DB8E5BB2"
    keyValue="3254"
    keyName=" Pharmaceutical Manufacturing " />
  <keyedReference
    tModelKey="UUID:CD153257-086A-4237-B336-6BDCBDCC6634"
    keyValue="25.13.20.05.00"
    keyName="Ultra Light Aircraft" />
  <keyedReference
    tModelKey="UUID:4E49A8D6-D5A2-4FC2-93A0-0411D8D19E88"
    keyValue="US-TX"
    keyName="Texas" />
  <keyedReference
    tModelKey="UUID:C1ACF26D-9672-4404-9D70-39B756E62AB4"
    keyValue="wsdlSpec"
    keyName="Specification for a Web Service described in WSDL" />
  <keyedReference
    tModelKey="aaa"
    keyValue="102"
    keyName="Store Location" />
</categoryBag>
```

图6　XML 格式的 UDDI 数据结构

2.6　CT 的 XML 表示

山西大学贾君枝团队研究了将汉语主题词表(Chinese Thesaurus,以下简称 CT)自动转化为 XML 格式。CT 中一个叙词的结构为名称、ID 号、范畴、范畴号和语义类型等内容,因此该团队将其叙词结构定义为 5 个子元素:termName、termID、category、categorCode 和 relation,其中 termID 唯一标识每个叙词元素,relation 包含了叙词的语义关系类型,relationType 用来揭示用、代、属、分、参关系[9]。之后根据以上逻辑关系构建了数据库中的表及之间的关联,并将 XML 标签与关系数据库属性建立映射关系,从而通过 JDOM(为 JAVA　API)实现了两者之间的自动转化。

3　基于 XML 表示网络知识组织系统的优劣分析

3.1　XML 描述网络知识组织系统的优势

XML 是用来创建标记语言的元语言,它的出现解决了以往互联网标签(如 HTML)不能揭示信息语义、内容与格式混乱、显示能力不足和语法结构不严谨的问题。较之以往的标记语言,XML 表示知识组织系统时有以下特点或优势:

XML 可以面向具体应用。在使用 HTML 时,用户只能使用预定义标签,所有数据与显示格式都必须置于这些标签之下。知识组织系统有一定的内部结构,如上下位、层次结构和相关关系，从调研的项目可以看出，XML 可根据用户的实际需要定义各种标签，只要符合 XML 规范即可。XML 面向具体应用的特性为定义知识组织系统这种“特有”结构提供了可能。

XML 实现了数据和显示的分离。HTML 将信息组织工具的内容本身与格式、显示混合在一起，无法揭示其内部结构，因此无法精准地调用来开展相关利用。XML 将内容和显示分离后，我们的主要精力就可放在知识组织工具本身以及语义描述上，而不是它们的显示方式。这一优势和特性通过程序调用预先定义标签实现对知识组织系统的操作和利用，如上文 ADL 基于 JAVA 和 JAVA 网络应用技术访问和利用 MeSH。

XML 有严格的语法要求。调研中，MeSH、DDC、CLC 等的 XML 描述采用层层嵌套的方式表示知识组织系统，结构清晰，且定义的标签都直接表达了知识组织系统的元数据，含义一目了然。如果知识组织系统的主体结构与 XML 嵌套方式语法有丝毫差错，分析器就会停止对它的处理，这些都大大提高 XML 文件的可读性和维护性，从而方便机器理解和处理知识组织系统。

XML 还可方便数据交换。XML 可以跨越不同的操作系统、平台和软件进行数据交流，为知识组织系统在网络中实现共享和应用提供了技术支持，如 Zthes 规范的提出就是基于 XML 实现不同知识组织系统之间相关应用的互操作。另外，基于 XML 的知识组织系统可作为中间格式，方便知识组织系统转化为其他样式。如将传统信息组织系统直接转换为简单组织系统（Simple Knowledge Organization System，以下简称为 SKOS）或某种本体（Ontology）语言表示的本体显然比较困难，鉴于 XML 灵活的文本格式和标准的数据交换格式，可先将传统信息组织系统转换为 XML 格式，在此基础上转换为 SKOS 或本体。阿姆斯特丹大学的研究人员就是在 XML MeSH 文档的基础上将其转换为 SKOS。

3.2 XML 描述网络知识组织系统的劣势

基于 XML 表示的知识组织系统也有局限性，存在以下问题：

XML 对标签的定义机制非常灵活，在表示知识组织系统时可以有不同的结构形式。如 XML 化的 MeSH 采用“描述—概念—术语”三层结构表示叙词，描述包含若干同类概念，概念由若干同类术语组成；XML 化的 ADL 叙词表通过术语、属性以及术语的组织和排列描述叙词；MarcXchange 结构包含若干记录，记录又包括元素和属性等。可见，不同的主体在描述同一知识组织系统时会出现多种不同语法形式和嵌套结构的 XML，这就为映射和共享带来困扰和问题。

XML 在描述资源上有局限性。XML 的数据表达方式实际是一种树形结构，而现实世界是呈网状关系的，这种结构描述数据源缺乏灵活性。在对知识组织系统进行揭示时，XML 只能用嵌套或并列结构表示语义关系，概念之间的网状关系无法随意跳转，只能通过平面浏览的方式来揭示。

图书馆的服务能力不是只靠馆藏量来支撑，提供精准的信息咨询和知识服务能进一步提升图书馆的服务效能。作为底层的支持机制，信息组织工具只有融合新技术才能改变当前的局限和束缚，发挥出更大的价值，从而促进公共图书馆的服务效能。基于 XML 描述的知识组织系统，将信息组织工具从字面、形式及视觉层面的低效组织形式提升为有结构、有语义、可调用和可共享的知识组织系统，虽然存在局限性，但为提供精准的信息咨询和知识服务提供了支持机制和方法。

参考文献

[1] XML MeSH Data Elements[EB/OL].[2018-03-16]. http://www.nlm.nih.gov/mesh/xml_data_elements.html.

[2] Extensible Markup Language 1.1(second edition)[EB/OL].[2018-03-16]. https://www.w3.org/TR/2006/REC-xml11-20060816/.

[3] Introduction to MeSH in XML Format[EB/OL].[2018-03-18]. http://www.nlm.nih.gov/mesh/xmlmesh.html.

[4] XML MeSH Data Elements[EB/OL].[2018-03-16]. http://www.nlm.nih.gov/mesh/xml_data_elements.html.

[5] Greg J, Satoshi I, Linda L H. The ADL Thesaurus Protocol[EB/OL].[2018-03-15]. http://www.alexandria.ucsb.edu/thesaurus/specification.html.

[6] Diane V G. Exploiting LCSH, LCC and DDC to Retrieve Networked Resources[EB/OL].[2018-03-30]. http://www.loc.gov/catdir/bibcontrol/vizinegoetz_paper.html.

[7] WSDL 和 UDDI[EB/OL].[2018-03-17]. http://www.w3school.com.cn/wsdl/wsdl_uddi.asp.

[8] 在 UDDI 中使用分类法区分条目并创建社区[EB/OL].[2018-03-17]. http://www.ibm.com/developerworks/cn/webservices/ws-uddicat/.

[9] 贾君枝,卫荣娟,罗林强.《汉语主题词表》XML 文档的自动生成研究[J]. 现代图书情报技术,2009(5):50-54.

国家图书馆灰色文献中革命史料的整理与研究

崔　玥(中文采编部)

灰色文献是指未经正式出版发行渠道流通的文献[1],这种文献的出版信息隐匿,发行量少,出版渠道窄,往往难以获取并且较为分散,也正因如此,灰色文献显得尤为珍贵。革命史料不仅是对革命历史的记录,也是为研究某一阶段的革命历史提供佐证,更是为传统革命教育的宣传提供帮助。灰色文献中的革命史料,既有从宏观角度对革命历史的记录,又有革命亲历者从个人角度对革命历史生动和朴素的描述,为革命史料提供一个更为立体和多面的补充[2]。国家图书馆作为文献的保存和传递机构,应当重视此类文献的开发和利用。本文按照知识组织的方法,从文献主题、文献类别等几个方面阐述国家图书馆灰色文献中革命史料的构成,并按照分类举例的方式对革命史料进行价值分析。通过国家图书馆现有灰色文献中革命史料的采集现状分析,提出灰色文献中革命史料资源建设的方法和一点思考。

1　国家图书馆灰色文献中革命史料的构成及价值

据笔者在国家图书馆书目数据库中的统计,灰色文献中革命史料(以下简称“革命史料”)

相关主题词有:革命回忆录、革命烈士、革命干部、革命根据地、某某战争史料、革命故事、革命歌曲等。由此将革命史料按主题归为:革命战争史、革命记忆史、革命人物史、其他历史资料等。以下按分类举例的方式对革命史料进行介绍及价值分析。

1.1 革命战争史

革命战争史主要是记录革命进程中战争情况的历史资料。有侧重描述重大历史时期的革命战争史料,如第一次国内革命战争时期(1924—1927 年)文献 10 种,第二次国内革命战争(土地革命战争)时期(1927—1937 年)的文献 34 种,全面抗日战争时期(1937—1945 年)文献 606 种,第三次国内革命战争(解放战争)时期(1945—1949 年)文献 179 种。有侧重描述某一区域的战争、战役史(如表 1 所示)。表 1 中的《烽火平西》中讲述的就是在抗日战争时期平西的战士们奋勇杀敌、忠心报国、保卫平西的战斗经历,体现了革命战士不怕牺牲、无私奉献的伟大精神。这些革命史料对研究革命历史具有一定的参考价值。

表 1　革命战争史料文献示例表

序号	文献名称	责任者	出版地	出版时间
1	烽火平西	北京市门头沟区档案史志局	北京	2000
2	瀛南春晓——解放南澳岛、收复南澎岛史料专辑	中共南澳县委党史征集领导小组办公室	不详	1989
3	南疆岁月——“崮山连”老山战区八里河东山对越防御作战纪实	姜伟	不详	2017
4	定北县人民支援清风店战役史料	王维	不详	1991

1.2 革命记忆史

革命回忆录是追述革命历史事实和革命战士斗争实践的一种特殊的记叙文革命记忆史[3]。革命记忆史主要是指由革命亲历者撰写的关于战争、战事的回忆录、纪念文集等。

表 2 中 1—3 号文献都是以地区为主线描述某一地区革命亲历者的回忆史料,如《西藏江孜革命回忆录》一书收录 80 余篇曾在江孜地区工作过的革命者撰写的文章。4—6 号文献是以人物为主线,通过革命战争中不同角色的亲历者视角讲述的革命战争史。如《青春战歌——中国人民解放军第六十八军文艺工作者回忆录》中讲述了中国人民解放军第六十八军文艺工作者在抗日战争时期、解放战争时期、抗美援朝时期的所见所闻所想,通过文艺演出、文艺作品诠释着抗日战争、解放战争和朝鲜战争的硝烟。

表 2　革命记忆史料文献示例表

序号	文献名称	责任者	出版地	出版时间
1	决死第一纵队革命回忆录选编	决死第一纵队史料征集办公室	山西	1989
2	铭记——丰台区抗战亲历者回忆录	丰台区委宣传部	北京	2015
3	西藏江孜革命回忆录	西藏日喀则地区江孜革命史编写组	西藏	1994

续表

序号	文献名称	责任者	出版地	出版时间
4	老兵忆当年	李赤然	不详	不详
5	难忘岁月——一位通信战士的岁月记忆	中共定边县委史志办公室	陕西	2015
6	青春战歌——中国人民解放军第六十八军文艺工作者回忆录	纪明	不详	2013

1.3 革命人物史

革命人物史主要是指革命人物的生平事迹、传记、简介等,也包含革命英烈名录等。如表3所示,1—6号文献主要代表的是生平事迹、个人传记类。如《难以忘怀的往事——高克恭同志回忆录》中不仅包含了中国人民解放军总参谋部管理局顾问高克恭生前完成或者未完成的回忆文集,从不同角度记录了他各个革命时期的战斗历程和思想作风,并且用了1/3的篇幅记录了他与彭德怀的15段往事,从某一个侧面展现了彭德怀的生活事迹。7—8号文献是英烈名录,这些文献是对革命先烈的记录和尊重,这些革命的亲历者和革命的奉献者值得被后人和历史永远铭记。

表3 革命人物史文献示例表

序号	文献名称	责任者	出版地	出版时间
1	难以忘怀的往事——高克恭同志回忆录	马德贞等	不详	2003
2	红梅赞——老八路李森的风雨历程	沈爱军	不详	不详
3	蒋宗鲁同志纪念文集	蒋其垲	不详	不详
4	光耀青史——威县革命老干部简历集录	中共威县县委,威县人民政府	河北	不详
5	鹤峰县中营镇老区革命历史和英雄人物简介	中共中营镇委员会,中营镇人民政府,中营镇老区建设促进会	贵州	2014
6	东北革命文化人物录	韩冰天	不详	1996
7	锦州英烈传	中共锦州市委党史资料征集办公室,锦州市民政局	辽宁	不详
8	公安消防部队功模英烈录	公安部消防局	不详	不详

1.4 其他历史资料

此类文献通过图文并茂的形式,用生动有趣的语言,将革命时期的人物、事迹记录下来,结构严谨,脉络清晰,资料翔实,具有很强的可读性和深刻的教育意义。如表4所示,1—3号文献代表的是革命故事类文献,其中《云开春雷——信宜革命斗争故事集》是由信宜市委党史研究室编辑,从各个侧面记述了信宜市在新民主主义革命时期和中华人民共和国成立初期,涌现的爱国志士、革命英雄模范、革命烈士英勇奋战的光辉事迹。

表4　其他历史资料示例表

序号	文献名称	责任者	出版地	出版时间
1	云开春雷——信宜革命斗争故事集	中共信宜市委党史研究室	广东	1998
2	茂名革命故事选编	中共茂名市委党史研究室,茂名市老区建设促进会,茂名市老战士联谊会	广东	2015
3	唐家湾的女儿——一个女战士的真实故事	唐贞	不详	2006
4	抗日歌曲选	陈田鹤	不详	不详
5	革命传统代代传——纪念万州区革命传统教育协会成立三十周年文集	万州区革命传统教育协会,万州区延安、红岩精神研究会	重庆	2015

革命史料按照主题分类并非绝对,各类之间也存在交叉的情况。但每一种文献都从不同的视角记录着革命历史的多个侧面,生动细致地体现着革命历史的进程,具有珍贵的史料价值和研究价值。

2　革命史料的采集现状分析

2.1　革命史料的类别分布

根据《中国图书馆分类法》的标准,笔者对国家图书馆灰色文献数据库中两千余种革命史料的分类进行统计。革命史料类别涉及A类(马克思主义、列宁主义、毛泽东思想、邓小平理论)、D类(政治、法律类)、E类(军事类)、F类(经济类)、G类(文化、科学、教育、体育类)、I类(文学类)、J类(艺术类)、K类(历史、地理类)、S类(农业科学类)、Z类(综合性图书类)这10个类别,分类占比情况如图1所示。革命史料的类别虽涉及广泛,但主要集中分布在D类(政治、法律类),占革命史料总数的4.6%,I类(文学类)占革命史料总数的38.2%,K类(历史、地理类)占革命史料总数的51.6%,超过半数的革命史料文献属于历史、地理类,主要记录的是不同区域、不同历史时期的革命史料。

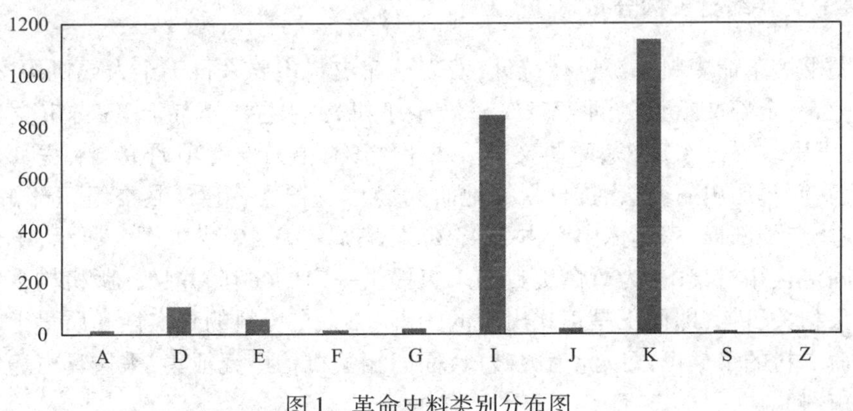

图1　革命史料类别分布图

2.2 革命史料出版年代分布

笔者对国家图书馆灰色文献数据库中 2009—2018 年采集的革命史料进行统计发现，2000—2009 年出版的革命史料和 1990 年之前出版的革命史料居多，占总数的 28.34% 和 28.44%，1990—1999 年出版的革命史料占 20%，2010—2018 年出版的革命史料占 17.14%，出版年不详的革命史料为 6.08%（如图 2 所示）。导致文献出版年代采集不均的原因，一方面可能是由于革命史料出版源头数量的下降。首先，通过近两年对各地革命史料来源单位的调研发现，有些单位状况好转、经济状况良好，将之前连续印刷的非正式革命史料逐渐转向正式出版的渠道，并且之后的大部分革命史料也将采取正式出版的方式。如《公安消防部队功模英烈录》一书第一集为非正式出版，然而在继续征集的时候发现续集已经正式出版了。其次，有些单位由于人手不足、精力有限，没有更多的时间去编纂图书，导致革命史料文献非正式出版在逐渐减少。另一方面的原因是由于革命史料的来源单位没有适宜存放文献的空间或是没有专业的人员进行管理，导致文献的丢失或是破损，使得此段时间革命史料资源的未能完整保存下来。

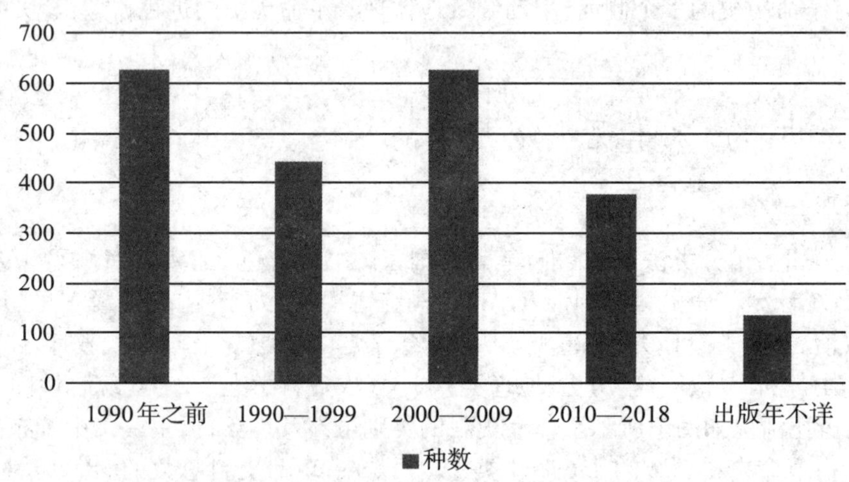

图2　革命史料出版年代分布图

2.3 革命史料编纂机构分布

对国家图书馆革命史料来源进行统计，发现革命史料主要来自于个人或机构，个人编制的资料占比较大，占全部文献数量的 73.2%。产生于机构的主要分布于：各省市党史研究室占 7.34%；各省市民政局占 4.36%；政协文史委占 1.44%；革命史专项研究会占 9.18% 如（红岩精神研究会、新四军历史研究会、抗日根据地研究会）等；省委、市委、县委组织部占 1.24%；老干部活动中心、老干部局、离退休中心占 2.43%；档案局占 0.4%。如图 3 所示，革命史料的来源机构比较固定且相对集中，为革命史料的采集提供一定的便利，并且出版机构多为政府机构单位且有文化相关机构，即便不是正式出版的图书，那么在史料的真实性和质量上也会有一定的保证。革命史料的采集可以以此为突破口，面向相关机构广泛征集，采选具有稳定性且质量较高的革命史料。

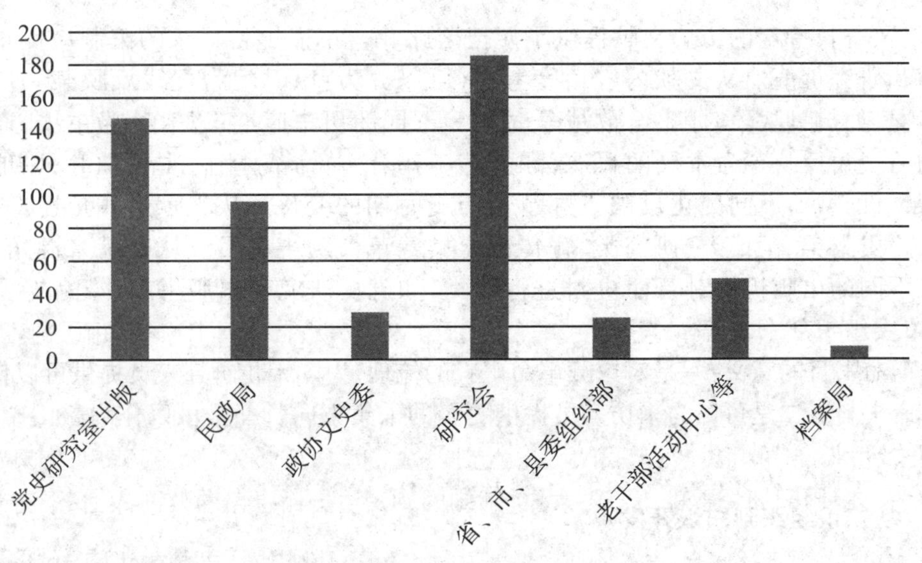

图3　革命史料编制机构分布图

3　革命史料资源建设

3.1　加强宣传，增强文献保护意识

笔者在革命史料征集过程中发现，很多革命史料的来源机构没有设立专门的资料室或者档案室存储文献，也没有专业人士对文献进行保存和整理，使得很多珍贵的革命史料丢失或者损坏。国家图书馆具有恒温恒湿的图书保存环境，使文献免受虫蛀、水淹等危害，并且通过图书馆专业人士的编目及整序，能够使革命史料有序化存储。图书馆的职责不仅仅是储存文献、提供文献服务，还担负着宣传教育的职能。图书馆员在采集相关文献的同时，也有义务对文献生产单位进行文献保护意识的宣传，确保文献能够更加长久地保存，文献价值得到更好的发挥。

3.2　举办革命史料专题文献展

传统意义上的文献展览主要分为允许读者自由翻阅的开架展览和将文献陈列在玻璃橱柜中的闭架展览，起到文献展示展陈的作用。传统的抗日战争胜利纪念展览、革命历程展览等主要是通过图片、文字、历史文物搭配主题讲解对整段革命历史进行回顾。但此种展览往往会因为内容过于丰富或者呈现方式过于单一，并没有能够起到预期的效果。本文所提到的革命史料专题展每次仅围绕一个主题进行展示，可以具体到某一个战役、某一个革命老区或就某一个革命人物的展示，力图通过多种手段，诸如图片、文献、资料、实物、视频等一系列有逻辑关联和上下文关系的素材，建立起一个多维的历史语境，帮助观者进入特定的场景中，去深刻体会和消化某一主题的精神内涵及文化思想。通过一个点进行全方位、多面性的展示，展览形式多样化并且展览内容更易理解。

3.3　编制革命史料专题目录

历史文献书目是揭示历史文献的检索工具，为人们阅读历史文献、研究历史科学的发生、发展以及查找特定的历史文献提供了便捷之路[4]。革命史料目录的编制应侧重文献的史料价值和研究价值。从文献内容角度考虑,可以分为:以时间为主线反映某一历史时段的革命概况,如抗日战争时期、解放战争时期等不同的历史时期;以人物为主线,通过不同革命人物的视角反映革命发展的概况,如文艺工作者、革命战士、将军领袖等;以地域为主线,通过某一区域的不同变化反映不同革命历史时期的变化。从文献形式角度考虑,可以按体裁分为史料类、记忆类、研究类、宣传教育类等革命历史书目。从文献来源角度考虑,可以按照不同的出版机构对革命史料进行分类,如党史研究室出版书目、革命专题研究会书目、省市委组织部书目等。

制作革命书目的意义:一是对馆藏革命史料的梳理,为读者和研究人员提供可以借阅的灰色文献革命史料。二是可以为采访人员提供更多的采集方向。三是可以作为敲门砖,征集其他单位相关资料。

3.4 从知识组织到知识开发

根据革命史料来源统计,个人编制的资料的数量占到了73.2%,说明大部分革命史料来自于个人编著。但是目前革命亲历者大多年事已高,由于年龄和身体的原因,已经无法完成写作任务,但可以通过口述历史的方式将那段个人记忆记录下来。口述历史不仅可以全面多维地反映战争时期的社会、政治、经济、文化等样貌,还可以为社会提供了一种全新的观照历史、反思历史的观点和角度[5]。图书馆可以充分利用馆藏资源,为革命亲历者提供撰写素材,也可以由专业人士通过亲历者口述,帮助编辑整理为较为严谨的革命回忆史料。图书馆可以充分发挥知识组织的社会职能,从知识的提供者变为知识的开发者,加强与其他文化相关单位的多元合作,为读者提供全方位的服务。

参考文献

[1] 孙思琴,楚存坤,韩丰谈.灰色文献对发表偏倚的影响研究[J].现代情报,2017(12):48-51.

[2] 王磊.现实采访环境下对灰色文献馆藏角色的主动选择——以国家图书馆为例[J].图书情报知识,2013(1):72-77.

[3] 潘盛.集体记忆的改写和重构——"十七年"革命回忆录写作的文学生产策略[J].南都学坛,2008(5):52-56.

[4] 杨树.网络环境下编制专题史目的意义和方法——编纂《近十年辛亥革命史料和研究文献书目索引》的探索[J].图书情报论坛,2012(3):38-40,59.

[5] 夏雨雨.口述历史人物访谈工作实践——以湖南图书馆抗战老兵口述历史工作为例[J].图书馆,2018(3):95-98.

耶鲁大学神学院图书馆藏日本对华战争罪行文献研究

唐玉屏(外文采编部)

1 馆情背景

成立于1822年的耶鲁大学神学院十分重视对中国基督教会的研究,并在耶鲁大学东亚图书馆和神学院图书馆特藏室收藏有丰富的中国基督教文献档案,其中有大量第二次世界大战日军侵华期间的文献资料。这批文献是从在华传教士和在华外籍人士等第三者视角研究抗日战争期间中日军事、外交等问题重要的一手史料,对客观梳理、揭露和研究日本对华战争罪行具有重要价值,尤其是有关日军"南京暴行"的大量史料为推动国内外相关研究,佐证日本暴行等罪行,驳斥日本国内右翼分子的荒谬言论做出了重大贡献。

神学院图书馆特藏室藏有排架长度近5000英尺的档案和手稿资料,也有作为档案保存的小册子资料,还有大量的缩微胶卷和缩微平片馆藏[1]。同时,神学院图书馆特藏室是北美最杰出的记录传教活动和世界基督教历史的机构——"戴传教图书馆"(Day Missions Library)的组成部分。特藏室收藏的许多传教资料都被收入该校的"中国记录项目"[2]。该项目于1968年由美国基督教会国家委员会在美国发起,旨在保存那些曾在中国活动的传教士们的个人资料,并据此建立一个可供历史学家利用的中央存储库。这部分关于在华传教活动的珍贵的原始史料中,藏有大量记录了日本对华战争罪行的直接或间接证据。本次调研的馆藏数据来源于耶鲁大学神学院图书馆网站及其在线检索目录,所有数据均截至2017年1月5日。

2 中国文献特藏概况

2.1 文献总览

据记录,耶鲁大学神学院图书馆收藏了近400位在华传教士档案和手稿,总排架长度超过1700英尺,时间范围涵盖1832年至1950年[3]。这些文献记录了在华教会活动情况和传教士们的在华活动。同时该馆还采集大量的缩微资料以丰富、完善其原件馆藏。这些资料一方面为了解当时中国的事件、运动和机构提供信息源,另一方面也有助于反观当时向中国派遣传教士、支持传教活动的西方社会。

传教士文献类型包括某个地区内有关个人工作的私人书信、日记、文字和纪念品,与所服务的传教机构相关的书信、报告和财务信息,传教机构分发的期刊和报告,传教士撰写的记述和回忆录。

该馆所藏史料按文件组(Record Group)编号,缩写为RG;缩微资料(Microfilms)编号标识符缩写为Ms。下文将在介绍时附上该馆藏编号,以及一些专有机构名和人名的英文原文,以便同行查阅。

2.2 文献内容及来源

神学院图书馆馆藏以手稿、档案类纸质资料为主，其中本文所调查的日本侵华战争期间的文献，主要以当时在中国的传教士留下的文献为主，例如有：史德蔚(Albert Newton Steward)文献 1921—1950(RG20)、贝德士(Miner Searle Bates)文献 1920—1978(RG10)、米尔士(Wilson Plumer Mills)文献(RG8)等等。

档案类文献还包括教会机构文献，例如，亚洲基督教高等教育联合会(United Board for Christian Higher Education in Asia)档案(RG11)，这些记录来自 1880—1950 年间由新教徒宣教机构建立的十三所学院和大学，包括福建协和大学(Fukien Christian University)、金陵女子大学(后改名金陵女子文理学院)(Ginling College)、之江大学(Hangchow Christian University)、华中大学(Huachung Christian University)①、华南女子文理学院(Hwa Nan College)、岭南大学(Lingnan University)、金陵大学(University of Nanking)、圣约翰大学(St. John's University)、沪江大学(Shanghai University)、齐鲁大学(Shantung Christian University)、华西协和大学(West China University)、东吴大学(Soochow University)和燕京大学(Yenching University)。

该馆收集的缩微资料主要来源机构有：美国公理会海外传道部(American Board of Commissioners for Foreign Missions，又称美部会)、中华内地会(China Inland Mission)、岭南基金会(Lingnan Foundation)、亚洲基督教高等教育联合会、美国天主教中国分部(United States Catholic China Bureau)、世界基督教学生联合会(World Student Christian Federation)等。

神学院图书馆还拥有很多 1949 年以前有关中国的年度报告和报刊，这部分馆藏大多记录了中国的教会和传教情况。许多资料也记录了抗战时期中国的历史境况和社会变革，是日本侵华战争罪行的又一明证，例如：《美以美会教报》(*China Christian Advocate*，1914—1941)、《中国基督教年鉴》(*China Christian Yearbook*，1926—1940)、《中国博医会报》(*China Medical Missionary Journal*)、《亿万华民》(中华内地会会刊 *China's Millions*)、《福州使者报》(*Foochow Messenger*，1903—1940)、《友穆季刊》(*Friends of Moslems*)、《海南通讯》(*Hainan Newsletter*，1912—1940)、《中华全国基督教协进会公报》(*National Christian Council of China Bulletin*，1922—1936)、《华西教会新闻》(*West China Missionary News*，1901—1943)等。

2.3 文献数字化建设情况

耶鲁大学神学院图书的许多文献已经在近些年的各种专题项目中得到了数字化和集中揭示，可在线获取的资源内容包括：

(1)档案类，如“亚洲基督教高等教育联合会档案”；

(2)机构年报类，涉及的机构有中华内地会、中国圣教书会(Chinese Religious Tract Socie-

① 亚洲基督教高等教育联合会档案介绍中此处用的原名为 Huachung Christian University，与华中大学常用英文名 Huachung University 略有差异。笔者查阅了耶鲁大学神学院图书馆网站上关于联合会档案内容以及 Huachung University(Hua zhong da xue)的详细介绍，两者都将文献来源指向教会学校 Huachung Christian University 档案所在的 RG11 的第 163 盒，经查阅部分原件影印档，档案上明确了主体机构名称 Central China University 以及华中大学的初期原名 Boone University。因此，本文为 Huachung Christian University 定名为华中大学。

ty)、上海济良所(Door of Hope,Shanghai)、福州圣教医院(Foochow Missionary Hospital)等[4];

(3)专题图片和专题文献类,如"国际宣道图片档案""中国大学与学院图片库"、"南京大屠杀"专题文献[5]、阿比·桑德森(Abbie Sanderson)文献(1918—1937和1946—1953)、埃里森和罗莉·希尔德雷斯(Ellison and Lottie Hildreth)文献(1913—1937)、约翰·马歇尔·福斯特(John Marshall Foster)文献(1888起)、其他中国传教文献等。

3 日本对华战争罪行文献解析

耶鲁大学神学院图书馆所藏的日本对华战争罪行文献,有的已经通过"南京大屠杀专题数据库"进行了数字化揭示,如威尔逊(Robert O. Wilson)文献(RG11),有的通过其他渠道得到了较为全面的解读,如拉贝(John Rabe)文献(RG8),但有的还只能了解到大概主题,具体内容需要等原件得到进一步揭示才能获取,如坎贝尔夫妇(George and Jennie Wortman Campbell)文献(RG7),有的还在不断完善更新中,如魏特琳(Minnie Vautrin,又译华群)日记(RG11)。为便于了解相关馆藏全貌,下面进行分类梳理,更多细节可根据卷宗信息获取具体文献内容,或者根据神学院图书馆的人名索引以及耶鲁大学的检索发现系统进行深入挖掘。

3.1 已数字化的日军"南京暴行"罪行文献

第二次世界大战尤其是日军"南京暴行"期间,许多西方商人和传教士留在南京,并产生、保留了一批重要的史料文献。因此,耶鲁大学神学院图书馆自1975年起开始收集整理关于南京大屠杀的资料。这批日本发动南京暴行之后由留在南京的西方人提供的第一手资料和照片,作为耶鲁大学神学院图书馆特藏保存,记录了1930年左右至二战结束前南京城发生的史实。这些文献正是耶鲁大学图书馆藏日军"南京暴行"罪行文献的主要内容,并在此基础上建设了专题数据库。目前已数字化的文献从形式上看分为文档、照片和视频三类。

3.1.1 文档类日军"南京暴行"罪行文献

文档类日军"南京暴行"罪行文献以核心人物为索引,包括威尔逊文献(RG11)、史德蔚文献(RG20)、贝德士文献(RG10)、米尔士文献(RG8)、查维斯(Anna Moffett Jarvis)文献(RG8)、福斯特(Ernest H. Forster and Clarissa Forster)文献(RG8)和魏特琳文献(RG8、RG11、Ms62)。数字化文件共计356种。

表1 数字化文档类日军"南京暴行"罪行文献详情

文献名	记录年代	来源	文件组号	已数字化数量	总量	主要内容
威尔逊文献	1936—1941	亚洲基督教高等教育联合会档案	RG 11	第229盒17种	档案1盒	与家人和朋友之间的往来通信
史德蔚文献	1908—1979	史德蔚家族捐赠	RG 20	第10盒3种	档案16盒	书信、写作、谈话、主题文件、传记材料、照片

续表

文献名	记录年代	来源	文件组号	已数字化数量	总量	主要内容
贝德士文献	1836—1979	贝德士家族捐赠	RG 10	30 个卷宗 270 种	档案 132 盒	书信、关于中国的记录与资料、《基督徒奋进在中国社会》草稿、知名中国基督徒文献、其他记录和收集的材料、文稿、教学相关材料、个人物品和纪念物
米尔士文献	1938	"中国记录项目"个人杂项类	RG 8	6 个卷宗 22 种	不详	与家人的通信
查维斯文献	1920—1949	"中国记录项目"个人杂项类	RG 8	4 个卷宗 19 种	不详	通信、报告等
福斯特文献	1918—1939	"中国记录项目"个人杂项类	RG 8	7 个卷宗 24 种	不详	书信、简报、打印材料、照片等
魏特琳文献	1919—1940	多种	RG 8、RG 11、Ms62	1 种	不详	日记、书信、电报、打字稿、其他资料
合计				356 种		

其中,在南京亲历日军暴行的威尔逊医生,曾在审判日本战犯的远东国际军事法庭出庭作证;金陵大学教师史德蔚曾被日军关在于上海闸北集中营,他长期在中国的活动经历并保存的个人文档,有大量能证明日军南京暴行以及日军其他战争罪行的文献;中国学界了解较多的传教士贝德士也曾在远东国际军事法庭上作证,他的文献是目前数字化程度最高的,由于含有大量直接与日军南京暴行相关的档案、书信和日记,也是被学界了解最多、评价最高的第一手罪行史料之一,中国学者章开沅从20世纪80年代开始即多次前往耶鲁大学神学院图书馆,并发现、整理了"贝德士文献";美国长老会(Presbyterian)牧师米尔士曾任"南京国际救济委员会"主席,亲历短期的南京暴行;查维斯曾在中国南京、北京、福州等地传教,其文献记录了日军在南京的暴行;福斯特夫妇曾于1918—1939年间在中国南京、扬州等地传教,其文献记录了日军南京暴行的事实;长达526页的"魏特琳日记"(1937—1940)来自该馆的"魏特琳文献"原始档案第11号文件组的第134盒,是日本在华战争罪行的直观见证,美籍华裔作家张纯如在搜集整理南京大屠杀资料时,在这里发现了这批珍贵史料。从1937年8月12日开始,到1940年4月,魏特琳坚持写日记并定期将其邮寄给美国好友,以便她们更好地了解中国时事。当时在美国的好友认为魏特琳的日记很有价值,于是将它寄给俄亥俄州辛辛那提市的《同学》(*The Classmate*)发表。20世纪90年代初,耶鲁大学神学院图书馆特藏室对魏特琳日记原稿进行了整理,并将其制成缩微胶卷,供历史档案学者研究使用。

3.1.2 照片、视频类日军"南京暴行"罪行文献

照片文献以"欧内斯特·福斯特文献"中的照片部分为主。视频文献则集中于"马吉(John G. Magee)文献"(RG 242)中的视频部分。这部分资源的数字化数量虽然不如文档多,但更为直观地展示了日本侵华战争期间的一系列罪行。其中,相关照片主要来自第264和

265 号文件组,分布在 3 个卷宗里,共计 36 张。其中,有南京国际安全区委员会的委员们于 1937 年 12 月 15 日的一张合影,福斯特、米尔士、拉贝、史迈士、斯佩林(Sperling)和费奇这些曾经见证日军南京暴行,并为保护和救济南京受害民众进行过斗争的国际友人站在一起。另外,有两份记录日军在南京残酷暴行的视频文件,都是来自第 242 号文件组的"马吉文献",其中一个真实地展现了日军暴行和难民营受害者的状况,另一个记录的是战时在金陵女子文理学院校园里包括魏特琳、福斯特等人的一些场景。

3.2 未数字化的日军"南京暴行"罪行文献

3.2.1 拉贝文献

第 8 号文件组。约翰·拉贝生于德国汉堡,日军南京暴行期间,拉贝作为南京国际安全区主席和其他国际友人一起,协同南京安全区国际委员会在其负责的不足 4 平方公里安全区内,拯救了超过 25 万中国人的生命。他以其人道主义行为以及作为日军南京暴行翔实证据的《拉贝日记》而闻名。拉贝有关中国的相关文案和照片等资料组成了"拉贝文献"的主要内容,包括拉贝日记的影印版。美籍华裔作家张纯如就是通过这里的"拉贝文献"线索,最终找到了著名的《拉贝日记》原始记录。

3.2.2 马吉文献

第 242 号文件组。约翰·马吉(John G. Magee,1884—1953),美国传教士,1912 年至 1940 年 5 月在南京下关挹江门外的道胜堂教堂传教。日军南京暴行期间,马吉牧师担任国际红十字会南京委员会主席以及南京安全区国际委员会委员。马吉牧师曾参与救助中国难民,并拍摄了日本军人屠杀中国人的纪录片。1946 年,马吉牧师曾经在日本东京设立的远东国际军事法庭上为日军南京暴行作证。"马吉文献"记录了马吉和家人有关中国的见闻(包括马吉 1922—1941 年间的文章),其中除了文字资料外,还有珍贵的影像资料,排架长度约 9.5 英尺长。目前只有两份视频资料得到了线上揭示。

3.2.3 费奇文献

乔治·费奇(George Ashmore Fitch,1883—1979)是当年南京国际安全区委员会的西方传教士。"费奇文献"含有他生前保存的包括个人日记、书信以及他搜寻的有关日军南京暴行的资料共 54 盒。"20 多年来,这些珍贵资料一直躺在美国耶鲁大学神学院图书馆的资料堆里,无人发现,直到南京大学历史系的访问学者姜良芹的查阅,才首次为世界所知"[6]。这部分文献暂未按人名进行归档,未编统一的文件组号。

3.3 其他日本对华战争罪行文献

3.3.1 裨益知文献

第 108 号文件组。裨益知(Willard Livingstone Beard)是受美部会派遣的传教士,于 1894 年至 1941 年间服务于中国福建省。"裨益知文献"记录的是传教士裨益知的书信、日记、文字、收集的材料以及照片等资料,排架长度约 2.5 英尺长。其中,日记内容共 59 个文件已经被神学院图书馆数字化,可在线浏览[7]。

3.3.2 坎贝尔夫妇文献

第 7 号文件组。坎贝尔夫妇作为美国浸信会(Baptist)传教士,曾于 1887 年至 1946 年服务于中国南部,并在客家人中生活过。"坎贝尔夫妇文献"正是他们在中国经历的见证,包括书信、日记和其他资料，排架长度约 12 英尺长。

3.3.3 约翰逊文献

第 6 号文件组。威廉·理查德·约翰逊（William Richard Johnson）作为美国卫理会（Methodist）传教士曾于 1906 年至 1941 年间在中国传教，1924—1927 和 1931—1936 年间负责饥荒救济工作。“约翰逊文献”包括他的书信、文章、笔记和其他打印资料，排架长度约 17.5 英尺长。

3.3.4 摩根夫妇文献

第 126 号文件组。摩根夫妇，即洛伦佐和露丝·本内特·摩根夫妇（Lorenzo and Ruth Bennett Morgan），曾于 1905 年至 1946 年间在江苏省和安徽省作为医疗传教士，服务于美国长老会（Presbyterian）和卫理公会宣道会（Methodist Mission Boards）。“摩根夫妇文献”排架长度约 19 英尺长。

3.3.5 日军入侵福建、南京档案

福建师范大学外国语学院博士生导师、教授岳峰在美国耶鲁大学访学期间，用 50 天时间检索了耶鲁大学神学院图书馆与中国有关的全部档案，以来华传教士档案中与福建、南京有关的内容为重点，收集了英文资料，并拍摄了 200 多页关于日本侵华战争的档案，多是在华美国人的信件、日记、口述以及剪报[8]。在其收集并翻译的资料当中，第 108 号文件组中第 2 盒的第 17 卷，以及第 8 号文件组中的第 218 盒（16 卷）、138 盒（8 卷）、221 盒（7 卷）和 54 盒（3 卷）中都有关于日军入侵福建的资料。同时，在第 8 号文件组的第 119 盒（25 卷）、103 盒（4 号、6 卷）里面，有关于日军在南京的暴行的记录，这些记录与前文按人物专题解析的罪行文献基本吻合。

4 文献价值

耶鲁大学神学院图书馆所收藏的日军侵华战争罪行文献，无论在图书馆界还是史学界，都具有不可替代和不容忽视的珍贵价值。

首先，从整理方法来看，这批文献基本上都以当时的在华外籍人士为归档分类主体，以人物为线索既利于史料原始来源的确认，又便于研究者检索和利用。

第二，就文献来源而言，它们属于“第一手史料”，是事情发生当时对历史事实的实录，而非后来回忆和追忆，可信度很高。

第三，文献创作者是以历史学家贝德士为代表的一批具有较高知识水平和较严谨历史态度的亲历者，能够以较为冷静、客观的态度如实记录他们见证的历史真相，所搜集的历史证据，资料翔实且真实可信，被章开沅认为是“日军南京大屠杀最佳的历史见证，也是最好的实录”[9]。

第四，文献涉及日记、报告、新闻报道、书信、照片、视频等多种形式，类型丰富，内容翔实，令人信服，其中很多人物及其文献都曾在战后对日战犯审判中作为证人和证据。

第五，数字化进程稳步推进，值得持续关注。调研过程中发现，2015 年有关魏特琳文献的信息还没有在网站上得到集中展现，2016 年网站改版后才新增一项包括其日记（1937—1940）、信件和新闻在内的缩微文献数字化条目，并提供文献全部内容的在线浏览和下载，共有 555 页。由此可见，该馆许多重要馆藏还在持续不断地数字化建设过程中，值得研究人员持续关注。

参考文献

[1] Divinity Library Special Collections[EB/OL].[2016-08-29]. http://web. library. yale. edu/divinity/overview.

[2] China Records ProJect Miscellaneous Personal Papers Collection[EB/OL].[2016-11-15]. http://hdl. handle. net/10079/fa/divinity. 008.

[3] China Resources at the Yale Divinity School Library[EB/OL].[2016-08-29]. http://web. library. yale. edu/divinity/special-collections/china-collections.

[4] Agencies and institutions for which reports are available online[EB/OL].[2016-11-15]. http://web. library. yale. edu/divinity/day-missions-collection-annual-reports-listing.

[5] Documentation of the "Nanking Massacre"[EB/OL].[2016-11-15]. http://divinity-adhoc. library. yale. edu/Nanking.

[6] 九年之后再次启程——访大型纪录片《1937南京记忆》执行总导演曹海滨[N/OL]. 中国电视报,2014-12-05(A14)[2015-10-05]. http://dianshibao. cntv. cn/shtml/zgdsb/20141205/37675. shtml.

[7] The AdHoc Image and Text Database on the History of Christianity[EB/OL].[2016-12-28]. http://divdl. library. yale. edu/dl/Browse. aspx? qc=AdHoc&qs=1146.

[8] 岳峰. 耶鲁大学图书馆馆藏日本侵华战争珍稀档案汇编与翻译[M]. 厦门:厦门大学出版社,2015.

[9] 王奇生. 章开沅教授与贝德士文献研究——南京大屠杀资料的新发现[J]. 抗日战争研究,1995(4):36.

韩国信息弱势群体图书馆服务政策及实践研究

宋　萍(外文采编部)

弱势群体已经成为现代社会发展无法忽视的社会群体,他们无论是在经济生活,还是精神文化生活上都极度缺乏保障。在图书情报界,国际图联(IFLA)弱势群体图书馆服务部认为:在使用传统图书馆服务或资料上处于劣势或因为各种原因不能利用传统图书馆服务的人群为弱势群体,包括聋哑人、肢体或发展性残疾人,社会福利机构中的老年人,居家不能外出者,囿于医院或监狱中的人,流浪者等。在图书情报领域,将这些由于各种原因而不能正常使用图书馆的群体称为"信息弱势群体"[1]。

图书馆作为公共文化服务体系的重要组成部分,肩负着丰富群众文化生活的职能,应当以全民文化素养的提高为重任,尊重社会不同阶层、不同群体的权利,并积极采取措施,保障信息弱势群体信息资源的获取和利用。韩国凭借完善的法律保障、成熟系统的政策管理和完善的图书馆员人才培养机制跻身图书馆事业较发达国家行列。

经过17年的准备期,我国《公共图书馆法》在2017年11月4日公布,自2018年1月1日起实施。《公共图书馆法》的颁布将促使我国公共图书馆事业的发展跨上一个大台阶。此时,我们有必要借鉴国外优秀的成果和经验。本文将对韩国信息弱势群体的图书馆政策法规、服务措施、服务体系特点等进行研究。

1 韩国信息弱势群体图书馆政策法规

韩国图书馆政策体系以《图书馆法》《图书馆法实施令》和《图书馆法实施规则》为核心，对韩国图书馆事业进行全面界定。在这些法律法规的制定过程中，韩国政府充分考虑本国信息弱势群体的特殊性，根据其种类制定相应的条款，分别从图书馆义务、服务措施要求、服务设备建设标准及专门图书馆的建设等方面制定相关法律法规，为其图书馆服务提供良好的政策环境。

在国际图联对“信息弱势群体”范畴的界定框架下，韩国《图书馆法》(2012 年修订)对“信息弱势群体”的范围进行了界定和分类:(1)符合《残疾人福利法》规定的残疾人;(2)符合《国民基础生活保障法》规定的低保人员;(3)65 岁以上老人;(4)农渔村(指《提高农渔民生活质量和农渔村地区开发促进法》第三条第一款规定的农渔村)居民[2]。

韩国《图书馆法》(2016 年修订)对图书馆在信息弱势群体信息获取利用过程中应承担的义务进行了修订:图书馆应该采取必要措施,保证所有公民不受身体、地区、经济及社会等条件限制,平等获取图书馆服务。同时,还规定国家及地方自治团体为方便信息弱势群体使用图书馆设备和享受图书馆各项服务,应该制定并推行以下各项措施:扩充馆藏文献,并建立文献共享体制;增加图书馆便捷设备,培养专业人员;消除知识鸿沟必需的其他措施。另依据韩国《知识产权法》第三十一条第五款之规定,如在预算范围内,信息弱势群体在利用馆藏文献时要向作者支付的补偿金,由国家及地方自治团体负担部分或全部金额。

韩国《图书馆振兴法实施令》(2016 年修订)对公共图书馆的相关设备标准进行了规定,以方便无障碍服务的开展:图书馆须具备可用于儿童、老年及残疾人读者服务的设备及馆藏文献;国立中央图书馆须根据读者的年龄、职业、社会层次,制定相关读书策略,包括国民读书运动,儿童及青少年读书指导,弱势群体读书运动等。另外,政府要求在国立中央图书馆馆长管辖下,建立国立残疾人图书馆、在各公共图书馆开设多文化资料室等专门服务机构,并配备详细的服务标准和业务章程。

2 韩国信息弱势群体图书馆服务措施

通过2011 年12 月29 日的《图书馆法》修订工作,韩国图书馆对信息弱势群体的职责进一步提升。为消除社会各阶层之间的知识鸿沟,大力拓展残疾人及多文化家庭等知识边缘人群的图书馆服务,韩国政府根据信息弱势群体的种类特性,建设专门图书馆,组织专项活动。

2.1 残疾人图书馆[3]

韩国的残疾人图书馆,始于 1969 年以视障残疾人为服务对象的盲人图书馆,其运行方式分为独立运行和以福利馆内的附属机构形式运行两种。截至 2016 年,韩国残疾人图书馆总数达到 48 家,其中,面向所有类型残疾人服务的图书馆有国立中央图书馆属下的国立残疾人图书馆一家,视障残疾人图书馆 42 家,听障残疾人图书馆 5 家[4]。

随着社会环境的变化和对残疾人认识的提高,2006 年版韩国《图书馆法》明确规定了残疾人图书馆的定义,强化了对信息弱势群体的服务工作,并在国立中央图书馆内建立残疾人图书馆支援中心。到2012年,韩国政府依据新修订的《图书馆法》将其重组并成立国立残疾人图书馆,主要负责:制定和统筹推进图书馆残疾人服务相关国家政策;制定残疾人图书馆服务标准及方针;收集与制作残疾人馆藏文献,并提供服务;制定、评价、鉴定残疾人馆藏文献标准并推广;共建共享残疾人馆藏文献共有机制;研究开发和推广残疾人图书馆服务及特殊设备;残疾人知识信息使用教育及文化活动相关事项;残疾人图书馆服务专业人员教育;与国内外图书馆及相关团体积极合作开展残疾人图书馆服务;其他残疾人图书馆服务相关业务。

韩国残疾人图书馆馆藏文献建设方面,主要依据《2013年版韩国图书馆标准》施行。《标准》要求残疾人图书馆文献种类须达到3000种以上,并要随着图书馆规模和年馆藏量的增长而增长;文献内容与种类须与残疾人的年龄、残疾类型相适应。制作凸字文献、电子盲文资料、电子盲文乐谱、手语影像资料等视障残疾人与听障残疾人特殊文献,并通过国立残疾人图书馆共享区开展服务。考虑到目前后天盲人数量增长的情况,图书馆也在增加盲文混合文献,为不识盲文的读者和高度近视读者服务。近几年韩国国立残疾人图书馆特殊文献制作情况见表1。

表1　韩国国立残疾人图书馆特殊文献制作情况[5]

年份	2010	2011	2012	2013	2014	2015	2016
种类	2000	3244	3355	4155	2833	3355	6345

无障碍图书馆服务设备的投入和使用,也是提升信息弱势群体图书馆服务的重要措施。韩国各残疾人图书馆相继将盲文制版机和盲文印刷机替换为盲文打印机,并配置了数字化读书设备。有声图书和基于屏幕阅读器的电子图书被广泛使用。目前,随着智能手机应用技术的开发及阅读辅助设备的免费普及,有声图书的利用率大幅提高。

在财政支持上,为了给到馆残疾人读者提供便捷的服务,韩国图书馆政策企划团持续向一线图书馆资助经费,购买残疾人专用设备等相关设备。截至2016年,韩国图书馆政策企划团共向146家公共图书馆资助了1240百万韩元。近几年的资助情况见表2。

表2　韩国公共图书馆残疾人专用设备受资助情况[6]

年份	资助项目	资助图书馆数量	预算(百万韩元)
2009	专用设备与系统	5家	60
2010	专用设备	7家	70
	残疾人读者服务活动	4家	20
2011	专用设备	16家	130
2012	专用设备	20家	140
2013	专用设备	20家	210
2014	专用设备	23家	210
2015	专用设备	25家	200
2016	专用设备	26家	200

关于残疾人图书馆的馆员配置标准,韩国图书馆协会做了明确的规定:应具备录音编辑

员、盲文校对员、文化教育讲师的基本配置，并力争以法律形式来规定残疾人图书馆的馆员配置标准。同时，韩国国立中央图书馆馆员研修课设置也加强了对残疾人图书馆专业馆员的职业培训教育。韩国各公共图书馆对残疾人图书馆服务专业馆员的关注越来越高，经常以“残疾人图书馆专业馆员教育”为主题，举办各种活动。

韩国残疾人图书馆一直致力于拓展残疾人图书馆服务，延伸出形式多样的服务模式，主要包括：将盲文或有声图书等残疾人特殊文献，以邮寄或快递方式向用户提供；以移动图书馆的服务模式提供服务；创办通过电话提供服务的电话图书馆、在网上提供服务的电子图书馆等。比较有代表性的活动有自 2011 年 7 月 1 日起，韩国图书馆政策企划团与韩国邮政总部联合开展的“图书之翼”——图书免费快递活动。该活动主要服务对象包括视障残疾人及 1—2 级重症肢体残疾人，仅在 2016 年一年服务次数就达 14 038 次[7]。

2.2　老年读者图书馆服务

随着社会经济和医疗技术的高速发展，韩国已步入老龄化社会，截至 2017 年底，韩国 65 岁以上人口已超过 735 万，占总人口的 14.2%，这已超过联合国规定的老龄化社会标准 7% 的两倍多。针对老龄化人口的剧增，韩国政府采取一系列的有力措施，力求做好其图书馆服务。作为管理韩国公共图书馆的实质性政府机构，文化体育观光部要求各公共图书馆举办形式多样的读书活动，并令相关机构制作和发行大字版图书，为老年读者提供阅览。

“大字版图书老年读书服务”工作是以对读书不感兴趣和关注不高的老年人为对象，在公共图书馆或敬老院开展的奖励老年人读书的活动。截至 2013 年，韩国共制作发行 31 500 册大字版印刷文献资料，用于老年读者服务。在 2014 年一年内，韩国图书馆政策企划团制作推广了 22 种大字版图书，同时利用大字版图书，示范性地开展老年文学活动。该服务工作一方面提高了出版界和图书馆界对大字版图书的认识，另一方面为掀起老年读书热潮做出了贡献。

2009 年至 2013 年，在韩国文化体育观光部的大力支持下，韩国文化福利协会组织了“读书文化服务团体”。“读书文化服务团体”由受过读书相关文化教育的 50 岁以上的准老年人及老年人组成，针对信息弱势群体定期开展读书活动。读书服务活动的开展对于准老年人及老年人而言，是退休后的文化休闲活动，为他们提供了与社会沟通的平台；对信息弱势群体而言，则起到稳定情绪，提升其文化感受能力的作用。

2.3　农渔村等偏远地区送书服务

为将文学读者范围努力扩大至社会底层群众，韩国图书馆政策企划团积极开展送优秀文学图书下乡工作。自 2005 年起，企划团利用福利基金向文化偏远地区的小型图书馆、儿童活动中心、监狱等机构资助优秀文学图书。2013 年，企划团组织由作家、评论家等 15 名专家组成的文献审核委员会，选出 315 种图书分批次资助偏远地区图书馆，内容体裁囊括诗歌、小说、儿童青少年文学、随笔、评论、戏曲等。与此同时，为了提高图书利用率，企划团还邀请外部监督评审团，对图书馆的工作进行评估。

“读书文化服务团体”组织的读书服务活动主要针对文化边缘地区信息弱势群体。该活动为人们提供了一个以图书为载体、人与人之间相互理解与沟通的机会。

2.4　信息弱势群体图书馆延伸服务

自 2014 年起，韩国图书馆政策企划团与儿童托管机构合作，在全国范围内开展“读书上门支援”活动，通过每周一次进行2小时读书及听写指导活动，为放学后无法受到家庭教育的弱势群体儿童提供读书学习机会，保障了他们的文化享受权及学习权力。截至2014年底，企划团已向全国45家机构进行了900多次授课，受惠儿童达12 000多名。

此外，韩国图书馆政策企划团在法务部所属的20家监狱开展读书教育活动——读后感交流会、心理疗伤写作等，为监狱等在押人员提供各种读书机会；与国防部协商，挑选50个部队，开展读书指导会等读书振兴活动，向部队捐赠了48 500册图书，为将士们退役后顺利适应社会提供帮助；开设多文化资料室、启动多文化活动计划，让多文化家庭逐渐适应成为韩国社会的健康成员，为社会共同体的形成和和谐发展做出贡献；开展“海外小型图书馆支持”工作，一方面用来提高当地儿童的学习和读书能力，同时为提高韩国在国际上的综合地位发挥积极作用。

3 韩国信息弱势群体图书馆服务特点

为尽快消除社会各层次的知识信息差距，韩国政府力求通过完善各种图书馆服务政策与措施，形成系统完善的制度体系。虽然目前还存在诸如发展不均衡、监督不到位等不足之处，但制度体系已经成型，正在一个良好的框架内完善发展。

3.1 法律法规精准化

随着图书馆相关法律法规的不断修订，韩国政府逐步添加专门的信息弱势群体权利保障政策条款，并制定专业的标准规范、图书馆职责规章，详尽地列举出各级政府部门以及图书馆组织的服务职责和落实措施，为政府及各级图书馆相关工作的开展提供准确的法律依据，也为各类型信息弱势群体公平、公正获取知识信息提供了保障。

3.2 服务体系专业化

韩国根据信息弱势群体的法定类型，创建专门图书馆、专业资料室，培训专业图书馆员，积极发展民间组织，开展针对性强的培训及读书活动。上到韩国国立中央图书馆，下到地方小型图书馆、民间图书馆组织，均按照国家政策标准，分门别类地开展相关服务活动。

3.3 服务方式更新及时

随着信息技术在图书馆界的深入运用，韩国政府在不断完善图书馆无障碍硬件设施建设的同时，还积极提高图书馆无障碍服务的软实力。在原有文献资源与设备基础上，逐年增加文献的数量和种类，引进新技术用于服务的推广，包括数字化文献的开发使用，电话图书馆、网站无障碍信息的获取，电子设备、服务软件的使用等。

3.4 政府资助力度大

韩国政府对信息弱势群体的图书馆服务资助力度连年增加，并明文规定专款专用，主要用于图书馆无障碍服务设备建设、信息弱势群体文献资源建设、图书馆服务推广、图书馆专业人员培养及专项读书活动等。

在全世界普遍关注信息弱势群体文化素养的大环境下，我国公共图书馆界也一直在为信息弱势群体的无障碍服务推广而努力。国内许多图书馆专设盲人阅览室、订购有声读物、无差别对待到访读者、组织流动书屋、送书下乡等，试图通过服务方式的拓展和延伸，满足信息弱势群体的精神需求。但是，由于缺乏系统的扶持政策、标准零散、活动参与机构有限、专业服务人员欠缺等因素，我国信息弱势群体图书馆服务还处于基础发展阶段，呈现出许多有待完善之处：从服务现状来看，公共图书馆对信息弱势群体的服务呈现出东强西弱的地区不平衡状况；从服务内容上看，该部分服务不够深入，尚未形成制度和规模；从服务效果上看，由于读者个人或者图书馆的原因，许多信息弱势群体成员无法接受图书馆提供的服务。

我国《公共图书馆法》的发布，将信息弱势群体的图书馆服务正式纳入法律的保障体系内，预示着我国信息弱势群体图书馆服务的全面、深入、规范发展即将展开。我国学者对国外先进图书馆服务体系的学习一直没有间断，随着研究的深入，已经总结出许多值得借鉴参考的理念、策略和服务措施。在未来面向信息弱势群体的图书馆服务制度体系的研究与落实过程中，首先，我们需要依靠国家立法和相关政策的保障，统一标准和规范；其次，我们要“对症下药”，全面了解我国的信息弱势群体情况和目前的服务水平，根据群体的性质，将服务做专做细；再次，充分发挥国家图书馆的代表作用，同时挖掘社会力量，争取实现全民关注、全民参与的利好局面，创造出一个结构完善、服务全面深入的面向信息弱势群体的图书馆服务体系。

参考文献

[1] 王烨. 浅析日本弱势群体图书馆服务[J]. 农业网络信息,2015(4):113－115.

[2] 李吉子,宋萍. 韩国图书馆发展研究[M]. 北京:国家图书馆出版社,2018:292－293.

[3] 同[2]:14－16.

[4] 문화체육관광부(도서관정보정책기획단). 2017 한국도서관연감[J]. 서울:㈜계문사,2017:77.

[5][7] 同[4]:52.

[6] 同[4]:53.

[8] 牛育芳. 我国公共图书馆弱势群体服务研究[J]. 图书馆工作与研究,2015(9):63－66.

国家图书馆诺贝尔文学奖作品外文馆藏建设与服务之我见

白　雪（外文采编部）　李　帅（民国时期文献保护工作办公室）

1　引言

2018年1月1日起，《中华人民共和国公共图书馆法》（以下简称《公共图书馆法》）正式施行。《公共图书馆法》第22条明确规定，国家图书馆“主要承担国家文献信息战略保存、国家书目和联合目录编制、为国家立法和决策服务、组织全国古籍保护、开展图书馆发展研究和国际交流、为其他图书馆提供业务指导和技术支持等职能。国家图书馆同时具有本法规定的公共图书馆的功能。”该条款不仅明确了国家图书馆七个方面的核心职能，而且也指明了国家图书馆还需履行公共图书馆的相关职能，这其中最重要的就是为社会公众提供平等、开放、共享的服务。

践行好《公共图书馆法》赋予的使命要依托丰富的馆藏资源和创新的服务理念，强化图书馆特色馆藏文献建设与服务就是重要的举措之一。

诺贝尔文学奖是人类文明的重要组成部分，其获奖者的丰硕成果代表了文学创作领域的最高水平。近几年，随着全民阅读的蓬勃兴起，诺贝尔文学奖获得者相关作品的阅读需求也与日俱增。诺贝尔文学奖作品是国家图书馆文献采访条例所规定的重点采访对象。经过多年的建设，该部分馆藏数量庞大、体系完善、语种丰富，已经成为国家图书馆的特色资源。但是对该部分资源的建设、组织和服务工作没有按照专藏建设模式开展，在采编阅方面均有大幅提升的空间。为进一步挖掘诺贝尔文学奖相关馆藏的服务效能，笔者于近期开展了诺贝尔文学奖馆藏情况的调研。由于相关作品的外文馆藏更为丰富，特色鲜明，因此调研以外文馆藏作为切入点。笔者以调研成果为基础，以解决现实问题为导向，对诺贝尔文学奖相关资源未来开展专藏建设、深化信息组织和提升服务水平等几方面提出设想。

2 国家图书馆诺贝尔文学奖作品外文馆藏现状调研

1895 年 11 月 27 日，瑞典发明家和慈善家阿尔弗雷德·诺贝尔（Alfred Bernhard Nobel，1833—1896）在法国巴黎正式签署最终版遗嘱，决定将其遗产的绝大部分 3122.5 万瑞典克朗（当时约合 920 万美元）捐出设立一个奖励基金，每年以此基金投资所得及其利息作为奖金，诺贝尔奖由此诞生。诺贝尔在遗嘱中还要求设立诺贝尔文学奖（The Nobel Prize in Literature），以奖励"在文学方面曾创作出具有理想主义倾向、最杰出作品的人"。在 117 年的诺贝尔文学奖颁奖史中，期间由于战争原因于 1914、1918、1940—1943 年没有颁发，1935 年因为无法在表决中达成一致意见停发之外，其他年份均正常颁发。截至 2017 年在颁发的 110 届中，共计有来自 40 个国家的 114 位作家获得诺贝尔文学奖。获奖者创作了大量的文学作品，这些作品还被翻译成多种语言在世界各国广泛传播，再加上对获奖作品的研究，就形成了诺贝尔文学奖丰富的资源群。

诺贝尔文学奖相关作品历来是国家图书馆的采访重点。对馆藏的调研以历年获奖者为线索在外文书目数据库中检索，从编目学角度掌握诺贝尔文学奖作家外文馆藏的作品数、翻译成各国语言的版本数以及收藏的文献数，即 FR 家族模型①所指的作品、内容表达和载体表现三层实体的数量。诺贝尔文学奖作品在中国也有大量传播，因此中文译本的情况调研也有所涉猎，其目的在于今后加强中外文相同作品之间的关联，优化读者检索效果。

2.1 馆藏特色

调研结果显示，诺贝尔文学奖馆藏丰富，体系完善。诺贝尔文学奖获得者作品馆藏总量约 15 000 种，其中外文馆藏占半壁江山，约 7700 种。114 位获奖者中，仅有两位获奖者的作品在

---

① FR 家族包括三个独立模型：FRBR（Functional Requirement for Bibliographic Records，书目记录的功能需求）、FRAD（Functional Requiremend for Authority Data，规范数据的功能需求）、FRSAD（Functional Requirement of Subject Authority Data，主题规范数据的功能需求）

国家图书馆没有外文馆藏。此外,馆藏的语种十分丰富也是该部分资源的重要特点。据统计,诺贝尔文学奖作品馆藏包含的语种数量超过了20种,包括汉语、英语、法语、德语、日语、波兰语、荷兰语、芬兰语、挪威语、丹麦语、西班牙语、意大利语、俄语、阿拉伯语、斯洛文尼亚语、乌尔都语、匈牙利语、瑞典语、蒙语、阿尔巴尼亚语等,此外还有盲文相关文献的馆藏。以1938年获奖者美国小说家赛珍珠(Pearl S. Buck,1892—1973)为例,相关作品的外文书目数据共检索到270条,涉及的语种达12种之多。

2.2 存在不足

与丰富的馆藏相比,国家图书馆对诺贝尔文学奖相关资源的建设、组织和管理工作却是十分有限的。在采访方面,尽管对大部分诺贝尔文学奖相关的作品收录繁多而全面,但是对于某些获奖年份较早、知名度较低的作者的作品,国家图书馆馆藏的完整性还有很大提升的空间。以1931年获奖者瑞典诗人埃利克·阿克塞尔·卡尔费尔德(Erik Axel Karlfeldt,1864—1931)为例,其作品在国家图书馆外文书目库中未能找到匹配的书目记录,中文书目库中也仅有8条记录,但通过检索美国国会图书馆书目数据库,能找到16条相关作品的书目记录。在信息组织方面,对诺贝尔文学奖相关作品这样有特色的馆藏,编目上也未做特殊处理,如果需要提取相关数据,无法形成可供统一检索的检索点。在读者服务方面,该部分文献散落于多个馆藏地,未按专藏进行统一管理,也不能为读者提供专藏服务。

3 诺贝尔文学奖相关作品专藏建设对策

根据调研情况,我们不难发现,诺贝尔文学奖外文资源已经有了较为深厚的积淀,但是相应的基础性工作还与该部分馆藏的发展与利用不相适应。为推动诺贝尔文学奖馆藏体系的建设与完善,笔者针对采访、编目和阅览三方面提出如下设想。

3.1 以缺藏单为依据开展补藏

专藏建设的基础是种类齐全、形式多样的馆藏资源,加强对诺贝尔文学奖相关作品的采选工作是专藏建设的首要任务。

一方面,要对缺藏作品进行重点采选。缺藏作品是整个专藏体系的漏洞和短板,查漏补缺,专藏体系才可以更完善,专藏建设的基础才可能牢固。针对我馆馆藏现状,采访人员可以通过检索美国国会图书馆、联机计算机图书馆中心(Online Computer Library Center,OCLC)等权威机构,获取该作品缺藏的获奖者作品的出版情况,比对现有馆藏,形成“缺藏单”,为补藏工作提供依据。如国家图书馆外文文献目前缺藏1901年获奖者苏利·普吕多姆(Sully Prudhomme,1839—1907)和1931年获奖者瑞典诗人埃利克·阿克塞尔·卡尔费尔德的作品,通过在美国国会图书馆书目数据库检索该作者作品,获取的记录数分别为13和16条,以从美国国会图书馆获取的信息作为参考,进行筛选,从而列出符合采访条例规定的缺藏文献。又如有些获奖者的作品在国家图书馆外文馆藏中虽有收藏,但存在资源量不平衡的现象,有些获奖者的作品藏量达上百册,如1929年获奖者保尔·托马斯·曼(Paul Thomas Mann,1875—1955)的作品馆藏量为312册,安德烈·纪德的作品藏量更是达396册,而有些获奖者作品馆藏量仅为个位数,如2011年获奖者托马斯·特兰斯特勒默(Tomas Tranströmer,1931—)的外文作品馆藏量仅为1,而在美国国会图书馆书目数据库中检索他的作品结果显示有49条记录,对于这种作品严重缺藏的获奖者的缺藏作品也应列入缺藏单进行重点补充。

另一方面,要丰富采访的资源形式,纸质、数字资源协调发展。互联网时代的到来,逐渐改变了人们阅读方式和出版方式,数字资源扮演的角色越来越重要,但纸质资源有其特有的文化价值,其地位目前是数字资源不能取代的,因而采访不能顾此失彼,应协调发展。采访部门对纸质资源的采访应精益求精,突出特色,与此同时,酌情加大对诺贝尔文学奖获奖者相关作品的数字资源的采访力度,顺应时代潮流,满足读者需求,为数字馆藏建设打下坚实基础。

3.2 以RDA为导向,完善编目

国家图书馆外文资源编目现已正式采用《资源描述与检索》(Resource Description and Access,下文简称RDA)规则,本地政策声明《国家图书馆外文文献资源RDA本地政策声明暨书目记录操作细则》(以下简称《本地政策声明》)也已出版,为外文文献编目提供了实操指南。RDA规则在文献属性揭示、关系描述等方面较之前的编目规则均有长足进步,更重视用户任务的实现,可以说,新规则的采用为国家图书馆外文诺贝尔文学奖相关作品专藏的建设提供了利器。以RDA为导向,开展现有外文书目数据的完善势在必行。

3.2.1 依托特殊数据元素,更好地实现资源识别

诺贝尔文学奖作品的特色在于是获奖作品,奖项是这类作品的重要识别元素。RDA对奖项的著录也很重视,在第7章中设有"奖项"元素,用于记录资源获奖信息。配合RDA的规定,MARC21设置了586字段用于记录该元素。国家图书馆RDA本地政策声明对此也进行了详细规定:具有国际影响的重要奖项(如诺贝尔奖、奥斯卡奖、格莱美奖、普利策奖、图灵奖、菲尔茨奖)可予以记录[1]。以1969年诺贝尔文学奖获得者萨缪尔·贝克特的获奖作品《等待戈多》为例,书目记录的表示如下:

1001# $aBeckett,Samuel, $d1906 -1989.

24510 $aWaiting for Godot: $ba tragicomedy in two acts / $cSamuel Beckett.

586## $aNobel Prize in Literature,1969.

添加586字段后,奖项信息"Nobel Prize in Literature",即可形成统一检索点,便于对诺贝尔文学奖获奖作品进行数据提取,从而加以有效管理。笔者建议,除对新的诺贝尔奖相关数据做此处理之外,还应适时开展数据完善的回溯项目,为诺贝尔奖作品的历史书目数据添加奖项信息。其他奖项的获奖作品也可仿照此做法。

3.2.2 依托关系揭示,更好地实现目录导航

诺贝尔文学奖作品之间或通过相同的创作者,或通过相同的知识或艺术创作,或通过相同的主题紧密联结在一起,资源间的关系纷繁复杂而且意义重大,因而应利用合理手段进行关系揭示,增强目录的导航功能,助力用户在信息的海洋遨游。对诺贝尔文学奖而言,资源之间常见的关系主要有两种:衍生关系和整体与部分关系。

衍生关系是"原资源与以其为基础修改之后资源之间的关系"[2],如作品与其改编作品的关系、作品原著与译本之间的关系等。国家图书馆诺贝尔文学奖外文作品中,除了2016年获奖者鲍勃·迪伦(Bob Dylan,1941—)作品外,其他获奖者作品都有两种以上的语言版本,资源间最常涉及的衍生关系当属作品原著与译著的关系。整体与部分关系是"整体资源与其组成部分之间的从属关系"[3],如汇编与其分部作品的关系,专著与丛编的关系等。在国家图书馆

诺贝尔文学奖外文作品馆藏中有70余位获奖者的汇编作品,汇编作品总量近500册,汇编作品与其分部的整体与部分关系举足轻重,对这一关系应当予以有效揭示。无论是衍生关系还是整体与部分的关系,RDA规则认为都可以通过规范检索点以及结构化或非结构化的描述来进行揭示[4]。

衍生关系的具体揭示方法以萧伯纳的作品《圣女贞德》德文译本为例,书目记录表示如下:

1001# $aShaw, Bernard, $d1856 – 1950.

24010 $aSaint Joan. $lGerman

24514 $aDie heilige Johanna :$bDramatische Chronik in sechs Szenen und einem Epilog.

7001# $iTranslation of :$aShaw, Bernard, $d 1856 – 1950. $tSaint Joan.

通过创作者规范检索点+作品首选题名为该作品建立了规范检索点,通过240字段$l子字段指示文献语言,揭示了隐含的同一作品不同语言内容表达的关系,并通过启用700 $i关系说明语对翻译关系进行了结构化描述,使得关系更为明晰。原著与译著的关系可仿照此例,其他衍生关系的揭示也可用此方法,通过在700 $i使用不同的关系说明语来说明即可。

整体与部分关系的揭示方法,以1976年诺贝尔文学奖获奖者索尔·贝娄(Saul Bellow)的小说选集为例,书目记录表示如下:

1001# $aBellow, Saul, $d1915 – 2005.

24010 $aNovels. $kSelections

24510 $aNovels, 1970 – 1982 / $cSaul Bellow.

70012 $iContainer of(work): $aBellow, Saul. $tMr. Sammler's planet.

70012 $iContainer of(work): $aBellow, Saul. $tHumboldt's gift.

70012 $iContainer of(work): $aBellow, Saul. $tDean's December.

通过创作者规范检索点+惯用总题名+245汇编作品总题名字段为汇编作品建立规范检索点,利用700字段为每部作品创建了规范检索点,第2指示符为2表示"分析款目",最主要的RDA特征是启用了RDA关系说明语"Container of work",从而清晰指明作品之间的整体与部分关系。

从长远来看,专藏建设不能禁锢在外文数据库之中,专藏价值的进一步深化还要通过中外文数据库的统一来实现,为此,我们应当加强中外文资源的跨库关系揭示。跨库关系揭示可以通过在外文资源的书目数据中添加相应的字段来实现,例如,为外文文献的书目记录添加242字段,即编目机构提供的翻译题名,揭示作品中文版与其他语种版本的关系,书目记录表示如下:

1001# $aHemingway, Ernest, $d1899 – 1961.

24210 $a老人与海 / $c(美)欧内斯特·海明威著. $ychi

24514 $aThe old man and the sea / $cErnest Hemingway.

通过添加中文的翻译题名为《老人与海》中外文版本建立联系。读者通过OPAC检索该作品中文题名,中外文的相应作品都会集中显示在检索结果界面。

又如,如果某作品的中译本恰好以外文馆藏中该作品的某一版本为蓝本,那么可以在该作品的外文书目数据中添加连接款目字段"LKR"指示该中译本的存在,实现书目记录的跨库相连。

3.2.3 依托规范控制,更好地实现作品汇集

规范控制是指规范记录的创建,并在此基础上形成规范文档,利用规范文档对书目系统中的相关数据进行归一处理的过程[5]。规范控制涉及名称、题名和主题三个实体的规范问题。国家图书馆规范控制基本采用分立的建设模式,即中文规范控制与外文规范控制各自独立建设,互不相连。即使在外文规范控制中,目前也仅有西文实现了名称和主题规范控制,俄文仅实现名称规范控制,其他语种均未纳入规范控制体系。规范控制的功能在于对书目记录的汇集与区分,因此,如果不构建完善而统一的规范控制体系,就难以实现读者通过一个名称形式检全所有馆藏的目的。当前国际规范控制研究表明,今后规范控制发展的趋势是从名称控制过渡为实体控制,名称形式将变得不再重要。但是就目前的水平而言,我们的权宜之计是考虑建立一个能囊括所有语种的规范控制系统。主要思路可以是以相对完善的外文书目记录为基础,为其他语种形式添加连接的7XX字段,形成相互关联的等同规范检索点。

3.3 以虚拟展示为手段,提升服务

目前图书馆为读者创造阅览环境、提供文献阅览服务的方式主要有两个,一是以实体馆藏为依托,开辟专区阅览室或集中架位,为读者提供到馆阅览服务,这一方式的优势是将专藏资源更直观地呈现在读者面前,其劣势是无论是开辟专区阅览室还是集中架位都会打乱现有的排架方式,给馆藏组织造成混乱,而且随着馆藏不断壮大,对物理空间的需求会越来越大,专藏发展将受到极大的限制;另一种方式是创建虚拟馆藏,学界对虚拟馆藏的定义众多,笔者比较认同这种定义,即:"图书馆购买(包括所有权和使用权)或开发的、提供本馆读者使用的、借助于计算机系统来获取的馆藏"[6]。虚拟馆藏的建设可以不必考虑物理空间的限制,能够充分利用外部资源,节约建设成本,而且更符合现代读者的阅读习惯和信息获取方式。因而加快诺贝尔文学奖相关作品虚拟馆藏的建设应当作为我馆该项专藏建设工作的重点方向。具体而言,可以在馆网上开辟诺贝尔文学奖专栏,按获奖年份制作获奖者及基本情况列表,包括获奖者介绍、获奖作品及其他代表作。最重要的是设置与馆藏OPAC的互联功能,读者点击获奖者就可直接连接OPAC获得馆藏信息列表,点击获奖作品或代表作也可连接OPAC获得相关版本的列表,再通过后续连接直接找到获得馆藏的路径。

诺贝尔文学奖相关作品专藏的建设是我馆彰显馆藏特色的必然要求,也是我馆满足社会需求的职责所在,这项工作任重道远,不仅需要相关部门的协同配合,在采访、编目以及阅览服务方面逐步推进,还应积极谋求与外界的合作。

参考文献

[1][2][3] 国家图书馆编目工作委员会. 国家图书馆外文文献资源RDA本地政策声明暨书目记录操作细则[M]. 北京:国家图书馆出版社,2017.

[4] 罗翀. RDA全视角解读[M]. 国家图书馆出版社,2015.

[5] 刘炜,张春景,夏翠娟. 万维网时代的规范控制[J]. 中国图书馆学报,2015,41(3):22.

[6] 黄勃,王忠红. 虚拟馆藏资源组织问题研究——电子资源的组织与揭示[J]. 图书情报工作,2005,49(4):100-103.

《公共图书馆法》背景下对国家图书馆外文文献资源建设工作的思考

李　菡　牛雪妮(外文采编部)

1　引言

2017 年 11 月 4 日,第十二届全国人大常务委员会第三十次会议表决通过了《中华人民共和国公共图书馆法》(以下简称《公共图书馆法》),自 2018 年 1 月 1 日起正式施行。这是党的十九大之后全国人大常委会通过的第一部文化立法,也是继《中华人民共和国公共文化服务保障法》之后我国公共文化领域立法的又一重要成果,在我国的图书馆发展史上具有划时代的意义。

根据国际标准化组织颁布的统计标准,国家图书馆并不等同于公共图书馆。但是长期以来,由于我国公共图书馆事业发展不充分,国家图书馆一方面引领全国公共图书馆行业的发展,一方面事实上履行公共图书馆服务公众的职能[1]。对于如何处理国家图书馆和公共图书馆的关系这一问题,《公共图书馆法》首次以法律条文的形式确定了我国国家图书馆是一种特殊类型图书馆,并赋予了其在具备“公共图书馆”属性的同时,不同于公共图书馆的特殊职能[2]。因此,认真学习贯彻《公共图书馆法》,对于国家图书馆未来更好地开展相关工作有着至关重要的意义。

外文文献是本国民众了解世界文明发生发展的窗口,既可以洞悉当前国际上各学科各领域的前沿动态,也可以将国外各种先进经验引入国内,在国民经济和社会发展中有着举足轻重的作用。国家图书馆作为国内典藏外文文献最多的图书馆,购藏外文文献始于 20 世纪 20 年代,“外文求精”是一以贯之的基本采访方针。截止到 2017 年底,国家图书馆已经与 50 个国家的图书馆建立人员交流与合作关系,与 117 个国家和地区的 552 家机构建立了国际交换关系。外文普通书刊报总计超过了 1114 万册/件,特色专藏资源“国际组织及外国政府出版物”也已经超过 63 万册/件,115 种语言和文字的所有外文文献资源占全部馆藏的近 50%。

当前,正值国家图书馆事业蓬勃发展的最好时期,《公共图书馆法》的颁布既是对国家图书馆各项职能的有力保障,也体现了党和国家在新时代条件下对国家图书馆提出的新要求。本文在深刻领会《公共图书馆法》精神的基础上,对照法条内容,重新思考国家图书馆当前乃至今后一个时期外文文献资源建设工作的发展方向,扬长避短,推陈出新,为推动外文文献资源建设更上新台阶,提出若干思路。

2　国家图书馆外文文献资源建设的新发展

2.1　编制国家书目

《公共图书馆法》第22条对国家图书馆的职能有了明确规定,“国家设立国家图书馆,主要承担国家文献信息战略保存、国家书目和联合目录编制、为国家立法和决策服务、组织全国古籍保护、开展图书馆发展研究和国际交流、为其他图书馆提供业务指导和技术支持等职能”[3]。其中,编制国家书目以及联合目录,是国家图书馆作为国家总书库职能的延伸[4]。

国家书目是简洁记录著录文献的基本特征,揭示与报道一个国家所有出版物的目录[5]。中国国家书目印刷版的编纂工作始于1985年,由国家图书馆(时称北京图书馆)负责。继1987年出版了《中国国家书目》(1985)后,陆续出版了1986年本、1987年本、1991年本、1992年本、1993年本、1994年本[6]。但由于各种原因,国家书目印刷版的编纂工作逐渐停滞。2012年起,国家图书馆着手建设中国国家书目门户(http://cnb.nlc.cn)[7]。

目前,中国国家书目的收录遵循“领土—语言”的原则。“领土”原则是指产生于中国领土的文献,包括国内出版的外文文献。“语言”原则是指国内外出版的中文文献,包括汉语文文献和少数民族语文文献。在此原则基础上,研究确定中国国家书目收录中文普通图书、连续出版物、音像制品、电子出版物、台港澳及海外中文文献、少数民族语文文献、本国出版的外国语言文献、盲文读物(适时启动)、学位论文(硕士论文和博士后报告适时启动)、中文非正式出版物(适时启动)、数字出版物(适时启动)、海外中国学文献(适时启动)等出版物和部分出版物的数字化成果[8]。当前,中国国家书目门户所发布的国家书目包含2011—2016年国内出版的图书、期刊、报纸、音像电子资源数据,国家图书馆收藏的1949年以后的年鉴数据,以及2010—2016年的博士论文数据[9]。

国家书目已收录或即将收录的文献中,中国国内出版外文文献以及海外中国学属于外文文献资源建设的范畴。针对国内出版的外文文献,可以充分利用《公共图书馆法》第26条“出版单位应当按照国家有关规定向国家图书馆和所在地省级公共图书馆交存正式出版物”[10]的规定,主动配合出版行政管理部门制订适用范围广、可操作性强的实施细则,扩大交存范围,加强对出版单位正式出版物交存的管理,确保在规定时间内交存一定数量的正式出版物,保证国家书目的编制。

海外中国学从广义上来讲,是指国外对中国各个领域的研究[11]。国家图书馆早在20世纪20、30年代开始入藏海外中国学文献,经过近一个世纪的发展,该类文献已成为国家图书馆特色专藏之一。“知己知彼,百战不殆”,只有了解国际上其他国家和地区如何认识、研究我国,中国才能制定相应的战略。无论从文献信息保存战略出发,还是从“为国家立法和决策服务”的职能来看,国家图书馆有义务有必要入藏海外中国学文献。为加强对中国学文献的采访,除要求书商增加中国学目录品种之外,采访员还要变被动为主动,自主收集海外目录,积极探索海外直采等多种方式。在编目方面,要注重体现中国学馆藏的特色,例如为中国经典作品的翻译版本添加翻译题名,以形成中国学文献多语种版本的关联,更好地体现OPAC聚合作品的效果。在中国学文献资源建设过程中,要特别注意《公共图书馆法》所提出的“公共图书馆应当坚持社会主义先进文化前进方向”的总体要求,落实好意识形态领域责任制,加强审读力度,把好入口关,依法依规向公众提供文献信息服务。在完善中国学馆藏的基础上,要积极探索海外中国学文献纳入国家书目的路径和方法，在书目记录中预设统一的检索点，以便今后的数据抽取。

2.2 拓宽业务范畴

国际组织与外国政府出版物是国家图书馆特色馆藏之一。近年来随着信息技术的迅速发展，公益性强，不以营利为目的国际组织和各国政府的出版物逐渐从纸质文献向在线电子资源过渡，实体文献到馆量逐年下降。如何弥补馆藏缺失，保障读者服务顺利开展是国际组织与外国政府出版物文献资源建设亟待解决的问题。

根据2014年对31家重要国际组织与2家外国政府开放获取（Open Access，以下简称OA）资源进行的调研，发现各国际组织资源中OA资源所占比例较高，其中26家机构均可从其相应机构网站上免费获取机构出版物的数字形式。采集、组织、发布该类资源，可以有效补充馆藏文献，丰富文献类型，开拓读者服务新渠道，以满足不同年龄、不同职业读者对不同文献类型的需求。《公共图书馆法》第40条也对此做出了明确的规定："国家构建标准统一、互联互通的公共图书馆数字服务网络，支持数字阅读产品开发和数字资源保存技术研究，推动公共图书馆利用数字化、网络化技术向社会公众提供便捷服务。政府设立的公共图书馆应当加强数字资源建设、配备相应的设施设备，建立线上线下相结合的文献信息共享平台，为社会公众提供优质服务。"[12]这也从法律层面对国家图书馆国际组织与外国政府出版物开展OA资源服务提供了强有力的支撑。

OA资源的建设和信息组织是国家图书馆新的业务增长点，因此传统上还没有现成的经验可借鉴，需要长远规划和实践探索。在采集方面，由于各国际组织OA资源种类繁多，完全采用网络技术抓取会造成信息冗余，加重人工筛选的负担，因此OA资源采集可采取分步走的策略。第一阶段，重点采集各国际组织2015年以来发布，且无实体馆藏的OA资源，以人工采集方式为主，由采访员根据《国家图书馆文献采选条例》，按机构、文献类型逐个、分类采选，并制作相应的资源目录，便于后期的信息组织及发布；第二阶段，逐步扩大采选范围，回溯各国际组织2015年以前发布，且无实体馆藏的OA资源；最终，囊括已收藏的各机构实体文献相应的OA资源。对采集到的对象数据按机构、出版时间、文献类型分类整理，定期交付相关部门进行本地存储。

在编目方面，MARC格式对于繁杂的网络资源并不适宜，采用都柏林核心元数据元素集（Dublin Core Element Set，以下简称DC）是更好的选择。OA资源可根据《国家图书馆原生性中文数字资源元数据著录规范》，采用DC元数据对所采集的对象数据进行信息组织，根据用户需求设置好必备元素并予以记录。此外，还需制定相应的数字化加工规范，以方便后期存储及发布数据。

在服务方面，应提供多入口的检索，可优先选择文津搜索，同时在国家图书馆官网上的"国际组织与外国政府出版物网络资源整合服务平台"开辟新栏目"OA资源特藏库"，将资源目录列表按机构展示，提供出版物的名称、责任者、出版年、访问链接、DOI标识符等内容。站内检索设置为可直接跳转到文津搜索结果页面。

2.3 深化图书馆学基础工作研究

国家图书馆是全国图书馆事业发展中心，多年来，从主持科研项目、出版学术刊物与业务指导用书、开展业务交流和学术研讨、制定行业标准规范体系等方面不断推动着我国图书馆事业发展关键领域的研究和创新[13]。外文文献资源建设是国家图书馆基础业务之一,我们一直试图将自身的发展同行业的需要与发展紧密融合起来,由小见大,积少成多,通过点滴的业务工作与成绩推动图书馆界在外文文献资源方面的进步与发展。其中最为典型的,是对最新国际编目规则《资源与描述》(Resource Description and Access,简称 RDA)的研究。

国家图书馆从2012年开始投入人力开展RDA的理论研究与实践活动,遵循认识RDA、解析RDA、实践RDA、应用RDA的科学研究规律[14],逐步探索RDA的本地化道路。2017年3月27日,《国家图书馆外文文献资源RDA本地政策声明暨书目记录操作细则》编制完成,并被正式批准为中国国家图书馆馆级标准,标志着RDA本地化的初步实现。该细则虽然仅是国家图书馆的馆级标准,内容也仅限于外文文献资源,但为日后形成国内业界统一的标准奠定了良好的基础,也为将RDA在外文编目本地化实施的成果辐射到中文编目做了准备。

RDA本地化的初步实现只是国家图书馆在编目理论研究与实践方面取得的阶段性成果。展望未来,国际编目界思想活跃,新的编目理念和编目技术层出不穷。面对更大的挑战,国家图书馆应当承担起深化图书馆学基础工作研究的重责。2016年10月,"RDA工具包重构和重设计"(RDA Toolkit Restructure and Redesign ProJect,简称3R项目)启动,2017年8月,作为RDA编制思想基础的FR概念模型家族统一版——IFLA图书馆参考模型(IFLA Library Reference Model,2017年8月版)正式诞生[15],二者将在编目规则领域带来翻天覆地的变化。3R项目将依照IFLA图书馆参考模型,对RDA进行自2010年改写之后最大一次规模的更新,对RDA的结构和布局进行重大调整。全新的RDA工具套件(RDA Toolkit)计划于2018年6月上线。项目主要内容包括:1)从改进工作流程和提升用户体验出发,重新设计RDA工具套件网页;2)重新架构RDA布局,增加一般性规则章节,随后按书目实体划分具体编目规则章节,即将现有37章内容修订为12章,每个实体一章;3)澄清"转录"与"记录"数据规则的区别;4)进一步标准化术语,并研发记录关系的新路径[16]。

RDA从内容和结构上的巨大变化无疑对RDA本地化的实施带来全新的考验。我们一方面应该紧密追踪业界动态,特别是编目规则的最新变化,一方面在外文资源实施RDA本地化的过程中,积极总结经验和不足,为本地政策的修订积累素材。同时,我们要立足当下,展望未来,考虑如何将RDA的变化适时适度地在本地操作中予以体现,既要充分吸收国际编目界的最新科研成果,又要兼顾中国国情,为编目工作创作相对稳定的环境。

2.4 发挥业界的引领和示范作用

《公共图书馆法》第22条明确指出国家图书馆有"为其他图书馆提供业务指导和技术支持"的职能。国家图书馆一直以来通过联合编目、馆际互借、文献传递、数字资源共享、业界培训等方式,为各级公共图书馆开展服务提供文献保障,通过主持搭建网络平台,组织全国性的各类联盟等,为图书馆界提供业务指导和技术支持[17]。

RDA本地化实施为国家图书馆在编目领域更好地发挥示范和引领作用提供了广阔的空间。学习和掌握RDA是国内各图书馆的新要求。为此,国家图书馆可在充分了解业界需求的基础上,多层级多角度地开展各种类型,向国内各书目单位推广普及RDA的应用。在此过程中,需要注意多种形式的结合,例如可以"走出去",也可以"请进来",可以组织大规模的集中培训,也可以开展"一对一"的驻馆教学,可以采用面授的传统方式,也可以远程教学,同时打造属于编目工作人员的公众号，将理论普及寓教于乐，以符合现代沟通交流渠道的方式推广RDA。总之，通过各种方式将国家图书馆 RDA 的科研成果传递出去，切实履行好国家图书馆“为其他图书馆提供业务指导和技术支持”的重要职能。

2017 年，RDA 理事会（RDA Board，原 CoP）正式邀请中国国家图书馆成为 RDA 亚洲地区国家机构代表（National Institution Representative for the Asian Region），将在未来的三年代表亚洲参与 RDA 的管理与发展。因此，除了着力做好国内的 RDA 培训工作之外，国家图书馆还应利用亚洲地区国际机构代表的身份，推动 RDA 在亚洲地区的实施与普及。国家图书馆首先要摸清亚洲地区的整体情况，可采用问卷调查等各种方式，多渠道调研亚洲各国书目单位有关 RDA 研究与实践，形成调研报告并向 RDA 理事会反馈，以便明确今后 RDA 在亚洲的发展方向。国家图书馆可考虑在适当情况下，召开亚洲地区关于 RDA 的研讨会或培训班，促进亚洲各国书目编制单位之间的交流了解，总结经验，推广成果，相互学习，共同应对国际编目理论及规则日新月异带来的挑战。

参考文献

[1] 李国新.《中华人民共和国公共图书馆法》的历史贡献[J]. 中国图书馆学报，2017(6)：4 – 15.
[2][4][13][17] 汪东波，张若冰.《公共图书馆法》与国家图书馆[J]. 国家图书馆学刊，2017(6)：50 – 55.
[3][10][12] 中华人民共和国公共图书馆法[M]. 北京：中国法制出版社出版，2017.
[5] 文榕生. 中国国家书目探究[J]. 图书馆论坛，2011(6)：207 – 213.
[6] 廖永霞，毛雅君. 数字时代中国国家书目的探索与实践[J]. 国家图书馆学刊，2012(5)：102 – 107.
[7][8][9] 毛雅君. 中国国家书目工作回顾及思考[J]. 图书馆学研究，2017(14)：45 – 49.
[11] 李婧. 国家图书馆“海外中国学”文献专藏早期发展(1927—1937)[J]. 国家图书馆学刊，2013(5)：104 – 108.
[14][16] 罗翀. 国家图书馆 RDA 本地化的探索与践行[J]. 数字图书馆论坛，2018(2)：2 – 6.
[15] 李菡. RDA 的自我完善及对国家图书馆 RDA 本地政策声明更新机制的启示[C]//中国图书馆学会学术研究委员会信息组织专业委员会. 回顾与展望：新媒体时代下信息组织方法的创新与发展——第五届全国文献编目工作研讨会论文集. 北京：国家图书馆出版社，2017：1 – 9.

品牌建设策略下的图书馆服务推广方式研究

贺一航（立法决策服务部）

图书馆作为长久以来文献信息资源主要集散地与阅读服务的主阵地，面对纸质图书借阅率大幅度下降的现况，面对新媒介的强烈冲击，不仅应该加强对馆藏文献的挖掘、梳理、汇集、推送，还应加强对服务的宣传与引导，发挥公共文化教育的堡垒作用，通过建设图书馆服务品牌进行图书馆服务推广，树立现代图书馆新形象，以获得更多的读者对图书馆的青睐。

1 现代图书馆的服务推广工作

1.1 现代图书馆服务推广工作的定位

2018 年 1 月 1 日起施行的《中华人民共和国公共图书馆法》(第二条)中明确指出,公共图书馆是“向社会公众免费开放,收集、整理、保存文献信息并提供查询、借阅及相关服务,开展社会教育的公共文化设施。”然而,在知识经济时代中,层出不穷的新技术、新媒介使图书馆的地位越来越边缘化。所以,服务推广工作不仅是提升图书馆社会地位、塑造图书馆形象的必然要求,也是在信息服务领域中拓展自身生存空间的必然选择。

1.2 现代图书馆服务推广工作的理念

图书馆是一个不以赢利为目的的公益性社会文化机构,但“为人找书,为书找人”的服务理念与“营销”的理念不谋而合。面对图书馆社会化这种不可避免的趋势,培养品牌营销的理念是图书馆在服务推广中必须具备的能力,而引入“营销”理念时,不能只专注于宣传,更要从根源上着手,了解读者需求、环境特点,树立图书馆品牌建设意识[1]。

近年来,山东省、浙江省等经济发达地区提出建设文化大省或文化城市的目标,图书馆作为文化传播的重要阵地,应抓住文化行业蓬勃发展的机遇,将品牌建设意识引入图书馆事业中来,着力打造图书馆服务品牌,以营销新理念新思维创新服务方式,提高服务推广能力。

1.3 现代图书馆服务推广工作的环境

当前的时代已进入全民移动、全民互动的时代,智能手机和 Wi-Fi 的普遍应用,使得网络媒体、数字电视、微博、微信和电子杂志等已经越来越深入地影响和改变着人们的日常生活,成为用户获取信息的重要渠道。

根据 CNNIC 在 2018 年 1 月发布的第 41 次《中国互联网络发展状况统计报告》显示,截至 2017 年 12 月,中国网民规模达到 7.72 亿,其中手机网民占比达 97.5%,互联网普及率为 55.8%。以手机为中心的智能设备,成为“万物互联”的基础。另外,新浪微博发布的 2017 年第四季度财报中显示,截至 2017 年 12 月,新浪微博月活跃用户增至 3.92 亿;截至 2018 年 2 月,微信全球月沽跃用户首次突破 10 亿[2]。

在这种背景下,形象化的产品将快速吸引用户,产品的口碑将通过网络媒介被广泛分享,个性化需求将有更多的表达空间与实现机会。图书馆必须遵循信息时代的游戏规则,加强与读者的互动,注重产品形象化塑造,文字与视频宣传并重,平媒与网媒宣传并重,抓住新媒介的传播特点,关注用户需求,不断创新实践,打造服务品牌,利用不同传播渠道达到传递信息、社会教育和拓展生存空间的目的。

2 图书馆服务品牌建设的内涵

品牌源于经济领域的概念范畴,美国市场营销协会(American Marketing Association)将品牌定义为:一种名称、术语、标识、设计及其组成的集合,用于识别一个销售商或群体的商品和服务,并使它们与竞争者的商品和服务区分开来[3]。

随着品牌的价值逐渐被社会公众所认可，其概念已由企业泛化到社会其他领域。图书馆品牌建设的思路和方法就是从企业品牌营销的概念和方法引申而来的。图书馆服务品牌是指图书馆面向社会提供独树一帜的资源、空间、活动和服务等内容，获得用户的认可，并以某种名称、术语、标记、符号或图案，或是它们之间的相互组合表达出来的图书馆形象。图书馆的特色专有馆藏资源或阅读活动，独特雅致的馆舍环境或与众不同的服务优势等，都可以形成图书馆的服务品牌。

作为政府主办的公益性非营利文化组织，图书馆与以追求利润最大化为核心目标的商业机构相比，有着本质的区别。而且，作为社会公共文化服务体系建设的主要力量，图书馆与其他非营利组织也有明显不同。图书馆服务品牌不仅具有图书馆公益性、文化性等本质特点，还有其独特的内涵，即开放性、特色性和复合性[4]。公益性是图书馆的本质属性，决定了图书馆品牌在根本上具有公益性的特点，应以社会效益而非经济效益为主要标准；图书馆是文献与信息资源的集散地，它在文化领域发挥着举足轻重的任用；图书馆对全社会无差别开放，图书馆品牌建设也应秉持开放的理念；图书馆要在日益激烈的竞争和日趋多样的需求下，赢得更多用户的支持和信赖，必然要开展有针对性的特色服务才能拔得头筹；图书馆服务品牌是图书馆服务抽象化名称与图书馆文化内涵的有机结合，具有合二为一的复合性。

3 图书馆服务品牌建设的现状

近年来，随着图书馆界对于图书馆价值、图书馆精神、图书馆文化等内容的关注和重视，图书馆发展的重心逐渐从传统服务转向外延，图书馆服务品牌的建设与营销实践也得到了很大的发展。

3.1 国外图书馆服务品牌建设现状

在多元化媒体时代，国外图书馆在创建服务品牌上着力打造了很多活动和项目，也在树立图书馆形象上有很多创新实践。

由捷克布尔诺的 Jiří Mahen 图书馆打造的名为“Library in the Tram-Tram to the Library”（有轨电车图书馆）服务品牌，曾获得第十二届国际图联营销奖第一名[5]。Jiří Mahen 图书馆与布尔诺的公共交通公司和广告公司合作，由图书馆工作人员将有轨电车改造成为图书馆进行宣传的色彩艳丽的电车，通过文字或其他信息定期更新书籍摘要内容，乘客可以扫描二维码（QR）来体验图书馆服务、搜索图书馆目录以及阅读感兴趣的书籍摘要，通过“有轨电车图书馆”这种服务方式吸引市民到馆阅读。

2015 年 5 月，加拿大温哥华公共图书馆推出了“Inspiration Lab”（灵感实验室），成为当时这个城市里新的自由创意终点站。灵感实验室是可亲身实践的数字媒体中心，配有播音室、视频制作与编辑设备、模拟数字转换器和自助出版软件。该服务品牌不仅促进人们认识灵感实验室及其功能，也强化了人们对于温哥华公共图书馆作为一个现代化的、先进的且富有创新精神的场所的印象。

爱沙尼亚塔尔图大学图书馆推出的“Talking Textbooks”（会说话的课本），以其创新而细致的用户服务而广受好评。塔尔图大学图书馆邀请学生志愿者朗读课本并存为录音文件，或者把学习资料和课程笔记数字化并转化为声音形式，提供给有视觉障碍和学习困难的学生使用。

各国图书馆别具特色的服务品牌，以创新的服务或展现方式成为图书馆吸引读者的亮点。另外，也有将传统图书馆的服务工作转型升级，以数字化、网络化的形式进行服务的知名信息门户，如美国路易斯安那州毕瑞嘉教区的移动电子图书馆 EML、密歇根州 24/7 全天候图书馆(Michigan eLibrary)等。

各国推出的阅读推广品牌不一而足，包括“读吧！新加坡”(Read! Singapore)[6]、英国的“夏季阅读挑战”(Summer Reading Challenge)[7]、美国的“读遍美国”[8]、德国的“全民朗读”[9]等，这些品牌不仅品牌特色鲜明，而且影响深远，具有较强的持续性。

英国国家图书馆专门设立战略营销与公关部，其职责为面向图书馆关键客户制订市场营销策略，设计、宣传和发布英国国家图书馆品牌战略并推进实施制定品牌实施计划[10]，足见对图书馆品牌建设的重视。

随着新世纪的到来，图书馆被赋予更丰富的内涵，需要发挥更多的社会职能。美国图书馆协会以此为出发点，自 2008 年起，主办国际图书馆“游戏日”〔International Game Day @ Your Library(IGD)〕活动，不仅有一千余家美国图书馆参与其中，也吸引了来自 6 大洲的 26 家外国图书馆加入，每届参与人数达 3 万人，使美国图书馆协会及各参与图书馆的声誉与社会影响力显著提升。这种图书馆服务品牌不再局限于单体图书馆，而是以图书馆行业为一个整体，以游戏为载体，为不愿来图书馆的人群提供全新的体验，吸引用户入馆，扩大了图书馆的社会影响力。

3.2 国内图书馆服务品牌建设现状

我国图书馆服务品牌建设近年来有非常多成功的案例。

厦门大学图书馆推出的“圕・时光”(Tuan Time)服务，是国内外广受好评的图书馆服务品牌。该服务收集整理学生的图书馆使用记录，如阅读记录、进馆次数、最喜欢的座位等数据，配上文字、手绘画面和音乐，制作成一个清新文艺的个人电子账户。每位离校的同学登录“圕・时光”后，都可以看到自己的“圕・故事”，还可在微博、微信等社交媒体留言，与朋友分享校园图书馆记忆。“圕・时光”服务以其文艺清新的风格、明确的主题、较强的互动性获得了大学生的喜爱，并获得第 13 届国际图书馆营销奖第二名。

“M 地铁・图书馆”是由国家图书馆和京港地铁共同创意发起的大型公益项目，旨在依托地铁这一公众交通出行平台，让阅读和学习成为大众生活中的常态。国家图书馆开放部分优质资源，在地铁列车车厢内向公众重点推荐数十本可免费全本阅读的精品电子书籍，增加了公共设施的人文气息和文化内涵，打造了具有特色的地铁文化，拉近了读者与图书馆的距离。

自 2006 年中宣部、中央文明办等 11 个部委发出了《关于开展全民阅读活动的倡议书》以来，主题鲜明、形式多样的读书活动在全国各地层出不穷。全国所有省、自治区、直辖市都已开展了全民阅读活动，有 400 多个城市常设读书节、读书月等。例如书香中国・北京阅读季、苏州读书节、深圳读书月等。

在文化讲座领域，图书馆打造了一批具有特色的服务品牌，包括国家图书馆的“文津讲坛”、佛山图书馆的“南风讲坛”、中山图书馆的“香山讲坛”、重庆工商大学图书馆的“翠湖文化”和大连图书馆的“白云书院”等，这些图书馆以优良的讲座品质打造了独有的讲座品牌，使读者形成了对图书馆的依赖，也在读者心中树立了图书馆作为文化传播园地的形象。

图书馆界也涌现了不少利用现代交互手段的服务，如郑州大学图书馆建立的微博“@大学生阅读分享平台”、湖南图书馆专为政协委员提供免费信息服务的“政协委员履职服务平台”、各图书馆的微信公众号等。图书馆以创新思维不断地培育出具有鲜明个性色彩的图书馆服务品牌，成为新时代图书馆不断拓展与提升、吸引读者的重要方式。

4 品牌建设策略下的服务推广方式思考

目前国内不乏清华大学图书馆的“爱上图书馆”、武汉大学图书馆的虚拟形象“小布”等优秀品牌建设案例，其中前者运用微电影等新媒体技术有效地宣传了图书馆的资源和服务，并获得了国际图联第10届国际营销奖[11]，后者因独具特色的活动创意与形式，在2014年中国图书馆学会“高校阅读推广活动优秀案例”征集活动中获得一等奖。图书馆品牌建设业态正逐步朝着多元化、立体化方向迈进，但与社会各界的服务推广品牌建设相比，仍有很大的发展空间，也有很多发展思路可以借鉴。

4.1 策划阅读推广项目

阅读推广是图书馆的根本任务。以2006年中国图书馆学会科普与阅读指导委员会成立为标志，图书馆阅读推广理论研究和实践活动进入到一个新的阶段。阅读推广从依附于图书馆宣传、图书馆营销或新书推荐的一种服务方式，发展为一种主流的图书馆服务，或图书馆服务的一个新的领域[12]。

随着“十八大”报告中关于“开展全民阅读活动”号召的提出以及全民阅读国家立法工作的启动，未来我国的阅读推广活动将会有更大程度的发展。建设阅读推广品牌，仍将是图书馆的重要方向。

在建设阅读推广品牌时，可以学习其他活动品牌的成功经验，对品牌进行具有战略高度的规划，包含名称、定位、logo、标识、主题、方案等一系列相关要素。首先，项目名称可与图书馆的特色相结合，勾勒独有的视觉印象，如北京大学的“书读花间人博雅”、上海交通大学图书馆的“鲜悦”、海南省图书馆的“椰树下小屋”等；其次要有清晰准确的价值目标，确定阅读推广品牌的核心价值观，目标是承担文化传承责任或实现教育目的、示范效应等；最后可辅以鲜明的形象设计、持续而新颖的活动方案、有力的推广平台和形式多样的传播体系，打造具有系统性、整体性、多层次的高品质服务品牌。已成功举办七届的“书香中国·北京阅读季”便是非常成功的一个案例，该活动从品牌定位、品牌设计、品牌管理、品牌传播、品牌创新等五个层面都有全面的规划和运作，其所构建的“政府引导、业界支持、社会参与、群众受益”的全民阅读推广体系，已成为“全国全民阅读活动的典范”。

4.2 建设特色讲座品牌

在知识经济和知识社会中，终身学习、继续教育、在职培训、信息素养已经为越来越多的公众所认识，图书馆作为承担社会文化教育机构职能的公共文化机构，理应承担起没有围墙的大学的社会教育职责。

讲座作为公共图书馆构建公共文化服务体系的一项重要措施，近年来备受重视。而图书馆讲座得以长久发展的保障则是品牌塑造。在建设讲座品牌时，不仅可以设定具有本馆文化特性的名称，如国家图书馆的“国图公开课”、南京图书馆的“南图讲座”和上海图书馆的“上图讲座”,还可以在主题上彰显地域文化或民族特色,如黑龙江省图书馆的“金史系列讲座”、福建省图书馆的“八闽文化”与“闽台交流”、安徽图书馆的“徽学系列”,同时可借助网络技术,实践开放共享理念,开展讲座直播(如“国图公开课”)、开发讲座移动 App(如湖北省图书馆“长江讲坛 App”)等。

4.3　线上线下结合互动

线上线下互动配合,将形成全方位的品牌覆盖,扩大图书馆品牌影响力。比如,“书香中国 · 北京阅读季”,不仅利用线上 QQ、微博、微信等现代信息技术进行交流、互动与分享,也在线下开展了“北京儿童阅读周暨中国童书博览会”,以体验阅读为核心,集展览展示、读物推荐、阅读论坛、现场文化艺术活动四位一体,为广大少年儿童提供了一场集趣味性、公益性、知识性、体验性为一体的阅读盛宴,深受广大少年儿童和家长们的喜爱[13]。除此之外,还有些图书馆在线上进行好书推介,在线下通过举办读书分享会、经典诵读活动等方式,实现了品牌建设 1 +1 >2 的效果。

西安电子科技大学图书馆设计开发的书蜗 App,是“互联网 +”思维和线上线下结合模式在图书馆服务中的具体应用。它将线上服务和线下服务有机连接在一起,在客户端为用户提供了好书推荐、图书荐购、咨询建议和帮我找书等多种产品功能,在后台让图书馆充分掌握服务数据,以便了解读者需求。App 上的“免费书城”功能也是一项极具竞争力的增值服务,图书馆与知名网络电商达成了战略合作伙伴关系,实现了由读者选书、网店配送、图书馆买单的服务。读者签收后即可阅读,在规定时间内归还图书馆即可[14]。这在图书馆服务创新服务方式方面是一项积极的尝试。

4.4　虚拟形象代言推广

虚拟形象代言是与具有一定知名度的人物代言相对应的企业或品牌形象的营销推广手段。在社会经济生活中,很多企业通过虚拟的形象代言实现推广产品的目标,如海尔的“海尔兄弟”、旺仔牛奶的“旺仔”,肯德基的“肯德基上校”、QQ 的“小企鹅”等。虚拟形象代言因其成本低、易管理等优点,更适合图书馆行业的应用与推广。通过创设虚拟形象,可以建立图书馆与读者之间的纽带,使图书馆对读者产生黏性,有助于拉近读者与图书馆的距离、提升图书馆服务吸引力,树立现代图书馆形象。

国内较为著名的图书馆虚拟形象代言人当属清华大学图书馆的“小图”和武汉大学图书馆的“小布”。

清华大学图书馆闻名全国的智能聊天机器人——小图,可以为读者提供实时参考咨询、图书搜索、自我学习等各种内容丰富、形式活泼的虚拟参考咨询服务[15];武汉大学图书馆的虚拟馆员“小布”,致力于阅读推广工作,并在文化活动月和读书节中,以游戏《拯救小布》《拯救小布之消失的经典》[16],全面、立体地展现其虚拟形象,让人耳目一新。

依托虚拟形象代言,促进阅读推广活动品牌的树立,改变了图书馆传统的阅读推广模式,可以增强阅读推广活动的趣味性,变阅读为悦读。

4.5　动漫影视宣传营销

国内图书馆在利用动漫、影视媒介进行宣传营销方面较其他行业较为保守,而同样低调保守的佛教寺庙和博物馆界近年来在这方面做了大胆的突破。

北京的龙泉寺因其创造的漫画人物"贤二"而广为人知。"贤二"是人工智能与佛教的有机结合，不仅亮相国际动漫节、世界人工智能大会，还被称为佛教界的"Siri"。故宫博物院在近几年推出的纪录片《我在故宫修文物》和综艺节目《国家宝藏》中，用年轻的视角走进古老的故宫，将文化综艺拓展到更为深邃和广袤的领域，获得了一致好评。《我在故宫修文物》在Bilibili视频网站上点击量已超过295.2万次，在豆瓣评分高达9.3分，被评为2016年度优秀国产纪录片。

在图书馆界，2017年上映的纪录片《纽约公立图书馆》展现了纽约公立图书馆为传播文化、服务民众所做的各种努力以及读者或游客在馆内的不同状态，在图书馆利用影视媒介进行品牌建设的道路上进行了有益的尝试。

国内图书馆在利用动漫和影视进行服务推广的工作仍有待加强，如何通过电视化语言的呈现让图书馆"活"起来，成为经典品牌，让更多的文化符号在新时代的新语境下焕发新的生命力，真正成为活着的传承，实现传统文化的现代性转化，是未来图书馆的探索方向之一。

4.6 跨界合作，渗透融合

图书馆专业服务与不同社会机构的服务整合，将推动图书馆服务与社会生活的不同领域融合发展，创新社会文化服务的业态。"图书馆+"就是当代图书馆的创新发展思维之一。

图书馆的阅读服务可以融汇于企业、社区的文化中心，并向旅游服务和咖啡吧等大众活动场所进行多种形式的服务覆盖。在国内外发达地区的图书馆，已有若干先行者的创新实践与成果：

(1)与商业机构合作：江阴市"图书馆+咖啡厅"、合肥市图书馆的"悦·书房"项目[17]。

(2)与政府机关合作：国家图书馆的"发改书吧"项目，打造了图书馆与中央国家机关合作的标杆。国家图书馆发挥业务专长，对实体空间改造，以"无人值守，有人管理"的模式，实现实体书吧、手机App、国家发展改革委机构内网专栏"三位一体"联动运行，建设了一个实用、舒适、人文的阅览空间[18]。

(3)与文创行业、博物馆合作：图书馆拥有丰富的图书典藏，是文化资源的重要聚集中心，为文化创意产品的开发提供了得天独厚的资源优势。图书馆开设文创商品店在国外早已盛行，Lisa Peet在"Gifted Libraries"(礼品图书馆)一文中介绍了美国盐湖城图书馆礼品店、洛杉矶公共图书馆联盟商店等7个图书馆文创产品商店[19]。我国图书馆文创品牌开发推广还处在萌芽的状态。国家图书馆开设的"国图旺店"，是"互联网+图书馆+博物馆"融合的重要探索，也是拓展和延伸文化传播的重要途径。首批推广的产品以极具国家图书馆馆藏特色的文创衍生品为主，共分为邮品、服饰、生活用品、复仿品、礼品书五种类型，并且还在不断更新中。文创产品开发推广是图书馆很好的营销手段，也是提高图书馆资源附加值的极好途径，当博物馆商店能成为一篇篇旅行日记中强力推荐的必去之处，图书馆同样应该增加营销力度，利用对馆藏资源的再开发利用，推出文创品牌宣传自己，推广阅读，让民众爱上图书馆。

品牌是图书馆服务水准与服务层次的标志，也是图书馆文化的体现，打造图书馆品牌就是为了提升图书馆服务质量，体现图书馆社会竞争力和社会价值。无论图书馆品牌的具体形式如何，其实质都是图书馆对读者所做的信誉承诺。图书馆在服务推广过程中，要学习和借鉴国内外品牌建设的成功经验，实施品牌战略，打造文化品牌，展现自身优势和价值，从而提高图书馆的社会影响力,使图书馆事业迈上新台阶。

参考文献

[1] 李超平. 公共图书馆服务宣传推广与阅读促进[M]. 北京:北京师范大学出版社,2013.

[2] 腾讯科技. 马化腾:春节期间微信全球月活跃用户数破 10 亿[EB/OL]. [2018 - 03 - 03]. http://tech.qq.com/a/20180305/005666.htm.

[3] 凯勒. 战略品牌管理[M]. 卢泰宏,吴水龙,译. 北京:中国人民大学出版社,2009:4.

[4] 张浩如. 大数据时代的图书馆品牌建设与营销[J]. 图书与情报,2016(5):70.

[5] 12th IFLA International Marketing Award Winners Announced[EB/OL]. [2018 - 06 - 04]. https://www.ifla.org/files/assets/management-and-marketing/marketing-award/ifla_-_2014_press_release_draft_nm_edits_21_march_2014_2.pdf.

[6] 许桂菊. 新加坡国家图书馆管理局阅读推广活动可持续发展探析[J]. 国家图书馆学刊,2015(2).

[7] Reading Agency. Summer Reading Challenge[EB/OL]. [2018 - 03 - 04]. http://readingagency.org.uk.

[8] National Education Association. NEA[EB/OL]. [2018 - 03 - 05]. http://www.nea.org/grants/886.htm.

[9] 李宏巧. 借鉴德国经验推广青少年阅读活动[J]. 山东图书馆学刊,2012(6):54 - 56.

[10] 肖永英. 英国公共图书馆的管理、服务与发展趋势[J]. 图书与情报,2009(4):6 - 10.

[11] 清华大学图书馆. 爱上图书馆[EB/OL]. [2018 - 03 - 08]. http://www.lib.tsinghua.edu.cn/dra/news/annoucement.

[12] 范并思. 阅读推广的理论自觉[J]. 国家图书馆学刊,2014(6):3 - 8.

[13] 司新丽. 以品牌化运作创新城市阅读推广模式——以"书香中国 · 北京阅读季"为例[J]. 图书情报工作,2017(7).

[14] 吕璐,王祥伟,关芳. 图书馆 O2O 服务新平台——书蜗 App 应用探析[J]. 图书馆学研究,2017(20).

[15] 周频. 虚拟形象代言在图书馆中的应用探究[J]. 国家图书馆学刊,2015(3):90.

[16] 周燕妮. 给力校园文化的武汉大学图书馆阅读推广工作[J]. 高校图书馆工作,2013(4).

[17] 霍瑞娟. "图书馆 +":专业服务跨界融合发展的探索[J]. 图书馆杂志,2016(8):12.

[18] 中国改革报. "发改书吧"打造国图与中央国家机关合作标杆[EB/OL]. [2018 - 03 - 15]. http://www.crd.net.cn/2017-08/31/content_24701717.htm.

[19] Peet L. Gifted Libraries[J]. Library Journal,2015(4):50.

国家图书馆开展部级领导干部历史文化讲座十五周年回顾

谢德智(古籍馆)

讲座作为公共图书馆履行社会教育职能的重要手段,在满足公众知识和信息需求、开展社会教育、实现和保障公众基本文化权益等方面发挥着重要作用。而 2018 年正式实施的《公共图书馆法》更是将公益性讲座、阅读推广、培训、展览等列入公共图书馆应向社会公众提供的服务之一,这不仅为图书馆开展讲座服务提供了坚强的法律保障,更为新时代下图书馆讲座事业的发展提供了广阔空间,开辟了广阔道路。

各级领导干部也是图书馆讲座服务众多群体中的一部分。习近平总书记曾在多次讲话中强调领导干部加强学习的必要性和重要性，十九大报告更是将加强学习列为领导干部增强执政本领的第一要务。这对新时代下图书馆开展高层讲座提出了新需求和新挑战。本文以“部级领导干部历史文化讲座”（以下简称“部长讲座”）为例，介绍部长讲座的服务现状、问题及发展策略，供业界参考借鉴。

1 部长讲座的组建及过程

2001 年 3 月，文化部部长孙家正在视察国家图书馆分馆时指出，国家图书馆既然有古籍、国情资料、讲座的特色，就应当充分发挥优势，可定期为部级领导干部举办历史文化讲座，与中南海举办的法治讲座、科技讲座相呼应，以提高部级领导干部文化素养和领导水平。经过多次商讨和策划，决定讲座由中央国家机关工委、文化部、中国社会科学院共同主办，国家图书馆承办。希望通过举办讲座落实党中央、国务院关于加强领导干部学习的有关要求，帮助部级领导干部进一步了解中国和世界的历史与文化，拓宽人文视野，从总结历史中认识和把握社会发展的规律，以史为鉴，增强执政治国能力[1]。

经过近一年的调研与筹备，讲座于 2002 年 1 月 12 日，聘请时任中共中央外事工作领导小组办公室主任刘华秋，在国家图书馆做题为“当前国际形势分析与展望”的讲座，标志着部级领导干部历史文化讲座正式开创。

十余年来，讲座一直秉承着以加强党的执政能力建设和先进性建设为目的，以突出治国理政能力建设为主题，力图帮助部级领导干部从历史文化中汲取营养，知古鉴今，认识和把握社会发展规律，从而增进“以史资政，提高治国理政能力；以文养心，提升思想道德修养；以新拓宽，增强战略思维能力；以身作则，引领社会学习风气”的作用[2]。截止到 2018 年 3 月，讲座已成功举办 258 场，出席的中央国家机关以及中央直属机关、北京市、解放军驻京单位的省部级领导干部达两万余人次，成为部级领导干部业余学习的重要阵地和有效载体，并被评为“中央国家机关示范学习品牌”，得到党和国家领导同志的重视、指导和支持。

2 部长讲座的探索与实践

部长讲座作为国家图书馆为深化中央国家领导机关立法决策服务职能的重大举措，不仅丰富了图书馆举办讲座的类型与层次，更拓展了图书馆的服务职能与内涵，为新时代图书馆的讲座发展探索出新方向。

2.1 精心策划，把握讲座灵魂

作为讲座工作的灵魂，选题策划是讲座工作的重中之重，对讲座成功与否有着至关重要的影响。一直以来，讲座都秉承“精心选题、精心选人、精心服务”的“三精”工作原则，始终牢牢把握“历史文化”这一主轴，使参加讲座的各位领导通过“以古鉴今”全面提升自身能力。这是讲座多年来不断积累所形成的重要特色，也是部长讲座区别于其他讲座的重要基础。

以精心选题实现准确定位。恰如其分的内容是讲座的核心，面对部级领导干部这一特殊群体，我们每年都会在大量调研以及广泛征求专家学者、部级领导干部意见和建议的基础上，结合党和国家工作的重点以及部级领导干部关心的热点问题，选取人类发展进程中重要历史时期、重大历史事件、重要历史人物和中外有代表性的优秀文化，博观约取，择选精要，立体规划选题。十余年来，讲座选题融会古今中外，多学科纵横贯通，集历史与现实、思想与智慧、全球视野与战略思维为一体，具有较强的思想性、学术性、知识性、前瞻性，逐渐形成了中外历史、哲学文化、民族宗教、文学艺术、时事政治、社会经济六大系列[3]。

从表 1 的数据可以看出：第一，历史文化类讲座（中外历史、哲学文化）128 场，占据讲座半壁江山，彰显了部长讲座以史为轴的特色，是部长讲座的强项；第二，文学艺术类讲座 49 场，所占比例紧随其后，突显了讲座在提升部级领导干部艺术鉴赏水平的作用；第三，宗教、政治、经济三类讲座以 17% 的比例构成了讲座不可或缺的重要组成部门，体现讲座为部级领导干部把握当今世界局势和全球问题开启了一个全新的智库服务模式；第四，讲座同时兼顾展览和演出等多种形式，使讲座活泼生动、寓教于乐，起到了在坚定文化自信中弘扬优秀传统文化的作用。但是近几年随着新任部长知识水平的提升和需求的多样化，部长讲座面临着由单一的知识服务向复合的多元服务转型的挑战。

表 1　讲座选题分类统计表（2002 年 1 月至 2018 年 3 月）

讲座类型	场次	比例
中外历史	89	34.50%
哲学文化	39	15.12%
民族宗教	18	6.98%
文学艺术	49	18.99%
时事政治	19	7.36%
社会经济	7	2.71%
其他（心理学、中医养生）	7	2.71%
展览参观、演出欣赏	30	11.63%
合计	258	100%

以精选专家实现权威水准。优秀的主讲人对深化选题、办好讲座起到画龙点睛的作用。部长讲座邀请的主讲人均为相关领域公认的有影响、有造诣的资深专家，学识渊博，且精于表达。其中，既有任继愈、吴良镛、戴逸、林甘泉等蜚声国内外的知名学者，也有马大正、钱乘旦、陈来、邓小南等学术中坚，以及吴江、赵汝蘅、范迪安、徐沛东等著名艺术家，和李炽昌、陈鼓应、叶嘉莹、杜维明等我国香港、台湾地区学者或海外华人学者。正是这样一批著名专家学者将其毕生研究成果的精华，浓缩为精彩的演讲，或纵横文史、引经释典，或博学洽闻、直抒胸臆，或生动幽默、富有情趣，使部级领导干部在较短的时间内享受到思想和知识的盛宴。特别是专家学者们透视历史的角度、精辟的分析，对部级领导干部认识历史、借鉴历史、提高执政治国能力启迪颇多，深受部级领导干部的欢迎和肯定[4]。

从现有档案中梳理的统计数据不难看出，部长讲座的师资呈现以下几个特点：第一，从主讲人地域分布来看，在已有 228 场讲座中（除去 30 场展览演出）中，京内的主讲人有 194 场占 85.09%，其中以北京大学、中国社会科学院、清华大学的师资为主，国内其他省市（不含港澳台）的主讲人有 28 场占 12.28%，港澳台及海外的主讲人为 6 场，占 2.63%。由此可见，京内的高校和研究院（所）是讲座的核心师资来源，同时讲座也将触角延展至外省市甚至是海外，以期汇集国内外优秀讲座资源。但我们也应看到京外师资的欠缺是制约讲座发展的瓶颈，有待我们进一步突破。第二，从主讲人年龄分布来看，在近200位学者当中，主讲老师年龄在60岁以内（含60岁）的共102场占44.74%，61岁至80岁（含80岁）共108场占47.37%，81岁以上18场占7.89%（以上年龄信息均以讲座当年主讲人的年龄为准）。可以看出，讲座师资均衡，名家云集，不仅兼顾了老、中、青三代学术精英，近几年更是大胆启用了多位50岁以下的青年优秀学者，此举虽推进了讲座师资向中青年学者的转型，但主讲人年龄偏大、师资断层等仍将是未来一段时间里讲座急需解决的问题。

2.2 潜心分析，引领用户需求

部长讲座最初的听众以中央国家机关部级领导干部为主。随着讲座的发展，也吸引了越来越多的中央直属机关、北京市、解放军驻京单位和大型央企等系统的领导干部，并逐渐呈现了图1所示的以下几个特点：

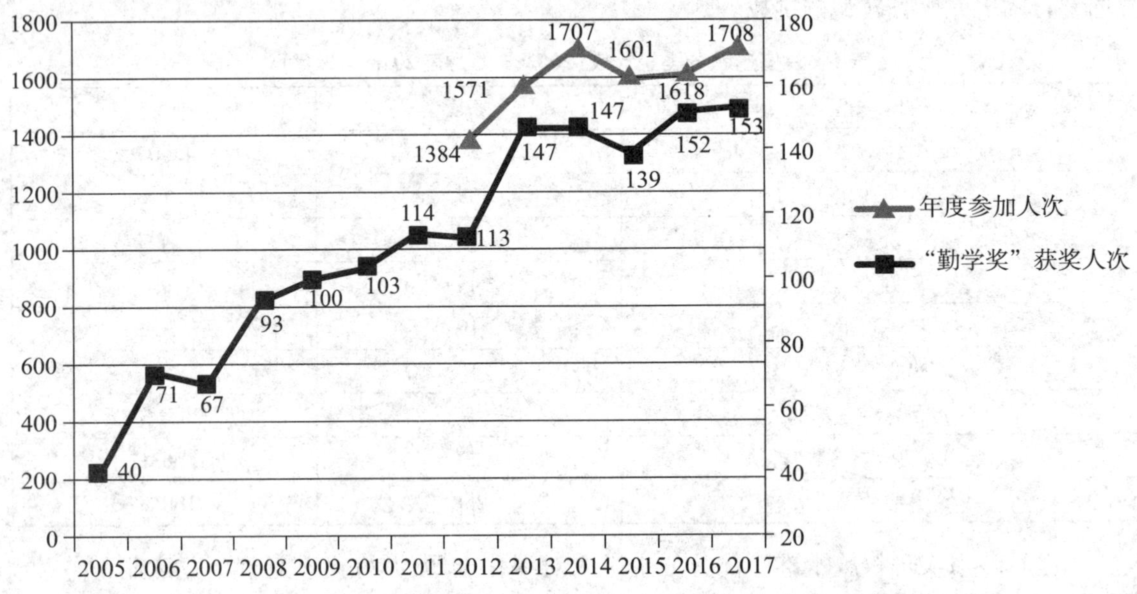

图1　2005—2017年出席讲座人次及"勤学奖"获奖人次

一是参加讲座学习人数逐年攀升。据统计，2013—2017年参加讲座人次分别为1571、1575、1601、1618、1708，5年内连续保持逐年增长趋势。讲座虽然都安排在周末，但是越来越多的领导干部放弃休息，风雨无阻，坚持参加。这说明许多部级领导干部越来越重视学习，同时也表明讲座越来越得到大家的喜爱。二是听讲座、爱学习已成为许多领导干部的一种爱好和习惯。为鼓励部级领导干部积极参加学习，讲座于2006年起按照领导出勤次数设置"勤学奖"，每年评选一次，至今已评选了13次，共有1439人次获此殊荣，获奖人数由最初的40人到如今的153人，均保持着每年递增的态势，许多领导干部已连续多年获得"勤学奖"。这表明领导干部把学习作为一种政治责任、精神追求和生活方式，持之以恒带头学习。三是现职领导干部人数逐年稳中有升。从近5年"勤学奖"获得者名单中可以看到，现职领导干部分别是90、71、71、90、93名，各占获奖人数的61.22%、48.30%、51.08%、59.21%、60.78%，也呈现稳步增长态势。这表明，越来越多的在职领导干部虽然公务繁忙，但是仍严格要求自己，积极参加讲座学习交流，把它作为提高自身理论素养和执政能力的重要平台。

种种数据表明，随着讲座的发展，部级领导干部对讲座给予了更多的关注，而以部长讲座为轴心的讲座服务不仅吸引了越来越多的领导前来听讲，也使部级领导干部对图书馆的其他基础业务提出了新需求。经过不断地摸索与尝试，讲座工作已由传统的讲座基础业务逐步拓展为集讲座、咨询、数字化产品设计、服务推广等综合性业务为一体的业务旋转平台，并逐步成为国家图书馆面向中央国家领导机关进行资源及服务推送的一个重要媒介和沟通桥梁。自2016年2月起，讲座陆续面向中办研究室、秘书局和《秘书工作》杂志社报送讲座信息，并多次获得中央领导批示。经过一年的服务与磨合，双方合作取得实质性成果，于2017年2月首次联手《秘书工作》，对楼宇烈先生所做的《中华文化的人文精神》讲座进行汇编，面向全国党政军群机关单位领导秘书、秘书长、办公厅（室）主任等相关人员开展学习活动。此外，讲座还通过筹划"国家图书馆部委分馆领导干部高层讲座"、聘请部分领导干部和专家学者作为"国家图书馆国情咨询顾问委员会"和"国家图书馆国情咨询专家委员会"成员，构建新型智库等方式，延伸讲座服务内涵，以此充分发挥讲座的桥梁作用，深化国图决策咨询服务职能。

2.3 创新服务，拓展讲座新格局

为顺应信息网络时代的发展趋势及讲座业务的发展需求，讲座自2015年开始致力于在以往成果基础上，运用互联网技术将用户需求与图书馆业务有效结合。通过与馆内外相关机构合作，策划申报、组织实施各类工作项目，力争服务拓展与格局创新，以此扩大部长讲座在业界的凝聚力和影响力。

"部长讲座视频库"挖掘讲座潜力资源。为响应李克强总理"倡导全民阅读，建设书香社会"的号召，讲座于2015年立项并实施了面向中央国家领导机关开展的"部长讲座视频库"项目。目前已面向中共中央办公厅14个厅局和最高人民法院提供服务，并在最高人民法院平台上线后以全年20余万次的点击率雄踞访问量排行榜的前三名。讲座视频库通过现代技术使讲座最大化地发挥其效应，带动中央国家领导机关共同推进业务创新，从而营造人人学习、发奋学习、终身学习的浓厚氛围，为建设学习型社会和学习型政党提供有力支撑。

"部长讲座音像U盘出版"引领出版行业新变革。为方便领导随时随地阅读学习讲座内容，提高讲座服务水平，国家图书馆于2016年策划并定制了"部长讲座音像U盘出版"项目。该项目以讲座产品多元化建设为发展方向，利用特制的U盘内嵌定制软件实现文件加密、分区存储、自动播放等功能。该产品一经推出，便受到中央国家机关工委等主办方及多位领导的肯定，并委托国图为其量身打造"部长讲座15周年纪念U盘"，作为工委学习型党组表彰大会的奖品，由此带动讲座的文创开发。

"部长讲座App"探索"讲座+"互联网服务新模式。随着移动信息技术的发展，听讲领导对于实现讲座可移动、可定制、可跟随的服务需求显得尤为急迫。为满足这种使用需要，2017年讲座正式启动了"部长讲座App"项目。该项目将讲座相关的音视频、图书、资料等进行汇总、整理，并已成功研发出离线客户端和在线网络端两种版本，以满足不同用户对于讲座内容的需要。

3 部长讲座的规划和发展

作为一个旨在贯彻落实中央关于建设学习型社会和学习型政党的重大战略任务、帮助领导干部更好地了解中国和世界的历史与文化的学习平台，部长讲座在新的征途中势必要加强其在机制、内容、形式上的拓展与创新，坚定文化自信，在实践创造中进行文化创造，进一步彰显历史文化特色，为部级领导干部提高素质、增强本领、做好工作打造重要的学习阵地，为实现我们国家的文化进步贡献自己的力量。

3.1 坚定文化自信，提升战略意识

党的十九大报告高度重视中华优秀传统文化的创造性转化和创新性发展，并从国家发展层面阐明了坚定文化自信的重要意义。这一系列重要论述为讲座工作的提升拓展昭示了方向。讲座工作应把握时代机遇，在秉持“精心选题，精心选人，精心服务”宗旨的基础上，进一步提升站位和层次，培养文化担当精神和社会责任意识，为高层决策提供更有价值的参考。具体而言，包含三个方面：

以古鉴今，激活优秀传统文化的当代价值。讲座应在知识介绍和学理探讨的基础上，增强立足现实的问题意识。积极探索传统文化的当代表达方式，为当代文化建设和社会主义核心价值观建设提供借鉴。

博采众长，广泛介绍世界优秀文明成果。中华文明的当代发展需要广泛吸收各国优秀文化成果，中国的崛起也需要从其他大国的发展历程寻找镜鉴。因此，应适当增加从战略高度探寻人类文明发展的个性特征和基本规律的讲座。

大国担当，助力人类文明共同体建设。大国崛起需要文化复兴，随着中国在全球治理中的角色越来越重要，中国的发展道路、价值理念也日益受到世界瞩目。讲座应进一步提升前瞻性和全局性，围绕我国和世界发展面临的重大问题，就中国精神、中国智慧、中国价值进行解读和阐发。

3.2 坚持创新发展，凝聚前行动力

近几年来，讲座一直积极致力于通过信息技术和多媒体应用探索与创新讲座形式及服务渠道。如：通过智能签到系统打造集讲座签到、学习管理、展示服务三位一体的多功能分发平台，以此科学规范基础业务管理流程，丰富讲座资源；整合历年讲座成果，形成专题资源库，利用互联网和移动通信技术，实现多渠道分发的信息集成和发布系统，从而为部长们提供更为便捷的学习渠道和资源获取途径；为扩大讲座品牌示范效应，借鉴“慕课”大规模、开放、在线的理念，根据部委需求打造“部长讲座公开课”，量身定制专题课程，为中央国家领导机关提高干部素养、实现科学规范化管理提供支撑，从而提高讲座服务水平，等等。这些工作不仅增进了讲座服务的专业化建设，还极大地拓展了讲座的应用前景。

为顺应新时代下信息网络的发展趋势及讲座业务的深化需求，今后仍需在以往讲座成果的基础上，进一步总结经验、发挥优势、勇于创新，致力于运用新技术将部长需求与讲座业务有效结合。通过积极策划、落实推进工作项目，创新讲座服务，提升综合能力，扩大讲座的凝聚力和影响力。

3.3 不忘本来，深化讲座服务新内涵

无论讲座如何发展，听讲领导的需求和讲座内容的策划永远是讲座之根本。为全面把握领导需求，拓宽讲座选题思路，我们对25个国务院组成部门，以及相关机构近三年所举办的讲座和研究成果进行梳理，以期延伸策划思路，更好地服务于听讲领导。

通过调研，我们发现了一批优秀的专家学者和许多值得我们借鉴与吸收的主题。如从教育部"精品视频公开课"、国家民族事务委员会"民族文化大讲堂"、司法部"名家谈"视频公开课等部委讲座中，我们吸收了王蒙、张晋藩、樊锦诗、卜宪群、朱孝远等一批名家讲师。

同时，各大高校和各省市图书馆及业界机构的讲座信息，以及研究院（所）和出版机构的专家学者及其研究成果，也对我们发掘优秀师资和选题提供了新思路。此外，通过对听讲领导的意见征求，也使讲座吸收了一批如梁涛、廖可斌、瞿林东、黄朴民、陈鼓应、冯祖贻等知名专家学者来做主讲人。

通过调研我们发现，部长讲座在向中央看齐的同时，也需要继续紧密关注学界新闻以及业界动态，以期挖掘价值底蕴丰富的新选题，牢记讲座之根本，深化讲座之内涵。

3.4 吸收外来，拓展讲座服务新领域

部长讲座作为国家图书馆服务于中央国家机关的一种全新模式，虽已取得一定成绩，但也应在新时代下适应发展新需求、解决新问题、探索新机遇，要注重与其他文化品牌的互通交流，积极与时迁移、主动应物变化，转化再造、丰富发展，使讲座在彰显传统文化精髓的基础上焕发新活力。如：可尝试与"孔学堂""网易公开课""超星学术视频"等知名讲座机构开展业界合作，使部长讲座走出京门，联手相关机构推进学习之风，强化部长讲座品牌效应。

通过吸收"孔学堂"等外来讲座的举办经验和研究成果，结合各级领导干部的听讲需求，梳理讲座主题和讲师资源，在加大联盟协同发展力度、共建共享讲座资源服务的同时，打造具有部级领导干部历史文化讲座特色的专题库和专家库，为推动社会主义文艺繁荣发展贡献自己的力量。

3.5 面向未来，转化讲座服务成果

我们应系统梳理十余年来讲座留下的珍贵历史档案，在其基础上提炼有用信息，形成知识图谱，以进一步开发讲座资源，研发新成果。如：从历次举办的讲座中，挑选部分具有代表性、富有当代价值的讲座经典，精编成书，使部长讲座蕴含的"知识盛宴"惠及更广泛群体；通过二维码等认证方式在部长讲座图书出版物中加以相关知识点的音、视频，拓展读者对讲座内容的理解，提升阅读体验，等等。通过将现有成果的合理转化，使埋藏于讲座深处的知识与思想得到呈现，为大众构筑自身的精神家园提供有益启发。

在《公共图书馆法》正式实施的当下，图书馆怎样更好地利用讲座这种传统业务形式在中华优秀传统文化的创造性转化和创新性发展中发挥作用？以部级领导干部历史文化讲座为代表的高层讲座有哪些独特的功能？怎样拓展其服务领域？这都需要我们在工作中不断总结，积累经验，对部长讲座进行跟踪、完善，并在此基础上做出科学的绩效评估。

参考文献

[1] 张彦，张洁. 拓展国家图书馆服务职能的新尝试　部级领导干部历史文化讲座两年回顾[J]. 国家图书馆

学刊,2004(2):10.
[2] 宫宣.以史资政以文养心 147 人获勤学奖[J].紫光阁,2015(2):58.
[3] 钟轩.部级领导干部历史文化讲座在建设学习型党组织中发挥积极作用[J].党建,2010(7):51.
[4] 国工宣.知古鉴今　资政育人　部级领导干部历史文化讲座　喜迎十年　硕果累累[J].紫光阁,2012(2):36.

国内网络信息保存的文献计量分析

戴　璐(数字资源部)

1　研究思路和方法

自 20 世纪 90 年代中期开始,网络信息保存与利用在世界各国逐步受到重视。与国外相比,我国对网络信息保存的研究与利用起步较晚,目前已知的有国家图书馆、北京大学等开展相关工作[1]。本文立足图情机构职能,利用文献计量法对国内网络信息保存文献进行了深入调研分析,总结梳理研究现状,为我国更有效地开展网络信息保存提供参考。

文中统计数据来源于中国知网(CNKI),以篇名或关键词为途径,以“网络信息采集”“网络信息保存”为检索词分别得到 63、60 条文献数据;再以“网站采集”“网络存档”作为检索词,分别得到 3 条、16 条数据;以“网页采集”“网站保存”为检索词分别得到 43 条、6 条数据;以“Web Archive”“WARC”为检索词分别得到 61 条、8 条数据;以“网络信息”并含“保存”为检索词得到 13 条数据;以“网络信息”并含“采集”为检索词得到 11 条数据。经人工剔除弱相关文献后得到 175 条数据。

2　网络信息保存的国内理论文献计量分析

2.1　论文分布年代及其数量增长趋势

我国的网络信息保存起步于 2001 年,对 2001—2017 年以网络信息保存为主题的论文量进行年代分布分析(图 1),可以发现,17 年间共发表相关论文 175 篇,其中 2001—2003 年论文数量较少,但是相关研究已经起步。2004—2009 年,文献量急剧增长,至 2009 年达到峰值,一年就出现了 24 篇之多。2010—2011 年文献量略呈递减趋势,2013—2017 年有所回升并趋于平缓,说明研究进入相对成熟期。

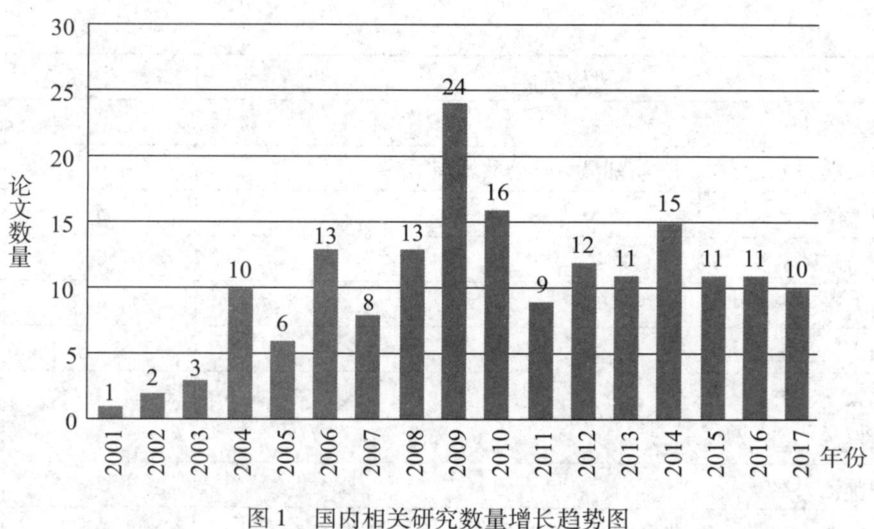

图 1　国内相关研究数量增长趋势图

2.2　核心研究机构分析

对 2001—2017 年以网络信息保存为主题的论文作者机构情况进行统计(表 1),结果表明共涉及研究机构 89 家,其中发文 20 篇的机构 1 个,发文 11 篇的机构 1 个,发文 5—9 篇的机构 5 个。发文 2 篇以上的机构共计 19 个,约占文献总量的 56%。

表 1　2001—2017 年以网络信息保存为主题的第一作者机构统计

各机构发文数量(篇)	机构数量(个)	共载文数量(篇)	所占比例
1	77	77	44%
2—5	14	42	24%
6—10	3	23	13.14%
11—20	2	33	18.86%
合计	90	175	100%

进一步分析这些机构(表 2),可以看出图书馆在该领域的研究中占据了重要地位,如国家图书馆、中国科学院文献情报中心(国家科学图书馆)、武汉大学图书馆等。

表 2　2001—2017 年以网络信息保存为主题的论文作者机构分布一览表

序号	机构名称	发文数量(篇)	百分比
1	中国科学院计算技术研究所、中国科学院文献情报中心(国家科学图书馆)、中国科学院大学	20	11.43%
2	国家图书馆	13	7.43%
3	武汉大学信息管理学院、武汉大学软件学院、武汉大学数学与统计学院、武汉大学图书馆	9	5.14%

续表

序号	机构名称	发文数量(篇)	百分比
4	河北大学	8	4.57%
5	湘潭大学、湘潭大学图书馆、湘潭大学公共管理学院	6	3.43%
6	苏州大学	5	2.86%
7	齐齐哈尔医学院	5	2.86%
8	中山大学	4	2.29%
9	中国人民大学	4	2.29%
10	吉林大学	4	2.29%
11	西南民族大学	3	1.71%
12	华中师范大学	3	1.71%
13	北京师范大学图书馆、北京师范大学数字图书馆技术研究中心	2	1.14%
14	南开大学	2	1.14%
15	黑龙江大学	2	1.14%
16	对外经济贸易大学	2	1.14%
17	四川大学	2	1.14%
18	郑州大学	2	1.14%
19	曲阜师范大学	2	1.14%
合计		98	56%

2.3 研究内容分析

对2001—2017年以“网络信息保存”为主题的论文,按中国图书馆分类法分类情况进行统计,对于有2个分类号者以第一个为统计源(表3),可以看出论文分类相对集中,以G250类图书馆学的论文最多(79篇),占论文总数的45.14%,毋庸置疑,信息保存确实是图情机构的基本职能;其次是TP393计算机网络类的论文,共计23篇,占论文总数的13.14%,因为网络信息保存的特殊性使得它在实践中与计算机科学有交叉;另外,还有少量D类文献,是从法律角度对网络信息保存提出的思考。

表4 2001—2017年以网络信息保存主题论文的中国图书馆分类法分类统计表

中图法分类目	论文数量(篇)	百分比
G250 图书馆学、情报学	79	45.14%
TP393 计算机网络	23	13.14%
G203 信息管理	15	8.57%
G270 档案学	11	6.29%
G259 世界各国图书馆事业、信息事业	8	4.57%
G354 情报检索	5	2.86%

续表

中图法分类目	论文数量(篇)	百分比
TP391 信息处理(信息加工)	4	2.29%
TP311 程序设计、数据库、软件工程	4	2.29%
TP274 数据处理、数据处理系统	4	2.29%
G353 情报资料的处理	4	2.29%
G279 世界各国档案事业	2	1.14%
G253 信息资源建设	2	1.14%
D923 民法	2	1.14%
G258 各类型图书馆、信息机构	1	0.57%
G251 图书馆管理、信息工作管理	1	0.57%
G255 各类信息资源工作	1	0.57%
G230 出版工作理论	1	0.57%
G210 新闻学	1	0.57%
TP33 电子数字计算机	1	0.57%
D913 民法	1	0.57%
D956 各国法律	1	0.57%
D523 行政管理	1	0.57%
G276 特种档案工作	1	0.57%
O157 组合数学(组合学)	1	0.57%
合计	175	100%

2.4 论文的主题分布

关键词反映了研究成果的核心内容①。在统计过程中,“网络信息采集”“网络信息收集”“信息采集”“网页采集”等词汇有交叉之处,故合并统计。(表4)以某年度每个关键词出现的次数占当年论文关键词总数的百分比作为该年度该关键词的词频值。

表4 2001—2017 年以网络信息保存主题论文的高频关键词

2001—2003 年(有效关键词 17 个)		2004—2006 年(有效关键词 100 个)		2007—2010 年(有效关键词 204 个)		2011—2014 年(有效关键词 158 个)		2015—2017 年(有效关键词 114 个)	
关键词	词频	关键词	词频	关键词	词频	关键词	词频	关键词	词频
网络信息、资源	23.5	网络信息保存、长期保存	21	长期保存、web archive	24.51	网络信息保存、web archive	29.11	Web Archive、网络存档	26.32

① 有效关键词:在统计过程中,根据研究需要,对有交叉之处的关键词进行合并统计,如“信息采集”、“信息收集”作同义处理。

续表

2001—2003 年（有效关键词 17 个）		2004—2006 年（有效关键词 100 个）		2007—2010 年（有效关键词 204 个）		2011—2014 年（有效关键词 158 个）		2015—2017 年（有效关键词 114 个）	
关键词	词频	关键词	词频	关键词	词频	关键词	词频	关键词	词频
信息采集、收集	23.5	网络资源、信息资源	18	网络信息资源	14.22	网络信息、数字信息	10.13	网页、网络信息	6.14
信息资源建设、管理、方法	17.7	网页采集、网络信息收集	9	政府网站、政府信息资源	1.47	信息采集、web 采集	5.7	网络信息采集、信息采集	5.26
网络、因特网	11.8	网络、互联网	4	国家图书馆	0.98	政府信息资源	1.27	网络爬虫、Heritrix、采集工具	3.51
超媒体信息库	5.88	国家图书馆	2	开源软件	0.98	PANDORA 项目	1.27	在线社交媒体档案库、推特	1.75
集群系统	5.88	呈缴本	1	呈缴本制度	0.49	信息挖掘	0.65	研究现状、综述	2.63
BFS	5.88	PANDORA	1	版权问题	0.49	IIPC	0.65	选择性采集	0.88
多线程	5.88	美国国会图书馆	1	完整性采集	0.49	存档权	0.65	资源利用	0.88
		元数据	1	定向爬虫	0.49	隐私权保护	0.65	学术研究	0.88
			1	选择性采集	0.49	著作权	0.65	质量控制	0.88
				著作权法	0.49	法定缴存	0.65		

从表 4 的数据显示，2001—2003 年的相关研究中，网络信息采集开始成为研究的热点。2004—2006 年“网络信息保存”“长期保存”“长期存取”成为关注的焦点，图书馆是该领域的研究主力，如国家图书馆。与此同时国内也开始了对国外经验的借鉴，如澳大利亚的 PANDORA 项目[2]、美国的国会图书馆网络存档项目等[3]。

2007—2010 年学者开始关注政府网站资源，并进行了采集策略的研究。版权问题被提上了网络存档的议事日程，出现了“呈缴本制度”的方案。“定向爬虫”是对采集工具的具体尝试。这几年是相关研究最为蓬勃发展的时期，在采集策略上有了明确的细化，如“完整性采集”“选择性采集”等。关键词中正式出现了 web archive 的概念，整合了此前出现的因译名和表达差异所造成的模糊状况。

2011—2014 年继续对长期保存的策略进行重点研究，Web Archive 的概念已经普及使用，还提到了存档格式 WARC[4]。对相关法律问题也进行了更细致的探讨，如著作权、存档权、隐私保护权等[5]，这一方面说明网络资源生产者已经有了版权保护的法律意识，另一方面也体现了采集机构对这些问题的谨慎思考。“法定缴存”概念的提出算是对此前“呈缴本制度”的一种补充。

2015—2017 年学者对网络采集工具加大了研究力度，比较常见的工具还是开源软件 Heritrix。对于社交媒体的采集也进行了不少尝试，体现了网络信息采集在实时信息保存方面的优势。“研究现状”作为关键词的出现，表明我们已经开始对工作进行阶段性的总结，有意识地理清目前的问题，为今后的发展提供借鉴。

3 理论研究现状分析

网络存档研究由西方发达国家率先发起，他们在理论和实践方面一直走在前沿，并得到了文博界、学术界乃至政界的高度关注和参与，呈现出研究与实践相结合、多学科多机构协作的趋势。技术层面来说，目前比较成熟的软件工具包括国际互联网保存协会（IIPC）开发的基于 web 存档的工具包、欧洲网络存储图书馆（Networked European Deposit Library，NEDLIB）开发的 Harvester 软件、英国国家图书馆和 SUN 公司共同研发的网络采集软件 The Web Curator Tool（WCT）等，这些开源软件为我国网络采集的实践奠定了良好的基础。近年来，随着研究的深入，国际上要求建立一个统一标准的网络存档机制的呼声也越来越高。虽然技术实现上还有诸多困难，但已有相关项目开始探索这种可能[6]。

国内的网络存档研究起步较晚，目前处于学习与尝试阶段。比较有代表性的是国家图书馆的“网络资源信息采集与保存实验”项目（WICP）、北京大学的“Web 信息博物馆”。对于采集技术的研究主要集中在这几个方面：面向主题的网络信息采集、分布式网络信息采集、基于元搜索的信息采集、多技术结合的信息采集等。

通过对相关研究的梳理，可以看出我国的网络信息采集研究已经进入平稳期，但仍存在一些不足。

首先，如何控制采集信息的质量、资源元数据的著录等都是关系到信息有效利用的关键问题。目前网采信息的质量问题主要是从采集内容的选择和采集过程的控制两个方面来把关，耗费人力且不免挂一漏万[7]。

其次，国内的网络信息采集还只是停留在少数机构的内部实验，采集资源有待于投入实际应用，因为网络资源存档的最终目的是提供社会利用。有鉴于此，设计整个工作流程，确定各环节采用的标准是目前研究的重点。

再次，社交网络的出现向网采提出了新问题，如何从繁杂的用户生成内容中发现有价值的信息并归档保存，是业界不可回避的问题。

最后，与国外相比，我们的网络存档得到各界的重视不够，资金和人力支持较为紧张，这直接影响到我们采集策略的执行，比如是选择性采集而不是全采。投入不足也限制了我们及时学习国外先进经验的能力。随着各国对网络资源保护工作的大力推进，我们有必要加快专业人才的培养，并建立资金投入的长效机制。

网络信息资源是人类文明的重要组成部分，加快推进网络信息资源的采集、保存和服务利用，对于促进人类信息发展具有重要战略意义。我国网络存档的理论研究和实践工作正在全方位、多层次地展开，涉及资源的采集、存储、发布、服务模式、资源联合建设与管理等多领域。下一步需要继续加强关键技术应用，以大数据技术和人工智能技术对采集的数据开展数据关联和挖掘工作，提取有价值的信息，为知识化服务提供保障[8]。

参考文献

[1] 陈力,郝守真,王志庚.网络信息资源的采集与保存——国家图书馆的 WICP 和 ODBN 项目介绍[J].国家图书馆学刊,2004(1):2-6.

[2] 闫晓创.国外 Web Archive 项目对我国的借鉴和启示——以澳大利亚的 PANDORA 项目为例[J].档案学研究,2012(5):79-83.

[3] 赵俊玲.美国国会图书馆网络信息保存项目 Minerva 及启示[J],图书馆建设,2005(5):40-42.

[4] 曲云鹏.网络存档文件格式 WARC 研究[J].图书馆学研究,2014(24):20-25,28.

[5] 张文德,刘震.基于 WBS—RBS 的网络信息采集著作权风险识别研究[J].情报理论与实践,2012(2):96-100.

[6] 吴振新,谢靖,张智雄,等.国际重要科研机构网络信息采集与存档管理平台构建[J].图书情报工作,2014(11):100-104.

[7] 庞景安.网络信息数据采集的质量控制研究[J].情报理论与实践,2009(8):526-530.

[8] 马晓亭,陈臣.云计算环境下图书馆 IaaS 平台的技术架构与安全策略[J].图书馆理论与实践,2012(11):1-3.

"互联网+"时代公共图书馆跨界融合服务研究

郭　炯(数字资源部)

"互联网+"是伴随着互联网技术的发展而形成的一种全新的理念。随着"互联网+"的兴起,涌现出来许多新概念,其中一个热门词汇就是跨界融合。通过"互联网+"引发的跨界融合、创新驱动、结构重塑、尊重人性、开放生态、连接一切[1]的特征使得"互联网+"已经成为不可忽视的一个行业发展新形态。

图书馆学本身就是一门综合性的应用型学科,图书馆更是学科、专业、行业和领域交叉现象最频繁的学科之一,因此,图书馆理应走在"互联网+"理论与应用研究的前列[2]。信息技术的发展,对图书馆的业务结构、知识结构等都造成了冲击,模糊了图书馆与用户的固有身份,图书馆与用户的交互也形成了新的方式。本文主要基于"互联网+"带来的技术变革和理念变革,针对公共图书馆服务的跨界融合进行研究,力求探讨"互联网+"和跨界融合对公共图书馆服务的影响,促进公共图书馆服务效能的提升。

1　公共图书馆跨界融合服务的发展趋势及特征

公共图书馆跨界融合服务在国内外已有相关研究和实践,以下主要选取目前广受关注的四个方面进行论述,力求抓住"互联网+"环境下公共图书馆跨界融合服务的主要特征。

1.1　基于空间服务的跨界融合

在"互联网+"时代,图书馆以各种形式进行空间再造。通过拓展职能的空间改造,实现从藏用分离到藏用一体的变化，以鼓励创新探索和多元秩序。2011年，美国纽约州法耶特维尔公共图书馆(Fayetteville Free Library)成为第一个提供创客空间服务的公共图书馆，这个名为“FabLab”的公共空间，拥有两台3D打印机，帮助用户进行数字设计[3]。2012年开始，“创客空间”被ALA年会纳入讨论，ALA还举办了网络系列研讨会“创客空间：图书馆服务的新浪潮”。国内上海图书馆、广州图书馆等均提供了创新空间服务。随着创客空间的建成，公共图书馆被赋予公共知识空间、创新空间的职能[4]。2005年，东莞图书馆建立了24小时自助图书馆，揭开了国内图书馆界24小时自助图书馆服务的序幕。随着智慧图书馆建设的兴起，图书馆空间再造形成更为灵活的服务形式，“城市书房”“阅·空间”等图书馆服务空间的建设，使发展“小而美”的智慧图书馆理念不断延伸。北京大兴区打造的24小时城市书房，照明灯、空调等设备均采用自动控制系统，借阅和入馆人数均采用大数据分析，实现无人值守的状态下，能满足读者24小时读书，根据馆内读者情况自动调整图书馆服务的功能，是对24小时自助图书馆的更为智能化的改造[5]。

1.2　基于资源服务的跨界融合

2013年上线的美国数字公共图书馆(Digital Public Library of America)，既整合了全美范围多家机构的数字资源，又搭建了用户与资源之间的平台[6]。部分图书馆将本馆的馆藏资源嵌入当当网、亚马逊(Amazon)、谷歌图书(Google Books)等，比如清华大学图书馆、上海图书馆都曾尝试性开展类似的服务。内蒙古图书馆与长沙市图书馆均推出过用户参与馆藏建设的服务，其中内蒙古图书馆与当地新华书店推出“彩云服务”图书借阅平台，长沙市图书馆与京东合作开展“你读书、我买单”活动，一定程度上实现了“借、采、藏”一体化。通过这些活动，用户可以参与资源建设中，提高文献信息资源的深度整合，也可提升用户对图书馆服务的满意度。

1.3　基于社会教育的跨界融合

社会教育是图书馆传统服务，随着慕课的发展，教育在“互联网+”的环境下产生了新的生机和活力。图书馆为服务慕课课程学习，所建立的一套行之有效的管理和服务理念以及工作方法，势必会对图书馆的传统服务方式产生巨大的反作用，为图书馆实现从以课外服务为主的传统图书馆被动服务模式向前置化、嵌入式的主动服务模式转变闯出一条新路[7]。纽约公共图书馆利用其“学习中心”场地设备，组织慕课的用户参与为期六周的“镜头不会说谎”(The Camera Never Lies)活动，每周相约在图书馆进行约90分钟的线下讨论，并由馆员对参与情况、参与程度进行记录[8]。里奇菲尔德公共图书馆(Litchfield Public Library)将知名慕课平台Coursera的一门课程作为“成人暑期阅读项目”的核心内容，提供场地为注册用户提供学习，并且对课程所涉及的资料提供借阅服务[9]。部分图书馆作为资源提供主体开设了慕课的课程，比如国家图书馆开设了“国图公开课”，提供传承中华优秀传统文化的多个慕课课程，并为此专门开发了学习平台。

1.4　与公共文化机构的跨界融合

1962年，国际档案理事会马德里圆桌会议就曾讨论过档案馆与图书馆的关系问题。2005年，欧盟宣布实施“欧洲文化和科学内容数字化协作行动计划”[10]。2008年，国际图联发布了《公共图书馆、档案馆和博物馆“协作与合作趋势”》报告，为跨界融合提供了理论指导。图书馆、档案馆、博物馆、群艺馆、美术馆等公共文化机构在服务公众的属性上有着较强的一致性，同时在资源建设、用户服务、组织管理等方面存在着诸多的共同点。近年来,国内各类公共文化机构融合服务的案例不断增多,许多城市将图书馆、博物馆、群艺馆、美术馆合建以整体贯通的形象亮相,给市民提供服务。此外,一些图书馆也建立了附属博物馆或者具有博物馆功能的特藏部门。在此基础上,部分地区尝试开展了基于"互联网+"的融合服务,比如上海的"公共文化云",将上海的文化活动、文化场馆资源进行整合服务,成为提供公共文化生活服务和文化消费的"两微一端"平台,将上海的文化服务形成规模优势,增强了文化资源的吸引力;浙江的"文化通"移动服务,汇聚浙江省图书馆、博物馆、文化馆、美术馆、影剧院等机构举办的讲座、展览、活动、演出等文化信息,成为公众获取公共文化服务的统一入口。

1.5 跨界融合服务的特征

在空间服务、资源服务、社会教育等方面开展的跨界融合逐渐改变着图书馆与用户之间的联系。通过以上研究可以看出,跨界融合服务存在着如下几个特征:

(1)融合化。这种融合包括线上线下文献的融合、信息载体的融合、数据的融合、视觉的融合、空间的融合、人与人之间的融合、各类设施的融合以及服务流程和学习流程的融合[11]。用户通过各个渠道以直接或者间接的方式接入图书馆服务,图书馆服务供给体系中的质量和效率变得更为重要,图书馆开展服务渠道的多样性也将更为明显地影响用户数量。

(2)互动性。"互联网+"时代的用户,用户交流和互动的意识更为强烈。在图书馆慕课的建设中,基于用户需求对授课流程进行的重建是慕课最为鲜明的特点,慕课一方面提供优质的课程,另外一方面也为用户提供社区化学习环境,受到用户的欢迎。用户已经不仅仅是图书馆服务的使用者,通过用户之间的交流以及用户直接参与馆藏建设,他们可以兼具图书馆馆员的角色。图书馆在跨界融合服务中,更加注重用户的知识创造,使用户参与图书馆业务流程的整合和重建,用户与图书馆的互动性更为明显。

(3)智慧化。图书馆通过人工智能、物联网等技术,在图书馆内部将文献、馆员、用户、设施间的各类数据感知互联,在图书馆外部将用户的互联网行为进行感知互联,形成更为完整的人物行为画像,从而使图书馆对用户进行更为全面的描述。通过跨界融合发展,图书馆能够敏锐地感知到用户需求的变化,呈现更为智慧化的特点。

2 公共图书馆跨界融合服务的发展对策

面向跨界融合的发展,公共图书馆应主动迎接技术的变革,以积极的心态迎接跨界融合服务的挑战,对图书馆的管理和服务模式重新审视,抓住时代带给公共图书馆的机遇。

2.1 做好公共图书馆跨界融合服务的技术准备

面对"互联网+"的快速发展,许多传统图书馆在应对变革方面还缺乏软硬件基础设施、网络基础设施建设以及统一的标准规范等方面的准备,不能很好地适应"互联网+"的发展。从全国的横向角度审视公共图书馆的发展水平,虽然国家主导开展的"数字图书馆推广工程""公共电子阅览室计划""文化信息资源共享工程"一定程度上解决了基础设施的短缺,但是地方政府的配套支持远远不够,部分基层图书馆开馆运行经费不足,基本的数字图书馆服务尚未达到;图书馆自身在物理空间与虚拟空间的建设上有一定成果,但没有达到深度融合,尚停留在局部变革的层面。"互联网+"对图书馆的管理和服务模式都有新的要求,图书馆需要开拓思维,视野不仅局限于本馆服务,更要依据行业标准做好资源整合、用户统一管理和业务平台交互,完成自身从传统图书馆向复合型图书馆的转变,做好跨界融合的技术准备。

2.2 鼓励社会力量参与公共图书馆融合服务

公共图书馆服务的社会化合作是公共文化发展的一个重要趋势。新出台的《中华人民共和国公共图书馆法》明确指出:县级以上人民政府应当积极调动社会力量参与公共图书馆建设,并按照国家有关规定给予政策扶持。2017年,文化部印发的《"十三五"时期全国公共图书馆事业发展规划》指出:"健全政府向社会力量购买公共文化服务的工作机制,将公益性图书服务纳入政府购买的指导性目录。"公共图书馆的公共性不仅仅是国家公有、面向公众提供平等与开放的服务,如果采取商业手段获取图书馆发展的资源并保证面向公众的公益性,也应该是公共图书馆公有性的应有之义[12]。文化部和国家旅游局早在2009年就联合发布了《关于促进文化与旅游结合发展的意见》,2018年文化和旅游部的建立,更是充分体现了"文化为魂,旅游为体"的融合特征,通过旅游产业化、市场化手段,丰富文化产品和服务的供给类型和供给方式,让更多文化资源、文化产品发挥作用,可以搭建更为广泛的融合发展平台[13]。国家政策层面已经为社会力量参与公共图书馆服务做好了顶层规划和政策引导,图书馆应转变思路,顺应形势,做到"用户在哪里,服务就在哪里",积极与社会团体、商业机构、公益组织等开展合作,以更强的主动服务意识提供跨界融合服务。

在《中华人民共和国公共图书馆法》实施之际,公共图书馆开展跨界融合服务研究和实践有利于提升公共图书馆的服务效能。希望通过公共图书馆跨界融合服务的研究,能够展现公共图书馆的社会价值。

参考文献

[1] 马化腾,张晓峰,杜军. 互联网+:国家战略行动路线图[M]. 北京:中信出版社,2015:2-5.

[2] 张兴旺,李晨晖. 当图书馆遇上互联网+[J]. 图书与情报,2015(4):63-69.

[3] 王敏,徐宽. 美国图书馆创客空间实践对我国的借鉴研究[J]. 图书情报工作,2013,57(12):97-100.

[4] 打造众创空间是图书馆的新使命[EB/OL]. [2018-03-01]. http://sh. people. com. cn/n/2015/0412/c357189-24469504. html.

[5] 北京市首家24小时城市书房启用[EB/OL]. [2018-03-01]. http://www. cnr. cn/chanjing/gundong/20170628/t20170628_523822702. shtml.

[6] 涂志芳,刘兹恒. 美国数字公共图书馆的创新特点及对我国的启示[J]. 图书与情报,2015(6):47-53.

[7] 叶艳明. 慕课,撬动图书馆新变革的支点[J]. 国家图书馆学刊,2014(2):3-9.

[8] Gashurov I, Kendrick C. Can Libraries Save the MOOC? [J]. Distance Education Report, 2014, 18(23):7

[9] 杨杰,袁永翠. 美国公共图书馆MOOC服务实践及启示[J]. 图书馆建设,2015(1):97-100.

[10] 罗红. LAM(图书馆、档案馆、博物馆)协作内容与模式研究[J]. 情报理论与实践,2017(6):33-39.

[11] 王世伟. 融合图书馆初探[J]. 图书与情报,2016(1):54-61.

[12] 王丽娜. 公益与商业——青番茄图书馆运营模式对公共图书馆的启示[J]. 前沿,2013(12):127-129.

[13] 席建超. 从"深度结合"到"全域融合"——《关于促进全域旅游发展的指导意见解读》中"文化和旅游"解读[N]. 中国文化报文化财富周刊,2018-04-07(1).

将信息技术融入数字图书馆建设，提高读者服务能力
——以国家图书馆统一用户管理系统升级为例

谢 丰 高 宏（信息技术部）

1 概述

随着“全民阅读”时代的到来，图书馆在人们工作生活中的作用也越来越重要。伴随着信息技术的不断创新，数字阅读的方式也更为普遍，国家图书馆充分利用信息技术，在数字图书馆建设中进行了很多有益尝试。

国家图书馆统一用户管理系统2012年1月正式上线运行，系统实现了对国家图书馆多个重要应用系统的用户管理，集成了用户身份认证管理、数据库资源访问的单点登录及远程访问权限控制等多个功能。同时，通过国家数字图书馆中心实名库的建设和地方馆统一用户管理系统的部署，初步形成了覆盖全国图书馆的统一用户管理体系。截至2017年7月初，统一用户管理系统共有480万用户，包括国家图书馆读者卡用户、实名注册用户和非实名注册用户三大类，并且与国家图书馆读者门户、文津搜索、国图公开课、移动App、推广工程移动阅读平台等近20个应用系统、180余个中外文数据库实现集成互联。同时，借助推广工程将系统在全国60余家省市图书馆进行部署复用，并与当地图书馆用户管理系统进行集成，汇聚用户信息到中心实名库，提供远程资源访问，截至2017年7月初，中心实名库用户数已超过840万。

随着国家数字图书馆事业的快速推进，业务需求不断向纵深化、精细化延伸，加之互联网技术的日新月异，对系统提出了新的需求。例如改进系统的注册和登录模式，以符合用户行为变化的新趋势；全面满足微信、微博、WAP网站、App应用软件等新型读者服务对系统提出的新需求；提高数据库性能，支撑激增的用户数量和大数据环境下对数据分析的新要求等。2018年1月1日起正式施行的《公共图书馆法》的相关条文也反映了国家鼓励和支持发挥科技在公共图书馆建设、管理和服务中的作用，推动运用现代信息技术和传播技术，提高公共图书馆的服务效能。为了能够向用户提供更好的服务体验，2017年，国家图书馆对统一用户管理系统进行升级优化，希望将新型信息技术与用户管理更好融合，从系统功能完善、性能优化、操作便捷性等方面有所改进，以满足新的业务需求。2017年7月，系统升级完成，一些新技术的应用，大大提升了系统服务能力。

2 新技术在统一用户管理系统升级中的应用

2.1 第三方平台授权登录

随着QQ、微信、微博等新型社交媒体的诞生，这些新型的信息传播方式已经成为人们不可或缺的交流和获取信息的新型途径。为了能更好地与这些社交软件相结合、提供多元化服务

方式等，不少商业网站都推出了使用QQ、微信、微博这些第三方平台账号可以登录自己网站或App系统的功能。但在图书馆领域，目前还没有太多尝试。此前我们曾做过关于图书馆线上线下服务的问卷统计，其中关于用户登录商业网站常用账号的使用情况中，经常使用QQ、微信、微博作为账号登录的数量已经基本与自定义注册账号的数量大致相同，达到近30%；而在享受图书馆服务时，选择使用上述第三方平台账号登录的用户数量目前还不是很多，只有不到10%；并且也有不少读者在体验反馈中提出意见建议，希望能够增加这些第三方平台账号作为登录账号的功能。综合考虑各方意见，在此次国家图书馆统一用户管理系统升级过程中，实现第三方平台账号登录就成为升级功能中的重要一项。

2.1.1 基于OAuth2.0协议标准构建的第三方授权登录系统实现原理

原有的统一用户管理系统采用了SAML方式来实现授权登录认证，经过多年的使用，逐渐发现如程序集成包不能通用、维护成本较高等问题。新的统一用户管理系统在建设时，不再采用SAML方式来集成，而是采用了HTTP的方式进行调用，在进行系统集成开发过程中，在用户登录认证的功能部分，采用了基于OAuth2.0协议标准来构建授权登录功能。

OAuth2.0是一种开放的云平台开放授权协议，现在百度开放平台、腾讯开放平台等大部分的开放平台都是使用的OAuth 2.0协议作为支撑。特别是OAuth 2.0协议广泛运用与微信、QQ、微博等社交软件的第三方授权登录功能中，实现了开放云平台下的跨域认证和第三方授权登录。相比过去的认证协议，主要特点是能够允许QQ、微博、微信这一类第三方平台获取用户受保护的资源，同时在上述过程中对用户的用户名、密码等信息加以保护。

下面以微信授权第三方登录应用系统的认证过程为例，介绍一下功能的实现原理。

(1)统一用户管理系统已经集成了微信第三方登录功能，读者在登录时，点击登录页面上的“微信图标”，选择使用微信账号登录。

(2)统一用户管理系统向微信开放平台发起授权请求，并向读者打开授权登录的页面。

(3)读者确认授权登录，微信开放平台重新定向到统一用户管理系统，并传递临时授权码code。

(4)统一用户管理系统通过接口，将授权码code，连同已经向微信开放平台所申请好的专属appid和appsecret，一并发给微信开放平台。

(5)微信开放平台返给统一用户管理系统接口调用凭证access_token。

(6)当获取到有效的接口凭证时，统一用户管理系统会返回给读者登录成功的信息。

在上述的微信账号第三方登录功能中，微信开放平台根据应用系统所传递的appid和appsecret由应用系统向微信开放平台单独申请，不同的应用系统，这两个参数是不一样的。同时，在返回的一套参数中包含该用户的微信账号在统一用户管理系统中的唯一标示OpenID和在国图公众平台下的唯一标示UnionID，这两个参数将主要用于用户登录统一用户管理系统和跨国家图书馆公众平台下不同系统或平台的登录。

2.1.2 基于OAuth2.0协议标准构建的第三方授权登录系统实现效果

(1)读者打开统一用户管理系统用户登录页面，点击页面下方“第三方登录”部分的微信图标，选择微信账号登录。

(2)页面跳转微信登录二维码页面

(3)使用手机中的微信 App“扫一扫”功能,扫描二维码,手机弹出授权“国家图书馆统一用户管理系统”的登录页面,选择“确认登录”。

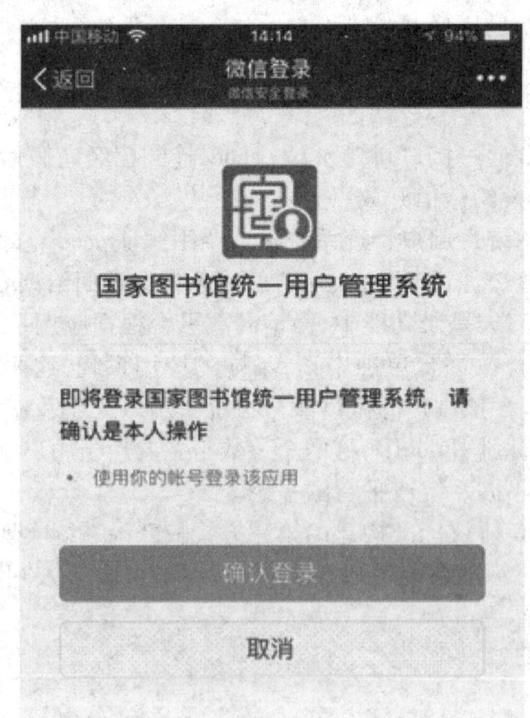

(4)网页跳转到中国国家数字图书馆读者门户登录页面,页面左上角显示微信用户的用户名,用户名为随机生成,其中用户名的前三位为"wx_",以此标识用户为微信用户,后面数字为随机生成的数字串。

注:登录统一用户管理系统登录页,目前都默认跳转到读者门户系统页面。

2.2 App 应用程序扫码登录

随着智能手机的普及,各种功能强大的 App 应用程序用也成为人们获取移动网络服务的主要方式。在移动互联网环境下,App 相比浏览器拥有更便捷、丰富的用户体验,用户使用 App 的数量也在持续增加。App 应用日益成为人们经济、政治和文化领域的重要工具,App 服务在企业、政府、高校、图书馆等机构得到广泛的应用。国家图书馆敏锐地抓住了这一趋势,于 2010 年建成了适用于 iOS 和 Android 终端的读者服务应用程序,是国内业界第一个尝试该服务模式的图书馆。

在目前常见的 App 的用户登录功能里,除了传统的用户名密码登录,扫码登录这种简便快捷的方式越来越多地得到应用。无须输入用户名和密码,只需通过 App 扫一扫便能轻松一键登录,扫码登录的方式不仅便捷,同时免于输入信息的方式更意味着减少了用户名密码外泄的风险,与传统登录方式相比,也更为安全。

2017 年,在统一用户管理系统升级后,国家图书馆新版手机 App 也完成了自己的升级。经过一段时间的试运行,根据收集到的读者体验反馈和自身业务发展考虑,都希望能够进一步深度整合,为读者提供 App 扫码登录这种登录方式。

2.2.1 App 扫码登录实现原理

下图为 App 扫码登录的流程图,具体过程如下:

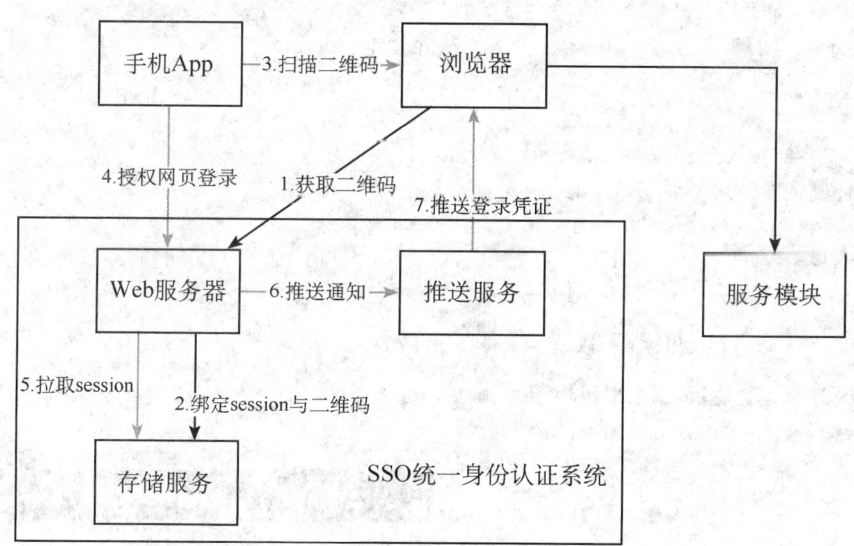

(1)浏览器获取二维码

在打开国家图书馆统一用户管理系统提供的二维码页面的同时,浏览器端已经记录了此次会话的 sessionid,并且 sessionid 与浏览器中展示的二维码已经有映射关系。统一用户管理系统的 Web 服务器接收到浏览器的获取二维码请求之后,生成与这个连接对应的 session 以及二维码图片,同时存储 sessionid 与二维码图片的一一映射关系。此时,必须保证二维码图片与 sessionid 的唯一性,后面流程中,需要根据二维码图片来检索 sessionid 以通知该浏览器实现登录。

(2)读者扫描二维码

利用国家图书馆 App 应用程序的扫一扫功能扫描浏览器的二维码图片,在 App 上完成确认授权之后,自动将 App 的登录状态信息提交给 Web 服务器。Web 服务器确认提交,等手机登录合法之后,根据二维码检索出浏览器的链接信息即 sessionid,与之对应的 sessionid 被设置为已经完成登录,同时绑定合法的浏览器端的用户登录状态信息。

(3)完成登录

Web 服务器通知浏览器已经完成授权并进行登录操作,浏览器接收到通知之后,系统将用户登录凭证写入浏览器的 Cookie、session 中,为后续请求其他服务的过程中,提供单点登录的辅助服务。

2.2.2 App 扫码登录实现效果(以苹果 iOS 操作系统手机为例)

(1)使用账号登录国家图书馆手机 App 应用程序。

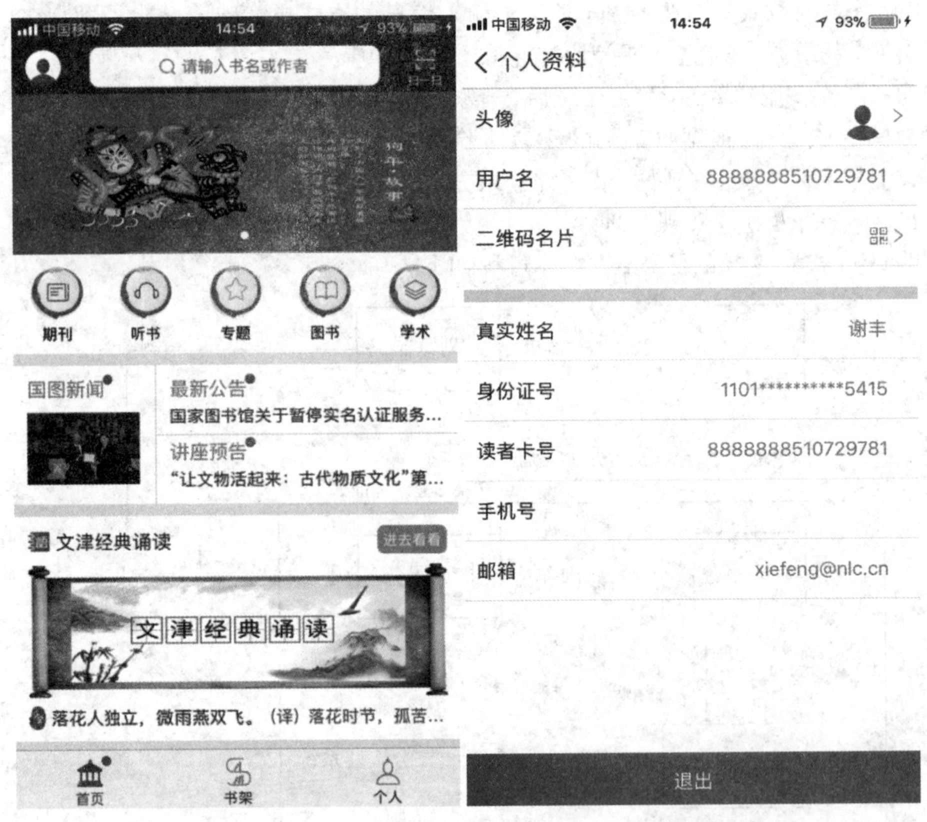

(2)在 PC 端打开国家图书馆统一用户管理系统扫码登录界面,使用手机 App 的扫码功能扫描二维码。

(3)通过手机扫码确认后,PC 端网页变为登录状态。

目前,扫码登录功能已经完成开发并通过测试,未来将应用于国家图书馆统一用户管理系统所集成的对外服务系统中。

2.3 多种数据库协同工作

在原有的统一用户管理系统中,整体采用的是应用与数据库分布式部署方式,其中数据库选用了 Oracle 数据库。随着用户数量的飞速增长以及运行中对系统数据处理能力的更高要求,现有的单一数据库部署方式已经不能很好地满足要求。尽管从数据库功能和性能来说,Oracle 数据库并没有明显的缺陷,但要求它兼顾海量数据存储与支持服务的高速响应已经非常勉强。因此,系统在整体升级仍然采用应用与数据库分布式部署的情况下,对数据库进行了全面的升级优化,分别使用了 LDAP、MongoDB 和 MySQL 三种存储方式,针对不同需求采用相应的数据库实现。

2.3.1 LDAP 存储处理活跃用户数据

LDAP(Lightweight Directory Access Protocol,轻量目录访问协议)并不是一种传统意义上的数据库,而是用来访问存储在信息目录(也就是 LDAP 目录)中的信息的协议。某种意义上说,LDAP 是一种与关系数据库不同的、特殊的数据库。LDAP 最大的特点是它优化了数据查询和读操作,因此它可以很快地得到查询结果,对于读者认证的请求可以快速做出响应,相比原系统能大大提高用户的认证响应速度,改善用户体验。

为了让 LDAP 能够最大限度地发挥它在响应速度方面的优势,在系统建设时,LDAP 的数据处理范围就设置为只对系统中的活跃用户进行查询存放和读取操作。统一用户管理系统在建设之初就对用户进行了分类,目前 LDAP 中存放的数据是在 1 年以内有登录操作的用户数据,这部分用户称为活跃用户。反之,在 1 年内没有登录操作的用户称为非活跃用户。

2.3.2 MongoDB 存储处理全部用户数据和系统数据

随着云计算的高速发展,越来越多的应用需要存储海量数据,并且对高并发和处理海量数据提出了更高的要求,传统的关系型数据库对于这些应用场景难以满足应用需求,而作为 NoSQL 数据库之一的 MongoDB 数据库能够完全满足和解决在海量数据存储方面的应用。MongoDB 是一个基于分布式文件存储的数据库,具有高性能、可扩展、易部署、易使用、存储数据非常方便等特点,能够满足统一用户管理系统存储海量读者数据和系统数据的需要。

MongoDB 中存储的读者数据包括了全部的用户数据,包含了活跃用户和非活跃用户,用户的活跃状态是由程序控制的:当非活跃用户进行登录操作时,系统会将用户数据从 MongoDB 中提取到 LDAP 中,用户状态由非活跃变为活跃,在登录操作 1 年的时间内,用户数据的操作都由 LDAP 完成;如果用户在 1 年的时间内,都没有登录动作,就会从 LDAP 中删除,但还会保留在 MongoDB 中。这样既保证了用户数据的完整性,又兼顾了认证时的响应时间。

2.3.3 MySQL 存放用户的访问日志数据

针对用户数据的管理,除了数据的增加、删除、修改等操作,还包括对于用户操作、管理员操作的一些记录的管理,这部分数据不需要实时操作,但数据量非常大,在读取时经常会占用比较大的资源,原统一用户管理系统中,数据全部存储于一套 Oracle 数据库中,一旦对这部分数据进行查询,势必影响整套数据库的运行。

在新系统建设时,充分考虑到上述问题,因此将大部分操作记录和日志文件都单独存储于 MySQL 数据库中。在管理员需要对这部分数据进行查询操作时,就不会影响 MongoDB 和 LDAP 中读者数据的实时操作,分担了很大一部分系统的压力。

3 统一用户管理系统升级效果与展望

除了以上几个新增功能外,国家图书馆统一用户管理系统还根据技术发展和读者需求,增加了如:手机快速注册、多种方式找回密码、多重安全校验等功能。以上这些新增功能的投入使用,在一定程度上提高了用户体验,也为国家图书馆积累了用户数量。截至 2018 年 3 月初,国家图书馆统一用户管理系统共有用户 512 万。同时,通过升级,地方馆部署方式也得到了较大改进,特别是简化了部署的工作流程,提高了部署的工作效率。截至 2018 年 3 月初,国家数字图书馆中心实名库系统用户达 960 万。

《公共图书馆法》的实施将进一步推动公共图书馆利用数字化、网络化技术向社会公众提供便捷服务。下一步,国家图书馆统一用户管理系统将在现有升级版本基础上继续优化,未来将在大数据深度挖掘应用、提高用户数据安全管理、与移动服务更好整合等方面继续开展相关工作,希望能为读者提供更便捷、更优质的服务。同时,继续加强国家数字图书馆中心实名库的建设,在已经初步形成的覆盖全国的国家数字图书馆读者认证服务体系基础上,将系统推广部署到更多的地方图书馆,让更多读者获取到更海量的数字资源和数字图书馆服务,为全国各地公共图书馆资源共享和用户权限管理奠定坚实的基础。

参考文献

[1] 高宏,谢丰. 数字图书馆推广工程统一用户管理平台的设计与实现[J]. 图书馆学研究,2017(15):12-17.

[2] 孟青春,吴颖川,刘志勤,等.基于OAuth2.0的单点登录系统[J].软件导刊,2014(3):106-108.
[3] 石维峰,黄辰.仿微信扫码登录系统的实现与改进[J].物联网技术,2016,6(12):40-41.
[4] 郭利敏,刘悦如,相明琼.微信二维码用于图书馆读者身份认证的实践[J].现代图书情报技术,2015,31(7):144-147.
[5] 2017年微信数据报告(完整版)[EB/OL].[2017-11-09].http://www.sohu.com/a/203409692_717968.

浅谈磁带库在国家图书馆同城异地灾备系统中的应用

乔颖欣(信息技术部)

1951年由雷明顿·兰德公司生产了世界上第一台磁带机,存储容量只有224KB[1],经过60多年的发展,光盘和磁盘的出现都曾宣称要取代磁带,但是始终没有取代磁带技术,磁带存储技术由于其本身的特质依然散发着活力。随着信息时代数据的爆炸性增长,国家图书馆多年积累的数字资源,需要有强大、可靠的海量存储系统来实现数字资源的长期保存,磁带库承担了这项重任,并通过管理系统实施数据在磁带库的保存和提取。

为了保证国家图书馆的数据安全,提高国家图书馆对灾难打击和重大事故的风险抵御能力,对于长期保存数据也亟须异地备份来应对数据风险。2017年,国家图书馆同城异地灾备项目实施,灾备中心采用了具有LOT-7磁带机的IBM TS3500磁带库作为长期保存系统的灾备数据存储设备,用来实现数字资源的异地保存和管理。

1 磁带库技术概述

1.1 磁带库工作原理

磁带库是一种整合了多台磁带机、机械臂(机械手)、磁带仓位的存储设备。在封闭的机柜里,带有条码读取器的机械臂(机械手),通过读取磁带上的条码来辨识磁带的编号,通过自动控制技术完成磁带的自动加载和卸载。存储的管理软件通过磁带上的条码、磁带机的位置编码来获取磁带库内的工作状态,下达指令完成磁带的数据读写,以完成数据存储和提取的任务[2]。

磁带库的技术指标包括磁带机数量、单盘磁带容量、磁带库总容量、读写速度、连接方式等。

1.2 LTO7技术标准简述

LTO(Linear Tape-Open,线性磁带开放协议)是一种磁带数据存储技术标准,最初是在20世纪90年代后期开发的,作为当时可用的专有磁带格式的开放标准替代品。HP、IBM和Quantum控制着LTO联盟,该联盟负责指导介质和设备制造商的开发及管理许可和认证工作。LTO技术的标准形式是Ultrium,最早版本于2000年发布,当时的容量是100GB。第八代LTO Ultrium在2017年发布,磁带的容量达到12TB(非压缩)[3]。

国家图书馆同城异地灾备项目采购的是支持LTO-7磁带机的IBM TS3500磁带库用于长

期保存数据的灾备数据存储和备份。LTO-7 技术标准于2015 年发布[4],2016 年支持LTO-7 磁带机的 IBM 3500 系列磁带库上市。单盘 LTO-7 磁带非压缩存储容量达到6TB,非压缩传输速率达到300MB/s[5]。相比于之前的磁带,LTO-7 的磁带长度更长,磁带厚度更低,磁道数更高,具有更大的存储容量和更快的传输速率(表1)。

表1 LTO-4、LTO-5、LTO-6、LT0-7 磁带性能比较

磁带标准	容量(非压缩)	最大非压缩速率(MB/s)	磁带长度(m)	轨道总数	线性密度(bits/mm)
LTO-4	800GB	120	820	896	13 250
LTO-5	1. 5TB	140	846	1280	15 142
LTO-6	2. 5TB	160	846	2176	15 143
LT0-7	6TB	300	960	3584	19 094

2 磁带库在同城异地灾备系统中的应用分析

2. 1 国家图书馆同城异地灾备系统简介

国家图书馆承担着对海量的网络信息与数字信息的采集、加工、整合、永久保存等任务,并为社会提供全方位数据的服务。国家图书馆拥有海量的图书、文献、音视频等各种数字资源,这些数字资源是国家图书馆对外提供服务的数据基础,这个数据基础也使国家图书馆成为国内外最大的中文数字信息的查询基地、中文数字信息的保存基地。

为了提高国家图书馆核心业务系统的风险抵御能力,避免或减少灾难打击和重大事故对国家图书馆核心业务系统和重要系统造成的损失,确保核心业务系统的数据安全和作业持续性,2017 年,国家图书馆同城异地灾备项目开始实施,实现了核心业务数据异地实时同步复制、非核心业务数据以及数字资源的异地保存。其中灾备系统中对数字资源的异地保存是通过磁带库实现的。

2. 2 国家图书馆磁带库使用情况简介

国家图书馆从2009 年开始采用磁带库作为数字资源长期保存存储设备。随着数据增长,先后在主中心采购了 SUN SL8500 磁带库和 IBM 3584 磁带库,两台磁带库都使用 LTO-4 磁带机,单盘磁带容量800GB(非压缩)。截至2017 年12 月,通过补充磁带,完成2 次磁带库扩容,现在总容量已经达到1. 6PB。

2017 年国家图书馆同城异地灾备项目实施,购置了支持 LTO-7 磁带机的 IBMTS3500 磁带库,初始购置了220 块磁带,容量1320GB(非压缩),留有449 个空闲槽位可供扩展。

2. 3 国家图书馆长期保存数据的灾备需求特点

国家图书馆的数字资源来源多样,种类丰富,长期保存系统保存的是依据数字资源的加工规范加工的原始数据[6][7],截至2017 年12 月,已存储的长期保存数据总量已达1532. 76GB(图1)。

这些数据多数不直接做在线服务使用,但是为在线服务提供数据支持,会有相关项目或专题不定期提出数据提取的申请。这与一些系统备份数据的需求特点不同,需要数据不离线,可获取。为便捷地获取数据,保障数据的在线服务,目前保存数据的磁带介质并不脱机离开磁带库存放，全部存放在磁带库的在线槽位里。

由于长期保存数据的重要性，遇到介质损坏可能会导致数据的无法获取，因此亟须副本备份来确保数据的安全；同时，由于主中心长期保存系统一直处于生产状态，构建的灾备方案要求不能对主中心工作产生影响。因此在同城异地灾备项目中，应在不影响生产中心生产的条件下实现数据的异地保存。

图1 国家图书馆长期保存数据增长情况(GB)

2.4 同城异地灾备中心磁带库存储技术架构

国家图书馆同城异地灾备系统将国家图书馆主中心存域网上的数据在同城异地实现数据级灾备。同时，将国家图书馆磁带库上的数据备份在同城异地的磁带库上。

在同城异地灾备中心项目中，为实现长期保存数据的异地保存，在两地机房各部署一台光纤交换机，配置远距离级联功能，通过两对裸光纤实现级联(图2)。

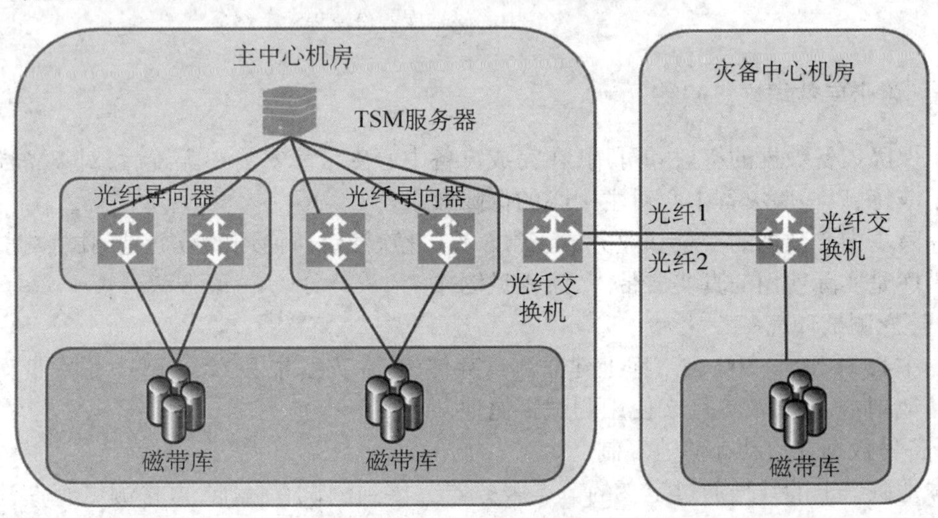

图2 同城异地灾备中磁带库存储方案示意图

2.5 同城异地灾备中心磁带库备份的实现

从 2010 年开始,国家图书馆采用 IBM Tivoli Storage Manager(简称 TSM,现该软件已改名为 IBM Spectrum Archive)作为磁带库存储的管理软件,协助长期保存系统完成数据的自动上传和保存。TSM 服务器通过 SAN 网络直接管理灾备机房磁带库,对灾备机房磁带库进行操控。

灾备机房磁带库通过 TSM 管理软件划分成两个存储池,分别成为生产中心两台磁带库内存储池的备份池。然后通过 TSM 的存储池备份命令,逐个复制存储池中的数据,逐步完成两台磁带库内长期保存数据的备份(图 3)。两个存储池交替复制的好处是,保证有一台主中心带库能正常完成数据上传工作,而另一台的数据不发生变化,有利于快速备份。

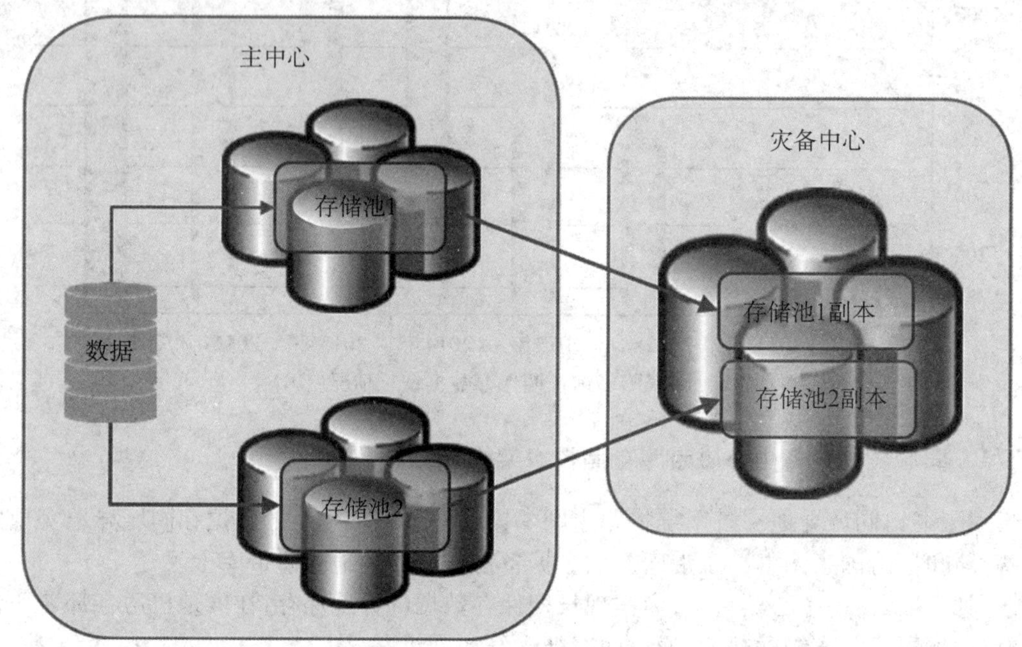

图 3 灾备中心磁带库备份流程

2.6 磁带库数据恢复演练

为了保障灾备数据的有效和可用,在完成灾备中心磁带库安装和配置后,对灾备数据的恢复进行了演练,以检验灾备中心对主中心的保障效果。

为保障主中心数据的安全和业务的正常工作,此次演练所使用的数据是测试数据,数据存放的磁带库是实际使用的真实磁带库,流程见图 4。

(1)建立测试环境

在主中心 SUN SL8500 磁带库上建立测试存储池,在灾备中心 IBM TS3500 磁带库上建立测试存储池副本,定义节点用来使用测试存储池。

(2)备份数据并启动存储池复制

将本地磁盘上的数据通过定义的节点服务器上传到测试存储池,再将测试存储池的数据复制到副本存储池。

（3）模拟本地磁带故障

查询出属于测试存储池的磁带条码，并记录。人工将这盘磁带的状态改为不可用，此时这盘磁带的数据已经不能被节点获取。

（4）数据恢复

将灾备机房磁带库中副本存储池中的数据传送回主中心 SUN SL8500 磁带库的另一盘磁带中，至副本存储池与测试存储池数据一致后复制完成。

（5）测试数据验证

从测试存储池将数据恢复到本地，验证数据完全可用，并与原数据一致。

（6）演练小结

演练证明了灾备中心磁带库备份功能的有效性，在主中心数据损坏时，灾备中心数据可以及时补充回送；同样，灾备中心数据如果发生损坏，通过再次备份，可以自动将主中心数据复制到灾备中心。演练效果证明，灾备中心的启用真正实现了长期保存系统数据的双备份。

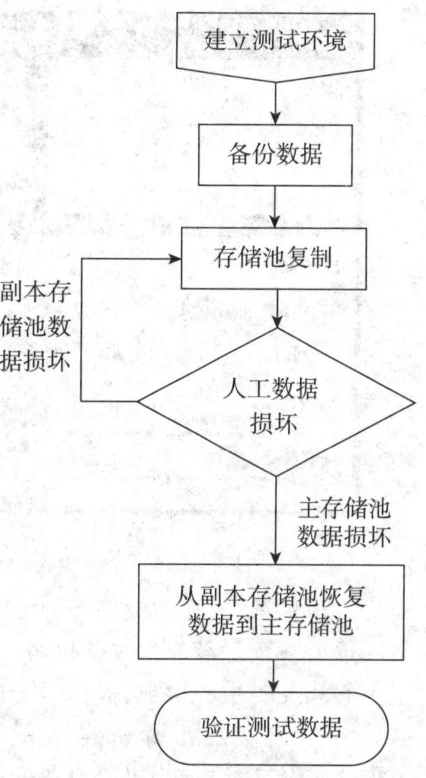

图 4　磁带库数据恢复演练流程

2.7　同城异地灾备中心磁带库的存储管理

对于灾备中心磁带库的管理，主要是通过远程管理，一方面是远程访问 IBM TS3500 的管理界面，另一方面是 TSM 软件对硬件设备的访问。

2.7.1　IBM 3500 管理系统

IBMTS3500 磁带库有自带的管理系统，可以通过网络远程访问管理界面，这对于异地管理磁带库，获取磁带库状态和信息十分重要。

管理界面的内容主要包括：

磁带管理：磁带的位置、访问情况等；

驱动管理：驱动的状态、错误日志、连接情况、微码查询和升级、驱动清洗等；

链路管理：磁带库光纤链路状态、端口使用情况等；

磁带库管理：初始化磁带库，设置系统时间、访问 IP、安全报警等。

2.7.2　TSM 软件对硬件设备的访问

由于日常的备份和读取都是通过 TSM 管理软件实现，因此在日常工作中，TSM 访问磁带库的记录就成了磁带库状态的间接记录，往往是在使用中 TSM 先报错，然后再检测到磁带库状态的异常。

当前国家图书馆使用的 TSM 管理软件版本是 7.1.7，该版本增加了图形界面管理功能 Tivoli Storage Manager Operations Center（简称 TSM OC），将命令查找的内容呈现在图形界面上，更方便管理者使用，管理功能主要是查看功能，包括：查看警报、查看客户端的链接状态、进程监控、数据库容量和备份情况，磁带库链接情况等（图 5）。

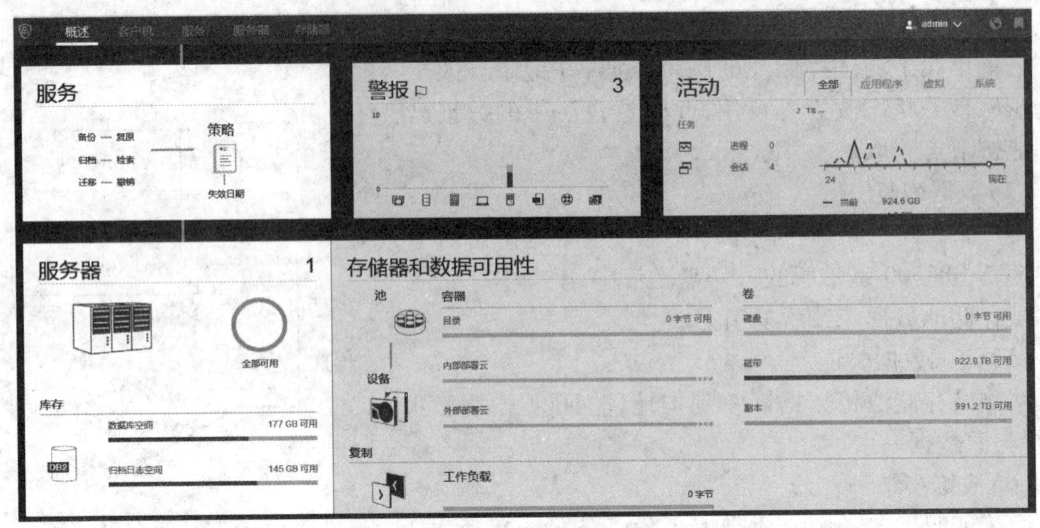

图 5　TSM OC 概述界面

2.7.3　远程管理效果评价

远程管理已经成为灾备机房磁带库管理的重要方式，通过远程管理减少了管理人员往来主中心和灾备中心次数，提高了管理的效率。但同城异地的灾备系统链路连接复杂，链路中的裸光纤、光纤交换机、小机链接、跳线等出现问题，给出的报错都可能是一样的，因此具体情况还需要结合交换机、小机等设备的状态做出判断，必要时必须到现场处置。由于远程访问的管理界面功能多是查看，一些设置操作无法执行，依旧需要到现场通过操作磁带库的前面板触屏来实现。所以远程管理可以作为日常维护和监控设备的常规方式，可以协助完成日常维护和巡检，为故障诊断和到场维护做前期准备。

3　同城异地灾备中心磁带库维护

3.1　IBM TS3500 磁带库技术特点

- 凭借磁带高速运转连接器实现磁带与磁带机的可扩展性；
- 凭借 IBM 多路径架构最大限度共享磁带库资源；
- 凭借先进的磁带库管理系统，能够对磁带盒插槽和驱动器进行动态分区；
- 凭借路径故障转移功能实现最高可用性；
- 支持同时进行多个异构服务器连接；
- 使用简单网络管理协议（SNMP）远程报告状态；
- 存储区域网络更改期间保留磁带驱动器名称；
- 内置诊断磁带机和介质异常报告；
- 通过 Web 浏览器进行远程管理[8]。

IBM TS3500 磁带库支持 LTO-7、LTO-6、LTO-5 磁带的读写和对 LTO-4 磁带的只读，具备远程管理、通过 SNMP 报告等协助维护管理的功能，自身可以提供诊断报告，并可以在不间断工作的情况下更换磁带机。这些都为磁带库的维护提供了便利，构建了更稳定的磁带库系统。

3.2 灾备中心磁带库的日常维护

3.2.1 环境要求

无尘。由于 LT0-7 磁带的磁粉密度大、颗粒小，并且磁带机的磁头对灰尘及空气中小颗粒特别敏感，故需严格要求无尘环境。

温度范围：16—32℃。

湿度范围：20%—80%（无冷凝），最高湿球温度 23.0℃。

3.2.2 磁带机的磁头清洗

IBM TS3500 管理系统提供自动清洗功能，设置为自动清洗，自动清洗会在磁带机不工作的时候自动清洗磁头。清洗带被使用 50 次后不再使用，手动退出清洗带。自动清洗不正常工作时，需要对磁带机进行手动清洗。

3.2.3 磁带库关机和重启操作

关机和重启操作需严格执行正常流程。首先确认相应磁带机及机械手未处于任务执行状态，保证磁带机中无磁带；磁带机中如果有磁带，需要通过管理界面手动取出。还要确保关机和重启操作是在磁带库完成所有从主机接收到的命令之后进行，防止有任何新命令在等待执行。关机和重启操作要求现场两人确认后执行。

3.2.3 磁带管理

（1）磁带全盘检查

为保障磁带健康，从 2012 年开始，对磁带库中的磁带进行全盘检查，通过 TSM 的 audit 功能，自动确认磁带上的数据健康可用，目前检查的频次是一年一次。

（2）磁带数据管理

由于灾备机房磁带库存储空间比较紧张（一个存储池使用过的磁带其他存储池是不能使用的），为了节约空间，确保有充足的空白磁带可以投入到新的备份任务，通过迁移数据量小的磁带中的数据集中存放，来减少使用磁带，使释放数据后的磁带重新投入使用之中，保障数据磁带的充足可用。

（3）磁带库空间扩容

为满足日益增长的存储需求，磁带库需要通过添置新磁带来扩充存储容量。相比一次性大量购置磁带，随着使用增加逐步进行扩容，保障了磁带介质的更新，避免了由于长期存放造成的磁带质量问题，减少了空间的浪费，并确保不断使用的磁带是新生产的。

2017 年，国家图书馆同城异地灾备项目正式实施。随着灾备中心的启用，通过磁带库存储的长期保存数据已完成第一次全备份和两次增量备份，实现了数字资源在磁带库的异地双份保存。虽然在实践中我们也遇到了传输中断、磁带机链接故障等问题，但是依据科学的管理方法，问题都得以圆满解决，没有影响主中心的工作，也没有对数据的安全造成影响。

磁带作为廉价的存储介质，多年来不但没有被其他存储介质所取代，而且应用前景广阔，尤其是大型磁带库对于图书馆行业的海量数据存储有着极为重要的意义。目前市售的存储产品中，磁带依然有着广大的用户和适合的应用场景，一种技术的生命周期能否长久，并不是看此技术有多先进、有多复杂，而是看它实际应用的场景是否适合，以及能为应用带来多大的价值。我们会在未来的工作中会继续探索在图书馆业务工作中如何更好地利用磁带库来发挥它的性能优势。

参考文献

[1] Wikipedia contributors. UNISERVO[DB/OL]. [2018 - 03 - 28]. https://en. wikipedia. org/w/index. php? title = UNISERVO&oldid = 743018622.

[2] Wikipedia contributors. Tape library[DB/OL]. [2018 - 03 - 28]. https://en. wikipedia. org/w/index. php? title = Tape_library&oldid = 793724779.

[3] Wikipedia contributors. Linear Tape-Open[DB/OL]. [2018 - 03 - 28]. https://en. wikipedia. org/w/index. php? title = Linear_Tape-Open&oldid = 832619443.

[4] Hewlett Packard Ent erprise, IBM and Quantum. THE LTO PROGRAM ANNOUNCES UPCOMING GENERATION 7 SPECIFICATIONS FOR LICENSING[DB/OL]. [2018 - 03 - 28]. https://www. lto. org/2015/09/the-lto-program-announces-upcoming-generation-7-specifications-for-licensing/.

[5] IBM. IBM LTO Ultrium 7 Data Cartridge[DB/OL]. [2018 - 03 - 28]. https://www. ibm. com/cn-zh/marketplace/lto-7.

[6] 国家图书馆. 对象数据[DB/OL]. [2018 - 03 - 28]. http://www. nlc. cn/newstgc/gJsztsggc/bzgf/201101/t20110109_31998. htm.

[7] 国家图书馆. 元数据总则[DB/OL]. [2018 - 03 - 28]. http://www. nlc. cn/newstgc/gJsztsggc/bzgf/201101/t20110109_31997. htm.

[8] IBM. IBM System Storage TS3500 磁带库[DB/OL]. [2018 - 03 - 28]. https://wenku. baidu. com/view/f65b5117866fb84ae45c8d2a. html.

国家图书馆多媒体综合信息发布平台的建设与应用

娄显赫　赵金柱(信息技术部)

传统的公共场所传播媒介主要是静态的告示板、灯箱、海报等方式,但是,在信息展示的效果、信息内容实时性和更新等方面,与现在的多媒体信息发布系统相差甚远。多媒体信息发布系统是一种应用型媒体整合传播系统,它是直接面向用户提供公共服务、保障信息畅通的重要手段,目前广泛应用于医院、银行、电信移动、广电、酒店、政府、企业、机场、车站、港口等单位。近年来,随着数字图书馆的飞速发展,国家图书馆提供的创新服务内容和服务模式越来越多,需要及时向读者发布各类帮助咨询、通知通告、宣传推广信息,从而引导读者更好地使用馆藏的资源和服务,进一步优化读者服务,多媒体信息发布系统也开始应用。

1　多媒体信息发布系统的定义、特点

1.1　多媒体的概念

多媒体概念出现于20世纪80年代初,其广义的内涵是传播方式上多种媒体的集成运用,是集声音、视频、图像、动画等各种信息于一体的信息处理技术。

多媒体的快速发展与计算机应用密切相关,集中传统的直观视觉媒体的优点,使信息传播格外动人和有效。多媒体信息发布系统,又称为数字告示系统,数字标牌(Digital Signage)系统等,是与纸张、媒体、电台、电视和因特网并列的"第五媒体"。

1.2 多媒体信息发布系统的特点

(1)系统运行在互联网之上,可以控制单个楼宇内显示屏的多媒体信息显示,也可以控制多个楼宇内显示屏的多媒体信息显示,甚至可以在广域网上跨省市运行。

(2)操作简单。经过简单的培训,就可应用节目编辑软件随时随地随心所欲地发布。

(3)屏幕画面显示支持分区域、多图层、混编功能,可将屏幕分割成多个区域,如视频播放区域、文字滚动显示区域、图片显示区域、时钟星期及天气预报显示区域、走马灯滚动显示区域等,可以在同一时刻在所有区域上同时播放相应内容,多图层功能方便制作出精美视觉效果和特殊形状图案,增加画面吸引力和信息显示度等。

(4)节目播放时间与显示屏地点可设定,可随意为节目设定播放时间段与播放时长;可设定重复循环播放也可设定周期播放;可设定节目在某一个显示屏上播放,也可设定节目在某个显示屏组中同时播放;可设定不同显示屏播放不同内容,也可设定不同显示屏播放相同内容;可临时在所有显示屏上插播消息,也可在某一显示屏上插播消息。

(5)连接显示屏幕的播放终端支持(高清 1080P/720P)MPEG-1/2/4、AVI、RM、RMVB、WMV、DAT、VOB、Div-x、FLV、H. 264、MOV、MP4、TS、MPA、MP3 等各种音视频格式,可实现任意开窗、透明叠加、特技翻转、滚动文字等多种方式的混合显示。

(6)系统可与外部业务应用系统或数据库系统对接,实时显示最新信息或数据库统计数据等。

(7)播放终端可远程管理与控制,如远程开关机、重启、播放内容监控、设备状态健康程度检测等。

(8)节目制作员、节目发布员和系统管理员可在网络中的任意位置对系统进行操作和控制。

2 多媒体信息发布系统建设

2.1 多媒体展示在图书馆的应用现状

当今图书馆使用的传统信息发布模式,已不能满足需求,它存在以下问题:(1)信息发布模式单一,针对性差,有效性低;(2)信息交互性差;(3)即时性差。如何将消息在第一时间用最正确的方式在正确的对象前进行展示,是整个系统设计的核心,如何将消息及时准确地用多媒体推送至目标处,是整个系统设计结合传播学理论所必须解决的问题。

近年来在国家文化政策的指导下,图书馆事业得到了长足的发展,很多图书馆都扩大为多个馆区,每个馆区又划分成不同的功能空间。同时,随着信息技术的发展和应用,图书馆不断有新的服务内容和服务模式出现,比如自助服务、虚拟服务等。数字图书馆成为图书馆发展的必然趋势,其建设成果也逐步应用到实际业务中去,给读者提供了更加丰富的文化资源,更加多样化的服务形式,更加便捷的访问渠道。

2.2 国家图书馆多媒体综合信息发布平台建设

2.2.1 系统架构设计

国家图书馆多媒体综合信息发布平台以多媒体信息发布系统为基础主要分成四个子系统：服务器、管理控制端、多媒体播放器、显示终端。系统整体架构如图1所示。

系统支持分布式多级部署结构，支持C/S和B/S架构的远程管理，支持多媒体内容制作功能。系统必须支持局域网、广域网、Wi-Fi、3G等各类网络环境，要求较强的传输保密性，可远程集中控制，同步发送，系统能够对文字、图像、音视频等多种媒体信息源进行编辑制作、网络传输和控制播出。

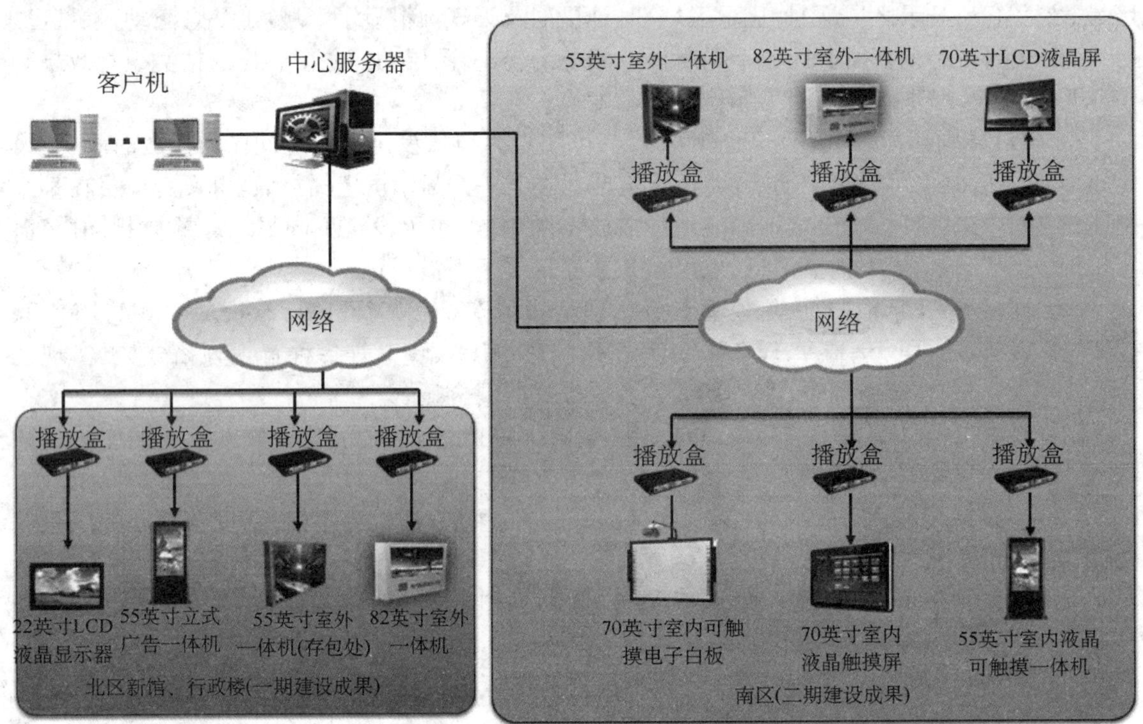

图1 国家图书馆多媒体综合信息发布平台整体架构

2.2.2 系统功能模块

(1)节目编辑和发送模块

使用节目编辑功能，可以在编辑界面对节目进行各种素材的添加和编辑操作。节目编辑时，在编辑界面中可以对视频、音频、文字等信息进行添加和编辑，可以导入各种多媒体视音频文件，编辑修改文件名、文件目录、文件属性，进行视音频文件预览，抓取视频关键帧；支持导入和编辑JPEG、PNG、GIF、BMP等格式的图片文件，支持插入文字文本，在视频或图片中插入文字，文字信息可以多种方式显示，插入图片格式的文字；可以设置文字大小、字体、边框、显示速度和背景颜色等各种效果。

编辑界面还支持各种网络流媒体的导入和编辑，实现了多种格式组成的动态的多媒体编辑。节目编辑完成后，可以通过发送功能将编辑完成的节目发送到应用服务器。节目发送管理过程中，可以选择指定的节目和任务实时发送或者在规定的时间定时自动发送节目和任务文件。通过该功能可以安排在网络不繁忙的时段发送大量的视频文件,还可以将播放器分区分组,同时将素材文件发送给一组控制器。传输的过程中实时显示传输任务的状态,确认节目的正常传送。

(2)节目管理和发送模块

接收到传送来的节目后,使用节目管理功能建立播放节目表,指定各不同节目的播放时间、播出顺序、重复次数等,对已经建立的节目表还可以根据需要的变化方便地进行编辑、修改和删除工作。同时还支持在某一节目表中插入另一个指定节目表,编制好节目表后进入最后的节目发布。

发布时,将编制好的节目和节目表向指定的网络控制器或控制器组进行发送,并对终端播放器发布下载指令。在进度条中可以查看发送状态,可以随时中断发送。如遇紧急或突发的情况时,可以进行即时插播节目表。在节目管理和发布模块里,还可以对播放器进行控制和管理,即建立并命名控制播放组,将网络控制器加入到组中,实现分组管理。在控制播放组设置中,可以修改控制播放组名、显示类型、删除控制播放组。可以设置控制播放组中网络控制器的优先级:当向网络控制播放组发送播出单与内容时,播放组中的各个网络控制器,按照在控制播放组中的顺序,逐个地发送;可以修改网络控制器在控制播放组中的顺序。

通过该模块还可以对播放控制环境、控制器的时间同步、语言选择、网络安全、播放模式等进行配置。网络控制器软件可以通过网络远程控制每一个控制器或控制播放器组的开关机。查看标题、播放开始日期与时间、播放结束日期与时间、重复播放次数等播放记录和节目表日志,查看显示日志日期与时间、类型(错误或警告)、播放器错误信息与次数等错误日志。

(3)用户管理和媒体审核

用户管理功能通过设置并统一管理系统用户的分配使用,严格按照系统角色设定相应权限,保证系统用户的规范管理。数字媒体发布系统后台参数调整和配置包括同步时间设定、授权设定等。其中,会议管理系统要进行会议室、参会人员等信息的维护和更新。

特殊节目素材如视频类,可开启素材审核,审核通过后,才可发布。新增节目先经过主管部门内容审核,然后再从系统中通过节目格式审核。审核通过后,节目会出现在节目管理列表,可查看节目的内容及状态。

2.2.3 系统终端展示内容

国家图书馆多媒体综合信息发布平台展示内容主要包括以下几个方面。

(1)功能介绍信息:国图简介、馆区布局、方位指引、服务导航、机房介绍、使用说明、操作指南、注意事项等;

(2)通知公告信息:展览通知、讲座和活动预告、开闭馆安排、服务调整、文教培训等;

(3)宣传推广信息:特色馆藏、数图建设成果、推广工程成果、古籍和专题展览、大型阅读和专题活动等;

(4)服务推介信息:新上线的系统和资源推送、创新服务的发布、新书上架、专题推荐等;

(5)内部管理信息:面向馆内员工的活动通知、会议通知、培训通知、馆内工作通报、活动回顾、工作回眸等;

(6)会议室使用和管理信息:包括各个会议室开会的内容、与会者、组织者、开始和结束时间等信息;

(7)动态实时信息:天气预报、温湿度、阅览区人数等情况等动态更新、即时变化的内容。

(8)商业资讯:国图影院电影排片、宣传海报等。

3 国家图书馆多媒体综合信息发布平台实践

国家图书馆多媒体综合信息发布平台系统共部署了1台中心服务器和43个展示终端显示屏。国家图书馆多媒体综合信息发布平台系统采用分布式、可扩展的架构，能够根据实际业务需求的扩展，随时增加显示终端的数量。

3.1 国家图书馆多媒体综合信息发布平台的实现

对于国家图书馆多媒体综合信息发布平台系统来说，系统本身的建设是基础，而展示内容的制作才是灵魂。展示内容的规划需要根据信息接收对象的类型及展点分布的位置，设计不同的展示内容。国家图书馆的多媒体信息受众包括到馆读者、来访参观的领导和社会人士、同行业技术人员、内部员工等。展点分布的功能区域包括室外重要区域、室内大厅、读者阅览区、员工通道和会议室、机房区域等。其中在国家图书馆大门处部署82英寸室外广告一体机，动态实时显示国图简介、馆区布局、方位指引、服务导航、展览通知、讲座和活动预告；在国家图书馆正门存包处部署55英寸室外广告一体机，实时显示存包注意事项等内容；在国家图书馆各层阅览室咨询台入口和数据中心机房门口等处部署55英寸室内广告一体机，动态实时显示各阅览室相关信息、公告通知、员工动态、活动回顾、机房介绍、注意事项等内容；在行政楼会议室门口部署22英寸广告一体机，动态显示各会议室使用情况等内容。

3.1.1 室内外公共区域宣传展示

室内外公共区域显示屏展示读者进馆须知、开闭馆安排、通知公告、服务政策调整、馆区方位导引、典籍博物馆相关的须知以及宣传信息、告示、活动通知等。

集成会议室管理系统，在展示终端上显示会议室的使用状态，包括会议名称、会议主题、预订人、开始和结束时间等；会议信息能够会议开始前10分钟提前显示。若该会议室空闲状态时，可自动切换显示其他展示信息。

3.1.2 读者排队/叫号信息

与电子阅览室系统通过Web Service接口链接，动态显示数字共享空间读者排队和叫号信息。当有空余机位时，自动显示下一位读者编号和对应的机器编号。

3.1.3 阅览室读者人数

与门禁系统通过底层数据库进行链接，每5分钟更新一次，显示到馆读者人数以及进入每个人阅览室的读者人数。

3.2 国家图书馆多媒体综合信息发布平台的优势

国家图书馆多媒体综合信息发布平台系统利用过滤模型，对发布的信息及第三方信息源进行筛选与过滤，提高了信息的有效性及合法性。国家图书馆多媒体综合信息发布平台系统的核心在于构建一个移动互联网的信息交互平台，系统地利用各类终端进行信息发布与多媒体资源播放。

国家图书馆多媒体综合信息发布平台系统展示形式以主动播放为主，在后台进行统一发布后，不需要人工干涉便能够在显示终端自动播放展示节目。同时支持普通液晶显示终端和液晶触摸屏的发布和管理。普通液晶终端无须人工干预，轮流播放相对固定的节目；液晶触摸屏能够实现静态展示和交互触摸相结合的方式，当无人触摸时可自动播放显示节目，一旦有人触摸，可显示切换按钮，切换到触摸屏系统，进行交互式操作和信息获取，固定时间（可自己设定，如 60 秒）内无人触摸时自动切换回信息显示。

该系统选用了触摸屏设备，支持主动播放和触摸互动相结合的形式，当有读者近距离使用展示终端时，可以通过触摸选取内容进行查看；如果一段时间无人使用后，能够自动切换到多媒体节目进行滚动播放。具备开放性，与国家图书馆多个业务系统进行了集成，动态实时地展示会议、排队叫号、读者到访统计等多种多样的业务数据，还支持第三方系统的灵活接入。支持主动展示和触摸交互相结合的方式，弥补了传统多媒体信息系统顺序播放、无法选择性获取信息、等待时间长的缺点，又比单一的触摸屏增加了主动展示功能。

4　国家图书馆多媒体综合信息发布平台系统的总结与展望

国家图书馆多媒体综合信息发布平台经过 3 年多的建设和应用，以展示形式多样化、内容更新实时、管理更加方便等优势，在实际的业务工作中逐步取得了良好的信息展示效果。首先，在国家图书馆大部分的室内外公共区域，电子展示终端已经基本替代了传统纸质的讲座和展览信息、通告公告等形式，读者关注度更高，更新更加便捷，信息传递效果更为显著；其次，越来越多新增信息开始转向通过多媒体展示系统向读者推送，比如国图艺术中心的海报、国家典籍博物馆的展览和讲座等。目前，多媒体信息展示已经成为国家图书馆网站之外的一种重要宣传途径，针对重要的宣传和通知信息，基本能够保持与网站统一的更新速度，形成了多样化发布、周期性更新与专题性宣传相结合的多媒体展示机制。

系统上线后，整体使用效果良好，受到使用部门及读者广泛好评。其中，部署于咨询台的室内广告一体机，展示内容丰富，有效引导读者，提升服务水平；部署于正门口的室外广告一体机，发布馆区介绍、服务导航、通告及讲座信息及时，提高了信息发布效率，有效提升了国图的整体形象；通过部署于行政楼的广告一体及会议系统管理系统，使会议室管理信息化、自动化，提高工作效率。

然而，如何打造一张图书馆多媒体信息发布名片、扩大图书馆的宣传力度，还需要我们对国家图书馆多媒体综合信息发布平台系统的特点、优劣等充分认识，并对节目内容和节目安排进行精心策划和制作。一方面，我们既要了解和熟悉图书馆资源、服务、运行特点，也要了解读者的兴趣点、表达方式、语言特点，采用读者更加喜欢的富有新意的、充满人文关怀的、个性化表达的方式，把最有价值的信息最充分地传达给读者，这就要求我们的宣传内容不能简单重复，形式不能单调守旧，要充分考虑读者的接受心理和个性特点，选择读者喜闻乐见的风格和形式，在理性元素基础上合理添加感性元素，加强和读者情感的沟通，增强图书馆宣传的感染力。另一方面，各种宣传方式都有自己的特点和一定的适用范围，多媒体信息发布系统也不例外。国家图书馆多媒体综合信息发布平台系统具有在地理位置限制以及交互性较弱等不足，因此，我们要结合图书馆的工作需要，把多媒体信息发布系统与传统纸质媒体、图书馆门户网站、手机图书馆等媒体有机结合起来，全面规划，长期推进，发挥集成优势，形成体系，使图书馆传播媒体建设不断迈向新台阶。

参考文献

[1] 张秋，魏成光. 多媒体信息发布系统在大学图书馆的设计与应用：以清华大学人文社科图书馆为例[J].

图书馆学研究,2011(20):38-41.
[2] 国家图书馆. 国家图书馆多媒体信息展示系统技术需求书[Z]. 北京:国家图书馆,2015:10.

跨域单点登录在国家图书馆统一用户系统的设计与实现

范书云(信息技术部)

1 新版统一用户系统建设的背景和意义

2010 年 12 月,"国家数字图书馆推广工程"启动,这项工程建立以国家数字图书馆为核心,以省级数字图书馆为主要节点,最终覆盖全国省、市、县、乡镇(街道)、村(社区)的公共数字图书馆网络体系,实现了全国公共图书馆资源与服务的全面共建共享,但是,全国各级公共图书馆用户认证系统建设状况参差不齐,很多地方图书馆不具备统一认证和登录机制。

同时国家图书馆已建有一批面向读者的应用系统,包括 OPAC 联机查询系统、馆际互借与文献传递系统、读者一卡通系统、移动图书馆系统和联合编目系统等,基本上所有应用系统都建有自己的用户管理模块,使用自己的用户库信息。一方面给维护和管理读者信息带来了很大不便,因为读者在多个系统中具有多套账号,所以用户信息不能进行统一管理;另一方面给读者使用也带来了很大的不便,一个读者要记住多个系统的账户和密码,在不同的应用系统间切换时要多次登录,缺乏统一的安全认证机制。

为了实现全国各级公共数字图书馆的统一用户管理和认证,建立国家图书馆统一用户管理系统,对各地图书馆读者信息进行统一管理,提供面向应用系统的用户统一认证和单点登录机制,提供应用系统访问许可控制功能,实现图书馆 VPN 与统一认证机制的集成,国家图书馆从全局的高度对统一用户管理和认证进行规划和建设,在 2017 年实现了新版统一用户系统上线运行,同时在全国大部分省市级公共图书馆完成了云部署。

2 国家图书馆统一用户系统的设计

新版国家图书馆统一用户系统在原系统的基础上,根据需要对部分应用系统进行改造,将这些应用系统纳入统一用户管理和统一认证机制中来,还要配合新建应用项目增加与国家图书馆统一用户管理系统完成统一认证和单点登录的功能。并且建立了独立的面向全国各图书馆的国家数字图书馆统一实名用户库,并为此实名库提供相应的管理、认证、单点登录、数据同步等接口和服务功能,使纳入国家数字图书馆实名用户库中的读者用户能够通过认证代理机制访问各地图书馆的实名访问资源,这样既解决数字资源访问的版权问题,也将提供数字资源充分利用的有效途径,是数字图书馆推广成果的充分体现。同时,统一用户系统还能够在各级省市县的数字图书馆通过云服务来进行部署使用。

2.1 统一用户管理体系框架图

国家数字图书馆统一用户管理体系由国家数字图书馆中心节点、省级分中心节点和多级地方节点组成。

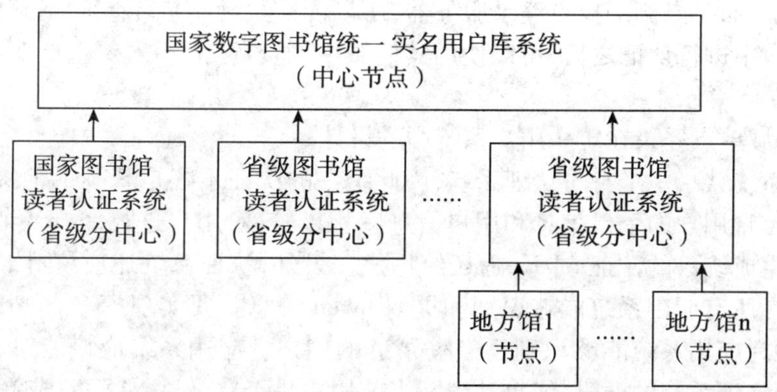

图1 国家数字图书馆统一用户管理体系框架图

中心节点完成读者在各省分中心之间相互信任所需的代理认证、汇集和管理所有省分中心读者数据的功能,省分中心节点完成读者在所辖市县认证系统之间相互信任所需的代理认证、汇集和管理所辖市县的读者数据。

2.2 基于 SMAL 的跨域单点登录

2.2.1 基于 SMAL 的跨域单点登录技术综述

单点登录(Single Sign On),简称为 SSO,是目前比较流行的企业业务整合的解决方案之一。SSO 的定义是在多个应用系统中,用户只需要登录一次就可以访问所有相互信任的应用系统,而不需要再次主动地进行其他的身份认证过程。单点登录认证可提高工作效率,增加系统的整体安全性,对系统进行更加有效的管理。单点登录安全体系结构的基本思想是由单点登录服务单独负责承担系统的安全,从而把安全架构的复杂性迁移到单点登录服务上面。单点登录服务由特定的单点登录服务器上面,使得系统的其他部分无须承担任何安全职责。在单点登录体系结构中,所有的安全算法都在单点登录服务器上实现,服务器是对特定域进行认证的唯一场所。此外,基于单点登录的认证机制还有另外一个优点:即使用户在特定域中同许多不同的安全策略相互作用,也只需要进行一次登录。

跨域认证方便用户通过单点登录便可访问跨多个域的多个服务器的资源,从而避免了重新认证的麻烦,提高了效率。为了建立跨域的单点登录认证,参与的所有安全域之间需要建立信任关系。

SAML 的全称是 Security Assertion Markup Language(安全断言标记语言),它由信息结构标准推进组织开发,其目的是作为一种基于 XML 的、用于交换安全性信息(这些安全性信息被称为"断言")的框架,为认证、授权、策略断言提供标准机制。

把单点登录技术和 SAML 结合起来,同时单点登录基本模式的某些流程也会发生改变。在单点登录基本模式中,每次对用户进行验证时,就必须调用单点登录服务器,在某些情况下,会造成服务器较大的处理负担,从而可能影响整个系统的性能。通过使用 Token(计算机身份认证中的令牌),每次进行用户验证就不必调用单点登录服务器。SAML Token 可以包含鉴别或者授权信息。这些信息由单点登录服务器生成并签署,所以如果 SAML Token 的接收者信赖服务器,它就不必做进一步的验证。

由于 SAML 的标准化,用户进行单点登录认证之后,通过使用服务端"cookie"和安全 token 对用户进行验证,而不必调用单点登录服务器,所以能够灵活适应不同的基础设施,这使得用户能够在某个域中进行认证之后,可以使用其他域中的资源,而不需要重新认证,这样可以轻易实现跨域的单点登录。

2.2.2 跨域单点登录在统一用户系统中的设计

所有应用系统共享一个身份认证系统,因此统一的认证系统是 SSO 的前提之一。认证系统的主要功能是将用户的登录信息和用户信息库相比较,对用户进行登录认证;认证成功后,认证系统应该生成统一的认证 token,返还给用户。另外,认证系统还应该对 token 进行校验,判断其有效性。所有应用系统能够识别和提取 token 信息。要实现 SSO 的功能,让用户只登录一次,就必须让应用系统能够识别已经登录过的用户。应用系统应该能对 token 进行识别和提取,通过与认证系统的通讯,能自动判断当前用户是否登录过,从而完成单点登录的功能。跨域认证要实现的是用户在每个域内的单点登录,当需要跨域访问应用系统的时候,则需要在域间进行安全的通信传输,基于 SAML 的传输方式,可以安全方便地传输用户的身份断言、属性断言和授权决策断言。

2.3 统一认证和跨域单点登录

读者在注册所在地访问本地资源应用系统时,通过本地的统一用户管理系统的单点登录机制实现认证。

当读者访问异地资源时,国家数字图书馆统一实名用户库系统提供代理认证功能。对于纳入国家数字图书馆统一用户管理系统的图书馆来说,可以通过中心节点的代理认证机制,相互访问各自的开放资源。访问示意图如下:

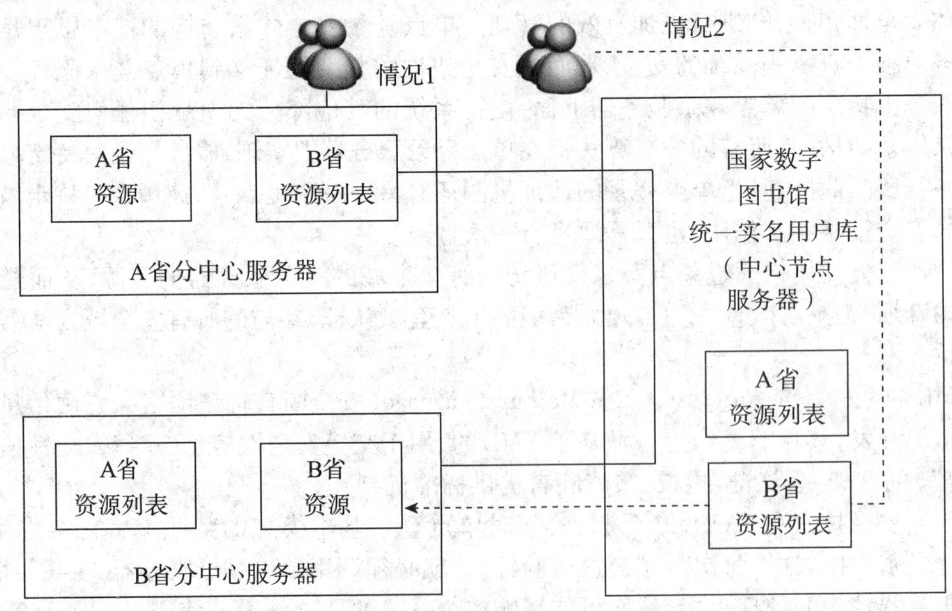

图 2 读者访问异地资源时所需代理认证示意图

2.3.1　A 省分中心的读者在本地登录后，访问 B 省分中心的资源

如图 2 情况 1 所示，A 省分中心向中心节点发送代理认证申请，申请信息必须包含 A 省分中心基本信息，与中心节点完成信任认证后，中心节点将读者在中心节点中保存的该读者的所有馆的信息发送给 B 省分中心认证系统完成认证：

(1)当读者在 B 省分中心有账户时，读者将获得 B 省分中心本地用户的资源使用授权；

(2)当读者在 B 省分中心没有账户时，读者将以国家数字图书馆中心节点的身份获得资源使用授权。

2.3.2　A 省分中心读者在中心节点登录访问 B 省分中心资源

如图 2 情况 2 所示，A 省分中心读者在中心节点完成登录认证后，中心节点将读者在中心节点中保存的该读者的所有馆的信息发送给 B 省分中心认证系统完成认证：

(1)当读者在 B 省分中心有账户时，读者将获得 B 省分中心本地用户的资源使用授权；

(2)当读者在 B 省分中心没有账户时，读者将以国家数字图书馆中心节点的身份获得资源使用授权。

2.4　统一认证与资源云服务

云计算中另一种身份认证技术是联合身份认证技术，伴随着云计算的迅速发展，用户在完成一项工作时通常需要登录不同的云应用平台，使用不同云服务商提供的服务，若进行多次身份认证，不仅会造成效率降低，还会带来注册和管理大量用户信息而造成的难题，以及用户信息暴露的风险，联合身份认证技术很好地处理了这一问题。用户在使用云服务时只需登入一次，不需要重复注册和登入多个账户就可以在建立信任关系的云平台之间自由切换。在云计算中用户能达到登录一次、多次访问的目的，改善用户服务体验，登录一次就可以访问云应用内部和云服务合作伙伴之间的其他资源。同时，大大简化了云服务提供者进行用户身份管理的复杂性，有效降低了用户跨地域和跨管理域访问时的身份管理成本。

在云服务环境下，建立和健全全国范围公共图书馆的统一认证机制，构建大型、分布式的全国公共数字图书馆统一认证网络和资源服务体系的基础性平台，这不仅能让各级成员馆建立和完善自己的用户管理和认证系统，降低其管理难度和维护成本，更有利于各地方数字图书馆加入云服务区域，进而将分布在互联网中的各个省区域中心和地方图书馆的资源和服务整合成为一个整体，真正实现各级公共数字图书馆资源和服务的共建和共享。

同时还能很好地满足云计算环境下复杂的用户权限管理要求，进而提高云应用系统的安全性。统一授权管理分为面向主体即用户的授权管理和面向客体即系统资源的授权管理。在对授权主体的授权管理上，需要建立三类用户主体，即用户账号、角色和组。面向客体的授权即面向资源的授权，是指对某一选定应用，管理员可以设定用户、组、角色的访问权限。从授权的力度上，授权可以分为粗粒度授权和细粒度授权。粗粒度授权即授权面向的是整个应用，被授权的主体要么能访问某个应用及其所有功能，要么不能访问这个应用，不能使用其任何功能。细粒度授权指在控制用户可以访问哪些应用系统的基础上，设置更加细致的对应用子功能的使用权限。进行细粒度授权，首先就应该将那个应用系统的功能按模块细粒度化，即按模块进行功能分解，将整个系统拆分为多个功能模块，某几个功能模块组合成一个功能组，然后针对某个功能或功能组模块进行权限设置。统一授权的优势在于，从安全管理员角度看，不仅可以在统一的授权策略下对所有用户的访问权限进行集中管理，还能及时发现未授权的资源

访问、权限滥用等。从用户角度看,可以保证对用户权限的分配在符合安全策略要求同时,使用户拥有完成任务所需要的最小权限。从系统安全角度考虑,可以避免出现越权访问,满足各种资源的安全需求。

在云服务系统实现时,在中心节点设置了统一实名用户库,系统在各个省级分节点设置了本地的身份认证服务。系统中心点和分节点实时进行数据同步,管理员只需要在中心节点管理用户信息资源即可。用户访问分节点资源时,先在分节点对用户身份进行认证,认证通过就不用再把信息发往中心节点,因此只有在跨域信息访问时,用户信息才被发送到中心节点进行资源访问,有效减轻了中心节点的访问负荷。

3　国家图书馆统一用户系统的实现

国家图书馆新版统一用户系统上线,解决了各服务应用系统各自为政,读者账号和属性信息分散管理的问题,将国家图书馆现有的和国家数字图书馆工程范围内的应用系统纳入统一用户管理和统一认证体系中来,与国家图书馆 VPN 进行集成,解决分馆员工、外地员工、合作用户及特殊读者等通过 VPN 基于统一认证机制访问国家图书馆内网的问题,建立一个全国性的国家数字图书馆统一实名用户库系统,并为此实名库提供相应的管理与认证接口和服务功能,解决国家数字图书馆统一实名用户跨馆访问各地方图书馆的相关资源服务时所需的代理认证和单点登录等问题。

3.1　系统的功能

国家图书馆统一用户管理系统将全国图书馆读者用户进行统一管理,完成系统注册和认证、单点登录等功能的综合性系统。其主要功能有:

(1)单点登录功能

读者只需要登录一次,即可享受各图书馆与本系统接入的应用系统的在线服务。

(2)系统注册功能

系统提供简单、易操作的实名注册验证功能,实现读者自助服务,面向读者提供网上注册、实名注册、读者数据修改、读者密码修改等自助服务,并且实现了第三方登录,可以通过微信、微博和 QQ 等进行登录。

(3)代理认证功能

通过系统的代理认证功能,读者可以无缝隙地访问全国图书馆的数字资源,解决读者跨馆访问资源的用户信任问题。

3.2　云部署

全国公共图书馆统一认证与资源云服务的体系建设依托的主体是“国家数字图书馆工程”和“国家数字图书馆推广工程”。

目前,中国共有 47 个副省级以上公共图书馆,依托各省级数字图书馆,带动其区域内的各地方市、县级数字图书馆和乡镇(街道)、村(社区)数字图书馆基层服务站点,通过建立一个面向全国公共图书馆的多层次的统一认证与资源云服务体系架构,将会有力地促进全国图书馆资源与服务的共建共享,整体提升图书馆的服务能力。

由于中国各个省市经济发展不均衡，公共图书馆的数字图书馆建设水平和服务能力也存在较大差异。统一用户系统把全国各级数字图书馆的资源和服务整合为一个整体，每级的数字图书馆可以为本馆的读者提供其他数字图书馆的数字资源，全国任何一个地方的读者只要在当地数字图书馆注册过，那他不必拥有其他数字图书馆的注册账户，也无须知道数字资源的来源在哪里，就可以在一个无限的数字图书馆世界中自由地享用各种数字资源，从而真正实现数字图书馆数字资源的云服务。

4 总结和不足

统一用户系统将分散在全国各地图书馆的数字资源有机地整合在一起，为全国各地方图书馆提供统一的登录平台。同时，将用户范围扩展至全国，将全国各图书馆读者统一管理，形成辐射全国的国家数字图书馆统一用户库。并且和国家图书馆门户系统、文津搜索系统和数字资源发布与服务系统等系统进行了对接，使全国各地读者可以方便快捷地使用国家图书馆数字资源，从而进一步拓宽了国家图书馆的服务渠道、丰富了国家图书馆的服务模式。

统一用户系统实现了全国图书馆资源与服务的无缝集成，改变了图书馆间资源重复建设和发展不均衡的现状，同时，通过给各地数字图书馆进行云部署，帮助各地图书馆整合本馆的各应用系统，而不必重新开发和购买软件，将会给国家和各级财政节约大量的经费投入，产生更大的经济效益和社会效益。

国家数字图书馆统一用户系统因金融管理功能与各馆的应用系统如何有机结合这方面存在一定的不确定性，所以缺少金融功能，不过相信不久的将来可以加入金融功能，并且实现多种第三方支付功能，进一步为读者提供便利，提升服务水平。

参考文献

[1] 刘浩. 基于 SAML 的安全管理系统单点登录技术研究[D]. 北京：北京交通大学，2014.
[2] 林利，石文昌. 构建云计算平台的开源软件综述[J]. 计算机科学，2012，39(11)：1－7.
[3] 倪力舜. 基于联邦的跨域身份认证平台的研究[J]. 电脑知识与技术，2011，7(1)：53－55.

国家图书馆藏民国时期建筑类文献概述

何　隽（国家图书馆缩微文献部）

中国建筑文化是中华文明的重要组成部分，并在漫长的历史发展过程中形成了与中华文化和谐统一的独特风格，对世界其他国家和地区，尤其是对东亚和东南亚地区的建筑文化产生了深远持久的影响。作为世界建筑文化的重要组成部分，中国建筑文化为人类建筑文化的发展与进步做出了巨大的贡献。作为研究的基础，建筑类文献具有不可忽视的重要意义。

1911 年至 1949 年间，中国建筑学发展迅速，起到了承上启下的重要作用，在整个中国建筑史上具有举足轻重的地位。这一时期既有中国传统建筑风格的延续,也有西方外来建筑风格的沁润,两种建筑文化间由此不断地碰撞、交融,并相互作用,共同构成了中国近代建筑文化的主线,展现出传统延续与外来影响的双重性[1]。这一时期也涌现出了一批杰出的建筑大师,如梁思成、刘敦桢、沈理源等,对中国建筑式样的走向和发展产生了巨大的影响。

依托于近代报业和出版业的蓬勃发展,这一时期涌现出丰富的建筑类文献资料,类型多样,如著作、期刊、调查报告、文物修复计划以及市政规划等。然而,由于近代印刷技术和纸质的影响,该时期流传至今的资料保存状况较差,且多数并未再版,难以为学术研究所充分利用。本文对国家图书馆藏民国时期建筑文献资料进行系统的梳理。

1 民国时期建筑类资料的整理出版情况

关于民国时期建筑资料的整理和利用,空间极为丰富。从总体而言,对于这一时期建筑的研究和整理起步较晚,资料出版也相对较少,直到20世纪80年代才渐有涉及,主要资料性汇编如下:

《中国近代建筑工程文献史料汇编》(2009年,京华出版社)是目前体量最大的一部中国近代建筑资料汇编,总共收录了30余种民国时期建筑期刊,具体为《复旦大学土木工程学会会刊》《工程》《工程会报》《工程季刊》《工程界》《工程特刊》《工程通讯》《工程学报》《工程旬刊》《工程译报》《工程杂志》《工程月刊》《工程周刊》《国立武汉大学土木工程学会会刊》《河北省工程师协会月刊》《建筑月刊》《交大土木》《南大工程》《市政工程年刊》《土木》《土木工程》《工程学术团体联合年会纪念刊》《新工程》《新建筑》《之江土木工程学会会刊》《中国工程师学会会务特刊》《中国工程师学会会务特刊》《中国工程学会会报》《中国工程周报》《中国建筑》和《中国营造学社汇刊》。

汪坦、藤森照信主编的《中国近代建筑总览》系列丛书(20世纪90年代陆续出版,中国建筑工业出版社)共收录了十余种中国各地城市区域的建筑资料。该书为中国国家自然科学基金委员会、建设部的科研项目,并得到了日本丰田财团资助,是中、日双方近代建筑史研究会合作研究的成果之一,对亚洲及世界近代建筑史的研究有着重要的作用,并对建筑保护与修复等具有重要的参考价值。

《中国营造学社汇刊》(2016年,知识产权出版社)收录了1930—1945年间印行的关于全面研究我国古代建筑的重要著作,在建筑史学界影响深远,是非常重要的建筑文献,共有7卷23期22册,约5600页,其中插图篇幅比例较大,占到全书的四分之一以上。该书所采用的底本为罗哲文藏书,具有重要的版本价值。

《清华学人建筑文库》(2006年,清华大学出版社),该丛书收录了清华大学毕业任教的建筑大师所撰写的建筑学专著,包括了梁思成、周卜颐、汪国瑜等建筑学大师,是一部集大成的建筑研究文论集。

《大上海都市计划》(2014年,同济大学出版社)是有关上海地区建筑建设文献的汇编,收录了上海市都市计划委员会分别于1946年12月和1948年2月所编印的《大上海都市计划总图草案报告书》与《大上海都市计划总图草案报告书》(二稿)以及由上海市人民政府工务局于1950年7月编印的《大上海都市计划总图三稿初期草案说明》。这三份城市发展计划书一脉相承,反映出当时上海对自身城市发展的思考。

另外,还有在当时具有代表性意义的建筑大师全集著作,如《梁思成全集》(2001 年,中国建筑工业出版社)、《刘敦桢全集》(2007 年,中国建筑工业出版社)、《谢家荣文集》(2007 年,地质出版社)等。

近些年,在该领域还有一些单行本的整理与重印,同样具有重要的参考价值,具体如 L. Corbusier《明日的城市》(2009 年,中国建筑工业出版社)、沈理源《西洋建筑史》(2008 年,知识产权出版社)、毛心一《中国建筑简史》(1996 年,上海书店出版社)、伊东忠太《中国建筑史》(2006 年,中国建筑工业出版社)、王壁文《中国建筑》(2010 年,岳麓书社)、戴裔煊《干兰——西南中国原始住宅的研究》(2014 年,山西人民出版社)、陈植《造园学概论》(2009 年,中国建筑工业出版社)、王国良《中国长城沿革考》(2011 年,上海交通大学出版社)、《北平市建筑规则、房基线规则、沟渠取缔规则》(2007 年,北京出版社)、《首都计划》(2006 年,南京出版社)等,这些文献底本在国家图书馆中俱有相应馆藏。

关于中国近代建筑史的研究,在 20 世纪 80 年代以前并未引起足够的重视,其研究也基本处于渐进的状态。1986 年,在北京召开了"中国近代建筑史研究讨论会",关于这一时期建筑的研究进入了系统开展的阶段[2]。到今天,关于中国近代建筑史的研究已取得了一定的成果,但仍存很大提升空间。首先,关于中国近代建筑史研究的深度及广度有限,除了与历史研究的结合和深度不足外,对除建筑本身外的其他社会因素和技术因素的研究也明显不足;其次,由于受到学术背景的限制,建筑史研究中的历史性方面开展不足,对于民国建筑行业、建筑技术结构等方面的研究较为单一[3]。在现有的研究情况下,近代建筑史研究亟待更丰富的资料支持,以便与历史理论进行充分结合,提升研究的高度。

2 馆藏民国时期建筑类文献的主要内容

民国时期建筑类文献指的是 1911—1949 年间与建筑内容相关的文献资料。

馆藏民国时期建筑文献,在分类上,可分为建筑学专著、行政规划文档、调查报告说明书、期刊四个部分,调研详情如下:

(1)建筑学专著(141 种)

建筑学专著,其内容大多为当时的专家学者的著作以及对于欧美日本等著作的译作,基本代表了民国时期建筑学界在这一领域的学术水准。从学理而论,中国建筑现代化的一个重要标志是建筑学专业的出现。中国建筑学专业诞生于民国时期,其具体体现是一大批专业建筑师的出现、建筑学会的形成、共同标准和规范的制定,建筑专业教育的开展以及专业的学术研究和批评,涉及的内容包括建筑史、建筑艺术、建筑制图、建筑学派、建筑施工、建筑设计、建筑结构、建筑工程、建筑光学、建筑构造、城市规划、城市建设学、城市给水等方面,如亚丹士(Thomas Adams)的《现代都市计划》、盛承彦著《建筑构造浅释》等文献。另外,馆藏中也包括了如采暖设备、仓库建设、防空壕、防水材料、混凝土、沥青材料等较为具体的建筑建设内容,如中国建筑师学会的《中国建筑师学会章程、业务规则、公守诫约》、杨建的《中国仓库工程》、国立中央大学的《混凝土工场试验法》等。

(2)行政规划文档(100 种)

行政规划文档,主要为各地政府、工务局对当地市政建筑的规划计划及调研方案,覆盖面广泛,包含了南京、北平、上海、广州、武汉、济南、青岛、天津、太原、成都等国内主要城市的城市建设情况，如伪天津市政府的《天津都市计画大纲》、广州工务局的《广州市工务报告》、青岛市工务局的《青岛市暂行建筑规则》等。此外，馆藏中还有一些关于中小城市和地区的建设规划和建筑资料，如《北戴河海滨建设计划书》《繁荣威海卫计划》《连云市建设计划大纲草案》《新乡都市计画大纲》《开封新建设一览》《衡阳市辟建城北工业区、城南新市区便览》等。目前，建筑史学界现有的研究成果大多在于主要城市建筑建设，对于中小城市及地区情况的研究尚存极大的潜力，这些资料对于加强这一领域研究具有重要的资料价值。在内容上，行政规划文档不仅有详尽的文字说明，另有较为精确的设计和规划图，对于建筑、市政的研究以及相关技术研究具有重要的使用价值，同时也有很重要的历史文化价值。

(3)调查报告、说明书(27种)

调查报告和说明书类，包括了这一时期对于全国主要建筑资料的考察情况，以及有关具体工程和建筑器械的使用说明，包括古建筑陵墓的调查、历史博物馆、宗教建筑的考古调查等，如胡鸿基编著的《爪哇式厕所说明书》，联合勤务总司令部工程署凿井工程训练班编纂的有关凿井工程的机械使用、技术讲义等。这一类资料主要是关于具体建筑建设及工程的，其中团体组织编纂的文献占据了一定的比重。

(4)期刊(14种)

期刊类多为政府、学会等编纂的建筑类期刊，如天津市工务局编纂的《天津市公务月刊》等，而《国立武汉大学土木工程学会会刊》中还包含了大量外文资料及内容。可以说，期刊类资料是中国近代建筑类文献的重要组成部分。

3 馆藏民国时期建筑类文献的史料价值

馆藏中国近代建筑类文献，主要具备以下三个方面的史料价值：

第一，为现代主义建筑理论及其实践在中国的传播及早期发展提供了丰富的史料。介绍海外建筑学理论及其实践是中国近代建筑类文献的一个重要内容，国家图书馆馆藏的有关黎宁、郑梁等近代建筑学专家所著的专著和广东省立勷勤大学工学院编的特刊等文献，将现代主义建筑传入中国的时间提前了几十年[4]。

第二，为建筑学的专项研究溯源提供了史料支持。暖气工程和冷气工程于1952年在我国始创学科专业，而这也被以往认为是中国暖通领域研究的起点。馆藏文献中的《暖气工程》(1938年，长沙，商务印书馆)和《冷气工程》(1936年，上海，商务印书馆)将我国建筑学界有关暖通领域的研究提前至20世纪30年代，填补了这两个专业的早期发展史。学界以往将中国图书馆建筑研究的开始时间界定为20世纪70年代，国家图书馆馆藏的《图书馆建筑与设备》(1935年，武昌，文化图书馆专科学校)将这一领域的建筑研究开始时间由20世纪70年代提前至30年代，又如胡鸿基著的《爪哇式厕所说明书》(1928年，上海，上海特别市政府卫生局)和张人俊著的《厕所建筑》(1941年，贵阳，文通书局)把我国对厕所研究的开始时间由20世纪末提前至20世纪20年代[5]。馆藏的建筑类文献不仅展现了中国近代建筑学家对城市规划的设计理念和思考，还对当今我国的城市规划建设具有重要的参考价值。

第三，对馆藏民国时期建筑类文献的调研将深化相关专题的研究。张复合教授认为，馆藏文献中如卢毓骏著的《防空建筑学》，北京龙虎公司编订、国立北京大学工学院审定的《国立北京大学工学院修建校舍工程做法说明书》等为防空建筑学和近代建筑史等的研究工作提供了至关重要的资料[6]。目前,史料的缺失给当下的建筑史研究造成了极大的困难,通过对国家图书馆馆藏民国时期文献进行调研,将很好地解决建筑史研究中史料缺失的问题。

除了对建筑史和建筑学的重大意义以外,馆藏民国时期建筑类文献对社会史、政治史、经济史等领域的研究都具有重要意义。国家图书馆馆藏建筑文献的价值绝非仅局限于狭义的建筑工程领域,其中包含了大量近代政治、经济、军事发展的史料和线索,对于这一时期的历史研究均具有极为重要的史料价值。

参考文献

[1] 张复合. 关于中国近代建筑之认识[J]. 新建筑,2009(3):134.

[2] 张复合. 中国近代建筑史研究与近代建筑遗产保护[J]. 哈尔滨工业大学学报,2008,10(6):13.

[3] 李蕻楠. 中国近代建筑研究评述(1986—2010)[J]. 建筑学报,2012(10):81.

[4][5][6] 专家探讨《中国建筑史料集成》(1911—1949)[N]. 图书馆报,2017-03-10(14).

浅议《公共图书馆法》对公共图书馆提升志愿者服务效能的作用

陈传媚(缩微文献部)

1 引言

“文化志愿者,是指利用自己的时间、知识、技能等,自愿、无偿为社会或他人提供公益性文化服务的个人。”①公共图书馆志愿者服务工作是志愿者本着自愿原则,为公共图书馆无偿奉献自己的知识、技能和时间的一种社会性的公益活动。我国公共图书馆的志愿者服务工作开启时间较晚,1995 年,北京图书馆(现国家图书馆)率先成立志愿者服务队。此后,福建、上海、佛山、深圳等地图书馆也纷纷开始招募志愿者进行服务。2006 年中国图书馆学会正式确立图书馆志愿者的培训和招募等相关制度。时至今日,经过 20 多年的探索与发展,志愿服务已在全国各地公共图书馆遍地开花,志愿者数量也已形成一定规模。志愿者已成长为我国公共文化服务建设体系中政府与市场之外举足轻重的公共力量。

随着文化志愿者服务工作逐渐向广泛、深入发展,国家层面对这项工作也越来越重视。文化部 2013 年 1 月颁布《文化部“十二五”时期公共文化服务体系建设实施纲要》明确提出“探索完善文化志愿服务机制,广泛开展文化志愿服务活动”。2015 年,中共中央办公厅、国务院办公厅印发《关于加快构建现代公共文化服务体系的意见》中提出“大力推进文化志愿服务,大力弘扬志愿服务精神,坚持志愿服务与政府服务、市场服务相衔接”。2016 年 7 月,文化部印发《文化志愿服务管理办法》中就具体推动文化志愿服务进行规范化、制度化。2017 年 3 月施行《中华人民共和国公共文化服务保障法》,其中第四十三条规定:“国家倡导和鼓励公民、

① 2016 年 7 月 14 日文化部印发的《文化志愿服务管理办法》(文公共发〔2016〕15 号)第一章第二条。

法人和其他组织参与文化志愿服务。公共文化设施管理单位应当建立文化志愿服务机制,组织开展文化志愿服务活动。县级以上地方人民政府有关部门应当对文化志愿活动给予必要的指导和支持,并建立管理评价、教育培训和激励保障机制。”这一系列政策法规的密集出台成为推进和引导我国公共图书馆志愿者服务工作向更高水平发展的重要力量,也标明政府对公共图书馆领域志愿者服务工作的认可和支持。2018 年 1 月 1 日《中华人民共和国公共图书馆法》(以下简称《公共图书馆法》)开始实施,该法对志愿者服务工作也有明确规定:“第四十六条　国家鼓励公民参与公共图书馆志愿服务。县级以上人民政府文化主管部门应当对公共图书馆志愿服务给予必要的指导和支持。”这是党的十九大之后出台的第一部文化方面的法律,也是图书馆第一部专门法律,标志着我国图书馆事业正式走上法制化的快车道,也使得“志愿者服务”的相关规定从国家的政策管理、标准化管理上升到法制化管理,成为公共图书馆志愿者服务工作的最高依据。

本文主要从公共图书馆志愿者服务工作的意义及现状出发,探究《公共图书馆法》的颁布为公共图书馆开展志愿服务工作、提升服务效能带来的利好作用。在此基础上,就公共图书馆如何抓住契机、开展志愿服务地方立法提出建议。

2　公共图书馆志愿者服务工作的意义及现状

2.1　公共图书馆志愿者服务工作的意义

在全民阅读环境下,整体来说,公共图书馆志愿者服务工作能有效提升公共图书馆的工作效率,更好地促进公共图书馆的发展。具体而言,这种意义可以从图书馆、社会、志愿者本人三个方面进行分解。

首先,从图书馆方面来看,志愿者服务工作能够弥补公共图书馆人力资源不足。随着近年来人们精神文化需求的增长,公共图书馆面对的读者群体日渐庞大、读者需求越发多元,图书馆原本就普遍存在的编制不足、专业人员短缺现象显得尤为突出。志愿者的加入为公共图书馆提供了无偿的人力资源帮助,有助于缓解一些服务项目的用人紧张,而且部分志愿者自身知识丰富、能力突出,甚至弥补了图书馆服务人员知识和技能的不足,可谓雪中送炭。同时,作为新鲜血液的志愿者为图书馆的发展注入了新的活力,在图书馆与读者之间架起了新的沟通桥梁,整体上有助于图书馆工作的开展。

其次,从社会方面看,提高了公共图书馆的社会影响力。志愿者来自社会各阶层,有着不同的生活半径,但是因志愿服务活动,大家连在了一起,相当于通过志愿者服务工作将各种不同的社会力量汇集到公共图书馆这一项公共文化事业中来,宣传了图书馆的工作内容和服务范围,扩大了服务工作的整体影响范围,提高了图书馆的社会影响力。

第三,从志愿者自身来看,帮助了志愿者实现自我。志愿者往往是秉持公益之心投身志愿工作,诉求主要是精神满足和个人价值。图书馆给志愿者提供的平台正好能让他们受到文化氛围的熏陶,在服务他人的过程中,提高自己的社交能力和获得服务他人的满足感,同时,也能提升他们利用图书馆的能力、学习新知识的能力等,让他们提高和完善自我。

2.2　公共图书馆志愿者服务工作现状

图书馆志愿者服务工作在我国开启的 20 多年,其重要意义在今天已经被充分认可和重视，但客观来看，我国公共图书馆的志愿服务工作还仅处于初级阶段，特别是中小型图书馆的志愿服务更是需要进一步健全和完善。

首先，管理制度不健全。大多数地方政府及公共图书馆本身也没有制定相关的志愿者管理条例或者办法，整体的志愿者服务工作缺乏操作性强的法律、法规。制度不健全的情况下，可想而知，无论是在人员招募、权责规范、培训激励，还是经费保障等方面，公共图书馆都难免存在着随意性和不规范运作，这势必影响图书馆服务效能。

其次，缺少专项经费。虽然志愿者活动具有公益性，志愿者也不为牟利而来，但并不意味着图书馆的志愿者服务工作不需要经费保障。相反，志愿者服务工作要取得良好效果，稳定足额的经费保障必不可少，比如在志愿者服务过程中购买意外伤害保险，一些活动中产生的交通费用、工作餐饮等都无法避免，如果是专项活动则需要更多费用支持。现实中，由于经费的短缺，许多公共图书馆在志愿者招募环节便受到掣肘，因为宣传经费不足，很多图书馆的志愿者招募信息无法制定复杂的宣传策略，只能采取在馆内宣传栏、内部网站宣传的方式进行，导致受众面窄，难以吸纳更多优秀的人才加入志愿者队伍。其实经费的短缺也是必然，因为目前的体制机制下，公共图书馆几乎没有志愿者服务相关专项经费，所需费用多来源于本单位事业经费，而事业经费都有固定支出项目以及使用规范，自然无法进行额度很高的分割。

第三，志愿者专业性和稳定性不够。志愿者的积极参与和自身素养是图书馆志愿者工作的重点。但目前公共图书馆在这两方面均存在问题。一方面，图书馆工作具有一定的专业性，志愿者绝大部分都没有相关工作经验，对公共图书馆的服务内容、范围、需求等并不完全了解，由于培训机制的不成熟，培训成效差，志愿者自我提升少。加上岗位安排时，没有做到“因人上岗”“因才使用”，许多岗位没有根据志愿者的个体特点、优势进行分配，难以发挥其特长。比如有些公共图书馆曾坦言将不熟悉图书馆整体情况的志愿者放置于图书馆咨询台这样重要的“门脸”岗位，结果无法很好地接受读者咨询，继而遭遇读者投诉，既折损了图书馆服务效能，又打击了志愿者个人信心。志愿者多慕公益、文化之名而来参加志愿者活动，如果没有成就感和获得感，便容易失去继续服务的热情。另一方面，志愿者来源单一，稳定性差。据大多数公共图书馆反映，可能因为在校学生业余时间较多，而且许多学校又对学生社会志愿服务课时有硬性要求，所以图书馆的志愿服务应聘者中大多数都是学生，社会人士相对较少。学生志愿者的特点是寒暑假、周末时间较充裕，工作日时间较少。因此也造成图书馆平时志愿服务人员不够。据辽宁省图书馆的统计，辽宁省图书馆的志愿者中，“80.0%的人都是在校学生”“28.3%的人只有在特殊时间或节日参加，11.3%的人一年只参加一次志愿活动，9.4%的人每月或二月参加一次，6.7%的一周或两周一次”。

随着社会的发展，加入公共图书馆志愿者服务工作的人数是在不断攀升，如何真正管理好这样一支有益队伍成为必答题。这就亟待规范志愿服务管理、界定志愿者权利义务、解决志愿服务保障等一系列问题。从进一步促进志愿服务事业健康发展的角度，志愿服务的立法工作迫在眉睫。恰逢此时，《公共图书馆法》出台颁行，虽然它不是针对公共图书馆志愿者服务工作的专门法律，但是作为图书馆行业的专门法律，并且对志愿者服务有专门规定，该法对图书馆志愿者服务工作来说，意义重大。

3 《公共图书馆法》对公共图书馆提升志愿者服务工作的积极作用

2018 年 1 月 1 日,《公共图书馆法》的实施是我国图书馆界的一件大事。它对公共图书馆的建设、运行、服务、管理、保障和社会化都做出了具体规定,明确公共图书馆的发展方向、基本目标和重点任务,强化了政府保障和政府责任,对我国图书馆事业乃至公共文化事业的提升有着巨大的推动作用,为吸引更多人利用图书馆奠定了基础。该法第四十六条对于开展志愿者服务工作也有纲领性规定。总体来看,《公共图书馆法》对公共图书馆提升志愿者服务工作的积极作用体现在以下几个方面。

3.1 对公民参与公共图书馆志愿者服务给予充分肯定

吸引志愿者参与图书馆的公共服务,是图书馆自我发展的需要,也是拓展社会服务职能的有效途径,有利于全社会形成一种公众参与、关心公共事业的精神导向。延续之前几部文化相关法规的基本宗旨,《公共图书馆法》对公共图书馆志愿者服务事业给予了充分肯定,明确了志愿者服务工作的主管部门和责任,为志愿者工作机制和管理制度的健全和完善奠定了基础,有助于志愿者服务工作迈入规范化、制度化和法制化轨道。

整体看来,不难发现,《公共图书馆法》的一大改革创新之处便是吸纳公众参与,例如明确要求建立健全以理事会为主要形式的法人治理结构,吸纳公众参与,健全决策、执行和监督机制;要求采取政府购买、税收优惠、开展志愿服务等措施,引导和鼓励社会力量参与公共图书馆建设等。志愿者服务作为公众参与图书馆实际管理和服务的重要方面,能否获得有效发展,除了图书馆与志愿者的共同努力之外,需要获得国家的支持。《公共图书馆法》对公共图书馆志愿者服务事业的肯定,有助于进一步研究制定专门的图书馆志愿者服务管理规章制度及保障措施,是为图书馆志愿者服务工作发展提供的最强有力的制度保障。

3.2 明确了经费来源,为公共图书馆事业可持续发展提供了根本保障

《公共图书馆法》以法律的形式明确了公共图书馆事业的政府责任,规定"县级以上人民政府应当将公共图书馆事业纳入本级国民经济和社会发展规划,将公共图书馆建设纳入城乡规划和土地利用总体规划,加大对政府设立的公共图书馆的投入,将所需经费列入本级政府预算,并及时、足额拨付"。对于国家和地方各级人民政府管理公共图书馆事业的职责范畴作了具体的规定,奠定了公共图书馆事业的国家保障和地方保障。

从当前的文化志愿者队伍建设情况来看,由于文化志愿者建设的经费来源渠道单一,各类配备严重不足,而图书馆的志愿者经费更是少之又少,因此,《公共图书馆法》对图书馆经费来源的明确规定有利于文化志愿者的相关经费得到保障,为积极争取志愿者服务工作财政专项投入获得了可能。

3.3 明确了政府推动志愿服务工作的作用和责任

志愿服务是政府服务与市场服务的重要补充,志愿服务需要也理应得到政府的关注和支持,明确政府推动志愿服务工作的作用和责任尤为必要。《公共图书馆法》以法律形式明确了各级人民政府是承担公共图书馆服务建设的责任主体,规定了县级以上政府对志愿服务工作

的指导和支持义务。

《公共图书馆法》是对《公共文化服务保障法》基本要求的专门化和具体化,不仅对《公共文化服务保障法》作了回应,而且根据公共图书馆的工作特点和规律,作了进一步细化完善,使之更有针对性和可操作性,为亟待完善的公共图书馆志愿者服务机制奠定了基础。

我们一定要紧紧抓住《公共图书馆法》颁布赋予图书馆志愿者服务工作新的契机,推动图书馆志愿者服务工作在实践中不断成熟,促进志愿者服务工作的可持续发展,为图书馆的文化事业贡献更大的力量。

参考文献

[1] 田沈艳. 公共图书馆志愿者管理探析[C]//. 北京:全国中小型公共图书馆联合会 2014 年研讨会论文集,2014.

[2] 王世伟. 中国特色公共图书馆发展道路初探(下)[J]. 图书馆杂志,2013(6).

[3] 孙文峰. 对公共图书馆文化志愿服务建设的思考——以沈阳地区公共图书馆为例[C]//. 北京:全国中小型公共图书馆联合会 2014 年研讨会论文集,2014.

[4] 李毅,史红艳. 浅谈公共图书馆的志愿者服务工作[C]//. 北京:全国中小型公共图书馆联合会 2015 年研讨会会议论文集(二),2015.

新时代少年儿童阅读服务质量提升研究

吴　荔(展览部)

党的十九大报告指出:“经过长期努力,中国特色社会主义进入了新时代。”进入新时代,广大人民群众日益增长的美好生活需要对全民阅读服务质量提出了更高的要求。广大少年儿童承载着国家的未来和民族的希望,大力为他们创造良好的学习环境,切实做好相关阅读服务工作,是新时代赋予各级公共图书馆的重要任务。《中华人民共和国公共图书馆法》的制定实施,为各级公共图书馆提升新时代少年儿童阅读服务质量提供了根本依据和有力指导。

1　深刻理解做好新时代少年儿童阅读服务工作的重要意义

1.1　新时代社会主义精神文明建设的内在要求

党的十八大以来,习近平总书记多次就坚持统筹协调推进物质文明建设和精神文明建设提出了一系列新思想、新观点、新要求,强调只有物质文明建设和精神文明建设都搞好,国家的物质力量和精神力量都增强,广大人民群众的物质生活和精神生活都改善,中国特色社会主义事业才能顺利推进,中华民族伟大复兴的“中国梦”才能真正实现。

实践证明,精神文明建设对于构筑中国精神、中国价值、中国力量,对于提高人民群众的思想觉悟、道德水准、文明素养和社会整体文明程度,都具有独特的作用。做好新时代少年儿童阅读服务工作，正是各级公共图书馆深入贯彻习近平新时代中国特色社会主义思想，立足自身职能定位，主动承担社会主义精神文明建设重任的内在要求。

精神文明建设说到底是为了凝聚人、引导人、培育人。随着物质生活条件的不断改善，广大少年儿童的精神生活需求日益旺盛。做好新时代少年儿童阅读服务工作，就是要为广大少年儿童的健康成长提供良好条件，使他们从小就长期受到“爱、敬、诚、善”等优秀品格的浸润滋养，升华出应有的家国情怀，培育好正确的价值追求。

1.2 培育社会主义核心价值观的重要途径

社会主义核心价值观承载着中华民族的精神追求，体现着我国社会评价是非曲直的价值标准，是中国特色社会主义的文化精髓和当代中华民族的精神底蕴。把培育和弘扬社会主义核心价值观作为凝魂聚气、强基固本的基础工程，展示着我们民族的价值观自觉、价值观自信和价值观超越。

习近平总书记强调，社会主义核心价值观决定着各民族共有精神家园的发展方向，必须在各民族中大力培育和践行，坚持从小就抓、从幼儿园就抓，要创新载体和方式，搞好网上和网下结合，增进各族群众对伟大祖国、中华民族、中华文化、中国共产党、中国特色社会主义的认同。

做好新时代少年儿童阅读服务工作，是各级公共图书馆着力强化“四个意识”和认真贯彻落实习近平总书记重要指示的实际举措，是培育社会主义核心价值观的重要途径，是家庭教育、学校教育之外的有力补充，通过提供优质的阅读资源和创造良好的阅读环境，能为广大少年儿童从小培育“爱国、敬业、诚信、友善”的公民道德打下坚实基础。

1.3 培塑文化自信的基础工作

中华文化积淀着中华民族最深沉的精神追求，是中华民族生生不息、发展壮大的丰厚滋养；中华优秀传统文化是中华民族的突出优势，是我们最深厚的文化软实力；中国特色社会主义植根于中华文化沃土、反映中国人民意愿、适应中国和时代发展进步要求，有着深厚历史渊源和广泛现实基础。

实现中华民族伟大复兴，必须坚定中国特色社会主义道路自信、理论自信、制度自信、文化自信。文化自信是更深层、更持久的力量。坚定文化自信，事关国运兴衰，事关文化安全、事关民族精神独立性。近年来，随着对外开放的深化，广大少年儿童受外来文化的影响越来越大，甚至出现了不少盲目崇洋媚外、把博大精深的优秀中华文化“弃如敝屣”的现象，着实令人担忧。

少年智则国智，少年富则国富，少年强则国强。广大青少年有理想、有本领、有担当，国家才有前途，民族才有希望。中国梦是历史的、现实的，也是未来的；是我们这一代的，更是青少年一代的。中华民族伟大复兴的“中国梦”需要在一代代青少年的接力奋斗中才能变为现实。因此，加强少年儿童的文化教育、培塑少年儿童的文化自信已成为当前非常紧迫的现实任务。

新时代少年儿童阅读服务工作是培塑文化自信的基础工作。深入挖掘和生动展示中华优秀传统文化蕴含的思想观念、人文精神、道德规范，对少年儿童道德素质的提高及正确三观的构建具有积极的影响。通过培塑文化自信帮助广大少年儿童扣好人生的第一颗“扣子”，将为源源不断培养新时代中国特色社会主义建设者贡献力量。

2 准确把握当前少年儿童阅读服务工作存在的短板弱项

少年儿童阅读服务工作是未成年人思想建设和文化建设的重要阵地,对少年儿童健康成长意义重大。在飞速发展的今天,少年儿童阅读服务的地位、作用日益突出。然而,目前我国的少年儿童阅读服务工作还存在一些短板弱项,需要正视和解决。

2.1 专业机构数量有限

定性分析来看,目前我国多数地区还是利用公共图书馆兼职承担少年儿童阅读服务职能,部分少年儿童阅读普及职能由书店等营利性机构或是幼儿园、学校来分担。基于承办主体的特点,当前我国的少年儿童阅读普及工作还缺少专业从事少年儿童阅读服务的机构或部门来承担。

定量分析来看,根据最新全国人口普查数据显示,我国现有少年儿童约为2.22亿。但是截止到2016年为止,我国独立建制的少年儿童图书馆只有122个,少年儿童阅读服务从业人数仅有2510人,总藏量仅有4231万册,累计发放有效借书证数340万个,图书流通共2816万人次,组织各类讲座5933次,举办展览数980个,举办培训班数3242个,电子阅览室终端数4259台,阅览室席数4万余个[1],相较于我国庞大的少年儿童人口基数而言,人均占比非常小,远远不能够满足新时代我国少年儿童阅读的实际需要。

2.2 优质资源整合力度不大

步入新时代,适合少年儿童阅读的各类优秀文化产品数量越来越多、种类越来越丰富,对少年儿童阅读服务工作要求越来越细,传统的文献整理、书籍编目等方式需要做出相应的整合改变,以确保能够更好地适应现实需求,提高服务质量。然而,当前多数图书馆工作人员的思维理念和技能素养却没有随之相应转变,在优质资源整合层面制约了少年儿童阅读服务质量的提升。

作为文化产品生产者和消费者之间的连接桥梁,多数少年儿童阅读服务机构还没有把自身的枢纽作用发挥充分,一方面不重视主动获取少年儿童读者的实际阅读需求,一方面不掌握少年儿童优秀阅读文化产品的实时发展动态,所以导致采购入库后借阅人数少、借阅频率低等现象不同程度存在,在供需对接层面没有把自身优势发挥好,制约了少年儿童阅读服务质量的提升。

2.3 与理想阅读质量差距较大

据第十四次全国国民阅读调查显示[2]:2016年0—8周岁未成年人的人均图书阅读量为7.76本,比2015年的6.34本增加了1.42本;9—13周岁未成年人的人均图书阅读量为8.57本,比2015年的7.62本增加了0.95本;14—17周岁未成年人的人均图书阅读量为9.11本,比2015年的8.21本增加了0.9本。综合来看,2016年我国0—17周岁未成年人图书阅读率为85.0%,较2015年提升了3.9个百分点,未成年人的人均图书阅读量为8.34本,比2015年的7.19本增加了1.15本。但是,我国的未成年人儿童读物人均拥有量在全世界排名第68位,实际人均年阅读量只有以色列的1/50,美国的1/30[3],相比之下还存在很大差距。

3 提升新时代少年儿童阅读服务质量的对策建议

21 世纪是人才竞争的世纪，人才的数量与质量决定了国家的发展速度与深度，少年儿童作为支撑国家未来发展的主要力量，其受教育的水平将直接影响我国未来社会发展的质量。

2018 年颁布实施的《中华人民共和国公共图书馆法》第四章第三十四条明确规定："政府设立的公共图书馆应当设置少年儿童阅览区域，根据少年儿童的特点配备相应的专业人员，开展面向少年儿童的阅读指导和社会教育活动，并为学校开展有关课外活动提供支持。有条件的地区可以单独设立少年儿童图书馆。"我们应当认真贯彻落实法律的相关要求，结合实际情况加强改革创新，持续推进少年儿童图书馆建设事业，为孩子们的学习成长提供专业的阅读指引与服务。

3.1 要做好设计规划

少年儿童阅读服务工作是一项系统工程，在推进过程中，首先需要做好整体设计规划，确保各个环节密切配合，形成合力，不断提升工作的质量效益。

一是要做好阅读内容的设计规划。各级公共图书馆一方面要善于运用大数据、云计算等现代科技手段，准确把握少年儿童读者的阅读兴趣偏好，一方面要发挥与出版社、供应商业务联系紧密的独特优势，准确掌握最新的优秀文化产品出版状况，精准发力，把二者密切衔接起来，争取能够紧密跟踪少年儿童兴趣，提供实时更新的伴随式阅读服务。

二是要做好服务工作的设计规划。少年儿童阅读服务工作的内涵非常丰富，既包含最传统的书籍借阅，也包含讲座、展览等新模式，未来还将融合人工智能、虚拟现实等技术继续拓展。这些工作也需要从源头开始进行梳理，针对少年儿童阅读服务工作的独有特点和时间要求，实事求是地把年度服务工作规划设计好，给各类大项活动预留充足时间进行精心准备，确保将精品服务提供给广大少年儿童读者。

三是要做好底层工作的设计规划。思想政治建设、人力资源管理、基础设施建设、年度资金预算等各项底层工作是做好少年儿童阅读服务工作的基础支撑，各项工作有序推进、环节之间无缝对接才能确保少年儿童阅读服务工作顺畅运行。在进行年度任务规划时，一定要重视这类底层工作的整体筹划，必要时各部门间要提前沟通，防止工作缺位、工作冲突等原因影响少年儿童阅读服务工作质量。

3.2 要持续优化服务

加拿大温哥华图书馆馆长苏叶慈曾说过："图书馆最重要的是让孩子觉得有趣，乐意来。"只有通过持续优化阅读服务，才能不断激发少年儿童的阅读兴趣，吸引他们自发经常到图书馆，以阅读为乐。

3.2.1 放宽入馆年龄

2010 年 5 月 31 日，国家图书馆少年儿童图书馆正式面向未成年人开放。为 6 到 15 岁儿童提供 2 万多册最新出版的普通少儿文献以及数字资源的阅览服务。除了传统的图书馆文献信息服务外，国家图书馆还根据少年儿童的特点，利用讲座、展览、专题活动等形式，开展全方位多层次的文化教育服务，同时也为家长、儿童教育工作者和研究人员提供儿童教育和研究服务。

2013 年 9 月 9 日，国家图书馆进一步放宽入馆年龄，少年儿童馆开始接待 12 周岁以下少年儿童，每天还定时安排专人引导少年儿童参观。公共服务区域也面向未成年人全面开放，总馆北区中外文文献开架阅览区，接待读者年龄由年满 16 周岁调整为年满 13 周岁，全年接待中小学校组织的集体参观。同时，注意加强未成年人社会教育服务，经常组织适合未成年人的展览、讲座。

3.2.2 拓展服务范围

目前，我国图书馆提供给少年儿童的阅读服务多数还属于被动服务，主动服务的能力意识还比较薄弱，主动服务的内容范畴也比较模糊，制约了少年儿童阅读服务质量的提升。相比之下，欧美少年儿童图书馆的服务范围更广，一些好的做法值得我们学习借鉴。

一是主导阅读交流。经常举办读书会、讨论会等丰富多彩的阅读交流活动。对孩子们而言，少年儿童读者通过读书交流、思想碰撞，可以在原有阅读收获的基础上进一步开阔眼界、增强获得感，进而持续激发出浓厚的阅读兴趣，步入因阅读收获成长喜悦、再因成长收获阅读快乐的良性循环；对图书馆而言，在主导阅读交流之后，书籍借阅率明显增加，书籍周转速度大大加快，书籍服务质量显著提高。

二是实施阅读指导。面对海量内容，少年儿童及其父母在缺乏明确目标指引时，选择会带有一定的盲目性，在有限的时间精力条件下，快速挑选到最合适、最需要的图书是很难做到的一件事。为了解决这一现实问题，欧美国家图书馆经常采用的办法是书籍推介与导读活动，通过故事会、读书会、作家见面会、展览、表演等形式为少年儿童读者及其父母提供信息帮助，帮助他们节约时间，精准定位真实需求，快速找到阅读目标。

3.2.3 优化阅读体验

由于心智尚未发育成熟，多数少年儿童都还无法用理性思维去认识阅读的重要性，更多时候只能通过直观体验去判断甄别和做出选择。这就要求图书馆必须在优化阅读体验上下功夫，切实增强对少年儿童读者的持续吸引力。

首先要在室内装潢、设施布置等“硬件”方面下功夫。欧美发达国家更加善于利用现代技术手段扩展少儿服务的空间，将少年儿童阅读服务场所建设成为精致的馆中馆，既充满童趣，又富含启智功能。这些少年儿童的阅读场所，从建筑设计到空间布局再到家具装饰，都非常注意适应少年儿童的生理和心理特点，通过提供舒适的读书环境、先进的阅览设备、宽敞的空间场地，从各个方面和细节赋予少年儿童在阅读过程中的良好身心体验[4]。

其次要在扩充类别、甄选精品等“软件”方面下功夫。少年儿童阅读服务需求与成年人相比，多样性、趣味性的要求更高，少年儿童读物的可选范围要比成年人更广。目前，我国还只有少数图书馆能够为少年儿童既提供传统的纸质读物，又提供现代的电子读物、开放教育类的电子游戏，使不同阅读水平的少年儿童都能在图书馆里找到适合自己的读物。也只有少数一些图书馆里能提供棋类、益智玩具、绘画颜料等少年儿童感兴趣的其他东西，在满足少年儿童多样化阅读需求的同时，进一步增强图书馆对广大少年儿童的吸引力。未来在这类模式创新和拓展方面，我们还有很多工作要做，有很长的路要走。

3.2.4 提升阅读服务质量

随着近年来政府投入资金力度逐渐增大，各图书馆在基础设施和日常业务方面，均有了很大进步。迈进新时代，进一步提升少儿阅读服务质量，至少还可以从 3 个方面抓好工作。

一是要抓好阅读指导。图书馆并非只是一个阅读场所，更是少年儿童教育的重要实施者。在现代社会已经发生深刻变革的背景下，图书馆有专业优势能为不同年龄段的少年儿童有针对性地制定一套科学阅读计划，可以成为家庭教育和学校教育之外的有力补充。比如，在澳大利亚的少儿图书馆，管理者会将新书和强烈推荐的好书放在显著的位置上，并在每周设置固定的“故事时间”和“阅读时间”，更好地指导家长帮助孩子养成良好的阅读习惯。

二是要抓好采购对接。要坚持推进以少年儿童读者需求为中心的图书采购模式，在采购之前通过读者座谈会、调查问卷、随机采访等方式进行全面摸底，确保采购内容与读者需求紧密对应，防止无效采购和资金浪费。

三是要抓好人才选用。图书馆工作人员是少年儿童阅读服务的主体力量，只有选用一批真正关心少儿、热爱读书、善于引导的人才，我国少年儿童阅读服务质量提升才有可靠保证。未来合格的图书馆员必须具备职业化的工作技能、职业化的工作形象、职业化的工作态度和职业化的工作道德。针对目前少年儿童阅读服务人才严重匮乏的现状，一方面要大力引进具有少儿教育、少儿心理学专业或其他相关专业的高学历人才；另一方面也要对现有工作人员进行相应的系统知识培训，有条件的要增加进修机会，使他们逐渐成长为适应少年儿童阅读需求的服务人才。

3.2.5 加强信息化建设

信息化是新时代的重要特征之一，必须加强推进信息化建设，更好地为少年儿童阅读提供服务。

一是要建成系统网络。要争取联合全国的少儿图书馆、公共图书馆、学校图书馆建成统一的系统网络，全面共享各类信息资源；在新技术开发方面，要加强各单位间的合作与成果共享，大力将新媒体技术融入少年儿童阅读服务活动中去；积极组织面向少年儿童读者的讲座、展览等多类型阅读活动，并通过网络平台广泛传播，更好地满足不同年龄和地域的少年儿童的阅读需求。

二是要建成信息资源数据库。将大量优质少年儿童阅读资源集合建成阅读资源数据库，方便少年儿童及其父母、老师和专业图书馆员查询搜索；在解决好版权问题的基础上，建设适合少年儿童学习娱乐的特色数据库或者专题数据库，如动漫库、连环画库、智力游戏库等；要对建成的阅读资源数据库继续进行深度开发，对各类资源进行再组织和再加工，确保这些优质资源能够被广大少年儿童以及教育者充分吸收利用。

三是要优化人机互动体验。少年儿童处于生长发育的初级阶段，有着独特的生理和心理特点，在操作系统设计时，要充分考虑他们的认知特点、信息素养和智力发展程度，积极引进运用国内外的先进技术成果，研发出易学、易懂、易使用的人机交互界面，优化人机互动体验，尽量减少系统操作时的劳动负荷、出错概率和学习负荷，防止因系统操作体验不佳，分散了阅读精力，影响了学习质量。

3.2.6 推进社会合作

多数公共图书馆在人手、资金、技术等方面力量有限，能够提供的少年儿童阅读服务经常受到各种客观条件制约，难以完全满足广大少年儿童读者群体的阅读服务需求。因此，要主动推进社会合作作为补充。

通过图书馆与各类关心少年儿童发展利益的社会机构优势互补，共同开展少年儿童阅读服务合作，共享少年儿童阅读服务公共资源，能够持续延伸少年儿童阅读服务的广度与深度；

积极开展社会合作，吸引、动员社会力量参与少年儿童阅读服务管理，按照“广覆盖、保基本、多层次、可持续”的原则，推行社会合作的创新发展模式，将有效缓解公共阅读服务资源不足与广大少年儿童日益增长的高质量阅读需求之间的矛盾。

3.3 要搞好技术保障

提升新时代少年儿童数字阅读服务质量，需要从硬件和软件两个方面同时搞好技术保障。

在硬件技术保障方面，要建设专用服务器机房，使用质量可靠、性能稳定、兼容性强的各类机器配件，接入大流量高速宽带，为少年儿童读者数字阅读的网络连接提供可靠硬件支撑。

在软件技术保障方面，要采用易操作、体验佳的操作系统，便于少年儿童读者信息检索和在线阅读；要引进信息审查系统，对入库资料和检索内容进行审查筛选，对不良信息和有害读物进行监控、过滤和屏蔽；要配备安全防护系统，防止遭受网络攻击和病毒破坏，确保数字阅读系统的安全稳定。此外，还要善于借助QQ、微信、微博等信息交流平台的技术力量开展少年儿童阅读习惯和需求调查，进行优质阅读内容推广，进一步提升少年儿童数字阅读的服务质量。

提升新时代少年儿童阅读服务质量，对于提升新时代少年儿童阅读质量影响深远，意义重大。随着新时代少年儿童阅读服务工作不断向前发展，要注意大力提升新时代少年儿童阅读服务效能，力求使最优质的少年儿童阅读服务能够覆盖最广泛的少年儿童群体，使他们通过良好的阅读滋养，成长为有理想、有本事、有担当的新时代人才。

参考文献

[1] 国家数据[DB/OL].[2018－03－10].http://data.stats.gov.cn.

[2] 新浪读书.第十四次全国国民阅读调查报告出炉[EB/OL].[2018－03－10].http://book.sina.com.cn/news/whxw/2017-04-18/doc-ifyeimqy2574493.shtml.

[3] 城乡少儿阅读资源严重失衡　农村孩子家难见书架[EB/OL].[2018－03－10].http://edu.163.com/14/0529/10/9TDHAUA300294M9N.html

[4] 陈敏捷，方瑛.美国公共图书馆少年儿童服务现状概述[J].图书馆研究与工作，2007(1):63－69.

公共图书馆合作举办展览模式的思考

——以国家典籍博物馆为例

刘　燕(展览部)

1　公共图书馆展览服务的现状

展览服务是公共图书馆业务工作的重要组成部分，是图书馆发挥宣传教育功能、提升自身影响力的有效手段。自2003年展览服务被纳入全国省级图书馆评估标准以来，展览这一边缘化服务形式逐渐成为公共图书馆的核心业务[1]。目前全国公共图书馆平均每年举办数千场展览,并形成了以“国图展览”“上图展览”为代表的优质展览品牌。除此之外,关于图书馆展览服务的研究性文章也与日俱增,尤其是在2007年全国公共图书馆延伸服务经验交流会举行前后,短短时间内有关图书馆展览实践工作的研究成果多达18篇,覆盖了包括黑龙江、山西、天津等在内的多个省市级公共图书馆[2]。2013年以来,图书馆展览呈现多元化的发展趋势,无论是展览内容还是展览形式都摆脱了之前的单一模式,展览内容与图书馆其他服务项目交叉得到了进一步拓宽,展览形式则由于多媒体新技术的融入变得丰富多彩,更有利于观众理解展览内涵。

公共图书馆展览服务模式一般分为以下三种。第一种是由图书馆自主策划的展览,内容主要是展示本馆的特色馆藏资源,例如国家典籍博物馆首展的九大精品展览,集中展出了国家图书馆所藏的甲骨金石、善本古籍、敦煌遗书等珍贵馆藏。第二种是图书馆和其他机构合作所办展览,形式更为丰富,合作对象既可以是博物馆、档案馆等文化机构,也可以是政府机关、企事业单位。第三种则是由其他单位主办,图书馆仅提供展览场地[3]。通过对公共图书馆网站展示的展览服务进行分析,笔者发现当前图书馆的大部分展览都属于第二类合作办展的范畴,这主要是因为合作办展模式可以最大限度地将不同领域的资源优势进行互补,产生新的亮点。在2018年1月1日正式施行的《中华人民共和国公共图书馆法》中,第三十二条指出“公共图书馆可以与档案馆、博物馆、纪念馆等单位相互交换重复件、复制件或者目录,联合举办展览,共同编辑出版有关史料或者进行史料研究”[4],这为图书馆与其他机构合作办展览提供了明确的法律依据。

2 国家典籍博物馆合作举办展览模式

国家典籍博物馆是国内第一家典籍类专业博物馆,在展示国家图书馆宏富馆藏的同时,也成为国家图书馆的一种新型阅览服务形式[5]。自2014年9月正式开馆以来,国家典籍博物馆共举办展览近百场,不仅展示了中国古籍之美,还向国内外观众弘扬了中华优秀传统文化。在众多展览之中,笔者选取不同模式的优质展览来展示国家典籍博物馆展览服务所取得的成果。

2.1 珠联璧合的联展

合作办展览主要是指不同资源在不同机构之间的流动和共享,主要包括联展、巡展、借展、互展几个模式[6]。其中联展是指由两家或多家机构就某一内容共同举办的展览。

2.1.1 国际联合展览

2016年上半年,国家图书馆分别与英国国家图书馆、新西兰国家图书馆联合举办了“从莎士比亚到福尔摩斯:大英图书馆的珍宝展”以及“大爱无疆——纪念路易·艾黎诞辰120周年文献展”。联合办展的模式将不同国家的珍贵文化资源进行整合共享,极大地促进了东西方文化的交流。

以“从莎士比亚到福尔摩斯:大英图书馆的珍宝展”为例,展览按照文学体裁分为诗歌、戏剧和小说三部分,首次向中国读者和观众呈现了一系列英国世界级作家的罕见手稿和早期珍贵印本。诗歌部分展品包括英国著名诗人拜伦的《唐璜》第六、七章节手稿、湖畔派诗人柯勒律治的《古舟子咏》皮面笔记本手稿以及华兹华斯诗歌《我孤独地漫游,像一朵云》的草稿。戏剧和小说部分则展示了莎士比亚悲剧《罗密欧与朱丽叶》的早期四开本、查尔斯·狄更斯小说《尼古拉斯·尼克比》的手稿、夏洛蒂·勃朗特小说《简·爱》的修订手稿本。除此之外,还对应展出了国家图书馆所藏的这些英国文学在中国的著名译作、改编及评论书籍或稿件,并且展出了与莎士比亚同时期的中国戏剧家汤显祖的著作《牡丹亭》明套印本,通过东西方文化的碰撞与融合,为公众奉献了一场中西合璧的文学盛宴。

2.1.2　与文化单位的合作

国家图书馆是国家总书库、国家古籍保护中心。这样的性质使得国家典籍博物馆担负着宣传展示国家古籍保护成果的重任。这里主要介绍"民族记忆　精神家园——国家珍贵古籍特展"以及"圣贤的足迹　智者的启迪——孔府珍藏文献展"两个相关展览。

"民族记忆　精神家园——国家珍贵古籍特展"由文化部、国家文物局联合主办,国家图书馆(国家古籍保护中心、国家典籍博物馆)承办。展览内容广博,既展示了以"十三经"及其注疏为代表的儒家经典,以编年、纪传、谱牒等题材为代表的史学名著,以汉赋唐诗、宋词元曲、明清小说为代表的文学遗产。又单列了《国家珍贵古籍名录》中珍贵的少数民族文字古籍和西文古籍。在主题展示方面,本次展览结合习近平总书记系列讲话精神,突出主旋律,激扬正能量,用习近平总书记的讲话来阐述诸子先贤精神的现代意义。在展品数量方面,此次展出的典籍版本精良,还包括了香港地区首次申报《国家珍贵古籍名录》中的两部代表性珍品——宋拓《淳化阁帖》与游似藏《兰亭序》。另有全国各馆所藏的敦煌遗书、宋元善本、明清稿抄本。值得一提的是,该展览是"中华古籍保护计划"实施以来古籍修复成果的集中展示。

"圣贤的足迹　智者的启迪——孔府珍藏文献展"由国家图书馆(国家典籍博物馆、国家古籍保护中心)、曲阜市人民政府及孔子博物馆三家共同主办。内容涉及孔子的生平经历、孔子对后世子孙的家风熏陶、孔子的思想精华、儒家思想发展历程以及历代对孔子的景仰尊崇等。展品方面集合三家之长,既采撷了孔子博物馆藏古籍、档案、文物,又精选了国家图书馆藏古籍善本。而且除典籍文献外,绘画、珐琅器、文房用具等珍贵文物也一同亮相,丰富了展品形式,更加具有观赏性。

2.1.3　与艺术协会的合作

开馆四年来,国家典籍博物馆的书画类展览层出不穷。与中国书法家协会、中国美术家协会的合作拓宽了展览中的典籍类型,将传统典籍中的书画与近现代书画作品同时展出,相映成趣。

"古韵镌拓　纸墨千秋——2015 年国家典籍博物馆宋元善拓暨全国书法临摹展"由国家图书馆(国家典籍博物馆)与中国书法家协会联合主办。展览按照篆、隶、楷、行、草五种字体分类展示了国家图书馆所藏六十三件极具书法艺术代表性的碑帖名品。展品从早期的大篆石鼓文、小篆琅琊台刻石到汉隶三碑,从别具一格的瘗鹤铭、九成宫醴泉铭、神策军碑到珍品云集的三希堂法帖等,充分展示了书法艺术"晋尚韵、唐尚法、宋尚意"的流变及其魅力。与此同时,展览同时展出了当代书法家对于经典碑帖的临摹作品,古今辉映,展示了书法艺术一脉相承的渊源。

中国书法与传统绘画是传统艺术中最为接近的种类,自古有着"书画同源"的说法,国家典籍博物馆有关传统绘画主题的展览也不在少数。2016 年由国家图书馆(国家典籍博物馆)携手中国美术家协会共同主办的"再遇芥子园——《芥子园画传》与当代名家对话展"延续了宋元善拓展览的策展思路。集中展示了中国画技法重要入门书《芥子园画传》的中外文珍贵版本,详细梳理了它的源流脉络,同时还展出了吴昌硕、齐白石、黄宾虹、傅抱石等著名艺术家基于传统的创造成果,以及现当代艺术家在传承经典的同时进行演进的中国画作品。让观众在观看数百年的版本流变中直观地感受这一经典文本的持久生命力,近距离欣赏到众多书画名家的珍贵作品。

2.2 弘扬文化的巡展

巡展主要指的是由一家或多家举办的展览在不同机构之间巡回展出,从而达到资源共享的目的。国家图书馆曾经在日本町田国际版画馆、美国纽约皇后图书馆、澳大利亚国家图书馆,以及波兰、新加坡、匈牙利等世界各地举办相关古籍展览,向不同国家的观众宣传中国优秀传统文化。

国家典籍博物馆设立之后,向世界展示中国文化的脚步并未停止。2015 年开展的“甲骨文记忆展”成为巡展的最佳选择。甲骨文是我国目前发现最早的成熟文字,继承原始刻画符号,赋予了其文字内涵,并影响了后续几千年的汉字传承,是中华文明的重要象征。展览选取了国家图书馆所藏三万余片甲骨中的六十五件珍品,包括著名的四方风甲骨、最大最完整的牛肩胛骨以及罕见的人头骨,具有深厚的历史内涵和时代特征。展览内容的铺展方式也十分生动有趣,以讲故事的形式将甲骨的发现挖掘历程、枯燥的甲骨占卜过程以及商代王朝的方方面面兼具科普性和学术性地呈现给观众。在展厅的设计上,强调互动性和体验性,通过声光电等各种现代科技对甲骨占卜场景进行立体还原,让每一位前来参观的公众都能真实地感受甲骨占卜的神秘。此外,展厅中的立体画卷将甲骨文这种象形文字融入自然画卷之中,有助于青少年观众认识理解。在如此精心的准备下,展览获得了大量观众的喜爱,并荣获“2016 年全国十大精品展览”称号。在国家典籍博物馆展出的同时也分别在国内各个城市进行巡展。在中外文化交流热的影响下,“甲骨文记忆展”还分别亮相墨西哥阿卡普尔科博物馆以及悉尼中国文化中心,给外国观众带去了极具中国特色的优质展览。

2.3 吸取精粹的借展

借展是国家典籍博物馆开拓展览宽度、汲取创新元素的重要途径。借展主要指的是展馆引入其他机构的展览进行长期或短期的展出。在国家典籍博物馆引进的展览中,对于普通观众吸引力最大的当属插画类展览,其中 2017 年暑期开放的“世界插画大展——国际安徒生奖(终身成就)50 周年展”就吸引了 12 万名观众,成为备受亲子家庭喜爱的展览。之所以如此火爆,这与该展览展品的珍贵性不无关系,展出的内容属于世界权威机构所评出的最高奖项插画作品原件,且是该奖项五十年来的首次集齐二十五位获奖艺术家各具特色的插画作品。展览设计以符合美学的舒适空间配置及色调,展现出艺术品的价值及世界插画大展的格调,强调国际展览的权威与风雅。另外融入炫酷科技与趣味互动,不论大人小孩,都可以在这场视觉盛宴中找寻到自己的艺术潜能。

除此之外,博洛尼亚插画展、纳西族史诗《黑白战争》连环画展等各具特色的展览也吸引了大批观众参观。

3 合作办展工作中的思考

鉴于合作办展模式逐渐成为公共图书馆展览工作的主要形式,合作办展过程中所遇到的一些问题就很值得展览人员去思考。

3.1 策展组织的设立

合作办展主要分为联展、巡展、借展以及互展等模式。无论哪种模式,想要获得好的展览效果,给观众带去优质的观展体验,一个能够统筹全局的组织机构都是必不可少的。

合作办展需要一个高素质的工作团队,能够统领全局、明确分工和落实责任。工作团队的工作方式与现有的策展人制度相似,都是由一位或多位策展人带头主持组织工作,负责合作办展过程中的所有问题,既包括前期的观众调查、财务预算,又包括展览的重头工作——撰写大纲、挑选展品,还要兼顾展览后期的配套宣传教育活动以及文创衍生品的策划,其本质是将展览工作进行企业化的管理运营,降低各单位之间的沟通协调成本,保证工作效率和成果。

在"从莎士比亚到福尔摩斯:大英图书馆的珍宝展"筹备之初,国家图书馆(国家典籍博物馆)就与英方共同组建了策展组,多次交流展览内容、展品选择以及文物运输相关事务,为英方文物能够顺利在中国展出做出了充分准备。同样是多家单位联合举办的展览,2004 年由广东省博物馆牵头、涉及 11 个省区 18 家博物馆的大型展览"珠联璧合——泛珠三角文物精品展"却不幸半途夭折。尽管该展览受到了国家文物局的大力支持,然而在广东、江西、湖南三省展出之后却未能继续巡展完毕。导致这种遗憾产生的根本原因就是从展览开始筹备就没能形成一个领导和协调的组织机构,出现问题后各自为政、缺乏核心。

3.2 展览内容的甄选

在展览内容的选择上,我们应该分辨何种展览更适合以合作办展的模式呈现,这方面我们可以借鉴博物馆馆际合作办展的经验。博物馆展览可以按照传播目的以及构造的不同分为"审美型陈列展览"和"叙事型展览"。前者意在呈现文物本身的艺术价值,而后者则将孤立的文物通过逻辑关系串联起来,用以反映展品与展品之间的关系以及文物背后所代表的文明。具体来说,前者中的文物精品展和后者中的宏大专题展、文化对比展更适合通过联合办展模式来呈现。

文物精品展,顾名思义,关注的焦点在于文物本身的外观——造型、色彩、装饰和质感等,展览最重要的是有足够数量的精品文物供观众欣赏。以 2018 年 3 月 12 日刚刚开幕的"中国汉画大展"为例,参展作品来自全国 23 家文博单位共 587 件(套),是中华人民共和国成立以来最大规模的汉画拓片专题展览[7]。展品既有著名的武梁祠画像,又有嫦娥奔月、二龙穿壁等代表性汉画,是策展组经历两年策划精选而成,展品范围覆盖了汉代画像石出土最集中的山东、江苏、河南等地。由此可见,文物精品展的精髓在于参展文物的珍贵程度、文物品相和考古学意义,单靠一家单位所藏文物能够达到标准的并不多,为了兼顾展品的数量和质量,多馆合作模式必不可少。

宏大专题展多为反映大背景下的历史发展和文明进程,而文化对比展则需要两种或多种文明和地域文化来进行对比展示,所以这两种类型的展览都需要打破单一馆馆藏文物的地域局限,需要多个单位进行资源共享完成展览。

无论举办哪种类型的展览,在公共图书馆展览中都可以适当增加"荐书"环节,将展览内容相关的优质图书进行展示推荐[8],引导大众从展览"观众"转为"读者",实现阅读推广,达到图书馆举办展览的最终目标。

3.3 配套服务的开展

展览不仅仅是单纯的展品陈列,为了让观众更好地理解展览内容,相关的教育活动及主题讲座都必不可少。在国家典籍博物馆的展览配套服务中,国家典籍博物馆系列讲座和展览配套社会大课堂的开展都发挥着重要作用。国家典籍博物馆系列讲座自 2014 年 9 月开讲以来,共举办了 84 场,内容涉及国家典籍博物馆所有展览相关领域,由来自北京大学、中国人民大学、北京师范大学等高校的专家为观众讲述展览以及展品故事。

展览的配套活动则更为丰富多彩,无论是配合百年童书展所举办的神奇魔法书活动、配合"从莎士比亚到福尔摩斯:大英图书馆的珍宝展"的"我从剧中来"青少年表演类活动,还是世界插画大展的金秋故事会活动,国家典籍博物馆都在努力通过深入挖掘展览相关内容以方便不同年龄段的观众理解展览。

公共图书馆的合作办展模式具有很多优势。对于图书馆来说,与不同的机构合作可以提高展览更新频率,创造出不同主题的展览内容,有助于提高图书馆知名度以及相关图书资源的阅读推广。对于图书馆的藏品来说,可以将图书馆的宏富馆藏在不同单位之间展示,提高了藏品的利用率,发挥了藏品的社会价值。本文通过介绍国家典籍博物馆成立以来合作办展的成果,探索了图书馆合作办展工作中需要注意的几点问题,现实中的相关问题远多于此,值得展览工作者多加思考。

参考文献

[1] 路海生.资源共享视角下公共图书馆展览服务的定位与创新[J].图书馆学刊,2016(3):76-78.

[2] 于爱群.国内图书馆展览服务阶段性特征及发展探析[J].图书馆工作及研究,2015(10):17-20.

[3] 张晓翔.浅析公共图书馆展览服务新模式——以上海图书馆展览资源共享为例[J].图书馆界,2014(1):53-56.

[4] 中华人民共和国公共图书馆法[EB/OL].[2017-11-04].http://news.xinhuanet.com/2017-11/04/c_1121906584.htm.

[5] 张立朝,林世田,刘仲瑄.典籍展览　启迪人生——国家典籍博物馆开馆一年来的思考[J].新世纪图书馆,2015(10):25—28.

[6] 王龙,孙岱萌.展览合作"让文物活起来"——博物馆馆际合作办展模式探析[J].中国博物馆,2017(3):98—103.

[7] 500 多件汉画拓片开启"中国汉画大展"[EB/OL].[2018-03-14].http://www.ccdy.cn/yishu/201803/t20180314_1378729.htm.

[8] 程远.公共图书馆优化跨界合作的展览服务思考[J].图书馆建设,2015(12):79-82.

新时代公共图书馆的古籍保护与开发

刘炳梅(古籍馆)

2018 年 1 月 1 日起《中华人民共和国公共图书馆法》正式施行,为公共图书馆在新时代更好地"传承文明,服务社会"提供了法律保障。古籍作为中华文明的载体之一,历经朝代更替、历史变迁，流传至今十分不易。公共图书馆一方面肩负存藏保护古籍的重任，另一方面还承担为公众提供古籍阅览咨询服务的职责。所以古籍的保护与开发存在“藏”和“用”的矛盾。

《公共图书馆法》第二十二条规定，“国家设立国家图书馆，主要承担国家文献信息战略保存、国家书目和联合目录编制、为国家立法和决策服务、组织全国古籍保护、开展图书馆发展研究和国际交流、为其他图书馆提供业务指导和技术支持等职能”。国家图书馆除了向社会公众提供免费、便捷、高效、优质的服务外，更要在公共图书馆事业发展中充分发挥示范引领作用，尤其要在服务人群全覆盖、全民阅读、传承弘扬优秀传统文化、服务创新引领等方面下功夫。

1 根据读者阅览和古籍开发需求，不同程度地开放古籍

1.1 对于一般大众，通过展览讲座、文化创意产品等方式开放古籍

一般大众是从参观欣赏的角度看待古籍，对古籍的历史文物性、学术资料性和艺术代表性体会不深，对古籍保护措施了解不够，近距离触摸翻阅古籍可能会对古籍产生不必要的损坏。对于一般大众，可以通过间接手段传播古籍，即让大众感受古籍的魅力，受到传统文化的熏陶，又使古籍免受外在损伤。以国家图书馆为例，近年来举办的“国家珍贵古籍系列特展”“甲骨文记忆展”“孔府珍藏文献展”“从《诗经》到《红楼梦》——那些年我们读过的经典”“看《永乐大典》迎戊戌新年”“四库全书特展”等展览、文津讲坛的公益讲座、古籍保护实验室开放日活动、宣传片《我在国图修古籍》受到社会欢迎。

1.2 对于研究学者，提供不同类型的文献资料的免费阅览和咨询服务

以国家图书馆古籍馆的阅览室为例，不仅突出以书为重，而且兼顾以人为本，打造了集藏、阅、管、咨询于一体的安全而独立的阅览环境和服务体系。古籍阅览室配备了恒温恒湿、防水防虫防食物、防紫外线等措施，并配以密闭书车书箱、保险柜、大阅览桌、书架、手套、口罩、铅笔等以保护古籍的阅览和流通安全。并提供一些具有学术价值的工具书、检索电脑、电源插头、免费网络等便于读者使用。根据读者的研究目的和需求，提供古籍数字化资源、缩微胶片、中华再造善本、高仿影印本、不同年代版本的古籍原件等不同文献类型资源。

1.3 对于有复制和开发需求的个人和单位，审查目的并寻求高效开发

对于大力倡导传统文化，树立文化自信的今天，古籍的复制和开发利用是一个热门话题。学者研究和发表论文、地方史志办补充地方志资料、其他公共图书馆补充馆藏、出版社发行传统文化经典读物、文化传媒公司获得古代习俗、建筑、服饰等元素、文化创意产品开发等，都涉及古籍资源的数字化开发。公共图书馆应该严格审查身份资质、复制目的和开发协议，避免盗版等行为的发生。国家图书馆和复旦大学图书馆等单位对于教学科研、学术研究等非商业行为的复制一般控制在全书的三分之一以内，研究用图像的扫描精度降至200dpi，避免二次出版；对于合作开发项目严格签订开发合同和法律文件，并注明应用范围和馆藏信息。

公共图书馆古籍资源的数字化开发，一方面包括对纸质古籍文献进行数字化处理，将其转化为能够利用网络进行传输与管理的图像和数据，获得高质量高分辨率的图像，并做好尺寸记录，减少色差，以尽量满足以后开发的需求；另一方面对这些信息进行加工、分类、整合和利用，开发出新的古籍文献数字化资源，例如，注重读者需求的变化，对相关专题、人物地域、索引、综

述、评述等方面进行编制等,便于用户进行查询、搜索和开发应用。

2 古籍著录与检索中存在的问题

2.1 细化普查和申报工作,尽量建立统一标准

文化部先后发布了一系列国家文化行业标准《古籍定级标准》《古籍特藏破损定级标准》《古籍修复技术规范与质量要求》及《图书馆古籍特藏书库基本要求》等,着力加强古籍普查、研发和保护措施。然而在具体普查过程中仍存在一些细节问题。首先,标准界限不清的问题,行业标准表述不明确导致定级时不好把握;其次,名目繁多工作重复的问题,国家名录申报和省级、县市级名录申报所需信息有大量重复和些许差异,即增加了古籍的反复翻阅,又增加了不必要的重复工作。

针对上述问题,可以分别考虑采取以下措施:首先,统一落实标准和规范,存在疑问的地方及时反馈、讨论、细化、落实,减少工作者的主观判断,保证普查信息的真实性、一致性;其次,尽量在全国范围内统一普查名录的表格条目,不同单位在上报名录时,可以在《古籍普查登记表》的基础上,针对地方特色和馆藏情况在细目上有所删减,既避免了反复查阅古籍,又增加了工作效率,还在古籍行业建立统一标准,便于读者对不同馆藏文献的比较和权衡。

2.2 增强人员配置,加快馆藏信息著录和检索系统的补充完善

目前,因为工作人员短缺、专业人员不足等因素,普查工作仅限于普查,未落实到各藏书机构的著录、检索系统,没有更好地发挥普查结果的应用性,仍给大众的检索查阅留下空白,对古籍的专业信息未能体现和展示。因此,应该增加工作人员数量,加快工作进度,并根据工作内容分配人员工作,发挥古籍专业人员的知识优势、网络信息人员的计算机操作优势等,以便高效地将古籍普查信息整理到馆藏目录的著录和检索平台上;给公众平台增加专业介绍和细化著录信息,让读者通过检索系统就能对古籍概况、存藏数量、题跋校注、级别等次、破损情况有更多的了解,最好还能体现是否已数字化、缩微拍摄或有无再造善本、高仿影印本等替代读物,为读者搜集研究资料带来便利,也便于工作者的文献管理,减少查阅资料的重复工作,提高读者服务效率。

2.3 建立全国统一的检索平台,方便查找古籍馆藏,便于学术研究和合作开发

在全国古籍普查的基础上,在统一落实标准和规范之后,可以快速建立全国统一的检索平台,通过书名、著者、年代、版本、刻工等信息快速地查到馆藏地和索书号,获得一系列的相关文献和检索信息,避免了学者在研究时查阅众多藏书单位的检索网站,费时费力还可能有遗漏,找不到理想的古籍资料,也为后续的古籍开发提供基础。

当然,建立全国古籍检索信息统一网站并且涵盖全国藏书单位的善本、普通古籍、少数民族语言文献、佛经、舆图等各种文献类型着实有些难度,但是可以先联合几家藏书量多的公共图书馆搭建珍贵古籍的检索平台,再逐步增加藏书单位、扩展古籍文献类型。例如,由北京大学牵头、联合国内23家高等院校图书馆合力建设的"高校古文献资源库"就是一个汇集高校古文献资源的数字图书馆,目前涵盖了几个高校所藏古籍和舆图的书目记录,还配有相应的书影或图像式电子图书,具有对古文献的简单检索、高级检索、二次检索、索引、浏览等功能,可以为全国古籍检索信息统一网站的构建提供借鉴和参考。

3 读者阅览和咨询服务存在的问题

3.1 完善古籍阅览规则和注意事项，并加大公众宣传力度

随着古籍的开放阅览，应该建立统一的古籍阅览规则，并加大宣传力度。依靠藏书单位的官方网站、阅览室介绍网页、图书馆读者门户、微信公众号、官方微博等，通过滚动窗、动图、温馨提醒等方式将阅览规则放在读者容易注意的地方，以便读者在真正接触到古籍前有一定的了解，明确古籍阅览和一般图书阅览的区别，在阅览前充分查好相关学术资料，在阅览时服从管理规定，配合手套、口罩、铅笔的使用，避免卷折、按压、急速翻阅等动作。这样既能节约读者时间，更快更精准地获得研究所需信息，又减少古籍提阅频次，保护古籍。还可以避免古籍管理人员反复跟读者解释阅览规则、提醒注意事项，减少读者感觉被区别对待、缺乏隐私保护等误解，切实提升工作效率和服务质量。

随着读者对古籍阅览的了解，也能够更好的配合古籍存藏和保护相关规定，在没有特殊情况的条件下，自觉选择并接受缩微胶片、古籍数字资源、高仿影印件、再造善本等替代方式，有替代品时不提供原件阅览。使读者在心理上认可并接受替代品，切实减少反复提阅对古籍原件的损伤，提升公众的古籍保护意识。

3.2 大力推进古籍替代品，在非必要情况下减少古籍原件的阅览频率

以国家图书馆善本阅览室为例，自 2015 年 10 月中旬开始了古籍开放阅览，读者人数和古籍相关文献的流通量持续走高。由图 1 可知，平均每月的读者人数为 400.77 人左右，一般七八月份为高峰，最高值达到 656 人，且参观人数较多，平均每月 107.42 人。表明平均每日读者接待量较大，且部分读者不清楚闭架阅览的善本阅览室主要是为学术研究查阅资料而设置的，不是为了读者参观的，且读者的频繁进出也不利于阅览室内古籍原件的安全阅览和流通。这也体现了图书馆没有很好的标注各区域功能，对以参观为目的的读者没有很好的导向指引。

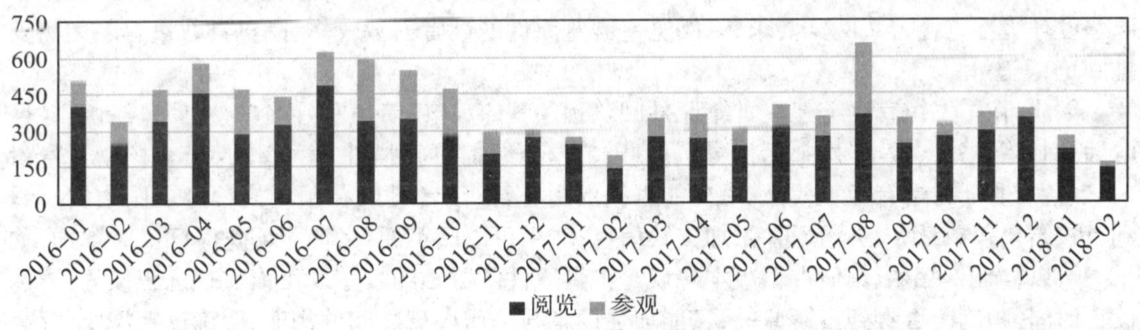

图 1 善本阅览室读者人数

由图 2 可知，缩微胶卷在很大程度上缓解了古籍原件的阅览强度，但是再造善本的利用率较低，古籍原件的阅览率较高。反映出的问题是：①馆藏检索目录应该加强再造善本数据和善本原件数据的关联，让读者和古籍管理人员更直接地查到有无再造善本和高仿影印本可以代替古籍原件，也能缓解某些读者长时间阅览缩微胶片时身体不适；②中华再造善本工程是由国家统筹立项的文化项目，先后筛选、复制、出版的 1300 种左右善本的影印书，并赠送国家图书馆、国内 100

所高等院校、31 家省(自治区、直辖市)图书馆及中国文字博物馆永久收藏,但是很多单位并没有开放使用或者阅览门槛极高,导致利用率极低,有违"国家教育部《中华再造善本》图书进校园计划"的初衷;③古籍原件阅览率较高,可能是因为部分古籍没有替代品,只能提供原件阅览,或者是因为没有严格从专业学术角度审核是否切实需要原件才能解决读者的阅读需求。

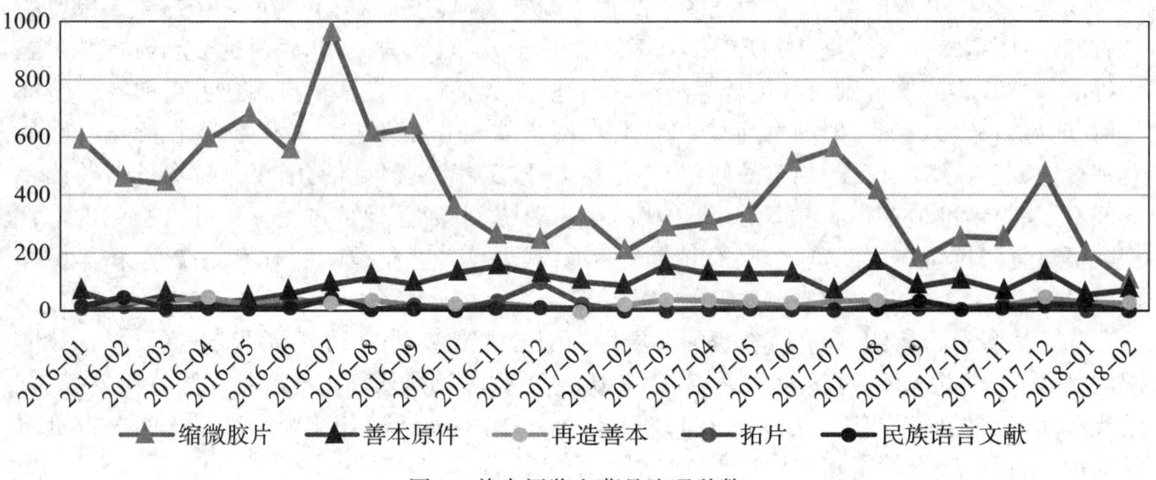

图 2　善本阅览室藏品流通种数

3.3　建立古籍原件阅览预约程序,实现远程预约、审核结果实时查询

越来越多的公共图书馆开始重视古籍原件的开放阅览,并提倡用缩微胶片、再造善本等替代品减少原件阅览的频次,必须阅览古籍原件时一般还要求读者提供单位介绍信、研究项目简介等以确认读者身份和研究需求,以减少古籍损害的风险。这使得读者,尤其是外地读者,在阅览室现场办理原件阅览手续需要花费一定时间,最后可能因为种种原因不能提供原件阅览而浪费了时间精力。原因有:①预约古籍原件所需的读者身份证明、阅读需求证明不充分;②所需古籍不在该藏书单位;③所需古籍书况较差不能阅览,或者正在展览、修复;④阅览室温湿度环境不符合古籍阅览要求;⑤阅览室阅览原件的读者人数较多,阅览桌数量有限无法安排阅览;等等。

因此,在图书馆官网上建立古籍原件阅览预约程序,让读者填写姓名单位、阅览缘由、联系电话和邮箱、书名、索书号,并上传身份信息、单位介绍信等扫描件;由工作人员审核读者身份信息、落实所需古籍有无替代品、书况能否提供阅览等;读者可以在预约流程进展图中实时看到审核结果,与工作人员沟通并添加欠缺信息;如果可以阅览原件,商定阅览时间准时参加,如果不可以,给出理由或其他古籍版本建议。古籍原件阅览预约程序既可以实现远程预约,节约读者时间,明确能否看到古籍原件,又能加强读者与工作人员之间的沟通,明确读者需要,提高读者阅览和咨询服务的质量水平,还可以节约工作人员时间,促进无纸化、在线办公,后续查找和分析读者案例也更方便。

3.4　建立读者的古籍阅览信用体系,坚守古籍阅览和保护的底线

随着公共图书馆开放程度的提高,越来越多的人来到图书馆,但是古籍相关阅览室的管理需要保证最起码的安全性,需要加强读者的身份核实和信用信息评估,避免偷换盗窃、刻意损坏古籍等行为的发生,并尽量减少读者对古籍原件的不合理使用、预约后爽约等行为的发生。

读者的古籍阅览信用体系是读者阅览古籍行为的客观记录,将读者的个人信息与其阅览历史、预约履约记录、有无不良行为等相关联,还可以关联其在其他阅览室、其他藏书单位的不良阅览记录。该信用体系可以为古籍管理人员呈现此读者的信用情况、阅览行为习惯、查阅古籍原件有无风险等信息。对于读者的信用值可以采用分数制。例如,每个读者的初始信用值为100分。对于阅览古籍不提高效率、导致古籍长期占用的读者,及时提醒并每次扣5分;对于预约时间不出现、导致古籍原件无效出库的读者,及时提醒并每次扣10分;对于阅览行为不遵守规定、非刻意但是导致古籍受损的读者,及时提醒并每次扣10分;对于刻意破坏古籍、甚至偷换盗窃的读者,直接通报所在学校或单位,甚至报警处理,信用值清零并计入黑名单,不再为其提供古籍类文献服务。该信用体系还可以与其他藏书单位联合共享,建立统一的分数管理平台,促进读者遵守古籍阅览规定,坚守古籍阅览和保护的底线,共同提高公众的古籍保护意识。

4 利用馆藏便利促进古籍开发,丰富文创产品的类型和实用功能

随着全民文化素质的提高,古籍越来越被人们接受和关注,因此开发更多类型的文创产品,提高文创产品的实用性、普适性就越来越有意义。故宫博物院院长单霁翔曾经评价,“过去的文创产品基本都是复制,一厢情愿地把我们认为很好的东西复制以后摆在那,也没什么人买”。现在文创设计者开始懂得研究人们生活需要什么、大家的碎片化时间怎么利用,并将馆藏资源与人们生活需求联系起来。

广义的古籍文创产品大致分为以下几类:

(1)实物类:①高仿复制品,如高仿影印书、复刻版名画、主题图录等,制作精美,具有一定的收藏鉴赏价值,但发行量小、成本高、实用性差、售价高;②日用品类,如书签、文化衫、笔记本、随手包等,贴近民众生活,实用性强,价格适中,文化底蕴丰富,但容易发生盗版;③寓教于乐类,如名人字帖、创意手办、文房用品等,集娱乐与教育于一体,即有趣味性,又能对学习有所帮助。

(2)影视素材类:①纪录片,旨在记录和宣传古籍和传统文化,对公众有引导教育意义;②追溯历史原貌,对影视创作提供人文风俗、建筑服饰等影视素材及艺术设计上的借鉴,甚至与开发公司合作,提取古籍元素开发小游戏等。

这都为公共图书馆的文创产品提供新思路,有更多的途径为大众接触古籍,弘扬传统文化创造便利。

新时代下,“互联网+”和《公共图书馆法》为公共图书馆的古籍保护和开发提供了更多可能,国家图书馆可以引领公共图书馆界一同进步。公共图书馆可以根据读者阅览和古籍开发需求,不同程度地开放古籍;通过细化普查工作、建立统一著录标准、增强人员配置,加快著录和检索系统的完善、建立全国统一检索平台等方式解决古籍著录与检索中存在的问题;通过完善古籍阅览规则并加大宣传力度、大力推进古籍替代品以减少古籍原件阅览频率、建立古籍原件阅览预约程序和读者古籍阅览信用体系等方式完善读者阅览和咨询服务,平衡古籍藏与用之间的关系,并利用馆藏便利促进古籍开发,丰富文创产品的类型和实用功能,让古籍和传统文化更好地融入公众的生活。

参考文献

[1] 杨秀齐. 浅谈古籍在阅览流通中的保护[J]. 科教文汇,2016(2):154-155.
[2] 汪东波,张若冰.《公共图书馆法》与国家图书馆[J]. 国家图书馆学刊,2017(6):50-55.
[3] 贺森林. 公共图书馆传承优秀传统文化策略研究[J]. 图书馆学刊,2017(3):5-9.
[4] 王雁行. 以"中华古籍保护计划"为依托 建设国家古籍资源数据库[J]. 国家图书馆学刊,2016(3):82-88.
[5] 娄明辉. 公共图书馆免费开放视野下的古籍读者服务[J]. 图书馆学研究,2012(12):66-68.
[6] 曹鑫. 古籍阅览规则探析[J]. 新世纪图书馆,2018(2):41-43.
[7] 罗小红,付跃安. 特藏数字图书馆建设研究——以广州大典数字图书馆为例[J]. 图书馆论坛,2017(11):106-112.
[8] 王晓庆. 公共图书馆古籍文献学科化知识服务初探[J]. 图书馆学刊,2013(8):73-76.
[9] 左瑾. 公共图书馆古籍资源数字化开发与阅读推广研究[J]. 图书馆学刊,2017(12):67-70.
[10] 骆伟. 关于当前古籍普查与申报国家珍贵古籍名录的思考[J]. 山东图书馆学刊,2010(4):90-92.
[11] 张华艳."中华古籍保护计划"中古籍价值传承的良性循环体系研究[J]. 图书馆建设,2013(11):89-94.

咨询馆员知识服务能力的培养与提高

黄张活(后勤服务管理中心)

随着知识经济的发展,以解决用户需求为目标的知识服务已经成为图书馆服务的主要发展方向,图书馆将由传统的文献信息资源收藏机构向知识服务机构转变。咨询馆员作为联结用户与图书馆知识服务的直接实践者,其知识服务能力是图书馆知识服务的核心要素。美国图书馆界对各因素在图书馆服务中所发挥作用的调查结果显示,5% 来自图书馆建筑,20% 来自信息资料,75% 来自图书馆员。作为知识服务提供者的咨询馆员,其知识服务能力的培养和提高,是当今和以后都需要十分重视的问题。

1 知识服务能力

1.1 知识服务能力概念

中科院文献情报中心原主任张晓林指出,知识服务是"以信息知识的搜寻、组织、分析、重组的知识和能力为基础,根据用户的问题和环境,融入用户解决问题的过程之中,提供能够有效支撑知识应用和知识创新的服务",他进一步指出"知识服务是一种基于一切信息资源,以用户需求目标驱动的、面向知识内容的、融入用户决策过程并帮助用户找到或形成解决问题的方案的增值服务"[1]。从知识服务的概念可以看出,知识服务的构成因素包括咨询馆员、信息资源、用户、解决方案,以及联结这四个因素的知识服务能力。面对用户提出的问题,咨询馆员需要与用户反复沟通，把握其需求，利用一切信息资源，依靠自身知识服务能力，提出问题解决方案。因而，知识服务能力就是咨询馆员根据用户需求，对信息资源进行检索、筛选、重组，提供解决用户问题的新知识的能力。

1.2 知识服务能力组成要素

（1）沟通能力

沟通能力是咨询馆员的基础技能，上海社会科学院信息研究所王世伟教授曾提出参考馆员要具备11项素质和技能，前两项“能够与人们友好交流”“能够理解用户需求”就是体现沟通能力的技能[2]；同时，沟通能力也是知识服务的基础。知识服务是以用户需求为目标的个性化、专业化服务，只有准确把握用户需求，才能为用户提供合适解决方案。要做到这一点，就需要具备良好的沟通能力，必须与用户反复沟通，听取用户的反馈，直至精准的理解用户需求，这也是咨询馆员为用户提供良好知识服务的前提。

咨询馆员面对的用户年龄因素、道德修养、知识水平和理解能力等不尽相同，在沟通过程中，除耐心认真倾听外，咨询馆员要针对不同的用户群体做好引导，善于提出问题，帮助用户快速准确地表达其真正的需求。不是所有的用户都能准确了解图书馆馆藏信息资源及分布情况，以及检索范围和检索方式。尤其是不常使用图书馆的用户的咨询需求可能会很模糊，只有一个模糊的意向或雏形，通过简短的交谈很难厘清其需求，这就需要咨询馆员根据咨询经验和扎实的图书馆专业知识，在沟通过程中引导用户逐步明晰其需求。此外，参考咨询工作是基于馆藏资源的服务，对于超出咨询范围的问题，咨询馆员要婉言拒绝并解释。属于参考咨询服务的问题，要理解用户的目的要求，即用户咨询所反映的情报需求；还要问清楚用户咨询的内容和检索范围、深度，因为图书馆收藏有各种类型的文献信息资源，不同的内容、不同深度的需求涉及不同类型的文献信息资源，工作量的大小相差很大，需投入的人力、时间成本相差也很大。通过沟通，咨询馆员准确理解用户需求，确定咨询内容、检索范围，为下一步的检索奠定基础，避免做无用功。

（2）知识获取能力

知识获取能力是指咨询馆员利用可以接触到的一切信息资源，采取专业的信息检索技术，检索馆藏信息资源和互联网资源，获取可以解决用户需求的知识或者信息。咨询馆员必须具备信息资源搜集、筛选能力，才能获取用户所需要的信息。

在数字化时代，知识的生产方式、存储方式、交流方式、利用方式都发生了巨大变化，很多知识以数字化的方式在互联网存储、传播，任何人都可以便捷地获取大量信息，但这些信息良莠不齐，真实性也无法确定。公益性的信息资源含金量越来越低，含金量高的信息资源逐渐被商业化经营。图书馆作为收集、存储、交流知识的公共文化场所，收藏有各种类型的信息资源，包括纸质图书、期刊、报纸、学位论文、缩微胶卷，以及各种商业电子图书数据库、期刊数据库、标准数据库。咨询馆员熟练利用所掌握的信息检索技术对这些信息资源进行检索，根据用户的需求进行筛选，才能获得符合用户需求的知识。除此之外，咨询馆员要熟练掌握互联网检索技术，掌握搜索引擎检索技巧，全面收集、筛选符合用户需求的信息，为用户提供最为全面、科学和专业的知识服务。

（3）知识组织能力

知识组织能力是指咨询馆员根据用户的需求，对获取的信息进行整理、加工、有序化的能力。知识组织的目的是将大量的、无序的知识单元有序化，便于用户利用，也方便咨询馆员下一步的知识服务工作。咨询馆员从馆藏资源和网络资源中获取的知识单元大都是无序的，需要对这些知识单元、知识单元之间的关系进行分析、挖掘和再加工，并根据用户的需求和具体要求，并融入咨询馆员的知识创造，将这些知识单元按照一定的顺序进行整序和加工，形成最终的咨询服务产品，便于用户利用。

(4)知识创新能力

知识服务是面向创新的服务，其核心价值就是知识创新。在知识服务过程中，咨询馆员根据用户的需求，对已经有序化的知识进行分析、比对，将知识之间隐含的知识关联进行挖掘、揭示，根据用户的需求，对这些知识进行整合，融入咨询馆员个人的智慧，形成解决用户需求的新知识。

2 咨询馆员知识服务能力的培养和提高

2.1 建立合理的知识结构

知识结构是创造主体在进行特定创造活动时所必需的知识分布、知识种类及知识量的总称[3]，是咨询馆员知识服务能力的基础。所谓合理的知识结构，就是既有一定深度的专业知识，又具有广博的知识宽度。在数字化时代，参考咨询服务的方式、内容、方法都发生了很大变化，咨询馆员面临巨大挑战。咨询馆员在掌握某一学科的专业知识之外，还要掌握图书情报学知识，对计算机、数据库和工作相关的统计软件等信息技术也要有所了解，还要具有较高的外语水平。

在信息化时代，互联网检索十分便捷，用户简单的问题通过互联网检索即可解决。用户咨询的问题一般是在自己从事的专业研究领域内暂时无法解决的问题，既是专业化的问题，又是个性化的问题，在互联网上找不到答案。面对用户的专业化、个性化需求，咨询馆员首先要具备精深的专业知识，对自己所学专业的知识要有精深的了解和把握，遇到对应专业的问题，可以提供专业的解答。图书情报学知识是进行文献信息资源和互联网信息资源检索、收集、加工的技术基础，熟练掌握图书情报学知识，可以更好地开展知识服务。咨询馆员还必须具备计算机操作知识、互联网操作知识，以及咨询常用软件、数据库的操作知识，利用计算机、互联网组织信息，利用咨询常用软件、数据库检索、处理、分析所需资料，开展具有创新性的知识服务。咨询馆员还应该具备较高水平的外语知识，因为外语知识是进行深度知识服务必备的语言基础。有些用户要求全面搜集国内外的相关研究成果，掌握一门或者多门外语，可以更全面地搜集用户所需知识，更好地满足用户需求。除此之外，咨询馆员还要对哲学、历史、政治、法律、经济等学科的知识有所了解，构建从事知识服务所需要的知识结构。因为咨询馆员面对的是不同知识背景的用户，面对各类型的文献信息资源，具备多学科知识的咨询馆员，遇到咨询其他专业的问题，可快速找到对应的学科，进行查询、解答。

因此，咨询馆员应该建立蜘蛛网型知识结构，熟练掌握所学专业知识，了解相近学科的知识，以自己所学专业知识为中心，以咨询涉及的学科为拓展的外围，形成蜘蛛网一样的知识结构。这种知识结构是一种适应性较强，能够解决多学科、跨学科的问题，是咨询馆员理想的知识结构，也是顺应知识服务发展趋势的知识结构。

2.2 定期开展在职培训

在数字化时代，知识更新速度加快，对咨询馆员的素质提出了挑战。我国很多图书馆咨询馆员专业背景不同，有一部分来自图书馆学、情报学专业，很大一部分来自其他专业。因此，针对知识服务对馆员能力的要求，定期开展在职业务培训，开展有关用户沟通、图书情报学理论知识、数据库知识等方面的培训，提高咨询馆员的沟通能力，补充图书馆情报学知识，以适应当前知识服务发展的趋势。

(1)开展用户沟通培训

参考咨询是一项厚积薄发的工作，需要一定量的积累才能做好咨询工作。咨询馆员需要具备丰富的工作经验和沟通技巧，才能准确理解用户的需求。一些用户只有简单的检索意向，对自己的信息需求还没有明确认识；也可能不了解《中国图书馆分类法》和图书馆情报学等知识，对图书馆文献的组织方法不了解，对图书馆各类型文献信息资源不了解。在接谈过程中，咨询馆员应向读者介绍馆藏，引导读者明确其信息需求，为其推荐合理的文献信息资源。而沟通技巧不是一朝一夕就能练就而成，首先需要大量的实践锻炼，积累感性认识，然后安排用户沟通专题讲座，由工作经验丰富的咨询馆员主讲，结合案例向年轻咨询馆员传授用户沟通经验，传授参考咨询工作范围、工作流程等问题，传授检索范围、用户挖掘等深度咨询内容，使年轻的咨询馆员在强化业务素养的同时也能熟练掌握必备的工作技巧。

(2)开展图书馆情报学知识培训

掌握图书馆情报学知识是从事咨询工作的前提，也是咨询馆员开展知识服务的必要条件。例如，图书馆史、目录学、分类学、文献学、文献计量学等图书馆学知识对开展参考咨询工作有很大帮助作用，在知识信息组织、分析和加工过程中发挥着重要作用，是影响和制约知识服务能力的重要因素。目前，很多咨询馆员不是图书馆情报学专业背景，对相关专业知识掌握并不牢固。针对这种情况，图书馆应该定期开展培训，请馆外专家介绍图书馆学专业知识；请馆内相关专家开展图书分类、图书编目、藏书建设和藏书组织、文献复制与保护、咨询与读者服务、图书馆自动化系统等专题培训，让咨询馆员了解、熟悉图书馆学相关的专业知识，在日常的参考咨询实践中逐渐应用这些知识，加深理解，逐渐掌握这些知识，从而提升咨询馆员专业知识水平，提高知识服务能力。

(3)开展信息技术培训

知识服务是数字化条件下的高知识含量的服务，信息技术是开展知识服务的重要保障，没有信息技术，知识服务就是无源之水。加强信息技术培训，提高计算机操作能力，是提升知识服务能力的重要途径。

以检索北京香山公园在知网期刊数据库中的相关报道为例，用户要求全面检索该数据库中香山公园的条目。如果使用“香山公园”作为主题词，虽然检索结果较为准确，针对性很强，但是会漏掉一些文章，因为有些文章可能只提及香山，但涉及名人或者重要历史事件，而这些文章可能是用户所需的。为了全面搜集用户所需文章，采用“香山”作为关键词较好，在知网数据库中，可以检索到 13 000 多条结果，浏览这些结果就会发现干扰项较多。此时，咨询馆员需要浏览这些目录，提炼干扰项的关键词，例如洛阳有一座香山，在龙门石窟附近，因盛产香葛而得名，这座山在唐代较为著名，白居易曾以该山名为号，自称香山居士，后人也称其为白香山；地质学有一个名字是香山群，由西北地质局宁夏综合大队命名，很多研究香山群相关的地质类文章多涉及新疆和宁夏；广东省有一个中山县(现广东省中山市)，是孙中山先生的故乡，其前身为 1152 年设立的香山县，1925 年，为纪念孙中山而改名为中山县，介绍孙中山的文章多提及香山县。咨询馆员可以将洛阳、新疆、宁夏、广东、香山县、白香山和香山居士等词提炼出来，作为香山这一关键词的干扰项主题词。咨询馆员利用专业的通用命令语言检索技巧，编辑专业检索式，排除干扰项，只保留与用户相关的内容，减小用户挑选目录的工作量。检索式和最终检索条目数量如下图所示：

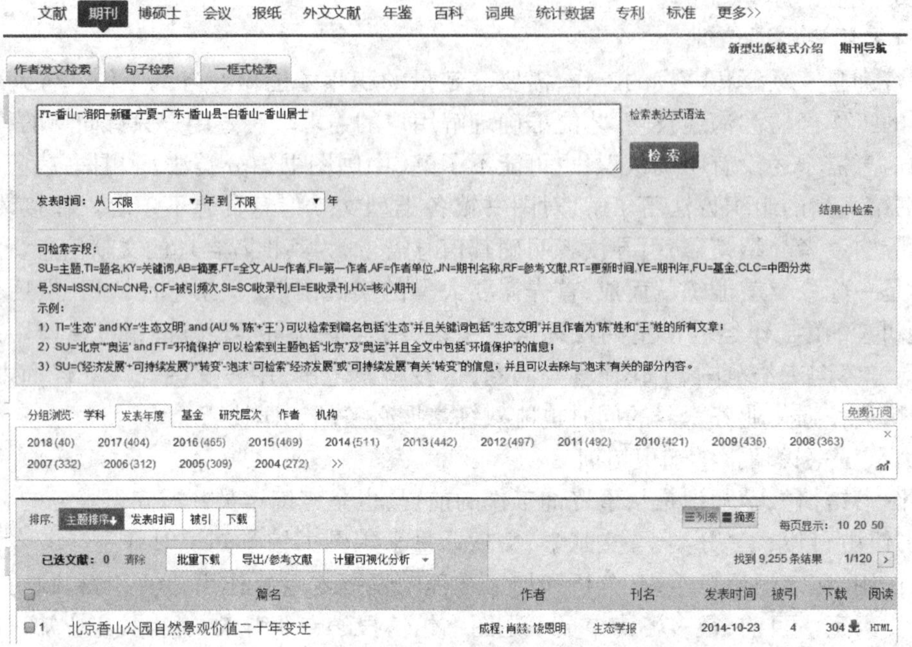

如上图所示，利用通用命令语言检索后，检索结果条目数量减少到9200多条，减少了将近32%条目数量，为用户节省了很多挑选目录的时间。知识服务的目的就是满足用户信息需求。咨询馆员是知识服务的主体，其掌握的信息技术是其开展知识服务的重要保障。

咨询馆员是知识检索、知识筛选、知识组织和知识创新的操作者，熟练掌握信息技术，是开展知识服务的必要条件。提高咨询馆员的计算机操作、信息检索、信息处理以及常用数据库、常用软件操作等信息技术，是提供咨询馆员知识服务能力的途径之一。可以邀请参考咨询常用数据库的开发人员为咨询馆员介绍数据库的框架、资源优势和检索技巧等内容，增进咨询馆员对数据库的了解，掌握专业的检索技巧；还可以请资深咨询馆员开展专题讲座，结合实际工作开展信息技术培训，让每个咨询馆员都熟练掌握工作相关的信息技术，提升个人的知识服务能力，从而提升整个图书馆的知识服务能力。

2.3 开展学术研究

开展学术研究是提高咨询馆员知识服务能力的重要手段之一。通过开展学术研究，咨询馆员可以积累知识服务素材，加深对知识服务的感性认识，总结知识服务的规律，上升到对知识服务的理性认识，提高咨询馆员的理论素养，还能促进咨询馆员知识服务能力的提高。开展学术研究是提高咨询馆员学术水平、开阔视野的重要途径。鼓励咨询馆员积极参加图书情报领域的各级学术会议和交流活动，了解学术界研究成果和研究方向，并鼓励咨询馆员积极结合工作撰写学术论文，促使其深入思考工作相关知识，加深其对国内外参考咨询服务的了解，既可以提高咨询馆员的知识服务能力，还可以营造良好的知识服务研究环境，有利于知识服务研究团队的形成。同时，组织咨询馆员到其他图书馆进行参观交流，考察其他图书馆知识服务发展情况，开阔视野。

2.4 自主学习

自主学习是咨询馆员完善知识结构、知识更新和提升知识服务能力的主要途径。参考咨询是厚积薄发的工作，需要咨询馆员主动学习、重视知识积累。图书馆参考咨询用户的咨询多为不同领域的研究，对咨询馆员的知识结构要求较高。咨询馆员只有不断学习，与时俱进，积极开展自主学习，关注工作相关各领域的研究动态，完善自身知识结构，才能提高自己的知识服务能力。每一项咨询工作完成后，需要认真整理咨询流程并反思、总结，在咨询量增加的同时力争提升自己的知识服务能力。随着知识更新速度加快，咨询馆员应该结合工作岗位要求，根据自己的知识结构和知识服务能力，根据自己的发展需要，制订学习计划和学习目标，进行自主学习。

咨询馆员是图书馆知识服务的主体，一定要注重知识服务能力的培养和提升。数字化信息资源为知识服务提供了便利，但也为咨询馆员提出了挑战；知识服务用户多元化、个性化、专业化的需求，对咨询馆员的能力提出了更高的要求。在新形势、新环境的要求下，咨询馆员需要不断学习，完善知识结构，提升自己的沟通能力、知识获取能力、知识组织能力和知识创新能力，成长为一专多能的复合型人才，为用户提供完善的知识服务。

参考文献

[1] 张晓林. 走向知识服务：寻找新世纪图书情报工作的生长点[J]. 中国图书馆学报，2000(5)：32－37.
[2] 王红. 图书馆数字参考咨询研究[M]. 武汉：武汉出版社，2006：123.
[3] 中国百科大辞典编委会. 中国百科大辞典[M]. 北京：华夏出版社，1990：452.

高校图书馆战略规划方案评价指标体系建立

高 爽（国家图书馆出版社）

每个战略规划都有自己的特点，虽然各有不同，但是普遍涉及外部环境、内部机构与工作流程、财政资源、人力资源这四个方面。战略评价就是用来评价这些特点，以及战略的实施过程。战略规划的评价要求建立一个框架和需要权衡不同战略行动目标做出的理性判断，这些不同的战略目标应该相互联系，这样战略管理才能够连接现状与预期的未来[1-3]。

随着图书馆战略相关研究课题的持续推进，我国高校图书馆事业掀起战略规划实践热潮，并取得了显著成就。高校图书馆战略规划作为一项复杂的实践活动，还应进一步重点加强对图书馆战略规划实践的指导。目前，更是缺少对战略规划方案的评价环节。本研究旨在开发一套科学、有效的高校图书馆战略规划方案评价指标体系，为我国高校图书馆制定自身发展的战略规划、对方案的评测提供依据，为高校图书馆的未来发展提供一套可测量的战略目标以及易操作的执行计划体系，以提高图书馆在高校整体组织中的受重视度。

1　研究方法及应用过程

1.1　文献调查法

文献调查法是一种即古老又富有生命力的科学研究方法，也是教育科学研究中最基本的方法之一。文献调查法是指收集、鉴别、整理文献，并通过对文献研究形成对事实的科学认识，从而了解科学事实，探索科学现象的研究方法。通过检索各数据库，IFLA、ALA、ARL 等图书馆协会网站，本研究充分收集国内外有关图书馆战略规划研究以及评价的文献，找出国内外对高校图书馆战略规划含义、模型、实施步骤、评价原则、方法等理论、战略规划实施个案等相关研究。对现有研究文献进行分析、总结，归纳其特点与不足，借鉴相关指导规则以及战略规划方案评价指标研究，并理论演绎与典型研究制定本研究的战略规划评价指标。

1.2　专家调查法

本研究选取的是专家调查法中的德尔菲法（Delphi Method），研究有两个研究步骤中运用了专家调查法。

第一，在评价指标体系初稿编制后，根据本研究需求，初步选定作为咨询专家的图书馆学内研究战略规划领域的学者名单；初次联系，确定此阶段能为评价表提供建议的专家名单；以 E-mail 形式将评价表及说明材料发给专家；综合各专家意见，修改评价表初稿，将修改后的评价表，再次通过 E-mail 发送给专家，请专家给予意见；直至取得一致性的意见。第二，在指标权重确立阶段，运用层次分析法来确定各项指标的权重时，需要用一个矩阵来确定各个指标之间的相对重要值。在这一环节上，本研究采用了专家调查法，即将矩阵表发给几位对战略规划有较深研究的专家，让他们填出各个指标之间的相对重要值。在这基础上，再用层次分析法的分析工具来确定最终的权重。

1.3　层次分析法

层次分析法（The Analytic Hierarchy Process，简称 AHP），是由美国著名的运筹学专家萨蒂（Saaty）于 20 世纪 70 年代提出来的，它充分利用人的分析、判断和综合能力，适用于结构较为复杂、决策准则较多且不易量化的决策问题[4]。确定全面而系统的指标体系是准确评价战略规划方案的基本前提条件。指标体系不仅应具有全面性，还应特别注意其内在结构的科学性。本研究借助层次分析法（AHP）建立指标层次模型以及指标权重的赋予。具体步骤如下：

（1）根据文献调查中的理论研究，找出战略规划方案的主要构成要素、制定原则及具体评价项目等主要内容；

（2）分析各因素间的内在联系及隶属关系，建立本研究的层次结构体系；

（3）将同一层次的各因素对于上一层次中某一准则的相对重要性进行两两比较，通过专家调查得出相应重要性的比较值，建立判断矩阵；

（4）由判断矩阵计算被比较因素对上一层该准则的相对权重，计算出各矩阵的最大特征根和相应的排序向量，并进行一致性检验；

（5）计算各层次相对于系统总目标合成权重，进行层次总排序。

2 高校图书馆战略规划方案评价表编制

战略规划可以帮助图书馆在资源、需求、机会三者间建立与维持足够灵活的战略；也能在高校高度自治环境中，提供良好的公共关系机会，并作为一种手段使高校图书馆动态融入高校组织环境，受到重视，获得良好的支持率。

高校图书馆战略规划方案评价指标体系的建立，必须依据一定原则，本研究主要从三个方面建立完善的评价指标体系表，首先是通过理论演绎与典型分析相结合的方法，对战略管理领域以及图书馆学领域中战略规划方案特征进行总结，初步建立评价指标体系表框架（详见作者《我国高校图书馆战略规划方案评价框架研究》）；其次，通过专家调查进行评价表初稿的效度分析，对评价表进行修改、完善；最后，使用层次分析法对修改后的评价表中指标进行权重赋予，完善评价指标体系，最终形成一个完善的高校图书馆战略规划方案评价指标体系框架。

该评价指标体系表，经过理论演绎和典型研究结合的方法，参考相关文献的理论研究成果，以及2005年的《普通高等学校图书馆规程（修订）》中总则、对高等学校图书馆管理体制、组织机构、文献资源、读者服务、科学管理、工作人员、经费、馆舍、设备这几方面的规定[5]，经初步分析、总结、修改，确定了一级指标2个，二级指标9个，三级指标32个，评价题项32道，构成了高校图书馆战略规划方案评价指标体系初稿。

3 高校图书馆战略规划方案评价指标体系表测试

3.1 专家选择

专家效度是检验评价表内容有效性的一种方式。在研究者根据理论假设编制好评价表后，将此评价表请相关的学者专家加以审查，该表的适用性应得到在此领域的研究人员或有丰富操作经验的实际工作者的认同。因此，对本评价表进行审查的专家包括有高校图书馆战略规划研究背景的学者、参加过图书馆评估的专家以及有相关实践经验的馆长。

3.2 专家效度分析

专家效度分析的具体过程为：专家根据各题项逐一审查，判断题项的内容是否能测出构想的内涵，分析词句是否恰当并提供修正意见。研究者再根据专家学者意见，统计分析合适的题项与不合适的题项，修正量表。本评价量表经过7位专家审查，据专家的意见删除部分题项并增加了部分题项。此外，根据专家意见调整三级指标的名称以及题项的表述方式。

3.3 最终评价体系表

通过专家对高校图书馆战略规划方案评价指标体系中指标进行修改、添加，将所有意见进行汇总、归类，并通过对专家的进一步调查，对初表的修改得到一致性的意见，整理后得到最终的评价指标体系表，见表1。所有题项按高校图书馆战略规划方案评价原则构架顺序编排。本评价表由一系列陈述句组成，评价者根据自己的判断选择合适的选项。表中所有题项都采用正向计分方法，为使评价表各选项上的差距相等，在问卷编制上采用了两极端的方式。其中，评价者认为被评高校图书馆战略规划方案，非常不符合本题项的描述，选择“非常不符合”，计为 1 分；评价者认为被评高校图书馆战略规划方案非常符合该题项的描述，即“非常符合”计为 5 分。在非常符合与非常不符合之间又分为 3 档，从低到高依次计为 2、3、4 分。

表 1　高校图书馆战略规划方案评价指标体系表（终稿）

一级指标	二级指标	三级指标	具体项目	非常不符合 1	部分符合 2	符合 3	基本符合 4	非常符合 5
设计 A1	清晰性 A11	逻辑结构	（A111）结构清晰，在标题中能依次找到使命、目标、具体操作计划、评价措施等内容（或有项目标识）					
		表达重点	（A112）对重点目标、计划或措施有明确标识，使其明确、清晰可见					
	吸引性 A12	版面编排	（A121）封面、绘图、照片、表格与正文内容相结合，具有吸引性					
		行文方式	（A122）内容有说服力，言语令人信服					
	民主性 A13	相关利益者广泛	（A131）指导委员会成员的广泛性，能包含不同利益者对图书馆发展的建议（校规划处领导、馆内领导、图书馆各部门普通员工代表、本科生、研究生、教师、职工）					
		馆员参与	（A132）全体馆员参与战略规划制定、考核、					
		信息传递	（A133）主动告知各相关利益者，随时保持全体馆员与相关利益群体对规划实施过程动态的了解					
内容 A2	整体性 A21	要素齐备	（A211）发展战略规划（事业规划）本身在内容上的完整性，即是否完整地包括愿景使命、本馆过去与现状的分析、主要发展目标、操作性计划和保障系统等					
		统筹兼顾	（A212）统筹考虑了馆内的馆藏建设、馆舍空间、读者服务、组织管理、组织文化等各项工作					
		战略重点	（A213）指出了资源配置的优先顺序，针对事关高校图书馆发展的重大问题和紧迫问题进行了重点部署和规划，具有明确的战略重点					
		回顾总结	（A214）包含有对以往规划及目标的总结					
		本校规划	（A215）战略规划的制定是否分析了本校在未来发展的相关战略，是否与其方向一致					
		教育规划	（A216）与教育部规划发展要求相配合					
		城市规划	（A217）与本省（市）经济和社会发展目标相关联					
		图书馆法规、政策	（A218）参考全国性图书馆法规、政策以及高校图书馆法规、政策的指导					

续表

一级指标	二级指标	三级指标	具体项目	非常不符合	部分符合	符合	基本符合	非常符合
				1	2	3	4	5
	协调性A22	内部环境	(A221)对本馆过去与现在的发展状况进行分析,分析出馆内资源的优势和劣势(馆藏、人力、设备、资金、管理制度、组织文化等软硬件资源),针对关键变化采取应对措施					
		外部环境	(A222)对过去与现在本馆所处的外部环境进行分析,进行PEST分析,分析外部环境给本馆带来的优势和劣势,针对关键变化采取应对措施,对可能影响图书馆发展的周围环境变化进行扫描,分析其变化趋势					
		竞合对象	(A223)对本馆以及与竞争合作对象进行分析,通过各种渠道的数据对本馆及本校进行基准分析,确定本馆与国内外竞争者、拟赶超者、合作者的相对位置;对主要的竞争对手进行扫描和分析					
	可行性A23	规划委员会	(A231)成立图书馆战略规划指导委员会,制订战略规划并监督保障其实施					
		战略目标	(A232)将战略目标转化为具体的执行计划					
		执行计划	(A233)执行计划易测量,易操作(如对成功状态有明确的数字或文字标识)					
		阶段计划	(A234)目标实施,有明确的阶段性时间发展规划					
		权责细化	(A235)每个目标的实现,都设有明确的负责部门及负责人员,将任务落实到部门,落实到具体馆员					
		绩效测量	(A236)实现各目标的执行计划有可测度的成功标志,具体为数字的变化或质的变化,对目标的实现可以进行定量或定性的测量					
		预算支持	(A237)规划与预算相结合,考虑经费支持等问题					
	发展性A24	馆藏与服务	(A241)致力于促进馆藏实体与虚拟资源、各项服务利用实效的提高					
		读者	(A242)致力于读者阅览环境与学习空间的改善、读者信息素养的提高					
		技术与设施	(A243)致力于本馆高素质团队、精良的设备、特色的服务的建设					

续表

一级指标	二级指标	三级指标	具体项目	非常不符合	部分符合	符合	基本符合	非常符合
				1	2	3	4	5
	风险性A25	风险分析	(A251)包含对战略方案实施过程中未知风险分析(对自然与人为危机、人员与政策等事件调整进行风险分析)					
		危机处理	(A252)具有明确应对突发事件、未知风险的相应措施					
	灵活性A26	目标弹性	(A261)战略规划目标是否具有一定弹性,有一定调整余地					
		资源弹性	(A262)本馆的人力、物力、财力等战略资源是否具有适当富余度,为战略调整留有一定空间					
		权责弹性	(A263)规划中制定何种情况、何种权限的管理人员可以一定幅度更改原战略,以促进图书馆未来发展					

资料来源:作者整理。

4 高校图书馆战略规划方案评价指标权重

4.1 确定指标权重

4.1.1 二级指标权重

(1)组建评估小组

通过专家调查法,选定评估小组的专家,负责对所评价体系表内每级别内各要素之间的关系进行评估。

(2)构造判断矩阵

整个指标体系分为三层,各指标在评价中的重要程度不同,第一级、第二级指标,按AHP法的标度理论,专家组以Saaty1—9[6]标度法对元素进行两两比较,确定各因素间的比率标度。

为了尽量剔除专家比较中的人为因素,需对其进行如下处理:

$$b_{ij} = \frac{\sum_{k=1}^{n} b_{kij}}{n} \qquad \text{(公式 1)}$$

注 b_{ij}为第i个指标与第j个指标的比率标度;n为专家人数;b_{kij}为第k名专家所给出的第i个指标与第j个指标的比率标度。对于非整数b_{ij}以四舍五入原则,归于相应的标度内。同理可得其他的比率标度。

(3)单层排序权重的计算和一致性检验

据Saaty1—9标度对应表,得出各层次中指标的重要程度比,建立各判断矩阵,然后根据判断矩阵得到其最大特征值所对应的特征向量(W_i),进行归一化处理得到各指标的权重。具体公式为公式2、公式3：

$$W_i = \sqrt[n]{\prod_{j=1}^{n} b_{ij}} / \sum_{i=1}^{n} \sqrt[n]{\prod_{j=1}^{n} b_{ij}} \qquad 其中\ i,j=1,2\cdots n \qquad (公式2)$$

最大特征值的计算公式为：

$$\lambda_{max} = \frac{1}{n}\sum_{j=1}^{n} (AW)_i / W_i \qquad 其中\ i,j=1,2\cdots n \qquad (公式3)$$

由于客观事物的复杂性和人的主观判断具有差异性，每个判断结果无法保证完全一致性，因此为保证评价结果合理性，还需对这些矩阵的一致性进行检验。即计算一致性指标 CI 和平均随机一致性比例 CR。只有当随即一致性比例 $CR = CI/RI < 0.1$ 时，认为判断矩阵有满意的一致性，其中 $CI = (\lambda_{max} - n)/(n-1)$，否则说明判断可能有某种程度的随意性，必须对前面的判断进行修正。

矩阵的阶数越大，完全一致性就越难达到。Saaty 又引入阶数 N 的判断矩阵平均随机一致性指标 RI，RI 值可见表3。

表2　各判断矩阵 RI 取值表[7]

N	1	2	3	4	5	6	7	8	9	10
RI	0.00	0.00	0.58	0.90	1.12	1.24	1.32	1.41	1.45	1.49

由上述原理，本研究体系中的二级指标的判断矩阵如下：

目标 A1（设计）的二级指标判断矩阵：

表3　目标 A1 包含的二级指标的判断矩阵

A1	A11	A12	A13	W1
A11	1	3	2	0.54
A12	1/3	1	1/2	0.16
A13	1/2	2	1	0.30

资料来源：作者整理。

目标 A2（内容）的二级指标判断矩阵：

表4　目标 A2 包含的二级指标的判断矩阵

A2	A21	A22	A23	A24	A25	A26	W
A21	1	3	1/3	2	5	4	0.21
A22	1/3	1	1/6	1/2	3	2	0.09
A23	3	6	1	5	8	7	0.48
A24	1/2	2	1/5	1	3	2	0.12
A25	1/5	1/3	1/8	1/3	1	1/2	0.04
A26	1/4	1/2	1/7	1/2	2	1	0.06

资料来源：作者整理。

根据计算结果可以看出，本研究中判断矩阵中各指标的权重计算结果具有良好的一致性。

4.1.2　一级、三级指标权重的确定

一级、三级指标权重的确定主要是通过专家调查法，选定专家，请专家为三级指标打分。

标准是:分数值1—10,重要度依次递增,每位专家依据自己的经验判断各指标的重要程度,选择合适的分数;调查方式是:设计调查问卷,阐明调查目的、研究任务以及填写方法,通过E-mail的方式将问卷发送给专家,请专家根据规定标准,对一级和三级指标进行打分。调查结束后,将收回的调查问卷中的数据进行汇总,通过如下计算方法得出各指标对应权重,先计算出各指标的平均分,每个指标的权重就是该指标得到的平均分除以相同二级指标下所有指标平均分之和。具体各指标权重见下表5。

4.1.3 综合权重确定

得出各准则下的排序向量后,应用合成权重计算公式得出各子层次指标的合成权重,如下表5:

表5 高校图书馆战略规划评价指标体系权重

一级指标	二级指标	二级单一权重	三级指标	三级单一权重	综合权重
设计A1(0.30)	清晰性A11	0.54	逻辑结构	0.50	0.0810
			表达重点	0.50	0.0810
	吸引性A12	0.16	版面编排	0.47	0.0225
			行文方式	0.53	0.0255
	民主性A13	0.30	相关利益者	0.37	0.0331
			馆员参与	0.32	0.0285
			信息传递	0.32	0.0285
内容A2(0.70)	整体性A21	0.21	要素齐备	0.16	0.0249
			统筹兼顾	0.13	0.0213
			战略重点	0.15	0.0243
			回顾总结	0.10	0.0164
			本校规划	0.10	0.0158
			教育规划	0.10	0.0158
			城市规划	0.08	0.0128
			图书馆法规	0.10	0.0158
	协调性A22	0.09	内部环境	0.37	0.0232
			外部环境	0.35	0.0220
			竞争对象	0.28	0.0178
	可行性A23	0.48	规划委员会	0.12	0.0412
			目标表述	0.15	0.0489
			执行计划	0.16	0.0541
			权责细化	0.15	0.0438
			绩效测量	0.15	0.0515
			阶段计划	0.14	0.0463
			预算支持	0.13	0.0502

续表

一级指标	二级指标	二级单一权重	三级指标	三级单一权重	综合权重
	发展性 A24	0.12	馆藏与服务	0.34	0.0283
			读者	0.35	0.0292
			技术与设施	0.32	0.0265
	风险性 A25	0.04	风险分析	0.51	0.0143
			危机处理	0.49	0.0137
	灵活性 A26	0.06	目标弹性	0.33	0.0140
			资源弹性	0.31	0.0130
			权责弹性	0.36	0.0150

资料来源:作者整理。

4.2 评价表使用说明

高校图书馆战略规划方案评价表分为两部分,三个层次,共 33 个具体评价题项。评价表从规划方案的设计和内容两个方面评价高校图书馆的战略规划方案。评价表的所有题目都采用正向计分方法,总分为 5 分。评价表的计分方式为每个三级指标评价分数与对应合成权重的乘积,即为该题项的最终评价分数,33 个题项分数之后即为该馆战略规划方案的评价总分。本表作为对高校图书馆战略规划评价的一部分而存在,通过本表得到的评价结果需要和实地调研、访谈等结果相结合,才能形成高校图书馆战略规划制定、执行情况完整的映像。

高校图书馆战略规划方案的评价以他评和自评相结合。在他评前应建立由校长、馆长等组成的评估小组,实施评价工作,写出自我评价报告。他评的评价主体包括高校规划工作的领导、高校图书馆战略规划的实际工作经验者、有此相关研究经验的专家学者等。通过对评价结果的比较,了解不同评价主体在哪些方面意见一致,哪些方面意见相同。建立规范化的评价程序。严格按照准备阶段、组织实施阶段、结果处理阶段等基本程序进行,以确保评价的客观性,并运用评价结果指导高校图书馆战略规划工作。

高校图书馆战略规划方案的评价过程可以分为以下几个步骤:

(1)标记。在阅读其战略规划方案过程中,了解并标记自己认为高校发展规划中做得比较好的地方,以及做得不够的地方。

(2)对照评价量表,判断高校图书馆战略规划方案是否符合各题项的描述,选择符合自己判断的选项。

(3)计算评价量表总得分。根据各选项的判断,并结合权重统计总分。如果有多位评价者,还可分别统计各选项的得分,并加以比较。由此可以得出不同评价者在哪些方面有不同的判断。

(4)得出结论。本结论仅为对高校图书馆战略规划方案的评价结果,对方案的评价属于整个高校图书馆战略规划评价的一部分。将此结果与对高校图书馆战略规划的其他评价方法结合,可以得到比较系统的、科学的评价结论。

5 结论及建议

5.1 结论

本研究通过理论演绎与典型分析，编制了专门针对高校战略规划方案的评价量表，经过7位专家审核，修改删减相关题项，从而完成量表的建立。量表初始设计2个一级评价指标与9个二级评价指标仍然保留，经过专家审查分析，最终方案中原32个三级指标增改为33个三级指标。本量表经过专家对评价体系表中指标与题项的效度分析，删除了不合适的3个题项，添加4个新的题项，在原有题项基础上修改了6个题项。

本研究建构的评价指标体系结构中，除了总结出修改后的各级指标以及三级指标后的考察题项，还包括使用层次分析法以及专家调查法结合，赋予各级指标的权重，二级指标的权重赋予适用层次分析法计算，经过判断矩阵的计算，各目标矩阵中的CR值均小于0.1，通过一致性检验，得出结论，均具有满意的一致性。一级指标与三级指标均通过专家调查打分形式来赋予各自的权重。因此，本量表具有良好的有效性、科学性，适用于我国高等学校图书馆战略规划方案的制定、自评或他评。

5.2 局限

由于时间和能力有限，本研究过程中，存在以下两方面的不足之处：

（1）专家数量

本研究在专家调查过程中，由于在国内图书馆学领域中，研究战略规划的内容的理论还较为稀少，因此对战略规划有一定研究的图书馆学学者或专家不易寻找，较难选出大量的专家作为调查对象。本研究过程中采用就近调查的方式，选择对战略规划有一定研究的图书馆学专家以及图书馆领导共7位专家作为调查对象。由于专家数量较少，不能更广泛地搜集更多的意见以指导本研究中评价指标体系的建立。

（2）个案测评

本研究目的是为国内高校图书馆制定战略规划制定与评价提供指导性文件。研究过程中，通过层次分析法、专家调查法建立一套有效的评价指标体系，但是，由于目前国内图书馆学领域对战略规划的理论与实践研究成果较少，此外由于国内高校图书馆即便制定了相应的战略规划，但较多作为内部文件，无法通过公开的信息获取渠道分享其规划文件，因此，无法对制定出的评价体系进行实例测评，通过测评样本的结果，对评价体系作进一步的完善。这一点不免成为本研究中的一个局限。

参考文献

[1] Bush T, Coleman M. Leadership and Strategic Management in Education. London: PaulChapmanPublishing, 2000 [EB/M]. [2017-08-20]. http://www.sagepub.com/booksProdDesc.nav? prodId=Book11078.

[2] Fidler. Strategic Management for School Development[M]. London: Paul Chapman Publishing, 2002: 20.

[3] Johnson G, Scholes K. Exploring Corporate Strategy: Text and Cases[M]. Cambridge: Prentice Hall, 2002: 10.

[4] 张惠文. 层次分析法在图书馆自动化系统评价中的应用[J]. 情报杂志, 2002(7): 49-51.

[5] 普通高等学校图书馆规程(修订)[EB/OL]. [2017-10-20]. http://old.moe.gov.cn//publicfiles/business/htmlfiles/moe/moe_23/200202/221.html.

[6-7] 熊启才. 数学模型方法及应用[M]. 重庆:重庆大学出版社,2005.

论法制环境下公共图书馆的使命与目标

谢春花(离退休干部处)

2017年11月4日,《中华人民共和国公共图书馆法》(以下简称《公共图书馆法》)经十二届全国人大常委会第三十次会议表决通过,于2018年1月1日起施行。该法的颁布让图书馆在法治环境下将承担更多的责任与义务。倡导全民阅读,建设书香社会是一直不变的主题。新时期公共图书馆将会以全民阅读、传承文明、服务社会为目标,坚持以社会主义核心价值观为引领,传承发展中华优秀传统文化,继承革命文化,发展社会主义先进文化。

1 公共图书馆法

1.1 公共图书馆的定义

什么是公共图书馆?《公共图书馆法》第一章第二条写道:公共图书馆是指向社会公众免费开放,收集、整理、保存文献信息并提供查询、借阅及相关服务,开展社会教育的公共文化设施。

1.2 公共图书馆法的时代意义

《公共图书馆法》的颁布是我国图书馆界的一件大事,它不仅有助于公共图书馆的稳步向前发展,而且对我国图书馆事业乃至公共文化事业的提升有着巨大的推动作用[1]。

第一,该法的颁布顺应了时代发展需要,是我国图书馆事业发展的产物。19世纪中期,欧洲一些国家为了促进图书馆的公共化,保证图书馆经费的固定来源,加强图书馆管理,开始制定和颁布图书馆法[2]。我国《公共图书馆法》的颁布以《宪法》为依据,确定了公共图书馆在设立、运行、服务和法律责任上的法律依据和发展方向,从而有利于完善文化法律制度,填补了图书馆界的法律空白。

第二,该法约束了公共图书馆与政府、公共图书馆与其他机构、公共图书馆与社会公众之间的责任与义务,同时又维护了图书馆与读者的权益,为公共图书馆的可持续发展提供了根本保障。

第三,该法保障了人民群众的文化权益。《公共图书馆法》规定了公共图书馆应向社会公众提供一系列免费服务;对特殊人群,如老年人、残疾人等群体提供相应的专业设备和服务;对少年儿童提供更安全、适宜的文献和阅读环境。同时在我国很多边远地区和农村区县公共图书馆设施还不够健全,有的甚至还存在盲区,广大人民群众的基本文化需求得不到满足,因此该法的颁布将推动部分地区公共图书馆的建设,为人民精神食粮的供给保驾护航。

第四,该法提升了图书馆人的使命感。不管是几十年前手抄的提书卡片还是现代化的机械提书车,一代代的图书馆人都秉承着“送人玫瑰、手有余香”的职业精神。该法的颁布使图书馆人在工作上有章可循,有法可依,做事更加有底气、更加有方向。

2 我国公共图书馆的现状与问题

2.1 我国公共图书馆现状

截至2016年底,全国公共图书馆共有3153个,比上年末增加14个。其中少儿图书馆122个,增加9个。全国公共图书馆从业人员57 208人,比上年末增加786人。其中具有高级职称的人员6153人,占10.8%;具有中级职称的人员18 699人,占32.7%。

全国公共图书馆实际使用房屋建筑面积1424.26万平方米,比上年末增长9.4%;图书总藏量90 163万册,增长7.5%;电子图书88 798万册,增长6.9%;阅览室座席数98.60万个,增长8.3%;计算机21.16万台,供读者使用的电子阅览终端13.49万台,增长6.5%。

全国平均每万人公共图书馆建筑面积103.0平方米,比上年末增加8.3平方米;全国人均图书藏量0.65册,增加0.04册;全年全国人均购书费1.56元,比上年增加0.13元。

全国公共图书馆发放借书证5593万个;总流通人次66 037万,增长12.1%;书刊文献外借册次54 725万,增长7.5%;外借人次24 892万,增长7.8%。全年共为读者举办各种活动140 033次,增长22.3%;参加人次7138万,增长20.8%[3]。

2.2 我国公共图书馆存在的问题

县级图书馆是公共图书馆发展的基础,《公共图书馆法》也特别指出国家应扶持革命老区、民族地区、边疆地区和贫困地区公共图书馆事业的发展。然而目前我国公共图书馆的现状和发展还存在很多问题。

2.2.1 部分地区公共图书馆设施网络不健全

目前,一些边远地区及农村地区公共图书馆设施的建设仍是盲区。现存的部分边远地区公共图书馆在馆舍面积、馆藏数量、阅览室座席数(见表1)和服务功能上并不理想,再加上宣传不到位,服务效能不能完全发挥。虽然西藏、青海、宁夏、新疆地区的每万人公共图书馆建筑面积已经远远高于全国平均值,但是他们的馆藏数量总和仅占全国总计的3%。馆藏文献的缺失使得人均拥有公共图书馆藏书量下降,也无法满足公众精神食粮的摄取,从而使全民阅读之路困难重重。

表1 2015年部分地区公共图书馆基本馆情数据

地区	每万人公共图书馆建筑面积(单位:平方米)	馆藏数量(单位:万册/件)	阅览室座席数(单位:万个)
广西	72.0	2606	2.8
云南	75.1	1944	2.6
西藏	156.2	162	0.3
甘肃	84.3	1340	1.9
青海	105.9	415	0.4
宁夏	158.8	706	0.9

续表

地区	每万人公共图书馆建筑面积(单位:平方米)	馆藏数量(单位:万册/件)	阅览室座席数(单位:万个)
新疆	100.6	1303	2.3
陕西	64.4	1506	2.0
对比	94.7(全国平均值)	83 844(全国总计)	91.1(全国总计)

同时,专业图书馆员的缺乏也使得部分边远地区公共图书馆在发展上有一定阻碍。根据《中国文化文物统计年鉴2016》显示,2015年全国公共图书馆共有3139个,从业人员56 442人,专业技术人才40 251人,正高级职称768人、副高级职称4978人、中级职称18 475人[4]。其中部分边远地区的正高级职称专业人员更是屈指可数(见表2),甚至西藏地区正高级职称是空白。公共图书馆的发展在需要负责图书采访、编目、导读等基础业务人才的同时,更需要对信息进行深入分析、科研创新、数字共享方面的专业人才,缺乏科研活动和数字资源共享机制的图书馆只能依旧停留在传统图书馆的脚步,而非是现代图书馆。

表2　2015年部分地区公共图书馆中级职称以上人才数量(单位:人)

地区	正高级职称	副高级职称	中级职称
广西	10	92	529
云南	9	293	798
西藏	0	9	16
甘肃	10	71	348
青海	5	38	146
宁夏	4	45	186
新疆	4	97	361
陕西	10	70	556
合计	52	715	2940
占全国总数比例	6.8%	14.4%	15.9%

再者,进入信息化时代,人们不再仅仅满足于纸质资源,数字化信息也愈发重要。为顺应时代发展公共图书馆应做出相应调整,然而现状是全国县级公共图书馆拥有计算机数的数量并不理想,更不用说发展落后的部分边远地区的公共图书馆。有的公共图书馆虽然有计算机,但是信息化建设水平慢、质量低使得数字资源共享存在一定阻碍。计算机技术是图书馆现代化建设必不可少的一部分,信息化水平的落后只会让公共图书馆的发展落于他人。

2.2.2　读者行为缺失

说到图书馆的敌人,大家首先会想到水、火、虫蛀鼠害等。然而,随着走进图书馆的人越来越多,另一敌人也就突显出来:以偷书贼为代表的一类人。在《国家图书馆基础业务知识应知应会手册》上特别列出传统文献库房管理"五防",指的是防尘、防盗、防火、防水、防虫蛀鼠害。可见除了自然环境对文献的破坏,人为因素导致的文献损坏也不容小觑。2015年,中国国家图书馆中文图书借阅区针对读者失信行为做了一项诚信体系调研。发现读者失信行为主要发生在两个方面:读者借还和馆内阅览。

读者借还行为：主要包含丢失书籍、污损书籍、逾期未还和预约未取四大失信行为。在为期15天的调研取样时间里，共计丢失书籍40次；污损书籍202册，占抽查样本的13.46%，其中图书中度损坏（定义：受损5—20页，轻微影响读者正常阅读）和重度损坏（定义：受损20页以上，严重影响读者正常阅读）分别有197册和5册；逾期未还共计11 038条，其中中期未还（>5天，≤31天）和长期未还（>31天）产生次数共计5455条，占抽查样本的49.4%，同时取样期间进入中文图书借阅区总人数为29 332人，也就是说有将近37.63%的读者存在"逾期未还"行为；预约未取104人次。经调查造成读者借还行为失信的主要原因是因为无心过失和出差、生病、旅游等不可抗因素造成的，但是这也说明读者主观能动性低、缺乏主动获取借阅规则的意识，从而造成一系列借阅失信行为。

馆内阅览行为：主要包含携带未满13周岁儿童入馆、破坏馆内安静氛围，影响他人阅读、损坏公共设施、偷窃馆内公共/私人物品、未经允许在馆内拍照、不服从图书馆员正常管理等不当行为。针对此问题中文图书借阅区统计有效调查问卷181份（详见图1），发现很多读者已经对他人的不良借阅行为产生了心理排斥。国家级公共图书馆的读者失信行为就如此不如人意，更不用说边远地区人文教育水平低、服务设施不完善的公共图书馆了，因此该调研反映公共图书馆建立信用体系的重要性和必要性。

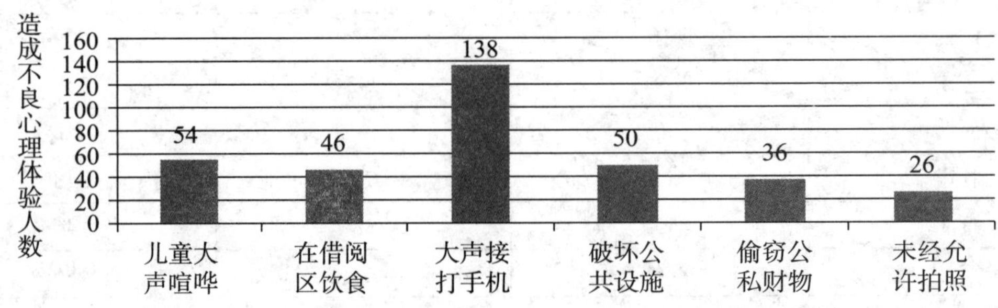

图1　中国国家图书馆中文图书借阅区读者"不良阅览行为程度"一览

除去客观因素导致的图书损坏现象，还有一项性质恶劣的行为就是偷书。图书馆的图书遭窃一直是个很普遍的问题。普林斯顿大学图书馆做过一个统计，该图书馆失踪书籍多达4%，分馆的比例更是高达10%[5]。在中国国家图书馆此类现象也是层出不穷，工作人员发现会有读者在隐蔽的书架里盗挖自己的目标书页，此类现象多出现于J类艺术类等昂贵书籍中，也有的直接撕走图书中的ALEPH防盗标签整本盗走，从而出门时门禁并不会检测到标签而使该书流出阅览室。将公物损坏或占为己有从而剥夺了其他人享用公共图书的权利是一种不道德的行为。一个国家的国民素质决定了一个国家文化的发展走向，只有国民素质提高了公共图书馆的发展才会不断前进，才会有更多的社会公众愿意了解图书馆，走进图书馆。

3　公共图书馆的使命与目标

联合国教科文组织《公共图书馆宣言》(1994)中讲道：每一个人都有平等享受公共图书馆服务的权利，而不受年龄、种族、性别、宗教信仰、国际、语言或社会地位的限制，对因故不能享用常规服务和资料的用户，例如少数民族用户、残疾用户、医院病人或监狱囚犯，必须向其提供特殊服务和资料。可见公共图书馆服务的对象是所有人，而服务的核心是与信息传播、社会教育和传承文明息息相关。

为顺应时代发展完成全民阅读、传承文明、服务社会的使命与目标,公共图书馆自身应做出融合调整与创新。第一是服务理念转型:从“藏”书转为“用”书。书是用来看的,因此公共图书馆应对社会公众开放更多可阅览、可外借的图书。第二,人才模式创新:加强馆员培训,引进高端技术人才,强化科研课题,从而提升图书馆员专业素质水平,为国家、企业、社会公众提供更优质的服务。第三,服务途径创新:微博、微信、数据库、数字共享空间等多媒体服务,使读者足不出户可以了解图书馆最新动态,享用海量图书资源。第四,服务内容融合:图书馆不再是单一的阅读图书的场所,公益讲座、培训、展览、文艺演出、阅读推广等一系列活动的出现,使得图书馆在服务体验上更加多元化。第五:特殊服务创新:少数民族、少年儿童、残疾人等特殊服务。为保障社会公众都可以走进图书馆,公共图书馆应做到对特殊群体提供专属安全设施及个性化阅读区域,从而实现全民阅读。

在公共图书馆发展过程中,政府、公共图书馆、其他组织和社会公众是这文化盛宴的四大主角,这四大主角的演绎奠定了公共图书馆未来的发展基础,也决定了法治环境下公共图书馆的使命与目标:全民阅读、传承文明、服务社会,因此在图书馆自身融合调整的同时,其他三者也至关重要。

3.1 政府与公共图书馆

公共图书馆的发展离不开政府的决策支持。然而在过去图书馆发展的过程中很多地方政府没有认识到公共图书馆事业发展的重要性,在财政上和政策上都没有给予支持,也间接导致了本文上述的部分地区公共图书馆设施网络不健全问题。馆舍、馆藏、馆员是公共图书馆的基础和服务保障,三“馆”齐下才会吸引更多的读者,才会有更多的人愿意了解图书馆,走进图书馆,让图书馆活起来。

《公共图书馆法》第四条特别强调了“县级以上人民政府应当将公共图书馆事业纳入本级国民经济和社会发展规划,将公共图书馆建设纳入城乡规划和土地利用总体规划,加大对政府设立的公共图书馆的投入,将所需经费列入本级政府预算,并及时、足额拨付”“县级以上人民政府应当积极调动社会力量参与公共图书馆建设,并按照国家有关规定给了政策扶持”。在强调人民政府责任的同时也强调了人民政府文化主管部门的负责范围。国家扶持革命老区、民族地区、边疆地区和贫困地区公共图书馆事业的发展,这将有利于增强我国民族团结,加强社会凝聚力。

因此,法治环境下公共图书馆应该依托政府政策扶持,在为社会公众提供图书阅览、图书外借、报纸杂志、馆际互借以及如少儿阅览、特殊人群专属阅览等个性化服务的同时,还要提供数字共享服务、微信公众号信息推送、借阅归还通知、微博等新媒体服务,同时开展公益性讲座、阅读推广、培训、展览、文艺演出等一系列文化惠民活动,从而加强社会文化意识,提升艺术鉴赏力,促进不同文化之间的对话。

3.2 其他组织与公共图书馆

随着时代的发展,图书馆已经从单一的查阅图书的场所逐渐演变成以阅读为主,其他文化惠民活动为辅的场所。公共图书馆的发展在需要政府政策扶持的同时,还需其他组织的相辅相成。其他组织包括但不限于出版单位、图书馆界、国际组织等。

公共图书馆文献采访的方式有很多,其中交存、采购、交换、受赠、征集、接受调拨和复制是我们常见的文献采访方式。对于出版单位,《公共图书馆法》特别指出出版单位应当按照国家有关规定向国家图书馆和所在地省级公共图书馆交存正式出版物。出版单位的交存保证了国家图书馆和所在地省级公共图书馆馆藏文献的数量,这无疑对公共图书馆的发展是一种基础保障。

公共图书馆应当加强馆际交流与合作。国家支持公共图书馆开展联合采购、联合编目、联合服务,实现文献信息的共建共享,促进文献信息的有效利用;加强与学校图书馆、科研机构图书馆以及其他类型图书馆的交流与合作,开展联合服务;同时公共图书馆可以与档案馆、博物馆、纪念馆等单位相互交换重复件、复制件或者目录,联合举办展览,共同编辑出版有关史料或者进行史料研究。对于国际组织,国家鼓励和支持在公共图书馆领域开展国际交流与合作。公共图书馆与其他组织间的合作加强了业务交流水平,实现了资源共享,为社会公众提供了更多、更有效的文献,为公共图书馆实现文化惠民、全民阅读的目标奠定了良好的基础。

3.3 社会公众与公共图书馆

公共图书馆的发展离不开社会公众的参与与奉献,目前,国家鼓励公民参与公共图书馆志愿服务。随着信息化时代的来临,更多的电子设备代替了传统图书,很多人可以足不出户在家阅览电子文献,因此如何通过宣传、策划等营销手段吸引读者,是公共图书馆在未来发展过程中应该关注的。

作为读者如何文明地走进图书馆、融入图书馆是社会公众与图书馆的共同课题。本文上述的读者失信行为相信在每个公共图书馆都或有发生,《公共图书馆法》也特别强调了对于破坏公共图书馆文献信息、设施设备,或者扰乱公共图书馆秩序的,公共图书馆工作人员有权予以劝阻、制止;经劝阻、制止无效的,公共图书馆可以停止为其提供服务。这是对公共图书馆与读者权益的一种保障,让图书馆员在处理读者不文明行为时有法可依,对读者的不文明行为也是一种制裁。

公共图书馆将以推动、引导、服务全民阅读为使命,以传承发展中华优秀传统文化,继承革命文化,发展社会主义先进文化为目标。每一位维护这个城市的市民都有平等地享有公共图书馆的参考与流通服务的权利,每一位市民也都有守护它的义务,全民阅读、传承文明、服务社会,不仅需要公共图书馆的不断发展,更需要你我他的共同参与。

参考文献

[1] 图书馆事业发展步入新时代专家解读《公共图书馆法》.[EB/OL].[2018-03-16]. http://www.sohu.com/a/203569979_748548.

[2] 公共图书馆法.[EB/OL].[2018-03-26]. http://baike.sogou.com/v101350780.htm? fromTitle=%E5%85%AC%E5%85%B1%E5%9B%BE%E4%B9%A6%E9%A6%86%E6%B3%95.

[3] 中华人民共和国文化部2016年文化发展统计公报.[EB/OL].[2018-03-27]. http://www.xinhuanet.com/culture/2017-05/18/c_1120994698.htm.

[4] 文化部.中国文化文物统计年鉴2016[M].北京:国家图书馆出版社,2016:50-109.

[5] 蔡家园.去图书馆约会[M].北京:金城出版社,2013:60-62.

RDA 理论与实践进展概述

刘　伟(中文采编部)

Resource Description and Access(《资源描述与检索》,RDA)于2009年编制完成,2010年6月以联机版即网络工具包(http://www.rdatoolkit.org/)的形式正式发布。RDA从编制到问世,一直是国际编目界瞩目的焦点。目前,已经被翻译成包括德语、法语、意大利语、西班牙语、芬兰语、挪威语、加泰罗尼亚语以及汉语8种语言,在美国、英国、加拿大、德国、澳大利亚、新加坡、马来西亚、菲律宾、荷兰、爱尔兰、苏格兰、芬兰、奥地利、瑞士、中国等18个国家得到实施。

1　RDA 基础理论及最新进展

1.1　RDA 基础理论

1.1.1　RDA 脱胎于 AACR2

AACR2(Anglo-American Cataloguing Rules 2),即《英美编目条例》(第二版),是使用最为广泛的编目规则之一。AACR2于1978年出版,到20世纪90年代,很多用户都抱怨AACR2在历经多次修订和更新后过于复杂,结构缺乏逻辑性,将内容和载体术语混淆在一起,缺乏层次感和对受编内容来说很重要的关联关系。此外,规则中的英美偏见也为人所诟病。负责规则制定的AACR修订联合指导委员会(JSC)决定对AACR2进行修订。2002年,有关AACR2修订稿(当时称为AACR3)的工作开始启动。到2005年4月,原计划有所改变。世界各国的规则制定者、各国家图书馆以及其他组织,都对AACR3的初稿做出了回应。根据这些反馈,JSC意识到需要改变修订方向,与FRBR模型结合,构建元素集,建立数字世界通用的资源描述与检索的新标准。因特网世界和蒂姆·伯纳斯—李提出的语义网愿景已经开始迅速发展,JSC决定对关联数据环境有所计划,以保证图书馆在更广阔的领域仍然占据重要地位。为了强调描述与检索这两项重要任务,AACR3取其副题名,更名为《资源描述与检索》。这一举措彰显了RDA走出图书馆界和去英美化的决心和抱负。

1.1.2　RDA 采用 FRBR 书目框架

1997年国际图联(IFLA)发布了重要文件《书目记录的功能需求》(Functional Requirements for Bibliographic Records,FRBR)。FRBR借鉴开发关系型数据库所常用的E-R(Entity-Relationship)模型,从探讨编目的实体及其属性与关系的角度来揭示书目记录的功能需求,最终产生两项重大成果:一是制订了以用户需求为基础的书目记录框架;二是确定了基于用户任务的基本级国家书目记录。

可以说,FRBR的问世催生了RDA,因为正是FRBR的两项重大成果给AACR2的修订者,也即RDA的制订者带来了启迪。RDA的整体结构采纳FRBR的多层次书目框架作为描述与检索资源的基础,彻底摒弃以文献物理形态为依据的传统模式,不再以文献类型为线索来阐述著录规则,而以 FRBR 的用户任务为出发点,依照 FRBR 概念模型的第一组实体与第二组实体及其属性与关系来说明描述与检索信息资源的具体过程与方法。这样的架构使 RDA 可以从容地处理各种类型的文献资料,而且对资源的描述与检索与具体的表现方式相分离,以便 RDA 能够用 MARC、DC 等多种元数据进行编码,适应信息资源以多种方式进行传递的要求。

RDA 根据 FRBR 的用户任务定义"核心元素",使书目记录更好地符合经济性、合理性的原则。RDA 的目的与范围也是完全依据 FRBR 的用户任务来确定的。它明确声明,利用 RDA 创建的资源描述数据是为了协助用户完成 FRBR 所阐述的四项任务——查找、识别、选择与获取;利用 RDA 创建的描述资源相关实体(即个人、家庭、团体、概念等)的数据则是为了协助用户完成 FRBR 的扩展模型 FRAD(Functional Requirements for Authority Data,规范数据的功能需求)所规定的用户任务。

1.1.3 RDA 遵循 ICP

历经对 2003 年德国法兰克福首次 IME ICC(国际图联国际编目规则专家会议)产生的《国际编目原则声明》(Statement of International Cataloguing Principles,ICP)草案的多次修订,国际图联于 2009 年正式发布 ICP。与当年 AACR 基于巴黎原则编制一样,RDA 也充分利用了IFLA 的成果,把总结世界不同地区编目实践的 ICP 作为 RDA 贯彻始终的编目原则。

表 1 RDA 目标、原则与 ICP 总原则对照表

RDA 目标	ICP 总原则
响应用户需求	用户的便利性
成本效率	经济性
灵活性	
连续性	
RDA 原则	
区分性	
充分性	充分性与必备性
相关性	
表达性	表达性
准确性	准确性
责任归属	
通用性或实践性	通用性
一致性	一致性与标准化
	有意义
	集成化

由表 1 可以看出,ICP 总原则除了"有意义"和"集成化"两条没有直接体现外,其他七条都在 RDA 目标或原则中直接予以体现。RDA 的首要目标表述为"响应用户需求",这与 ICP 的最高原则"用户的便利性"是一脉相承的。

需要说明的是,本文比对的是 2009 年版 ICP 总原则。国际图联于 2016 年发布了 ICP 最新版本,考虑到新型用户、开放访问环境、数据的互操作性和可访问性、发现工具的功能以及用户行为的重大变化,ICP 原则增加到 13 个。

1.2 RDA 结构及主要内容

RDA 是一部实践 FRBR 化的编目规则,其整体结构颠覆了 ISBD 和 AACR2 以文献类型为纲、以八大著录项为序,构建著录框架的做法。RDA 只关注记录数据的内容,不规定采用何种格式记录,也不限制以何种形式呈现。

RDA 正文由 10 个部分 37 章组成,分别对应于 FRBR/FRAD 三组实体的属性、三组实体与第一组实体的关系以及同一组实体间的相互关系。

表 2 RDA 结构

涉及实体属性	第一部分	记录载体表现和单件的属性
	第二部分	记录作品和内容表达的属性
	第三部分	记录个人、家族和团体的属性
	第四部分	记录概念、物体、事件和地点的属性
涉及实体关系	第五部分	记录作品、内容表达、载体表现和单件之间的基本关系
	第六部分	记录个人、家族和团体的关系
	第七部分	记录概念、物体、事件和地点的关系
	第八部分	记录作品、内容表达、载体表现和单件之间的关系
	第九部分	记录个人、家族和团体之间的关系
	第十部分	记录概念、物体、事件和地点之间的关系

1.3 RDA 最新进展

1.3.1 RDA 翻译

自从 2010 版 RDA 工具包发布以来,国际编目领域就掀起了翻译 RDA 的热潮。RDA 翻译非常重要,非英语国家要想采用 RDA 必须翻译先行。与 RDA 相关的翻译不仅限于 RDA 工具包翻译,还包括印刷本翻译、供学习研究的翻译和 RDA 参考翻译。

RDA 工具包翻译指的是在线产品的翻译,目前的翻译版本包括芬兰语、法语、德语、意大利语、西班牙语、加泰罗尼亚语、挪威语。阿拉伯语版本翻译即将完成,匈牙利语版本计划在 3R 项目完成后发布。工具包界面可以在多语种版本间切换,也提供两种语言版本对照,方便跨语种使用。

印刷本译本指的是以印刷本形式存在的翻译版本,目前仅有国家图书馆出版社出版的中文普通话版本。斯洛伐克语和越南语翻译正在进行中。ALA 出版公司表示不准备发行新的 RDA 印刷本直到 2018 年 8 月 RDA 体现 LRM(Library Reference Model,图书馆参考模型)的相关变化。

供学习研究而开展的翻译,一般是相关机构获得翻译文本的许可,仅用于研究和评估 RDA 的应用,这些资料不公开发行。

最后一种是 RDA 参考(RDA Reference)翻译,自从 2016 年引入后,成为任一翻译协议的必要组成部分。RDA 参考指 RDA 元素和词表集、其定义与范围注释。这些资料的翻译将纳入 RDA 注册表,开发者可用于建立 OPAC、集成图书馆系统,以及其他特定语言界面的系统。

1.3.2 治理结构

2014 年,RDA 理事会开始变革其治理结构。其主要变化之一是重构监督 RDA 项目的 RDA 理事会,以及开发与维护标准的 RSC(RDA Steering Committee,RDA 指导委员会)。新的治理结构要求联合国认定的六个全球区域的代表各一个:非洲、亚洲、欧洲、北美洲、大洋洲、南美洲。在 RSC 层面,每个区域应建立类似于欧洲 RDA 兴趣小组的协作小组。这些小组应在线上和线下讨论 RDA 相关问题并向 RSC 提出建议。在 RDA 理事会层面,区域代表将有助于战略规划和区域推广。2018 年初已任命完成所有 6 个区域代表,非洲代表来自南非国家图书馆,亚洲代表来自中国国家图书馆,欧洲代表来自德国国家图书馆,拉美和加勒比地区代表来自智利国会图书馆,北美代表来自美国国会图书馆,大洋洲代表来自澳大利亚国家图书馆。

1.3.3 工具包重构与重新设计(3R 项目)

2017 年,RDA 和 RDA 工具包的合作出版者决定开展 3R 项目[RDA Toolkit Restructure and Redesign(3R)ProJect],旨在增强 RDA 工具包网站的性能,以便其更好地满足用户需求,并在他们的工作中发挥更大的作用。3R 项目将不仅改变站点的外观和感觉,而且为工具包的指示和 RDA 相关文档的显示增加更大的灵活性和实用性。RSC 主席 Gordon Dunsire 等在 2017 年 6 月介绍 3R 项目时,说明 RDA 文本根据 IFLA 图书馆参考模型做重大修订,将重新组织 RDA 结构。实施 LRM,采用此新标准需要对 RDA 作某些结构改变。RSC 会在 3R 项目中体现这些改变。所以,3R 项目不只是 RDA 工具包网站的重新设计,同时也是 RDA 内容框架的重构。

截至目前,RDA 工具包网站发布了四次 3R 项目进展报告,详细通报 3R 项目的进展情况。在 RSC2017 年度报告中,ALA 出版公司将新工具包的计划发布日期从 2018 年 4 月 11 日推迟到 6 月 13 日,以适应与 3R 项目相关的更改。RSC 预计,一些团体需要一年甚至更多的时间来采用新工具包。每个团体都要致力于制定新的政策声明、培训文件等,而非英语国家的社区则需要更新其翻译。为了支持过渡期,在完成 3R 项目后,工具包的旧版本(即当前版本)将保留一年。

2 RDA 实践进展

任何编目规则的制定都是为了应用,RDA 也不例外。RDA 工具包订阅情况可以一定程度上反映 RDA 的实践情况。2015 年,RDA 工具包订购数为 2840 个,来自六大洲 64 个国家的用户数 8866 位。除 4 个 RDA 编制国外,涉及 60 个国家的 744 个订购者、2509 位用户。当年实际使用 RDA 进行编目的国家图书馆、专业图书馆和大学图书馆共有 18 家。大部分国家还处于学习、研究 RDA 的观望阶段,陆续也有少数国家或地区宣布实施 RDA 的进程表。

2.1 RDA 在国际上的实践进展

在 RDA 的编制国,RDA 普及程度较高。美国国会图书馆、美国国家农业图书馆、美国国家医学图书馆、英国国家图书馆、加拿大图书馆与档案馆、澳大利亚国家图书馆 6 个国家图书馆都将 RDA 实施切换日定在了 2013 年第一季度。

美国国会图书馆(Library of Congress,LC)自 2011 年 11 月开始部分采用 RDA 编目,此后,

越来越多的LC新建记录采用RDA编目,并于2013年3月全面实施RDA编目。美国许多公共图书馆、高校图书馆也紧随LC之后实施了RDA,应用RDA进行编目的图书馆和其他机构如雨后春笋般不断涌现。

澳大利亚国会图书馆于2013年3月全面实施了RDA编目。在其联合编目网站上,公布了目前澳大利亚已经完成RDA实施的图书馆名单,覆盖澳大利亚的8个地区,共计35家单位,涉及高校图书馆、公共图书馆、科研院所图书馆等多种图书馆类型。

德国国家图书馆也将RDA实施切换日定在了2013年第一季度。德国是其中唯一的非英语、非RDA编制国,可说是RDA国际化的第一步。此外,采用RDA的国家还有新加坡、马来西亚、菲律宾、荷兰、爱尔兰、苏格兰、芬兰、奥地利、瑞士、中国等。

2.2 RDA在我国的实践进展

RDA在我国的实践是外文编目先行。因为外文编目过程中下载的套录数据有的已经采用了RDA编目,促使相关编目机构必须紧跟步伐,考虑如何决策和行动来适应国际编目领域的这一重大变化。其中具有代表性的当属中国国家图书馆和中国高等教育文献保障系统(CALIS)这两家规模较大、实力较强的机构。这两家机构在RDA中文版翻译、RDA研究、RDA培训和RDA编目实践方面都取得了引人瞩目的进展和丰硕的成果。

中国国家图书馆作为我国图书馆界的龙头,能够及时地把握国际前沿动态,借鉴国外先进经验,努力推动国内RDA的研究及实施。在此方面开展的工作包括组织人力翻译RDA、批准专门的项目开展RDA研究、邀请国内外专家进行RDA培训等,这些举措极大地推动了国内RDA的实施。2017年3月27日,国家图书馆召开编目工作委员会会议,审核通过了《国家图书馆政策声明》(NLC PS)的内容及相关实施方案,同意采用RDA开展外文文献资源编目工作,正式宣告了RDA在国家图书馆的实施。

CALIS对RDA的反应也极为迅速。2013年,CALIS成立RDA工作组,展开对美国国会图书馆RDA教程的翻译,初步形成培训框架,拟定培训大纲,编写培训讲义。2014年11月,CALIS举办首届RDA编目业务培训研讨会,随后发布《CALIS联合目录RDA实施声明》。该声明参照OCLC的RDA政策声明,基本政策是鼓励但不强制采用RDA。2015年5月,CALIS发布《CALIS联合目录外文编目RDA政策声明》,同时发布于RDAToolkit网站的相关栏目。

台湾地区的图书馆也对RDA的问世采取了积极应对的态度。2012年3月21日,台湾图书馆成立RDA小组,邀请专家及相关机构代表协同参与,共同针对新规则进行评析与讨论,进而探讨台湾图书馆的应对方法及未来走向。2014年,台湾地区有4家图书馆西文书目记录原编开始采用RDA,分别为淡江大学觉生纪念图书馆、辅英科技大学图书馆、台湾大学图书馆、"清华大学"图书馆。颇值一提的是,台湾地区中文书目记录原编和规范记录开始采用RDA的图书馆有两家,为淡江大学觉生纪念图书馆及辅英科技大学图书馆,走在了中文编目实施RDA的前列。

自RDA问世以来,就一直朝着成为国际标准的方向努力,RDA理事会在2015年6月的一份声明中重申了这一目标。从世界范围来看,编目规则的统一是大势所趋,RDA的问世可谓应运而生。RDA的实施有望打破各种编目规则的壁垒,实现国际范围内资源共享和数据互联,同时也为我国统一国内编目标准,提高编目数据的标准化和规范化,推进中文数据走向世界,实现与国际接轨提供有利契机。编目工作者应抓住机遇,迎难而上,以昂扬的斗志迎接RDA时代的到来,使书目数据能够打破图书馆的边界,为更广泛的机构共享,从而使编目焕发出新的生机。

参考文献

[1] 胡小菁,张期民,高红,等.《资源描述与检索》的中文化[M].北京:国家图书馆出版社,2015.

[2] 国际编目原则声明(ICP)2016版[R/OL].[2018-04-01]. https://www.ifla.org/files/assets/cataloguing/icp/icp_2016-zh.pdf.

[3] James Hennelly. Is RDA a Global Standard? [EB/OL].[2018-04-01]. https://americanlibrariesmagazine.org/2016/09/23/rda-global-standard/.

[4] 3R ProJect Status Report[R/OL].[2018-04-01]. http://www.rdatoolkit.org/3RproJect.

[5] RSC Annual Report 2017[R/OL].[2018-04-01]. http://www.rda-rsc.org/sites/all/files/RSC-Annual-report-2017-final.pdf.

[6] RDA理事会成员[EB/OL].[2018-04-01]. http://www.rda-rsc.org/node/433 http://www.rdatoolkit.org/RDA_institutions.

[7] National Library of Australia. RDA Implementation in Australian Libraries[EB/OL].[2018-04-01]. http://www.nla.gov.au/acoc/rda-implementation-in-australian-libraries.

[8] 编目精灵. LC宣布2013.3.31为RDA实施切换日[EB/OL].[2018-04-01]. http://catwizard.net/posts/20120229210233.html.

[9] 梁红,江化林.《资源描述与检索》的应用进展及对策[J].图书馆学刊,2015(10):36-41.

[10] 赵丹丹,王志君. RDA在世界范围内的应用及启示[J].山东图书馆学刊,2014(5):61-66.

[11] 国家图书馆编目工作委员会.国家图书馆外文文献资源RDA本地政策声明暨书目记录操作细则[M].北京:国家图书馆出版社,2017.

刍议大数据环境下的中文名称规范数据发展

胡　媛(中文采编部)

大数据从2012年进入公众的视野,大数据革命是一场关乎学界和业界的技术革新。当前,大数据发展不再局限于某一学科或者单一领域,已经逐渐向多领域跨学科进行交叉融合发展。现今,我国大数据产业数据资源到产业体系已具备良好的基础,但仍旧存在技术创新迟缓和支撑产业体系待完善等的不足。怎样提升大数据相关行业或产业的标准化研究和发展工作,提高标准化对产业发展的支撑作用,仍旧是目前亟待解决的现实问题。

中文名称规范是一种对中文书目进行检索和控制的规范化的记录,在各个环境中既可以提升书目数据的质量,又能提高对书目的管理效率,还向用户提供了一种有效的便捷的实体名称查询记录表。中文名称规范数据类型涵盖个人名称规范、组织名称规范、会议名称规范、指导名称规范等。名称规范管理思想最早是由美国著名图书馆学者卡特在1876正式提出的。1985年,来自美国伊利诺伊大学的伯格在《图书编目规范工作》概括了详细的规范的管理控制流程。20世纪90年代,规范控制工作主要落实在图书馆的名称规范方面。随着科技的发展,管理经验的成熟化,规范工作不断深入。到2003年,国家图书馆、中国高等教育文献保障系统管理中心、台湾地区汉学研究中心、香港特别行政区大学图书馆长联席会共同发起倡导建立中文名称规范联合协调委员会,其办会核心宗旨是"协调规划、兼容标准、合作建设、共享资源",以此核心思想来共同完成"推动中国内地(大陆)、港澳台地区以及海外华文图书馆的书目规范工作,推动数字图书馆规范工作进程,并大程度地实现资源的共建共享"的最终目标。

1 中文名称规范数据的现状

随着文化的发展和外拓,越来越多的文化种类、阅读种类出现在大众视野中,更新换代的频率极高,为了方便大众进行选择,资源整合势在必行。资源整合就是应用数字科学技术将知识资源和用户直接地合理地建立起沟通的桥梁,实现知识资源的快速获得和有效利用的实际目标。知识资源、用户和服务之间的全方位合作,构建起海量资源和目标用户需求信息间的最佳匹配和最短途径,提升信息可获取的高效性。本文将详细从中文名称规范档、大数据建设和使用情况为出发点,分析其中衔接的不足,再结合Web2.0环境下中文名称规范归档的建立需求和大数据的处理模式,分析中文名称规范和大数据发展整合的必要性和迫切性。

1.1 不同人同名冲突

中国是一个人口大国,而且文化区域化比较明显,人人崇尚真善美,尤其会体现在人名中,表达长辈对晚辈的一种美好期许和愿望。目前,中国常用姓氏数量为3000左右,庞大的人口与姓氏数量的稀少导致中国人名的重名率比较高,并且我国绝大多数人的姓名都只用两个字或三个字,更提高了重复率。因此,同名现象严重影响了相关人员对信息的精确查找、筛选和获取,怎样实现对同名目标的有效区分,是对整个名称规范的控制具有主要作用的。如在CALIS联合目录中,中文个人名称类目中中文姓名重复率高达23个百分点,为了完全将同名同姓的人物区分开可以通过添加附加信息来精确实现区分。但是,操作中同名人物的可采集的特殊数据源有限,并且绝大部分都来自于书目数据,无法更加完善地填充人物的独特附加信息。比如,在CALIS索引中姓名为"李华"结果达664条。而其检索结果的附加信息如下:200个毫无附加信息;100个仅有出生日期;150个列出其工作或者擅长领域,如道路、IT、工程、法律、翻译等,但是仅有这种单一维度的标记的数据信息仍旧难以快速区分人物。在多种搜索引擎中,维基百科词条的搜索框搜索的关于人物传记类的内容,内容不仅包括维基的官方规定:姓名、性别、年龄、出生年月,还包括详细的人物生平,以及附加了很多其他参考材料、参考证明以及生平图片。搜索结果页,首段内容信息量比较强大,必须含有人物的姓名、头衔、性别、生卒年月,还必须有对该人物的事迹和对后世的影响的简述和评价。维基百科的搜索数据,就是以大数据为基础建起来的信息搜索资源,其中人物相关附加信息及拓展介绍填补了名称规范文档的精确区分条件,丰富了名称规范档,能有效解决我国人物重名的问题。

1.2 同人名不同标识

时至今日,在对中文名称规范进行记录时,即使是同一实体的不同标识也有不同的应用方法,多用规范标记法和变异标记法。实际应用中,如果用户检索的人物名称属于变异类标记法的类目,仅会对该变异标记类目下的信息进行检索,之后用户可通过点击打开相关页面才能查看该人物规范标记目录的具体内容,实现详细人物信息的检索。比如 CALIS 系统中,假设"鲁迅"为规范标记类目,"周树人"为变异标记类目,用户想要检索"周树人",链接的数据库信息就是"周树人"相关的数据结果信息页,其展示信息和规范标记类目"鲁迅"的详细信息根据不同的规则实现展示。但是,此机制具有应用上的局限性,当个人变异标记类目数量较少时尚可接受,随着数量的增多查询检索难度逐渐增大,当检索数量过大时则无法再对相关数据进行查询,系统无法运行。在维基百科,其词条是由非专业人士编辑的,所以无法完全保证其人名规范的严格性,但维基百科具有重定向机制,依赖重定向机制志愿者也可以自己设定重定向内容,例如将"页面一"重定向为"页面二",其编辑格式应满足:#重定向[(页面二的名称)]。当在维基百科中查询符合标题的"Title"的链接,redirects 参数会自主进行重定向搜索,首先执行 Title 规定的标题重定向,然后获取 Title 标题对应的列表,并在列表页执行重定向。其优势是无论是规范类目内容还是规范类目内容的用户检索,重定向机制都可以精确搜索到该人并准确打开其页面信息。

1.3　名称标识变化

社会不断发展,数据信息越来越多也越来越复杂,搜索数据信息的庞大发展了附加信息,附加信息不断成为人物标识的重要组成部分。但是时间的推移经常会伴随着数据的不断变化会带来数据形态的动态增长和不断变化。而对于个人而言,其特征属性可划分为社会属性及自然属性,而人物的自然属性相对变化不大,具有较强的稳定性,比如一个人的出生年月和卒逝年月、性别、年龄等,但是其社会属性的变化性就较为明显,比如其配偶、爱好、子女、工作、职业、相关人物等。对于迅速增长和发展的人物的社会属性,因为名称规范文档的整体资源描述不尽完善,目前仅仅是对规范数据的内容描述,所以无法实时更新具有变化性的社会属性的规范数据信息。但是中文版的维基百科又是一部任何人都可以自由编辑的新型百科全书,其具有很多的用户和志愿者,其注册成员数量达到 2 108 230 人,活跃人数可达 8320 人,管理员可达 81 人,其数据编辑次数已达 370 153 002 次。其用户可用任何级别编辑词条,大家都可随意成为词条的作者,用户的任何相关创建或者是修改操作都会构建一条完整的数据记录。并且,中文维基百科将这些记录整理成电子文件,开放给所有用户。但是关于相关内容修改的维基百科的链接,又或者是镜像资源的新数据对名称规范进行了更新,但是还是无法完全解决个人中文名称规范统一化的目的。

2　名称规范的新发展

在大数据基础环境中,微博、微信等互联网平台快速兴起,实现了越来越多的用户的可以随时随地进行各种信息资源的分享,而其数据信息的快速传播和分享,信息不断被积累,逐渐形成了以各种信息为特征的聚合社群。社群中的所有用户可以积极参与到内容开放平台建设中,最终生成了维基百科及百度百科等大型的数据搜索平台。但是规范化的中文名称的数据统计解决了数据资源分散的问题,满足了大数据环境下中文名称规范的发展。

2.1 以大数据为基础整合名称规范数据

信息整合是在数据整合的基础上发展起来的，信息整合不仅是数据的整合，更是一种在同一的标准指导下，应用计算机中的大数据技术的方式实现来源不同、格式不同、载体不同的数字化数据资源聚合在一起进行集中存储。并以此为基础，建立信息资源中的实体部分，挖掘其关系的描述和链接，揭示资源的实质，实现资源的规范化检索及获取。将所有部门的所有资源信息整合在一起通常有两种方法：方法一是建立统一的门户网站，实现统一存储和管理不同部门的信息，并发展相关的附加信息服务；方法二是建立相应的链接，集成信息资源，揭示信息的引证关系及层级关系，实现用户获取信息渠道的拓宽，实现信息集成的目标。信息整合就是将中文名称规范和维基百科规范进行信息整合，可以选用链接的整合方式，也就是将中文名称规范中的实体与维基百科中对应词条建立链接，并将维基百科中相关条目数据融合到名称规范中。

2.2 建立大数据和名称规范信息整合模型

维基百科的数据具有丰富性、开放性和动态性，因此其资源快速发展，但是中文维基百科资源还有待于拓宽。现在所开发的数据处理工具和软件都能够从一些规范化的名称中选择提取结构化类型的数据，用三元组进行描述，并表示相关数据间的关系，根据其特征形成新的数据、信息及知识。但是，对于中文维基百科数据并没有实现三元组格式描述，用户无法使用该种方法定位、查询和使用其数据信息。所幸的是维基百科接口 MediaWiki API 是开放的，但其并不是维基百科特有的而是 MediaWiki 的接口之一。MediaWiki 应用 PHP 语言写就，为维基百科专属代码，结合大数据处理系统进行所有信息的整合，API 可通过相应的参数进行相关特征数据和特征条件的精确筛选、查询和访问。

2.3 结构化处理中文名称规范

大数据处理信息数据有一定的方式方法，将数据结构化能提高数据的处理效率。Wikidata 就是采用结构化的表单来收集数据信息，并且这些数据可以应用到其媒体项目和第三方相关平台中，提高其数据的重用性，提升计算机轻松理解和处理这些中文名称规范数据的高效性，并用相应的参数描述其实体、条目、属性和三者关系的数据信息。在数据统计处理中，Wikidata 不但记录声明，还会记录其来源，根据数据特征选定更多的数据来源，实现数据的真实反映，求得无限接近现实社会的信息的多样性和真实性。其读者和用户可以根据其了解到规范的真实情况决定数据的来源的真实性，为数据信息的规范化和语义的网络数据化建立了坚实的基础。将中文名称规范和网络数据资源整合完成后，提升了资源获取的综合效率，可以提升用户体验。平台中的中文规范化数据伴随着信息服务对象的扩大，其名称规范控制的面对的数据服务对象不但是项目本身，还包括其使用的客户。

中文名称规范化管理在大数据环境中实现复杂化的数据集成，还面临着新的问题，也就是参与机构的技术标准和资源内容的重新构建。但是其技术标准容易造成中文名称规范数据的开放程度一定的局限性，并且在实际应用中规范数据还会受到编目规则的限制，添加到记录的可附加信息较少，并且在大数据处理中数据格式具有一定的限制，影响网络资源整合内容的有效性。虽然,信息资源内容的重复建设会造成中文名称规范建档的新类型问题,比如同个体不同名称标识、不同人物同名冲突、名称标识变动等不规范的问题,降级用户的使用效率。越来越用户选用网络百科及网络搜索引擎,规范化数据也逐渐被应用到网络平台中,扩大规范化数据的使用范围,提高规范化数据价值。

参考文献

[1] 贾君枝,石燕青.中文名称规范文档与虚拟国际规范文档的共享问题研究[J].中国图书馆学报,2014,40(6):83-92.

[2] 贾君枝,薛秋红.面向简单知识组织系统的术语注册管理平台构建研究[J].数字图书馆论坛,2016(2):22-26.

[3] 贾君枝,薛秋红.Wikidata 的特点、数据获取与应用[J].图书情报工作,2016(17):136-141.

[4] 石燕青.中文个人名称规范文档共享研究及语义化探索[D].太原:山西大学,2016:25-30.

[5] 王瑞云,贾君枝.基于作品关系扩展的中文同名个人规范记录识别与聚簇研究[J].图书情报工作,2017(5):67-68.

新时代县馆采编人员职业现状分析

衣　芳(中文采编部)

作为公共图书馆中的县级公共图书馆,是我国现代公共文化服务体系的重要组成部分,承担着重要的社会责任与历史使命,是政府履行社会公共文化服务的重要窗口,也是在国家文献信息资源保障体系中处于承上启下的枢纽地位和作用。县级公共图书馆具有收集、保存人类优秀文化成果,收藏当地特色文化典籍,传递国家基本文献科学知识的功能,为基层农业人员等读者获取农牧渔林等基本科普文献信息和知识提供了最大的方便,是构建公共文化服务体系的主导力量。县级图书馆馆员队伍建设又是图书馆事业发展的关键。《中华人民共和国公共图书馆法》第十九条中明确规定:“公共图书馆应当根据其功能、馆藏规模、馆舍面积、服务范围及服务人口等因素配备相应的工作人员。公共图书馆工作人员应当具备相应的专业知识与技能,其中专业技术人员可以按照国家有关规定评定专业技术职称。”但是目前我国县级图书馆采编人员的职业现状却面临着诸多的问题和困境。采编工作本身是图书馆一个特别重要的环节,但是县级图书馆往往最不重视这个环节。有些县馆采购图书质量良莠不齐,造成了国家资源的极大的浪费。编目系统没有一个相对统一的标准尺度,为馆际互借、资源共享带来了很大的难度。究其根本原因之一是大部分县级图书馆的采编人员编制缺少、人才队伍老化、学历不高、专业素质偏低、业务培训缺乏专业指导等。这些情况已经成为新时代制约我国县级图书馆发展的主要因素之一。

1　县级图书馆采编人员数量偏低

目前,我国县级图书馆于普遍存在着采编人员编制缺少、配置偏低的情况。2017 年 4 月至11月，中国图书馆学会关于《全国县级公共图书馆采编业务调研》结果显示，参与调研的600多个县级图书馆平均设置采编人员仅为2.61人，平均设置采访人员为1.46人，编目工作人员设置均值为1.84人。少数县级图书馆没有设置专职采编工作人员。而更多县馆的采编人员存在一人身兼数职的情况。采编工作本身业务分工较细，各司其职才能更好地保障工作的流畅性和高效率。而多数县级图书馆专职采编工作人员为2人左右，每一位员工都是身兼数职，是县级图书馆真正的多面手。除了馆内日常工作，一般的采编人员还要负责分馆书刊采购和现场指导排架、馆外举办各项活动等各项繁杂的工作，任务繁重，很难保证每一项采编工作的质量。

2 县级图书馆采编人员结构不合理

县级图书馆采编人才队伍结构不合理的现象普遍存在。具备图情专业背景的专业人员非常少，而非专业人员占大多数；本科以上的高学历人员偏少，中低学历人员居多；有能力独立或引领科研活动的业务骨干很少，普通型的辅助人员较多。许多县馆内的采编工作都是由专业知识相对欠缺，学历层次偏低的普通馆员担任，同时面临着人员年龄结构老龄化的问题。中青年偏少，中老年采编人员偏多。人才结构的不合理严重制约了公共图书馆的发展，尤其在大数据覆盖下的新时代，这些问题将直接导致县级图书馆难以开展更深层次的专业信息咨询等服务。

2.1 县级图书馆采编人员岗位设置不合理

县级图书馆采编人员的工作对于县级图书馆的整体发展起着至关重要的作用，然而目前我国县级图书馆对于采编人员的岗位设置多数从实际县馆自身的情况出发，选择了采编一体、其他岗位兼职，或者一人身兼数职的情况。目前，能够设置采编人员专职专岗的县级图书馆不足20%。少数县级图书馆并没有设置采编人员的专业岗位，比如内蒙古鄂尔多斯市东胜区图书馆2017年没有专设采编人员，而是设置了辅助岗13人从事采编工作；更多的县级图书馆仅设置1—2名采编岗位，比如湖南衡阳市祁东县图书馆目前设置的采编工作专职专岗1人，其他岗位兼任2人。还有的县级图书馆是采取了一人身兼数职的模式，比如北京房山区图书馆对于采编人员的岗位设置采取了采编辅导一体的模式等。这些不合理的岗位设置严重影响了县级图书馆采编工作的质量和效率。同时，我国县级图书馆采编人员的构成比较复杂，包括在编人员、劳务派遣人员、临时工人员、志愿者人员等几种形式，而县级图书馆对于非在编人员，在岗位管理、业务培训、专业提升等方面都存在着不同的困境。

2.2 县级图书馆采编人员年龄分布呈老龄化趋势，图情专业背景匮乏

县级图书馆受到地域和自身条件的制约，人员队伍本身缺乏活力，而采编人员队伍尤其明显，目前县级图书馆采编人员大多由41—50岁人员承担，这部分人过去接受的是传统课程的教学内容和方法，大多按传统的管理和服务方面进行业务操作，缺乏现代图书馆管理基础知识以及现代化的各项处理技术，大多在外语和计算机方面知识匮乏，再加上各方面的原因导致其自身进步有限，参加培训机会非常少，知识逐渐呈现老化状态，跟不上新时代的图书馆采编工作发展步伐。目前，我国县级图书馆采编人员没有图情专业背景的占到58.9%，这一比例严

重制约了县级图书馆采编工作的开展和进步。由于缺乏专业人才引进机制，导致县级图书馆采编业务过度依赖书商及其他馆数据，不仅在图书馆事业中缺乏独立创新，更极大程度降低了县级图书馆馆藏文献的质量。有的县级图书馆虽然购买了相关业务的软件和先进设备，但是没有采编专业技术人员指导，所以软件和设备并没有真正投入使用，或者说使用效率非常低，形成资源的闲置和浪费。由此可见，专业背景是县级图书馆采编人员的短板之一。由于专业背景知识的匮乏，也直接导致了采编工作存在着摸索前进，纠错中前进的艰难困境，严重地制约了县级图书馆全面发展的进程。

2.3 县级图书馆采编人员学历、职称偏低

我国县级图书馆采编人员的主要来源有以下几个：一是大学本科学历以下，可能是初中、中专、高中或职业高中毕业，但在县级图书馆工作多年，具有一定的实践经验的图书馆管理员；二是大学本科学历及以上的图书情报专业人员，属于县级图书馆非常欢迎，但是比较稀缺的专业人员，一般都从事县级图书馆内部专业性较强的工作；三是非图书情报专业的本科生或者专科生，虽然不是图情专业背景人员，但是学习能力较强、继续教育提升较快，也是县级图书馆非常愿意接收的人员。对于学历偏低的采编人员，尽管他们有多年的工作经验，或是有某一专业学科方面的知识，但是实际工作中确实受到自身的知识结构、学科背景和综合素质等方面的限制，必然给采编工作带来偏差。而本科及以上学历的人员目前仍然是县级图书馆的稀缺资源。低学历也导致了县级图书馆采编人员的低职称。我国县级图书馆采编人员的职称情况基本分为初级、中级、高级三种情况。县级图书馆采编人员中拥有高级职称的人员比较少，而且采编人员参与职称评定中往往因为县级图书馆对采编人员工作的不重视，导致其评定高级职称很困难。随着新时代的发展和国家对公共文化事业的重视，县级图书馆采编人员的学历和职称还是呈上升趋势，这对于县级图书馆的采编工作来讲是非常有益的理想状态。

3 县级图书馆采编人员缺乏业务培训

县级图书馆采编工作人员是沟通读者和馆藏文献的纽带和桥梁，是文献信息的传递者。建设一支素质优良、业务精通的县级图书馆员采编队伍，是提高图书馆管理水平和服务质量的关键。迫切需要县馆的管理者有目的有计划地强化业务培训与辅导，鼓励员工参加学术培训、学术交流等活动。我国县级图书馆由于地域、培训经费、采编人员自身知识结构等条件的限制，采编人员近三年来参加培训的机会较少、内容相对陈旧、时间和数量均处于不足的状态。县级图书馆采编人员本身数量短缺并专业性较低，对于县级图书馆的基本工作流程和图书馆学的基础知识并不是很熟悉，对于采编业务的前沿资讯和新信息新技术的吸收利用非常不利。在这种情况下，有针对性地有目的地对采编人员进行定期的专业培训意义重大。同时我们也看到，我国县级图书馆采编人员虽然数量短缺，缺乏专业技术知识，但是大多数采编人员对于图书馆的采编工作还是充满了热情，多数采编人员都能够做到爱岗敬业。大多数县级图书馆的管理者表示，他们非常愿意对图书馆的采编人员进行培训，采编人员自身也有强烈的培训需求，也愿意安排培训的时间，但是苦于各方面的原因，效果很差。其中最重要的原因之一就是缺乏专业的培训师资，多数县级图书馆迫切希望上级管理部门能够搭建实用的培训平台，解决县级图书馆自身培训师资短缺的现状。

4　县级图书馆采编人员职业现状提升路径探索

4.1　加快采编人员结构合理化脚步

目前,我国县级图书馆采编人员中41—50岁人员占多数,采编人才队伍呈现老龄化趋势,而采编队伍中人数最少的是20—30岁的采编人员,年轻的采编人员是县级图书馆的稀缺资源。由于地域、文化、经济等方面的差异,目前我国大多数县级图书馆的采编人员待遇偏低、发展前景不被看好,以及传统社会上对图书馆的一些负面刻板印象,导致大多数优秀年轻毕业生不愿意选择到县级图书馆采编部门工作。县级图书馆如果没有合格的年轻人进行培养,没有合理的老、中、青的人才梯队建设,图书馆的一些新业务就很难开展或向前推进。针对此种情况,县级图书馆应该从自身地域条件和地域特点出发,多方途径吸引年轻采编人员入馆工作,积极调整采编人员岗位设置不合理现状,努力提高采编人员的工作待遇、积极支持采编人员的职称评定等,努力创造采编工作专人专岗的条件,吸引人才入馆。在积极吸引人才的同时,41—50岁的采编人员,也是县馆管理人员需要着重关注的对象。这部分员工虽然过去接受的是传统课程的教学内容和方法,在管理和服务方面恪守传统,缺乏现代管理基础知识以及现代化的处理技术,但是在具体的业务实践和采编工作中,有着不可或缺的重要作用,可以挖掘县馆老员工的积极因素,发挥传帮带精神,新老互助,共同进步。老员工大多数对工作积极热情,踏实勤奋,认真严谨,而这些优秀品质也会在新老交替的采编人员传帮带中慢慢传承,发挥其不可忽视的潜作用。同时我们也欣喜地看到,随着时代的发展和国家对公共文化事业的重视,县级图书馆采编人员的学历呈上升趋势,而且县馆采编人员,无论是新人还是老员工,对自身的继续教育也充满着期待和热情,这对于促进采编人员结构合理化、提升自身职业素养是有益的理想状态。

4.2　建立健全县级图书馆采编人员培训平台

在积极改进县级图书馆采编人员结构的同时,建立健全县级图书馆采编人员培训平台,也是目前提升我国县级图书馆采编人员职业现状的重要助力之一。县级图书馆的管理者非常愿意对馆内采编人员进行继续教育和业务培训,尤其是图书馆学的基础知识、采编工作的正规工作流程和业务、读者服务工作的内容、计算机及网络技术的新知识培训需求最为迫切。总体来说,县级图书馆的工作,无论从文献资源的采访收集、加工整理、上架流通等,每一项任务都是业务性很强的工作,因此县级图书馆采编人员是否掌握相关专业基础知识和相关职业技能是县级图书馆采编人员必备的基础业务,也是县级图书馆能够为当地读者提供更优质服务的良好基础。随着图书馆自动化、数字化水平的提高,要求县级图书馆采编人员不仅要掌握采访、编目等基础理论知识,还要掌握联机编目、光盘检索、Internet检索等技能和知识。随着电子图书、电子期刊、网络资源日益成为图书馆资源的重点发展方向,县级图书馆采编人员必须掌握熟练使用各种检索工具、了解各种专题数据库、收集和利用网上信息资源、充分利用大数据的庞大资源支撑自己的采编业务工作和提升自身的专业技能。因此,应该尽快建立健全能够针对下一级县级图书馆采编人员的实际需求的采编培训平台。培训大平台可以尝试由国家图书馆相应的业务部门牵头,依托各省、市图书馆展开相应的培训业务,根据各地区的经济、政治、地域文化等特征,开展不同的培训内容。比如对于西部贫困地区及中部经济欠发达地区和东北部经济落后的老工业基地地区的县级图书馆,可以着重开展图书的管理、上架、推介、编目等基础业务的培训,精心培养县级图书馆的业务骨干,以点带面;对于中东部地区、沿海地区等整体馆情良好的县级图书馆,可以着重开展采编工作的正规流程与新业务规范、计算机及网络技术新知识新理念、采编工作的学术新动向等多方面内容培训,拓宽这类县级图书馆采编工作的提升空间。为了巩固培训效果,防止流于形式,每一次培训结束后,可以由上级培训部门开展对县级图书馆采编人员近期开展工作情况进行定期的检验,对于有困难的或问题较多的县级图书馆进行重点指导和集中加强再培训,强化培训效果。对于培训结果实践应用突出的县级图书馆和采编工作人员,应该予以及时的表彰和奖励,通过培训平台脚踏实地地促进和提升我国县级图书馆采编人员的职业现状。

基于县级图书馆采编人员职业现状分析可知,新时代我国县级图书馆采编人员的职业现状不容乐观,无论是人员数量、人员结构配置、学历结构、职称评定以及在职培训等方面,都存在着急需改进的情况。我国地域辽阔,地区发展差异较大,不同地域、不同省市的图书馆应该根据自身需要,基于不同县级图书馆的人员、结构、培训等方面的实际情况来构建相应的对策和措施,积极优化县馆采编人员的结构,有针对地的开展本区域内县级图书馆采编人员的培训工作,在党的十九大精神统领下,推进县级图书馆采编人员职业提升的工作力度,以《公共图书馆法》为依据,增强文化自信,全面提县级图书馆采编人员的职业现状。

参考文献

[1] 中华人民共和国公共图书馆法[EB/OL].[2018-03-10]. http://www.xinhuanet.com/2017-11/04/c_1121906584.htm.

[2] 叶蕊.公共图书馆馆员培训工作的标准化[J].文化视界,2017(2).

[3] 高善罡.从全局角度认识新闻采编人员培训的紧迫性[N].光明日报,2013-05-10(007).

浅谈《公共图书馆法》对中国国家书目建设的影响

——以全国图书馆联合编目中心为例

韩佳芮(中文采编部)

1 《公共图书馆法》

2017年11月4日,《中华人民共和国公共图书馆法》(以下简称《公共图书馆法》)正式通过,并于2018年1月1日起正式施行。这是继《公共文化服务保障法》之后我国公共文化领域立法和文化法治建设的又一重要成果,是促进我国公共图书馆事业法治化发展的重要里程碑。

《公共图书馆法》包括总则、设立、运行、服务、法律责任和附则,共计55条。《公共图书馆法》明确了国家图书馆的设置主体是“国家”,还明确了国家图书馆的性质与功能,并首次以国家立法的形式明确国家图书馆是一种特殊类型图书馆，强调了其不同于公共图书馆的独特职能。具体包括"主要承担国家文献信息战略保存、国家书目和联合目录编制、为国家立法和决策服务、组织全国古籍保护、开展图书馆发展研究和国际交流、为其他图书馆提供业务指导和技术支持等职能"[1]。

《公共图书馆法》是我国第一次从法律层面规定了国家图书馆承担公共图书馆的功能。这一规定既明确了国家图书馆开展面向社会公众的服务是法定任务，又为国家图书馆充分发挥全国公共图书馆行业"龙头"作用提供了法律依据[2]。为国家图书馆在新时代继续秉承"传承文明，服务社会"的宗旨，更好地履职尽责提供了法律保障[3]。

《公共图书馆法》不仅明确了政府在公共图书馆事业发展中的主体责任，还为公共图书馆事业发展、全面提升服务效能、保障公民基本文化权益提供了法律依据。《公共图书馆法》的颁布，标志着公共图书馆事业进入法治阶段，是文化强国的要求，也是公共文化服务体系建设与发展的一个重要成果，具有划时代的历史意义。

2 中国国家书目与全国联合编目中心

2.1 中国国家书目简介

2.1.1 中国国家书目的历史

"国家书目"，又称全国书目。其传统定义为一个国家出版的全部图书和其他出版物的目录。它包括现行国家书目和回溯性国家书目。现行国家书目是国内上一年度出版的所有书籍、文献、宣传册和期刊的完整清单，是官方的综合性记录。回溯性国家书目是全面反映一国在一定历史时期内的图书文献的总目[4]。

我国历史文化悠久，典籍丰富，从上古时期先民用文字、图形、符号等技术手段记录知识于物质载体从而形成文献，至今已有数千年的历史。自汉代以来，就有着国家编制书目的传统。我国历史上最早有计划、有组织的书目工作可追溯至汉代的《汉书·艺文志》，此书为我国现存距今最早具有国家书目性质的文献。自汉代以后，各朝代几乎都仿照《汉书·艺文志》修撰正史，编纂以"艺文志"或"经籍志"命名的国家书目。及至清代《四库全书总目》，可谓达到了中国古代官修书目的巅峰。

1970 年，联合国教科文组织在《关于图书馆统计国家标准化的建议》文件中，要求各个国家的国家图书馆编纂出版现行国家书目和回溯性国家书目。国家图书馆（时称北京图书馆）自 1985 年起开始进行中国国家书目印刷版的编纂，1987 年出版了《中国国家书目(1985)》，这是我国第一部正式以"国家书目"命名的书目。之后相继出版了 1986 年本、1987 年本、1991 年本、1992 年本、1993 年本、1994 年本，集中揭示与报道了当时的出版情况[5]。

2.1.2 中国国家书目的发展实践

20 世纪 90 年代起，随着计算机与网络信息技术的迅猛发展，图书馆编目工作的环境与技术发生了巨大的变化。编目工作从传统、手工、封闭的独立操作向着机读化、网络化、集成化、社会化的方向发展，这也推动着书目从传统的书本式、印刷式向计算机可自动存取形式转变。

自 1988 年起，国家图书馆开始中国国家书目数据库的建库工作，完成了 1985—1987 年和 1988—1995 年两个时间段的中国国家书目数据库的建设。1991 年成立中国机读目录数据中心，开始正式发行机读版（CNMARC）《中国国家书目》。为完善中国国家书目数据库，实现中华人民共和国成立后全国所有正式出版的中文图书书目数据衔接,1995 年,由国家图书馆(时称北京图书馆)牵头,于 1995—1998 年间协同上海图书馆、广东中山图书馆、深圳图书馆共同合作。1998 年 8 月,完成包含了 1949—1987 年国内正式出版的近 40 万种中文图书书目记录,与 1990 年正式发行的 1988 年以来出版的中国国家书目数据库共同组成当时我国完整的国家书目数据库[6]。

这项工程为计划建立本馆回溯书目数据库的图书馆提供了完整的机读目录数据。各单位通过套录数据库中本馆馆藏的书目记录,再加上馆藏信息字段,即可制成本馆书目数据。这一工程不仅节约了大量人力、物力和时间,而且统一编目的数据更加适应网络化的发展,便于联机检索和资源共享。1997 年 10 月,全国图书馆联合编目中心成立,联合全国图书馆共同搭建全国图书馆联合目录,联合目录在一定程度上发挥着国家书目的作用。

2009 年发布的《数字时代的国家书目:指南和新方向》,对新时代国家书目的使命,特别是服务职能提出了新要求,强化和深化了中国国家书目的服务职能,全力整合书目资源,及时报道文化建设的最新成果,从出版情况集中展示我国政治、经济、文化、科技的发展状况与水平,进而提升国际影响力。

2012 年,正式启动了中国国家书目门户的建设,借助国家图书馆的相关建设成果,推动跨行业、跨系统、跨区域的网络合作,建立起出版物的上下游交互机制,将中国国家书目门户打造成我国全部出版物的总目录,使得出版物供应链的各个环节都能获取一致且有效的信息,最终实现全社会的书目信息与资源共享。中国国家书目门户的开启填补了国内国家书目网络发行平台的空缺,为各类用户提供了方便快捷的信息获取渠道[7]。

在传统环境下,国家书目被赋予三个主要目标:促进图书馆高效低成本的编目,推进文献资源的查找和检索;提供一国出版物的统计情况,反映政府政策对教育、语言、经济等带来的影响;体现一国满足其出版需求的自足程度[8]。随着数字时代和数字出版的蓬勃发展,国家书目已逐步由传统的对印刷型出版物的单一书目揭示,拓展为涵盖多种文献类型、多种载体形式、多种语言文种的集书目、书影、目次和全文等为一体的立体化展示。其服务对象也将由主要为图书馆服务向同时为图书馆、出版社、书商、政府机构和个人读者服务转变。

2.2 全国联合编目中心与中国国家书目

2.2.1 全国联合编目中心简介

1997 年 10 月,依托于国家图书馆的全国图书馆联合编目中心(以下简称联编中心)应运而生,本着“资源共享、优势互补、互利互惠”的原则,中心将图书馆丰富的书目数据资源和人力资源整合起来,通过全国各级各类图书馆的合作,实现了书目资源的共建共享,从而降低了成员馆及用户的编目成本,提高编目工作质量,避免书目资源的重复建设,为国家书目工作的开展积蓄了力量。

自 1997 年 10 月成立至今的 20 余年来,全国图书馆联合编目中心本着为全社会服务的宗旨,切实履行公益性服务理念,通过统一规划、统一标准、逐步推进、合作建设、协调管理,采用中心—分中心—成员馆的组织架构,积极推动全国书目信息资源共建共享,实现了联合编目的科学管理与可持续发展,一定程度履行了编制国家书目的职能。截至 2018 年 3 月,联编中心的直接服务用户数已达 3200 余家,其中成员馆 2600 余家、分中心 33 个,服务范围覆盖全国。

联合目录数据库的建设是联编中心的重点建设项目,截至 2018 年 3 月,联合目录数据已达1439万余条,其中中文书目数据约870万条,包括图书、期刊、报纸、学位论文、音像资料、电子资源、缩微文献等,外文书目数据约396万条,涵盖英文、俄文、日文、德文、法文、韩文、阿拉伯文等80余个语种的文献,名称规范数据约161万条,主题规范数据约12万条,馆藏数据总量3100余万条。最近两年来,联合编目中心加大数据上传力度,严格控制数据质量,为用户提供高质量的数据以及周到的服务。除了为用户提供中文普通图书书目数据以外,中心还提供了包括中、西文期刊书目数据库,民国图书书目数据库等20几个数据库[9]。

在标准规范建设方面,中心从数据制作标准"上传数据流程"系统操作规则等层面进行了严格把关,多次组织修订讨论和业界交流,并通过多年的实践形成了良好的共建共享机制,保证了中心数据库的统一和质量控制。

除了加强数据库建设以外,联合编目中心还注重编目人员综合能力的提高,通过培训、业务交流、业务论坛等诸多方式为编目人员提供提高业务能力的平台。在人才建设方面,为更好地将各成员馆人力资源整合起来,中心定期组织上传资格培训,2005年至今约60余次,培训人数累计多达4000余人。2011年起还通过各馆推荐、集中培训和考核的方式,正式聘请全国骨干上传馆的资深编目员担任中心的质量监控员,截至目前中心聘请的质量监控员共计35名,覆盖了全国27个省、市级图书馆。在统一平台上远程参与中心数据库的日常维护,中心总审校和质量监控员之间可以开展实时的远程指导和双向反馈。这一模式既为各骨干馆培养了编目队伍,又提升了联合目录的数据质量,真正实现了书目数据共建共享与人力资源的共建共享(图1)。

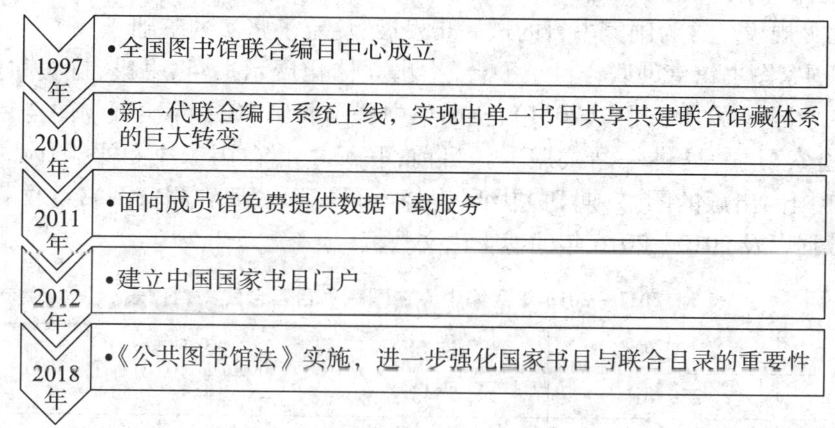

图1　全国图书馆联合编目中心发展历程

2.2.2　联编中心的联合目录与国家书目

20世纪20—30年代,当时的国立北平图书馆已开展为全国图书馆编制、印刷编目卡片的工作,这是我国近现代图书馆联合编目的起源。在这一时期,反映多个图书馆馆藏的联合目录应运而生。中华人民共和国成立后,特别是50—60年代,我国图书馆联合编目工作发展迅速。1958年全国中心图书馆委员会下成立全国图书联合目录编辑组,这是我国第一个全国性联合目录编辑机构。由其组织出版的《全国中文期刊联合目录》《全国西文期刊联合目录》《全国俄文期刊联合目录》《全国日文期刊联合目录》《中国古农书联合目录》《中医图书联合目录》等成为图书馆界、学术界必备的重要参考书目。

计算机与互联网技术的迅猛发展,机读化、网络化、标准化、集成化成为新潮流。国家图书馆作为国家总书库、国家书目中心，自觉地担负起为图书馆系统提供服务支撑、引领业界实现图书馆价值再造、增强行业话语权的职责。1995年初，由文化部、北京图书馆（今国家图书馆）牵头组织，上海图书馆、广东省立中山图书馆、深圳图书馆开始了“中国国家书目回溯数据库（1949—1987）”项目研制。这是文化部承担的第一个国家级重点科研项目。该数据库包含40余万种正式出版和部分资料性中文图书的书目数据，是当时国内最大的中文图书书目数据库。它的研制成功，为实现资源共享、联机联合编目打下坚实的理论、技术和数据基础。

2010年开始联编中心使用新的联合编目系统，进一步推动网络环境下全国图书馆联合编目工作的开展，从而真正实现全国范围书目数据、馆藏数据等联合目录的建立，进而拓展信息资源共建共享领域的全方位服务。该联合编目系统（以下简称UCS系统）是基于Aleph图书馆自动化系统设计和开发的新一代联合编目系统。新的联合编目系统实现了与图书馆自动化集成管理系统的无缝集成。不仅可以应用于全国图书馆联合编目中心，同时也可作为区域性图书馆联盟的基础业务平台，实现区域图书馆联盟成员的图书馆业务集成管理、联合编目、联合馆藏以及馆际互借等一体化建设。同时，UCS系统也为国家图书馆、各级各类图书馆成员、普通数据用户成员，分别提供了合适的工作入口和界面，以实现功能、数据、流程的集成和最佳工作效率[10]。

借助该平台，联编中心不仅实现了日常的上传、下载等流程的控制，而且开始全方位收割和管理成员馆馆藏，实现了由单一的书目共享向共建文献资源联合馆藏体系的巨大转变。截至目前，联编中心馆藏库总量超过3100万条，涉及近50家骨干成员馆，全国公共图书馆联合馆藏体系已初见规模。这为国家书目的进一步发展，奠定了坚实的基础。

2012年，国家图书馆借助联合目录平台，推出立体化展示书目、书影、目次和全文链接等出版物信息的中国国家书目门户（2011），全面集中展示我国2011年出版物的全貌，并以更加贴近读者的检索习惯，提供一站式服务。目前，联编中心在国家书目平台上，主要发布了2011—2016年国内出版的图书、期刊、报纸、音像电子资源数据和国家图书馆收藏的1949年以后的年鉴数据以及2010—2016年的博士论文数据（表1）。

表1　2011—2016年联编中心在国家书目平台发布数据表

年份	图书	期刊	报纸	音像电子
2011	229 461	9545	1447	8268
2012	203 212	9485	1442	5974
2013	258 122	9394	1423	8453
2014	277 146	9496	1433	7013
2015	247 457	9398	1437	5562
2016	230 275	9298	1422	7855

3　《公共图书馆法》颁布之后的国家书目建设及服务

3.1　切实加强国家书目和联合目录的编制

美、英等发达国家的图书馆事业拥有健全、完备的图书馆法。其图书馆立法经过长期发展和完善，形成了包含图书馆专门法、相关法、自律规范和实施细则的比较完备的图书馆法律和法规体系。图书馆的各个方面工作在图书馆法中都有规定。例如，图书馆的职责、经费来源和使用、图书馆资源建设、管理机构和管理方式、运营手段、服务项目和标准、管辖范围和层次等。图书馆员工的职业资格认证、培训等方面也有涉及。

我国于2001年正式启动《中华人民共和国公共图书馆法》（简称《公共图书馆法》）立法工作，于2017年11月正式公布，并于2018年1月1日正式实施。《公共图书馆法》的设立，将成为促进我国图书馆事业发展的重要原因之一。《公共图书馆法》的实施，将使我国联机联合编目得到相关部门的重视，加强整体布局，指导和管理图书馆联合编目的建设，从宏观上和政策上保证资源共享的实现。我国联机联合编目系统想要取得长足发展，各大联合编目系统也将突破自身的限制、体制的限制，真正从大局的角度和联合编目发展的角度出发，发展各自的馆藏。做到既各有特色，又互通有无，从而实现从资源到服务的真正共建与共享。这些都将加快全社会的公共文化服务体系建设，保障社会公众的基本文化权益，大大推动我国公共图书馆事业的健康发展[11]。

《公共图书馆法》实施后，国家图书馆将切实加强国家文献资源总库建设。所谓国家文献信息战略保存，强调的是国家图书馆的馆藏具有完整保存民族记忆、全面支撑国家经济社会发展、维护国家文化安全的战略意义，是国家文献信息总库。国家图书馆是国家总书库，其履行全国书目中心的职责，也是负责编制国家书目的机构。国家图书馆将依托国家书目和全国图书馆联合目录建设工作，加强各类型文献信息资源的统一检索与整合揭示，推进全国公共图书馆馆藏文献的开放共享，稳步推进国家图书馆国家文献战略储备库工程，建设国家级文献资源保障中心和保存基地，实现对国家重要文献的异地备份保存。

编制国家书目和全国图书馆联合馆藏目录，建设“文津搜索”以实现各类型文献信息资源的统一检索与整合揭示，使读者获取阅读资源更加便利。与此同时，依托中国图书馆学会、中国古籍保护协会等行业组织和数字图书馆推广工程等重点文化工程，加强与各级各类图书馆的联合与合作，通过培训、交流、研讨等方式，为其他图书馆提供业务指导和技术支持。此外，配合国家外交总体战略，筹建丝绸之路国际图书馆联盟，为海外中国文化中心图书馆建设提供资源与服务支撑，助推中华优秀传统文化的国际传播。

3.2 开展国内外合作，促进跨行业、跨系统、跨区域的多种服务方式

服务是图书馆的生命线，是公共图书馆安身立命的根本所在。提供服务的内容和方式，是规范公共图书馆服务的核心与关键。《公共图书馆法》针对有关服务内容，做出了诸多原则和内容方面的规定与要求。国家将鼓励和支持发挥科技在公共图书馆建设、管理和服务中的作用，利用现代信息技术和传播技术在公共图书馆服务中的运用，提高公共图书馆的服务水平，包括设施设备水平、资源载体水平、服务手段水平、文献传播水平，以及服务效能水平等全方位、全要素、全链条的水平，体现现代科技对公共图书馆服务的全面支撑和促进。

国家图书馆还将依法承担公共图书馆的功能，按照平等、开放、共享的要求，面向社会公众提供免费、便捷、高效、优质的公共文化服务。全面推动优秀传统文化的创造性转化和创新性发展；全面保障社会公众的基本阅读权利，积极利用新技术，打造新空间，拓展新服务，优化用户阅读、学习及交流互动体验。除此之外，还将依托数字图书馆推广工程，构建标准统一、互联互通的国家数字图书馆服务网络，推进公共文化服务的线上线下融合发展，推动公共图书馆利

用数字化、网络化技术向社会公众提供便捷服务。

4 充分发挥联编中心在国家书目建设中的作用

4.1 进一步完善国家书目门户

联编中心现有国家总书目平台、书目数据规范平台、馆藏收割平台、民国书目整合平台等多种平台,还有软件商开发的异构检索系统等多元化模式。《公共图书馆法》颁布后,面临加强国家文献资源总库建设的需求,联编中心应依托联合目录,进一步完善国家书目门户。

国家书目门户的数据基础是书目,主要来源于联编中心的联合目录数据库。随着互联网上各类开放数据的蓬勃兴起,国家书目门户也将适时接收对完善国家书目服务有益的数据。如 CIP 数据和出版社、书商 ONIX 数据等,以提升国家书目的及时性和完整性。在条件成熟的前提下,有针对性地引进外部关联数据,提升用户体验。基于此,国家书目收罗的数据格式将涵盖 MARC、DC、MODS、XML、RDF 等多种类型,MARC 数据也将涉及 CNMARC、MARC21 等多种格式。

在建立健全国家书目门户工作中的目标,一是将中国国家书目门户打造成我国全部出版物的总目录。在现有自动化系统和数字化环境的大框架下,实现全面的、多角度的、多元化的国家书目的集成发布、展示、检索和推送服务。为国内外图书馆及同类机构的采选提供便利,促进高效低成本的编目。通过提供出版物统计,客观展示不同历史时期政治、经济、文化的发展变化,使其成为重要的信息资源;通过书目的 FRBR 化揭示提供便利检索的用户体验,为国内外个人读者,提供集书影、目次、摘要、全文等于一体的一站式展示,使其成为出版机构了解整个出版行业宏观情况和市场的平台,成为出版机构新书推荐、推广的重要工具。除此之外,网络版国家书目还可以与上游供应商合作打造中国可供书目,也可以与版权管理机构合作,进行版权登记和管理,与数字化产品结合提供立体化的国家书目等。

二是将中国国家书目门户打造成图书馆实体馆藏资源的普查登记平台。依托联编中心馆藏平台,整合全国公共图书馆 OPAC 服务,开展各级各类图书馆实体馆藏资源的普查登记。在此基础上通过馆藏分析的成果,使各图书馆了解同类型、同级别或同区域图书馆馆藏情况,有针对性地建立特色馆藏,实现图书馆间文献资源的合理布局,避免重复建设,进而推进文献提供与馆际互借,提高馆藏文献的质量和服务水平[12]。

目前,我国联合编目工作的对象除了印刷型文献外,也包含音像制品、缩微文献、电子资源等类型的数字资源。随着信息技术迅猛发展,数字资源海量级出现且类型不断扩大,如数据库、互联网资源、多媒体资源等,这些新型的资源内容丰富,传播快捷。将这些虚拟的信息资源纳入联合编目中心的工作范围是其在数字时代下发展的必然。联合编目中心应将新型的虚拟信息资源进行有序化整理并予以揭示,形成传统的实体信息资源与现代虚拟信息资源有效融合、互为补充的资源结构体系,进一步完善国家书目平台。

4.2 开展国内外合作,提高服务质量

联合编目多年的实践表明,中国国家书目的建设需要全国各地图书馆的相互合作,共建共享。为加快中国国家书目的建设步伐,实现全国图书馆的资源共知和有效共享,联编中心各分中心、成员馆都需要充分发挥主人翁意识,积极投入实体馆藏和虚拟馆藏的统一登记项目中,

为馆藏资源的统一检索、整合、开发和利用提供元数据基础。各地在上传国家书目元数据的过程中，以本地出版物和特色资源为优先上载对象，结合自身的资源和人力条件，统筹考虑区域性特色资源书目库的联合共建。通过联编中心，将各级各地图书馆联系在一起，共同构建数字时代的中国国家书目门户。

我国的联合编目工作不仅需要各编目中心之间的相互交流，还需要加强国际交流与合作。一方面，美国的联合编目事业比我国早了30余年，我国联合编目工作在发展过程中遇到的问题，通过沟通与合作，可以学习先进经验以获得更好的发展。随着互联网的发展，我国图书馆界与世界各国图书馆界之间的交流与合作日益频繁，联合编目中心也应将中文书目数据推向世界，增加中文文献在国际上的传播与影响力。

在世界最大的图书馆合作会员制组织OCLC（Online Computer Library Center）多次叩门之后，国家图书馆于2008年正式与其签署数据合作协议，将近230万条中文书目数据进行格式转换并上传至OCLC的WorldCat资源共享网络中，极大地便利了海外用户对中文文献的发现、获取。在开通资源共享服务后第一天，国家图书馆馆际互借中心的国际互借量就达到了11次，为历史上从未有过。当年，国家图书馆馆际互借中心的国际互借量由上一年的744次增至1932次。通过OCLC，我们的愿望正在实现，把中国介绍给世界，把服务提供给世界。通过与OCLC合作，更好地开展中文文献的国际互借工作，不仅提高中文文献的利用效率，还能促进中国文化国际化的推广进程。

为了将联编中心打造成最完整、最优质的书目信息集散地，近些年，国家图书馆积极加强业界合作。拓展联合编目的文献类型，在原有数据共享的基础上加强对少年儿童出版物、海外中文图书、学位论文和地方文献出版物数据的征集。同时主动寻求与版本图书馆、出版社和书商的数据合作，多途径补充书目信息，以保证国家书目的完整性。特别加强了与新闻出版广电总局、各地新闻出版局等出版管理单位的沟通联络，充分利用缴送管理平台与出版单位联系，依托法定呈缴制度确保了各类型出版物缴送率和缴全率的提升，为国家书目的完整发布提供了基本保障[13]。

《公共图书馆法》颁布之后，国家书目和联合目录的工作将日趋重要。国家图书馆将依托国家书目和全国图书馆联合目录，加强各类型文献信息资源的统一检索与整合揭示，推进全国公共图书馆馆藏文献的开放共享，稳步推进国家图书馆国家文献战略储备库工程，建设国家级文献资源保障中心和保存基地，实现对国家重要文献的异地备份保存。这给联合编目中心的带来了挑战，同时也提供了难得的发展机遇。实现真正意义上的全国统一标准、统一协调、共建共享是我国联合编目事业发展的方向与目标。联合编目中心将协同各图书馆、各相关行业和机构齐心协力，共谋发展，努力开创我国图书馆事业的新局面。

参考文献

[1] 中华人民共和国公共图书馆法[EB/OL].[2018-03-10]. http://www.xinhuanet.com/2017-11/04/c_1121906584.htm.

[2] 李国新.《中华人民共和国公共图书馆法》的历史贡献[J].中国图书馆学报,2017,43(6):4-15.

[3] 韩永进.推动、引导、服务全民阅读是重要任务[N].新华书目报,2017-12-22(4).

[4] 王艳萍,杨熙.数字时代的中国国家书目建设探析[J].情报探索,2012(6):12-15.

[5][6][10] 廖永霞,毛雅君.数字时代中国国家书目的探索与实践[J].国家图书馆学刊,2012(5):102-107.

[7][8][13] 国家图书馆中文采编部.数字时代的中国国家书目[N].新华书目报,2014-01-10(A14).

[9] 全国图书馆联合编目中心[DB/OL]. [2018 - 03 - 10]. http://olcc. nlc. cn.
[11] 韩佳芮. 网络环境下的联合编目[C]//回顾与展望:新媒体时代下信息组织方法的创新与发展——第五届全国文献编目工作研讨会论文集. 北京:国家图书馆出版社,2017:338 - 344.
[12] 孙保珍. OLCC 联合目录数据库质量控制的实践与思考[C]//回顾与展望:新媒体时代下信息组织方法的创新与发展——第五届全国文献编目工作研讨会论文集. 北京:国家图书馆出版社,2017:161 - 165.
[14] 汪东波,张若冰.《公共图书馆法》与国家图书馆[J]. 国家图书馆学刊,2017,26(6):50 - 55.
[15] 柯平.《中华人民共和国公共图书馆法》全面保障我国公共图书馆体系化建设[J]. 图书馆建设,2018(1):19 - 23,36.
[16] 毛雅君. 中国国家书目工作回顾及思考[J]. 图书馆学研究,2017(14):45 - 49.

数字信息时代公共图书馆使命与目标

赵　晖(外文采编部)

1　图书馆与现代数字信息技术

图书馆是读者通过阅读文献资料从而获取知识的宝库,它以馆藏文献资源的形式收集存储着我们的文明和智慧,为推动人类社会的发展进步起着重要的作用。图书馆有着久远的历史,它的起源甚至可以追溯到公元前 3000 多年前。进入现代社会以后,科学技术日新月异,尤其 21 世纪以互联网为代表的数字信息技术不仅使我们的生活发生了巨大变化,也使各行各业受到了深刻的影响。对数字信息的巨大需求是导致这一变化的一个主要因素,同时参与数字化信息资源发布及利用的机构大量涌现,数字资源的类型和数量急剧增长,随之而来的是公共图书馆业务类型的多样化。《中华人民共和国公共图书馆法》(简称《公共图书馆法》)提出"国家鼓励和支持发挥科技在公共图书馆建设、管理和服务中的作用,推动运用现代信息技术和传播技术,提高公共图书馆的服务效能""政府设立的公共图书馆应当加强数字资源建设、配备相应的设施设备,建立线上线下相结合的文献信息共享平台,为社会公众提供优质服务"。

过去,图书馆作为一个有固定场所的实体单位,拥有大量的印刷型出版物向读者提供文献资源。虽然这一基本功能没有改变,但如今伴随电子出版物、网络资源的快速增加,图书馆业务类型趋于多样化。尤其是"互联网 +"的概念在政府工作报告中被提出后,作为国家图书馆员,更应当与时俱进地创新公共服务模式思维,勇于探索在当前数字信息的新时代,公共图书馆的发展方向与目标,从而进一步履行好图书馆员服务于读者的使命。

在数字信息时代,不妨把馆内数字资源视为一种公共财产,保护的同时通过加强馆际交流与合作来推动数字资源的共享。在来馆的读者当中,有人为了学习知识、借阅文献,有人为了调查研究、兴趣体验等,这些持有不同的目的的读者是否能够利用馆内有限的资源来达成他们的来馆目的,成为公共图书馆满足读者需求、扩大读者用户群、提升服务效能的重要课题。所以单独一所图书馆提供的服务已经不能称之为完整的图书馆服务,通过利用现代互联网通信技术,构建跨区域的馆际信息资源网络已经成为一种常态化趋势。以国家图书馆为例,开展数字图书馆专网建设项目,建成国图到各省级图书馆的专线直连网络,是实现全国数字图书馆系统互联、业务整合、服务协作、可持续发展的网络设施保障。

数字图书馆专网的组网范围是全国各地图书馆,建设的终极目标是形成以专网为骨干、以虚拟网为基础,连接省市县数字图书馆、乡镇综合文化站、村级文化活动室,服务覆盖全国的公共文化网络体系[1]。数字图书馆专网建设要取得预想的成效,应具备以下条件:①各组网单位对数字资源的互联互通应达成一定共识并执行相同的标准;②读者用户具备足够的信息素养①来达到获取数字资源的目的;③数字资源不会被非法使用从而造成知识产权侵犯。上述几点都需要在法律层面给予规定和指导。

2 数字信息时代图书馆的使命与目标

针对上述第一点,我国《公共图书馆法》第三条规定:公共图书馆是社会主义公共文化服务体系的重要组成部分,应当将推动、引导、服务全民阅读作为重要任务。可以看出通过数字图书馆推广工程,打造覆盖全国的公共文化网络体系,是社会主义公共文化服务体系的重要组成部分,并且全国范围内的公共图书馆都应形成参与其中的思想共识,把推动,引导,服务全民阅读作为重要任务来执行。据悉,截至 2017 年,国家图书馆数字图书馆推广工程已覆盖全国 41 家省级图书馆、486 家地市级图书馆,服务辐射 2900 多个县级图书馆,有超过 18 万人次参加了数字图书馆从业人员培训,相当于将全国的图书馆从业人员轮训了 3 轮[2]。庞大的数字图书馆组网工程,不仅体现了我国公共图书馆运用现代高新技术来提高公共服务效能的水平,而且成为坚持以人民为中心,发展社会主义先进文化的一个亮点工程,达到了提高公民科学文化素质和社会文明程度,传承人类文明,坚定文化自信的目标。

针对上述第二点,笔者认为即使数字化网络通信设施得到完善,但人们利用数字信息的能力会因为文化程度、年龄、身体状况等方面的不同产生很大差异。加上如果读者自身不具备利用数字资源的条件或能力,如贫困人群、老年人、残疾人等,可能反而会加剧这些群体在数字信息时代的弱势化。《公共图书馆法》第三十四条当中就提出:"政府设立的公共图书馆应当考虑老年人、残疾人等群体的特点,积极创造条件,提供适合其需要的文献信息、无障碍设施设备和服务等。"不难想象,当一位老年人有阅读需求的时候,他可能更需要阅读放大器和大字本图书;当一位视觉障碍者有阅读需求的时候,他可能需要有图书馆从业人员为其提供朗读服务或盲文图书;当一位居住在边远贫困地区的读者,有阅读需求的时候,他更可能去村级文化活动室或乡镇综合文化站,在工作人员的辅导下学习文化知识,而非在家通过电脑手机上网来获取信息。《公共图书馆法》第四十条也明确指出:"政府设立的公共图书馆应当加强数字资源建设、配备相应的设施设备,建立线上线下相结合的文献信息共享平台,为社会公众提供优质服务。"所以,公共图书馆除参与构建数字图书馆之外,还要根据读者自身不同的信息素养,积极创造条件,提供适合其需要的文献信息和服务,进一步履行保障公民基本文化权益的使命。

针对上述第三点,《公共图书馆法》第十条规定:公共图书馆应当遵守有关知识产权保护的法律、行政法规规定,依法保护和使用文献信息。伴随科技的飞速发展,人类存储利用信息

① 信息素养来源于英文"Information Literacy",可理解为知道何时需要信息,如何获取信息,能够识别定位评估并有效利用该信息的能力。这一概念最初由美国信息产业协会主席保罗·泽考斯基于 1974 年提出。

资源的手段和设备不断丰富,从早期的纸质书本、磁带、缩微胶片、复印机等发展到使用电子书、数码相机、智能手机、平板电脑等新媒体设备的数字信息时代,但是如何对数字资源进行各项权益的保护,往往相应的法律法规跟进速度缓慢。例如,通过互联网就可以下载到影视作品的数字化资源,通过高清扫描仪就可以把纸质书刊制成数字化资源,由于这类资源带有保真度高,可被重复复制的特点,导致了盗版光盘,非法出版物的出现,所以对于图书馆而言在满足读者用户获取信息需求的同时,必须紧跟时代步伐,力争运用高技术管理手段来保护好数字资源。以国家图书馆为例,版权信息管理系统作为配套服务系统贯穿数字资源的整个生命周期,通过对各类数字资源著作权信息的建设、维护和管理,建设全国数字图书馆版权信息库,实现国家数字图书馆与其他图书馆之间的版权信息资源共享,提高全国数字图书馆整体的著作权管理水平,为整个社会在尊重、保护和使用版权方面做出重要的示范作用[3]。由此可见,依法对数字资源版权提供保障的手段,促进信息资源共享是公共图书馆的一大使命。

3 法制环境下的图书馆数字资源建设

作为保存人类文明和智慧的宝库,图书馆藏有海量的文献资源,利用这些文献资源传播知识、造福人类也是图书馆的重要职能之一。《公共图书馆法》第四十条规定:“国家构建标准统一、互联互通的公共图书馆数字服务网络,支持数字阅读产品开发和数字资源保存技术研究,推动公共图书馆利用数字化、网络化技术向社会公众提供便捷服务。”其旨意在于公共图书馆的公益性要与现代信息技术和传播技术相融合,构建数字图书馆服务网络,通过向社会公众提供便捷服务来满足人民群众日益增长的物质文化需求。构建数字图书馆服务网络固然重要,但数字资源传播迅速,可被重复复制的属性,也使得公共图书馆在建设数字资源服务网络时容易被卷入知识产权的纠纷当中。

谷歌数字图书馆(Google Book)曾雄心勃勃地要打造全球最大数字图书馆,还被寄予成为最大在线知识机构的期待,但后来却因涉嫌大范围侵犯著作权而官司不断。早在 2009 年,谷歌公司就因为未经作者授权,非法扫描 570 位包括国家领导人、政府官员和作家在内的中国作者的 17 922 种作品上网事件而轰动一时,引发中国文字著作权协会的维权行动,在一片讨伐声中谷歌保持沉默后出具了一份带有期限的“和解声明”不了了之。时隔四年后,国内又出现了首例作家单独诉讼谷歌数字图书侵权的纠纷案[4],并作为 2013 年度十大知识产权典型案例被广泛关注。遗憾的是这两起案件都伴随着谷歌公司撤离中国而未能圆满彻底地解决。或许谷歌也曾在谷歌地图成功地服务于众多用户之后,想打造一个全球信息资源共享平台,但其盲目而理想化地大规模实施文献扫描和网络传播必然导致法律层面纠纷案的产生,进而制约了它发展数字图书馆的计划。其引发的数字图书馆侵权案区别于传统的著作权纠纷案,留给我们的是如何在法制环境下,遵循规章制度从而实现数字信息资源合法传播、服务于读者的思考。分析一下谷歌的案例,其中就有两点值得我国公共图书馆在文献数字化处理和信息网络传播方面探讨的地方。

3.1 关于文献数字化处理的探讨

谷歌在未经作者或出版商授权的情况下,通过扫描把作品制成数字资源,并向用户提供该数字资源的在线显示行为导致了谷歌公司被起诉,那么公共图书馆利用馆藏文献经数字化处理后生成数字资源，并通过网络向读者用户提供该数字资源的服务行为是不是合法呢？

虽然，《公共图书馆法》第十条规定了"公共图书馆应当遵守有关知识产权保护的法律、行政法规规定，依法保护和使用文献信息"。但是，没有给出界定上述行为是否合法的标准，需进一步依据有关知识产权保护的法律、行政法规规定来判断。在上述谷歌数字图书侵权的诉讼案①[5]中，法院最终依据多项法律、法规判决"谷翔公司实施了涉案信息网络传播行为，但该行为构成合理使用，谷翔公司和谷歌公司并不应对此行为承担侵权责任。谷歌公司进行电子化扫描的涉案复制行为不构成合理使用，构成侵权，应当承担停止侵权、赔偿损失的法律责任"。此处如果解读成信息网络传播行为是合法的，但是为了信息网络传播而进行电子化扫描作品的复制行为是非法的，难免在逻辑上缺乏合理性，可见数字资源由于其生成传播的手段区别于传统的实体文献资源，导致了界定文献在被数字化处理加工、传播使用过程中的合法性变得复杂。所以，必须综合多项法律法规来考量文献数字化处理和信息网络传播是否合法。对于公共图书馆而言，除要遵守《公共图书馆法》以外，还必须同时遵守《著作权法》《信息网络传播权保护条例》等法律法规及条例，避免侵犯知识产权行为的发生。

前面列举了国家图书馆使用版权信息管理系统依法对数字资源提供规模化的版权保障手段，具体到单件数字资源也有相应的 DRM（Digital Rights Management，数字版权管理）、DCI（Digital Copyrights Identifier，数字版权唯一标识符）等技术措施提供保障。这类技术的优势在于既可以保护作者和出版商的权益，又可以确保数字资源在传播使用过程中的合法性，所以公共图书馆在法制环境下的数字资源建设一定要遵循以法律为基础，以技术为支撑的原则来进行。如通过扫描印刷型出版物，加工生成数字馆藏资源时，应细分为五个阶段进行：①实施扫描生成原始数字资源；②对数字化形式存在的这部分文献，首先用于保存[6]；③根据版权解决的范围和程度，决定以后的利用方式[7]；④对经过数字化处理的图书期刊与报纸的连续出版物、音像资料及其他资料等的版权问题要进行分类处理，对已进入公有领域及尚在版权保护期的作品区别对待[8]；⑤使用上述技术措施对原始数字资源进行版权登记、版权加密等处理，合法生成数字资源。

3.2 关于信息网络传播的探讨

参与组建互联互通的数字服务网络，利用馆藏文献生成数字资源，实现数字信息网络传播是数字时代公共图书馆推动、引导、服务全民阅读，促进公共图书馆事业发展，发挥公共图书馆功能的必经之路。前面举例说明了公共图书馆在法制环境下的数字资源建设一定要遵循以法律为基础，以技术为支撑的原则来进行，信息网络传播作为图书馆数字资源建设的组成环节，也必然要在法律应许的范围内进行，国务院颁布的《信息网络传播权保护条例》[9]中就有针对图书馆等公益性机构的特别规定，应作为图书馆进行信息网络传播时的重要法律参照。以条

---

① 《盐酸情人》的作者王莘称通过谷歌中国的网站，在搜索栏键人"棉棉"关键词可以搜索到显示有此部作品的图书概述、作品的片段、常用术语和短语、作品的版权信息等内容，而且上述页面均在谷歌中国网站页面下，未显示其他网站网址[5]。起诉北京谷翔信息技术有限公司（谷歌的中国合资公司）在作者本人不知情的情况下，对作品《盐酸情人》进行电子化扫描并在互联网上提供查看下载，谷翔公司向公众进行信息网络传播的行为构成侵权，但谷歌声称电子化扫描行为发生在美国，此案应适用美国法律；该公司的复制行为构成合理使用，并不构成侵权并提出上诉。最终北京市高院二审认定谷歌公司对他人作品进行电子化扫描的复制行为不构成合理使用，维持一审判决（谷歌公司立即停止侵权，并赔偿原告经济损失和合理支出）。

例第七、八、九、十条的规定为例,可梳理出部分要素作为参考,见下表。

作品范围	服务空间	运营机制	服务对象	用途/目的	参照条例
收藏的合法出版的数字作品	局域网	无偿	馆内读者用户	阅读浏览	第七条
依法为陈列或者保存版本的需要以数字化形式复制的作品	局域网	无偿	馆内读者用户	阅读浏览	第七条
已经发表作品的片断或者短小的文字作品、音乐作品或者单幅的美术作品、摄影作品	广域网	有偿	注册学生	制作课件	第八条、第十条
中国公民、法人或者其他组织已经发表的种植养殖、防病治病、防灾减灾等与扶助贫困有关的作品和适应基本文化需求的作品	广域网	有偿	农村地区的公众	扶助贫困	第九条、第十条

虽然《信息网络传播权保护条例》严格界定了信息网络传播环节的诸要素,在一定程度上限定了数字资源的接入访问,限制了馆藏数字资源的共享,但是它填补了原有知识产权相关法律的不足,规范了我国信息网络传播的发展。长远来看作为《著作权法》关于信息网络传播权相关规定在数字时代的自然延伸,《信息网络传播权保护条例》的出台并生效实施,毕竟使得一直困扰数字图书馆资源建设的版权瓶颈开始松动[10],有利于公共图书馆在现有法律框架内,通过运用该条例保障的权利来规避侵权风险,坚持在法制环境下发展建设图书馆数字资源。

围绕传统与现代、创新与发展、数字化与法制化,本文重点探讨了公共图书馆如何在法治环境下开展信息服务和数字资源建设。因篇幅有限未能深入至技术层面和法律层面的细节展开,因此留有三点建议有望继续探讨:①法律层面是否应继续出台细则,比如将培养读者信息素养写入细则;将明确描述“覆盖全国的公共文化网络体系”“国家构建标准统一、互联互通的公共图书馆数字服务网络”“数字图书馆推广工程”三者之间的关系写入细则。②技术层面是否应导入标准规范来发展建设数字图书馆,如统一使用《国家数字图书馆标准规范体系》[11]等。③凡加入数字图书馆推广工程的公共图书馆,其数字门户站点下方建议统一标准,植入版权声明链接。又因《公共图书馆法》第二十二条专门明确地规定了国家图书馆的职能,建议依法升级版权声明为法律声明,并结合本馆实际情况,加入本地化的读者使用规定。

参考文献

[1] 路龙惠.数字图书馆专网设计与实现[C]//新时代,新思维,新挑战——“互联网+”背景下数组图书馆的战略规划与创新发展学术研讨会论文集,2016:94-96.

[2] 数字图书馆推广工程[EB/OL].[2018-02-07].http://www.ndlib.cn/gcJs_1/201108/t20110818_47872_1.htm.

[3] 数字图书馆推广工程[EB/OL].[2018-02-07].http://www.ndlib.cn/xtJs2012/201201/t20120113_57991_2.htm.

[4-5] 王莘与北京谷翔信息技术有限公司、谷歌公司侵害著作权纠纷案[EB/OL].[2014-12-31].http://www.fengxiaoqingip.com/ipanli/linianzhishichanquanmingan/beiJingshigaoJirenminfayuan/20141231/9722.html.
[6-8][10] 李华伟.数字时代图书馆版权问题分析[M].哈尔滨:哈尔滨工业大学出版社,2015:28-29.
[9]《信息网络传播权保护条例》[EB/OL].[2012-11-12].http://www.gov.cn/fwxx/bw/gJgbdydszJ/content_2263007.htm.
[11] 数字图书馆推广工程[EB/OL].[2018-02-07].http://www.ndlib.cn/bzgfJs2012/201201/t20120113_58038.htm.

深度发掘资源与服务优势,打造新时代"一带一路"国图智库

王瑜世(外文采编部)

1 "图书馆+智库"的兴起与发展

智库(Think Tank),又被叫作思想库,是由各领域专家组成、由多学科综合,为决策者在处理社会、经济、科技、军事、外交等方面问题出谋划策,提供最佳理论、策略、方法以及思想等的公共研究机构[1],因此也被称为继新闻、立法、政府后的"第四部门"或"第五种权力"[2]。《全球智库报告2017》显示,当前中国智库数量已位居全球第二,有7家智库入选全球智库百强榜单,有约30家智库入选中印日韩区域智库排名。中国智库的国际影响力和知名度持续提升[3],并在国家大政方针制定的过程中日益发挥出重要作用。

智库在产生和发展的过程中,始终围绕着信息的收集、整理和输出,因此图书馆在智库的发展历程中一直扮演着举足轻重的角色。早在20世纪末就有专家学者提出图书馆应结合自身特点,不断挖掘智库建设背景下的深层价值,沿着"文献库—数据库—智库"的路径逐渐演进[4]。近年来,有关"图书馆+智库"的研究在学界也日益升温,CNKI期刊全文数据库中以"篇名"为检索项,以"图书馆+智库"作为检索词,截至2018年3月底,与之相关的期刊论文数达到195篇,其中发表时间最早、被引用量最多的一篇是发表于2009年11月《图书馆学研究》上的《智库:图书馆发展的新机遇》。从年度发文量来看,2009—2014年年均发表数量均少于十篇,2015年14篇,2016年58篇,2017年激增至77篇,2018年仅第一季度发表量就达22篇,说明该领域越来越受到社会和学界的关注。

伴随着"智库热"在图书馆领域的兴起与发展,近年来业界关于"图书馆+智库"的概念、服务模式以及建设模式的探讨如火如荼,但尚未形成统一定论,大致可分为三种观点:第一种观点认为图书馆可以作为独立的智库类型而存在,在整合自身馆藏资源和对现有参考咨询服务模式进行系统化升级改造的基础上,自主探索发展成一种全新的智库类型,并与社会已有智库形成竞争发展态势;第二种观点认为图书馆还是应该围绕传统智库,进一步提升自身文献建设水准,提升服务效能,从而提供更加主动、细致的辅助性服务;第三种则综合上述两种观点,认为图书馆的智库建设具有双重含义,不同的图书馆可根据自身类型和特点,在"图书馆型智

库”和“智库型图书馆”中选择适合开展智库建设服务的方式。但专家学者们普遍认为，从当前国内外智库发展情况来看，图书馆作为信息资源整合、分析、加工的枢纽，已经不可避免地直接或间接参与智库的建设及运行之中，并发挥出越来越重要的作用。传统图书馆与新兴智库在人才建设、文献搜集、信息整合及舆论宣传等方面具有天然的相似性，为二者在未来进一步融合发展奠定了良好的基础[5]。

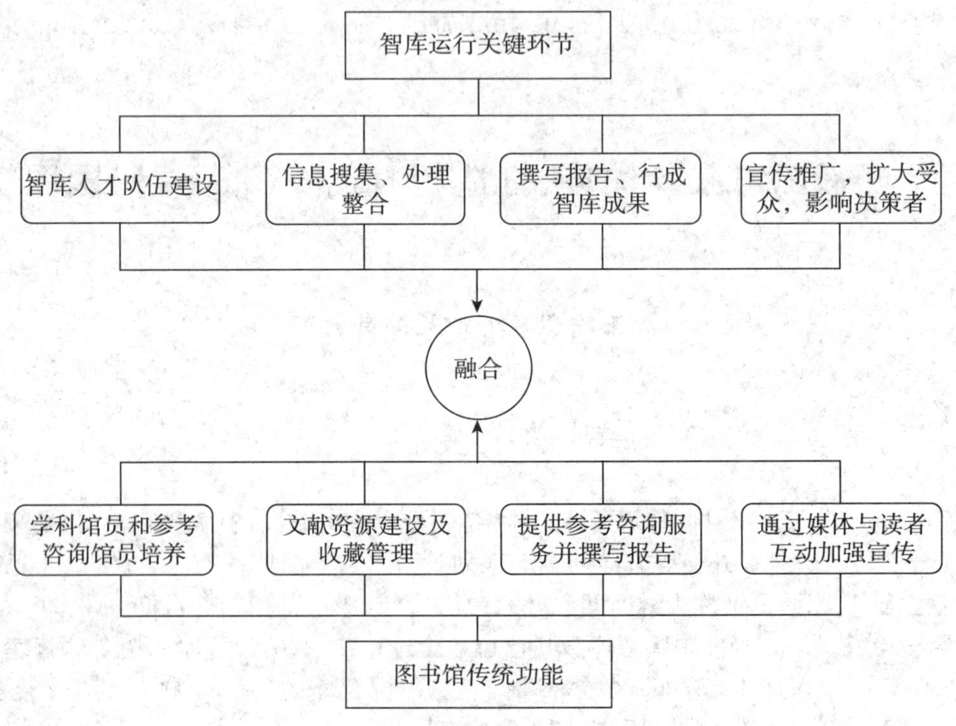

图1　图书馆传统功能与智库运行环节融合示意图

而在实践领域，随着互联网技术的发展和信息化时代的到来，作为文献信息资源的传播枢纽，越来越多的图书馆顺应当前社会发展需求并结合自身特点，在长期的文献信息建设和服务积累的基础上，发挥优势积极参与智库建设，逐步建立起新型信息服务模式，形成包括情报研究、舆情分析、决策咨询等在内的具有鲜明智库特征的服务内容，进而实现机构功能的转型升级。其中具有代表性的包括中国社会科学院图书馆的智库服务①、上海图书馆的产业智库服务、泰达图书馆的政府决策支持服务，以及以“世界大学智库联盟”[6]为代表的高校智库等。

就国家图书馆（以下简称“国图”）的情况而言，以“一带一路”作为我馆在新时代全面开展“图书馆＋智库”式发展的切入点，顺应新时代党和国家总体战略大局，能够充分发挥国图现有文献资源和服务的优势，有望在短期内取得较好的研究成果和社会反响，并为今后全面开展国家图书馆品牌智库服务奠定夯实基础，提供有益经验。

---

① 中国社会科学院图书馆成立于1957年，是隶属于我国“顶级智库”中国社会科学院的文献信息机构。该馆前身为中国科学院哲学社会科学学部的情报研究室，经过几十年融合发展，其作为智库文献信息中心的角色更加凸显，在许多领域研究中发挥了重要的信息支撑作用。

2 建设“国图智库”的意义

2.1 党中央加强和改进宣传思想文化工作和理论研究工作的新要求

习近平总书记在哲学社会科学工作座谈会上的讲话中提到:“党的十八届三中全会提出,要加强中国特色新型智库建设,建立健全决策咨询制度。党的十八届五中全会强调,要实施哲学社会科学创新工程,建设中国特色新型智库。”“要加强决策部门同智库的信息共享和互动交流,把党政部门政策研究同智库对策研究紧密结合起来,引导和推动智库建设健康发展、更好发挥作用。”[7]国图在新的历史条件下,通过积极投身新型智库建设,更加注重哲学社会科学知识的传播,是“巩固马克思主义在意识形态领域的指导地位,培育和践行社会主义核心价值观的必然要求”。

2.2 法治环境下图书馆融合发展的新方向

《公共图书馆法》体现了新时代中国特色社会主义文化的制度优势,当中第三十五条中也明确提出:“政府设立的公共图书馆应当根据自身条件,为国家机关制定法律、法规、政策和开展有关问题研究,提供文献信息和相关咨询服务。”而根据文化部2016年批复的“三定”方案(文人函〔2016〕1123号),国图的具体职责中明确包含“开展国家文献战略储备,建设国家级文献资源保障中心和保存基地”和“为国家立法、政府决策提供文献信息保障”两项职能[8]。“一带一路”作为国家顶层战略设计,其智库建设同时对国图的文献资源建设和服务两方面提出了更高的要求。通过把握新时代发展的要求,实现图书馆事业与新型社会智库高度融合发展,既是国图自身“藏”和“用”职能的融合,同时也是对“图书馆+”发展思路的有益尝试。

2.3 强化核心职能服务国家大局的新机遇

中央国家机关、科学研究部门和重点生产建设单位始终是国家图书馆的重点服务对象。一直以来,国家图书馆通过“两会”立法决策服务以及国家部委分馆建设,实现了面向特定高层用户的参考咨询服务[9]。而“一带一路”国图智库的建立,将进一步强化国图对党政军高层信息服务的职能,提升国图在国家重要决策层面的贡献度,在全社会范围内提高国图的公信度与影响力,使国图在“一带一路”战略相关的法规政策制定和管理过程中发挥更加重要而独特的作用。

2.4 优化文献资源建设和利用的新举措

国图作为我国外文文献收藏中心,文献收藏总量和购书经费均在国内居首位。外文文献资源作为读者了解国外政治经济文化的窗口和掌握国际最新科技发展状况和研究成果、及时捕捉现实发展热点问题的信息情报源,是国图文献建设的重要组成部分。但是,国图外文文献也长期存在读者数量不多、利用率不高、资源共享不足等现实情况。而通过开展“一带一路”国图智库建设,集中采选重点文献、强化馆藏文献开发揭示力度、优化文献信息服务内容模式,将有效改变这一现状,充分发挥馆藏外文文献价值,提升文献内容向学术科研成果的转化率。

2.5 升级服务模式和效能的新思路

“用户第一、服务至上”是图书馆界长期以来倡导的服务理念,国图也始终将探索服务创新作为努力的方向。面对互联网时代下信息获取的多样化、智能化以及近年来电子阅读、移动阅读等新兴阅读方式的兴起,传统图书馆服务面临着巨大的冲击与挑战。而“图书馆 + 智库”的服务模式,倡导以其他阅读平台所不具备的海量正规馆藏资源和专业化服务为核心竞争力,拓宽服务范围,深化服务内涵,实现多种资源共建共享,给图书馆提供了一种新理念,也为探索多元化、高层次服务提供了新思路。

3 国家图书馆开展“一带一路”国家智库建设的优势条件

3.1 政策优势

近年来,党和国家开始高度重视中国特色的新型智库建设,将新型智库建设作为治国理政的国家战略。据不完全统计,2013 年以来,习近平总书记对智库建设做出的重要论述、指示、批示等达 50 次以上[10],引发全社会对智库的关注与热情。2012 年 11 月,党的十八大报告首次提出“思想库”;2013 年 4 月,习近平总书记明确提出建设“中国特色新型智库”的目标;2013 年 7 月,习近平总书记在考察中国科学院工作时对中国科学院提出“率先建成国家高水平科技智库”这一要求。党的十九大报告、2018 年“两会”政府工作报告都提到要建设中国特色新型智库。《公共图书馆法》第三十五条中也明确提出:“政府设立的公共图书馆应当根据自身条件,为国家机关制定法律、法规、政策和开展有关问题研究,提供文献信息和相关咨询服务。”以上均为国图开展智库的建设提供了强大的理论指导和政策法规支持。

3.2 资源优势

科学决策是建立在大量的情报基础之上的,而获取情报的主要载体是文献信息,对智库服务的水平和效果起着决定性的作用[11]。“信息为王”是当今互联网时代下的共识,掌握信息,特别是一手信息,就相当于掌握了发展的主动权。国家图书馆是全国总书库、外文文献收藏基地,收藏有 115 个语种的外文文献,在“一带一路”沿线国家文献资料的收藏总量、采编人员构成、购书经费等方面在全国范围内遥遥领先。针对“一带一路”沿线 65 个国家和地区共计使用 53 种官方语言(其中第一官方语言 48 种)[12],国图馆藏对应文献总量近 70 万种,国家覆盖率达到 93.8%,语种覆盖率达到 89.6%,在国内具有绝对优势。

3.3 服务优势

国家图书馆的智库服务雏形始于 20 世纪 50 年代,最初仅仅是保存和整理与研究相关的文献资源。随着资源积累建设的深入,其逐步加推专题研究、决策咨询等服务内容,使工作重心从单纯的文献资料收集向注重知识性、思想性的预研性研究转移,最终完成由文献资源保存机构到智库型研究机构的发展转型。其中最具代表性的“两会”智库服务始于 1998 年,为参加全国“两会”代表及委员参政、议政、提案、议案提供信息咨询和数据支撑服务,长期以来得到“两会”代表及委员的广泛赞誉,成为国图立法决策和参考咨询服务的一张亮丽名片。此外,国图为满足公众政府信息的有效利用,建立了“中国政府公开信息整合服务平台”[13],一站式地发现并获取全方位的政府公开信息资源及相关服务,实现了政府信息的社会化和公众化。经过多年发展,国图依托现代化服务理念和信息技术水平,在相关服务领域积累了大量成功经验,服务质量也得到社会和业界的广泛认可。

3.4 人才优势

图书馆员作为大众获取知识的媒介,对知识传播起到促进作用。图书馆员,特别是学科馆员和参考咨询馆员具有更强的综合业务素质,表现为对信息具有更加敏锐的观察力和更深层次的挖掘力,符合智库研究员的要求标准。国家图书馆在长期的业务开展和服务推广过程中,逐步建成国内素质最高、业务最强的一支馆员队伍,尤其是近年来人才招聘标准不断提高,新入馆员工普遍具有研究生以上学历,且学科分布更加广泛合理,经过本职工作的锻炼,同时具备图书情报学知识和社会科学、计算机和外语等交叉学科知识。这些正是开展智库服务的必要因素,也是我馆建设"一带一路"智库的人才保证。

3.5 公信优势

国家图书馆同时履行公共图书馆的职能,依托国家图书馆的资源,秉承服务社会的宗旨,在保障公民基本文化权益,提高公民科学文化素质和社会文明程度,传承人类文明等方面发挥了重要作用。长期以来,其权威性和公益性已经得到社会公众的广泛认可,由国家图书馆开展的智库服务对于外界而言更加准确、客观、公正。相对于其他的民间智库和咨询公司而言,国家图书馆是非营利性的机构,而且有条件整合更多的资源和人才,更加容易获得智库服务需求方的认可与青睐。

4 "一带一路"国图智库建设的对策与建议

4.1 宏观层面

4.1.1 建立适应"一带一路"国图智库长远发展模式的智库理论体系

智库作为一种极为特殊的组织机构,其研究成果直接影响着国家高层决策、社会舆论思潮,同时也关乎自身发展前景。为了保障国图"一带一路"智库充分发挥其作用,需在前期就我馆智库的定位、功能、发展模式等问题全面开展相关的基础调研和专题调研,在结合国图具体馆情和基础现状的前提下,针对开展智库建设和服务相关的理论知识、发展动态、政策法规、业务规范、技术水平、社会需求进行研究探讨。在遵循图书馆和智库发展规律的同时,将协同发展、特色资源、多元服务、供需对接等我国智库领域的最新理念融入国图传统服务,树立新型"图书馆+智库"发展模式的新理念[14],从而建立适应国图"一带一路"智库长远发展模式的理论体系。

4.1.2 从法律和政策层面确立"一带一路"国图智库的职责、定位及历史作用

国图应把握好《公共图书馆法》颁布及原文化部机构调整的历史机遇,通过立法或行政的方式,在文化和旅游部以及更高层面进一步确立国家图书馆在新型社会智库建设中的地位,重新界定国图的功能定位与历史责任,争取从经费配套、业务支持、馆舍安排、专业人才培养等方面获得制度化保障。此外,参考西方发达国家的经验,几乎每一家有影响的智库,都有自己主要的研究所长和专业方向,并形成同行公认的权威性。"一带一路"作为的国家顶层战略设计,是百年发展大计。国图智库以"一带一路"作为切入点,能够紧密围绕国图核心职能和定位,发挥自身在文献资源建设和服务方面的优势。在具体实施过程中,通过"辅助智库服务阶段""向智库转型阶段"和"作为智库发展阶段"三个步骤,实现智库新增业务与传统业务的平

稳对接,将国图智库功能纳入国图总体服务体系,以打造在国内相关领域具有极大影响力的智库作为目标,对未来较长一段时期自身智库的发展做出科学合理的规划。

4.2 微观层面

4.2.1 借鉴国内外现代智库管理制度,建立稳定、高效的智库运行机制

为保证智库充分发挥其应有作用,各国都专门针对智库制定了严格、细化和科学的管理模式与机制。以我国为例,由于目前的主流智库大部分是隶属政府或事业单位和半官方性质的组织、团体,研究经费基本上也来源于政府,内部管理体制与方式接近于政府部门、事业单位的公务员。国图也同样基于类似的发展现状,因此有必要在现有体制基础上,深度结合智库发展的要求和规律,主动推进管理体制机制改革,逐步实现研究项目、成果及其效果与研究经费挂钩,内部人员的选用、待遇与研究绩效挂钩等一系列符合智库特点和发展要求的体制和机制,实现对智库的规范管理,保障其稳定高效运行。

4.2.2 加强智库专题数据库建设,提升文献资源建设和服务水平

为了建设高标准、高质量的"一带一路"国图智库,国图要加快与智库功能建设相匹配的"一带一路"专题数据库的建设,为智库项目的深入研究提供信息支撑和保障。同时,配合智库服务理念,通过加强专项文献采购力度,加大文献整合与揭示的力度,编制专题文献目录,完善服务保障能力,加强大数据技术应用,提升信息搜集水平等方式,提升馆藏文献资源建设和服务的水平,从而充分发挥国图"一带一路"智库的作用与价值。

4.2.3 建立健全适应智库发展需求的人才队伍建设和考评机制

西方对于智库研究人员的科研素质和从业资质都有着极为严格的要求,国图在智库发展的过程中,除了自主培养基于学科馆员和参考咨询馆员的复合型智库研究人员之外,也需要适时从其他智库、政界或学界聘请专家、学者参与项目研究。因此为了更好地激发研究人员的创新力和积极性,需要制定适应智库发展需求的职称考核、评定机制,建立专家咨询劳务报酬制度。促进"旋转门"机制的顺利运行,使更多的专家、学者通过我馆智库项目的研究,加强对决策过程及其实施的了解,积累解决实际问题的经验,从而进入政府部门甚至担任要职,从学者转变为官员;另一方面,卸任的政府官员在相关领域具备更强的理论与实践经验,通过进入智库发挥这些经验又实现官员到学者的转变。

4.2.4 加强与其他智库间的交流合作

国内外现有各类智库通过早先一个阶段的发展,已经在运行机制、人才储备、市场占领等方面具备较大优势。"图书馆 + 智库"作为一种新兴智库模式,在未来较长一个阶段将与现有各类智库形成竞争发展态势。国图可通过开展与国内外其他智库间的交流,借鉴对方在运行管理和项目研究过程中的成功经验;同时发挥自身在资源和服务方面的优势,通过共同参加项目研究等方式,加强与对方在人才、项目层面的深度合作,有助于提升国图"一带一路"智库在业界和社会的知名度。

4.2.5 注重舆论引导和对外宣传,积极推广并评价智库成果

随着智库的不断发展,在各种媒体宣传和推广其研究成果的经费支出逐渐在大多数西方发达国家智库的经费使用中所占有越来越大的比重。尤其是伴随着互联网等新兴媒体的逐渐壮大,各类智库迅速把其作为重要传播与推广手段。除此之外,各类智库还通过自建网站、自创刊物、自办出版社等方式,利用各种形式保证其研究人员研究成果扩大影响。为了使国图智

库的成果更好地服务于社会，对决策做出更多积极贡献，国图应充分利用现有宣传渠道，重视对重点研究成果的主动传播、有计划地进行舆论引领，从而为国图智库争取更好的发展环境。

《2017中国智库报告》中提到，党的十九大开启了新时代，中国智库的发展也进入了新时代，智库的重要性在现代国家管理中愈加突显，智库研究已经不再满足于对智库的定义、分类、内涵、功能等基本概念的简单分析，也不再一味效仿西方智库，而是需要结合中国国情，在实践与发展中及时总结提炼智库建设经验，系统思考中国特色新型智库的发展方向。

向党政军提供系统的文献保障和信息服务是国家图书馆核心职能业务之一，也是其优势所在。“一带一路”国家智库的建设具有特殊的战略意义和时代特色，它的建立既要遵守情报学和图书馆学的基本理论与实践经验，同时也融合了智库这一新生事物的发展要素，是一个不断探索、充实和完善的过程，需要社会各界力量的参与，从而找到最适合其发展的模式。国家图书馆作为新时代智库发展中的新生力量，将对我国现有智库体系结构形成有益补充，通过将丰富的馆藏资源和人力资源、现代图书馆服务理念、先进的技术手段整合起来，建立高效、完善、不断革新的国图智库服务体系，必将助力“一带一路”战略部署的推进，同时在新时代国家图书馆发展中发挥出加重要的作用。

参考文献

[1] 吴育良. 图书情报机构在智库中的前端作用[J]. 图书情报工作,2012(增2):29.

[2] 任晓. 第五种权力:论智库[M]. 北京:北京大学出版社,2015.

[3] 中国网.《全球智库报告2017》发布　中国7家智库上榜世界百强榜单[EB/OL]. [2018-03-26]. https://news.qq.com/a/20180130/028408.htm.

[4] 王世伟. 建立思想库是当代图书馆管理与服务的重要思想[J]. 图书馆杂志,1998(4):2-5.

[5] 魏来,吴雅威. 图书馆在国家智库建设中的作用研究[J]. 现代情报,2016(9):50-54.

[6] 张智. 关注“一带一路”绿色发展　世界大学智库联盟在京成立[EB/OL]. [2018-03-30]. http://www.chinatimes.cc/article/75652.html.

[7] 新华社.(授权发布)习近平:在哲学社会科学工作座谈会上的讲话(全文)[EB/OL]. [2018-03-30]. http://www.xinhuanet.com/politics/2016-05/18/c_1118891128.htm.

[8] 申晓娟,李丹.《中华人民共和国公共图书馆法》立法侧记(上)[J]. 图书馆建设,2018(1):7-18.

[9] 葛艳聪,白云峰. 国家图书馆的部委分馆建设与发展——面向特定机构用户的参考咨询服务[J]. 国家图书馆学刊,2014(1):33-37.

[10] 李国强,徐蕴峰. 学习习近平“智库观”,推动中国智库建设健康发展[J]. 智库理论与实践,2017(2):1-10.

[11] 张燕蕾. 智库:图书馆发展的新机遇[J]. 图书馆学研究,2009(11):5-7.

[12] 王辉王,亚蓝.“一带一路”沿线国家语言状况[J]. 语言战略研究,2016(2):13-19.

[13] 梁蕙玮. 国家图书馆“中国政府公开信息整合服务平台”建设实践与思考[C]//中国图书馆学会年会论文集(2009卷). 北京:国家图书馆出版社,2009.

[14] 张艳菊. 基于智库理念的图书馆转型发展研究[J]. 图书馆学刊,2016(4):11-13,19.

公共图书馆借阅规则的修订与完善

金　茜(典藏阅览部)

公共图书馆作为我国公共文化事业的重要组成部分,它的核心在于良好的读者体验以及符合读者预期的一系列服务。自2018年1月1日开始施行的《中华人民共和国公共图书馆法》第三十三条也明确规定了,公共图书馆应当按照平等、开放、共享的要求向社会公众提供服务,公共图书馆应当免费向社会公众提供文献信息查询、借阅等服务项目。如何让广大读者平等的享受到优质的服务、平衡有限的公共资源与读者需求间的矛盾,形成"每个读者有其书,每本书有其读者"的良好借阅体验,各个公共图书馆都在身体力行,这其中更离不开图书馆一些规章制度的设立。大学犹如一个小社会,大学的图书馆资源建设可以说相当完善甚至走在前列。纵观图书馆界,高校图书馆尽管与公共图书馆在管理体制、服务对象、馆藏建设等方面有所差别,但随着信息技术的发展,高校图书馆与公共图书馆在某些方面实现了信息融合,比如馆际互借等服务。而高校图书馆在免押金开通等方面的借阅制度也更便捷。如果能将二者整合起来,借鉴高校图书馆的借阅制度,对于体现以人为本和城市的文化软实力都是大有裨益的。本文通过对国内覆盖文史理工类的6所高校图书馆(北京大学图书馆、清华大学图书馆、中国农业大学图书馆、中国人民大学图书馆、医学信息研究所图书馆、中国科学院文献情报中心馆)同国家图书馆、首都图书馆、上海图书馆等几家公共图书馆的借阅规则[1-6]进行比较分析,以期从中发现规律,为全国公共图书馆规章制度的优化提供一定依据,以便更好地为读者开展服务。

1　图书馆借阅规则现状调查与研究

依托网络对国内几所高校图书馆的借阅情况进行调查。目前,全国高校图书馆主要依据学校相关规定和各馆实际情况制定借阅规则,主要是对纸质文献(图书、报刊)的借阅。因此,本文所探讨的规章制度主要指图书、报刊的借阅规则。其构成要素有读者类型、借阅数量和期限、续借次数和时间、逾期收费规格等,借阅规则的内容多为根据读者借阅文献时产生的具体事务[7]。

1.1　服务对象现状及分析

高校图书馆主要是为本校教师、学生和其他有合作项目的工作人员提供文献信息服务的机构(详见表1),几所高校图书馆在入馆手续上基本相同,均为校内读者凭校园卡或图书馆发放的借阅证可以进入图书馆查阅或借阅文献,所有院校对本校教职工和学生都免收押金开通借阅服务,部分高校对与本校相关的企业编制人员、科研合作人员和访问学者等按不同类别收取一定押金或年度使用费。而对于社会读者,只有少部分如中国科学院文献情报中心和医学信息研究所图书馆可以外借图书,并且对年龄有明确规定,分别需年满 16 周岁或 18 周岁;中国人民大学图书馆对 18 岁以上读者提供阅览服务,一般需要办理"临时阅览证",此证只限在馆内阅览和复印所需书刊资料。这与公共图书馆的图书外借服务对象年龄划分基本相同,并且公共图书馆服务对象范围更为广泛。但同时,也可以看到,大学对本校师生提供外借服务时可以凭借"校园一卡通"开通,无须缴纳押金,这一点更优于国内公共图书馆。这主要是因为每所大学的学生和教职工有统一的信用服务体系,便于管理。笔者作为图书馆员,时常会听到读者抱怨缴纳押金制度或者金额规格不合理。目前,公共图书馆还没有比较完备的信用体系,仅有天津图书馆、上海图书馆等极少数图书馆进行免押金的信用借书尝试,希望相关部门尽快建立公共信用信息服务体系平台,在保障国家利益的同时,让读者借还书更加便捷。

表 1　六所高校图书馆文献外借服务对象

服务对象 / 院校名称	是否可以外借阅览	
	本校相关人士（本校学生及教职工;校企合作单位的个人或集体）	非本校相关人士（无合作项目的社会读者）
北京大学图书馆	可以借阅（本校学生及教职工免押金）	可阅览,不可外借（需相关证件）
清华大学图书馆	可以借阅（本校学生及教职工免押金）	不可借阅
中国农业大学图书馆	可以借阅	不可借阅
中国人民大学图书馆	可以借阅	可阅览,不可外借（年满 18 周岁）
医学信息研究所图书馆	可以借阅（本校学生及教职工免押金）	可以外借（年满 18 周岁,需押金或年度使用费）
中国科学院文献情报中心	可以借阅（本校学生及教职工免押金）	可以借阅（年满 16 周岁,需押金或年度使用费）

1.2　借阅规则现状及分析

笔者根据大学图书馆主要服务对象(教职工、本科生、硕/博研究生)给出了各高校图书馆关于借阅时长、借阅数量及续借次数的情况(见表 2)。由表 2 反映的情况可以看出,几所高校图书馆人均资源较为相像,有 83% 的高校图书馆对本科生、硕士生、博士生的借阅权限是处于平等对待,有 67% 的高校图书馆对学生和教职工的外借也是同等权限,本、硕、博以及教职工可外借本数分别为 22. 5 本、23 本、24. 6 本、25 本,一个借阅周期都平均为 39 天。可外借册数普遍高于目前我国公共图书馆(国家图书馆可外借中文图书 3 本,首都图书馆可外借中文图书 5—10 本,上海图书馆可外借图书或刊 10 本),这一现象值得我们公共图书馆深思。

表2　六所高校图书馆借阅规则

申请人员 / 院校	本科生（册）	时长（天）	续借次数	研究生 硕士\博士（册）	时长（天）	续借次数	教职工（册）	时长（天）	续借次数
北京大学图书馆	30	30	3 *	30	30	3 *	30	30	3 *
清华大学图书馆	60	56	多次 *	60	56	多次 *	60	56	多次 *
中国农业大学图书馆	10	60	1	10	60	1	10	60	1
中国人民大学图书馆	20	28	1	硕士 20 博士 30	28		30	56	1
医学信息研究所图书馆	5	30	1	8	30	1	10	30	1
中国科学院文献情报中心	10	30	2	10	30	2	10	30	2

注：* 表示有预约催还制度。

几所高校图书馆除了在册数方面很宽松，在续借方面也值得一提。比如清华大学图书馆的续借时间跨度非常广泛。它的一般图书在没有其他读者预约的情况下可多次续借，最长借期为 4 个 8 周（224 天），续借后的到期日为续借日之后加 8 周。这可能是因为清华大学图书馆主要是科研型的院所，为了方便读者进行连续性学术研究，更好地研读学术著作而制定。我国公共图书馆的续借次数多为一次 30 天，以国家图书馆中文外借服务为例，在借期之内可以在续借操作执行日期起增加 31 天。这一规定可以防止文献被少部分人长期占用，从而提高文献的使用率。但是，因为各类书籍的薄厚以及学科的难易程度不一样，“一刀切”的续借方式很可能会引起读者矛盾，因此，如果可以根据不同书籍进行续借或者调整借阅期限，比如按照图书出版的新旧延长其续借时间或次数，也是值得公共图书馆思考的问题。

此外，清华大学和北京大学图书馆还有相对保障其他读者公平使用被借出文献的“预约催还”制度。“预约催还”是指“已借出”状态的图书被其他读者“预约”后，系统根据“预约”申请，提醒持书读者于“催还到期日期”前归还。图书归还之后，将优先借给预约者。即在读者借阅了一个时间段（少则 14 天，一般为一个月）后，如有其他读者急需，图书馆可通知读者还回。以清华大学图书馆的催还制度为例：规定“在有其他读者预约的情况下，图书管理系统将对借期为 28 天以上的图书执行催还、调整其归还时间并向持书读者发出催还通知。持有被催还图书的读者，应按催还通知规定的还书日期归还图书，被催还的图书不能办理续借。”其催还收费采用阶梯式，即第 1—7 天，0.10 元/天，第 8 天开始，0.20 元/天，对是否同时收取逾期费等其他费用未见明确规定。公共图书馆也可以参考此类“催还制度”，可以在该书有预约请求之后给读者发送短信或邮件提醒，既可以让预约的读者早日借到书籍，也可以防止已借该图书的读者续借不了而产生逾期费，引发读者矛盾。

1.3　逾期及丢失图书赔款规则

由表 3 可知，几所大学对逾期费的收缴都有明确规定，其中，北京大学对超过借阅期的一般图书，每册按超期 0.20 元/日计费（超期后两日为缓冲期，免计费，第三日从 0.6 元起按规定计费）。教参阅览室图书实行 2 小时外借制度，超期图书每册按 0.50 元/小时计费。并且对读者因到外地出差、实习等逾期未还图书时，出示所在单位出具书面证明，可免除部分欠费。同时，部分高校图书馆还举办“读书促进月”活动，实施逾期费的减免等举措。这与我国公共图书馆收取逾期费的规定较为一致，对逾期读者收取逾期使用费是图书馆普遍采用的管理方法，目的是为了维护正常的借阅秩序，满足广大读者的借阅需求，体现对公共文献信息资源利用的公平性，避免图书馆某些文献信息资源长时间被少数读者所占用。也正因此，笔者认为逾期费应该有上限，可以参考医学信息研究所图书馆的逾期费等同押金额度，超过额度则卡失效，或者参考首都图书馆的逾期费最高上限为30元/册，既可以达到教育读者的作用，又维护了读者的利益。

表3　六所高校图书馆违规处罚规则一览

	逾期费（元/册/天）	外借暂停费（元）	封顶费	污损赔偿	丢失赔偿
北京大学图书馆	0.2（超期后两日为缓冲期，免计费，第三日从0.6元起按规定计费）	6—10	无	0.5元/页+5元以上罚款	原书价5—10倍+处理费（20元）或原书 原书价2倍+处理费（20元）+保管费（当前年－出版年）
清华大学图书馆	0.2	10	无	1元/页或2元/页	原书价2倍+处理费（10元）+保管费【（当前年－出版年）×2】或原书
中国农业大学图书馆	0.1	1	无	暂无	暂无
中国人民大学图书馆	0.1	5	无	0.2—1元/页	原书价10—20倍或原书
医学信息研究所图书馆	0.5	同押金额度	同押金额度	原书价1—3倍	原书价2—10倍或原书
中国科学院文献情报中心	0.1	累计三次停止借书半年	无	0.3元/页或按丢书赔付	原书价5—10倍或原书

在污损图书赔偿方面，北京大学等几所大学制定的按页赔付的规则很公正，有区别于公共图书馆普遍的按情节轻重赔偿5—20元的赔偿方式，此种方式值得推广。因为不同工作人员、不同读者对情节轻重的标准不能够完全统一，主观因素比较明显。因此，各公共图书馆在鉴定污损图书情节时，可以参考高校图书馆污损书赔付办法，按页数划分情节，例如：占总页数5%以内可忽略不计，占10%—20%为轻度，20%—50%为中度，50%以上为情节严重。同时，对于大面积污损严重，还可以参考医学信息研究所图书馆的按书价赔款1—3倍的经验合理制定污损书赔付方案。

2 图书馆借阅规则中存在的问题

2.1 信用保障体系不完善，制约图书馆事业发展

通过调研，部分读者对缴纳押金制度或者金额规格设定有质疑。目前，我国的公共信用服务体系平台建设还不完善，大部分公共图书馆还不能像高校图书馆一样通过类似“校园一卡通”的“信用借书卡”提供免押金借书服务，还是普遍采用缴纳不同规格押金的方式来保障外借服务，从一定程度上制约了图书馆事业的发展。我国的公共信用信息的主要采集机构是中国人民银行征信中心及相关政府部门。它专门负责企业和个人征信系统（即金融信用信息基础数据库，又称企业和个人信用信息基础数据库）的建设、运行和维护，形成了以银行信贷信息为核心，为社保、公积金、环保、欠税、民事裁决等提供服务，但尚未从国家层面对公共图书馆等履行基础公共文化事业的部门提供公共信用信息的采集和使用。同时，我国在个人信用信息的使用上还处在初级阶段，大多只是银行在个人申请信用贷款时进行查询，大多数公民对个人公共信用信息的定义和行为不是很清楚，即使违规违法了，还照常进行各种经营、消费活动，并未受任何影响，因此也造成了个别读者恶意不归还图书，损坏、涂写图书等个人公共信用失信行为的无视。

2.2 规则制定单一，资源分配不均衡，难以体现以人为本

各个图书馆制定的规则多数是根据以往经验，没有及时有效的适应社会环境的发展。目前，各类书籍的薄厚以及学科的难易程度不一样。同时，图书馆可外借资源与人均需求不均衡，“一刀切”的外借时间或者续借方式很可能会引起读者矛盾，因此，如何根据不同书籍进行续借或者调整借阅期限，比如按照图书出版的新旧延长其续借时间或次数，也是值得公共图书馆思考的问题。此外，前一章节也提到各馆收取逾期费是为了维护正常的借阅秩序，满足广大读者的借阅需求，体现对公共文献信息资源利用的公平性，避免图书馆某些文献信息资源长时间被少数读者所占用。在处罚方式上，各馆通常是采取收取逾期使用费一种方法，比较单一；同时，多数公共图书馆逾期费没有封顶的方式也值得商榷。

2.3 技术手段不能跟上时代的发展，后期保障有待提高

目前，现代通信系统快速发展，大数据的到来也使得人们的生活更加便捷。而图书馆的后期提醒业务还不完善，没有相对保障其他读者公平使用被借出文献的“预约催还”制度以及短信、邮件等提醒服务，从一定程度影响了文献利用率。

3 建议与展望

3.1 充分调研，合理改善借阅规则

希望有关部门可以从国家层面加以重视公共信用信息平台的建设，启动诚信机制，形成社会上普遍认可的社会环境。同时，各图书馆间紧密合作，根据各个馆的具体情况，结合自身特点，全方位、动态、深入地进行调研，分析读者、图书、图书馆三者的内在联系及相互关系，参考其他高校及公共图书馆的长处，根据一线服务的实际经验开展充分调研，与时俱进，合理改善

读者的借阅规则。如读者方面:按读者职业、学历背景、经常借阅及所需书籍等实际需要进行合理调配借阅书的种类和数量;馆藏图书方面:按馆藏布局的设置——图书分类(新书、畅销书、人文类、科技类等)、藏书量、图书增长量、寒暑假及法定节假日与平日各类书籍的外借情况等适当调整借书册数和类别。图书馆方面:在充分调研的基础上,按照国家法律法规的基础,依据图书馆规程中相关条款,通过适当增减图书外借数量、续借期限及开通"预约催还"等方法来改善文献借阅制度,方便不同需求的读者获得适合自己的外借权限。在图书赔款或处理污损图书方面,要合理确定文献资料的补偿价格,制定比较公正的赔付规则。对于污损图书,笔者认为可以按页赔付,即按污损页数划分情节。

3.2　加大宣传力度,以活动促服务,制定合理的处罚措施

《公共图书馆法》第四十四条:读者应当遵守公共图书馆的相关规定,自觉维护公共图书馆秩序,爱护公共图书馆的文献信息、设施设备,合法利用文献信息;借阅文献信息的,应当按照规定时限归还,从法律角度给读者提出了要求。但是实际工作中,随着时间的推移,仍发现读者对《公共图书馆法》的重视程度不够。因此,图书馆等机构要经常对读者进行道德修养教育,并且要常谈常新,加强读者的公德意识和规则意识,这是使图书馆各项规章制度得以顺利执行的一个有力保障。比如,通过各图书馆、政府公共服务相关的新媒体平台(微博、微信公众号等)以及官方门户网站定期进行网络宣传,动态向读者传达图书馆各项规章制度,让读者清楚明白图书馆在向读者提供公平公正权利的同时也要重视其应承担的义务。再如,对于不善于上网的老年读者,除了利用网络宣传外,还可以结合各图书馆的"读者服务月"等活动,通过知识问答、做游戏等活动寓教于乐,让读者更近距离接触图书馆各项规章制度。此外,也可以把规则贴在每个阅览座位上,或者在图书馆内相应各处活动场所通过宣传栏展出、张贴读者在借阅中没有留意的的不当行为和相关的规则提示等,从细节着手达到宣传教育的目的。

3.3　适当加强图书馆基础设施建设,为规则保驾护航

加强实体馆藏建设,增加人均图书占有率。同时,从技术层面进行后期保障,与时俱进。利用新媒体和与规则相适应的查询 APP、短信提醒等业务,体现人文关怀,使得规则平稳有序运行。图书馆规章制度的制定不仅是规范读者和图书馆工作人员行为的需要,也是对图书馆实行科学管理的需要[8]。做好读者服务离不开借阅制度的完善,图书馆的借阅制度也应该与时俱进,充分利用自身优势,考虑读者借阅的便利性,以人为本,开拓创新,制定更加人性化的借阅制度。真正使图书馆的保存人类文化遗产、开发信息资源、参与社会教育与丰富群众文化生活教育的职能得到充分发挥,为公共事业的发展做出贡献。

参考文献

[1] 清华大学图书馆[EB/OL].[2018-04-10]. http://www.lib.tsinghua.edu.cn/.

[2] 北京大学图书馆[EB/OL].[2018-04-10]. http://www.lib.pku.edu.cn/portal/.

[3] 中国人民大学图书馆[EB/OL].[2018-04-10]. http://www.lib.ruc.edu.cn/.

[4] 中国农业大学图书馆[EB/OL].[2018-04-10]. http://www.lib.cau.edu.cn/.

[5] 医学信息研究所图书馆[EB/OL].[2018-04-10]. http://www.imicams.ac.cn/.

[6] 中国科学院文献情报中心[EB/OL].[2018-04-10]. http://www.las.ac.cn/.

[7-8] 陈依娴,王琏嘉,顾江. 图书馆读者规则的修改与完善[J]. 大学图书馆学报,2007(6):65-69.

陕西省图书馆残疾人服务现状与启示

王　娟(典藏阅览部)　吴　华(陕西省图书馆)

1　陕西省残疾人公共文化服务概况

据2006年陕西省第二次全省残疾人抽样调查统计,陕西省共有残疾人约249万人,其中视力残疾人29.4万人[1]。近年来,伴随着国家经济的快速发展,残疾人事业的不断进步,残疾人文化建设也有了较大的发展。陕西省残疾人文化工作紧紧围绕省残联"纳入、依托、整合、鼓励"工作思路,在中国残联指导下,社会各界的支持下,切实加强公共图书馆视障阅览室建设。

陕西省于2012年出台《陕西省关于加强残疾人文化建设的实施意见》,陕西省人民政府下发《陕西省人民政府关于印发基本公共服务体系规划(2013—2020)的通知》,陕西省图书馆先后和文化厅出台了《关于做好在公共图书馆开辟盲文及盲人有声读物阅览室的通知》《陕西省各级公共图书馆盲人阅览室建设指导意见》等一系列政策文件,其中要求公共图书馆建立盲人阅览室,规范建立盲人阅览室的场地、设备、人员配置和工作要求。

2　陕西省图书馆残疾人服务概况

陕西省图书馆成立于1909年8月,是我国成立较早的公共图书馆之一,也是我国西部地区成立最早的公共图书馆。陕西省图书馆视障阅览室成立自2008年12月3日,由陕西省残疾人联合会、陕西省图书馆合作建立。它依托省图书馆丰富的馆藏信息资源和浓郁的文化氛围,收藏各类盲文图书和视听资料约2273册/件,配置9台电脑、2台盲文点显器、1台盲文刻印机、1台盲人读书机、2台多功能视频助视器、1台投影仪、2台CD录音机及触觉语音地图、多功能盲杖等高科技视听产品,通过明盲文转换软件及语音软件,实现图书文献电子化盲文阅读、语音阅读、网上信息交流、读写文件、刻印文件等多重功能[2]。

在社会各界的关心支持下,该室成立以来针对盲人身体条件和心理特点,举办了视障读者座谈会、盲人智能趣味游戏、电脑技能培训、播放无障碍电影、听力健康知识讲座、专题读书报告会、手语学习交流、开展送书上门等丰富多彩的服务活动,受到广大残疾人朋友的热烈欢迎及社会各界的高度评价。

3　陕西省图书馆视障阅览室服务

利用先进的技术和设备,同时借助社会各界爱心力量的支持,省图视障阅览室组织开展了多样的文化活动,在文化助盲方面取得了良好的社会效益。截至2014年12月阅览室共接待读者 12 542 人次,图书借阅 483 册次,为读者拷贝打印资料 1784 份,举办各类文化活动 45 场。另外,陕西省图书馆还为地县图书馆建立视障阅览室提供建设方案和技术支持,截至目前已经有 11 个地县图书馆的工作人员到馆参观学习,共计 80 多人次。

3.1 阵地服务情况

视障阅览室现提供盲文图书外借、音视频资料下载等服务:凭借残疾人借阅证可一次性借阅盲文图书 4 册,借阅期限 60 天,比正常读者的借阅时间延长一个月;到室的视障读者均可免费下载各类音视频资料。

为方便盲人、低视力读者找寻,视障阅览室设立在陕西省图书馆一楼大厅里,并且从图书馆外的广场一直到阅览室都铺设有盲道。为视障读者提供更加细致入微的服务,视障阅览室的工作人员经常帮扶来室的读者上下楼梯,引领他们进出卫生间等。对于那些没有亲友陪伴的视障读者,工作人员还亲自到公交车站接送,必要时还把他们护送回家。

3.2 延伸服务情况

为丰富馆藏,视障阅览室联系中国盲文出版社和中国盲文图书馆,通过搜索最新盲文图书出版目录,补藏阅览室目前空缺的图书;联系上海无障碍电影工作室,补藏数字图书及视听资源。为扩大读者群,阅览室从 2013 年尝试开展外地读者盲文图书邮寄服务,并于 2015 年 3 月获赠来自中国盲文图书馆的 20 套盲文图书邮寄专用包,目前该业务已正式启动。此外,对于许多目前还没有条件到室的盲人朋友,视障阅览室将计划增加小型流动服务车,将服务送到家。

3.3 社会活动情况

为丰富视障读者的日常生活,增加视障读与外界交流的机会,视障阅览室还联合社会各界爱心力量,组织各项针对残疾人朋友的公益文化活动。例如:视障阅览室每年组织电脑培训、盲文培训、“残疾人保障法”知识讲座、盲人规范用字知识讲座等多个公益培训活动,接受培训的盲人朋友已达到 265 人次;2013 年,由陕西省广播电影电视总局、陕西省残联、陕西省图书馆联合西安博纳国际影城共同主办,陕西省图书馆视障阅览室具体实施的“爱心影城”大型残疾人无障碍观影活动,每年 3 至 6 月的第二个星期日、10 月 15 日国际盲人节、12 月 3 日国际残疾人日组织残疾人观看无障碍电影,至今已举办 10 场;2014 年 5 月,陕西省图书馆视障阅览室联合省残联举办“中国梦之我梦最美”残疾人读书达人演讲比赛,共有来自全省 12 个地市的 32 名选手参加比赛。

视障阅览室组织的多项活动得到社会各界爱心力量的帮助:西安博纳国际影城为残疾人提供“爱心影城”免费观影[3];陕西国旅有限公司、西安宝马 4S 店为残疾人朋友出行提供爱心车辆;西安古都放心早餐有限公司、西安一品轩公司为参加活动的残疾人免费提供早餐;西北政法大学、西安工程大学和西北大学的大学生志愿者们为残疾人提供全程的帮助和服务等。所有这些社会爱心力量的援助对于视障阅览室做好读者服务工作发挥了重要作用,并在整个社会释放正能量,引起大众关心残疾人服务事业。

3.4 视障读者心理咨询服务

在视障阅览室建立之初,为积极宣传阅览服务及相关活动,视障阅览室与省残联合作,通过各种渠道发布消息,并主动联系视障残疾人推送视障阅览室信息。视障阅览室为更好地提供服务,拉近视障读者群体与视障阅览室的距离,专门配备了一部热线电话,负责接听来自视障残疾人的询问与心声。截至2014年12月,经过心理咨询的视障读者共有182人,工作人员在热线中为他们介绍阅览室的基本情况,也为他们送去关怀和问候。慢慢地,这部电话就成了一座桥梁,视障读者渐渐熟悉了阅览室的工作,工作人员也逐步深入了解到视障残疾人心中的苦闷和愿望,通过频繁的沟通使他们感受到了温暖和爱的力量。正如盲人读者曾经在电话里说的:"阿姨,我有很多话就不想跟我的父母说,我现在只想跟你说说心里话。"

3.5 社区残疾人阅览室

为便于社区的残疾人就近享受服务,2013年,视障阅览室在碑林区残联建立了爱心书屋。碑林区残疾人爱心书屋分为视听区、盲文图书阅读区和图书阅览区,总面积约150平方米。视听区陈列5台电脑,提供上网、音视频资源试听等服务;盲文图书阅读区配置盲人读书机1台以及部分盲文图书;图书阅览区阅览座位10余个,存书约5000册,报纸和期刊若干,均由陕西省图书馆特别配备,且均提供外借服务。

进入爱心书屋无须出示证件,图书均可开架取阅。阅览室设有《图书保护制度》,为图书及阅览室的管理提供依据。阅览室图书较新且基本能满足阅读需求,如爱心书屋没有读者所需的图书,管理员会向省图联系,根据实际情况调换书籍。

4 陕西省图书馆残疾人读者座谈概况

为了收集更为丰富、可信的实际案例,此次座谈邀请到残疾人读者6人,其中视力残疾读者4人、肢体残疾读者1人、听力残疾读者1人。参与座谈的6名用户中有分别来自西安市残联宣文部、西安市盲人协会、陕西省聋协的访谈对象,由于用户身份选取较为特殊,访谈内容也具有一定的代表性。

根据此次访谈内容,6名残疾人读者围绕图书馆残疾人服务工作就文献及服务两个方面提出了建议,分别是:

(1)希望多提供富有感情的人声录制的有声读物;

(2)电子书格式不匹配,读屏软件无法识别(例如PDF格式),希望统一电子文件格式;

(3)希望尽快开通残疾人数字图书馆,可足不出户就获取资源;

(4)希望图书馆多建立分馆,将服务推广到基层社区;

(5)听力障碍的人更难融入社会生活,希望建立活动室,方便听力障碍的人朋友学习交流;

(6)数字图书馆的概念仍需普及,从残联自上而下宣传,让更多的听力障碍、视力障碍的人加深了解。

5 陕西省图书馆残疾人服务工作的启示

通过此次调研可以发现,陕西省图书馆面向残疾人群体开展了有针对性的服务内容,并在服务资源、服务类型和服务方式等方面都获得了较有特色的实践经验和成果。为提高公共图书馆残疾人服务水平，保障所有公民平等获取知识信息，丰富残疾人服务的理论与方法，可以从以下几个方面开展残疾人服务工作。

5.1 加强信息无障碍能力

追求平等待遇，与正常人同样享受信息资源，是残疾人用户的普遍心理[4]。目前，我国已将信息无障碍服务作为一个重要内容写入了相关的政策法规中。《中国残疾人事业"十一五"发展纲要》中提出了要通过信息无障碍建设，全面提升残疾人的服务水平和生活质量。目前，物理环境和数字环境下的信息无障碍能力均尚待完善。物理环境下，可触版馆区导向图、听力辅助的馆舍楼层分布指南等，这些细节在无障碍设施配备的同时，也应考虑残疾人特殊的信息获取方式加以合理设计，确保信息传递的无障碍。数字环境下，信息无障碍就显得更为重要。2008 年 3 月 1 日，我国制定出台了通信行业标准，即《信息无障碍身体机能差异人群网站设计无障碍技术要求》《信息无障碍身体机能差异人群网站设计无障碍评级测试方法》[5]，确保了网站搭建的无障碍。在此基础上，数字资源的无障碍建设也应考虑。正如访谈中读者提到的，读屏软件因电子书格式不统一而无法识别，希望提供富有感情的人声录制的有声读物等，这些基础的、高标准的残疾人读者需求都应得到重视。具体实践中，为视障读者提供软件配套的音视频资源；适当引进优质的声像读物；为智障读者提供低难度和趣味性读物……图书馆应利用自己的资源和条件，让盲人"看见"书，让聋人"听见"书，让肢残人"走进"图书馆，从而改善残疾人文化生活状况，提升残疾人的幸福感和满足感[6]。

5.2 加强残疾人数字图书馆资源建设和宣传

残疾人获取社会信息的不便，直接影响了他们与社会进程的同步。现如今，新媒体技术的蓬勃兴起为图书馆服务的发展带来了便利，数字图书馆的概念已深入人心，远程获取知识信息已成为社会大众更多选择的学习方式。通过访谈可以发现，6 名被访残疾人读者均是图书馆的受益者，然而对于数字图书馆或盲人数字图书馆的概念，大多还只停留在认知阶段。

对于残疾人来说，数字图书馆的诞生，打破了原有图书馆物理空间上的局限性，这些变革所带来的益处大大多于普通人。但目前来看，数字图书馆的使用率整体相对偏低，这里就存在资源建设和宣传两方面问题。根据不同类型的残疾人读者需求，公共图书馆应提供各种类型和无障碍的数字资源，比如：适合视障读者使用的读屏功能或软件链接；适合聋人读者的手语版使用指南；增加与他们生活密切相关的医疗保健、政策法规，以及丰富文娱生活等的数字读物……充分考虑残疾人读者的阅读习惯，在此基础上搭建残疾人数字图书馆网站。此外，通过网站宣传、手机短信推送、图书馆活动等方式，以及联系残疾人服务机构、相关服务社会团体等途径宣传数字图书馆概念，逐步帮助的残疾人树立数字图书馆意识。

5.3 加强与社会各界爱心力量的合作交流

公共文化服务，是现代社会政府为公众提供的基本服务之一。公共图书馆作为公共文化服务体系的重要组成部分，是社会教育的学校、公民教育的课堂，是建设学习型社会的重要阵地。残疾人作为社会中的弱势群体，往往信息获取不便，缺乏必要的人际交往和互动，但同时又拥有迫切的学习需求和社交需要。通过本次调研，陕西省图书馆丰富的延伸服务和社会活动为公共图书馆残疾人服务的开展提供丰富的实践经验，例如：开展文化讲座、艺术竞赛、残疾人相关职业培训活动;开展视障读者观影活动;开展聋人读者手语交流活动;开展智残读者的趣味图书分享活动……公共图书馆应以自身为文化助残服务阵地,加强与残联、媒体等残疾人相关机构、组织联络,充实各大高校、社会志愿团体等志愿队伍的建设,在全社会范围内展开合作,实现优势互补。

5.4 关注残疾人读者心理咨询服务

本次调研中,陕西省图书馆视障阅览室提供的心理咨询服务,为公共图书馆残疾人服务打开了一条新思路。视障阅览室专门配备的热线电话建立起了图书馆与残疾人读者之间的桥梁,从工作实践来看,这部热线的设立不仅仅为介绍阅览室情况,更像是为残疾人提供的心理辅导。由于残疾人特殊的生理和心理特征,在社交过程中往往自卑、敏感,在社会中很难形成归属感。残疾人读者来到图书馆,有时候获取的不仅是知识,还有情感交流。这时候,图书馆员的专业素养就尤为重要,尤其是在心理辅导领域,公共图书馆残疾人服务人员应具备一定的知识和服务技能,充分体现人文关怀,在残疾人读者心中建立情感纽带。所以从根本来说,公共图书馆残疾人服务还是应逐步建立专业的馆员培训和资格认证,树立图书馆积极的服务形象。

参考文献

[1] 徐琳,张晖.从西部残疾人就业现状透视政府在肉食群体扶助中的责任[J].河南师范大学学报(哲学社会科学版),2007,34(6):89-92.

[2] 陕西省图书馆[EB/OL].[2016-12-20].http://www.sxlib.org.cn/stgk/201604/t20160418_224212.htm.

[3] 陕联.陕西西安举办国际残疾人日文化观影活动[J].中国残疾人,2014(1):20.

[4] 李美红.图书馆残疾人用户信息服务探讨[J].图书馆工作与研究,2005(4):43-45.

[5] 关于发布《信息无障碍身体机能差异人群网站设计无障碍技术要求》等25项通信行业标准的通知[EB/OL].[2011-06-01].http://www.gddpf.org.cn/html/showmenuId124-itemid34893.html.

[6] 刘燕,刘懿.服务均等化视角下公共图书馆残疾人服务体系的构建[J].江西图书馆学刊,2009(4):72-78.

《公共图书馆法》视角下的阅读推广

饶卓颖(典藏阅览部)

2004年国家图书馆和中国图书馆学会首倡“全民阅读”。2006年,中宣部等11部门联合发出《关于开展全民阅读活动的倡议书》,全民阅读活动在全国各地相继展开。2009年11月2日,中宣部、中央文明办、新闻出版总署在深圳召开“全民阅读活动经验交流会”,表彰全国64家全民阅读活动先进单位和36个优秀项目。2012年党的十八大报告首次将“开展全民阅读活动”纳入我国社会主义文化强国建设,并自2014年以来连续五年写入《政府工作报告》。国家“十三五”规划进一步将“倡导全面阅读”提升为“推动全民阅读”。图书馆作为传承文明和弘扬中华优秀传统文化的窗口，在践行社会主义核心价值观，推动全民阅读，建设学习型社会，提高国民素质等方面起着举足轻重的作用。

1 公共图书馆在阅读推广中的作用

1.1 公共图书馆是阅读推广的公益机构

联合国教科文组织于1994年颁布的《公共图书馆宣言》是当代图书馆发展史上最为重要的文献，其中明确提出公共图书馆应该“保证市民获取各种社区信息”“使社区每一人都能确实得到图书馆服务”，规范了公共图书馆公益性的基本性质。当前在我国，各类图书馆和社会机构普遍参与阅读推广中。公共图书馆公益性的基本性质，使其具有政府兴办、免费开放，并努力满足残疾人、老年人、进城务工者等群体的特殊需求，为无能力购书者提供阅读的机会等基本特点。

1.2 公共图书馆是阅读推广的重要阵地

阅读推广，顾名思义就是对阅读进行推荐和宣传。图书馆是传统社会中社会知识的主要保存地和集散地，而公共图书馆作为一个城市或地区的文化服务机构，具有传承文明、开展社会教育等社会职能。《公共图书馆建设标准》(2008年)颁布以来，全国各地公共图书馆按照公益性和便利性的要求，对馆舍、设施、服务环境进行改造升级，以丰富的文献资源、良好的阅读环境、浓厚的文化氛围、便捷的借阅查询、专业的阅读引导、先进的信息技术，以及讲座、展览、沙龙、主题论坛、新书推荐等活动，丰富和拓展了图书馆的服务内容，提升和强化了图书馆的服务品质，增强和扩大了图书馆的服务影响，为公众读者提供了良好的阅读阵地，激发了公众进入图书馆的兴趣，成为最具吸引力的阅读阵地。

1.3 公共图书馆是阅读推广的主要力量

阅读离不开图书馆，尤其离不开公共图书馆。凡重视阅读的国家，公共图书馆都积极参与阅读推广，公共图书馆成为阅读推广的重要力量。《图书馆服务宣言》(2008年)明确将“图书馆努力促进全民阅读，为公民终身学习提供保障，促进学习型社会的建设”列为图书馆服务的目标之一。《全国公共图书馆事业发展“十二五”规划》(2013年)明确提出“加强公共图书馆与其他系统图书馆的共建共享，带动全国图书馆事业发展，从而使公共图书馆在公共文化服务体系和公共数字文化建设中发挥主体作用，使公共图书馆成为满足人民群众基本文化需求的重要阵地”。在文化部印发的《全国第五次县以上公共图书馆评估定级标准》(2012年)中，将“公共阅读服务、开展社会教育”列为重要内容，并做出硬性指标规定。由此可见，推动全民阅读是公共图书馆的基本职责和责无旁贷的社会责任。各级公共图书馆充分利用场地、设备、文献资源等优势，积极开展各具特色、丰富多彩的阅读推广活动，成为“全民阅读”的重要倡导者、组织者和实施者[1]。

2 公共图书馆阅读推广的现状

2.1 公共图书馆阅读推广具有良好的社会环境

人民群众的精神文化需求不断增长，为公共图书馆践行全民阅读提供了良好的社会环境。全民阅读水平是衡量一个国家社会文明程度的重要标志，是国家综合国力的重要组成部分。中国出版科学研究所主持的“全国国民阅读调查”自1999年开展以来，已经持续进行了14次，调查结果显示，我国的国民阅读率从1999年的60.4%上升到2017年的79.9%；我国国民人均图书阅读量也已提升到7.86本，全民阅读水平稳定提升。

2.2 公共图书馆阅读推广长时间缺乏强有力的法规和政策引导

近年来，虽然各级政府对全民阅读推广活动有所重视，但并未充分发挥政府及相关部门的主导作用，缺乏强有力的法规和政策引导。我国制定的现有的阅读推广政策缺乏长期性和延续性，活动指导文件通常以通知形式发放，缺乏详细的行动指导，对活动后的经验交流和分享也缺乏有效和系统的组织，导致很多阅读推广活动推行缓慢，未能达到预期效果。相较美国、韩国等图书馆事业很发达的国家，我国的图书馆制度还较为滞后，尤其国家层面的图书馆法迟迟未能颁布，使图书馆的全民阅读相关措施和活动无法可依，影响阅读推广的开展。

2.3 公共图书馆阅读推广呈现出新进展和新趋势

网络技术、数字技术、新型传媒技术的推广应用，对文化生产与传播产生了革命性的影响，极大地丰富了公共文化产品服务的内容和形式，为新时期公共图书馆的发展提供了强有力的技术支撑，从而为“全民阅读”提供更多更好的资源和服务[2]。首先，信息技术和数字化阅读的发展，使得纸质图书阅读率增长放缓，但是提升了数字化阅读方式接触率，带动国民综合阅读率和整体阅读人群的持续增长；其次，随着阅读的形式越来越丰富，公共图书馆面临着的馆藏空间不足和资源获取与利用不充分的困难愈发严峻，进而推动公共图书馆必须要借助新媒体技术和网络信息技术等，开展内容丰富、形式多样的阅读推广活动。

3 图书馆立法对阅读推广的意义

目前世界上已经有多个国家和地区颁布了公共图书馆法案。2001年初，我国文化部牵头提出启动“公共图书馆法”的立法进程，2008年11月文化部决定正式启动“公共图书馆法”立法工作，2017年11月4日，《中华人民共和国公共图书馆法》（以下简称《公共图书馆法》）正式通过，并于2018年1月1日起施行。这是继《中华人民共和国公共文化服务保障法》（2017年）之后我国公共文化领域立法和文化法治建设的又一重要成果。

3.1 《公共图书馆法》为阅读推广提供了制度保障

以立法的形式推动包括阅读推广在内的公共图书馆活动，显然，这是公共图书馆的公共性、社会性等特性以及国际普遍经验所决定的，因而作为正式制度的法律在推动公共图书馆阅读推广的设计、服务、运作、保障诸方面具有重要的作用和地位[3]。

《公共图书馆法》是公共图书馆之所以能够持续健康发展的最根本保障。《公共图书馆法》第一章《总则》第三条规定“公共图书馆是社会主义公共文化服务体系的重要组成部分,应当将推动、引导、服务全民阅读作为重要任务”;第四章《服务》第三十六条规定“公共图书馆应当通过开展阅读指导、读书交流、演讲诵读、图书互换共享等活动,推广全民阅读。”可以说,我国的《公共图书馆法》将公共图书馆发展纳入了法治轨道,同时首次将全民阅读纳入相关条款,助力全民阅读活动的开展。

3.2 《公共图书馆法》为阅读推广提供了财政保障

《公共图书馆法》第一章《总则》第四条规定“县级以上人民政府应当将公共图书馆事业纳入本级国民经济和社会发展规划,将公共图书馆建设纳入城乡规划和土地利用总体规划,加大对政府设立的公共图书馆的投入,将所需经费列入本级政府预算,并及时、足额拨付”“国家鼓励公民、法人和其他组织自筹资金设立公共图书馆。县级以上人民政府应当积极调动社会力量参与公共图书馆建设,并按照国家有关规定给予政策扶持”。

经费是公共图书馆生存和发展的基本保障,一些发达国家,如美国通过联邦、州和地方政府多层次的法律、法规和标准对公共图书馆实行拨款,实现经费增长与国家财政支出增长同步,从而保障了公共图书馆事业的持续稳定发展[4]。虽然中央政府和许多地方政府都在大力倡导全民阅读并举行各种阅读活动,但是经费短缺依然是图书馆面临的一个严峻的问题,当前图书馆的资金来源以财政拨款为主,受各地政府的重视程度和拨款情况影响。全民阅读推广活动无持续可靠的资金保证,实际效果并不理想。《公共图书馆法》的颁布,为全民阅读推广建立了长效稳定的财政保障机制,明确了政府在阅读推广中的定位与职责,进而保障阅读推广具有持续的生命力。

3.3 《公共图书馆法》为阅读推广提供了物质保障

公共图书馆拥有丰富的图书和信息资源,具有其他机构和组织无法比拟的优势与条件,为推进全民阅读提供了物质保障。但是,大部分公共图书馆仍处于建设和发展阶段,还存在各地区发展不平衡,馆藏图书不齐全,使用率不高等问题。除了依靠政府财政的支持,《公共图书馆法》鼓励社会力量的积极参与,进而给予了公共图书馆多方面的支持保障。我国《公共图书馆法》第六条和第七条分别规定“国家鼓励公民、法人和其他组织依法向公共图书馆捐赠,并依法给予税收优惠。境外自然人、法人和其他组织可以依照有关法律、行政法规的规定,通过捐赠方式参与境内公共图书馆建设”“国家扶持革命老区、民族地区、边疆地区和贫困地区公共图书馆事业的发展”。

3.4 《公共图书馆法》为阅读推广提供了人才保障

随着现代社会和科学技术的不断发展,图书馆也朝着现代化和专业化的方向发展,社会影响力持续上升,相应对图书馆工作人员自身素质的要求也不断增强。现代化的图书馆工作人员不仅要具备适应传统图书馆工作需要的基本技能,而且还要具备适应现代化要求的其他技能[5]。我国《公共图书馆法》第二章《设立》第十九条规定“政府设立的公共图书馆馆长应当具备相应的文化水平、专业知识和组织管理能力。”“公共图书馆应当根据其功能、馆藏规模、馆舍面积、服务范围及服务人口等因素配备相应的工作人员。公共图书馆工作人员应当具备相应的专业知识与技能,其中专业技术人员可以按照国家有关规定评定专业技术职称。”

4 《公共图书馆法》与国家图书馆

1976 年,联合国教科文组织通过了一项专门针对国家图书馆的政策声明,指出:“国家图书馆应是图书馆事业的首要推动者,是各类型图书馆的领导。国家图书馆应在全国图书馆工作的各项规划中起到中心作用”[6]。中国国家图书馆作为国家馆,应当在推动、引导和推广全民阅读方面发挥首要作用。

4.1 全面深入推进全民阅读服务

我国《公共图书馆法》第四章《服务》第三十四条规定“公共图书馆应当通过开展阅读指导、读书交流、演讲诵读、图书互换共享等活动,推广全民阅读”。国家图书馆作为国家馆,在全民阅读方面一直维持自己特有的品牌,起着模范带头的作用。

1952 年开办的国图讲坛已经走过了 60 多年的历史。国图讲坛注重结合社会热点和重大历史事件多方位、多视角、多内容地面向公众提供学术讲座服务,因富有思想性、学术性、知识性而受到读者的热烈欢迎。2009 年 4 月 23 日,温家宝总理亲临国图讲坛“文津图书沙龙”现场,与在场读者深入交流,肯定了通过读书和举办讲座等形式开展活动,对推动全民族养成读书的良好习惯,提倡读书好、好读书、读好书起到了积极的促进作用。

文津图书奖是 2004 年由国家图书馆发起、全国图书馆界共同参与的公益性图书评奖活动。作为首个由国家级公益性文化服务机构设立的图书奖项,自开办以来,以开放、包容、共享的理念,吸纳读者、学术界、出版界、媒体界和图书馆界共同参与,开创了图书馆倡导读书、组织读书、服务读书的新形式,体现了图书馆在公共文化服务体系建设中的示范作用,在全民阅读推广工作中发挥了图书馆应有的作用。

文津经典诵读自 2012 年 8 月 1 日起,坚持每天为读者推送一条中华传统美德格言与一首古代诗词赏析。并配有朗诵音频、诗句译文、各类文献书目和馆藏地,方便读者进行延伸阅读。5 年来共向读者推送古典诗词(配朗诵)和美德格言各 3852 条,短信服务共发送短信 300 多万条。自 2013 年起,策划举办了“文津经典诵读”系列讲座 20 余场,先后邀请葛晓音、过常宝、莫道才、钱志熙等众多知名学者做客国图,传播经典文化,引领经典阅读。同时借助新媒体传播优势,在多个公众平台上开展了新春线上读诗、少儿经典诵读、古诗词有奖竞答、名家领读人计划等丰富多样的线上活动,搭建与读者沟通的桥梁。

这些阅读服务将服务内容的思想性和知识性相结合,以社会主义核心价值观为引领,在培养公众健康的阅读兴趣和全民阅读推广方面起着重要的作用。

4.2 重视少年儿童阅读需求

我国《公共图书馆法》第三十四条规定“政府设立的公共图书馆应当设置少年儿童阅览区域,根据少年儿童的特点配备相应的专业人员,开展面向少年儿童的阅读指导和社会教育活动,并为学校开展有关课外活动提供支持。有条件的地区可以单独设立少年儿童图书馆”。

指导儿童青少年阅读,重视阅读基础教育和技能培训在阅读推广中的长效作用。阅读推广必须要从娃娃抓起,从小培养孩子对书本的兴趣,教会他们怎么阅读最基本的绘本书和故事书，开发儿童的想象力、培养儿童的会话能力，为后期的“深阅读”打下基础。针对青少年群体则要注重训练他们的阅读技能，并进行“营养导读”，不断拓展青少年的阅读视野。各级各类学校和图书馆在开展阅读教育方面有义不容辞的责任[7]。国家图书馆重视少年儿童的阅读，依托国家图书馆丰富的馆藏资源等，建立国家图书馆少儿馆，同时成立少儿数字图书馆，为少年儿童提供专门的阅读资源、交流和互动的场地。并且以少儿成长过程为着力点，策划形式多样、内容丰富的活动和讲座，使他们在参与中感受快乐，在阅读中收获知识，在知识中健康成长。

4.3 运用现代技术促进阅读推广

我国《公共图书馆法》第八条规定“国家鼓励和支持发挥科技在公共图书馆建设、管理和服务中的作用，推动运用现代信息技术和传播技术，提高公共图书馆的服务效能”。近几年的全国国民阅读调查结果显示，成年国民选择数字阅读的主要原因是“获取便利”“方便随时随地阅读”“方便检索”。网络资源、电子图书/报纸/期刊、有声读物、音乐戏曲、图片动画、视频电影等数字资源的阅读，冲击着人们的各种感官，让更多的人群特别是残障人士感受数字阅读带来的乐趣，这些都是传统阅读无法比拟的。数字阅读的推广能为更多的人群实现阅读的愿望，真正促进和实现全民阅读[8]。

国家图书馆加强数字阅读平台建设，促进阅读的新技术、新载体、新设施的开发与应用，并联合全国公共图书馆建立阅读资源共建共享机制，组织全国公共图书馆开展在线讲座、展览、移动阅读平台等数字阅读推广活动。如“国图讲坛”联合数字图书馆推广工程“全国公共图书馆讲座直播”项目，利用同步直播技术，实现讲座现场的网络同步直播，让读者足不出户就能享受到文化盛宴。公共图书馆是公民终身学校的大课堂，国家图书馆还将根据需求继续开发多种数字阅读推广模式，以满足不同类型用户的阅读需要，在提高国民素质、构建学习型社会的进程中发挥主力军作用。

《公共图书馆法》作为我国图书馆的基本法，为我国图书馆事业的发展保驾护航，同时也为我国图书馆事业发展提供了很多新的机遇，包括国家图书馆在内的所有图书馆应该积极学习吸收《公共图书馆法》的核心精神，提升图书馆服务效能，为图书馆在提高公民文化素质、坚定文化自信和传承人类文明方面做出应有的贡献。

参考文献

[1][2] 沙会琴. 发挥公共图书馆作用助力全民阅读蓬勃发展[J]. 时代金融，2017(6)：299－300.

[3] 徐荣. 公共图书馆阅读推广发展的制度保障[J]. 图书馆，2017(4)：17－20.

[4] 刘旋. 美国公共图书馆经费保障制度研究[J]. 中国图书馆学报，2012(6)47－57.

[5] 赵厚勰. 论图书馆社会教育功能的发挥[J]. 图书馆学刊，2004(6)：7－8.

[6] 宓浩. 图书馆学原理[M]. 上海：华东师范大学出版社，1988：81.

[7] 李蕊. 赵俊玲. 韩国社会阅读推广的主要政策和模式[J]. 襄阳职业技术学院学报，2014(4)：129－133.

[8] 许晔. 公共图书馆数字阅读推广模式研究[J]. 图书馆研究，2014(2)：72－75.

我国公共图书馆体系的法制化融合与发展

徐梦阳(立法决策服务部)

在《中华人民共和国公共图书馆法》(以下简称"《公共图书馆法》")出台前,我国公共图书馆已逐渐发展成体系。早在民国时期,以国家和地方政策文件为依托,公共图书馆体系初步成型。中华人民共和国成立后,国家重视文化发展,公共图书馆法规不断完善,公共图书馆体系也随之不断壮大。改革开放以来,国家工作重心的转移促进了公共图书馆法规的全方位细化、公共图书馆体系进一步成熟。2017 年,根据我国公共图书馆事业发展现状,国家出台《公共图书馆法》,以统一立法明确了我国公共图书馆体系的层级划分。本文即以民国时期、中华人民共和国成立初期时期、改革开放至今三个时间段为节点,探究不同时期内各级公共图书馆设立的相关法规依据,借此勾勒出公共图书馆体系的法制化融合与发展历程。

1 民国时期:公共图书馆体系的初步形成(1912—1949 年)

民国时期,我国公共图书馆事业起步发展。1909 年,京师图书馆建立,清政府颁布《京师图书馆及各省图书馆通行章程》第一条即明确"图书馆之设,所以保存国粹、造就通才,以备硕学专家研究学艺、学生士人检阅考证之用,以广征博采、供人浏览为宗旨"。此后,国家和地方陆续颁布法规文件规范图书馆管理,逐渐拉开公共图书馆体系化与法制化进程的序幕。当时,国家颁布有专门针对图书馆的政策法规和内容涉及图书馆的教育文件,地方颁布有专门针对图书馆的地方性政策法规①。以此为依托,各地均建立起公共图书馆[1]。

1.1 国家和地方法规文件

民国时期,国家颁布的专门针对图书馆的政策法规有:1915 年《图书馆规程》《通俗图书馆规程》、1927 年《图书馆条例》、1929 年《国立北平图书馆组织大纲》《国民政府教育部暨中华教育文化基金董事会合作组国立北平图书馆办法》《国立北平图书馆委员会组织大纲》、1930 年《图书馆规程》、1939 年《社会教育机关协助各级学校兼办社会教育办法》《修正图书馆规程》《图书馆工作大纲》《图书馆辅导各地社会教育机关图书教育办法大纲》、1940 年《国立中央图书馆组织条例》、1941 年《普及全国图书教育办法》《各级学校及各机关团体设置图书馆(室)供民众阅览办法》《县市立图书馆设置巡回文库办法》、1944 年《图书馆工作实施办法》和 1947 年《图书馆规程》[2]。

国家颁布的涉及图书馆的教育文件有:1914 年《教育部整理教育方案草案》、1918 年《教

① 本文列出的政策法规和教育文件是经过筛选且与公共图书馆体系建立较为相关的,并非该时期内颁布的全部法规文件。下文同。

育部分科规程》、1929 年《中华民国教育宗旨及其实施方针》、1931 年《三民主义教育实施原则》、1939 年《推进边疆教育方案》以及 1944 年《全国各县市普及教育文化事业实施办法》[3]。

地方颁布的专门针对图书馆的政策法规有：北平大学区教育行政院 1929 年颁布的《北平大学制定各县通俗图书馆规程》，河北省内 1930 年颁布的《河北县图书馆组织大纲》《河北省通俗图书馆流动阅览办法》，吉林省 1930 年颁布的《民众图书馆办法》，江苏省 1931 年颁布的《宜兴县立公共图书馆巡回小书库试行规约》、1932 年颁布的《江苏省各县县立图书馆组织暂行规程》《江苏省各县县立图书馆馆长任免及待遇暂行规程》《江苏省各县县立图书馆馆员聘任及待遇暂行规程》《江苏省各县图书馆馆长服务细则》《江苏省各县图书馆馆员服务细则》、1933 年颁布的《江苏省各县图书馆标准工作》，浙江省内 1930 年颁布的《杭县县立流通图书馆规程》《杭县县立流通图书馆一般书类流通借阅章程》《杭县县立流通图书馆附设通俗图书库暂行章程》《杭县县立流通图书馆附设儿童读物库暂行章程》《杭县乡村图书馆组织规程》《奉化县立巡回图书馆暂行规程》《奉化县立巡回图书馆巡回暂行细则》、1931 年颁布的《强性组织之县市图书馆》、1932 年颁布的《修正浙江省县市图书馆暂行规程》，山东省内 1930 年颁布的《山东省市县立图书馆暂行规程》，云南省内 1930 年颁布的《〈万有文库〉巡回全省办法》，台湾省内 1946 年颁布的《台湾省各县市图书馆章程》《台湾省各县(市)立图书馆设置巡回文库办法》[4—5]。

1.2　公共图书馆体系的法制化初建

上述法规文件为各地公共图书馆的建立提供了依据。在国家层面，国立北平图书馆和国立中央图书馆为民国时期南北相望的两所国家级图书馆，其设立依据分别为 1929 年的《国立北平图书馆组织大纲》和 1933 年的《国立中央图书馆筹备处组织大纲》[6]。国立北平图书馆的前身为 1909 年成立的京师图书馆，1928 年更名为国立北平图书馆。1929 年 5 月，教育部颁布《国立北平图书馆组织大纲》。为进一步对国立北平图书馆委员会的组织机制进行规范，1929 年 9 月教育部颁布《国立北平图书馆委员会组织大纲》，对委员会成员的聘任方式、任期、职权等加以详细规定。1930 年初，国民政府教育部下发第九十一号令核准上述大纲。大纲和条令称："教育部将国立北平图书馆及中国教育文化基金会所管辖的北海图书馆，统一合并为国立北平图书馆，并经过了董事会有关两馆合并的相关决议，即按照办法的第二项来制订国立北平图书馆委员会的组织纲要及实施办法，并经教育部呈请行政院审核、鉴定及备案。"上述两大纲为国立北平图书馆的设立依据。国立中央图书馆则是国民政府 1927 年迁往南京后，经中华民国大学院全国教育会议决议筹备设立。1933 年，国民政府教育部"国立中央图书馆筹备处"，同年 4 月 24 日，教育部核定《国立中央图书馆筹备处组织大纲》，据此开展图书馆设立工作。在大纲基础上，筹备处建立了三级组织体系：第一级为筹备处主任，第二级为总务组和图书组，第三级为二级两组下设另支。三级体系运作，确保国立中央图书馆的顺利设立和运行。

在省级层面，国家政策法规中涉及省级图书馆设立的条款以及各省专门规范省级图书馆设立的政策法规为民国时期省级公共图书馆建设提供了依据。1915 年颁布的《图书馆规程》第一条规定："各省、各特别区域应设图书馆，储集各种图书，供公众之阅览。"同年《通俗图书馆规程》第一条也规定了省治应设通俗图书馆。到 1939 年的《修正图书馆规程》和 1947 年的《图书馆规程》，省级图书馆的设立规定变为"各省至少设一所图书馆"。此外，各省和 5 个特别市也分别制订了各自的图书馆规程，如上述北平、河北、江苏、浙江、山东、云南等。

在市县层面,国家政策法规中涉及市县图书馆设立的条款以及各市县专门规范市县图书馆设立的政策法规为民国时期市县公共图书馆建设提供了依据。1915 年颁布的《图书馆规程》第一条规定:“各县得视地方情形设置之。”同年《通俗图书馆规程》规定:“各县治应设通俗图书馆。”1927 年的《图书馆条例》和 1930 年 5 月的《图书馆规程》均规定“各市县得视地方情形设置之”。1939 年的《修正图书馆规程》进一步强化了县市图书馆的设立,“各县市(普通市,以下仿此)应于民众教育馆内附设图书馆,其人口众多、经费充裕、地域辽阔者,得单独设置县市立图书馆”。1947 年的《图书馆规程》规定与 1939 年规程类似。各县市的图书馆政策法规较国家更为详细具体。如《北平大学制定各县通俗图书馆规程》规定:“为灌输民众党义及普通常识,并指导其利用余暇,设立通俗图书馆。”《河北县图书馆组织大纲》的规定与之类似。又如《杭县乡村图书馆组织规程》规定:“乡村图书馆之设立,视经费之性质,分别如下:甲、县款设立者,为县立乡村图书馆;乙、区款设立者,为区立乡村图书馆;丙、私人或私人团体捐款设立者,为私立乡村图书馆。”再如《台湾省各县市图书馆章程》规定台湾各县(市)立图书馆依照《修正图书馆规程》及《图书馆工作大纲》的规定办理。

民国时期的政策、文件为我国公共图书馆体系的初建提供了良好契机。1912 至 1949 年间,国家级公共图书馆共两所。省级公共图书馆据 1936 年《申报年鉴》记载共 40 所,当时 28 个省及北平、上海、南京、青岛、威海卫 5 个特别市均设有省级公共图书馆,馆藏总量 1 890 802 册,经费总计 1 147 256 元,工作人员总计 304 人[7]。另有市县公共图书馆若干。它们见证了我国公共图书馆体系法制化的初步成果。

2 公共图书馆体系的壮大发展(1949—1978 年)

中华人民共和国成立后,国家高度重视文化教育,公共图书馆迎来了新的发展。这一时期,特别是五六十年代,国家集中颁布了一批专门针对图书馆的政策法规,地方同样颁布有专门针对图书馆的地方性政策法规。以此为依托,公共图书馆体系的法制化构建基本上延续了民国时期的路径,并不断发展壮大。

2.1 国家和地方政策法规

中华人民共和国成立后,国家颁布的专门针对图书馆的政策法规有:1951 年《改造北京图书馆方案》、1953 年《省(市)级图书馆试行条例(草案)》《工会图书馆管理办法》、1955 年《文化部关于加强与改进公共图书馆工作的指示》、1956 年《明确图书馆的方针和任务为大力配合向科学进军而奋斗》、1962 年《关于整顿县图书馆工作的通知》。颁布机构主要为国务院、文化部和教育部[8]。还有一些专门性法规政策,因与本文研究的公共图书馆体系关联不大,此处不予提及。

地方颁布的专门针对图书馆的政策法规有:天津 1956 年颁布的《改进与充实天津市人民图书馆为高级知识分子服务的初步草案》、上海 1962 年颁布的《上海市街道里弄图书馆工作条例》、广西壮族自治区 1976 年颁布的《广西壮族自治区文化局、共青团广西壮族自治区委员会关于进一步办好基层图书室的意见》、山西省内 1951 年颁布的《山西省人民政府关于建立农村流动图书馆大力开展农村文化工作的指示》、辽宁省内 1962 年颁布的《改进辽宁省图书馆工作意见》、吉林省内 1964 年颁布的《吉林县(市)图书馆工作基本规则(初稿)》、浙江省内

1956 年颁布的《中共浙江省委文化教育部关于加强县图书馆工作的领导的通知》、湖北省内 1960 年颁布的《关于开展武汉地区图书馆工作的技术革新运动的意见》、湖南省内 1958 年颁布的《湖南省文化局关于大力发展农民办图书馆的通知》、四川省内 1960 年颁布的《四川省文化局关于图书馆对州、县、区图书馆(室)进行业务辅导分工的通知》、甘肃省内 1959 年颁布的《甘肃省文化局关于县(市)图书馆工作的规定(草案)》[9]。

2.2 公共图书馆体系的法制化发展

上述文件在已有基础上,进一步规范了公共图书馆,为公共图书馆体系的壮大提供了依据。国家层面上,北京图书馆(前身为国立北平图书馆)依文化部 1951 年颁布的《改造北京图书馆方案》成为当时唯一一所国家级公共图书馆。北京图书馆由国立北平图书馆更名而来,《改造北京图书馆方案》第一条即明确该馆为"全国性的、示范性的、综合性的图书馆",第二条又明确其任务为"收集、保藏、整理、利用图书杂志报纸……配合新民主主义建设;编辑整理参考资料,解答……咨询;大力开展群众工作……加强图书馆业务工作科学方法之研究……集中收藏整编新旧范本与作家手稿;收藏整编国内兄弟民族之图书刊物;加强与苏联及新民主主义国家交换图书"。

省级层面上,国家政策法规中涉及省级图书馆设立的条款以及各省专门规范省级图书馆设立的政策法规为新中国时期省级公共图书馆的发展壮大提供了依据。1955 年国家颁布的《关于加强与改进公共图书馆工作的指示》提出各省设立公共图书馆,明确其任务有:"第一,收集、保藏并利用图书、杂志、报纸和其他出版物,向广大人民劳动人民宣传马克思列宁主义,进行爱国主义教育和社会主义教育,并使人民获得各种文化科学知识。第二,对本地区规模较小的公共图书馆进行业务辅导,以促进本地区图书馆事业的巩固和发展。第三,以图书、资料、书目和索引等为本地区的党和政府机关、财政经济部门、科学文教机关和其他机关、团体服务。"其中第三项任务只要求在省级以上的公共图书馆进行,"其他公共图书馆应否进行,视人力物力决定"。1956 年国家颁布的《明确图书馆的方针和任务为大力配合向科学进军而奋斗》提出"省公共图书馆的对象是工农群众、知识分子和青年学生,它们的主要任务是:(1)以图书报刊和其他出版物宣传马克思列宁主义,向劳动人民和青年进行爱国主义教育和社会主义教育,并使人民获得文化科学知识,动员广大人民进行社会主义建设的积极性。(2)收集、保藏并利用图书报刊、地方文献资料为社会主义建设和科学研究服务。"天津、吉林、浙江、湖北、广西等省也纷纷颁布各自的政策法规,更为详尽地指导省内公共图书馆建设。

市县层面上,国家政策法规中涉及市县图书馆设立的条款以及各市县专门规范市县图书馆设立的政策法规为民国时期市县公共图书馆建设提供了依据。1955 年国家颁布的《关于加强与改进公共图书馆工作的指示》提出市县设立公共图书馆,其任务主要有二:第一,收集、保藏并利用出版物宣传爱国主义教育和社会主义教育,并使人民获得知识。第二,对规模较小的公共图书馆进行业务辅导,促进图书馆事业发展。1956 年的《明确图书馆的方针和任务为大力配合向科学进军而奋斗》规定了类似任务,还指出"一般的县图书馆虽然也有为科学研究服务的工作,但目前还应该以大众服务为主,对于本地科学研究工作者的要求,主要以馆际互借办法来满足"。这样一来,市县公共图书馆的职能层级明确,具体工作内容也有据可循。具体到各市县,1960 年武汉地区颁布的《关于开展武汉地区图书馆工作的技术革新运动的意见》以武汉市公共图书馆的技术革新为切入点,要求"全地区的图书馆到 1962 年或稍长一点的时间内,实现自动化或半自动化”。相较于国家纲领性文件,该意见更加细致具体。

基于上述政策法规支持,公共图书馆数量从1949年的55所增长至1979年的1651所,馆藏量从1949年的1676万册增长至1979年的18 000万多册,从业人员从1949年的2208人增长至1979年的17 539人[10]。这些变化直观反映出我国公共图书馆体系法制化的发展。

3 公共图书馆体系的成熟确立(1978年迄今)

改革开放是公共图书馆体系法制化的又一转折点。十一届三中全会后,党的工作重心转移至社会经济文化方面,国家颁布有专门针对图书馆的政策法规,地方也颁布有专门针对图书馆的地方性政策法规。其中,最引人注目的莫过于2017年出台的《公共图书馆法》,这是改革开放以来我国首部全国性统一公共图书馆立法。它的出台推动了我国公共图书馆体系法制化的成熟与确立[11-12]。

3.1 国家和地方政策法规

以2017年《公共图书馆法》的出台为界,此前国家颁布的专门针对图书馆的政策法规有:1978年《省、市、自治区图书馆工作条例(试行草案)》、1981年《省、市、自治区图书馆工作条例(试行草案)》、1982年《省、市、自治区图书馆工作条例》、1984年《关于加强与改善少数民族地区图书馆工作的意见》、1987年《关于改进和加强图书馆工作的报告》、1998年《文化部关于北京图书馆职责、内设机构和人员编制的批复》、1999年《关于北京图书馆更名的通知》、2013年《全国公共图书馆事业发展“十二五”规划》和2017年《“十三五”时期全国公共图书馆事业发展规划》[13]。

改革开放以来,地方颁布的专门针对图书馆的政策法规有:北京2002年颁布的《北京市图书馆条例》、2003年颁布的《〈北京市图书馆〉条例实施办法》,天津1986年颁布的《天津市区、县图书馆工作条例》,上海1987年颁布的《上海市区县图书馆管理办法》、1996年颁布的《上海市公共图书馆管理办法》,新疆维吾尔自治区2008年颁布的《乌鲁木齐公共图书馆管理办法》、2010年颁布的《新疆维吾尔自治区公共图书馆服务标准(试行)》,内蒙古自治区2000年颁布的《内蒙古自治区公共图书馆管理条例》,广西壮族自治区1979年颁布的《广西壮族自治区县、市图书馆工作条例(草案)》,黑龙江省内1979年颁布的《黑龙江省市、县图书馆工作暂行条例》,山东省内2009年颁布的《山东省公共图书馆管理办法》,山西省内1979年颁布的《山西省县、市图书馆工作条例(草案)》,陕西省内1979年颁布的《陕西省县(市)图书馆工作试行条例》,河南省内1981年颁布的《关于当前全省图书馆工作情况及今后工作意见的报告》、1986年颁布的《河南省市、县(区)图书馆工作条例(试行)》,浙江省内1980年颁布的《浙江市、县图书馆工作条例(试行草案)》、1989年颁布的《浙江省图书馆条例》、2003年颁布的《浙江省公共图书馆管理办法》,安徽省内1980年颁布的《安徽省县级图书馆工作暂行条例》《安徽省市级图书馆工作暂行条例》,湖北省1979年颁布的《湖北省县图书馆工作条例(试行草案)》、2001年颁布的《湖北省公共图书馆条例》,福建省内1989年颁布的《福建省市、县(区)图书馆工作条例(修订试行)》,广东省内1987年颁布的《广东省市、地(自治州)、县图书馆工作暂行条例》、1997年颁布的《深圳经济特区公共图书馆条例(试行)》,贵州省内1985年颁布的《贵州省县级图书馆工作条例》[14]。

3.2 公共图书馆体系的法制化确立

上述政策文件相较之前,内容更丰富,关注点也更全面,为我国公共图书馆体系的成熟确立提供了依据。国家层面,北京图书馆依《关于北京图书馆更名的通知》更名为国家图书馆,更名后其规格不变、性质不变,仍按《文化部关于北京图书馆职责、内设机构和人员编制的批复》执行。国家图书馆作为唯一一所全国性综合图书馆正式成立。21 世纪以来,国家愈加重视公共图书馆建设,"十二五"和"十三五"规划都强调了图书馆事业的制度化和规范化,并积极推进《公共图书馆法》的立法进程。《公共图书馆法》出台后,并未对国家图书馆的定位多加修改,只是在第二十二条中明确了国家图书馆的职能和属性:"国家设立国家图书馆,主要承担国家文献信息战略保存、国家书目和联合目录编制、为国家立法和决策服务、组织全国古籍保护、开展图书馆发展研究和国际交流、为其他图书馆提供业务指导和技术支持等职能。国家图书馆同时具有本法规定的公共图书馆的功能。"至此,国家图书馆作为国家一级公共图书馆的地位得以确立。

省级层面上,国家政策法规中涉及省级图书馆设立的条款以及各省专门规范省级图书馆设立的政策法规为改革开放以来省级公共图书馆体系的成熟提供了依据。1978 年国家颁布的《省、市、自治区图书馆工作条例(试行草案)》规定省、市、自治区设立图书馆(以下简称省馆),并称"省馆是国家举办的综合性公共图书馆",担负有采集书刊资料、加强阅读辅导、解决读者咨询和组织技术研究四项具体任务。1982 年《省、市、自治区图书馆工作条例》对省馆的定义不变,将其任务增改为宣传共产主义和爱国主义、提供书刊资料、传播科学文化知识、保存典籍文献、开展技术研究和推动协作协调六项。伴随图书馆事业的新发展,"十二五"和"十三五"规划提出建设省级公共图书馆网络,实现图书馆全覆盖。相较于国家层面,各省早在统一立法出台前即在省内颁布了更具可行性的法规。如《北京市图书馆条例》规定"本市各级人民政府应……为发展图书馆事业提供必要的条件和保障"。又如浙江和山东均颁布公共图书馆管理办法,规定省一级应设立公共图书馆。这些地方性法规为《公共图书馆法》的出台提供了借鉴。《公共图书馆法》出台后,其第十四条明确了省政府应当设立省级图书馆,第十八条又巩固性地规定省级文化主管部门应及时公开行政区域内的公共图书馆信息。至此,省 级公共图书馆建设得到法制化确立。

《公共图书馆法》出台前,国家"十二五"和"十三五"规划虽提出建设国家、省、市、县(区)、乡镇(街道)、村(社区)六级公共图书馆体系,但其作为纲领性文件并不具有强制力。具体到各地,多数政策法规只规定到县一级,并未细化到乡镇、村。如上海颁布的区县图书馆管理办法仅规定"区县人民政府应在本地区内设立区县图书馆"。又如黑龙江、陕西、河南、福建颁布的市县图书馆工作条例仅规定"市县图书馆是国家举办的综合性图书馆",应加强对市县图书馆的运行管理。再如湖北、安徽颁布的县级图书馆工作条例也仅规定县一级图书馆的设立及其任务。在查找到的地方政策法规中,只有北京、浙江、山东颁布的图书馆法规提及加强乡镇、村图书馆(室)建设,但总体还是以鼓励和扶持为主,并非强制性义务。《公共图书馆法》出台后,第十四条规定"县级以上人民政府应当设立公共图书馆。地方人民政府应当充分利用乡镇(街道)和村(社区)的综合服务设施设立图书室,服务城乡居民。"该条款申明了市县两级分别设立图书馆的必要,同时申明了乡镇村两级分别设立图书室的必要,为我国公共图书馆体系在基层的延伸提供了制度支持[15-16]。

改革开放以来的政策法规支持与统一立法出台为我国公共图书馆事业营造了良好氛围。1979年底，我国有国家级图书馆1所，藏书1020万册，省级图书馆30所，藏书5600万册，市县图书馆1620所，藏书12 000万册[17]。截至2016年底，据《2016中国公共图书馆事业发展基础数据概览》统计，我国有国家图书馆1所，省级图书馆39所，市级图书馆369所，县级图书馆2744所，总数较1979年增长了约一倍。由此可以看出改革开放以来我国公共图书馆体系法制化确立所带来的积极影响。

我国公共图书馆体系的法制化历经民国时期的初建、中华人民共和国成立后的深化和改革开放以来的成熟，至《公共图书馆法》出台，终于得以阶段性的确立。溯古追今，民国时期的法规文件从外部搭建出公共图书馆的基本框架；中华人民共和国成立后颁布的政策法规为框架填充更多具体内容，进一步明确公共图书馆的目标和任务[18—19]；改革开放以来颁布的政策法规则在横向和纵向两方面推动了框架的搭建，公共图书馆数量有所增加，分布范围也更加广泛，实现了国家、省、市、县(区)、乡镇(街道)、村(社区)六级公共图书馆体系的制度化建设。

参考文献

[1][7][17] 杨志永. 民国时期的三级公共图书馆体系研究——基于民国时期图书馆的两次调查[J]. 河南科技学院学报，2014(1)：126－128.

[2][3][4] 吴澍时. 民国时期县市图书馆政策法规研究[J]. 图书馆，2017(8)：38－44.

[5] 吴澍时. 民国时期基层图书馆史料概述[J]. 图书馆理论与实践，2017(8)：56－60.

[6] 黄少明. 民国时期国立图书馆之双星——对国立北平图书馆和国立中央图书馆的比较研究并以此纪念中国国家图书馆诞生一百周年[J]. 大学图书馆学报，2009，27(5)：97－103.

[8][9][13][14] 国家图书馆研究院. 我国图书馆事业发展政策文件选编(1949—2012)[M]. 北京：国家图书馆出版社，2014.

[10] 包平，黄江娓. 我国当代公共图书馆事业发展规模研究[J]. 图书馆杂志，2009，28(10)：12－15，22.

[11] 李国新. 开启新时代图书馆法治研究的新阶段[J]. 图书馆，2018(1)：1.

[12][15] 李国新.《中华人民共和国公共图书馆法》的历史贡献[J]. 中国图书馆学报，2017，43(6)：4－15.

[16] 李国新. 新时代公共图书馆事业发展的新航标[J]. 图书馆杂志，2017，36(11)：4－5.

[18] 潘燕桃. 近60年来中国公共图书馆思想研究(1949—2009)[D]. 广州：中山大学，2010.

[19] 范兴坤. 中国大陆地区图书馆事业政策研究(1978—2008)[D]. 南京：南京大学，2010.

基于需求导向的国家图书馆立法决策服务产品建设探析

——以《国图决策参考》为例

孙　丽(立法决策服务部)

随着国家图书馆履行为国家立法和决策服务的职能逐渐明晰、国家依法推进决策科学化、民主化的要求不断提高以及信息化的飞速发展，国家图书馆从自身建设出发，主动谋划与国家立法和决策部门的需求对接,以需求促进服务,以服务催生需求,走出了一条国家图书馆立法决策服务产品的特色化、品牌化发展之路。

1 国家图书馆立法决策服务产品建设概况

建立多种形式的决策咨询机制和信息支持系统是国家实现决策科学化、民主化的基本体现。国家图书馆立法与决策服务作为国家决策咨询和信息支持系统的重要补充,其核心服务产品应具有按需定制、内容客观、视角全面等特点。国家图书馆依托全国总书库的文献信息优势、渐趋完善的数字化服务延伸及众多专业信息情报研究力量的人员优势,使得国家图书馆立法决策服务成为国家立法与决策科学化、民主化建设的重要生力军。

自1951年北京图书馆(现国家图书馆)完成有关太平天国革命史的参考目录以来,国家图书馆为立法和决策开展咨询服务已有60余年[1]。60多年来,国家图书馆立法决策服务产品涵盖了从书目信息检索、新书推荐、党建参考、要闻专报、热点问题跟踪、定题文献研究综述、舆情监测报告等多样化的信息产品,到《为政箴言》《为政镜鉴》《南海诸岛图辑录》等研究成果著述,再到部级领导干部历史文化讲座光盘以及以Ulib、Ukey等为载体的立法决策服务平台资源库,形成以信息产品为中心、辐射多种技术展现形式的多学科、立体化、全方位的立法与决策服务产品发展格局。60多年来,图书馆立法决策服务从国家图书馆一枝独秀发展到全国公共图书馆百花竞开,为业界产品设计和协同发展发挥了重要的引领和示范作用。

2 《国图决策参考》简介

《国图决策参考》是某局委托国家图书馆编纂的食药监管领域的信息研究专报,每月一期。专报选题方向主要以“食品药品社会共治”为中心,选择有现实意义的题点,以共治角度为导向,以食品药品安全监管为落脚点,结合理论探讨、政策制度设计、实践经验做法、典型案例剖析等多种方式,重点对国外食品药品监管社会共治的有益经验进行揭示,以多元化的角度、精炼生动的语言进行总结,为食药决策者提供精炼直观有实操性的参考。作为近年来国家图书馆开展立法与决策服务中少有的自主选题、独立编研的定制化信息服务产品,《国图决策参考》的产品定位、设计思路、沟通机制等方面的经验和未来面临的发展瓶颈都值得进行全面总结与深入研究。

3 国家图书馆立法决策服务需求分析

3.1 服务对象

国家图书馆立法决策服务对象通常包括国家领导人、全国人大常委会及各专门委员会、全国政协及其专门委员会、中共中央和国务院各部委等重大决策机构和部门等。每年除“两会”时间外,国家图书馆常态化的立法与决策服务对象通常以中央国家机关为主。具体对接部门一般为该机构政策法规司或类似的政策研究部门。以《国图决策参考》为例,其服务对象是国务院综合监督管理药品、医疗器械、化妆品、保健食品和餐饮环节食品安全的直属机构,具有负责起草食品安全、药品、医疗器械、化妆品监督管理的法律法规草案和拟订政策规划的职责;具体对接部门为其下属的综合司,是某局具体承担食品药品监督管理的政策研究及政策研究体系建设职责的部门。此外,根据对综合司以往工作的调查,其政策研究多以专项研究课题的方式,组织其下属研究院等系统内直属单位来进行,系统外的研究机构大多以高校、研究所等相关研究机构为主;研究内容上多为某一食品药品监督管理方面的专题政策研究,少见广域视角的宏观关注。这与国家图书馆立法决策服务部的其他国家机关用户行为较为相似,其需求也具有典型性。因此,根据对服务对象的职能分析和其突破以往研究范式的需求可知,全面宏观掌握食品药品监管中多元参与主体的政策经验和做法应是用户的重要需求点。

3.2 服务内容

图书馆立法决策服务和产品的内容大多基于为各领域的政策研究提供决策咨询参考。而面对社会发展中不同领域、不同发展层次和不同发展阶段的问题,其决策参考的关注重点大为不同。食品药品监督管理是一个非常专业、具体、并且触角广泛的专题领域,其政策研究需求点也非常多元。立足于食药领域共治的出发点,基于参与主体会有社会共治、行业协会、第三方组织、食品安全共同责任体系等题点,基于风险管理会有质量可追溯制度、质量标识概览、召回制度等题点,基于监管措施则有安全教育体系、广告管控和规制、惩罚性赔偿、大规模侵权救济解决途径等题点。无论从哪个维度看,其专报选题都有非常多的切入角度。根据与服务对象的初步沟通对接,确立了本信息专报的主线产品定位为以社会共治为主要关注点,如国内外相关产业部门、监管部门做法、社会管理、公共行政、公共管理等方面;内容上以国外食药发展相关问题监管现状为主要研究对象,兼具对相关问题的国内外发展历史脉络的综合梳理;目标是打造出与专业研究机构不同的信息服务产品,体现出国图视角与内容的特色性。

3.3 展现形式

以往图书馆所提供的信息资料产品,通常以充分客观反映研究文献及网络资源中的专题内容为主,不强调咨询人员主观对信息进行的重新组织。但通过与本产品使用对象的沟通,我们了解到用户对基础研究信息量的掌握是非常充足的,对于他们而言信息获取并不是需求的重点。用户对于国图信息产品的要求,是要基于对网络信息和研究文献中内容的重新解构,基于新鲜视角,以清晰明确的逻辑体系、多样性的表现形式,通过数据、案例、解析等方式,将参考信息源中的政策、经验做法、发展困境、利益冲突、历史典故、基础知识点等予以立体化呈现,使用户可以获得一种主线清晰、表现生动、知识延展的阅读体验,以提高阅读效率与提升参考效果。

4 《国图决策参考》产品建设经验

以《国图决策参考》为核心成果的某局委托研究已完成三个年度的合作,在各年度成果评审中该专报都获得了业内专家的一致认可,用户对产品的使用体验也给予了良好的评价。其中,以需求导向为基础的产品建设思路发挥了重要作用。

4.1 以需求为导向的服务模式决定信息产品应具有专业化与个性化

供给导向是指基于已有服务模式、经验和成果向用户推送服务和产品的模式。以往国家图书馆立法决策服务业务的开展多基于供给导向，推出的文献信息产品多以图书馆传统的文献检索服务为基础、以目录或原文呈现为主要表现形式，按需定制的个性化深度资料研究较为少见，体现学科专业性的研究成果则更为少见。《国图决策参考》突破以往服务范式，从内容和形式两个方面与用户进行深度需求对接，打造了图书馆立法决策服务产品专业化、个性化的示范。

4.1.1　内容上做到“三个结合”

内容上，《国图决策参考》以“三个结合”为选题脉络，将主线选题与热点时事选题相结合，将食药领域外社会治理选题与食药监管专业选题相结合，将历史选题与改革热点选题相结合。

第一，主线选题与热点时事选题相结合。主线选题是指以食品药品领域中涉及的主要监管问题为横向关注点与以国外各个国家的监管实践为纵向关注点相结合的选题思路。同时，为体现专报的热点性和聚焦性，项目组紧跟食药领域热点事件，在主线选题中穿插对突发事件的专题解析和决策参考，与主线内容形成呼应。以2014年度专报为例，在一系列“消费者保护”“惩罚性赔偿”“质量标识”“食品安全可追溯管理”等泛化管理类题点中，针对2014年8月突发“山银花”“金银花”更名争议问题，国家图书馆协助用户查阅了大量关于金银花的古籍善本、地方志等原典文献资料，查清了很多史实，为用户应急处置突发事件发挥了及时而重要的决策参考作用。

第二，食品药品领域外社会治理选题与食药监管专业选题相结合。除了意在为专业食药监管领域内的方方面面提供国外镜鉴参考外，该专报的独特切入点还在于揭示食药领域外体现社会共治各方参与力量的角色、站位、策略和角力等，以期从上位类监管视角，为推进科学决策、民主决策，完善治本之策提供借鉴。国家图书馆作为独立于食药监管领域之外的第三方研究机构，其本身的站位为这一选题思路提供了客观、公正的视角，加之图书馆文献信息资源综合性、权威性的天然属性，构成了国家图书馆开展为国家立法和决策服务的根本优势。

第三，历史选题与改革热点选题相结合。改革热点问题必然是政策研究类产品设计的重要方面。而在本项目中，根据调查，具有历史溯源及纵深感的课题也是用户以往研究中的薄弱环节，是为本课题研究的重要需求点之一。为充分迎合用户需求及发挥国家图书馆古籍文献研究优势，项目组先后呈现出了《古代药品史话》《古代食品史话》等专报内容，从中国食品药品发展历史中，梳理相关文化遗产，从古为今用角度开拓产品视野，成为有益的补充。

4.1.2　形式上做到“两个兼顾”

形式上，《国图决策参考》以“两个兼顾”为发展思路，兼顾政府部门信息资料的严肃性与研究基础材料的易读性，兼顾各期研究的主题重点性与相关知识的延伸性。

第一，兼顾政府部门信息资料的严肃性与研究基础材料的易读性。囿于对传统立法与决策服务对象及其资料需求形式的认识惯性，《国图决策参考》的初始展现形式完全脱胎于政府机关内部的白纸黑字红头的纯文字信息报送样式。后经与用户的沟通对接，进一步明确了产品的重点服务对象是司局领导，而综合此类用户对决策信息的掌握量和阅读习惯，本产品的设计对严肃性及易读性的要求兼而有之。为此，项目组不断丰富标题表达视觉效果，同时主动寻求多样的信息内容表达方式，加入图形化表现手段，使阅读更有节奏感；将数字描述转化为饼状图或表格，使阅读印象更深刻；对于历史发展、各国比较等类型的大段文字描述，提纲挈领抽出精华，化为多字段表格形式，使用户能在短时间内了解重点。

第二，兼顾各期专报的主题重点性与相关知识的延伸性。以往国家图书馆立法决策服务信息产品主题重点性都比较明晰，专报类产品也大多围绕主题进行集中论述。而本项目中各期研究主题差异性比较大，有些主题集中于具体措施的对比分析，有些主题在概念揭示上各国还存在比较大的差异和争议。针对后者情况，专报在主题概念的揭示和相关知识的延伸上做了个性化的处理，比如将一些知识点型信息独立于专报主题框架外作为“延展阅读”或“知识链接”来展示，获得了较好的阅读体验反馈。

4.2 以需求为导向的服务模式决定信息产品应具有开放性和互动性

第一，产品的开放性。以需求为导向的产品开放性主要体现在以用户为核心，引导用户参与到产品或服务的设计和使用，“体验”产品或服务带来的积极效果，并产生辐射需求和放大效应[2]。《国图决策参考》合作之初对于专报的具体呈现形式和发展方向并未做太过具体的设定，而历经三年多的打磨和拓展后，该产品已经成为国图立法决策服务中开放性程度最高的产品之一。从高层用户反馈，到中层具体指导，乃至具体负责对接的同志，各层力量共同参与编辑，及时补充更有时效性的选题、修正专报展现形式、用户主动开展对专报编写人员的培训……使得该产品逐渐呈现出了内容立体、形式多样、阅读友好的特点。

第二，产品的互动性。制约图书馆立法决策服务功能发挥的主要因素之一即是服务对象的需求描述通常存在随意性或前置的主观判断性，而以往的馆员与用户沟通经常具有被动性。但有效的信息产品并不仅仅完全基于需求的定制，而应该是以需求引导服务，以服务催生需求的良性循环。及时有效有针对性的沟通机制能促使咨询馆员不断修正检索策略和编写思路，专注于所提供信息的角度、表现和质量而非咨询的完成度。《国图决策参考》项目组在专报的制作过程中与用户建立了每月一次的制度化的需求对接模式。在每月例会上，国图与用户围绕当期专报资料调研及结构设计、下期选题策划两个固定议题进行沟通，并不固定就长期选题及用户近期关注重点进行互动对接。制度化、常态化的良性互动是本项目获得较好用户体验的最根本动力之一。

5 总结与反思

纵观国家图书馆立法决策服务发展至今，我们可将其信息产品的建设视为一种动态的品牌提供品。立法决策服务品牌建设面临的最重要挑战就是如何机警面对环境变化的信号，然后对产品进行微调以使其不断演进，以求反映用户不断变化的需求，并在不断变化的竞争中保持有利位置。总结《国图决策参考》三年多的发展历程，可以得出以下三方面的经验和反思。

第一，对产品需求的把握要建立在即时和长期两个维度的重视和引导上。以往国家图书馆立法决策服务通常以电话、咨询函等间接方式委托，咨询人员很难有机会获得更为全面的需求对接，而随着近年来图书馆立法和决策服务的不断深化，各级用户以更为开放的态度对图书馆这一决策咨询服务机构给予重视，特别是《中华人民共和国公共图书馆法》施行以来，业界以“两会”服务为中心点辐射开来的立法决策服务获得了新的发展动力。很多国家立法和决策部门以项目委托或课题研究的方式与图书馆进行服务对接，咨询人员获得了很好的沟通机会。而在此过程中，基于需求导向的立法决策服务产品建设的关键是要在即时和长期两个维度上加以重视和引导。即时性上的需求把握有利于迅速抓住用户短期视角，稳定用户心理；而长期性的需求跟踪和调整则是一个产品能否维系和发展的关键。

第二，以文献信息产品为核心的服务要注重服务的延展性。基于文献信息产品的服务要关注的重点问题之一是服务的复制性和可持续发展。特别是专业研究领域的产品，其文献信息内容通常不具有可复制性，合作关系结束后该产品的研究利用价值难以继续发挥。这就要求一方面在服务方式上注重积累和总结，将服务方式经验复制到其他合作对象上；另一方面在服务内容上，要以一个信息产品为中心，拓展到其他类型产品和服务上，或者纵深上向更深一级用户对象辐射。

第三，信息产品建设要注重信息需求的社会导向和信息服务的规范化。国家图书馆具有为国家和立法决策服务的核心职能，同时也负有服务社会、指导业界的职责。以信息产品建设为依托，将其成果转化为社会教育服务的可用资源和基础，是为其立法与决策服务价值的延伸。以《国图决策参考》为例，其中关于食品药品安全使用的众多知识点和食品安全教育的国际借鉴就为图书馆开展食品药品安全教育提供了直接可用的参考[3]。而在此过程中，信息服务的规范化为其产品的建设和成果的再利用提供了基础。依托全国公共图书馆立法决策服务协作平台，国家图书馆将规范化的产品建设思路与产品成果与业界共享，为履行《中华人民共和国公共图书馆法》发挥国家图书馆为其他图书馆提供业务指导和技术支持的职能提供了重要抓手。

参考文献

[1] 庄建. 国家立法决策的参谋与助手——国家图书馆立法决策服务发展历程及成效[N]. 光明日报,2013-09-04(7).

[2] 邓胜利,张敏. 用户体验——信息服务研究的新视角[J]. 图书与情报,2008(4):18-23.

[3] 孙丽. 公共图书馆开展食品安全教育的“义”与“道”[J]. 公共图书馆,2017(4):27-30.

利用知识管理思想推动图书馆决策咨询服务效能提升

郑晓雯（立法决策服务部）

2018年1月1日，《中华人民共和国公共图书馆法》正式施行，这标志着在中国特色社会主义新时代里，图书馆事业步入了新的发展阶段，公共图书馆被赋予了诸多权利，也被要求承担一系列责任。该法明确要求，公共图书馆应当“为国家机关制定法律、法规、政策和开展有关问题研究，提供文献信息和相关咨询服务。”

从现实来看，国家机关面对发展和改革中的各种复杂问题时，需要高水平的决策咨询服务来支撑。但是，当前图书馆为国家机关提供的决策咨询服务，仍以文献资源提供居多，而高水平的问题研究类服务还有待加强，这就需要推动服务的升级和创新。20世纪，在管理学中诞生的“知识管理”思想，对于适应竞争、开拓创新等时代发展要求具有很强的指导性，受到了社会各领域的关注和应用。本文试图将知识管理思想运用到图书馆决策咨询服务中，为图书馆提升决策咨询服务效能、增强竞争力，提供借鉴和参考。

1 知识管理思想概述

1.1 知识管理思想的提出

随着生产力水平提高和全球一体化趋势加强，企业之间的竞争越来越激烈、生存压力越来越大。它们不仅要注重产品开发、技术更新，还要对市场环境变化保持敏感性，这就要求企业具有很快的反应力和决策力。一些注重知识资源开发的知识型企业优势越来越明显，逐渐成为市场竞争的主导者。在这样的背景下，在20世纪80年代，知识管理思想应运而生。

1980年，美国DEC公司(Digital Equipment Corporation，DEC)为支持工程和销售曾采用过大型的知识支持系统；1986年，在联合国国际劳工大会上，“知识管理”的概念被首次提出；1989年，《财富》杂志调查了美国100家大企业的执行总裁，均认为企业中最重要的资产是知识；1999年，美国80%的企业已经或正在实施“知识管理计划”；2000年被确认为“知识管理年”[1]……短短20年的时间，知识管理的思想和实践就已在全球企业界占据重要地位，并以很快的速度持续发展。

1.2 知识管理的基本概念

关于知识管理的概念，目前尚未形成统一的定义。美国BRINT知识库创始人和知识总监、知识管理资深专家Yogesh Malhotra博士认为：“知识管理是在日益加剧的不连续的环境变化情况下，服务于组织适应、生存和能力等关键问题的活动，其实质在于，它具体包含了信息技术处理数据与信息的能力以及人们创造和创新的能力有机结合的组织过程”[2]。还有观点认为，知识管理就是通过知识共享，运用集体的智慧提高应变和创新能力，并为提高竞争力而对知识进行识别、获取和发挥其作用的组织运作过程[3]。

尽管上述“知识管理”的定义表述不同，但可以得出以下共识：①知识管理围绕“知识”展开；②实施知识管理需要发挥创新能力；③知识管理是提高竞争力的有效方法。

1.3 开发隐性知识是知识管理的重点

知识包括显性知识和隐性知识两种。显性知识是指记录于各种载体，能够进行传递的各种知识信息。隐性知识是指人脑中潜藏的，未被表达和记录的知识信息。显性知识已经被物化于各种载体之上，或者能够被明确地表达出来，所以对显性知识的管理主要侧重归类和应用；而隐性知识潜藏于人脑和人的行为之中，如果不及时开发使之显性化，可能会随着人的记忆的消失而消失、人的行为的终止而终止，造成不可挽回的损失。对隐性知识的管理更强调对知识的开发和挖掘。虽然知识管理包含显性知识管理和隐性知识管理两个方面，但对于提高创新能力、增强组织竞争力而言，对隐性知识的管理更为重要。所以，善于开发隐性知识才是知识管理的重点。

2 在图书馆决策咨询服务中引入知识管理的理由

2.1 时代发展的需要

图书馆是人类文明的产物，是人类文明的重要体现之一。从古代的藏书楼、近代的图书馆，到信息时代的数字虚拟图书馆，图书馆从产生至今，一直随人类文明的发展而不断调整前进的步伐。

在农业文明时期，保存文献是图书馆的主要功能，图书馆被称为"全人类的公共的脑子"；在工业文明时期，除了搜集和保存文献，图书馆还成为公民自我教育的场所，因此被称为"没有围墙的大学"；信息时代的到来，信息技术的发展带动了整个社会发展模式的巨大变革，参考咨询服务成为现代图书馆服务的标志。参考咨询服务是指通过参考咨询馆员的专业技能，将特定用户的特定信息需求与特定文献的特定内容联系起来的服务[4]。而决策咨询服务是参考咨询服务的一种，是专门面向政府各级决策部门而提供的参考咨询服务。

未来40年，人类社会将继农业文明、工业文明和信息文明后，进入知识文明时代[5]。在这个崭新的时代里，知识是社会生产力的决定因素，知识数量的积累程度、知识资源的开发能力、知识资本的运行状况将成为决定社会发展的核心，"知识"的影响力将逐渐渗透到社会发展的方方面面。

随着社会发展速度加快、竞争愈发激烈，人们更加需要借助提供知识服务的机构来寻求困境的解决，获取问题的答案。因此，在知识文明时代，图书馆必须具备深入挖掘知识、提供知识服务的能力。

2.2 咨询服务竞争的需要

对于国家立法或决策机构而言，法律法规的制定、政策方针的规划都必须是科学而严谨的，要经过大量、反复的论证才能够最终出台、实施。因此，在整个立法或决策的过程中，需要有大量的相关信息或知识来参考或支撑，以防止决策的失误。在这种需求的促使下，社会上有大量咨询服务机构涌现。当国家机关需要决策信息服务时，就会向这些机构抛出橄榄枝，或者在国家机关内部设立相应的部、处（室），专门为搜集决策信息或知识而工作。

在这样的情况下，图书馆要想在决策咨询服务领域占有一席之地，就必须不断提高服务水平，提升服务特色，打出自己的品牌，才能成为无法替代的咨询服务力量。我国著名图书馆学家黄宗忠先生认为，一切图书馆的目的是服务，离开了服务，图书馆就失去了存在价值和发展动力，只能成为摆设，服务是图书馆永恒的主题，是需要长期关注的重心[6]。而围绕"知识"展开、擅长"知识挖掘"的知识管理思想，则为图书馆完善服务质量、提高服务竞争力提供了途径和思路。

2.3 决策咨询服务特点的召唤

不同于一般意义的参考咨询服务，决策咨询服务在图书馆参考咨询服务中具有鲜明的特点。正是这些特点使得在图书馆决策咨询服务中引入知识管理思想是科学而可行的。从服务内容来看，决策咨询需求大多数是为了解决即时性问题而提出的，或者是为了解社情民意，解决热点难点问题，预警突发事件而提供参考[7]，具有直接面向解决问题的特点，也就是说要直接给出问题的答案，即解决问题的"知识"。这正是知识管理思想的用武之地。从服务对象来看，决策咨询服务的对象主要是立法机关或者政府决策部门，而非个人，因而带有一定的持续性和稳定性，便于图书馆对服务对象进行长期的行为跟踪研究和需求分析，使开发服务对象的隐性知识成为可能。

3 利用知识管理思想提升图书馆决策咨询服务效能

3.1 图书馆决策咨询服务效能及其影响因素

所谓“效能”是指为实现一定目标而表现出来的效果和能力。实现效能的基本要素是:目标、能力和实现方式。图书馆决策咨询服务的效能是指图书馆在开展决策咨询服务的过程中所表现出来的成效和能力,是图书馆对照决策咨询服务特定的用户需求,对服务效果和服务能力的综合判断。

影响图书馆决策咨询服务效能的因素包括:用户需求、馆藏资源和咨询馆员素质等三个方面。①用户需求①。用户需求是图书馆开展决策咨询服务的目标,是影响图书馆决策咨询服务效能的前提性因素。②馆藏资源。图书馆提供的一切服务都是基于馆藏而实现的,馆藏资源是图书馆决策咨询服务效能实现的基础性因素。与其他咨询服务机构相比,馆藏资源是图书馆服务的最大特色也是最大优势。③咨询馆员素质。咨询馆员素质是图书馆决策咨询服务效能实现的人的因素。任何服务方式的实现,其实质都是人的行为的体现。因此,咨询馆员素质将是运用知识管理提升图书馆决策咨询服务效能的所有因素中最重要的因素。

将“知识管理”思想运用于图书馆决策咨询服务,就是要在用户需求的指引下,充分发挥馆藏优势,深度挖掘馆藏知识资源,提高图书馆工作人员的知识服务能力,注重开发用户潜在服务需求,推动图书馆决策咨询服务成果不断转型升级。

3.2 发挥服务优势,将馆藏资源转化为知识资源

与其他咨询服务机构相比,图书馆所拥有的丰富馆藏文献,是提供决策咨询服务的最重要优势。例如,国家图书馆所拥有的亚洲第一、世界第三的宏富馆藏,是社会上任何咨询服务机构都无法比拟的,这也是立法机关或者政府决策部门愿意与国家图书馆开展合作,向国家图书馆提出咨询服务需求的重要原因所在。

“文献”是记录有知识的载体,其中蕴含着大量的知识。如果说馆藏文献是“显性的”,那么在这些文献中蕴含的知识就是“隐性的”,需要通过人的整理研究和挖掘才能显现出来,成为能够解决问题的“答案”。当这些蕴含在文献中的知识被不断挖掘出来,图书馆就变成了“知识的宝库”。

而且,在图书馆这个知识宝库中,知识的存储数量是不固定的,只要挖掘能力不断加强,知识的数量就会不断增长。这就需要咨询馆员运用知识管理的思想,在注重保存文献载体形态等传统图书馆功能的同时,有意识地深入到对文献内容本身的研究,对海量文献进行采集与选择、组织与整序、归类与导航,将其中的文献信息提升为信息资源,再需要根据用户的实际需要,对信息内容进行分析、判断、提炼、概括与推论,最终把“隐性知识”挖掘出来,形成能够用以解决特定的问题的“知识”。这些经过人脑高度有序思维加工和处理后的“知识”是真正的珍稀资源,是图书馆咨询服务中最宝贵的部分。

---

① 本文认为,对图书馆提出传统文献借阅服务需求的对象群体,应该被称为“读者”;对图书馆提出参考咨询服务需求的对象群体,应该被称为“用户”。读者需求与用户需求有时会有交叉,但总体而言,用户需求比读者需求更复杂。

下面列举一个决策咨询服务中的实际案例:2010 年 9 月,我国钓鱼岛海域发生中日两国船只相撞事件,日方扣押中国渔船及相关人员,中日双方因此事僵持不下,“钓鱼岛问题”被推上了国际舆论的前沿。国家图书馆根据馆藏中大量与钓鱼岛有关的文献和舆图资料,经过连续数天的整理和深度挖掘,梳理和总结出其中的相关内容,形成关于“钓鱼岛历史问题”研究报告,在当时的国际形势下,为帮助国家领导层快速、直接地了解这一问题的来龙去脉,做出正确有力的决策判断,发挥了积极、独特的作用。

3.3 从隐性知识到显性表达,开发用户潜在服务需求

用户需求是图书馆服务的起点和归宿。对决策咨询服务而言,服务对象主要是机构用户,服务需求的特点是,以用户的工作环境、工作任务和机构目标等因素为主,以机构领导自身的教育背景、工作经历、个性特点等因素为辅。这些因素共同构成了用户的“知识环境”和“知识背景”。

因此,可以说决策咨询的用户需求是由其“知识环境”和“知识背景”决定的。其中,明确的需求由其显性“知识环境”和“知识背景”决定,潜在的需求由其隐性“知识环境”和“知识背景”决定。图书馆要与用户形成长期稳固的合作关系,除了要满足用户的明确需求外,还要不断研究和发现用户的隐性“知识背景”和“知识环境”,开发出用户的潜在服务需求。在这一过程中,咨询馆员是起主导作用的。优秀的咨询馆员不只是单纯的文献资源提供者,还要充分了解用户的“知识环境”和“知识背景”,能够将用户的隐性知识转化为显性表达,为图书馆决策咨询服务提供持续发展的动力。

(1)树立“知识意识”。咨询馆员首先要有明确的“知识意识”,在与用户接触的过程中,随时保持发现用户隐性“知识环境”和“知识背景”的敏感性和捕捉能力,积极思考、广辟来源,把感性的触角伸向与用户相关的各个方面,充分发挥想象力和主观能动性,敢于并善于打破常规和习以为常的旧模式,不断寻求突破和改变,从杂乱无序的咨询请求中摸索出其中的用户规律[8]。

(2)学会换位思考。咨询馆员要能够站在用户的视角和立场去观察问题、思考对策,换位思考是明确用户服务需求,对咨询结果做出更合理分析和预判的有效途径。

(3)建立联系和沟通机制。越来越多的实践表明,随时与用户保持密切的联系和有效的沟通,是图书馆走近用户、明确用户需求、开发用户潜在服务需求的重要手段。例如,国家图书馆在与原国家食品药品监督管理总局①合作的过程中,不仅在平时密切关注用户的新闻消息和工作动态,在遇到问题时随时通过电话、电子邮件与用户进行沟通,还设立定期例会制度,是图书馆与用户建立联系和沟通机制的典型范例。

3.4 从文献检索到知识供给,推动决策咨询服务转型升级

图书馆决策咨询服务的发展目标,是要努力成为国家治理现代化过程中的重要智库。在信息技术高速发展、网络资源获取便捷、社会各类咨询服务机构丛生的今天,图书馆咨询服务

---

① 2018 年 3 月,根据第十三届全国人民代表大会第一次会议批准的国务院机构改革方案,将国家食品药品监督管理总局(CFDA)的职责整合,组建中华人民共和国国家市场监督管理总局,不再保留国家食品药品监督管理总局。

如果仅仅停留在文献检索、馆藏提供等传统服务方式上,必定远远不能满足立法机关和政府决策部门对于“智库”的要求。只有推动咨询服务方式和服务产品向纵深拓展,为决策者做好“知识”供给工作,才能形成国家“智库”中的图书馆力量。

(1)升级服务方式。图书馆在决策咨询服务过程中,要不断摸索前行、开拓创新,升级服务方式。早期的决策咨询以馆藏文献提供、专题文献咨询等传统服务形式为主,之后又出现了经过简单整理和提炼而制作的文献信息专报。如今,图书馆有必要开展战略情报分析、专题专报编制、为中央国家机关撰写策划案以及专题数据库建设等多种“知识”附加值高的服务项目。

例如,国家图书馆与原国家食品药品监督管理总局合作的“食品药品决策信息研究”项目就是国家图书馆决策咨询服务方式升级的一种成功尝试。在这个合作项目中,由国家图书馆负责策划、撰写和设计每月一期、每期单独一个选题的《国图决策参考》,内容全部围绕国内外食品药品安全领域发生的重大问题或重要改革事项,内容专深但形式活泼,最终成果以专题专报的形式送交国家食品药品监督管理总局领导和整个食品药品安全监管系统作为参考。在2013年国家食品药品监督管理总局改革、《食品安全法》修订和多次食品药品重大安全事件中,这个项目的研究成果都发挥了积极的作用,得到了国家食品药品监督管理总局领导的高度肯定,是国家图书馆决策咨询服务的品牌项目之一。

(2)深化服务产品。在长期的决策咨询服务过程中,图书馆形成了大量的服务成果积累,其中有许多是以原始文献整合的方式提供给用户的。图书馆可以将这些资料作为基础进行再分析、再解释和再判断,通过对未来走向和趋势的合理预测[9],对原有简单、零散的工作成果进行整合、归类、提炼和再造,使其变成有层次、有深度、更高级的知识产品。

例如,可以对照现在国家政策方针和发展趋势,提炼其中有价值的内容,形成专题专报,再对专题专报做数据分析或评价,进而形成分析报告;还可以整合多个专题的数据,自建数据库,或者为用户的数据库建设提供资源;或者发现其中有研究价值的部分,与用户的工作项目进行对接,从而形成合作。总之,浅层次的文献资源检索和提供,终究会被更高级别的服务方式和服务产品所替代,只有不断推动业务转型升级,图书馆决策咨询服务工作才有更广阔的发展空间。

参考文献

[1] 李伟华. 知识管理的理论与实践[M]. 北京:华艺出版社,2002:1-2.

[2] 小胡. 学习与忘却——关于知识管理、知识组织和知识工人[J]. IT 经理世界,1999(7):62-63.

[3] 屈文. 论知识管理的风险对图书馆人的挑战[J]. 情报科学,2002,20(10):1024-1027.

[4] 王磊. 新媒体环境下的图书馆参考咨询服务——以国家图书馆为例[J]. 国家图书馆学刊,2012(5):96-101.

[5] 王永昌. 走在山坡上的中国　中国趋势中国梦[M]. 北京:红旗出版社,2014:233.

[6] 刘晓英. 图书馆评价研究[M]. 北京:知识产权出版社,2015:222.

[7] 张曙光. 决策咨询服务设计与用户体系构建——基于国家图书馆的业务实践[J]. 图书馆理论与实践,2015(8):4-8.

[8] 边晓利. 什么决定机会:参考咨询馆员的“情报意识”——为政府决策提供信息支持的分析[J]. 图书馆建设,2009(3):75-78.

[9] Gilad B. Early Warning: Using Competitive Intelligence to Anticipate Market Shifts, Control Risk, and Create Powerful Strategies[M]. NewYork: AMACOM, 2004.

基于 PEST-SWOT 分析的立法决策服务专题资源建设研究

刘冰雪(立法决策服务部)

1 引言

2018年1月1日,中国第一部图书馆专门法《中华人民共和国公共图书馆法》(以下简称《公共图书馆法》)正式施行,这是党的十九大之后全国人大常委会的第一部文化立法,也是公共文化领域继《公共文化服务保障法》之后的又一部重要法律。《公共图书馆法》第22条规定国家图书馆有"为国家立法和决策服务"的职能,这为国家图书馆立法决策咨询服务提供了立法支持和法律保护,该条是宣示性条款,也是义务条款,为立法与决策服务通过"义务范式"开展研究提供了可能。

同时,国家近年来对现代信息技术应用高度重视,并将其作为推动公共文化服务体系建设的重要内容进行战略部署。这种发展也给立法决策科学化、民主化进程提出了更高的文献、资源信息要求,作为决策咨询服务的机构,利用文献、资源进行更专业的立法决策咨询服务,不仅是《公共图书馆法》出台与智库建设高速发展的必然要求,也是国家图书馆立法决策服务职能发展的内在需要。

基于此,本文拟运用PEST及SWOT战略分析工具,对立法决策服务视域下的专题资源建设进行系统分析,从政治、经济、社会、技术多个方面对专题资源建设的发展前景进行分析,从内部和外部两个维度分析立法决策服务视域下的专题资源建设的问题、发展方向,以期在机遇和挑战之中找到发展路径。

所谓PEST-SWOT分析,是将研究对象的内部微观环境和外部宏观环境系统地整合起来,系统地分析研究对象在政治、经济、社会、技术方面的优势和劣势,以及所要面对的机会和风险,找出关键影响因素,制订战略发展方案。PEST-SWOT分析方法适用于对国家政府部门、事业单位等公共服务机构的发展环境进行系统的分析,从而判断研究对象是否具有广阔的发展前景,它是一种以解决现实问题为核心的研究方法。PEST分析指的是从政治(Politics)、经济(Economy)、社会(Society)、技术(Technology)这四个宏观环境影响因素对研究对象进行分析。SWOT分析就是从内、外两个维度的竞争态势,对与研究对象密切相关的因素进行调查、列举和分析,这些因素由S(Strengths,组织的内部优势)、W(Weaknesses,组织的内部劣势)、O(Opportunities,组织的外部机遇)、T(Threats,组织的外部风险)四部分组成。

2 数字图书馆框架下专题资源建设的宏观环境(PEST)

数字图书馆是网络环境和数字环境下图书馆新的发展形态和演进,也是传统公共图书馆服务和价值的进一步延伸。在推进立法决策服务拓展时也必然遇到从传统资源利用到数字图书馆态势下的资源利用的转变和发展。因此,在为立法和决策服务的过程中,以专题资源建设对资源进行有效整合也是一种必然的趋势,有着四个宏观环境:政治、经济、社会和技术。

2.1 政治环境(Politics):从“十二五”规划到“十三五”规划的政策支持

为加快我国社会主义文化事业的繁荣发展,党中央、国务院在“十二五”时期做出一系列推动公共文化服务体系建设的重大决策。作为现代公共文化服务体系建设的重要组成部分,数字图书馆建设自然也受到国家政策的大力支持。此外,国务院与相关部委关于促进“互联网+”、大数据、智慧城市等的战略部署,为数字图书馆的发展提供了更大空间。“十二五”时期,党中央、国务院及有关部委发布的与数字图书馆建设相关或对其发展影响较大的政策文件近50件。如2012年文化部、财政部发布的《关于加强实施“数字图书馆推广工程”的意见》、2015年国务院发布的《关于积极推进“互联网+”行动的指导意见》和《促进大数据发展行动纲要》等。

可以说,国家近年来对现代信息技术应用的高度重视,和对加快构建现代公共文化服务体系的战略部署,都为数字图书馆建设和发展提供了前所未有的良好环境,同时也成为国家发展的重要战略之一。“十二五”规划以保障民众基本文化权益,满足民众基本文化需求为出发点和落脚点,而“十三五”规划将构建政府主导、社会参与、多元发展的格局,创新服务模式,尤其是公共图书馆引入“互联网+”思维,引发对新技术的探索及对新的业务调整与转型。可以说,在这种国家战略的顶层设计下,从“十二五”规划到“十三五”规划的转型时期,数字图书馆已经取得了长足的发展,国家也给予数字图书馆更有力的政策支持。

2.2 经济环境(Economy):政府购买公共文化服务的财政趋势

在“小政府大社会”的政府职能改革的方向中,政府购买公共服务作为治理工具,其目的在于“减少政府财政压力、经济节约、促进竞争”。2013年7月31日,国务院总理李克强主持召开国务院常务会议,要求推进政府向社会力量购买公共服务。随着服务型政府的加快建设和公共财政体系的不断健全,政府购买公共服务将成为政府提供公共服务的重要方式。因此在《政府向社会力量购买公共文化服务指导性目录》中,公共文化体育设施的运营和管理一项包括:公共图书馆(室)、文化馆(站)、村(社区)综合文化服务中心(含农家书屋)等运营和管理;公共电子阅览室、数字农家书屋等公共数字文化设施的运营和管理等。

在《服务采购之信息技术服务》中具体列了以下几项,如:①C0203数据处理服务:指向用户提供的信息和数据的分析、整理、计算、存储等加工处理服务。②C020301存储服务:以在线、离线等方式提供的数据备份、容灾等服务,包括:数据中心、存储中心或灾备中心提供的数据存储、数据备份、容灾等服务;其他存储服务。③C020302数据加工处理服务:指向用户提供的数据分析、整理、计算、编辑等加工和处理服务,包括:数据采集、录入、更新等服务;数据共享交换服务;数据统计分析服务;文件扫描存储服务;数据库服务;其他数据加工处理服务。④C020303数字内容加工处理服务:指将图片、文字、视频、音频等信息内容运用信息技术进行加工处理并整合应用的服务,包括数字动漫设计制作、地理信息加工处理等。

在国民经济稳定发展并足以加大图书馆资金投入的经济发展中,在政府减少开支促进节约的改革中,政府购买公共文化服务是借助专业服务机构的优势完成公共服务提供及自身业务发展的举措,这是数字图书馆信息专题资源建设的良好的经济环境。

2.3 社会环境(Society):全民阅读趋势下信息获取方式的变革

"全民阅读"曾两度被写入中国的政府工作报告,在全民阅读的倡议中,数字阅读已成为新的阅读趋势。根据《2016年度中国数字阅读白皮书》显示:2011至2015年我国全民数字阅读接触率从38.6%上升至64.0%;2015年数字化阅读首次明显超过纸质阅读,2016年,我国数字阅读用户突破3亿;手机阅读媒介接触率在这五年间更是实现了从27.6%到60%的跨越式增长;互联网在线阅读媒体接触率首次过半。同时,公众信息获取和阅读方式也呈现出多渠道、移动化、社交化的特点。数字阅读白皮书显示,信息和网络信息技术不断为数字阅读注入发展的动力。中国新闻出版研究院的国民阅读调查也显示,从2015年到2016年,数字化阅读域从32%增长到68%,提高了36个百分点。

数字阅读已经成为新的国民阅读习惯,资源获取的方式也发生着变革,互联网、数据库资源获取较之传统的文献查找有着更加显而易见的优势。与此同时,立法决策服务的用户,即立法机关、政府机构用户等也同样适应新的阅读模式和信息获取方式,在这种情况下,不管是为了用户业务本身的便利,还是为了立法决策服务的拓展,专题资源建设都有了良好的环境因素。

2.4 技术环境(Technology):"大智物移云"时代的技术创新

文化与科技融合是当前公共文化服务体系建设的重点发展战略。2012年,《国家文化科技创新工程纲要》提出"加强图书馆等文化公共服务平台的网络化和数字化建设"。2015年,《关于加快构建现代公共文化服务体系的意见》进一步提出"从专项规划实施、关键技术研究、融合应用示范、数字化服务推进以及网络等方面推进公共文化服务与科技融合发展"。

中国工程院院士邬贺铨提出,我们现在进入一个"大智物移云"——大数据、智能化、物联网、移动互联网、云计算——的时代,一个计算无处不在、软件定义一切、网络包容万物、连接随手可及、宽带永无止境、智慧点亮未来的时代。这些技术的融合发展,使人类来到了一个换代发展的新起点。技术创新是图书馆发展的重要引擎。随着大智物移云时代的到来,大数据、云计算、移动互联网、智能化等新兴信息技术的发展,图书馆的服务与管理中也必将新兴技术导入,从服务模式、服务内容、管理形态等方面进行变革,让图书馆在新的信息技术背景下呈现出新的动力和活力,找寻新的战略发力点。新兴技术的发展无疑给数字图书馆专题资源建设提供了技术支持和环境。

3 面向立法决策服务专题资源建设的竞争态势(SWOT)

专题资源建设的宏观环境分析一如前述,可以说,在图书馆提供信息服务的过程中,资源优质建设、资源合理利用都是绕不开的话题。伴随着专业细化、学科交叉、知识爆炸的信息社会全面来临,各行业各层次人士都面临着如何及时、准确、高效地获取信息这一社会性难题。基于此,可从竞争战略分析方法入手,对立法决策服务专题资源建设进行进一步分析和研究。

3.1 优势(Strengths):专题资源建设的针对性

由国家统筹建设的大型综合化数据库,在满足社会信息需求方面主要地扮演了"百科全书”式角色,其重要性不可低估。但是,对于特定地域、特定行业、特定专业或特定专题的个性化信息需求,综合数据库大概主要起方向性、指导性作用,不能很好满足专业人员等对特定领域信息的需求。为此,各种类型不同规模的专题数据库应运而生。专题数据库是指以特定地域、特殊行业、特定主题为基本内容的数据库,这类小型、专门化数据库常为特定服务对象所需求。这些小型、专门化的专题数据库,很好地弥补了综合数据库检索不精确的盲点。虽然数字图书馆发展如火如荼,但是资源太多,也会增加利用资源的各种成本。在国家图书馆为立法和决策服务过程中,也同样面临这样的问题,国家立法机关和决策机构的日常内容事有专项,在对专门事务进行研究、讨论和分析的时候,从综合性数据库中整合有效资源,不仅耗费时间,也更加困难。这就使得专题资源建设在立法决策服务完善和体系化建设中提上日程。

具体而言,专题资源建设应该具备以下三个特点:一是搜集整理针对性强的数据资源,即根据立法决策用户的业务范围,对信息和资源进行甄别,缩小资源的外延,保留更有针对性的信息资源;二是集中反映该专题领域的全貌,即对所甄选的信息进行进一步研究,根据用户业务范畴及研究领域,对信息进行研究分析,保证其全面展示业务全貌;三是有序展现专题资源文献层次与逻辑,即对该专题文献进行深入研究,按照层级、分类、内容、内涵和外延等,对信息的呈现进行合理规划,使其符合用户业务及研究的特点和规律。

3.2 劣势(Weaknesses):业务的隔离及服务精准性问题

近年来,咨询服务从文献、信息到知识已经是个越来越明显的趋势。立法决策服务用户也有着同样的需求转变,咨询内容越来越贴近用户业务本身。近年来的咨询课题如:公务人员薪酬奖金制度、慈善机构的管理、国外志愿服务情况、养老机构的运营、行政法规制定程序条例相关问题、外国人居留制度等,基本都密切贴合用户本身的业务。而图书馆提供相关的咨询服务,所依赖的是文献资源,以及基于文献资源进行整理和研究的馆员,这就导致在提供服务时,双方存在业务的隔离,用户熟悉业务却不熟悉资源,馆员熟悉资源却不熟悉用户的业务。这是面向立法决策开展专题资源建设服务时遇到的问题,用户有专题资源建设的需求,图书馆有专题资源建设的能力,但中间却存在隔离,导致服务的精准度不够。根据对专题资源建设的特点可以看出,一个专题资源库的建设需要的是对专题的研究,只有这样才能做到对数据资源的针对性和精确性的把握。可以说,专题资源建设应具有针对性、精确性,而要想更好地建设及深入发展,应从精确性向精准性发展。开展立法决策的专题资源服务过程中,唯有精准化服务才能建立用户需求和图书馆职能之间的桥梁。

3.3 机遇(Opportunities):商业、学术数据库的留白

在各种各样的数据库中,使用最为广泛的数据库主要有两大类,一是商业数据库,二是学术数据库。商业数据库大多为金融投资所用,有很强的商务和实务性质,国内的诸如锐思数据库、巨潮数据库、恒生聚源等,国外的诸如路透社、OECD、HaverDatabase 等,多为券商、基金研究机构所使用。学术数据库大多为学术研究所用,有很强的文献汇集和研究性质,国内的诸如万方、知网等,国外的诸如 Westlaw International、EBSCO、Elsevier 等,多为高校、研究机构所使用。分析这些数据库,可以看到在商业、学术数据库的蓬勃发展中,仍保留一些空白:一是对象留白,在这些数据库中,极少有为政府机构和立法机关开发的专门数据库;二是内容留白,目前的数据库中,内容多集中在政治、法律、经济、金融等热门领域,而对于需要决策的专题,如优

抚、慈善、团干建设等并未涉及。

市场上商业、学术数据库产生这些留白有其必然的原因,首先是收益考虑,根据特定用户、特色内容来进行专题资源建设,势必遇到无法推广销售和使用、无法反复收益的问题。这是很多商业数据库、学术数据库对立法决策专题资源望而却步的最主要原因。其次是合作系数问题,立法决策用户在进行专题资源建设时,除了资源合理整合和利用之外,更重要的是要考虑一定程度的保密问题。虽然很多商业机构也能通过签署保密协议做到资源建设的保密,但是其合作系数仍然较低,这是市场上商业、学术数据库留白的一个原因,同时也成为国家图书馆开展立法决策服务专题资源建设的一个外部机遇。

3.4 风险(Threats):机构改革及文献档案机构的边缘化特征明显

面向立法和决策的服务,其服务对象具体而言包括:中共中央及其所属各部位、全国人民代表大会、国务院及其所属各部位、中国人民政治协商会议、中央军委及所属各总部等,立法决策服务用户有其明显的特殊性。2018 年“两会”后,中共中央印发了《深化党和国家机构改革方案》,就国务院而言,正部级机构减少 8 个,副部级机构减少 7 个,政府效能不断提升,转变政府职能、建设服务型政府是改革的目标。对国家图书馆立法决策服务职能而言,伴随而来的则是用户的大幅度变动,以及随着用户的转变、用户职能的合并、分离及转变,服务范围和服务侧重点都将不同程度地发生改变。此外,随着精简机构的调整,国家党政机关中文献档案机构的边缘化特征日趋明显,而这些机构是以往连接立法决策服务用户和服务提供者的有效“媒介”,媒介的边缘化特征日趋明显也必然削弱服务的嵌入程度和精准性。这些都给立法决策服务视域下的专题资源建设带来不同程度的挑战和风险。

随着国家政策的支持和技术的发展,数字图书馆框架下的资源建设愈来愈广泛地应用到图书馆服务当中,信息获取方式的变化和经济的稳定及政府购买服务的发展趋势,都成为图书馆资源建设的宏观环境。而在为立法和决策提供服务的过程中,为了满足立法决策科学化、民主化进程中的文献信息需求,提升国家决策咨询综合竞争力和文化软实力,专题资源建设也成为最具竞争力的服务模式。在运用 SWOT 分析法对其内部优势、劣势和外部机遇、风险做出一定分析之后,可以看到,面向立法决策用户的专题资源服务,虽然有其自身价值及外部机遇,但同时也存在一些业务不能沟通的劣势和用户自身机构边缘化带来的风险。基于此,面向立法决策用户的专题资源服务应继续完善,以期达到克服劣势和风险的目的。完善路径具体而言可以有以下三种:

一是嵌入核心业务的服务。图书馆嵌入服务虽然没有统一的定义,但通常来讲,包括图书馆技术、服务和环境中的嵌入,也是图书馆提供的透明化、泛在化和无缝式的服务,狭义而言指的是嵌入馆员所提供的服务,对是学科馆员的深入和延伸。立法决策服务中,所涉及的咨询内容虽然广泛,但学科特征也比较明显,比如针对最高人民法院、最高人民检察院的服务,多是法律专业的服务,一般由法律专业背景馆员完成。所谓的嵌入,从人员上讲,可以指专业的学科馆员与用户业务的嵌入;从资源上讲,是指根据用户特点需求,对其进行有针对性的资源建设开发和利用的服务。

二是资源共建共享。公开出版的、可广泛获取的大量资源,是立法决策用户获取信息的基础资源,在此基础上,对信息进行筛选、甄别、归类,根据用户业务范围,对资源信息的外延进行缩小,对其内容进行精准化提炼,是专题资源建设的内容。但同时,用户基于业务本身也存在大量的灰色文献及内部信息资源,这些文献资源因没有经过合理处理,而利用率不高。为了完善面向立法决策用户的专题资源建设,除了应精准信息之外,另一方面是补充特色资源。这就需要图书馆与用户之间进行资源的共建共享,对各种资源进行深入分析和研究,互为补充,最终达到资源的优质化整理和合理利用。

三是加强立法决策咨询馆员的专业化队伍建设。阮冈纳赞提出的"图书馆学五定律"是图书馆职业最简明的表述,其中"为书找人""为人找书"更是高度凝练了图书馆服务的根本宗旨以及图书馆员的基本使命。换言之,图书馆员的基本使命就是在用户和资源之间建立桥梁。面对资源种类的变化、资源获取方式的变化和立法决策用户的特殊性,要更好地完成用户和资源的链接,必须从图书馆员本身下功夫。首先建立完善的专业梯队,保证对立法决策用户的相关业务有更大范围的覆盖,确保对相关资源信息甄别的准确性和全面性;其次是立法决策咨询馆员在日常服务中,关注国家政策及热点变化,立足用户业务范围,努力做到资源和用户之间的无缝连接。最终达到资源和用户有效沟通,完成新形势及特定职能视域下的"为书找人""为人找书"。

参考文献

[1] 陆和建,李杨. 基于 SWOT-PEST 分析的基层公共文化服务社会化管理发展策略研究[J]. 图书情报知识,2016(4):119.

[2] 国家图书馆立法决策服务部. 图书馆立法决策服务工作调研报告[M]. 北京:国家图书馆出版社,2014.

[3] 张成昱等. 移动数字图书馆:和知识一起运动[M]. 北京:清华大学出版社,2017.

[4] 张洋. 数字图书馆参考咨询系统的建设与实践[M]. 北京:北京日报出版社,2017.

[5] 王上铭. 专题档案资源库建设研究[D]. 南京:南京大学,2015.

试论运行机制创新在图书馆向智库转型过程中的作用

——以日本国立国会图书馆科技调查项目的实施为例

姜　婧(立法决策服务部)

党的十八届三中全会即提出要加强中国特色新型智库体系建设,建立健全决策咨询制度。在这样的背景下,图书馆在新型智库体系中应如何发挥作用引发了诸多探讨。智库离不开图书馆,图书馆也需要走向智库[1]。图书馆不仅可以为智库建设提供信息支撑,也可以直接发挥智库作用。日本国立国会图书馆是根据《国立国会图书馆法》设立的隶属于日本国会的图书馆,同时也是日本唯一的国立图书馆,其下设的调查及立法考查局(Research and Legislative Reference Bureau)专门面向国会及其议员提供立法调查服务,是日本国会的三大立法辅助机构之一[2]。它通过在国政领域的立法调查活动,有效发挥着"立法机关智库"与"议员情报中心"的职能。该局的立法调查活动实践丰富、成果多元,具有一定研究价值。本文以该局近几年开展的科技调查项目为研究对象,通过探讨该项目运行机制的实施情况、主要特点等,以期为我国图书馆在新时代打造新型智库,实现图书馆智库功能的跃升,提升图书馆立法决策服务的效能提供镜鉴。

1 概述

科学、有效的立法活动是国家治理能力现代化的有机组成部分。在日本,国会是最高国家权力机关、国家唯一的立法机关[3]。国会由众议院和参议院组成,拥有立法权、财政控制权、监督权、国政调查权、国会自治权等职权。其中,尤以立法权、国政调查权较为突出。而伴随新的生产生活方式的出现,日本国会的立法、审议行为也呈现出诸多新特点。

1.1 科技领域立法趋向多元化与专业化

在日本国会的立法活动中,包含诸多与科技政策相关的内容,其中不少直接涉及科技领域的立法。国会议员为形成提案、推动相关立法工作,需要对该领域研究现状及前沿问题有所掌握,进而形成自己的研究和判断。科技发展日新月异,日本国会针对科技领域的立法活动也趋向多元化与专业化。表1是近年来日本国会在科技领域立法的概况。

表1 日本国会科技领域立法一览

年份	法律名称
1995	《科技基本法》
1997	《器官移植法》
2002	《能源政策基本法》
2006	《癌症对策基本法》
2007	《海洋基本法》《地理空间情报活用推进基本法》
2008	《宇宙基本法》《生物多样性基本法》《生物能活用推进基本法》
2013	《再生医疗推进法》
2014	《网络空间安全基本法》

1.2 科技领域国政调查对第三方调查机构的客观需求

国政调查是国会的另一项重要职权。日本宪法第四章第六十二条规定,众参两议院得各自进行有关国政的调查,并得为此要求证人出席、提供证言及记录[4]。在日本国会的国政调查活动中,科技领域课题所占比重日渐增多,为确保调查的专业性与中立性,迫切需要成立一个独立的第三方调查机制。调查及立法考查局作为设立在国立国会图书馆之下的立法辅佐机构,很大程度上承担了国会国政调查中第三方调查机构的职能。

1.3 日本国立国会图书馆设立科技调查项目

基于上述客观需求,日本国立国会图书馆调查及立法考查局于2010年启动科技调查项目。它由国立国会图书馆调查及立法考查局牵头策划实施,外部智库、专家学者协同参与,就科技创新领域的高端性、前沿性、战略性课题进行深入分析、调查的一个项目。其目的是从科技创新的视角全面揭示该项科技对于国家经济发展、社会民生等领域的广泛影响，为议员立法、国政调查提供有力的信息辅助和参考。该调查既围绕科技课题以及与之相关的制度规定的现状、研究活动开展情况、未来走向等多个方向展开，同时也就该科技对于社会、经济、生活等领域的潜在影响以及未来需要在政策、制度层面加以规范的要点进行挖掘、整理，并就国外相关课题领域的政策规范情况进行细致调查[5]。

自 2010 年项目实施以来，每年开展一次，截至 2017 年 3 月已经开展 7 次调查，共选取了"科技政策国际动向""情报通信技术"等课题（详见表 2）作为调查对象，并形成了 12 份调查报告。

表 2　日本国立国会图书馆科技调查项目的选题情况（2012—2016）

年份	项目课题
2010	科技政策的国际动向
2011	国家主导的研究开发机制
2012	海洋开发
2013	可再生能源
2014	情报通信技术
2015	生命科学
2016	冷战后的科技政策

在上述选题中，除了"科技政策国际动向""冷战后的科技政策"属于科技政策的纵向梳理和横向对比外，其他选题分别针对该课题领域国内外的科技政策、现状以及存在的问题进行了细致的梳理。

1.4　科技调查项目成效显著，为图书馆深化智库服务注入动力

科技调查项目的实施为科技领域的国会立法、国政调查提供了可靠而有力的参考。作为国立国会图书馆近年来富有特色的一项服务内容，该调查成为日本国立国会图书馆一个新的服务亮点，为调查及立法考查局向智库转型注入了动力。依托该调查项目的实施，日本国立国会图书馆调查及立法考查局向欧洲议会技术评估组织（European Parliamentary Technology Assessment，简称 EPTA）提出了加盟申请，并于 2016 年 10 月作为准会员正式加盟该组织，成为亚洲第一个加入 EPTA 的组织，在提升图书馆智库国际影响力、发挥科技情报据点功能以及加强国际信息交流与合作方面发挥了重要作用。

2　科技调查项目运行机制创新的突出亮点

科技调查项目的有效运行得益于其创新的运行机制。与以往的传统调查相比，该项目运行机制呈现以下鲜明特色。

2.1　组织灵活的项目化运作与管理模式

与传统立法调查相比，科技调查项目运行机制的创新首先体现在项目化的运作方式上。

调查及立法考查局传统的立法调查方式有两种：委托调查与预测调查[6]。委托调查是应国会议员（及其秘书）或其他人员的特定要求，提供立法资料和咨询意见，该调查是被动开展的调查，为一对一的回答，内容不对外公开。预测调查是该局根据国内外情况及国政审议现状，进行立法的预测研究，该调查是先导的主动性调查，调查成果以调查及立法考查局刊物①为载体予以呈现。

与以上传统调查活动相比，科技调查项目的新颖之处在于：它采用项目组的形式，根据不同课题需要，灵活组织工作人员参与调查。与短期调查不同，科技调查项目的实施周期为一年，具有长期可持续性。为了支撑这一运作方式，确保这一项目的机制化和常态化运转，国立国会图书馆特在调查及立法考查局在文教科学技术课下设立了"科学技术室"作为推进该项目的办公室。该室配备 3 名调查员（包含室长、室员），全部具有理科背景。该办公室的设置为开展有效的项目管理，推动项目开展的机制化、常态化提供了有效保障。

2.2 内外"脑"有机结合的调查机制

科技调查项目的另一个特色在于采用内外"脑"相结合的调查机制。这也是科技调查项目不同于其他调查较为鲜明的特征。内外"脑"相结合的机制主要体现在三个方面：一是根据课题需要，灵活聘请客座调查员、临时调查员加入调查；二是以策划委员会为中心，策划选题并推动内部调查的开展；三是以外部智库为中心成立委托调查委员会，推动外部调查的开展。

2.2.1 根据课题需要，灵活聘请客座调查员、临时调查员

由于科技调查项目涉及的学科领域广泛，而国立国会图书馆调查及立法考查局的调查员无法针对所有学科领域开展调查活动，为此需要根据每年度的项目选题情况，灵活设置客座调查员、临时调查员，邀请外部专家学者共同参与调查。客座调查员、临时调查员通常在某学科领域有深厚的造诣，他们作为国立国会图书馆的外聘工作人员参与调查与报告写作，为弥补调查及立法考查局自身人力资源不足发挥了重要作用。客座调查员由国立国会图书馆馆长进行任命，任期通常不超过两年。表 3 是近年来科技调查项目聘请客座调查员以及临时调查员的情况。

表 3 科技调查项日中客座调查员及临时调查员聘用情况（2012—2016）②

年份	课题名称	客座调查员	临时调查员
2012	"海洋开发"	筑波大学商学院教授 1 名	筑波大学商学院副教授教授 1 名、御茶水女子大学大学院人间文化创成科学研究系博士 1 名
2013	"可再生能源"	筑波大学商学院教授 1 名	法政大学冲绳文化研究所国内研究员 1 名
2014	"网络空间安全"	早稻田大学政治经济学院教授 1 名	法政大学冲绳文化研究所国内研究员 1 名

① 目前调查及立法考查局的主要刊物有：《国政论点》《参考咨询》《调查与情报——Issue Brief》《外国立法》《调查资料》。除《调查资料》为不定期刊物以外，其他刊物均为定期刊物，文章由调查及考查局内相关室、课的调查员分别就某个领域的课题执笔撰写相应的调查报告。

② 由笔者根据《平成 22—27 年度科学技術に関する調査プロジェクト調査報告書》整理而成。

续表

年份	课题名称	客座调查员	临时调查员
2015	“生命科学”	早稻田大学政治经济学院教授1名	横滨市立大学国际综合科学部副教授1名、筑波大学全球领导人才事业开发网络副教授1名
2016	“冷战后的科技政策”	早稻田大学理工学术院教授1名	横滨市立大学国际综合科学部副教授1名、东京大学大学院情报学环特聘讲师1名

2.2.2 以策划委员会为中心,策划选题并推动内部调查的开展

科技调查项目多由国立国会图书馆和外部智库共同承担。国立国会图书馆通常会成立“策划委员会”来负责调查工作的实施。“策划委员会”由国立国会图书馆调查及立法考查局不同室、课的调查员组成,不仅负责项目的总体策划,也负责部分调查的实施和报告的撰写。客座调查员与临时调查员也加入策划委员会中,对调查的实施提供整体性建议,并参与调查工作的实际开展中。

2.2.3 以外部智库和委托调查委员会为中心,推动外部调查的开展

国立国会图书馆通常选取影响力较大的外部智库作为合作伙伴,联合开展调查工作。截至2017年3月,调查及立法考查局共与两家日本国内知名企业智库协同开展调查——三菱综合研究所(Mitsubishi Research Institute)与瑞穗综合研究所(Mizuho Research Institute)。三菱综合研究所成立于1970年,是三菱集团的下属咨询公司。作为综合研究所,它不同于某个领域的专业智库,更加重视把社会科学与自然科学结合起来进行综合研究的思路,涉猎范围也非常广泛[7],是日本国内规模、影响力仅次于野村综合研究所(Nomura Research Institute)的综合性企业智库。瑞穗综合研究所是瑞穗金融集团的子公司,侧重于经济、金融领域的政策研究。在历年科技调查项目的委托调查中,2013与2015年度委托给瑞穗综合研究所,其他年度则委托给三菱综合研究所。

外部智库作为汇聚社会上专家和思想资源的平台和机制,有着身份超脱、机制灵活、思想创新等优势[8]。作为受委托方,他们一方面接受国立国会图书馆委托,利用自身人员与情报研究的优势,开展相关领域基础情报的收集工作;另一方面,通过组织社会上有影响力的专家学者组成“委托调查委员会”,推动调查的实施开展。委员会每年召开四至五次会议,对调查内容和方向进行研讨,并承担调查报告的写作工作。以2015年度为例[9],“委托调查委员会”由三菱综合研究所牵头策划,委托调查委员会设委员长1名,由东北大学医学部研究科教授担任,委员4名,由成城大学社会创新学部教授、卫材株式会社上席执行董事兼全球商业发展部门ECL总裁、立教大学大学院法务研究科教授、庆应义塾大学医学部临床遗传学中心教授组成。根据《日本国立国会图书馆组织规则》,以上与外部大学、调查研究机构等的联系与合作事宜,由调查及立法考查局下设的调查策划课负责具体沟通、协调工作[10]。

2.3 有效的报告组织和撰写机制

由于科技调查项目由国立国会图书馆和外部智库共同承担,调查报告的撰写也由双方共同完成。双方分别就各自开展的调查形成报告,分别是《国立国会图书馆调查报告》与《委托调查报告》。前者由国立国会图书馆以调查及立法考查局调查员为中心的“策划委员会”执笔,后者由外部智库和“委托调查委员会”执笔。

2011 年以前,科技调查项目将内部调查与外部调查糅合成一篇大的报告。报告分为“本篇”和“资料篇”,“本篇”梳理了课题领域的相关问题,“资料篇”则附上了国外相关课题领域的情况,并附上了相关资料的翻译与解说。自 2012 年度开始,由于项目选题更加专业,报告去掉了资料篇。从历年的报告完成情况来看,国立国会图书馆调查报告侧重于对课题本身的基础性梳理,而委托调查报告则侧重于该课题与其他关联领域的专业分析。每份报告都以总报告和分报告的形式呈现,且均注明具体执笔人信息。

2.4 及时有效的成果输出机制

国立国会图书馆科技调查项目的成果拥有及时而有效的输出机制。其一是通过调查及立法考查局的刊物发布,其二是通过调查及立法考查局的政策研讨会发布。作为科技调查项目的成果,调查报告最终发布在调查及立法考查局刊物《调查资料》上。《调查资料》的对外发布主要有以下几个途径:一是将纸质版报告放置在国立国会图书馆国会议员的阅览室、研究室或国会分馆内;二是将电子版报告通过调查及立法考查局为国会搭建的网络平台“调查之窗”进行发布;三是将电子版报告发布在国立国会图书馆的主页上,面向一般民众公开。

政策研讨会是调查及立法考查局面向国会议员或其秘书而举办的政策研究报告会,它主要聚焦社会热点、难点问题,邀请馆内外专家学者就自身所开展的调查做报告。科技调查项目也通过这个渠道进行成果发布。比如,2016 年度举办了两场与科技调查项目有关的政策研讨会,分别是:“后冷战时代与军民科技政策”①(3 月 23 日)、“宇宙政策动向”②(3 月 29 日)。政策研讨会不同于书面的调查报告,是一种面对面的互动式参与,方便议员、秘书及时就相关问题进行发问、交流,对调查成果的传播与发布起到了不可忽视的作用。

3 科技调查项目运行机制创新与图书馆的耦合性分析

科技调查项目的运行机制创新不是“无本之木、无源之水”,它是图书馆整合自身优势、盘活存量资源的结果。

3.1 客观中立的立场是图书馆开展科技调查项目的有效前提

客观中立的立场是国立国会图书馆不同于其他行政机构开展科技调查项目的有效前提。国立国会图书馆的立法调查有着“不偏不党”的特点。《国立国会图书馆法》第六章第十五条[11]规定,调查及立法考查局在执行任务时,要本着“不偏不党”的宗旨,并严守调查秘密。这决定了国立国会图书馆所开展的立法调查具有客观中立的立场。这也是国立国会图书馆参与智库建设所不同于民间智库和行政机关内部智库的一大优势。

3.2 系统化的信息资源建设战略是开展科技调查项目的资源保障

日本国立国会图书馆高度重视其在国家科技情报体系建设中的战略定位。早在 1961 年

---

① 2016 年 3 月 23 日举办,由早稻田大学政治经济学术院教授、国立国会图书馆客座调查员赖川至郎担任主讲。

② 2016 年 3 月 29 日举办,由北海道大学公共政策大学院教授铃木一人担任主讲。

便成立"科学技术关系资料整备审议会"①,着手科技情报的收集和建设工作[12]。1998 年制定首个《国立国会图书馆科学技术情报整备基本计划》,2004 年制定《关于电子情报环境下国立国会图书馆科技情报整备的建议》,提出要加强在科技领域的立法辅佐力度,同年还制定《科学技术关系情报整备计划——组织机构调整后当前的课题开展与馆内体制》,2006、2011、2016 年相继制定第 2 至 4 期《国立国会图书馆科学技术情报整备基本计划》[13],计划强调国立国会图书馆在国家科技情报体系建设中所应发挥的重要作用。一连串计划的出台足以可见日本国立国会图书馆在战略层面对于科技情报基础体系建设的高度重视。

3.3 合理的人才布局与人才培养是开展科技调查项目的有力支撑

训练有素的调查人员是国立国会图书馆开展调查研究的核心竞争力所在。国立国会图书馆调查及立法考查局共有 13 个调查室、14 个课、2 个课内室以及国会分馆,共有职员 190 名[14]。在各调查室下面设专门调查员、主干调查员、主任调查员,在各课下面设课长及调查员数名,形成了多层次的人才布局。其中,专门调查员由馆长根据国会常任委员会需要从调查及立法考查局职员里进行挑选任命,拥有较高的研究水平。国立国会图书馆通过多种研修方式将人才培养制度化,既有针对新入馆员工的研修,也有针对入馆 3—5 年期人员的研修,还有新任管理职、管理职的研修等。针对调查及立法考查局职员,则有专项的调查业务研修,着重培养调查业务所需的基本知识素养以及专业知识素养。有效的研修手段和研修体系为保障和充实人才队伍发挥了重要支撑作用。

3.4 细致的规范、规定是开展科技调查项目的机制保障

国立国会图书馆拥有一套细致、完备的规章制度体系。例如:从 1977 年起,国立国会图书馆就出台文件对聘任客座调查员事宜做出了具体规定。1987 年制定《国立国会图书馆国会服务要领》《国立国会图书馆国会分馆服务要领》,规范国会服务相关事项,至今已历经了 30 余次修订。此外,《日本国立国会图书馆组织规则》对国立国会图书馆各部门的具体职责做了细致规定,并对调查及立法考查局内设 13 个调查室、14 个课、2 个课内室以及国会分馆的业务范畴分别做了翔实的规定。完备的规章制度、翔实的规定为科技调查项目开展提供了有效的机制保障。

4 启示与结论

作为日本国立国会图书馆立法调查服务的一项创新举措,科技调查项目以其创新的运行机制对日本国立国会图书馆深化国会服务层次、拓展国会服务布局、促进向智库转型起到了重要的推动的作用。就中国国家图书馆而言,立法决策服务已取得一系列成就,并得到多个国家机关高度认可,但在未来进一步加强立法决策服务智库建设的进程中,我们仍可从日本国立国会图书馆的智库建设,特别是其科技调查项目运行机制创新的实践中汲取一些经验。

---

① 2011 年起改名为"科学技术情报整备审议会"。主要围绕国立国会图书馆的科技情报整备计划开展调查审议,并回答馆长的咨询。由馆外科技领域的专家学者构成,由馆长进行任命,不超过 20 人。

4.1 从战略高度加强信息资源的体系化建设

国家图书馆依托自身馆藏资源,已陆续成立海外中国问题研究中心和中国边疆文献研究中心,通过推送智库报告、编纂边疆文献等形式,致力于打造海外中国学研究以及中国边疆文献研究领域智库。与此类似,针对增进欧亚非等国相互理解信任、加强全方位交流的"一带一路"战略,国家图书馆亦可充分发掘"一部、一馆、两中心"的既有资源,建立"一带一路"区域国家政治、法律等专题数据库,为拓展立法决策服务的领域与广度提供有力的资源支撑与保障。

4.2 加大前瞻性研究在图书馆智库工作中的比重

图书馆除被动承接来自用户的委托咨询外,还应集中人力开展主动的、前瞻性的咨询。与日本国立国会图书馆相同,中国国家图书馆研究人员可基于国家方针政策以及馆藏文献信息资源,提前策划具有前瞻性立法或政策调查课题,既可以科组为单位开展,也可根据需要组建跨科组的项目小组,灵活组织和开展课题研究,并尝试建立起围绕某领域课题长期的追踪和滚动研究机制,形成特色品牌产品。

4.3 建立有效的"外脑"利用机制

图书馆在智库建设、智库转型的过程中,不能单凭一己之力,还要善于整合外界资源,注重内、外"脑"的有机结合,尤其是"外脑"的辅助作用。要从加强顶层设计着手,探索并建立起一套与外部智库、研究机构合作的有效机制,通过协同开展课题研究等形式,将内、外"脑"统一整合到图书馆立法决策服务的总体框架中。

4.4 重视咨询成果输出与转化

图书馆立法决策服务应注重智力成果的梳理与汇总,可从咨询成果与服务产品里遴选出一些不涉密的内容公开发布。同时,图书馆还应定期或不定期地组织政策课题研讨会,邀请该领域有影响力的学者做报告,并邀请相关机构用户前来参加,形成小而专的政策课题研讨小组,充当参政议政的好帮手。

《公共图书馆法》的出台标志着我国图书馆事业迈入了一个崭新的阶段。特别是其"设立国家图书馆""承担为国家立法和决策服务"等规定更是标志着图书馆立法决策服务智库建设迈入了法制化轨道。在这样的背景下,图书馆亦应结合自身优势"提升面向立法决策的文献保障能力、完善立法决策服务机制、健全全国立法决策服务网络、提升立法决策研究能力"。日本国立国会图书馆科技调查项目的实施为我国图书馆思考和探索向智库转型和升级之路提供了有益的示范。相信我国图书馆通过借鉴国际同行经验、因地制宜开拓创新,必定能够在图书馆智库转型的道路上实现新发展、新突破。

参考文献

[1] 初景利,唐果媛.图书馆与智库[J].图书情报工作,2018(62):46-53.

[2] 张曙光,陈颖艳.日本国立国会图书馆立法决策服务考察[J].国家图书馆学刊,2011(1):18-23.

[3] 日本国会的职权[J].天津人大,2011(12):41.

[4] 渡边洋三.日本国宪法的精神[M].魏晓阳,译.北京:译林出版社,2009:152.

[5] 小林信一. なぜ国立国会図書館で「科学技術プロジェクト」なのか? ——専門調査員に聞く[J]. 国立国会図書館月報,2014(9):4-10.
[6] 国家图书馆立法决策服务部. 国家图书馆立法决策服务工作调研报告[M]. 北京:国家图书馆出版社,2014:110-111.
[7] 赵新利. 智库是怎样炼成的? [EB/OL]. [2016-12-28]. http://www.charhar.org.cn/newsinfo.aspx? newsid=11323.
[8] 金家厚. 政府智库与民间智库的合作与交流[J]. 重庆社会科学,2012(7):92-97.
[9] 冷戦後の科学技術政策の変容:科学技術に関する調査プロジェクト報告書[R]. 東京:国立国会図書館,2017:149-156.
[10] 国家图书馆立法决策服务部. 国家图书馆立法决策服务工作调研报告[M]. 北京:国家图书馆出版社,2014:108-137.
[11] 国家图书馆立法决策服务部. 国外图书馆法律选编[M]. 北京:知识产权出版社,2014:102.
[12] 科学技術情報整備審議会とは[EB/OL]. [2018-03-20]. http://www.ndl.go.jp/jp/collect/tech/council/about.html.
[13] 国立国会図書館科学技術情報整備[EB/OL]. [2018-03-20]. http://www.ndl.go.jp/jp/aboutus/tech/history.html.
[14] 調査及び立法考査局の施設・組織概要[EB/OL]. [2018-03-20]. http://www.ndl.go.jp/jp/diet/service/facility.html.

试论新时代图书馆残疾人服务效能的提升

赵媛媛(数字资源部)

在科学技术日新月异、新知识新成果层出不穷的知识经济时代,无论是国家发展还是个人进步,知识信息的重要性都不言而喻。对于个人而言,其知识获取的状况甚至在一定程度上决定其生存状态。残疾人囿于生理不便,获取知识信息存在常人难以想象的困难。为了缓解残疾人知识获取困境,国家和政府陆续出台了一系列纲领性文件,保证残疾人享受公共文化平等权利的实现。在此背景下,公共图书馆也陆续展开了面向残疾人的公共文化服务。

1 图书馆残疾人服务效能提升的必要性

公共图书馆的服务效能,是指公共图书馆集合馆舍设施、文献资源、专业人员、技术手段、投入资金等各种硬件和软件条件,通过科学布局,优化政策,组织资源,专业策划,为用户提供符合需求、均等化、专业化服务的程度,简而言之,就是公共图书馆履行使命的程度[1]。由于残疾人服务的特殊性、复杂性,图书馆残疾人服务整体处于较为边缘的状态,甚至很多图书馆将其作为体现图书馆人道主义关怀的"可做可不做"的特色服务,而没有形成常态化、制度化、规范化[2],对于服务效能和服务成果也不甚重视。目前,实体图书馆的到馆服务是公共图书馆服务残疾人的主流形式,但是由于交通不便、公共基础设施建设不完善、宣传力度不足等原因，公共图书馆已经建成的残疾人阅览室大多门可罗雀，没有充分发挥价值，服务效能低下。

2018 年 1 月 1 日，《中华人民共和国公共图书馆法》正式施行，填补了我国图书馆领域的立法空白，为发展公共图书馆事业，全面提升图书馆服务效能，保障公民基本文化权益提供了法律依据和制度保障。《公共图书馆法》明确提出“公共图书馆应当考虑老年人、残疾人等群体的特点，积极创造条件，提供适合其需要的文献信息、无障碍设施设备和服务等”，从法律层面规定了图书馆残疾人服务的必要性。帮助残疾人使用图书馆，为残疾人提供普遍均等、适用的知识信息服务，是图书馆义不容辞的法律责任，而不是基于同情的人道主义关怀。同时，《公共图书馆法》也规定了政府在图书馆建设中的主体责任，政府有责任为完善图书馆建设、提升图书馆服务能力创造条件。公共图书馆应该以此为契机，积极改善残疾人服务的软硬件条件，提升残疾人服务效能，使公共文化服务能真正惠及广大残疾人。

根据《公共图书馆法》的精神，图书馆为残疾人提供服务的关键点在于“适合其需求”，因此调研残疾人用户知识需求、信息获取习惯和困难，是公共图书馆完善残疾人服务的必要举措，对于促进图书馆残疾人服务的发展具有重要意义。

2　残疾人用户需求调研

2.1　问卷的形成与发放

此次调研旨在揭示残疾人群体使用图书馆文化服务的现状，了解该群体对图书馆的需求。采取网络调研方式，通过中国残疾人服务网、中国盲人数字图书馆网站两个平台发布问卷，经用户自主填写，总计回收有效样本 164 份。

2.2　调研结果与统计分析

2.2.1　被访者基本情况

（1）残疾类型

此次调研覆盖各类型残疾人读者，其中以肢体残疾（占比 43.2%）与视力残疾人（占比 34.1%）居多，听力残疾人占比 12.9%，智力残疾、精神残疾、言语残疾及多重残疾总计共占比 9.8%。

（2）文化程度

参加调研的被访者中，高中及以下学历为 91 人，占比 55.5%；大学专科 30 人，占比 18.3%，本科 43 人，占比 26.2%，硕、博士在此次调研中占比为零。从一定程度上反映出残疾群体受教育程度相对较低，文化水平不高，面临知识贫困的现状。

（3）地域分布

本次调研被访者分布于全国 22 个省份，具有一定的地域广度。

（4）收入情况

在 164 位被访者中，月收入 4000 元以下的占比 92%。其中，月收入 2000 元以下的低收入者占比 73%。可见，绝大多数残疾人仍处于收入水平不高的状况。图书馆服务应充分考虑残疾人家庭的经济承受能力，以提供公益性服务为前提，借助先进的技术手段完善服务方式，降低他们接受服务的经济成本；使其能够便捷、经济地享受图书馆各类资源服务，而不需要依赖昂贵的阅读辅助工具。

(5)知识获取途径

互联网和书籍是被访者日常学习知识最主要的途径,这也与当今普通人的学习习惯基本吻合。互联网不但是普通人生活中不可缺少的一部分,对于残疾人也是如此,这也是图书馆通过互联网为残疾人提供文化服务的用户基础和服务依据。“书籍”作为残疾人学习知识的另一重要途径,其作用自然不可忽视。然而,对于部分残疾人,尤其是需要依赖盲文书籍的全盲者而言,盲文书籍数量的匮乏使其拥有的可获取资源量远远少于健康人。我国只有一家盲文出版物发行机构——中国盲文出版社,尽管该社近年来不断丰富出版物的种类、形式和数量,但由于盲文文献出版成本高、难度大、周期长,盲文文献生产能力远低于普通文献,且内容局限性和时滞性较强,盲文文献数量极度匮乏。盲文出版物紧缺并非我国独有现象,根据世界盲人联盟的统计,每年在全世界出版的书中,可供视力残疾者使用的版本不足5%,在发展中国家,这个比例不足1%[3]。

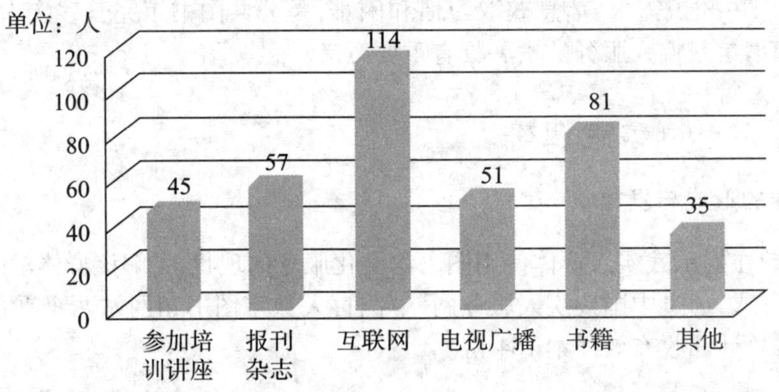

图1　残疾人用户知识获取途径统计

2.2.2　被访者使用实体图书馆的情况

(1)使用实体图书馆服务的整体情况

在被访者中使用过实体图书馆服务的用户为99人,占比60.4%。其中,每天都去图书馆的占比10.2%,每星期去图书馆1、2次的占比9.8%,而平均每季度或每年才去1、2次图书馆的低频用户占比40.4%。由此可推测,对于大多数残疾人用户而言,接受实体图书馆服务并未成为一种固定的知识获取行为,其对图书馆的使用具有偶发性、间断性的特征,图书馆服务未能长期、稳定地吸引大多数残疾人用户。

(2)实体图书馆服务内容

实体图书馆为残疾人提供的服务形式多种多样,囿于调研篇幅限制,未能全部列出,仅列举了最具代表性的几项服务内容。调查显示,“普通书刊借阅”和“网络服务”是残疾人用户通过实体图书馆接触最多的服务内容,这也与前文所述“书籍”与“互联网”是残疾人日常获取知识最主要途径的结论相一致,也从另一侧面反映出互联网对于残疾人知识获取的影响以及网络服务在图书馆服务中的地位日渐突出。

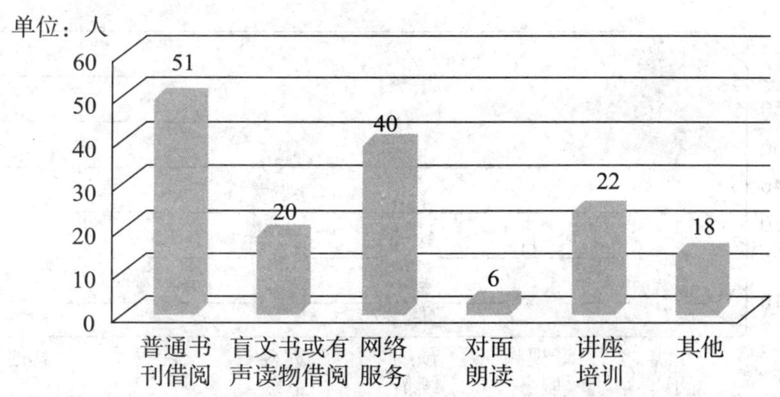

图2　实体图书馆服务内容统计

(3)用户使用实体图书馆的障碍

在使用过实体图书馆服务的被访者中,有61%的用户表示在使用中存在困难。其中,“出行不便”成为残疾人使用实体图书馆服务最大的困难,其次“无障碍服务不完善”“资源量少”及“缺乏辅助阅读工具”也是造成残疾人使用困难的重要原因。

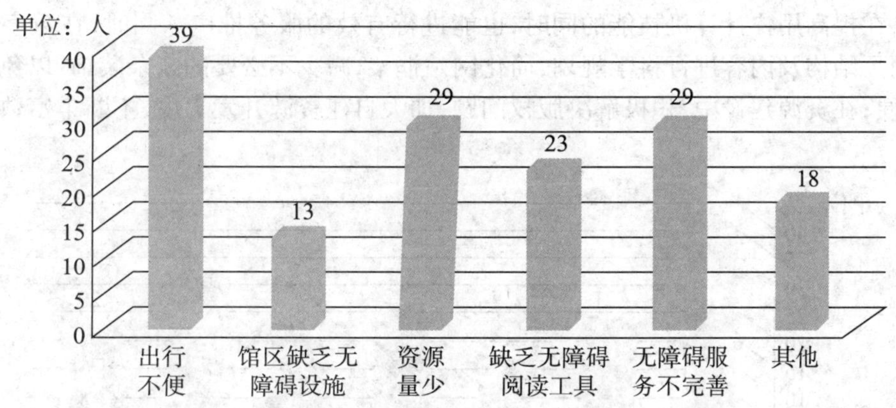

图3　实体图书馆使用障碍统计

2.2.3　被访者使用数字图书馆的情况

(1)使用数字图书馆服务的整体情况

在本次调研的被访者中,使用过数字图书馆服务的用户占比48.2%,数字图书馆服务在残疾人中的普及程度不理想。其中,有18.3%的用户已经养成每天使用数字图书馆的习惯,每周和每月使用数字图书馆的用户也分别达到3.4%和9.6%,即高频使用者达到了31.3%。对比前文被访者使用实体图书馆的频率(高频使用者占比20%),可以看出,尽管目前使用数字图书馆的用户在绝对数量上少于实体图书馆用户,但数字图书馆在培养用户忠实度方面显然更具优势。

(2)数字图书馆服务内容

“在线阅读”是用户使用最多的数字图书馆服务内容,“资料下载”也是使用频率较高的服务。因此,数字图书馆在建设过程中应积极解决在线阅读和下载的版权控制问题,利用先进技术手段最大限度地满足残疾人用户的知识需求。

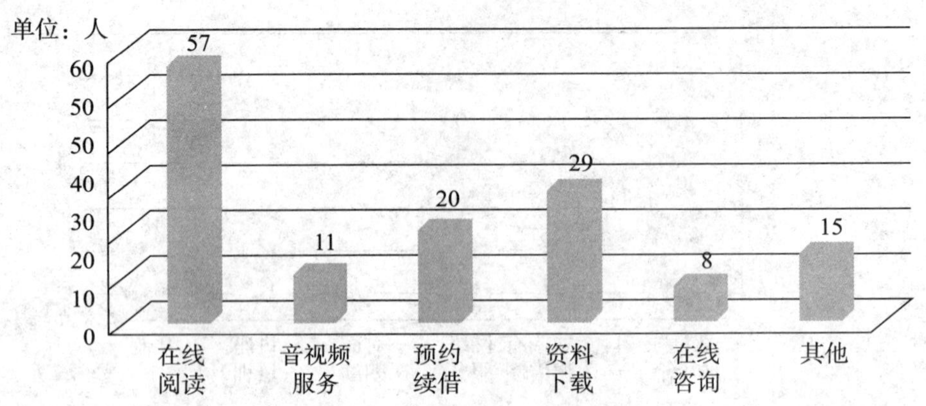

图4　数字图书馆服务内容统计

(3)使用数字图书馆的障碍(多选)

调查显示,71.3%的用户表示数字图书馆使用过程中存在困难。其中,“计算机操作不熟练”“资源量少”及“网页结构复杂”是造成被访者使用困难的重要原因。

用户需要掌握一定的计算机操作技能才能使用数字图书馆,因此图书馆可以定期举办计算机培训,在提高用户计算机技能的同时,也能进行有效的服务推广。同时,在数字图书馆建设中,对网页结构及内容进行科学规划,简化网站框架,减少不必要的复杂装饰,以免给用户使用造成不便;在资源建设中,积极解决版权问题,加大自建资源开发力度,不断丰富数字图书馆资源内容。

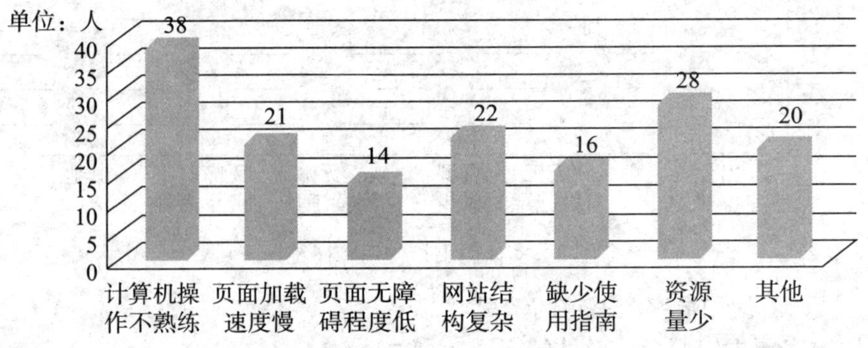

图5　数字图书馆使用障碍统计

2.2.4　用户对图书馆服务的需求

(1)通过图书馆获取知识的优势

调研显示,“资源量大”“种类全面”和“方便快捷”是用户认为通过图书馆获取知识的突出优势。而选择“服务优越”的用户较少,说明图书馆服务还有很大进步空间。

(2)用户对图书馆服务方式的需求

调研显示,数字图书馆超越到馆服务,成为残疾人用户最偏好的服务方式,此外移动图书馆服务也较受欢迎。目前大多数图书馆仍以到馆服务作为残疾人文化服务的主要甚至是唯一形式,显然有悖于用户的真实需求,转变服务思路、创新服务模式迫在眉睫。图书馆人应该顺应时代发展、契合用户需求,积极开创图书馆残疾人文化服务新业态。

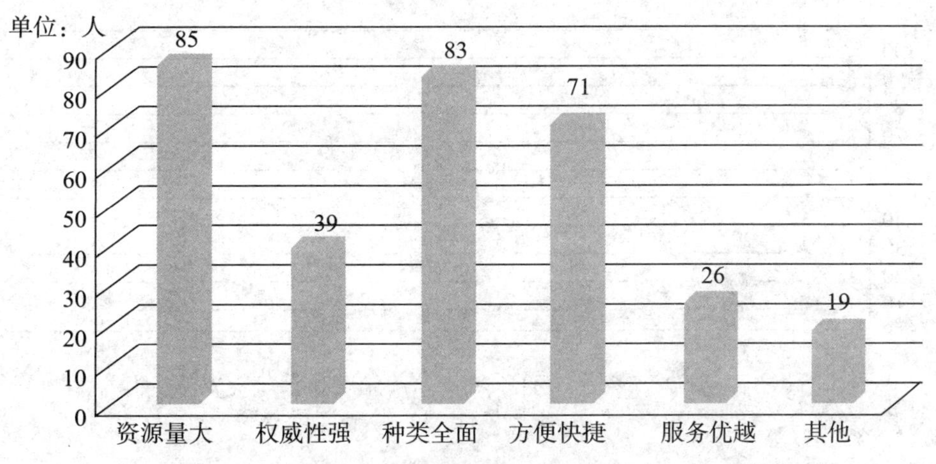

图6　图书馆知识获取优势统计

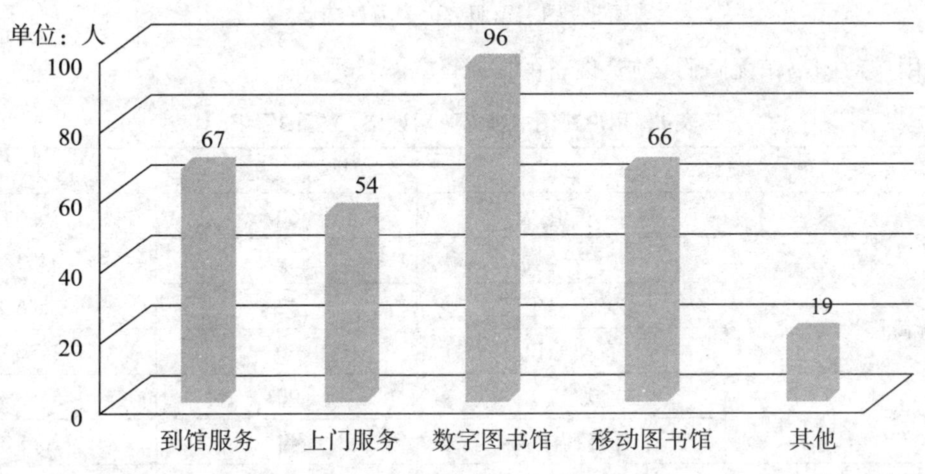

图7　用户对图书馆服务方式需求统计

(3)用户对信息资源形式和类别的需求

调研显示,期刊报纸、中外文图书、古籍和有声读物是用户较为偏好的资源形式。很多图书馆在馆藏建设中忽视了有声读物资源建设,应该予以调整。在资源类别上,管理类、医学保健类、军事历史类资源用户偏好度较高。总体来看,残疾人对资源类别的偏好未明显区别于普通读者,图书馆为残疾人提供文化服务并不需要改变馆藏比例,只需适当增加医学保健类资源比重即可。

(4)用户对图书馆服务内容的需求

在图书馆为残疾人提供的十项常见特色服务内容中,最受残疾人欢迎的是在线咨询服务及职业技术培训。在线咨询对于引导用户使用图书馆具有积极作用,尤其是对行动不便的残疾人用户,能够通过实时、方便的在线咨询及时解答用户疑问、帮助用户解决使用图书馆过程中的遇到的问题。与残疾人需求形成对比的是,根据前文调研结果,本次调研共有 79 位用户使用过数字图书馆服务,其中只有一位曾接受过在线咨询服务。可推测,大部分图书馆对于在线咨询服务没有给予足够重视,没有开展此项服务或没有在页面对此项服务做出醒目标示。

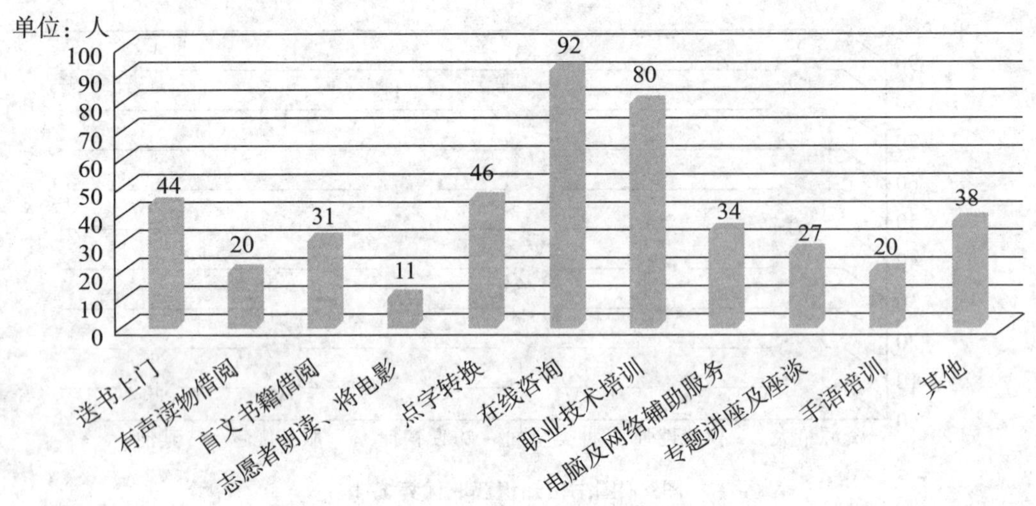

图8　图书馆服务内容偏好统计

(5)用户对图书馆无障碍设施、设备的需求

表1　用户对图书馆无障碍设施、设备的需求

项目		人数(人)	占比(%)
无障碍设施	盲道	60	36.6%
	语音导航	89	54.3%
	无障碍卫生间	42	25.6%
	盲文标识	60	36.6%
	坡道	90	54.9%
	无障碍电梯	44	26.8%
无障碍设备	读屏软件	48	29.3%
	盲文点显器	59	36.0%
	扩视器	56	34.1%
	听书机	38	23.2%
	盲用扫描仪	41	25.0%
	盲用键盘	59	36.0%
	轮椅	41	25.0%

坡道和语音导航是用户最需要的图书馆无障碍设施，此外盲道和盲文标识也十分重要。公共图书馆应该在馆舍建设中充分体现残疾人用户需求，注重坡道、盲道等设施建设，同时加强语音导航、盲文标识等引导性信息建设。盲文点显器、盲用键盘、扩视器及读屏软件的用户需求较大。

从调研结果看，在国家政策的支持和引导下，公共图书馆虽然已经具备了面向残疾人群体提供服务的意识和基础，但服务内容及服务方式并未完全满足残疾人需求，残疾人在使用图书馆的过程中困难重重。公共图书馆残疾人服务资源闲置和残疾人知识需求得不到满足的现象并存。因此,公共图书馆亟须转变思路,多管齐下提升服务效能,以不断推进和完善面向残疾人的公共文化服务。

3 图书馆提升残疾人服务效能的途径

3.1 普及均等化服务理念,强化效能意识

国家和政府十分重视残疾人公共文化服务,2017 年,国务院印发的《"十三五"推进基本公共服务均等化规划》特别指出,要"提供适合残疾人特殊需求的基本公共服务,为残疾人平等参与社会发展创造便利化条件和友好型环境",明确规定要"为视力、听力残疾人等提供特需文化服务",并将残疾人"在公共图书馆得到盲文和有声读物等阅读服务"作为《"十三五"国家基本公共服务清单》服务指导标准之一[4]。2018 年,《公共图书馆法》的施行进一步对图书馆履行残疾人服务职责提出明确要求,也为图书馆开展残疾人服务提供了法律依据和保障。各级公共图书馆应该着力普及均等化服务理念,深刻理解图书馆作为公共文化服务机构,为残疾人提供均等化服务是其职责所在,而绝不是边缘化、附加性劳动。

由于公共图书馆所提供的残疾人服务是公共文化产品,成本由财政拨款承担,服务由用户免费享用,使得图书馆服务效能意识淡薄。很多图书馆甚至只将开展残疾人服务作为应付评估定级的手段,缺乏主动服务的自觉和改善服务的动力。为了更好地坚持图书馆服务的普遍均等性,公共图书馆应该强化效能意识,努力提升服务效能,使有限的经费投入能够生产出满足更多残疾人读者需求的知识信息服务。

3.2 优化并丰富现有服务方式,建设基层服务站点

图书馆应完善残疾人服务方式,设立独立的残疾人读者服务部门,统筹全馆资源开展残疾人服务;加快残疾人适用文献资源的建设,通过采购、自建、共建等方式尽快充实文献资源数量及种类,提高资源更新频率;深入开展读者调研,建立残疾人读者信息资料和档案管理制度,根据不同残疾人的生理特点和信息需求,提供针对性资源与服务;推动文化助残活动持续性、多样化、常态化发展,打造文化助残品牌,扩大活动影响力和辐射域。同时,公共图书馆也应该进一步完善无障碍设施设备建设,提升馆区软硬件环境的残疾人友好度。

实体图书馆服务半径受制于交通等客观因素,在免费开放的前提下,图书馆能否吸引读者入馆,很大程度上取决于读者利用图书馆所需要付出的时间和交通成本。对于残疾人来说,这个成本较之普通人更高,图书馆残疾人服务的有效范围更小。正如前述调研显示,"出行不便"已经成为制约残疾人使用实体图书馆服务的首要因素。因此,图书馆在考虑自身降低服务成本和提高服务效益的同时,必须同时考虑读者利用图书馆的成本。图书馆可以通过建设基层服务站点扩大残疾人服务半径,通过建立示范点、资源共享、馆员培训等方式引导、帮扶社区图书馆、文化站开展残疾人服务,将图书馆服务送到残疾人居住的街道、社区和家庭,降低残疾人使用图书馆服务的成本。

3.3 积极利用新兴技术,发展"互联网+残疾人服务"

《公共图书馆法》指出,"国家鼓励和支持发挥科技在公共图书馆建设、管理和服务中的作用,推动运用现代信息技术和传播技术,提高公共图书馆的服务效能""推动公共图书馆利用

数字化、网络化技术向社会公众提供便捷服务……建立线上线下相结合的文献信息共享平台,为社会公众提供优质服务”,从法律高度鼓励公共图书馆采用现代信息技术和传播技术建设数字图书馆、积极探索依托互联网和技术进步推动服务手段与服务方式创新。

残疾人囿于行动不便,在使用传统图书馆的过程中存在诸多困难,而以网络为代表的新媒体终端,一定程度上弥补了传统信息服务方式的不足,日渐成为残疾人获取信息与知识的重要窗口。数字图书馆服务解决了残疾人出行不便的难题,使其足不出户就能享用图书馆的浩瀚资源,让残疾人长期、稳定使用图书馆服务成为可能。目前实体图书馆的普及率仍大于数字图书馆,但数字图书馆残疾人读者的忠诚度高于实体图书馆,残疾人服务模式由传统的阵地服务逐渐向“线上+线下”双重模式转变,这一转变是提升残疾人服务效能的必要举措。国家图书馆联合中国残联信息中心共建的中国残疾人数字图书馆、中国盲人数字图书馆,依托图书馆宏富馆藏,借助信息技术,通过互联网将图书馆服务推送给残疾人读者,使残疾人足不出户就能享受到图书馆专业的文化服务。未来,全国公共图书馆应该以国家图书馆为主导、各省级图书馆为核心,构建覆盖全国的残疾人数字图书馆服务体系,积极利用微信公众平台、微博、移动端App等新技术及新媒体,提供针对性、个性化、多样性、无障碍的“互联网+”残疾人服务,使均等化公共文化服务成果惠及每一位残疾人读者。

3.4 加强资源整合,实现资源共建共享

公共图书馆残疾人服务普遍存在资金短缺的现象,并且经过特殊加工的适用于残疾人的文献资源一般成本较高,导致单个图书馆面向残疾人的文献资源建设力度不足,难以满足读者的知识需求。因此,公共图书馆除了进一步丰富自身馆藏,还可以通过构建公共图书馆服务联盟,打造统一服务网络,广泛开展馆际互借服务,实现区域内的通借通还,加强区域内文献资源的互换流通和联合服务,既为残疾人阅读提供便利,也可以极大提升馆藏利用率,提升服务效能。

同时,在全国范围内,加强图书馆残疾人服务的数字化建设,加强资源整合。残疾人对于知识信息的需求是十分丰富且不断发展变化的,完善的无障碍信息服务不能仅靠一馆之力,应当实现业界联合,在资源加工、组织、整合和服务等多个领域展开广泛合作,形成覆盖全国的无障碍数字图书馆服务体系。由国家图书馆负责总体规划和站点运营维护和管理,省、市级图书馆负责省市级资源及当地特色资源的加工、发布和管理。在整体架构方面,软硬件环境可以由国家图书馆统一搭建,通过各级公共图书馆的互联互通,构建一个方便、快捷的残疾人数字图书馆门户网站,使全国残疾人读者通过一个窗口就可以一站式发现并获取全方位的信息资源及相关服务。

3.5 加快专业人才队伍建设,发展和完善志愿者服务

专业化人才队伍是提升图书馆服务水平,切实为读者提供优质化、专业化服务的基本保证。服务于残疾人读者的图书馆员,除了图书馆基础业务知识,还应该善于把握读者心理,擅长与读者沟通,并掌握盲文、手语等专业技能,具备耐心细致、热情周到的服务态度。要建立起这样一支专业服务队伍,应该有步骤地分批开展理论培训、业务培训、应用培训、科技培训和服务培训,为相关从业者提供更多业界交流和与残疾人读者交流的机会,全面提高理论水平、业务素质和服务能力[5]。专业化的服务对于提升图书馆服务效能具有重要影响。例如专业的

参考咨询服务，能够节约读者在检索、获取知识时遇到的困难，降低读者信息获取的时间成本，提高残疾人读者使用图书馆的信心和兴趣，最终有助于提升服务效能。

发展和完善志愿者服务。残疾人服务需要投入大量人力物力，在图书馆各项资源特别是人力资源有限的情况下，借助社会志愿者的力量是完善服务的有效途径。图书馆可以通过自主招募志愿者或者与现有志愿者团体建立合作的形式，扩充图书馆残疾人服务队伍，提高服务接纳能力。残疾人服务岗位具有特殊性和专业性要求，因此图书馆应该为志愿者提供定期培训，并建立健全志愿服务制度，充分发挥志愿者服务在残疾人公共文化服务中的重要补充作用。

3.6 加强服务推广，提升残疾人服务影响力

公共图书馆应该提高宣传意识，积极利用多种渠道扩大服务影响力。与各地残疾人联合会协同合作，充分发挥残联的桥梁和纽带作用，提升图书馆服务知名度，使更多残疾人读者从中获益[6]；与特殊教育学校、残疾人团体密切配合，通过设立服务示范点、发放宣传材料的方式，对图书馆残疾人服务进行持续性推广；与网络媒体、平面媒体、广播电视媒体多方合作，在助残日、盲人节等与残疾人相关的主题日举办形式多样的文化助残活动，以活动为契机进行大范围重点宣传，提高用户对于图书馆残疾人服务的认知和记忆；积极利用微博、微信等自媒体平台及时通报服务动态、推送服务资讯，与用户保持良好互动；充分利用多种推广方式，将宣传模式固定化，使其常态化、持续化推进。此外，应该加大对数字资源使用途径、方法的宣传介绍，制作通俗易懂的示意图或视频，提高读者对数字资源的利用率和满意度。

残疾人作为社会中一个特殊的群体，具有不同的信息需求特点和信息行为特征。公共图书馆服务只有从需求出发，提供契合需求的资源内容和服务形式，才能真正改善残疾人信息获取困境，提升图书馆服务效能，促进图书馆事业长足发展。公共图书馆应该充分整合政府、业界、社会的政策、资金、技术优势，不断拓宽服务思路、创新服务方式，依靠一支专业的人才队伍为广大残疾人用户提供高效便捷、契合需求的信息资源服务。

参考文献

[1] 邱冠华. 公共图书馆提升服务效能的途径[J]. 中国图书馆学报，2015(7)：14－24.

[2] 李纪英，汤屹东. 试析均等服务过程中民族地区图书馆如何提高残障人士服务效能[J]. 内蒙古科技与经济，2014(7)：103－104.

[3] 万勇. 盲人图书馆建设版权问题研究[J]. 图书馆学刊，2014(3)：4－6.

[4] “十三五”推进基本公共服务均等化规划[EB/OL]. [2018－03－25]. http://www.gov.cn/zhengce/content/2017－03/01/content_5172013.htm.

[5] 张炜. 面向残疾人的数字图书馆服务[M]. 北京：国家图书馆出版社，2013：279.

[6] 朱莺. 图书馆残疾人阅读推广模式研究[J]. 图书馆研究，2014(4)：54－56.

国家图书馆员工培训工作调查与分析

刘　颖(数字资源部)

1　图书馆员工培训的重要性

图书馆馆员是负责图书馆运营的专业人员,工作内容包括对图书馆馆藏资源的采购、加工、描述、流通(借还)、分析报道以及读者服务等。但在一般人的理解中,图书馆馆员常常被人误解为图书馆管理员(图书管理员),或认为其工作内容只是借还书,把图书馆馆员工作看作是不需要具备高学历和知识的简单工作。实际上,图书馆馆员不仅应当拥有图书馆学(或信息管理学)等相关专业的学士及以上学位,往往还需要同时掌握至少一门以上的其他学科知识。在欧美等发达国家,图书馆馆员,尤其是参考馆员,往往被要求拥有至少一个或两个以上的硕士学位或博士学位。因此,图书馆员培训具有十分重要的意义。

《公共图书馆法》第十九条指出"公共图书馆应当根据其功能、馆藏规模、馆舍面积、服务范围及服务人口等因素配备相应的工作人员。公共图书馆工作人员应当具备相应的专业知识与技能,其中专业技术人员可以按照国家有关规定评定专业技术职称。"

1.1　为图书馆事业发展提供人才保障

图书馆事业的发展依赖于图书馆员的工作,现代图书馆已经不再是传统意义上的管书、借书、还书,进入知识经济的图书馆,承担着提供信息、开展社会教育、保存文化遗产和提供文化娱乐的功能。随着数字图书馆的建设,图书馆文献资源的电子化、数字化、网络化和虚拟化;图书馆资源载体和形式的数字化,图书馆馆藏不再仅限于图书、报纸、期刊、缩微胶片这些传统的实体知识载体,还包含了电子数据库等各种类型的虚拟知识资源,这就要求馆员不仅需要熟知各种形态的知识资源,还需要掌握多种信息技术,能够针对读者需求建设和开发馆藏资源,对知识资源进行加工、描述和分析,判断和评估知识资源的质量,并向读者进行报道或推荐,从而提供深入有效的知识服务。因此,必须通过行之有效的培训,提高馆员自身素质,使之适应图书馆事业发展的新需要。

1.2　贯彻"读者为本",更好地服务读者

以"读者为本"开展图书馆服务工作,是图书馆工作的永恒话题。随着现代信息技术的飞速发展,新学科、新概念、新知识不断涌现,各学科之间相互渗透影响,人们对信息有越来越多的需要。面对纷繁无序的信息资源,读者难免一时无从着手,这就需要图书馆员通过不断充实提高自己的专业知识,帮助读者寻找到有效的信息,更好地服务读者。

1.3 图书馆员自身发展的需要

图书馆界历来主张图书馆员应该是“通才”“杂家”。随着科学技术日新月异的发展、知识更新的加快，图书馆受知识经济时代的挑战和自身由传统模式向科学化、现代化管理模式的转换影响，更是需要馆员成为复合型人才，对馆员的专业素质提出了“一专多能”的要求。馆员除了掌握自己所学的本专业知识外，还应该通过培训，学习多方面的科学文化知识。对于图情专业毕业的馆员，需要学习业务领域相关的其他学科知识；对于非图情专业毕业的馆员，则需要学习图书馆学、情报学相关知识。在国外，具备双重学历是图书馆员从业的基本条件。比如加拿大就规定，图书馆馆员除了具备一门专业知识外，还必须拥有图书情报专业知识。

发达国家十分重视公民的继续教育和终身教育，图书馆更是鼓励和支持馆员通过各种形式进行学习。如今，随着我国“学习大国”的建设，图书馆员要通过自己的努力，不断完成知识结构，加强业务能力，不仅了解图书情报知识，掌握现代信息技术，满足读者新的需求。

2 图书馆人才培训现状

图书馆员工培训，从狭义上讲就是指向图书馆员传授其完成本职工作必需技能的过程；从广义上讲则指图书馆为了履行其社会职能，实现总体目标，全面开发和提升馆员能力，并对馆员的职业道德、敬业精神等进行培养的过程[1]。

馆员素质的高低，决定图书馆事业的成败。一支具备精湛业务能力、高尚职业道德的优秀馆员队伍，是图书馆提供高水平服务的根本保障。随着社会进步，人民物质文化生活水平的提高，读者需求层次也在不断提高，对图书馆员素质的要求也越来越高。目前，公共图书馆工作人员普遍存在着知识结构老化、服务技能单一等现象[2]，难以满足日益提高的读者需求。因此，对图书馆员进行培训势在必行。

只有通过培训，才能不断提高知识结构、业务能力、服务态度、职业操守以及个人修养，造就一批批多学科、多技能的复合型人才，更好地为读者服务，促进图书馆事业的发展。

近年来，国内多数公共图书馆都把员工培训工作放在非常重要的位置，举办了各种培训；国家图书馆作为指导全国图书馆业务工作的机构，也开办了面向公共图书馆的业务培训班；中国图书馆学会也通过各种专题研讨会和年会等形式，对图书馆员进行培训，应该说成效显著。但是，其中也存在着诸多问题，主要如下：

2.1 培训需求调查不足

目前，大多数公共图书馆在培训开展之前都没有对员工的培训需求进行调查，仅仅是按照上级的命令或依靠主观判断来确定员工是否需要培训及培训的内容，把岗位设置、行业未来发展需要和员工的个人情况抛到了一边。导致培训安排大多比较随意，一味地跟风赶时髦，计划性和针对性不强，使得培训流于形式，无法落到实处。

2.2 培训方式单一，培训内容和实际相脱离

由于培训理念陈旧，重视程度不够，因此培训方式单一，难以调动员工的参与热情。再加上培训过程任务化，培训模式固定化，本是为了提高员工工作能力的培训，却变成了强加在员

工身上的负担，不仅难以调动起员工的积极性和参与热情，更让员工本身对培训工作产生一种排斥和反感。只有更新培训理念，从员工的实际需求出发，增强培训的吸引力、影响力，才能调动起员工的积极性，让员工能够理所当然地接受培训，把培训当成是日常工作的重要组成部分。

另外，培训工作最忌讳的就是纸上谈兵，理论和实际相脱离不仅会让培训过程枯燥无味，也会让培训工作变得毫无意义。培训的目的实际上就是为了提高员工的各项工作能力，转变落后的工作思路，提高工作热情，开阔员工视野，使之能够适应社会的发展，为读者提供更全面更贴心的服务。因而培训需要对员工的实际工作起到切实的指导作用，而不切实际的理论说教则会背离培训的初衷。难以对工作产生实质性指导。

2.3　培训管理缺乏系统性、制度性

目前，公共图书馆员工培训工作普遍缺乏长远规划，只是根据某一具体任务要求，做阶段性的培训，不同时期、不同主题的培训之间缺乏关联性和系统性，严重影响培训的总体效果。此外，对培训的后续环节缺乏足够的重视，没有出台相应的措施及管理办法，难以营造良好的学习氛围，限制了培训成果的转化，无法实现预期效果。

其实很多图书馆都比较重视馆员的培训与继续教育，经常开展诸如参观学习、学术交流、举办培训班、开展讲座等多种形式的学习，但是大多数是管理层的随意行为，不仅没有制定一套与全馆发展目标相适应的人力资源发展规划，也没有与年度计划、年度发展目标相适应的短期培训计划，更没有实施培训评估与考核，建立培训机制。参观学习后经常不了了之，不讲求学习的效果与作用，培训流于形式，完成的只是继续教育的学时。人员安排与经费上的随意性，究其原因就是缺乏制度保障，没有建立与图书馆发展目标相适应的人才培训机制。

2.4　缺少培训效果评价环节

由于制定的培训计划缺乏目的性，导致评判依据缺失，培训管理部门无法考核培训的实施效果。培训缺少了评价机制，也就缺少了效果反馈。这样既不能了解培训过程中员工的热情度、认真度，而且无法得知培训在实际工作中的应用效果。培训工作也变得书面化、形式化、模式化。

3　国家图书馆员工培训概况

国家图书馆历来重视员工培训工作。20 世纪 80 年代初，由于历史原因，图书馆员的学历层次普遍较低，大都为初、高中学历。为提高员工的学历层次，国家图书馆成立了北京图书馆职工大学，开设图书馆学大专班，对馆员进行学历教育，提高了馆员的学历层次。这一阶段的员工培训处于初级阶段，培训形式较为单一，主要开展的是针对提升员工学历问题的普适性培训，缺少对专业知识和研究领域具有针对性的培训。

21 世纪初期，随着事业的发展，国家图书馆对于人才培养工作日趋重视，由当时的文化教育部（现社会教育部）设立教育培训组，专门负责全馆员工的培训工作。这一阶段是员工培训的探索阶段，通过经常开展诸如参观学习、学术交流、举办培训班、开展讲座等多种形式进行员工培训工作，起到了一定的成效。但当时的培训没有制定一套与全馆发展目标相适应的培训计划，不管从培训内容、培训对象、培训时间等方面，随意性较强，缺少相应的培训机制，导致培训常常流于形式。

2006 年国家图书馆提出“人才兴馆”战略，发布了《国家图书馆员工继续教育管理办法》《国家图书馆“创新人才计划”实施办法》等文件，将员工培训工作作为一项系统工程，力争逐步提高人员的整体素质，加快高层次人才的培养，探索多元化的人才培养机制。根据人员结构和国家图书馆事业发展的需要，将员工培训的侧重点定为拓展馆员业务知识技能储备，提高馆员信息咨询服务的能力；培养团队亲和力、和谐的人际关系上来[3]。由主管馆长直接抓培训工作，党委办公室、人事处、社会教育部三部门牵头，社会教育部组织实施。这一时期员工培训逐步制度化、规范化，走向成熟阶段。

2012 年，国家图书馆下发《国家图书馆“十二五”人才发展规划》，提出到 2015 年人才发展的主要目标是：培养造就一支数量合理、结构均衡、素质优良、富于创新的人才队伍，为推动国家图书馆事业平稳快速发展奠定坚实的人才基础。在此目标指导下，国家图书馆员工培训应注重以下几个方面的工作。

3.1　培训工作制度化、规范化

3.1.1　建立有效的培训制度

为了加强馆内培训管理，促进培训的规范化、制度化，国家图书馆制定了《国家图书馆员工继续教育管理办法》和《国家图书馆员工培训学时管理办法》，从培训方式、学时管理等方面加以规范。比如明确馆内培训可通过面授培训、网上培训完成；国家图书馆员工全年需完成至少 40 学时培训课程，其中面授培训不低于 24 学时；规定学时考勤办法，采取刷卡记考勤的方式等内容。《管理办法》的制定有利于员工了解馆内培训的具体内容，使培训人员更加明确自己的职责，为培训工作更好地开展提供了制度保障。

3.1.2　制定详细的培训计划

国家图书馆培训工作由馆长总负责，党委办公室牵头，协同人事处、社会教育部及相关业务相关部处共同负责全馆培训工作的统筹指导、规划制定、组织实施和考核验收。社会教育部在每年初，通过前期调研，征求各业务部门意见，汇总员工培训需求，结合每个时期的工作重点和业界动态，策划全年的培训计划，制定培训方案，并且负责承办具体的培训工作。

3.1.3　创建完善的考核机制

一套全面有效的考核机制是培训工作的重要保证，国家图书馆员工培训由人事处负责培训考核评估工作，采用培训前的刷卡签到，培训后的试卷问答（双基培训）等手段，考察培训效果，规定国家图书馆员工必须每年完成 40 学时的培训时间，并计入年终考核项目，同时作为干部选拔任免的参考条件。

3.2　培训对象分层化

因图书馆员工在年龄、知识层次、工作性质上均有差距，因此为避免培训过程中出现以偏概全的现象，就充分考虑到不同层次员工的需要，根据实际情况，把培训对象分成不同层次，根据层次特点，安排适合的培训内容。

3.2.1　新员工培训

国家图书馆每年都会招收数十名应届大学毕业生到馆工作。新员工大都具有研究生以上学历，年轻、富有朝气，是国图的未来和希望。要他们尽快适应图书馆的工作，走进国图、融入国图，完成从学生到图书馆员的角色转换，必须对他们进行严格的岗位培训。新员工培训的课程主要有:“国家图书馆馆史及馆藏文献概况”“图书馆员职业道德”“图书馆馆员文明行为规范”“图书馆业务工作”,“图书馆学概论”等内容;聘请馆长、部处主任、业务专家和高校教授作为主讲老师;培训形式上,既有讲座培训,还安排了专业参观考察,带领新员工前往首都图书馆、北大图书馆等兄弟单位进行参观。另外,还通过轮岗的形式,让新员工在不同的业务部门进行学习工作,使其更多地熟悉了解图书馆的不同岗位。培训结束后还会对新员工进行考核。通过培训,新员工对图书馆的性质、任务及社会功能有了了解,对工作职责有了认识,对工作的特点、要求、技术规范初步掌握,对团队精神有了领悟,为以后的工作打下坚实的基础。

3.2.2　管理干部培训

国家图书馆重视干部队伍的业务建设,每年为管理干部举办多场专题培训,如“图书馆学及图书馆学研究的发展趋势”“国家图书馆业务格局及存在问题”“国家数字图书馆建设与服务”等。通过培训,管理干部对自己的业务更加熟悉,对工作中可能出现的问题有准备,解决起来得心应手,工作效率有明显提高。

3.2.3　特定员工培训

在图书馆工作的人员,女性馆员所占比例非常高,她们是图书馆事业发展的重要群体。国家图书馆女性员工占一半以上,根据这一人员结构特点,特意安排了针对女性员工的培训课程,如“女性养生讲座”“准妈妈保健知识讲座”等。

另外,每年还有针对党员的培训,如“两学一做”培训、“加强党性修养,弘扬优良作风”等讲座。

3.3　培训内容丰富、培训形式多样

由于国家图书馆工作岗位多、专业技术性强、新技术发展迅速、服务内容不断延伸,员工培训的涉及面很广。在培训内容方面,根据工作重点和业界动向,将培训分为不同系列,如在2009年百年馆庆之时策划的“百年馆庆专题培训”“数字图书馆系列培训”“图书馆前沿知识培训”“图书馆双基知识培训”“职场提升培训”“创新人才培训”“博士生导师教学公开课”“外语培训”“学历学位教育”等系列培训。

要想做好培训,培训形式同样不容忽视。枯燥单调的形式不仅会让培训工作索然无趣,也无法调动员工的参与热情。国家图书馆员工培训十分注重培训形式的多样化,充分调动各方面力量,从不同角度、不同方向、开展培训工作。

3.3.1　讲座培训

讲座培训,是指通过聘请馆外专家或本馆业务专家对员工进行培训。用讲座的形式进行培训是大多数图书馆采用的最基本培训方式。它通过直接传授、交流的方式,使得员工有针对性、目标性地获取相关专业知识,是一种见效快、受益广的培训形式。

3.3.2　业务参观

馆内员工培训,除了常规的讲座形式外,还组织员工进行参观考察。通过对兄弟图书馆参观考察,开展学习和交流活动,取长补短、拓展思路,促进业务水平的提高;对其他单位的参观考察,对开阔员工视野、转变思考模式,也能起到很大的作用,比如组织员工参观考察国家博物馆,首都图书馆等。

3.3.3　学历教育

除了要求员工参加各种形式的在职培训,不断学习新知识、新技能、新理念。同时,也支持

和鼓励有条件的员工继续深造,提升自己的学历。如国家图书馆和武汉大学、北京大学举办了图书馆学专业硕士学位研究生班和研究生课程进修班,为图书馆培养了高素质的后备人才。

近几年,国家图书馆培训工作取得显著成效。除了常设的"图书馆学"系列、"新入馆员工"系列、"科级以上干部"系列、"党员培训"系列、"职场提升"系列培训以外,还增加了"馆长公开课"系列、"业界公开课"系列等新的培训项目。国家图书馆作为业界标杆,在员工培训工作上花大力气、下真功夫。随着我国"学习大国"的建设,图书馆员也要通过自己的努力,不断完成知识结构,加强业务能力,满足读者新的需求,为图书馆事业的发展做出更大的贡献。

参考文献

[1] 杨洪能,徐建华. 人力资源管理理论的导入与当今图书馆员培训[J]. 津图学刊,2002(3):64.

[2] 李禾,刘秉宇. 当前公共图书馆员工培训工作中存在的问题及对策[J]. 农业图书馆情报学刊,2009(11):242-243.

[3] 孙乐. 加强业务培训,全面提高图书馆员工素质[J]. 中国培训,2009(3):34-35.

电子书服务平台标准规范体系架构研究与建设

郭丽霞　童忠勇(信息技术部)

电子书标准化建设有利于扩大电子书用户市场、保护电子书的产业链、创造自主知识产权、提高生产商的竞争力。目前,国内外都在积极推动电子书的标准工作[1]。就电子书的可持续发展而言,标准的制定最为迫切。总体而言,国内电子书标准的发展可以分为两个阶段:2011 年之前和 2011 之后。2011 年之前,电子书标准的研究还是不成体系的,以个别标准的研究为主,没有系统化研究,更谈不上以电子书生命周期为研究主线。研究电子书标准进程可以发现,数字资源的相关标准起了重要的辅助参考作用。在电子书的概念还没有明确和普及的时候,数字资源相关标准已经出现,并且为电子书的研究提供了重要基础。本文旨在研究电子书服务模式和服务平台,除了对已有的电子书标准进行研究以外,国家数字图书馆的标准规范研究也为电子书的平台化标准提供了参考依据。在电子书服务平台建设过程中,应确保标准规范建设先行,坚持科学化、系统化和规范化相结合,采取合作、开放与共享的方式进行电子书服务平台标准规范体系建设。

1　国内外研究现状

1.1　国际上电子书标准的探索

(1)开放电子书框架结构(OeBPS)的产生

1998 年,由图书馆、出版社和第三方销售公司联合发起,美国成立了"开放电子图书论坛"(OeBF,Open eBook Forum)。论坛于 1999 年 9 月份颁布了开放电子书框架结构(Open eBook

Publication Structure 1.0)，简称 OeBPS1.0[2]。2001 年 6 月份，论坛又对 OeBPS1.0 进行了修订，发布了 OeBPS1.0.1，2002 年 8 月，OeBPS1.2 版本发布。总体来说，OeBPS 包括两个重要的基础：XML(Extensible Markup Language)体系和 Warwick Framework[3]，具有可扩展、易操作和开放性等特点。

(2)开放电子图书论坛(OeBF)更名为国际数字出版论坛(IDPF)

2005 年，开放电子书论坛(OeBF)更名为国际数字出版论坛(IDPF)，即 International Digital Publishing Forum，旨在促进和推动电子出版应用和发展。之前的 OeBPS 也一分为三，分别是：Open Packaging Format(OPF)、Open Publication Structure(OPS)以及 Open Container Format(OCF)[4]。

(3)电子出版物(EPUB)的诞生和推广

EPUB，英文全称 Electronic Publication，是一种电子书文件格式，以.epub 为扩展名，可以在各个终端设备上下载或是浏览。2007 年 9 月，国际数字出版论坛(IDPF)发布了 EPUB 标准。EPUB 发布以来，经历了多个版本变化，2014 年 6 月发布了 EPUB3.0.1 版本[5]。EPUB 支持 XML 体系，可以与大多数硬件兼容。此外，EPUB 广泛应用于各个终端，例如 iOS 系统的 iBooks 以及 Android 系统的 Google Books[6]。

1.2 国内基本情况

我国的电子书标准制定和研究工作可以追溯到 1998 年，主要由全国信息技术标准化研究所和国家质量技术监督局来主导。2001 年 9 月，由北京大学计算机技术研究所牵头，方正公司联合承担，开展了国家“863”计划课题研究：多媒体数据的版权保护技术。2002 年，中国电子技术标准化研究所和中国科学院计算技术研究所联合起草了《开放式电子图书出版物结构》(GB/Z 18906—2002)、《电子图书阅读器通用规范》(GB/T 18787—2002)，并得以颁布。然而，目前随着电子书应用的变化及计算机技术的发展，这些标准已经不能满足电子书发展的需要。除国家标准外，一些商业机构也进行了一系列电子书标准方面的研究。例如，方正 Apabi 比较著名的有 CEB 格式，后来更新为 XEB 格式，近期改进为 CEBX 格式。此外，其他相关部门与行业也相继推出了一系列的电子书标准。例如，书生公司研究制定了非结构化操作置标语言(UOML)，英文全称为 Unstructured Operation MarkupLanguage。2005 年 5 月，中国首次颁布了电子书产业系统认证标准“NK-WOLF”。2007 年底新闻出版总署启动了《数字资源唯一标识符(DOI)预研》项目。2010 年 3 月 5 日，全国信息技术标准化委员会启动成立“电子书标准工作组”，重点推动相关基础标准以及内容质量、版式规范、管理服务、版权等方面的标准制定工作。

为加快电子书类标准的制定工作，全国新闻出版标准化技术委员会组织中国出版集团公司、上海世纪出版股份有限公司、人民出版社、读者出版传媒股份有限公司、中南出版传媒集团股份有限公司、上海宏文网络科技有限公司等国内一批率先开展电子书出版与内容服务业务的企业和上海理工大学等高等院校成立了“电子书内容标准工作组”。该组设置 6 个标准制定专题组，并从电子书内容格式、元数据、版权保护、质量检测、服务平台等方面提出了 12 项标准草案[7]。截至 2015 年 1 月 29 日，12 项电子书方面标准均已批准发布并实施。这些标准为电子书行业的发展提供了标准参考和框架依据。

国家数字图书馆标准规范体系在采纳参照现行的国际标准、国家标准、行业标准或事实标准的同时，建设了三十余项标准规范[8]。国家数字图书馆标准规范体系建设是围绕数字资源生命周期为主线进行构建，主要包含数字内容创建、数字对象描述、数字资源组织管理、数字资源服务、数字资源长期保存五个环节[9]。

随着数字图书馆推广工程的开展与推进，国家数字图书馆的建设已然卓有成效，积累了丰富的建设经验，对电子书服务平台的建设具有很好的借鉴意义。数字图书馆的标准规范涵盖了电子书的生命周期，为电子书服务平台建设提供了重要参考。

2　电子书服务平台标准体系架构

依托国家新闻出版广电总局关于电子书的相关标准[10]，结合国家数字图书馆标准规范体系的平台建设经验，研究建设了围绕电子书生命周期的电子书服务平台标准体系（见图1）。该体系架构分为三大部分：第一部分是整个体系的指导总则，贯穿于电子书服务平台的始终，是整个标准体系的基础；第二部分则是围绕电子书的生命周期，也是电子书服务平台的四大业务流程，具体涉及的相关规范，这一部分也是整个标准体系的主体部分；第三部分则是借鉴国家数字图书馆推广工程的相关经验，对电子书服务平台的构建起了支撑作用的相关规范。

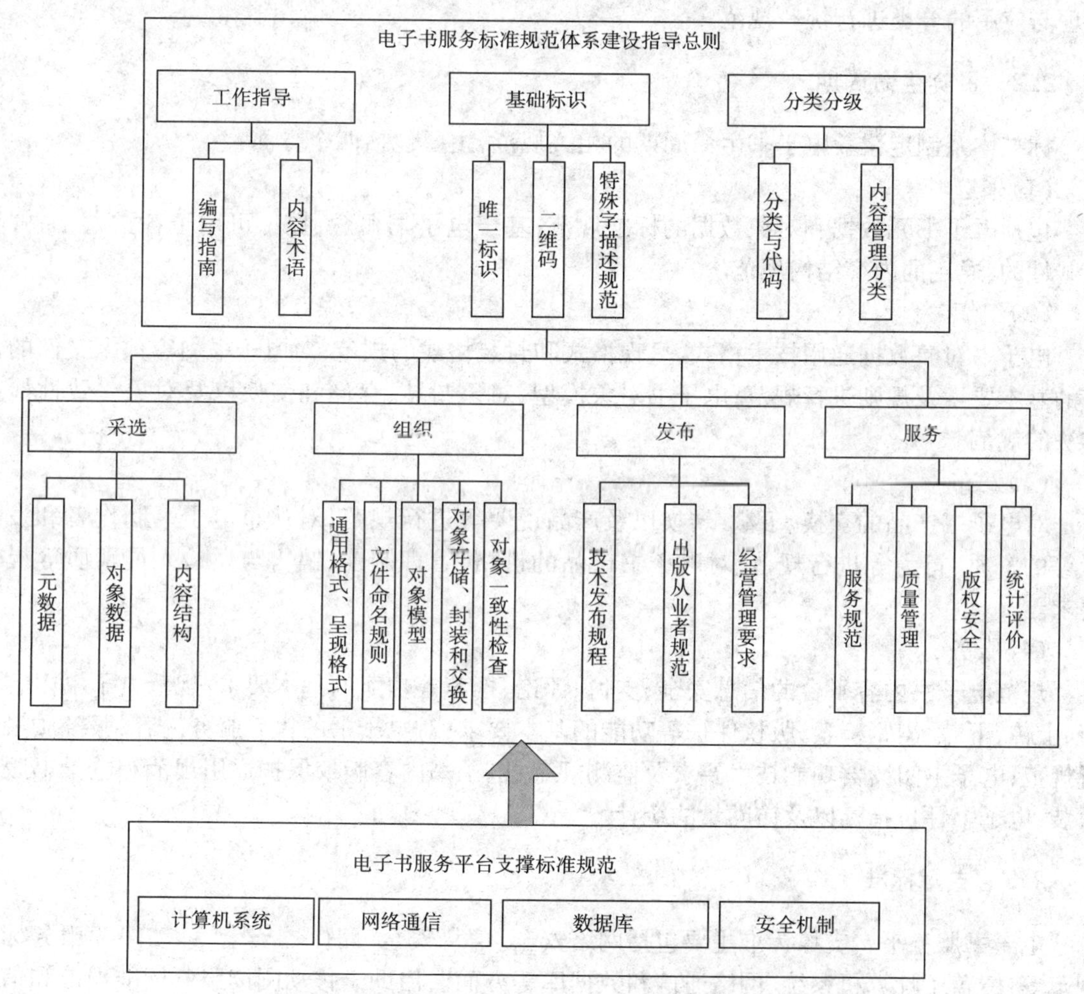

图1　电子书服务平台标准体系架构

2.1 指导总则

这部分主要包括工作指导、基础标识和分类分级三个部分。

(1)工作指导

包括整个标准体系的编写指南以及电子书服务平台会用到的常用术语。其中编写指南需要参考行业内已有的一些编写指南,例如企业标准体系表编制指南、新闻出版标准体系表等。常用术语标准覆盖了电子书服务平台建设中设计到的标准,例如信息技术术语、出版术语、信息安全技术和知识管理等专业术语。

(2)基础标识

对电子书(内容)唯一标识符的结构、分配、使用和管理等规则进行规范;对电子书基本信息二维码的结构、显示格式和元数据等进行规范;对电子书中的生僻字、特殊字符、公式等描述要求进行规范。

(3)分类分级

以不同分类维度对电子书内容媒体形式表现特征和代码等进行统一规范;对电子书内容管理与应用的分类进行统一规范。

2.2 贯穿生命周期

标准体系制定覆盖电子书生命周期的相关规范,主要包括四个方面:

(1)采选

包括电子书元数据和对象数据的标准规范;基于电子书概念,提出可用于各类电子书,具有共性的、通用的内容结构规范。

(2)组织

电子书对象数据通用技术格式、呈现格式和封装格式的规范;对电子书内容数据文件的命名的基本要素及规则进行规范;电子书对象模型、对象封装、存储和交换以及对象一致性检查方法的规范。

(3)发布

对电子书产品的交换、下载、转换以及产品说明等进行规范;对从事电子书制作者和发布者等的资质、行为等进行规范;对电子书产品的价格、管理制度、销售与质检人员素质等提出要求。

(4)服务

规范电子书内容平台的信息安全、支付、评论、推荐等功能的基本要求;规范电子书内容发布、上传、下载、浏览检索、版权保护等功能的基本要求;对电子书的售后服务内容、服务质量进行规范;电子书阅读器功能技术要求及监测规范;电子书内容版权保护通用规范和电子书版权封装;电子书评价指标以及访问量的统计。

2.3 支撑标准

电子书服务平台支撑标准主要包括网络安全、信息安全、路由器安全、移动阅读服务标准规范等,覆盖了计算机系统、网络通信和数据库等方面。借助于移动阅读服务标准规范和信息安全规范等支撑规范,电子书服务平台可以与终端厂商、服务提供商等合作,通过硬件、软件、云服务的一体化整合，构建跨终端无缝对接的移动终端服务平台，打破终端差异的束缚，实现在各类移动网络设备之间的兼容性，让用户可以在任何时间、任何地点、以任何终端享受到图书馆的信息服务。

电子书服务平台标准体系架构从系统实践角度，给出了电子书服务相关的标准范畴，并围绕电子书的生命周期，从采选、组织、发布和服务四个业务流程诠释了体系框架主体，并给出了相关支撑标准。在体系架构搭建过程中，参考了国家新闻出版总局在2013年和2015年发布的一系列电子书相关标准，为电子书服务平台的搭建提供了标准框架支撑，为平台的扩展性和开放性提供了可能，对电子书更好地服务普通大众提供了便利。同时，这个标准体系框架具有通用性，可以普遍应用于电子书服务的一系列平台之中，对于同行业的工程实施具有较好的借鉴意义。

参考文献

[1] 王芳. 电子书标准化建设的目的、现状与对策探讨[J]. 情报科学,2011(6):953-956.

[2] Hawkins D T. Electronic Books: A MaJor Publishing Revolution. Part 1: General Considerations and Issues. [J]. Online,2000,24(4):N/A.

[3] 曾婷,张成昱,姜爱蓉. 电子图书内容格式 OEBPS 的研究[J]. 现代图书情报技术,2003,19(4):24-26.

[4] IDPF invites input on new e-book standard file format(OPS 2.0)[EB/OL]. [2018-03-05]. http://www.mobileread.com/forums/showthread.php? t=10408.

[5] 唐翔. EPUB 电子书标准研究[J]. 出版科学,2013(2):89-94.

[6] EPUB[EB/OL]. [2018-03-05]. https://en.wikipedia.org/wiki/EPUB#cite_note-4.

[7] 李旗. "电子书内容系列行业标准"12 项行业标准制定工作全部完成[EB/OL]. [2018-03-05]. http://www.waterpub.com.cn/info/infodetailp.asp? ID=6689.

[8] 富平. 国家数字图书馆标准规范建设[J]. 国家图书馆学刊,2005(4):13-16.

[9] 赵悦,申晓娟. 国家数字图书馆标准规范建设[J]. 数字图书馆论坛,2008(8):37-42.

[10] 国家新闻出版广电总局. 电子书内容标准体系表[S/OL]. [2018-03-05]. http://www.csres.com/detail/243318.html.

图书馆自建数字资源发布服务平台的建设与思考

——以国家图书馆为例①

魏达贤(信息技术部)

随着数字图书馆的快速发展，越来越多的图书馆正在将馆藏的特色文献进行数字化并发布，通过互联网为读者提供在线阅读服务。国家图书馆自2000年左右就开展馆藏特色资源的

① 本文系2014年国家社科基金项目"图书馆电子书服务模式及平台研究(14BTQ013)"成果之一。

数字化加工、发布服务工作，已发布了馆藏近现代图书、论文、古籍、音视频、图片等数字资源。本文将以国家图书馆在自建数字资源发布服务平台方面的实践为例，抛砖引玉，为业界同行提供参考。

1　国家图书馆资源发布服务平台的发展历程

随着信息技术和图书馆业务的发展，国家图书馆的自建数字资源发布服务平台先后经历了三个发展阶段。

1.1　单库发布阶段

第一阶段采用单库发布的方式，即国家图书馆发布一种类型或专题的数字资源，就开发一套资源发布系统。各个系统是独立存在的，系统之间缺乏统一的检索、数据获取接口，用户需要登录不同的系统查找相关的资源，给读者使用造成了很大的不便。

1.2　统一发布阶段

为了解决单库发布存在的弊端，2007 年开始国家图书馆对自建数字资源进行了整合，开发了统一发布服务平台。该平台支持各种类型数据及专题资源的发布，提供统一的检索、在线阅读服务，各个专题库之间初步建立了数据关联关系，便于读者发现资源。

此阶段的发布平台是以数据为中心的，在“以用户为中心”服务理念的冲击下，该平台在用户个性化服务、用户阅读体验方面亟须改进。

1.3　集成发布阶段

2009 年国家图书馆开始开发新一代资源发布服务平台，该平台引入 web 2.0 服务理念，注重用户的阅读体验与数字资源的揭示，为用户打造集“登录认证—资源检索—推荐导航—全文获取—参考咨询”为一体的资源服务中心。

另外，该系统与国家图书馆的统一用户认证系统相结合[1]，采用 SAML 认证、VPN 认证的方式，集成了国家图书馆 160 余个外购数据库，用户通过该系统就可以访问如同方知网、方正 Apabi 等外购数据库，使该服务平台真正成为图书馆的资源发布、揭示、服务中心。

2　国家图书馆资源发布服务平台的建设思路

2.1　建成国家图书馆的资源发布中心

国家图书馆每年都有大量的馆藏文献需要数字化加工、发布，这些文献资源由不同的部门进行加工，如常规文献由数字化加工部门来做，古籍文献由古籍部门来做，以往有些文献加工完毕后就由加工部门进行发布，造成了馆内资源“孤岛”现象，不利于数字资源的统一发现与管理。

资源发布平台就是要集中发布国家图书馆所有的数字资源，资源加工部门将加工完毕的数字资源提交给资源发布中心，统一进行资源的发布与管理。发布成功后的数字资源不仅可以通过资源发布服务平台为读者提供服务，也可以为馆内的其他系统提供资源获取服务。如中国记忆系统,该系统内的全文数据均来自资源发布服务平台。

2.2 以用户为中心,构建数字资源的全流程服务

数字资源建设的最终目的是为读者提供服务,所以在发布服务平台的建设过程中,始终坚持以用户为中心[2],考虑用户的检索习惯、阅读习惯,优化资源的使用流程,提高用户的阅读体验,构建覆盖"检索—获取—咨询"的全流程服务。

资源发布服务平台充分考虑了多种类型读者的阅读需求,对于有明确需求的读者,可以通过检索快速获取所需的资源;对于初次来访或没有明确需求的读者,发布服务平台提供了大量的优质资源,可通过导航系统引导读者使用。

2.3 突出个性化服务

资源发布服务平台突出读者的个性化服务,可根据读者的历史浏览/阅读记录自动为读者推荐感兴趣的资源;自动记录读者的阅读进度,下次登录后可以从断点处接着读;读者在阅读过程中,可以书写读书笔记;读者还可以将优秀的资源分享到微博等社交网站。

2.4 专注核心功能,注重与第三方系统的集成

该平台专注于资源的发布、资源的揭示与服务等核心功能的建设,与该系统相配套的服务则通过与第三方系统集成实现,如用户认证服务则通过接口由统一用户认证系统提供,精细化的搜索服务则由文津搜索系统提供。这样,通过接口集成的方式进行系统解耦合,一方面不至于使资源发布平台的功能很庞大,难于维护,另一方面也可使各个系统专注于自身核心功能的建设,发挥各自的优势,使系统达到最优。

3 国家图书馆发布服务平台的体系框架

3.1 软件架构

资源发布服务平台主要有两大核心功能,一是资源的整合发布,二是发布之后的读者服务。资源的发布是基础,读者服务是目的。该平台围绕这两个功能,通过与其他第三方系统的业务集成,为读者提供数字资源的一站式服务。发布服务平台的系统架构如图 1 所示。

(1)基础数据层:该层是待发布资源的裸数据,包括元数据(书目数据、目次、摘要等)和对象数据(PDF 全文影像数据、矢量数据等),元数据中标识与对象数据之间的对应关系。

(2)数据发布层:该层是以专题库的形式将资源发布到特定的专题库内,包括数据清洗、数据入库、专题库配置等环节,具体发布流程在 3.3 章节内有详细的介绍。

(3)业务支撑层:该层主要是将发布后的资源与图书馆的业务结合起来,为服务层提供软件支撑。通过后台配置对资源的状态、版权、专题库信息进行管理,通过接口与统一用户管理系统提供用户信息的认证,并提供资源的人工推荐、统计分析、排行榜配置、系统运维等后台管理功能。

(4)服务层:该层是读者服务的入口,通过与第三方系统(统一用户管理系统、文津搜索系统、文献传递系统、参考咨询系统等)进行功能和界面上的集成,将数字图书馆业务与传统的图书馆业务进行融合,为读者提供统一认证、统一检索、资源导航、全文获取、参考咨询、文献传

递及个性化服务。

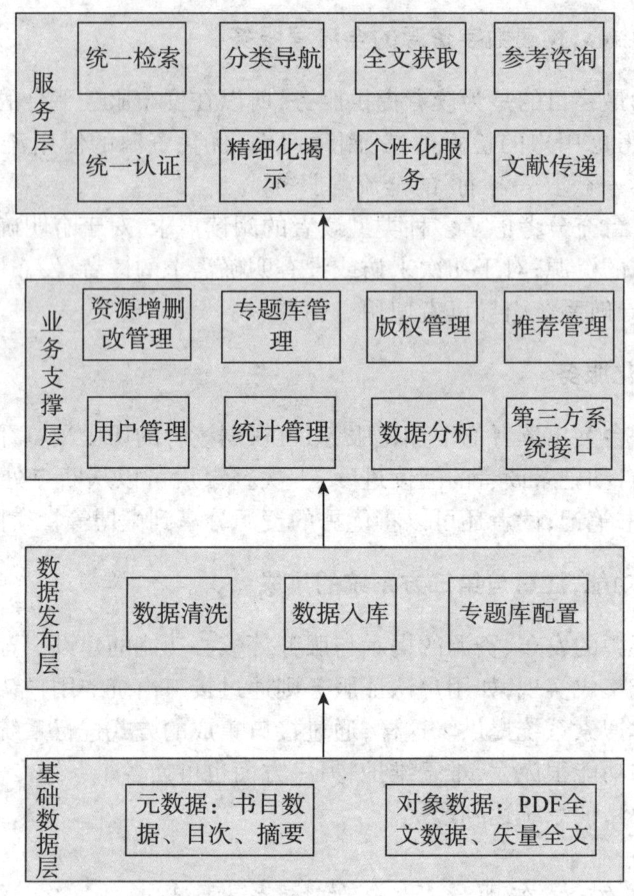

图1　国家图书馆资源发布服务平台软件架构

3.2　系统部署架构

系统在部署应用过程中，为提高系统的运行效率与稳定性，采用集群与模块化的方式进行部署，通过接口与总线将各个功能模块连接在一起。具体的系统部署架构如图2所示。

（1）资源发布层：目前资源发布层采用三台服务器分别部署一套资源发布程序，每个发布服务器挂载一个存储空间用于存储发布成功的全文数据，书目、目次等元数据信息进入数据库内，并生成索引以提高检索效率。在发布过程中，发布程序自动抽取资源的书封，存储在缩略图服务器上。发布程序具有扩展性，可根据需要扩展发布的服务器以提高发布速度。

（2）资源存储层：发布成功后的元数据信息存储在数据库系统内，两个数据库采用HA架构，保证数据库的高可用；全文数据及书封数据存储在文件系统内，数据库内记录元数据与全文数据之间的对应关系。数据库及文件系统均采用SAN网络存储，可根据需要扩展存储空间。

（3）资源支撑层：为了提高数据访问效率，采用Memcached缓存程序预先缓存读者访问的热点内容，待下次用户访问时直接从缓存中获取；后台管理主要是为系统管理员提供的，用于专题库的配置管理、访问权限的配置、日志统计分析、系统的运维管理等。

(4)资源访问层:该层配置两台内容完全相同的读者门户服务器,主要用于资源的展示与读者服务,采用 F5 负载均衡器提供 Web 访问的负载均衡。

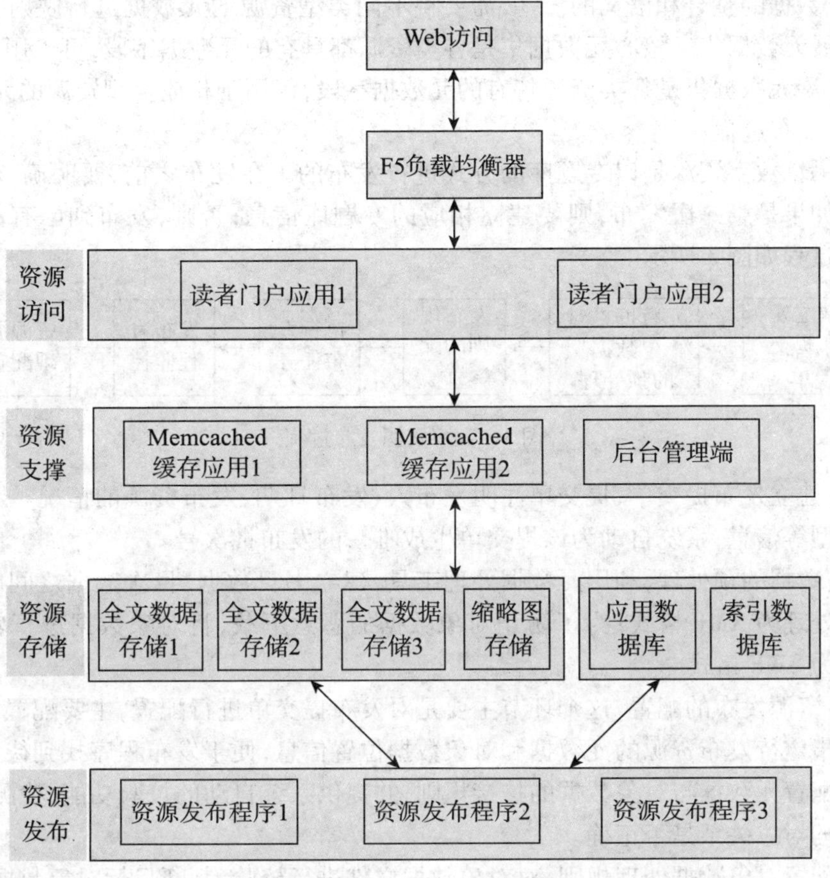

图 2　国家图书馆资源发布服务平台系统部署架构

3.3　资源发布流程

国家图书馆根据资源的特点,建立了科学规范的资源发布流程。由于国家图书馆的自建资源有图书、期刊、图片、音视频等多种类型,且每种类型的资源有很多类别,如图书有现代图书、民国图书等,因此,在资源发布过程中,以专题库的形式进行发布,专题库之间实现统一检索、统一揭示、语义间的互操作。

3.3.1　数据字典

为了实现专题库之间的统一检索,需要对专题库的类型、元数据字段进行统一规范,主要有以下两方面工作:

(1)建立专题库分类字典:采用文件类型—资源类型—专题库类型的层级关系,为专题库建立分类字典。首先国家图书馆将文件类型分为文档、图片、音频、视频四种父类型;在此基础上,根据馆藏资源的特点,将四种父类型细分为图书、期刊、论文、古籍、拓片、舆图等 40 种子类型,每个子类型归属一种父类型,并且每种子类型定义了一套元数据模板,用于元数据的检索、揭示;最后,在定义专题库的时候,将每个专题库划分到相应的资源类型中,这样资源类型相同的专题库就可以使用同一套元数据模板，具有相同的元数据语义。

(2)建立元数据映射关系：对于资源类型不同的专题库，由于元数据字段各有不同的含义，为了便于数据的整合和语义的统一，需要将不同类型资源的元数据进行映射，形成核心元数据集和扩展元数据集。核心元数据集是各类资源都具有的元数据字段，可以用于统一检索、统一揭示；扩展元数据集是每类资源特有的元数据字段，仅用于相应类型资源的元数据展示。

3.3.2　发布过程

国家图书馆数字资源是以专题库的方式进行发布的。在发布之前，要明确该资源要发布的专题库。如果是第一次发布，则要建立相应的专题库信息；否则，发布到已有的专题库内。资源的发布过程如图3所示。

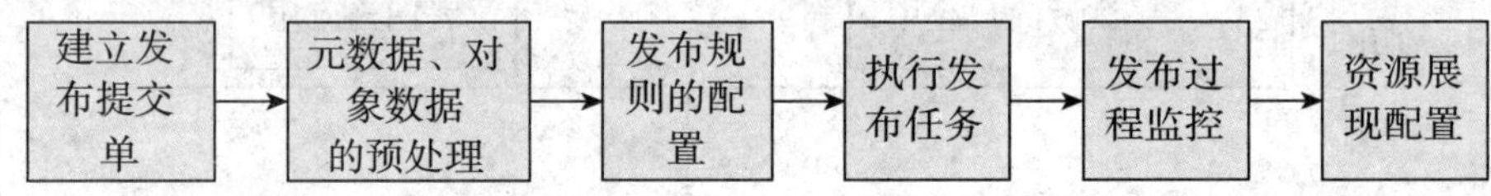

图3　数字资源发布过程

第一步：建立发布提交单，提交单注明发布人、发布日期、发布资源的情况、要发布的专题库及资源类型等信息，系统自动为该提交单生成唯一的发布批次号。

第二步：数据的预处理，利用元数据处理工具，建立书目数据、目次数据之间的对应关系，并将其预先处理为XML格式；为了防止对象数据的恶意下载，将对象数据进行转换格式，从PDF格式转为SWF格式。

第三步：资源发布的配置，这个环节主要是对发布提交单进行配置，主要配置如下内容：

①指定待发布资源的元数据和对象数据位置信息，便于发布程序找到待发布的资源。

②配置元数据与对象数据的挂接规则，并提供系统自动的校验功能，检测元数据和对象数据的对应关系是否正确。

③配置对象数据处理规则，对对象数据文件进行校验，判断目标对象数据的目录是否正确，文件大小是否正确等。

④配置查重规则，配置当前待发布的资源和目标专题库(或更多专题库)之间的查重规则，设置查重的关键字段，以及设置系统在出现重复数据后的处理方式(跳过、覆盖或追加)。

第四步：执行发布任务，系统根据提交单的一系列配置，执行资源的发布工作。该过程主要是将元数据入库、对象数据入库，系统解析预先处理好的XML元数据，逐条将元数据入库，并根据元数据找到对象数据，将其存放到指定的存储空间内。

在对象数据存储的过程中，由于原始的对象数据是按页存储的，假如一本书有100页，则有100个文件，这样当有海量资源的时候，文件系统内的文件数就会变得很庞大，不利于文件的读取和管理。因此，发布程序优化存储方式，将一本书封装为一个zip包进行存储，减少了文件数。

第五步：利用系统提供的监控功能，监控整个发布流程，确保发布过程的完整。

①任务监控，对当前运行的发布任务进行监控，如已执行发布的进度。

②流程控制，对当前运行的发布任务进行暂停、停止、启动等功能。

③异常处理，发布过程中遇到错误，系统提供出错的原因，以便管理员进行分析及解

决问题。

④生成发布任务报告,报告中包含成功发布的资源数、错误数及完成时间等。

第六步:资源展现配置,主要用于发布后资源的揭示,包括如下的配置:

⑤专题库展现配置:配置专题库的样式、专题库的 logo、功能布局、专题库介绍等。

⑥检索条件配置:根据专题库的特点,配置专题库的检索字段,为用户提供检索条件的选择。

⑦检索结果显示字段配置:配置检索结果需展示的字段,一般是专题库的核心字段,让用户对检索结果有初步的了解。

⑧元数据详细信息展示页面配置:配置资源的详细信息显示,让用户对资源有更全面深入的了解。

⑨访问权限配置:根据资源的版权情况、读者类型,配置资源的访问权限。

3.4 读者服务流程

读者使用国家图书馆自建资源的流程如图 4 所示。

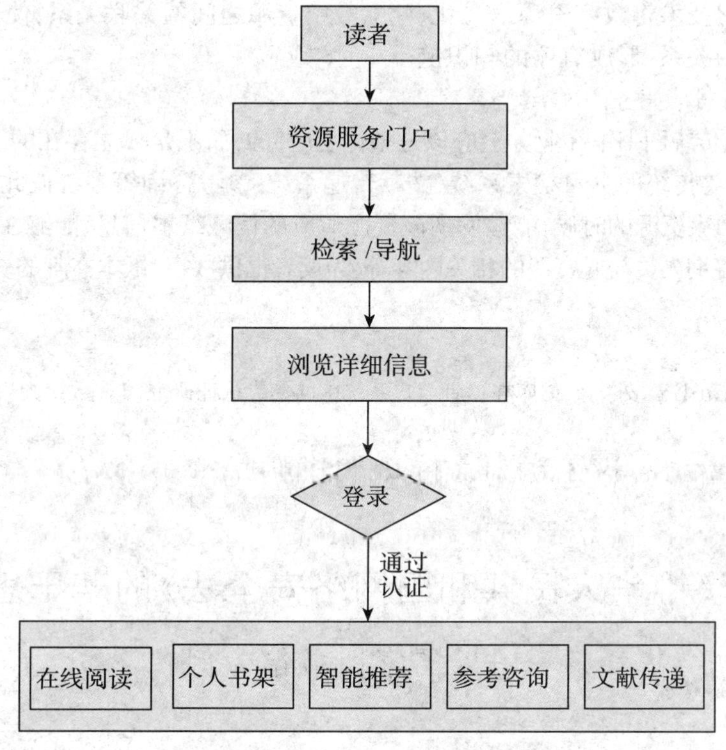

图 4 读者服务流程

读者进入国家图书馆资源服务网站,数字资源以专题库的形式进行组织,读者可通过导航或检索的方式查找到所需的资源,可浏览资源的详细信息,若读者需要看全文的话,则需要身份登录认证,认证通过后可以在线阅读全文;读者可将要阅读和已经阅读的书放入个人书架,个人书架支持断点阅读功能;系统自动记录了读者的历史阅读记录,分析读者的历史阅读情况,推荐读者感兴趣的资源;同时,读者在使用资源过程中,可以在线申请文献传递、在线进行参考咨询。

4 总结与展望

本文总结了国家图书馆在数字资源发布与服务方面的三个发展阶段，重点介绍了目前在建设和使用的第三个阶段——“集成发布阶段”，介绍了该阶段发布服务平台的建设思路、平台架构、数字资源的发布流程和读者服务流程。随着信息技术的发展与读者服务的融合，笔者认为下一步图书馆在数字资源的发布服务方面可考虑进一步做好如下工作：

(1)全媒体发布

随着手机、Pad 等移动阅读的兴起，很多图书馆，如国家图书馆、上海图书馆等都提供了移动阅读服务。大部分图书馆的移动资源都是从互联网数字资源中提取进行格式转换后二次发布的，浪费了人力。在全媒体环境下，应该考虑数字资源的整合发布，一次发布后，可以在 PC 端、手机、Pad 端阅读。

(2)关联关系的挖掘，建立知识服务中心

为读者提供知识服务，是数字图书馆服务的高级阶段。随着数字资源的剧增，通过关联数据、语义网、可视化技术将数字资源语义化，建立数字资源之间的关联关系，使读者能够很方便的发现资源之间的关系，形成有序的知识链。

(3)与传统图书馆业务的融合

数字图书馆与传统图书馆在业务上应该是整体、互补的，而不是孤立存在的。因此，数字资源发布服务系统应该与传统的书目检索系统、文献传递系统、参考咨询等系统彼此之间进行业务融合，使用户在阅读数字资源的时候，能够发现该资源对应的馆藏纸本信息、能够在线申请文献的传递、能够在线询问咨询人员与此资源的相关内容等，为读者提供数字/纸本文献的一站式服务。

参考文献

[1] 魏达贤，季士妍，范书云. 外购数据库在读者门户系统中的集成认证研究[J]. 数字图书馆论坛，2014(4)：35－42.

[2] 魏大威. 数字图书馆理论与实务[M]. 北京：国家图书馆出版社，2012：35－37.

关于《中华人民共和国网络安全法》的若干思考
——以国家图书馆为例

路龙惠(信息技术部)

1 引言

信息技术的飞速发展，使人类社会快速进入一个前所未有的数字化时代，整个人类社会已然由一张互联网紧紧相连。网络，深度融入经济社会的各个方面，极大地改变和影响着人们的社会活动和生活方式。但是,我们可以看到,在技术创新、经济发展、文化繁荣、社会进步的同时,网络安全问题也日益凸显。随着我们对数字环境的依赖程度与日俱增,网络安全问题已经从单一的地区或者国家扩散到整个世界的范围,得到各个国家的高度重视。各国纷纷通过成立管理部门、立法、修改法案等形式加强对本国网络安全的管理,如美国白宫在2016年公布了《网络安全国家行动计划》[1],从提升网络基础设施水平、加强专业人才队伍建设、增进与企业的合作等五个方面入手,全面提高美国在数字空间的安全;英国政府2016年宣布新的国家网络安全中心[2]正式成立,主要任务是与英国央行合作,处理应对可能会影响英国经济发展的网络威胁,保护英国免受网络攻击,配合执法部门打击网络犯罪分子等;新加坡2018年初发布《网络安全法案》[3],保障关键信息基础设施安全,定义了网络安全威胁和事件的严重程度,对于网络安全相关公司或者人员制定法律层面的约束等;日本国会于2014年通过《网络安全基本法》[4]应对网络攻击,并于2016年通过《网络安全基本法修正案》,法案包含将政府的网络安全监控对象扩大到独立行政法人和特殊法人,以及加强网络安全人才培养等内容。

与此同时,我国也通过立法等一系列措施,提升网络安全的战略地位。我国于2014年2月成立了网络安全和信息化领导小组,提出没有网络安全就没有国家安全;2015年2月,中央网信办召开全国网络信息安全工作会,全国50多家行业组织和网信企业签署了《维护网络信息安全倡议书》,号召网络社会组织要深化行业自律,积极参与网络安全和网络治理工作;2016年4月,习近平总书记在网络安全和信息化工作座谈会上发表重要讲话,从战略和全局的高度,深刻阐述了网络安全和信息化工作的重要地位、重大作用、职责使命、目标任务和原则要求,提出了一系列新思想、新理念、新论断,具有里程碑意义;2016年8月,中央网信办、国家质检总局、国家标准委联合发布《关于加强国家网络安全标准化工作的若干意见》,提出坚持急用先行,围绕"互联网+"行动计划、"大数据发展行动纲要"等国家战略需求,加快开展关键信息基础设施保护、网络安全审查、关键信息技术产品、大数据安全、个人信息保护、网络安全信息共享等领域标准研制工作;2017年6月,《中华人民共和国网络安全法》正式实施,将网络安全和信息化建设提升到国家战略高度。

从我国现实情况来看,目前面临的网络安全问题主要是以下三个方面[5]:

一是境内外网络入侵、网络攻击等非法活动,严重威胁着电信、能源、交通、金融以及国防军事、行政管理等重要领域的信息基础设施的安全,云计算、大数据、物联网等新技术、新应用面临着更为复杂的网络安全环境。二是非法获取、泄露甚至倒卖公民个人信息,侮辱诽谤他人、侵犯知识产权等违法活动在网络上时有发生,严重损害公民、法人和其他组织的合法权益。三是宣扬恐怖主义、极端主义,煽动颠覆国家政权、推翻社会主义制度,以及淫秽色情等违法信息,借助网络传播、扩散,严重危害国家安全和社会公共利益。

以习近平为核心的党中央高度重视网络安全工作,出台了一系列网络安全的法律、规章、制度,为新时代的网络安全工作提供了根本遵循。本文对《中华人民共和国网络安全法》进行解读,并提出我馆网络安全工作的几点思路。

2 《中华人民共和国网络安全法》与相关政策解读

2.1 立法进程

2016年11月7日,经十二届全国人大常委会第二十四次会议表决通过了《中华人民共和国网络安全法》(以下简称《网络安全法》),并于2017年6月1日正式生效。

2014年2月,中央网络安全和信息化领导小组成立,组长习近平总书记提出“要抓紧制定立法规划,完善互联网信息内容管理、关键基础设施保护等法律法规,依法治理网络空间,维护公民合法权益”。在同年的“两会”上,“维护网络安全”首次被写入政府工作报告。党的十八届四中全会审议通过《中共中央关于全面推进依法治国若干重大问题的决定》,明确要求加强互联网领域立法,完善网络信息服务、网络安全保护、网络社会管理等方面的法律法规,依法规范网络行为。在此背景下,《网络安全法》正式进入立法程序,在广泛征求社会意见并修改完善后,最终得以通过实施。《网络安全法》的立法进程如表1所示。

表1 《网络安全法》立法进程

时间	事件
2014年2月	中央网络安全和信息化领导小组成立,中共中央总书记习近平任组长,提出“要抓紧制定立法规划,完善互联网信息内容管理、关键基础设施保护等法律法规,依法治理网络空间,维护公民合法权益”
2014年3月	“两会”上,“维护网络安全”首次被写入政府工作报告
2014年10月	党的十八届四中全会要求加强互联网领域立法,完善网络信息服务、网络安全保护、网络社会管理等方面的法律法规,依法规范网络行为
2015年6月	十二届全国人大常委会审议了《网络安全法(草案)》
2015年7月	《网络安全法(草案)》向社会公开征求意见
2016年6月	十二届全国人大常委会对《网络安全法(草案)》二审稿进行审议
2016年7月	《网络安全法(草案)》二审稿向社会公开征求意见
2016年10月	《网络安全法(草案)》三审稿提请全国人大常委会审议
2016年11月	十二届全国人大常委会第二十四次会议于11月7日上午,以154票赞成、1票弃权表决通过《中华人民共和国网络安全法》
2017年6月	《网络安全法》将于2017年6月1日正式生效

2.2 习近平总书记关于网络安全的重要论述

党的十八大以来,以习近平同志为核心的党中央从总体国家安全观出发,就网络安全问题提出了一系列新思想新观点新论断,对加强国家网络安全工作做出了重要部署。

2014年2月27日,在中央网络安全和信息化领导小组第一次会议上,习近平总书记强调,网络安全和信息化是事关国家安全和国家发展、事关广大人民群众工作生活的重大战略问题,要从国际国内大势出发,总体布局,统筹各方,创新发展,努力把我国建设成为网络强国。

2014年11月19日,在首届世界互联网大会上,习近平总书记发表了重要致辞,提出积极推进网络建设,尊重网络主权,维护网络安全,共同构建和平、安全、开放、合作的网络空间的网络安全理念。

2015年12月16日,在第二届世界互联网大会上,习近平总书记提出保障网络安全、促进有序发展、维护网络安全是国际社会的共同责任。

2016年4月19日,在网络安全和信息化工作座谈会上,习近平总书记强调,面对复杂严峻的网络安全形势,我们要保持清醒头脑,各方面齐抓共管,切实维护网络安全。

2016 年 10 月 9 日,习近平总书记在中共中央政治局第三十六次集体学习时强调,要加快推进网络信息技术自主创新,朝着建设网络强国目标不懈努力。

2016 年以来,中央出台一系列战略文件、政策制度、标准规范、司法解释,进一步规范和加强网络安全工作,主要包括:《国家网络空间安全战略》《网络空间国际合作战略》《网络产品和服务安全审查办法》《关键信息基础设施安全保护条例》《个人信息安全规范》《个人信息和重要数据出境安全评估办法》《关于办理侵犯公民个人信息刑事案件适用法律若干问题的解释》等。其中最为重要的法律就是《中华人民共和国网络安全法》的出台和正式实施,以及中共中央办公厅颁发《党委(党组)网络安全工作责任制实施办法》、中共中央宣传部、中共中央组织部、中央网信办联合印发《关于规范党员干部网络行为的意见》和国家互联网信息办公室印发《互联网群组信息服务管理规定》。这些法律法规和制度规定,对我们每个人的工作、生活、网络言行都将发挥重要作用。

2.3 《网络安全法》解读

《网络安全法》是我国第一部网络安全领域的法律,是保障网络安全的基本法,是我国网络安全管理的基础法律,与其他相关法律在相关条款和规定上互相衔接,互为呼应,共同构成了我国网络安全管理的综合法律体系。

《网络安全法》共分为 7 章、79 条,已于 2017 年 6 月施行。其中有几个关键点需要我们认真理解,并在工作中按照要求严格落实:

(1)网络空间主权

网络空间主权是一国国家主权在网络空间中的自然延伸和表现。2015 年 7 月通过的新《国家安全法》第一次明确了网络空间主权的概念,在《网络安全法》中第一条就开宗明义地提出了网络空间主权,鲜明昭示了《网络安全法》的立法目的。同时,与《国家安全法》以国家利益为唯一核心不同,《网络安全法》调整的网络空间主体更为广泛、客体更加具体,兼顾了国家安全、社会效益、企业利益和个人权利。

(2)个人信息保护

《网络安全法》聚焦个人信息安全保护。第二十二、四十一、四十四条明确必须在“用户知晓并同意收集目的和使用范围”后,方可收集个人信息;不得泄露、篡改、毁损其收集的个人信息;未经被收集者同意,不得向他人提供个人信息;在发生或者可能发生个人信息泄露、毁损、丢失的情况时,应当立即采取补救措施,按照规定及时告知用户并向有关主管部门报告。

在现实生活中,企业及相关机构为开展业务经常需要收集个人信息,如网络运营商、医疗行业、教育行业、交通行业、互联网公司等。近几年电信诈骗、个人信息泄露等事件频发,网络信用危机处于高发态势。《网络安全法》无疑对掌握公民个人信息的组织机构提出了更高的安全防护要求,同时也明确了公民对其个人信息进行更正或删除的权利。

(3)网络运行安全

《网络安全法》明确规定网络运营者应接受社会监督、受理公众举报,也就是明确网络运营者要履行遵守法律相关规定的基本义务。根据《网络安全法》的规定,国家图书馆也是网络运营者,也必须受到法律的约束,而该法其中多项条款与国家图书馆的业务有直接或者间接的关系。

第二十一条提到网络安全等级保护制度，要求信息系统均需要进行定级，同时明确要采取监测记录网络及安全事件的技术措施，并且要留存日志至少6个月。这一条款将公安部实施多年的信息系统安全等级保护制度或标准上升到法律层面，也可能会进一步修订或出台相关“网络安全等级保护”的相关配套制度。

第二十五条要求制定网络安全事件应急预案，及时处置系统漏洞、计算机病毒、网络攻击、网络侵入等安全风险；在发生危害网络安全的事件时，立即启动应急预案，采取相应的补救措施，并按照规定向有关主管部门报告。此项工作也是国家图书馆一直坚持开展的，2017年各部门制定了本部门的网络安全应急预案，信息技术部牵头制定了全馆的网络安全应急预案。这些应急预案的关键，在于落实和执行，特别是对于漏洞扫描结果的整改，有力促进了国家图书馆网络安全环境的改善和提升。

(4)网络信息安全

《网络安全法》用专门的章节规定了网络信息安全，除了前面提到个人信息安全外，还强调了网络发布信息的安全。

第四十七条规定网络运营者应当加强对其用户发布的信息的管理，发现法律、行政法规禁止发布或者传输的信息的，应当立即停止传输该信息，采取消除等处置措施，防止信息扩散，保存有关记录，并向有关主管部门报告。第四十八条规定任何个人和组织发送的电子信息、提供的应用软件，不得设置恶意程序，不得含有法律、行政法规禁止发布或者传输的信息。

这两条就是要求网络运行者能够对用户发布的信息要进行管理和鉴别，一旦发现违规信息，必须用技术手段去消除。这是作为网络运营者的国家图书馆必须遵循的法律义务。

此外，《网络安全法》对敏感数据的存放、业务数据的境外传输有明确要求。主要是关于数据境内存储和境外数据流动的问题。法条的核心是为了保证数据安全。在实践中因业务需要，确需向境外提供的，应当按照国家网信部门会同国务院有关部门制定的办法进行安全评估；如法律、行政法规另有规定的，必须依照其专门规定执行。

(5)关键信息基础设施

《网络安全法》提出了关键信息基础设施的概念，第三十一条提出“国家对公共通信和信息服务、能源、交通、水利、金融、公共服务、电子政务等重要行业和领域，以及其他一旦遭到破坏、丧失功能或者数据泄露，可能严重危害国家安全、国计民生、公共利益的关键信息基础设施，在网络安全等级保护制度的基础上，实行重点保护。关键信息基础设施的具体范围和安全保护办法由国务院制定”。其中“公共服务”“公共利益”等与国家图书馆的有关工程项目和基本业务直接相关。在国家出台具体办法前，我们必须按照《网络安全法》的规定，切实履行四大基本安全保护义务，即设置专门安全管理机构和安全管理负责人；定期对从业人员进行网络安全教育、技术培训和技能考核；对重要系统和数据库进行容灾备份；制定网络安全事件应急预案，并定期进行演练。

3 《网络安全法》典型案例

自《网络安全法》实施以来，已有多起涉嫌违反《网络安全法》的行为或公司、个人被立案调查，其中一些对我们也有一些启发性。

3.1 腾讯微信、新浪微博、百度贴吧涉嫌违反《网络安全法》被立案调查[6]

2017 年 8 月 11 日,国家网信办指导北京市、广东省网信办分别对腾讯微信、新浪微博、百度贴吧立案,并依法展开调查。经北京市、广东省网信办初查,3 家网站的微信、微博、贴吧平台分别存在有用户传播暴力恐怖、虚假谣言、淫秽色情等危害国家安全、公共安全、社会秩序的信息。3 家网站平台涉嫌违反《网络安全法》等法律法规,对其平台用户发布的法律法规禁止发布的信息未尽到管理义务。

3.2 BOSS 直聘被网信办责令整改[7]

2017 年 8 月 11 日,北京市网信办、天津市网信办联合约谈了李文星之死的直接涉事招聘网站——BOSS 直聘的法定代表人,要求该网站整改网站招聘信息。据悉,经相关部门调查,BOSS 直聘在为用户提供信息发布服务过程中,违规为未提供真实身份信息的用户提供了信息发布服务;未采取有效措施对用户发布传输的信息进行严格管理,导致违法违规信息扩散。北京市网信办相关负责人表示,BOSS 直聘的上述问题已违反《中华人民共和国网络安全法》第 24 条、第 48 条规定。

3.3 汕头某公司未及时履行网络安全义务,网警依据网安法责令改正[8]

2017 年 7 月 20 日,广东汕头网警支队在对该市网络安全等级保护重点单位进行执法检查时发现,汕头市某信息科技有限公司于 2015 年 11 月向公安机关报备的信息系统安全等级为第三级,经测评合格后投入使用,但 2016 年至今未按规定定期开展等级测评。

该公司之行为已违反《信息安全等级保护管理办法》第十四条第一款和网络安全法第二十一条第(五)项规定,未按规定履行网络安全等级测评义务。根据网络安全法第五十九条规定,广东汕头网警支队依法对该单位给予警告处罚并责令其改正。

3.4 重庆一网络公司未留存用户登录日志被网安查处[9]

重庆公安局网安总队在日常检查中发现,重庆市某科技发展有限公司自《网络安全法》正式实施以来,在提供互联网数据中心服务时,存在未依法留存用户登录相关网络日志的违法行为,违反了《网络安全法》第二十一、第五十九条相关规定,公安机关决定给予该公司警告处罚,并责令限期 15 日内进行整改。

3.5 四川一网站因高危漏洞遭入侵被罚[10]

2017 年 7 月 22 日,宜宾市翠屏区"教师发展平台"网站因网络安全防护工作落实不到位,导致网站存在高危漏洞,造成网站发生被黑客攻击入侵的网络安全事件。宜宾网安部门在对事件进行调查时发现,该网站自上线运行以来,始终未进行网络安全等级保护的定级备案、等级测评等工作,未落实网络安全等级保护制度,未履行网络安全保护义务。根据《网络安全法》第五十九条第一款之规定,决定给予翠屏区教师培训与教育研究中心和直接负责的主管人员法定代表唐某某行政处罚决定,对翠屏区教师培训与教育研究中心处一万元罚款,对法人代表唐某某处五千元罚款。

3.6 宿迁网警成功查处全省首例违反《网络安全法》接入违规网站案[11]

江苏宿迁市华睿科技有限公司服务器内接入一违法网站被民警发现,民警经勘验取证后,立即传唤该公司法人代表王某,要求对提供互联网接入服务的服务器内涉及法律、行政法规禁止传输的信息立即予以停止传输、采取消除等处置措施并保存有关记录,并根据《网络安全法》规定,给予上述公司警告处罚并要求其立即整改到位。

3.7 山西忻州市某省直事业单位网站不履行网络安全保护义务被处罚[12]

今年6月至7月间,山西忻州市某省直事业单位网站存在SQL注入漏洞,严重威胁网站信息安全,连续被国家网络与信息安全信息通报中心通报。根据《中华人民共和国网络安全法》第二十一条第二款之规定,网络运营者应当按照网络安全等级保护制度的要求,采取防范计算机病毒和网络攻击、网络侵入等危害网络安全行为的技术措施;第五十九条第一款之规定,网络运营者不履行第二十一条规定的网络安全保护义务的,由有关主管部门责令改正,依法予以处置。山西忻州市网警认为该单位之行为已违反《网络安全法》相关规定,忻州市、县两级公安机关网安部门对该单位进行了现场执法检查,依法给予行政警告处罚并责令其改正。

3.8 淘宝网、同花顺金融网、蘑菇街互动网等5家网站被责令限期整改[13]

浙江省网信办17日发布消息称经核查,淘宝网部分店铺存在售卖破坏计算机信息系统工具、售卖违禁管制物品、贩卖非法VPN工具、贩卖网络账号等突出问题;同花顺金融网、配音秀网存在导向不正、低俗恶搞等有害信息;蘑菇街互动网、虾米音乐网存在违法违规账号注册等问题。

浙江省网信办表示,上述平台和网站未能切实履行网上信息内容管理主体责任,未能对用户发布的禁止性信息尽到监管义务,违反了《网络安全法》《互联网信息服务管理办法》《互联网用户账号名称管理规定》等法律法规。

4 国家图书馆网络安全工作的几点思考

4.1 要高度重视网络安全工作

目前,中国已经成为名副其实的网络大国。截至2016年6月,中国网民规模达7.10亿。但现实的网络环境十分堪忧,网络诈骗层出不穷,网络入侵比比皆是,个人隐私被肆意泄露。《网络安全法》以及中央关于网络安全系列文件的出台将成为新的起点和转折点,公民个人信息保护进入正轨,网络暴力、网络谣言、网络欺诈等"毒瘤"生存的空间将被大大挤压。更为重要的是,《网络安全法》为各方参与互联网上的行为提供了非常重要的准则,所有参与者都要按照《网络安全法》的要求来规范自己的行为,同样所有网络行为主体所进行的活动,包括国家管理、公民个人参与、机构在网上的参与、电子商务等都要遵守该法的要求。目前,网络已成为我馆开展公共文化服务的重要载体之一。面对越来越严峻的网络安全压力,必须高度重视,把网络安全工作放到重要的位置来考虑;必须依照法律、行政法规的规定和国家标准的强制性要求,采取技术措施和其他必要措施,保障网络安全、稳定运行,有效应对网络安全事件,防范网络违法犯罪活动,维护国家图书馆各种数据的完整性、保密性和可用性。

4.2 围绕网络安全工作对业务流程和管理进行深入研究

国家图书馆是公益性事业单位,既要做好业务工作,也要重视网络安全工作的法制化。《网络安全法》及一系列政策文件的出台,为国家图书馆未来业务工作指明了方向、划出了红线。如用户信息保存保护要求、关键信息基础设施防护要求、信息系统等级保护要求等,都与国家图书馆业务的开展息息相关。要做好这些工作,需要对国家图书馆的业务流程和管理制度进行必要的调整和完善。

此外,根据《网络安全法》规定,信息系统应该进行等级保护定级。为达到相关要求,全馆信息系统安全等级保护定级工作也是应该尽快实施的一项工作。

在新媒体服务阵地中,应加强对国家图书馆的微博、微信用户的发布审核,一旦发现法律、行政法规禁止发布或者传输的信息的,应当立即停止传输该信息,采取消除等处置措施,防止信息扩散,保存有关记录,并向有关主管部门报告。

4.3 不断加强网络安全技术防范措施

《网络安全法》的出台,对于国家图书馆网络安全工作提出了更高的要求。国家图书馆网络安全工作应贯穿落实《网络安全法》要求,加强技术防范措施。在设备提档升级方面,需按照《网络安全法》要求,使国家图书馆安全日志的保存量达到 6 个月以上保存时限的要求;加强对国家图书馆服务器的远程运维审计,减少机房实地运维情况,可有效地降低在机房运维中发生网络安全事件的风险;鉴于目前应用级漏洞高发的现状,调研并测试 WEB 应用防火墙设备,对于某些无法修复的应用级漏洞可起到一定防护作用;威胁情报系统、态势感知系统、APT 防护系统等近几年为了应对新型网络安全威胁出现的安全设备,基于这些设备对国家图书馆的网络安全环境进行评估,增加国家图书馆的网络安全防护力度。

网络安全工作事关国家安全、政权安全和经济社会发展,对于国家图书馆来说,还事关文化安全,事关事业发展,与全馆每一位员工的利益都息息相关,是一项极其重要的工作。我们要进一步提高对网络安全的重视,切实做到网络安全"不出事",共同保障国家图书馆的网络安全。

参考文献

[1] 网络安全国家行动计划[EB/OL].[2018-03-05]. http://www.cctime.com/html/2016-2-18/1138804.htm.

[2] 英国国家网络安全中心[EB/OL].[2018-03-05]. https://baike.baidu.com/item/%E8%8B%B1%E5%9B%BD%E5%9B%BD%E5%AE%B6%E7%BD%91%E7%BB%9C%E5%AE%89%E5%85%A8%E4%B8%AD%E5%BF%83/20429813.

[3] 新加坡发布《网络安全法案》[EB/OL].[2018-03-05]. http://www.sic.gov.cn/news/91/8412.htm.

[4] 日本国会通过《网络安全基本法》应对网络攻击[EB/OL].[2018-03-05]. http://www.cac.gov.cn/2014-11/08/c_1113153864.htm.

[5] 网络安全法[EB/OL].[2018-03-05]. https://baike.baidu.com/item/%E7%BD%91%E7%BB%9C%E5%AE%89%E5%85%A8%E6%B3%95/16842982? fr=aladdin.

[6] 腾讯微信、新浪微博、百度贴吧涉嫌违反《网络安全法》被立案调查[EB/OL].[2018-03-05]. http://www.cac.gov.cn/2017-08/11/c_1121467425.htm.

[7] 网信办约谈李文星事件涉事网站　责令 BOSS 直聘立即整改[EB/OL].[2018-03-05]. http://china.

huanqiu. com/hot/2017-08/11116792. html.

[8] 汕头某公司未及时履行网络安全义务,网警依据网安法责令改正[EB/OL].[2018 - 03 - 05]. http://www. thepaper. cn/newsDetail_forward_1755140.

[9] 重庆一网络公司未留存用户登录日志被网安查处[EB/OL].[2018 - 03 - 05]. http://news. 163. com/17/0801/22/CQPMM7H4000187VI. html.

[10] 四川查处违反网络安全法首案:一网站因高危漏洞遭入侵被罚[EB/OL].[2018 - 03 - 05]. http://news. 163. com/17/0811/17/CRIV753F000187VE. html.

[11] 宿迁网警成功查处全省首例违反《网络安全法》接入违规网站案[EB/OL].[2018 - 03 - 05]. http://www. sohu. com/a/163690067_700293.

[12] 忻州网警依法办理首例违反《网络安全法》行政案件[EB/OL].[2018 - 03 - 05]. https://weibo. com/ttarticle/p/show? id = 2309404133545370116717&display = 0&retcode = 6102.

[13] 违规了!淘宝网等 5 家网站被责令限期整改[EB/OL].[2018 - 03 - 05]. http://www. xinhuanet. com/2017-08/17/c_1121500651. htm.

数字图书馆推广工程数字资源云发布平台构建探析

万 静(信息技术部)

1 数字图书馆推广工程数字资源云发布平台建设的背景和意义

2010 年 12 月启动的“国家数字图书馆推广工程”,以国家数字图书馆为核心,以省级数字图书馆为主要节点,建设覆盖全国省、市、县、乡镇(街道)、村(社区)的公共数字图书馆网络体系,实现了全国公共图书馆资源与服务的全面共建共享。其中工程的数字资源的发布与服务系统肩负着揭示资源、服务读者的重要任务,是用于数字资源管理调度和揭示的重要软件系统。但是,全国各级公共图书馆数字资源发布与服务系统的建设状况参差不齐,很多图书馆并不具备发布日益丰富的各种资源的能力[1]。

国家图书馆以及各省、市级图书馆自建资源种类丰富、数量巨大,涉及图书、图片、论文、期刊、报纸、音频、视频等文献类型。各图书馆自建资源种类的不断增多,内容不断丰富,但受资金或技术限制,大量宝贵资源在数字化后无法及时完成发布。国家图书馆现有的数字资源发布与服务系统在某些功能上尚存在一些不足,比如发布的图书无法在移动端/Pad 端浏览、发布的视频无法在移动端/Pad 端观看、阅读器体验差、专题库结构尚不能灵活多变、读者服务上还缺乏互动功能等问题,已经妨碍了读者对信息资源的使用。

国家图书馆将要建设的“数字图书馆推广工程数字资源云发布平台”,通过集成第三方成品软件,可解决自建数字资源服务中存在的阅读/观看效果不佳、不支持多终端访问等核心服务问题,从而提供“在线—平板—移动端”全终端的发布、阅读及播放服务,在支撑国家图书馆自建资源发布与服务需要的同时,更加为各省、市(区、县)级图书馆自建资源的发布提供平台支撑,提升公共图书馆自建资源的发布和服务能力。

2　数字图书馆推广工程数字资源云发布平台的架构设计

数字图书馆推广工程数字资源云发布平台架构，将形成一个以国家图书馆为主节点的自建资源发布池，为PC端、移动端、触屏等多终端提供资源调用和获取服务，读者门户、手机门户及第三方门户系统可调用云平台接口服务或页面服务集成到用户服务页面，同时还可以为地方图书馆资源的发布提供平台支撑。

本平台分为资源发布后台和展示前台两部分，如图1所示，资源发布后台包括发布模块、检索模块、权限管理模块、统计管理模块、用户行为管理模块、交互数据管理模块、第三方应用

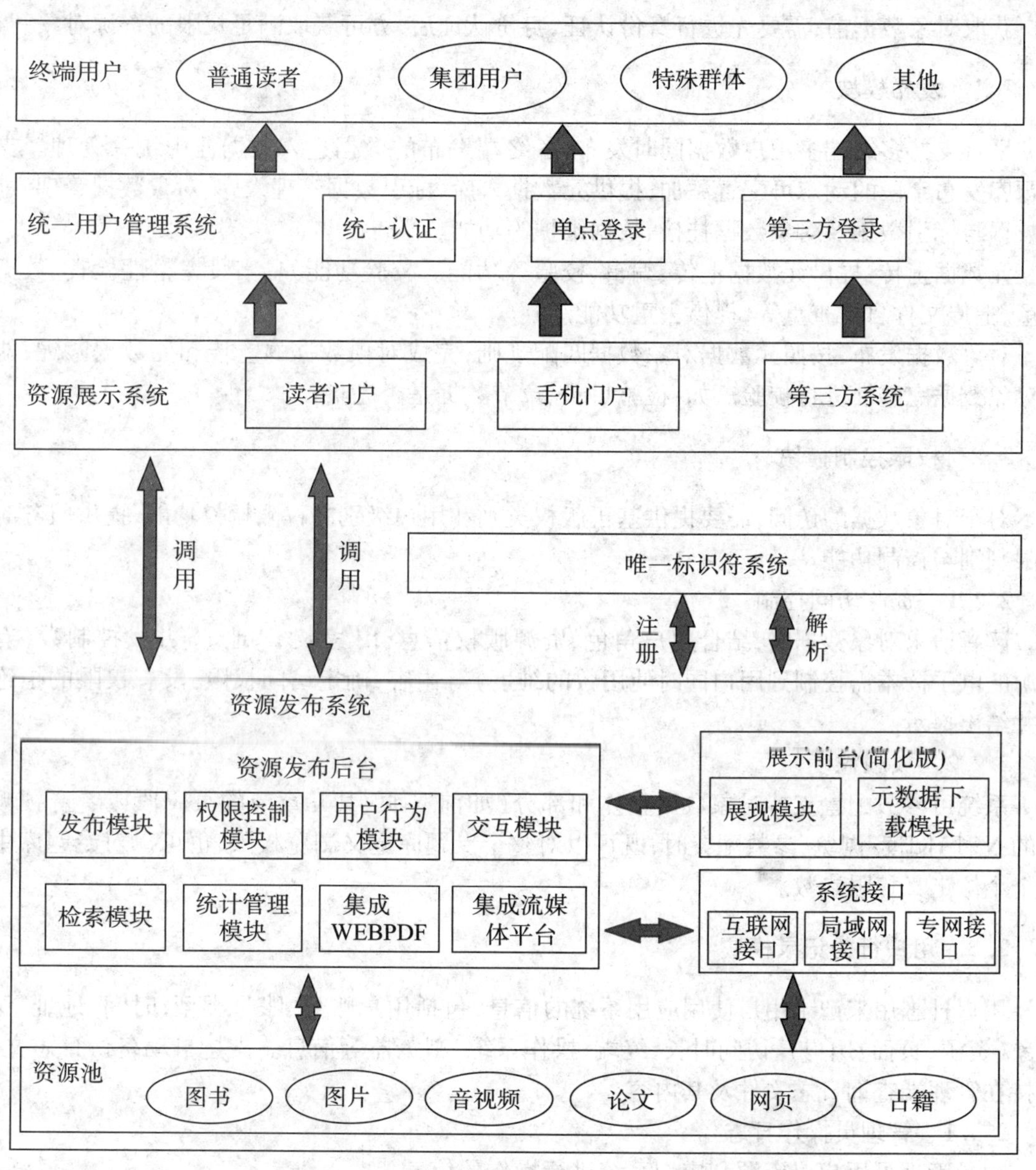

图1　数字图书馆推广工程数字资源云发布平台架构图

集成模块、唯一标识符对接模块、元数据下载/同步模块、用户日志管理模块等；展示前台包括资源展现模块、元数据下载模块和系统接口模块。系统各功能模块在实现时应进行组件化开发，各组件模块能够高内聚，低耦合，这样可以对各组件模块任意组装，独立部署，灵活应用。

该云平台支持中心节点—地方云辐射架构，构建以国家图书馆为中心节点的资源数据池和行为池，实现中心到地方的对象数据云发布与云服务。在具体实施时，对象数据的上传和访问支持互联网、专网等多种通道，支持多种传输协议，如 FTP、HTTP 协议等。根据不同的数据要求，采用不同的传输协议和网络通道。建立数字资源的元数据汇聚中心库，对内实施数据接收与更新工作，并将这些元数据信息进行统一标准封装，对外提供统一的数据访问接口。同时，借助唯一标识符服务规范，实现对象数据的查询、解析、传递等功能。由于资源版权限制，用户获取对象数据前，需要先进行身份认证，身份认证后，方可获取满足权限的资源对象。

2.1 发布模块

平台支持多终端多用户数据同时发布，各终端发布的数据进入数据池中统一管理。支持专题库发布字段的动态可配置添加，提供元数据入库、标引数据管理入库、对象数据管理入库、元数据与标引数据及对象数据挂接、数据维护等功能。

元数据上传：提供元数据上传、编辑、校验等功能。校验功能如：字段完整性检查、数据库查重、上传文件自身查重等，提供去重功能。

对象数据发布：按照元数据对象数据匹配规则，完成对象数据的上传和元数据匹配，能够对对象数据完整性进行校验。如：检验目录、章节数据是否完整。

2.2 权限控制模块

对于对象数据的访问，需要提供基于版权类别和用户级别的权限授权功能，提供服务时的权限判别与控制功能。

2.2.1 资源访问控制

读者请求对象数据时，结合用户角色、资源版权信息、IP 段及 IP 地址、并发控制数（有些资源的电子读本需控制到用户同时使用数的维度）等内容，确定访问权限，没有权限的拒绝访问并给出提示。

2.2.2 权限粒度

系统可参数配置支持对象数据整体和部分（如前 N 页、某几章节的页码段或者音视频数据的 N 秒）阅读/浏览，参数配置时，既可以对整个专题库定义浏览权限，也可以对专题库中的某个个体定义权限参数。

2.3 用户行为记录模块

用户日志用来记录用户使用应用系统的信息，包括用户账号、账号类型、时间、地址、访问对象（资源、页面、用户）、访问时长、终端、操作系统、浏览器等信息。支持自动备份日志文件；支持在管理端查询日志文件及其内容。

2.3.1 管理员操作日志

记录管理员用户对资源和应用系统进行操作的信息。

2.3.1.1 资源操作日志

详细记录管理员对资源进行管理操作的日志，包括账号、时间、IP、资源批次号、资源信息等。

2.3.1.2 应用操作日志

详细记录管理员对本应用系统进行后台操作的日志。

2.3.2 用户操作日志

记录本平台访问用户以及与本应用系统对接的第三方应用系统的用户访问资源的信息，包括访问资源的第三方应用系统及其对应的账号、时间、IP、终端、访问时长、并发数、跳出位置等。

2.4 用户交互模块

交互模块记录用户对资源进行评星、评价、笔记、分享等交互操作的数据，同时记录用户在访问资源时的跳出位置，以支持同一用户在不同终端、不同第三方应用系统中访问该资源的同步性。该模块以接口形式提供给第三方应用系统使用。支持管理端对交互数据的审核以及增、删、改操作。

2.5 统计模块

统计分析模块主要对本应用系统的资源发布及访问情况进行统计，统计结果以图、表的形式在管理后台显示。

2.5.1 资源统计分析

资源统计指按不同时间维度对已经发布和正在使用的资源进行统计。资源统计指标包括资源大小、资源并发量、资源流量、资源数量（种、册、页）。统计内容包括资源发布量、资源使用量、资源并发量、资源流量，其中资源并发量支持按资源类别和单资源进行并发量统计。

支持资源统计指标按第三方应用系统、浏览器、操作系统、终端类型、网络提供商、地域等数据来源分别输出统计指标的值。支持按数据来源自由组合输出统计指标的值，例如，可输出所有第三方应用系统手机端的资源并发量，也可输出任一第三方应用系统的 iOS 系统的资源并发量。支持以图表的形式输出统计值，其中按地域输出的统计值须支持在地图上显示，且精确到省级和市级。

2.5.2 访问统计分析

访问统计指按不同的时间维度对第三方应用系统访问本应用系统内资源的情况进行统计。统计指标包括资源浏览量、资源访客数、IP 数、资源跳出率、资源访问时长、资源访问地域。分析内容包括趋势分析、访客分析、内容统计分析等。

2.5.2.1 趋势分析

趋势分析指各项统计指标在不同时间维度内的变化趋势。支持以图、表的形式展示数据；支持在同一图表中展示多项统计指标，并且要展示的统计指标可灵活选择。

2.5.2.2 访客分析

访客分析指按第三方应用系统、地域、系统环境、访客属性等内容输出各项统计指标的值。其中系统分析支持按第三方应用系统计算各项统计指标，支持饼状图或柱状图以及列表；地域分析支持在地图上显示数据，并且精确到省级和市级，同时支持饼状图及列表；设备分析需按浏览器、操作系统、终端类型、网络提供商等分别输出统计指标的值,并且支持以图表的形式显示;访客属性需按用户角色、性别、年龄、学历、职业等分别输出统计指标的值,并且支持以图表的形式显示。

2.5.2.3　内容统计分析

内容统计分析指对用户在交互模块中产生的数据进行统计。统计指标包括资源评星数、资源评论数、资源笔记数、资源分享数、用户评价数、用户笔记数、用户分享数。其中资源评星、评价、笔记、分享的数量指所有用户对某类资源或单资源的输出值;用户评价、笔记、分享的数量指某个用户对所有资源的输出值。

支持以图表形式展示统计数据;支持按不同终端、不同时间跨度、不同第三方应用系统灵活筛选数据。

2.6　元数据下载模块

平台提供元数据下载/同步功能,以方便第三方系统下载和同步核心元数据。系统后台可根据不同展示系统配置可下载元数据字段,并可配置字段说明。元数据下载/同步分为以下两种方式。

2.6.1　元数据下载

资源发布完成后,发布系统提供元数据下载页面,第三方系统选择需要的字段下载资源元数据,导出为需要的文件格式,如 EXCEL、TXT、XML 等。其中唯一标识符字段为必备下载字段。第三方系统可将元数据导入本地数据库,对外服务时通过唯一标识符获取发布系统中的元数据和对象数据对读者提供服务。

2.6.2　元数据同步

系统提供元数据同步接口,并提供对同步接口的数据监控。系统可针对不同展示系统在后台配置元数据同步字段。资源发布完成后,第三方系统可通过同步接口获取发布系统元数据并自动写入本地数据库,在本地数据库中提供服务。系统可设置元数据自动同步时间及同步频率;也可以提供手动同步方式,随时进行数据同步。

2.6.3　对象数据下载

平台提供对象数据下载接口,可供本系统的管理员单个或批量下载对象数据;另外也可为第三方应用系统提供对象数据批量下载接口。

2.7　平台接口模块

2.7.1　元数据调用接口

针对单条数据调用,通过唯一标识符等指定字段,获取授权范围内的元数据信息、标引数据信息;针对多条数据调用,提供指定字段或字段组合方式(如题名、作者、出版社等)的数据检索接口,在获取唯一标识符信息后,再通过唯一标识符获取相应的元数据及标引数据信息。

2.7.2　对象数据调用接口

提供图书、图片、音频、视频、期刊、报纸等对象数据调用接口,通过唯一标识符等指定字段,以获取授权范围内的对象数据。

2.7.3　数据检索接口

平台提供基于元数据检索、全文检索、目录检索、篇名检索及摘要检索的搜索引擎接口,可为第三方系统提供指定范围内的数据检索服务。

2.7.4　交互数据调用接口

根据唯一标识符等指定字段，提供图书等资源的书评、笔记、评星、分享等互动数据的写入、维护及调用接口。

2.7.5　元数据下载接口

根据用户授权，系统提供指定专题库或指定资源的元数据下载接口。

2.7.6　元数据同步接口

平台应对更新的字段进行标记，并提供元数据同步接口，以便第三方系统及时更新本地数据。

2.7.7　用户日志调用接口

平台提供用户日志的调用接口，可根据时间段、终端、资源库或资源、用户等信息，获取用户日志。

2.7.8　用户行为池管理接口

平台提供用户行为日志的写入和查询接口，方便第三方系统将用户行为日志记录到本系统中，进而构建国家图书馆用户行为池，为大数据分析等平台提供数据支撑。

2.8　唯一标识符对接模块

该模块主要使第三方系统可以通过唯一标识符来标准化数据调用的接口和方式。

2.8.1　发布系统唯一标识符对接

元数据入库后，发布系统调用唯一标识符系统注册接口，进行唯一标识符注册，并获取已注册成功的唯一标识符。对象数据发布成功后，发布系统生成资源 URL 访问地址，调用唯一标识符 URL 回写接口，将生成的 URL 地址写入唯一标识符系统。

2.8.2　资源展示唯一标识符对接

读者通过第三方系统访问数字资源时，第三方系统通过唯一标识符解析接口对唯一标识符进行实时解析，获取资源元数据及对象数据，完成资源访问。

3　数字图书馆推广工程数字资源云发布平台中对第三方软件的集成

WebPDF 可以基于服务器环境，在 PC、Pad、手机等多种客户端上提供高保真的阅读效果，支持断点、多屏阅读，并可以记录用户阅读位置。流媒体服务平台将音、视频以数据流形式传输，可以支持 PC、Pad、手机端等多终端观看，并且读者可自行选择高清、标清等视频播放模式，解决跨终端视频观看问题。

3.1　WebPDF 阅读器集成

WebPDF 软件开发工具包支持终端用户通过网页浏览器阅读 PDF 文件，且无须额外下载或安装其他任何软件。由于网页浏览器不受设备限制，终端用户可随时在任意常用的桌面或移动设备上通过浏览器阅读 PDF 文件[2]。

本平台与第三方图书阅读器 WebPDF 进行集成，支持 PDF 格式资源在 PC、Pad、手机等多终端上阅读，支持断点、多屏阅读。改造电子图书目录，添加目录与 PDF 阅读联动功能，可通过目录快速定位到相应的资源页。支持推荐资源的阅读跳转功能。阅读器支持单页PDF和多页合成PDF两种展示模式,实现两种模式下无差别的翻页、定位、缩放、水印及权限控制等操作。

对于有全文数据的资源,还可以提供全文检索的功能。矢量资源需提供影像资源和矢量资源的对照显示,联动展示功能。报纸类资源需能定位到篇目,并支持将定位的文章高亮显示。对于古籍资源,提供合并阅读的功能,即通过卷次信息,定位各卷全文。

3.1.1 标准模块

实现PDF阅读的相关功能,如显示、翻页、缩放、跳转、旋转、显示模式、复制粘贴、打印、保存文件等具体功能。

3.1.2 注释模块

创建注释,并可对注释内容进行编辑、删除、更改属性设置,导出导入注释内容。支持的注释类型有针对文本操作的打字机、高亮、下划线、删除线;铅笔、备注。

3.1.3 表单模块

提供基于交互式表单的操作,比如填写数据、单独导入导出表单数据。

3.1.4 签名模块

添加设置签名,支持第三方签名接口,手写签名。

3.2 流媒体播放器集成

流媒体技术广泛用于娱乐、电子商务、远程培训、视频会议、远程教育、远程医疗、电视台重大节目直播等互联网信息服务的方方面面,它的应用给网络信息交流带来革命性的变化,流媒体技术突破了Web媒体一直以来以文字、图片方式向用户传递信息的局限性,丰富了互联网的功能,成为一种有强大吸引力的流媒体技术。

流媒体播控平台具有如下特点:系统可提供灵活的可配置的终端和码流管理,满足各种直播和点播的播出要求;提供全面的系统监控,提高运营保障。包括:直播画面的实时监控、转码任务监控、视频编辑监控、流媒体服务器监控、存储服务器监控等;系统提供全面的统计分析,包括视频直播统计、视频点播统计、视频总量统计、编辑上载量统计、编辑发稿统计、编辑绩效统计、节目访问量统计、节目评论统计、搜索热词统计等统计结果可生成柱状图、饼状图,可导出EXCEL;防盗链:通过内容认证设置,可有效防止非授权用户的非法盗链与下载,保障音视频直播、点播内容资源的安全;系统可部署在LINUX、WINDOWS服务器上,支持集群部署,满足各种大型活动、会议等直播高并发要求;系统提供标准接口,可与第三方发布系统进行无缝对接,实现网站、手机客户端、IPTV、智能屏等各终端的音视频播放支持与第三方CDN对接。

本平台与第三方流媒体服务平台进行业务集成,从流媒体服务平台获取音视频数据流。视频播放支持高清、标清等不同规格,读者可自行选择。视频支持PC、Pad、手机端等多终端,并支持多屏观看。支持音视频数据中标引数据的显示和检索功能。支持推荐资源数据的观看跳转功能。

随着数字图书馆推广工程数字资源云发布系统的建设,未来将不仅可形成国家图书馆自建资源发布池,为PC端、移动端、触屏端等多终端提供资源调用和获取服务,为读者门户、手机门户及第三方门户系统提供接口服务或页面服务,同时,还可以为地方图书馆数字资源的发布提供平台支撑。

数字资源云发布平台中发布池与各终端门户系统的分离设计,能更好复用现有各个资源服务系统(发布与服务系统、读者门户系统、移动门户系统、文津图书奖系统、中华寻根网系统、海外文化中心系统等)中的发布功能、用户行为记录功能,并整合分散的资源数据,实现发布基础功能和资源数据的真正共享。并在集成了现有流行的图书阅读插件和音频、视频播放器的第三方软件的基础上,给读者以更好的使用体验,增强用户黏性,让我们的资源服务网站能更好地为广大读者服务。

在文化大繁荣的今天,国家图书馆将继续深入推进数字图书馆推广工程项目,通过对数字资源云发布平台的不断探究和建设,为各省、市(区、县)级图书馆自建资源的发布提供平台支撑,提升公共图书馆自建资源的发布和服务能力,实现全国数字资源的共建共享。让我们以实际行动坚定文化自信,促进全国各地区的文化大繁荣大发展。

参考文献

[1] 祁自顺. 数字图书馆推广工程——数字文化建设工程的新引擎[J]. 数字与缩微影像,2013(1):26-28.
[2] 李兰友,陈立,谢雪莲. 面向 Web 的 PDF 文档构建技术[J]. 计算机与现代化,2013(12):191-195.

朝鲜半岛古籍适用国别代码刍议

张超亚　杨　靖(缩微文献部)

1　问题的缘起

国内图书文献机构中凡是贮藏有外国古籍的机构,都在该领域文献保护、开发利用中有重大责任和义务。编订目录、确定版本,是保护和利用文献基础中的基础,根基不牢,就会枝叶动摇。

现行图书馆编目规则对古籍文献的出版国别(102 字段)要求著录,因此必须为编目的古籍文献赋予国别、省别代码。由于历史地理的沿革非常复杂,为古籍的出版地确认出版地代码就成了一个费力的工作。尤其是对疆域变化、历史背景错综复杂的域外古籍,问题就更为突出。以朝鲜半岛出版的古籍为例,在编目实践中,国内图书馆编目界在 102 字段大多使用代码"KP"。该代码为朝鲜民主主义人民共和国国别代码。这样不加区分地著录有时会产生比较严重的政治和学术问题。

在实践工作中,国内也有部分单位使用"KR"著录朝鲜半岛古籍的 102 字段,即用代表"大韩民国"的代码予以著录;还有一些单位,出于对古籍内容的考虑,不对朝鲜版本予以特别标注,而使用中国国家代码 CN,以示该古籍只是翻刻而并无内容创新故仍赋予中国版权。凡此种种,业内莫衷一是。

这一问题在古籍的编目工作中具有相当的典型性,显得非常突出,究其原因,无外以下几点。

首先，近现代民族国家形成后，基于国际法的疆界非常明确，出版物的国别代码问题比较好解决。即使一些已经不存在的国家的出版物，只要按照其过去国名予以标注，一般不会引起争议。如苏联时期的出版物，标注为“苏”，并不做回溯，是国内图书馆界和编目界的通行做法。因此，国别代码问题主要集中在疆界不明确的古籍领域。

第二，由于历史原因，我国图书机构贮藏的外国古籍主要都为在东亚各邻国领域内出版的古籍，非汉文的外国古籍很少，而且大多不存在国别问题。作者曾经对国家图书馆馆藏进行调研，拉丁文古籍和阿拉伯文古籍主要是境内的传教士或名人的墓志或墓碑拓片，国别代码用CN是可行的。古伊朗语、古突厥语、古代梵语等在今天西亚、中亚、南亚跨国使用的古代语文写就的古籍，几乎没有存藏。总之，经过调研，以国家图书馆为例，涉外古籍，基本只涉及中国、朝鲜、韩国、日本、越南五个国别代码的使用。

第三，境外存藏古籍较多的图书机构，如欧美等国的知名图书馆，其在处理此类文献的国别代码时，有自己的一套通行办法。针对一些现代已不存在的古代国家的古籍的国别代码，设计的话语权主要由西方掌握，我国由于客观上缺乏此类文献的存藏自然没有太多发言权。

综上所述，我国没有必要越俎代庖，去为现阶段由西方国家垄断的跨国古籍的国别代码编定费时费力。但是，对现阶段会对我国造成外交和学术隐患的东亚汉籍的国别代码的使用，特别是朝鲜半岛这一特殊地区，需要我们发挥智慧，想出一种便于操作、也经得起实践考验的办法，而不能因陋就简，用KP或者KR的方法一刀切。

2　域外汉籍概况及其国别特点

我国是世界闻名的文献大国和文献古国，汉文在古代是我国文献的主要文字载体。由于历史和文化等因素，位于今日朝鲜半岛、日本列岛、琉球群岛、越南等地的古代东亚、东南亚地区国家，也长期将汉文作为承载本国文献的主要文字。这种局面一直持续到了19世纪末期才有所变化。除中国外的其他几个国家，在历史上都存在口语和书面语不是一种语言的情况，其使用汉文的情况与汉籍文献流传的情况，各有不同。

日本是比较早在汉文基础上创造出本民族辅助文字的国家，早在平安时代就有用倭（假名）汉（真名）两种文字书写的古籍《古事记》流传于世。纵观日本古代典籍的创作与流传，有三大特点：第一是讲述本国事时也会用本国语文书写，汉文和汉语的标准语体并不占绝对优势。第二是描述外国事（特别是中国事）时时而也用本国文字创作，而不是直接用中国的书籍翻刻（如《善邻国宝记》之类）。第三是其对中国典籍的翻刻、重印多为唐代以前的文献和哲学领域的作品，且和中国本土的交流有限。

与古代日本相比，古代朝鲜半岛的汉文古籍，也鲜明地表现出了三个特点：第一，本国事大多用标准的文言汉文书写，且符合汉文的当时语法，并没有古代日本的“协和语”倾向。第二，外国事（尤其是中国事）也大多用汉文书写，不论是官方的正式外交文书还是私人游记。第三，对中国典籍的翻刻非常兴盛，而且不仅仅是停留在儒家哲学层面或某一特定时间段，举凡文学、史学、科技乃至基层使用的时宪书、律法书，大批地翻刻中国各个时期的典籍，并且和中国本土频繁交流，形成了卷帙浩繁的“高丽本”（“朝鲜本”）现象，成为古代版本学的一个重要研究方向。

笔者认为这种现象之所以产生,主要由于三个原因:

首先,朝鲜本民族文字的发明较日本晚得多,谚文形成的正式标志《训民正音》到了15世纪才产生,已经比日本假名晚了几乎700余年;同时,谚文产生后,没有形成那种《古事记》样式的"倭汉双注"格式,而是与汉字分别使用、畛域分明的,汉文一直在官方领域占据主导地位,谚文只是在民间作为非正式的普及与翻译文字使用。

其次,朝鲜半岛与中国山水相连、壤地相接,双方人民的经济、文化往来方便、频繁,上层社会的典籍交换和人员流动更是东亚其他国家无法比拟的,这种交流很自由、很开放、很频繁;如果说日本和中国的典籍交流与契丹的"书禁"一样,存在各种自然地理或人为障碍的话,朝鲜和中国的典籍交流就好比清代的满汉文献互相翻译,可谓"盛大辉煌"。

再次,古代朝鲜半岛在统一新罗建立后,经历了新罗、高丽、李朝三个时期,国家疆域比较稳定、民族文化逐渐巩固、人民生活比较安宁,国内的战争远不及外来的侵略危害大,因此不像日本的武家社会那样具有扩张性从而对中国逐渐采取轻视态度;反而与中国历朝一直保持着宗藩关系,对中国文化一直采取仰视态度,这直接影响和决定了其政府和人民对汉文和汉籍文献的态度。

与日本、朝鲜形成鲜明对比关系不同,越南、琉球的情况更特殊一些。后二者的汉籍数量、质量、种类、历史地位与影响等各个方面,均与前二者有着巨大的差异和距离。造成这种现象的主要历史背景是:

第一,越南国家形成的时间比朝鲜和日本都要晚,而且先后经历了十个朝代(或时代)的统治,社会相对动荡。这种动荡的历史,导致战争对典籍的破坏异常巨大,仅仅是永宣一役就使得越南的典籍积累几乎"从头再来"。第二,越南古代的民族文字——字喃,既不像日本的假名那样简单、易于为汉文辅助标音,也不像朝鲜的谚文那样系统合理,是一种比较适宜拼写本民族语音的字母文字;而是一种复杂、难学、流传不广的文字,这种现象客观上造成了越南古代的知识界的创作,没有日本和朝鲜那样能借助假名或谚文为津渡的条件。第三,越南和中国的古代关系处于一种波动模式,既不像朝鲜那样长期谨守宗藩关系,也不像日本那样长期坚持和中国对等,而是大起大落、时好时坏。

以上三种因素共同作用,再加上越南本土的炎热、多雨气候和高温、潮湿环境对文化创作和典籍保存天然的不利影响,流传到中国的越南汉籍在朝鲜、日本典籍面前,就愈发显得凤毛麟角了。

琉球国中山王朝在15世纪统一冲绳诸岛,不久就遭到了日本萨摩藩的入侵,在东亚宗藩体系中一直是较小、较边缘的成员,在中日两国的夹缝中惨淡经营五百年;再加上国小人少,文化事业和文献创作的数量和质量自然非常有限。因此琉球汉籍的种类和卷帙之少,是中国之外东亚四国汉籍中唯一一个可以短期"速成""全览"的。

以国家图书馆馆藏为例,越南汉籍较为稀少,且多为近代乃至现代整理的校勘本、影印本之类,远不及日本、朝鲜汉籍部类齐全、版式众多。而琉球汉籍的贮藏,可以说屈指可数,这也是国内图书馆应该注意加强的一个领域。

综上所述,域外汉籍是学术研究的一个重要领域,其事关历史学、文献学、文化学、语言学和文字学等多个学科。仅从文献分类的角度来说,日朝越等国版本的中国古代典籍,对核对我国古籍文字、研究流传变化,具有重大价值和意义;日朝越等国用汉文刻印的本国正史、实录等典籍，是研究其历史和文化的一手史料，除中国学者和读者外，全世界再没有第二个国家有这样优越和便利的条件，即使是其本国普通读者，在今日三国书面语巨变的时代不经过专业学习也难以读懂文言汉语写成的本国古史；日朝越等国用汉文书写和刻版的外国资料，尤其是中国资料，更是研究古代中外关系史、东亚文化史以及为今日中华民族实现伟大复兴提供镜鉴的难得资料宝库。

3 古代朝鲜半岛汉籍出版地与当今编目系统出版国别代码的冲突

单纯从学术角度上来说，朝鲜半岛古代汉籍，即使人为地强制按照南北军事分界线，分别赋予 KP（朝鲜）和 KR（韩国）代码的话，那么历史事实决定，见存国内的半岛汉籍，仍然十之八九应该改 KP 为 KR，试述如下：

首先，半岛汉籍，一般称之为“高丽本”（或“朝鲜本”），由于高丽时代的传世文献已经较少，因此国图馆藏的主要半岛汉文古籍大多是李朝时期版本，这也是国内的普遍情况[1]。自高丽时代开始，“三南”——全罗、庆尚、忠清三道，就是古代朝鲜半岛的经济、文化重镇，大部分私刻的传世汉籍文献集中出现在这里。而今日军事分界线以北地区由于地形崎岖、气候寒冷，加之多次遭到外族入侵，文化事业比较凋敝，虽然有号称“西京”的平壤，但是就书籍出版事业来说，在数量和质量上均不足以与汉城和“三南”比肩[2]。

其次，李朝首都坐落于汉城（今首尔）长达 500 余年，而李朝大部分重要的多卷帙传世汉文古籍又是由政府主导雕版或者抄录的历史类、档案类著作；因此，汉城和“三南”地区是李朝时期文化事业、图书刻印事业的基地。半岛其他地区，如东部和北部，是比较落后的文化产品输入地而非文化产品输出地[3]。

举例来说，如将国图馆藏的朝鲜汉籍分为中国古籍朝鲜版本、朝鲜本国汉籍本国版本、朝鲜古代汉文写本和抄本三类，以下各举数例证明上述使用 KR 优于 KP 的结论：

（1）高丽时代的《禅林宝训》，中国宋代僧人著，出版地在忠州青龙寺，地点在属于“三南”的忠清道。

（2）李朝时代的《益斋乱稿》，李朝文人的文集，出版地在鸡林府，属于“三南”的庆尚道。

（3）《朝鲜国王李玜上清宣宗表文》《朝鲜国王李奂上清宣宗表文》《朝鲜国王李昪上清文宗表文》《朝鲜国王李昪上清穆宗谢表》《朝鲜国王李熙上清穆宗谢表》一类，李朝和清代的官方往来档案，用印皆“朝鲜国王”，书写地必然不会是汉城王宫之外。

（4）《大清咸丰八年岁次戊午时宪书》《大清祺祥元年岁次壬戌时宪书》一类，是朝鲜奉中国正朔的宗藩标志。既然是清廷颁赐，发行地必然也只能是朝鲜王国的首都汉城。

（5）《热河纪行诗》一类手本，国内很多，均为朝鲜使臣的“燕行录”式的著作。自然也是回国后才能完成整理的，最终的“版权地”也大多是汉城无疑。

（6）《崇祯三癸卯增广别试文武科殿试榜目》《崇祯纪元后四甲子式司马榜目》《崇祯纪元后三丁酉增广司马榜目》等是典型的李朝时期“华夷变态”论的表现，均在其京内的芸阁、岭营等地官方镂版甚至御刻。自然也只能是在军事分界线以南的汉城出版。

（7）《御定奎章全韵》（清康熙二十九［1690］年）、《会纂宋岳鄂武穆王精忠录》（李朝英祖四十五［1769］年）、《大典通编》（李朝正祖十［1785］年）、《大典会通》（李朝高宗三［1865］年）

之类，刊刻地均在半泉、芸阁等地，均为汉城内御版。

凡此种种，不胜枚举。经过初步统计，我们可以说，在华朝鲜汉籍，李朝本占十之八九。而李朝本中，汉城本（官方刻本或者手本）又占十之八九。找到一个汉城之外的“三南”版本已属不易，找到一个今日军事分界线以北的“KP 版本”更是凤毛麟角。

综上所述，将所有朝鲜半岛古代的汉籍文献出版地全部用 KP 记录，不使用代表大韩民国的代码 KR，是不符合历史事实的，在学术上是站不住脚的。

4 问题的解决——制定新代码

这一问题的产生有许多深层次原因，其中最重要的是朝鲜半岛古代国家的疆域变化和政权与民族名称的演变。

古代半岛政权自新罗统一以来，疆域不断向北拓展，新罗时代的文化中心在今日的庆尚道，国家的边界在今天黄海道—江原道一带，也就是在今北南军事分界线以北不远处。高丽时代顶住了辽金元三朝的武力威胁，到了明初的时候，国家的中心在北南军事分界线北侧不远的开城，边界北移到平壤—元山一线，大同江流域及其以南已经属于半岛国家的范畴。明代，李朝继续向北经略，国家的边界终于确定在鸭绿江—图们江组成的自然边界上，今日朝鲜半岛的地理和政治范围遂逐步确定，成为国际和学界共识。

由此可见，半岛国家的疆域是从南向北逐渐拓展的，因此北方列入领土晚，文化成果也必然逊于南方。在政权与民族名称上，与本文 KP 和 KR 代码之争相关的，主要是高丽、朝鲜、韩国三词的词源，下文就此予以分析以利于代码选择时正本清源。

由于朝鲜半岛长期使用汉字，其国号如高丽（山高水丽）、朝鲜（朝曦鲜明）等，都是有汉文意义的，而非一般外国国名的音译办法。在整个世界，这样的例子很少见，在汉字表示的外国国名中，只有日本、越南、冰岛等屈指可数的例子。今天 KP 与 KR 这两个代码，却都来自英文的音译——英文的 Korea 来自高丽（Goryeo）这个词，所以在英文语境下称呼半岛双方时，一般使用“North Korea”或“South Korea”，这种中立性的称呼北南双方一般都能接受。

可是在现代汉文中，没有“北高丽”“南高丽”这样的词汇。“朝鲜”一词的词源悠久，早在《史记》[4]时代就已经明确开始使用，虽然在对檀君、箕子、卫满等传说或历史人物的认识上各方观点不同，但是古国的名字是朝鲜，却是国际学界的共识。该词的词源，有学者指出不是“朝曦鲜明”而是“来朝之韩”[5]，但不管词源本身的含义，李朝的正式国号确实是“朝鲜”（Joseon）。

日本在甲午战争后扶持了“大韩帝国”，在近代中国又存在“大韩民国临时政府”，甚至直到解放战争时东北民主联军的内部材料都是以“韩国人”称呼中国境内的朝鲜族居民的[6]。该称呼的历史悠久，一般上溯到“三韩”[7-8]。然而正如“朝鲜”在今日韩国被称为“北韩”一样，“韩国”这一词汇也受到了北方的抵制，我国在与韩国建交之前，一律称呼半岛南方为“南朝鲜”。这也正是 KP 代码在编目界几乎涵盖半岛所有古籍的源流所在。

然而面对今日我国与北南双方都已建立正式外关系的局面，在古籍编目上厚此薄彼、多用 KP 不用 KR，是会造成严重的外交难题的。笔者认为，要解决这一问题，必须打破固有思维。我们不应该人为地去确定每一种朝鲜古代文献到底是在北南军事分界线哪一侧出版的，这样太机械、太没有智慧，而且很多情况下由于文献本身版本要素的缺失，也是根本无法确定的。我们既应该认识到国际通行的 KP 和 KR 代码已经使用很长时间，不便推翻，但是也应该认识到一一划线或者一刀切两种方式也都不合适。

笔者认为，K 这一代码可以保留。而后加上 A 这一字母，就可以比较好地解决这一问题。A 的含义是 Ancient，KA 即“古代朝鲜半岛”。这样，不论是高丽还是李朝的古籍文献都可以顺理成章地纳入其下。而且 KA 在国际通行的国家代码表中暂时没有被占用，不会和其他国家混淆。且在英语等拉丁字母文字语境下完全中立，可以为国际社会和北南双方接受，避免了中国作为唯一一个和北南双方建交而又保留大量半岛古籍的文献大户的尴尬，还不必产生因为大规模地按照北南军事分界线确定每一种古籍归属这种废功。

以此解决设想为基础，综合考虑朝鲜半岛之外的世界历史事实，针对已经不存在的古代和近代国家，我们在这里可以提出新的编目国别代码解决方案，降低劳动成本，避免回溯。

举例来说，地中海东岸直到印度河—昆仑山一线以西以北，在古代和近代有许多地跨大洲、包括许多今日国家在内的帝国存在，其所使用的诸如古典阿拉伯语、波斯语、突厥语和蒙古语写就和印刷的著作众多，许多出版地不可考或者不便按照现代国家的归属来确定 102 字段或者其他字段。

例如阿拉伯文的古籍遍布西亚、北非、中亚和南亚各地，在中国也有不少，古兰经的阿拉伯文版本有许多是在今日阿拉伯语国家之外出版的。阿拉伯帝国崩溃后，西亚、北非、中亚和南亚部分地区的政治变迁复杂，民族疆界犬牙交错，如果强行将所有阿拉伯文古籍按照现代民族国家疆域确定出版地，会引起严重的政治问题。诸如阿威罗伊和阿维森纳等著名学者，其身份和著作并不属于当今的某个特定民族国家，古代阿拉伯、伊朗、突厥的许多学者也常常在一生中长距离地变换自己的居住地，将某个学者及其著作强制划入某个现代国家的版权代码之下处理，不仅仅是不科学的，更重要的是得不偿失的。西亚、中亚、南亚、北非等地在古代文化交流频繁，许多古籍的出版地标识不清晰，人为确认某个学者和著作的归属地，将这种复杂问题强制解决，耗时长、废功多，很不明智。

我们认为，在古籍编目工作中如果将这些容易引起国际“文化遗产争夺”的古籍人为按照今天的边界草率处理 102 字段，可能一时不会有什么后果。但是随着我国对外交往的加深，特别是“一带一路”战略逐步开花结果后，和有关沿线国家在经贸、文化上联系加强，也许某一天本土或者外国读者在检索这类数据时就会造成一些难以预料的问题。具体来说，我们可以将外文古籍做出分类和筛查，按照作者、出版地、语种做出评估，凡是可以用现代国界线办法处理的则不予变更。凡是和以上所述问题类似的，我们可以人为设计出几个编码，如 KA(ancient Korea)，CAA(ancient central Asia)，WAA(ancient western Asia)等。这样，我们既不需要在工作中进行没有意义的“历史地理沿革精确定位”劳动，也不会在某一天造成读者们的抗议。

我们设计出的新的古代国家代码越少越好、越简单越好，但是其分界、构成则需要更加深入地研究才能确定。如今我国所藏的这类文献也许数量很少，这一工作的现实回报也许很有限；但是随着数字图书馆建设的加快，人类信息与知识共享更加无障碍化，某一天这一思路如果为国际图书馆编目界认可，我们的劳动也就具有了莫大的文明、文化价值。

参考文献

[1] 张秀民. 中国印刷术的发明及其影响[M]. 上海:上海人民出版社,2009.

[2] 朴真奭,姜孟山,朴文一,等. 朝鲜简史[M]. 延边:延边大学出版社,1998.

[3] 文粲. 朝鲜时代册版目录研究[D]. 南京:南京大学,2012.

[4] 司马迁. 史记[M]. 北京:中华书局,1962:2985 - 2990.

[5] 王小甫. 盛唐时代与东北亚政局[M]. 上海:上海辞书出版社,2003:444 - 454.

[6] 徐龙男. 中国朝鲜族人编入朝鲜人民军概况及朝鲜战争爆发前后朝鲜人民军编制体系[J],冷战国际史研究,2010(10):138 - 146.

[7] 陈寿. 三国志[M]. 北京:中华书局,1959:840 - 853.

[8] 范晔. 后汉书[M]. 北京:中华书局,1965:2807 - 2819.

谈国家图书馆在民国时期文献影印出版事业中的重要作用
——以《民国时期禁烟禁毒资料汇编》的出版为例

齐午月(缩微文献部)

民国时期文献的整理、影印出版活动从20世纪50、60年代就开展起来,并在2000年左右进入快速发展阶段,先后有三十多家出版机构投身这一领域。作为国家总书库,国家图书馆珍藏有67万册民国时期文献,保护抢救这些老化、损毁严重的珍稀文献,并通过深度开发弘扬这些文献的社会价值、学术价值,是国家图书馆理应承担的文化责任。在文化部、财政部的大力支持下,国家图书馆于2012年正式启动"民国时期文献保护计划"(以下简称"民保计划"),有力推动了民国时期文献整理、影印出版事业的良性发展。

作为"民保计划"的成果之一,2017年11月,由国家图书馆缩微文献部筹划的《民国时期禁烟禁毒资料汇编》,历时两年终于由国家图书馆出版社推出。这套汇编是针对民国时期禁烟禁毒专题文献的首个大型影印出版成果,同时也是缩微文献部借由"民保计划"推动部门文献开发事业转型,与国家图书馆出版社达成合作后的首个成果。

以下,笔者将从参与者的视角,回顾《民国时期禁烟禁毒资料汇编》的策划出版过程,谈谈国家图书馆如何通过"民保计划",促进民国时期文献影印出版领域内的资源优化整合,积极承担指导协调全国文献保护工作的文化职能。

1　整合出版资源,三方通力合作

"民保计划"由国家图书馆业务管理处民国时期文献保护工作办公室(以下简称:民保中心)主持,已于2016年列入国家"十三五"规划纲要,先后累计投入6000万元资金。2013年起,国家图书馆面向全国文献存藏单位组织申报民国时期文献出版项目,采用项目申报、评审立项、项目资助方式开展出版工作[1]。

在实现民国时期文献出版资源优化整合、推动海内外文献存藏单位和各出版机构合作方面,“民保中心”作用极大。不仅是文献收藏单位与出版社之间的联系人,跟踪出版工作进度、协调两方合作关系,同时也是项目资金的重要来源之一,通过提供专项出版基金支持,减少出版社方前期的成本投入,从而推动项目顺利进行。

1.1 民国文献保护计划

“民保计划”启动前,国家图书馆已经成立有“中国国家图书馆民国文献资料编纂出版委员会”,陆续整理、影印了一大批“民国文献资料丛编”“民国期刊资料分类汇编”。随着“民保计划”的推进,国家图书馆在民国时期文献出版领域内的带头地位更加突出,项目成果专题化、规模化的特色、优点也益趋显著。

在2016年11月召开的“回眸与展望:民国文献整理与研究国际学术研讨会”上,时任“民保中心”负责人的毛雅君详细介绍了“民保计划”的策划过程、工作概况及取得的成绩,包括:开展民国时期文献普查工作,制作“民国时期文献联合目录”系统平台;征集海外民国时期文献,整理出版数百卷日本战犯审判文献;制定民国时期文献保护规范、研究民国时期文献原生性保护技术;建设“东京审判资源库”专题数据库等几大方面。

就民国时期文献出版而言,“民保计划”也已经取得极大进展,截至2016年底,已立项120项,已完成60项,出版3266册[2]。众多出版成果形成六大系列——“民国时期文献资料丛编”“对日战犯审判文献资料丛刊”“民国时期珍稀档案、日记、手札文献”“抗日战争文献史料丛编”“革命历史文献资料丛编”以及“目录、图录、索引系列”,建构起一个有待继续补充的民国文献出版事业大框架,极具出版指导意义。

1.2 国家图书馆出版社

国家图书馆出版社(简称:国图出版社)是民国时期文献出版领域内的资深核心机构,也是承接最多“民保计划”项目的出版社。

在2016年11月召开的“回眸与展望:民国文献整理与研究国际学术研讨会”上,国图出版社民国文献编辑室主任于浩总结近年成果:以“民保计划”为依托,国图出版社先后与200多家图书馆、档案馆、博物馆、社科院等文献存藏机构合作,截至2017年10月,陆续出版了330种民国时期文献的专题资料,总计有7000多册,收录民国图书、期刊、报纸、档案、照片、日记手札、红色文献等各类珍稀文献近万种[3],分成和“民保计划”相对应的六大系列,在种类、总数、规模体系等方面,都取得了令人瞩目的耀眼成绩。

除了有着搜集、获取民国时期文献的天然优势,国图出版社在整合学术资源方面的能力也让人叹服。通过“为人找书”和“为书找人”的双向路径,国图出版社邀请特定领域的专家学者,一起参与民国时期文献汇编的选题策划、书目筛选、内容编辑、撰写前言等出版工作,大大提升了汇编的学术价值。

1.3 国家图书馆缩微文献复制中心(缩微文献部)

国家图书馆缩微文献复制中心即国图缩微文献部,利用自身文献收藏单位的优势,以自主出版的方式推出过大量民国时期文献影印汇编。粗略统计,2000年以来出版民国时期文献多达201种3000余册,品种和册数分别占同期全部出版物的34%和14%[4],拥有丰富的出版经验。

十余年间，缩微文献复制中心有着明确的民国时期文献出版方向，陆续推出《语美画刊》《月月小说》《京话日报》《立言画刊》等民国珍稀报刊，并以专题形式汇编出版《中国早期电影画刊》《中国早期农学期刊汇编》《抗日战争期刊汇编》等民国时期文献；在策划的民国保甲、少儿教育、人口户籍、铁路等专题汇编中，还收录了大量民国时期图书，用海量的民国时期书、刊、报、档案等各类文献，揭示了其时中国社会生活的方方面面。

值得一提的是，缩微文献复制中心还出版过《民国外交档案文献汇览》《冯玉祥军事要电汇编》等摘录类影印文献汇编，这一工作需要投入更多人力来整理、编排资料，出版难度更高，显示了缩微文献复制中心在深度开发民国文献上的功力。

2013 年前后，缩微文献复制中心（缩微文献部）的文献开发事业面临转型，积极拓展对外合作之路，"民保计划"则提供了一个新的发展契机。经过长时间的准备，缩微文献复制中心于 2015 年底与国家图书馆出版社强强联手，实现了文献资源、出版资源、学术资源的优化整合，成功申报四项"民保计划"项目，《民国时期禁烟禁毒资料汇编》正是其中之一。

2 做好前期调研，填补学术空白

出版既是文化活动，也是商业行为，兼具双重属性。与普通出版物相比，大型民国影印文献汇编的受众市场窄小，且相对固定，集中在各级各类图书馆、高校科研院所等单位。所以在策划民国时期文献出版选题时，要把学术价值、社会效应放在第一位，保证其具有较高的学术性、史料性，这也使汇编在出版市场上得到良好反响，兼顾经济效益。

为验证出版选题的可行性，做好前期调研工作十分必要，这包括两个方面的内容：查找相关民国时期文献资源的存藏情况、查找已经出版的相近专题资料汇编。

在实际操作中，这两项工作常互相影响，无法分开，需要综合各类信息来判断选题的出版价值，即是否具有填补学术空白的重要意义。整理、筛查相关民国时期文献的存藏、出版情况，还能保证汇编收录文献的全面性，同时避免重复出版，浪费资源。此外，前期调研工作对于预估出版项目规模、成本也有重要作用。

下面，将以《民国时期禁烟禁毒资料汇编》为例，详细说明如何展开前期调研。

2.1 考察专题文献存藏情况

为全面了解民国时期禁烟禁毒文献在当下的存藏情况，需要利用国家图书馆的 Aleph500 系统、缩微文献部的丹诚系统，使用"禁烟""禁毒""鸦片""烟苗""烟土"等多个关键词，检索馆藏有关文献的书目数据。

其中，利用 Aleph500 系统能够方便地查找到民国时期禁烟禁毒纸本文献在国图不同部门的存藏情况：有关文献集中于典藏阅览部，古籍馆也保存有少量民国初年的禁烟专题古籍。值得一提的是，除了中文文献，国图还收藏有百余种相关外文文献，以英、日文为主。

国图收藏的民国时期中文纸本书刊，绝大部分已由缩微文献部制作成缩微文献，利用丹诚系统也能够检索到。此外，缩微文献部还收藏有大量地方图书馆文献的缩微胶卷，底本为各地方图书馆馆藏，对全面搜集相关专题文献资源起着重要的补充作用。

综合检索得到的三类文献，即纸本、缩微文献皆有的国图馆藏，只有纸本文献的国图馆藏，和只有缩微文献的地方馆馆藏,共发现民国时期出版的禁烟禁毒相关中文文献 140 种,包括图书 114 种、期刊 26 种,足以支撑起一个大型文献汇编选题。

2.2 考察同类项目出版情况

在考察有关民国时期文献存藏情况的同时,需利用 Aleph500 系统和国图官网上的联机公共目录查询系统,查找已经出版的相同、相近专题资料集。并通过各种渠道尽力了解已有资料集的详细信息,包括出版形式、收录内容、编辑体例等。

就民国时期禁烟禁毒这个专题而言,自 20 世纪 90 年代以来,已经出版了 4 种史料集,内容重点、编辑形式不尽相同,包括:

①《中国禁毒史资料》,马模贞主编,国家禁毒委员会办公室组织编写,天津人民出版社 1998 年出版,排印本

内容最全面的一本禁毒史料专集,时限起自清雍正六年(公元 1728 年)至民国 38 年(公元 1949 年)为止。民国禁烟禁毒资料收录在下卷中,来源多样,既有民国的报纸杂志、政书文集,也有从各档案馆中搜罗的档案资料。卷末还附有揭露日本鸦片侵华罪行的敌伪档案,和中共革命根据地禁毒活动史料。

②《近代中国烟毒写真》,《文史精华》编辑部编,河北人民出版社 1997 年出版,排印本

一本回忆录性质的资料集,从中华人民共和国成立各省出版的《文史资料》上选编了 157 篇有关鸦片烟祸的文章,其中民国史料最多。书中,亲历者用生动的叙述还原了各地禁烟禁毒运动的真实状况,记录下大量鲜为人知的史实。全书按资料涉及的地区编排,烟毒祸害最为严重的川滇黔三省史料尤其丰富。

③《清末民初的禁烟运动和万国禁烟会》,上海禁毒工作领导小组办公室、上海市档案馆编纂,上海科学技术文献出版社 1996 年出版,排印本

重点关注清末民初全国各地的禁烟情形以及 1917 年北京政府收买存土案及民间团体的禁烟活动,资料大多来自报刊、档案。

④《日本鸦片侵华资料集(1895—1945)》,邓一民主编,中共河北省委党史研究室 2002 年出版,排印本

以资料归类见长的类编集,时限从 1895 年至 1945 年,资料来源丰富多样,力求反映全貌,真实地再现日本鸦片侵华的历史全过程。全书分为六个部分:综述、文献资料、报刊资料、回忆资料、专题资料、参考资料,收录了大量极有参考价值的珍贵史料,描绘出 20 世纪上半叶日本向中国走私鸦片、毒化中国人民的罪行概况。

台湾地区也有两种民国时期禁烟禁毒专题的史料集,都是影印本,重点记录南京国民政府的禁烟活动。

除了专题资料集,在《民国史料丛刊》《民国文献类编》等超大型影印类民国时期文献汇编中,也零散地收录了部分有关书刊,数量不等,多在几十种。

综合考察已有资料集的各方面信息后,明确《民国时期禁烟禁毒资料汇编》有填补学术空白的出版价值:这是第一本全面反映民国三十八年间禁烟禁毒活动的史料集,采用直接影印的出版方式,最大程度保持文献原貌,对比、剔除了已出版书刊,首次重印近百种文献,史料价值极高。

3 完善汇编体例,准备申报立项

要申报“民保计划”,还必须进一步打磨雏形初具的汇编选题,参考已有资料集的编排方式以及相关学术专著的认识见解,合理编排数量繁多的民国时期书刊,使其构成一个分类规整、条理清晰的体系,并安排项目进度,做好申报立项准备。

3.1 查询公共版权

《民国时期禁烟禁毒资料汇编》收录的民国时期图书,大部分由国民政府的各级禁烟机构或民间禁烟组织编辑出版,也有少量个人著作,比如《亡国灭种的鸦片烟祸》(梅公任编,1935年民友书局)、《鸦片》(顾学裘著,1936 年上海商务印书馆)、《鸦片戒除法》(曹炳章著,1931年上海中医书局)等。

对于这类个人专著,必须查询著者的个人信息,判断其著作是否进入公共版权领域,确保重新出版不会侵害著者的著作权利。所谓公共版权,指的是即“版权作品经过了法律所规定的50 年或70 年的保护期进入公共领域”[5],由于民国距今未远,这项工作对规避版权风险很有必要。

3.2 合理编排文献

在确定汇编大概书目后,需进一步整理、编排所收资料,以提升汇编的学术水平,增加通过“民保计划”的概率。

就《民国时期禁烟禁毒资料汇编》而言,所收的近百种文献,其出版形式有图书、期刊两类。换个角度,从文献内容来看,则大致分成五种:

①民国禁烟禁毒法令

分三个级别:有国际禁毒公约,如《国际禁烟要文》;还有国民政府颁布的中央禁烟禁毒法令,以及甘肃、福建、湖南、四川等多个省份的地方性禁毒法规,收录在《禁烟法规汇编》《禁烟条规汇编》等书中。

②国民政府禁政成绩

反映了国民政府当局在不同时段、地域实施的禁烟禁毒政策及其成效,多由全国禁烟委员会至各地禁烟局出版。内容很丰富,包括禁烟年报,各地禁烟分局职员考绩表、工作报告书、工作纪要,各省市禁烟概况、禁烟纪实等。

③禁烟宣传图书

多以劝诫勿吸鸦片、普及吸毒危害、加强民众教育为主要内容,包括演讲集、宣传汇刊、宣传手册,如《劝禁儿童吸纸烟》《劝人勿吸鸦片烟浅说》《禁烟宣传大纲》等。

④禁烟禁毒特刊

有禁烟运动特刊和六三纪念特刊,如《六三禁烟纪念特刊》《云南六三纪念特刊》,多与南京国民政府 1929 年设立的“六三禁烟纪念日”有关,以详细的图文记录纪念日典礼以及各类禁烟宣传活动,如焚毁烟土、毒品、烟具,放映禁烟电影,举行化装游行活动等。

⑤个人研究专著

体现了民国学者对中国鸦片毒品问题的阶段性认识,研究视角多样,有追述鸦片烟祸历史的《亡国灭种的鸦片烟祸》,探讨政府禁烟举措及改进方法的《西北鸦片之产销状况及其禁绝办法》,以及从医学角度分析鸦片危害及戒除办法的《鸦片戒除法》等。

综合各方面因素,《民国时期禁烟禁毒资料汇编》在编排上将书刊分开,期刊数量较少,按出版先后顺序排列;图书则结合出版时间、图书内容、所涉地域等多种信息编排。

汇编成型后,缩微文献部在2015年底填报"民保计划"申请书,详细说明了汇编的体量、内容、书目、体例以及进度安排等出版信息,最终通过了"民保中心"组织的专家会议,成功立项。

《民国时期禁烟禁毒资料汇编》的后续出版工作主要由国家图书馆出版社负责,笔者也继续保持与出版社责编的联系,配合编辑要求提供必要的协助。此外,还邀请民国禁烟禁毒领域内的专家给汇编撰写序言,为进一步提升整套汇编的学术水平付出很多辛劳。

总之,这套大型民国时期影印文献汇编的出版,凝聚着民保中心、国家图书馆缩微文献部、国家图书馆出版社三方面的努力,是通力合作的成果,来之不易。《民国时期禁烟禁毒资料汇编》从策划、申报、立项再到出版的全过程,是"民保计划"如何推出众多成果的一个缩影。正是"民保计划"、国家图书馆的支持,使得这些珍贵的民国时期文献不至于埋没在历史中,能够通过影印出版重新问世,发挥应有的学术、史料、社会价值。

参考文献

[1-2] 毛雅君. 民国时期文献保护计划现状及思考[J]. 图书馆杂志,2017(5):36-40.
[3] 于浩. 民国文献的整理出版[J]. 上海高校图书情报工作研究,2017(1):34-35.
[4] 段晓林. 影印版民国文献核心出版社测定及其出版研究[J]. 图书馆,2017(11):56-60.
[5] 邵忠银. 版权与公共领域[J]. 大众科技,2009(3):182-184.

浅析《公共图书馆法》背景下国家图书馆对于推广全民阅读的示范作用

朱立伟(缩微文献部)

1 研究背景

1.1 我国公共图书馆法立法沿革

当前,国家反复强调要提高公民科学文化素质和社会文明程度,坚定文化自信。公共图书馆作为社会主义公共文化服务体系的重要组成部分,理应将推动、引导、服务全民阅读作为首要任务,在建设创新型国家、构建公共文化服务体系的背景下,图书馆事业的科学发展迫切需要法律的保障。

《公共图书馆法》作为我国图书馆事业发展到一定历史阶段的必然产物,自1910年颁布的《京师图书馆及各省图书馆通行章程》起,图书馆专门立法的呼唤声愈发强烈。中华人民共和国成立后,我国先后制定颁布了数十项和图书馆相关的法律法规、规章制度及工作条例。1955 年中华全国总工会制定了《关于工会图书馆工作的规定》;1956 年高等教育部颁布了《中华人民共和国高等学校图书馆试行条例(草案)》;国务院于 1957 年颁布了《全国图书协调方案》;1978 年中科院通过了《中科院图书情报工作暂行条例(试行草案)》;1981 年教育部颁发了《中华人民共和国高等学校图书馆工作条例》;1988 和 1997 年文化部、教育部又分别起草和颁发了《公共图书馆条例(草案)》和《中等专业学校图书馆规程》。进入 21 世纪,《中华人民共和国图书馆法》的制定工作正式启动,从酝酿到 2017 年中国第一部图书馆专门法《公共图书馆法》的诞生,一走就是近二十载春秋。这是中国第一部图书馆专门法,标志着我国公共图书馆事业进入了一个新时代。

1.2 国家图书馆的入法意义

1.2.1 明确了国家图书馆的性质和职能

国家图书馆不仅具有《公共图书馆法》规定的公共图书馆的属性和功能,同时它还具备其他普通公共图书馆所没有的独特职能:国家设立国家图书馆,主要承担国家文献信息战略保存、国家书目和联合目录编制、为国家立法和决策服务、组织全国古籍保护、开展图书馆发展研究和国际交流、为其他图书馆提供业务指导和技术支持等职能。这六项基本职能是新时期党和政府对于国家图书馆履行职能和发挥作用提出的新要求。

1.2.2 为国家图书馆的发展指明了前进方向

《公共图书馆法》第一条就阐明了立法目的,简而言之就是传承文明、服务社会,这与国家图书馆的核心价值不谋而合。《公共图书馆法》第二十六条提到的交存制度,即出版单位应当按照国家有关规定向国家图书馆和所在地省级公共图书馆交存正式出版物,在传承文明方面起到了重大作用。此次立法可谓字斟句酌,不再使用以往的“呈缴”说法,而是使用“交存”,说明了出版机构和国家图书馆在法律关系上是交送和保存,而不是上下级或其他不平等的关系。

1.2.3 有利于更好地解决新时代社会的主要矛盾

习近平同志在十九大报告中强调,中国特色社会主义进入新时代,我国社会主要矛盾已经转化为人民日益增长的美好生活需要和不平衡不充分的发展之间的矛盾。精神文化生活是满足人民日益增长的美好生活需要不可或缺的一部分,《公共图书馆法》第三十条规定:公共图书馆应当加强馆际交流与合作。国家支持公共图书馆开展联合采购、联合编目、联合服务,实现文献信息的共建共享,促进文献信息的有效利用。第四十条也做了相应规定:政府设立的公共图书馆应当加强数字资源建设、配备相应的设施设备,建立线上线下相结合的文献信息共享平台,为社会公众提供优质服务。国家图书馆在我国图书馆事业领域一直起着模范带头、示范指导作用。《公共图书馆法》对国家图书馆从建设发展人民精神文化方面对解决现阶段我国社会主要矛盾提出了更高的要求。

2 从“读者第一”到“读者权利”

《公共图书馆法》共六章五十五条,第一条即提到维护和保障公民的基本文化权益,这是制定此法的出发点。以往关于读者权利的研究都是在没有直接法律依据的背景下进行的,例如《公共图书馆法》出台之前,《宪法》和《教育法》均将读者权利视为受教育权的一种①,对读者权利保护予以专门规定,明确读者合法权益的规定只见于上海、深圳等地的地方性法规《公共图书馆条例》中,这与图书馆所能提供的功能相比显然是不全面的,不利于读者权利的全面实现。近年来,对于"读者权利"的关注和研究也都呼吁图书馆从道德主治转向法律主治,从"读者第一"上升到"读者权利"。此次《公共图书馆法》的出台使得读者应享有的合法权利有了明确的法律条文保护②。

强调"读者权利"并不是否认"读者第一","读者第一"属道德范畴,是制定法律的基本原则和重要来源,但存在非强制性、不易操作等局限性。法律主治将道德的主导内容法制化,使"读者第一"的理念得以充分地体现与加强,是道德主治成熟的必然产物。当然,也不是说"读者权利"是万能的,毕竟图书馆法只能概括性地规定有关图书馆的基本事项,无法安全包含与图书馆、读者等相关的所有内容,和宪法一样,图书馆法也需要其他细化的法律、法规以及实施细则进行补充。所以,在相关法律制度成熟、完备之前,新的历史时期要求公共图书馆,特别是国家图书馆要在各个方面应时而变、完善自我,以便很好地完成历史赋予的神圣使命。

3 国家图书馆对于提升公共图书馆服务效能之示范

国民阅读情况一直备受各界关注。调查显示,2016 年我国成年国民人均纸质图书的阅读量为 7.86 本,虽比 2015 年的 4.58 本相比有很大提升,但与发达国家相比仍存在不小的差距。"全民阅读"已被写入《政府工作报告》和《"十三五"发展规划纲要》,作为阅读推广的中坚力量,国家图书馆及各类公共图书馆担负着阅读推广的神圣使命。图书馆工作如果做得不好,极易变成惰性很强的工作,为适应图书馆未来发展,公共图书馆工作人员应积极转变服务态度,化被动服务为主动引导,不断提高职业能力,国家图书馆在诸多方面都有着良好的示范作用。

3.1 转变传统观念,做文献知情者

图书馆因读者需求而生,并且以为其提供知识服务作为检验工作成绩的标准,读者工作归根到底就是与人打交道的工作。因此,要想有针对性地做好读者服务工作,真正做到"为书找人",这便要求图书馆员加强对读者需要及其阅读心理等方面的研究。具体而言,图书馆员理应善于将读者视为研究对象,有意识地搜集和掌握读者信息,从读者的各个层面如年龄、职业、文化程度等去分析研究。通常,按照读者对文献内容的需求的和阅读目的,大体上可分为知识型、情报型、资料型、研究型、消遣型,还有上述两种或几种类型的混合型。

针对不同需求的读者提供相应的个性化服务,既是专业化的体现,也是图书馆自身发展的需要。以少年儿童读者为例,低龄儿童虽已具备了初步的阅读水平,但是由于他们的思维能力

---

① 2015 年 12 月 27 日,根据《关于修改〈中华人民共和国教育法〉的决定》(第二次修正)第五十一条规定:图书馆、博物馆、科技馆、文化馆、美术馆、体育馆(场)等社会公共文化设施,以及历史文化古迹和革命纪念馆(地),应对教师、学生实行优待,为受教育者接受教育提供便利。

② 《公共图书馆法》第三十三条:公共图书馆应当按照平等、开放、共享的要求向社会公众提供服务。公共图书馆应当免费向社会公众提供下列服务:(一)文献信息查询、借阅;(二)阅览室、自习室等公共空间设施场地开放;(三)公益性讲座、阅读推广、培训、展览;(四)国家规定的其他免费服务项目。

尚未达到较高水平，因而对于儿童读物的推荐应该重在浅显易懂、具有启发意义、富有想象力。进入少年阶段，他们的认知和抽象思维能力有了一定的发展，智力及生活阅历日益提高，读者的阅读需求也相应地发生改变，对于此类读者应该注意推荐一些具有一定文学层次的文艺作品。总之，由于少年儿童读者在图书馆的阅读兴趣、内容、方式，均与成年读者有着显著的不同，条件允许的前提下，应单独设置少年儿童阅览区域。相应的，还要根据少年儿童的特点，配备专业的服务人员。国图少儿馆在这方面一直走在前面，不仅定期举行“周末故事会”和“低幼悦读会”，还举办了“童书机构故事会专场”“绘本润童心精选故事”系列活动、“文津少儿讲坛”“安徒生获奖绘本故事”公益活动课、少年馆员培养计划等，开展面向少年儿童的阅读指导和社会教育活动，这些为学校开展有关课外活动提供了支持。信息时代召唤具备专业知识和崭新服务理念的复合型馆员，图书馆员必须更新服务意识，提升图书服务，做专业的信息管理专家。

3.2 推广全民阅读，做社会领读者

全民阅读推广工作不是简单地追求目的，而是重在过程。在这个过程中，图书馆扮演的角色不再是主导者，应该是“领读者”。以往的图书馆工作普遍坚持图书馆为主导，随着图书馆服务工作的深入发展，国家致力于推动公共图书馆建立健全法人治理结构，吸收有关方面代表、专业人士和社会公众参与管理。这一目标的实现任重而道远，图书馆的服务形式也日趋多样化，利用现代化信息技术进行多平台宣传，线上线下全方位进行阅读推广都是屡见不鲜。

国家图书馆在这方面的努力卓有成效：每年一届的文津图书奖评选活动推荐了大量的精品书目，引起了社会各界的广泛关注，除读书推荐这样的传统方式外，周末讲座、馆藏品鉴等活动的开展也都有力地推动了全民阅读。国家图书馆还利用馆藏优势资源，于2017年9月开放了视听服务中心，除设有在线资源欣赏区、CD/DVD欣赏区外，还设有黑胶唱片欣赏区，可以充分满足公众不断增长的视听服务需求。

3.3 净化阅读空间，做合格把关者

少儿时期是培养自主阅读习惯的重要时期，然而充满好奇心的未成年读者却往往缺乏辨别力和鉴赏力，容易受到外来力量的冲击、影响。图书馆是社会教育的重要场所，尤其是开设了少年儿童图书馆的公共图书馆，承担着对儿童进行社会教育的重要职责。《公共图书馆法》第三十七条作了明确规定：公共图书馆向社会公众提供文献信息，应当遵守有关法律、行政法规的规定，不得向未成年人提供内容不适宜的文献信息。

上述法律条文中指的“不适宜”不仅指那些吸引眼球的迷信、暴力、甚至是色情出版物，还指恶意解构经典、传播庸俗化、层层伪装的有害书籍、网站等。面对海量信息，国家图书馆专门开设少年儿童馆，还配备专门的研究人员进行信息把关，对海量儿童读物进行的甄别，对小读者们进行积极地引导，与家长、社会同心协力净化儿童阅读空间。国家图书馆早于2010年正式推出了少儿数字图书馆网上服务，其服务对象不仅局限于到馆的少年儿童，它还能为那些不能亲自到国家图书馆来接受服务的全国少年儿童提供健康、有效的服务。

3.4 加大图书馆建设，做信息传送者

不少人认为，阅读活动在没有一定文化水平的人中间是无法进行的。这种观点是片面的，

对于提高全社会文明程度,发展社会主义先进文化是极为不利的。认真阅读《公共图书馆法》不难发现,条文中明确规定了县级以上人民政府应当设立公共图书馆。地方人民政府应当充分利用乡镇(街道)和村(社区)的综合服务设施设立图书室,服务城乡居民。此项规定再次明确了图书馆学研究中关于读者的概念:凡是可以通过阅读和利用图书馆文献资源,从中汲取知识、信息的一切社会成员,均是图书馆的读者。他们中的一些或已建立了借阅关系,或暂时未曾利用图书馆,但是只要具备阅读能力,这部分读者可视为潜在读者。无论是现实读者还是潜在读者,都是图书馆工作的研究和服务对象。

我国的读者范围如此之广,然而公共图书馆数量并不多,且多设立在城市或高校里,为城市人口、高学历人群服务。国家图书馆馆长韩永进在2018年"两会"期间接受采访时提到,我国现有的公共图书馆不到3200座,平均40万人一座。按国际图联要求每5万人应有一座公共图书馆,很多发达国家平均每1万至2万人便拥有一座公共图书馆。因而,全国范围内图书馆建设工作仍有很大的提高空间,特别是易被忽视的乡镇街道、农村及偏远地区。

《公共图书馆法》鼓励设立街道图书馆具有深远的现实意义,作为居民文化生活的驿站,街道图书馆可以使居民贴近阅读,丰富居民文化生活的同时扩大阅读影响力,有利于在全社会范围内形成良好的阅读风尚。许多地区经济条件等不允许,对相关法律的执行往往滞后,但知识的传递却不能因此而止步不前。国家图书馆典藏阅览部专设文献调拨库,前后曾无偿调拨图书支援伊犁、阆中等地的公共文化服务建设。为倡导全民阅读,支持基层文化建设,国家图书馆还定期开展"文艺小分队下基层"活动,将"文化食粮和精神食粮"送到基层。革命老区江西省兴国县便是国家图书馆文艺小分队下基层的第一站,2018年1月国家图书馆文艺小分队在兴国县图书馆举行了数字图书馆揭牌仪式和图书捐赠仪式,捐赠图书5000册、《中华传统文化百部经典》1套、读者卡5000张,充实了该县图书馆馆藏,吸引更多公众使用图书馆、亲近阅读。文艺小分队还通过开放"数字图书"体验区、开设数字阅读专题讲座的形式,让公众现场体验推广工程全国共享的资源和移动阅读、国图公开课等精品服务,感受数字阅读的便捷。2018年春节期间,文艺小分队开通了为隰县定制的基层数字图书馆平台和移动数字图书馆平台,将"网络书香"送进了隰县,还遴选了5000多册图书赠予隰县图书馆,充分满足了当地农民、少儿、外出务工人员等各个群体在学习、技能提升以及致富理财等方面的阅读需求。其他公共图书馆亦可与地区学校或其他文化机构、社会组织等合作,设置流动图书馆服务站。通过开展定期捐赠、阅读辅导等服务,满足不同人群的阅读需求,尤其是少儿阅读需求,还能使得地区间资源不均衡的现象得以缓解,真正意义上发挥公共图书馆的公益性社会教育作用。

3.5 开发特色馆藏,做文化守护者

随着技术的发展,阅读载体的多样化对于纸质书市场和传统的阅读方式造成了不小的冲击。尽管数字资源有诸多优点,但纸质文献仍具有持久的生命力和重要的历史价值。现代图书馆的馆藏范围不再囿于图书和报刊,还涵盖音像制品、缩微制品、数字资源、甚至是专利、邮票、印刷品、档案等,其中图书馆特色馆藏的开发与利用已成为网络时代图书馆的战略性选择。以国家图书馆为例,其宏富的典藏中不乏特色,如金石拓片、善本古籍、舆图等。

对于地方图书馆而言,馆藏资源特色化可以着眼于地方文献实物资源的建设。地方文献客观记录了当地的政治、经济、文化、军事等人文与自然状况,具有不可复制的特点,是本地区发展最有力的见证,有着极高的史料价值和研究价值。对于地方文献的收藏不应局限于纸质

文献,凡是能见证本土历史文化特色的族谱、绘画、碑文、拓印等实物藏品,都应该列入地方实物文献研究范围。《公共图书馆法》也明确规定公共图书馆应当系统收集地方文献信息,保存和传承地方文化。这是我国传承发展中华优秀传统文化,继承革命文化,发展社会主义先进文化的必然要求。部分市级以上公共图书馆的地方文献征集工作进行得如火如荼,且成绩斐然,形成了本地的文献特色和规模。地方文献资源建设现存的主要问题是缺少一个完整的标准和体系,各地区对地方文献收藏内容、范围、标准的也不一致。

作为文化守护者,不能重收藏轻利用,而是要最大限度地实现合理利用。各公共图书馆可以根据本地区的实际情况加强馆藏特色资源的开发与有效利用,建立地方文献资料库、聘请专家进行深层次研究;鼓励捐赠,通过多种方式深挖藏品背后的故事;与博物馆联合,定期进行实物展示;整合实物资源,实现特色馆藏数字化;出版相关书籍、制作文创用品等。其中利用特色馆藏开展特色服务更能实现社会教育的目的。国家图书馆于 2018 年新年期间举办了《永乐大典》展暨临摹活动,主办方从《永乐大典》中选取了部分页面供读者现场抄写,一时引发临摹热潮,该活动使得公众与中华优秀典籍得以亲近,将远去的历史变得鲜活起来。国家图书馆的品牌活动"国图公开课"可谓是中国最好的公开课,该活动以弘扬中华优秀传统文化为核心,整合了国家图书馆宏富的馆藏资源,不断拓展线上线下多种服务形式,为社会大众提供了全新的教育讲堂。

参考文献

[1] 广州市图书馆学会. 图书馆合作与创新 · 2016 年卷[M]. 广州:暨南大学出版社,2016:194 – 198.
[2] 倪海燕,梁红,徐丽君. 图书馆读者服务研究[M]. 北京:万卷出版公司,2012:127.
[3]《图书情报工作》杂志社. 图书馆法与图书馆建设[M]. 北京:海洋出版社,2011:1.
[4] 国家图书馆发展研究院. 转型期图书馆工作研究[M]. 北京:北京图书馆出版社,2003:59.
[5] 李希孔. 图书馆读者学概论[M]. 北京:北京农业大学出版社,1995:32.
[6] 王利. 读者研究——读者阅读的功用性需求研究对于图书馆的意义[J]. 网络财富,2009(2):141 – 142.
[7] 赵安. 我国图书馆立法研究述评[J]. 大学图书情报学刊,2006(2):85 – 88.
[8] 李国新.《中华人民共和国公共图书馆法》的历史贡献[J]. 中国图书馆学报,2017(11):4 – 15.

京师图书馆与近代北京公共文化空间的构建(1909—1928)

赵国香(展览部)

京师图书馆是现在中国国家图书馆的前身①,成立于 1909 年 9 月 9 日,时值清末预备立宪时期。京师图书馆的成立是近代中国文化事业发展的一件大事,是我国图书馆由古代藏书

① 中国国家图书馆,前身是成立于清末预备立宪时期的 1909 年 9 月 9 日的京师图书馆,1925 年 11 月 26 日,更名"国立京师图书馆",1928 年 7 月 18 日更名"国立北平图书馆",1950 年改为"国立北京图书馆",1951 年更名为"北京图书馆",1998 年正式更名为"中国国家图书馆",并沿用至今。

楼向近代图书馆转变的重要标志。京师图书馆作为当时北京城十分重要的公共文化空间,对保存古代典籍、传播科学文化知识、启迪民智、推动社会的近代化有着举足轻重的作用。

京师图书馆的创办由当时的学部参事张之洞主持,它是在近代西方图书馆观念的影响下创建而成。

1 近代西方图书馆观念传入中国

1840年鸦片战争爆发前,近代西方图书馆观念就已经在中国传播。明末来华的耶稣会传教士艾儒略的《职方外记》是最早向我国介绍西方图书馆事业的著作,这本书被收入《四库全书》和李之藻编著的《天学初函》中。1807年,英国传教士马礼逊父子合著《外国史略》一书介绍了葡萄牙、荷兰和法国的图书馆情况。美国长老会传教士祎理哲撰写的《地球说略》则是更为详细地介绍了意大利、法国和德国的藏书和图书馆情况。西方图书馆观念由此渐入中国,并影响到中国传统藏书楼的转型以及新型图书馆的建立。

林则徐以及魏源是最早介绍和提倡学习西方图书馆的中国人。林则徐的《华事夷言》《四洲志》,魏源的《海国图志》等,都对西方国家的图书馆及藏书有较多描述。洋务运动期间,一批进步的知识分子来到欧美、日本等地游历,在他们的著作、游记或日记中都有对当地的图书馆事业发展情况的记录以及赞扬。如王韬在《漫游随录》中明确地提出学习西方图书馆、摒弃旧式藏书楼的主张。郭嵩焘在《伦敦与巴黎日记》中记述了法国巴黎图书馆的丰富藏书,并且第一次向国人介绍了卡片式目录的形式、阅览室的布局及借阅程序、书库设置与分类体系。1890年,薛福成出使英国、法国、意大利、比利时四国时,根据对西方图书馆事业的调查,明确提出了中国应建立公共藏书楼以推动文化事业发展的主张。甲午海战中国惨败,以康有为、梁启超为首的维新派人士大力倡导改革,推行“维新变法”。1895年康有为联合在京参加会试的举人,发起“公车上书”,其中就大力提倡中国要向西方学习,建立供大众“以广见闻”的公共藏书楼。在维新派创办的报纸《时务报》上也多次刊登对西方图书馆介绍的文章。1896年梁启超在《时务报》创刊号上就将藏书楼与学校、新闻馆并列为育人之道。“图书馆”一词也是在1898年《时务报》上被首次介绍到中国并为中国人所广泛采用并延续至今。康有为、梁启超二人合办强学会,并成立强学书藏①。强学书藏仿照西方图书馆的管理办法,并向广大民众开放。此后各地纷纷效仿强学书藏,广泛设立并向公众开放的公共藏书楼。据统计,1895—1897年,全国各地共成立了学会87个,其中设立藏书楼的就达51个。

维新派创办图书馆的主张也影响到当时的清朝官员。1906年,端方等出洋考察大臣奏请设立图书馆等四大公共文化设施,他们认为:“世界日进文明、典籍乃益臻繁富,收藏庋置,非国家有此全力,不能求其赅备无遗,……盖教育已行,不识字之人必少,求取既便,应研考之学方多,此其足以导民者一也。”1908年东三省总督徐世昌等在请建图书馆的奏折中即提出拟建图书馆“以广庋藏而开风气”“国粹藉之保存,人才因而辈出,似于补助教育,启发民智不无裨益”。1909年浙江巡抚增韫上奏浙江创建图书馆“以备庋藏而宏教育”。同年,山东巡抚袁树勋《奏山东省创设图书馆并附设金石保存所折》中提到图书馆是“智识之输入品”,创设图书馆的作用是“以开民智而保国粹”,使“无人不由于学,无学不各有其书”。云贵总督沈秉堃奏折

---

① 书藏,是图书馆这一名词传入中国后的一种翻译,此外还有图书馆、书籍馆、图书院、藏书院等。

中称“国家富强之原系乎教育,而教育普及之要端赖图书,环球各国咸以图书之存佚觇文化之消长。……图书之关乎民智,良非浅鲜”。在这样的时代大背景下,京师图书馆应运而生。

2 京师图书馆的建立

最早提出设立京师图书馆的是李端棻。李端棻在请求推广学校建设的奏折中就说:“泰西诸国颇得此法,都会之地皆有藏书,其尤富者至千万卷,许人入观,成学之众,亦由于此。”同时提出“依乾隆故事,更加推广。自京师及十八行省会,咸设大书楼”的建议。徐树兰也提出过类似的主张:“泰西各国讲求教育,辙以藏书楼与学堂相辅而行。都会之地,学校既多,又必建楼藏书,资人观览。”此后罗振玉在《京师创设图书馆私议》中,明确提出创设京师图书馆的建议:“保固有之国粹,而进以世界之知识,一举而善备者,莫如设图书馆。”罗振玉主张:“亟应由学部倡率,先规划京师之图书馆,而推之各省会。”罗振玉主张由学部率先倡导,首先规划建立京师之图书馆,再推广到各省。

关于京师图书馆的建馆地址,罗振玉在《京师创设图书馆私议》中也提到:“易建于往来便而远事嚣,不易罹水灾之处。”学部的奏折则将其简化为“近水远市”。也就是要既防火灾又避水患,还能远离喧嚣。据此,学部初选的馆址为德胜门内之净业湖与湖之南北一带地方。这里“水木清旷,迥隔嚣尘,以之修建图书馆,最为相宜,尤足以昭稳慎”。此计划因财力不足而辍。京师图书馆不得不暂借积水潭旁边的广化寺储存书籍。广化寺位于什刹海的北岸,是当时京师著名的佛教圣地。全寺占地面积 20 余亩,共 13 858 平方米,拥有殿宇 329 间,共分为东院、西院、中院三大院落,地方十分的宽裕。

1912 年中华民国成立后,京师图书馆归教育部接管,经费也由此出,设置馆长一人,下设馆员、书记,具体负责各项业务。同年 5 月,江翰①被任命为馆长,开始全面主持京师图书馆的业务。在原筹备工作的基础上,江翰与馆员一同清理旧有图书、接收新到征调各书、编制书目、制订阅览规章、筹办阅览室。三个月后,各项工作筹备就绪。6 月 22 日,江翰呈教育部请拨京师图书馆开办经费:“本年七月之十二月经常费总计需银四千六百零八元,分计每月需银七百六十八元。”1912 年 8 月 27 日,京师图书馆在北京广化寺正式开馆并接待读者阅览。京师图书馆开馆接待读者阅览,这是中国图书馆史和国家图书馆史上的一件大事,它是中国近代图书馆正式建成并发挥公共服务职能的重要标志之一。京师图书馆开馆不久,因为“地址太偏,往来非便,且房屋过少,布置不敷,兼之潮湿甚重,于藏书尤不相宜”。1913 年 10 月 29 日教育部下令京师图书馆闭馆,另觅适宜馆址,以改组扩充。

1915 年 6 月,教育部议定以位于北京安定门内方家胡同的国子监南学旧址②为新馆址,设立京师图书馆筹备处。1917 年 1 月 20 日京师图书馆呈教育总长拟于 1 月 26 日在方家胡同开馆。据 1920 年 6 月京师图书馆报送教育部总务厅的建筑统计表。此时共计房屋 119 间,包括书库 74 间,阅览室 10 间,还有办公室、传达室、庶务室、装订室、员工宿舍等,总面积为“266 平

---

① 江翰(1853—1935),字叔海,福建长汀人。清末曾任学部总务司行走、参事官,京师大学堂教授,河南布政使。民国后历任京师图书馆馆长、四川盐运使、参政院参政、总统府顾问等职。

② 国子监南学位于北京安定门内方家胡同,原为清雍正九年(1731)奏准拨给国子监内助教官及肄业生居住的处所,由于其地理位置在国子监之南,故名“南学”。

方丈26平方尺”(约合2960平方米)。以方家胡同为新馆舍的京师图书馆暂时缓解了馆舍紧张的问题,艰难开馆。但由于连年战乱,国库空虚,经费极度艰难,自1923年10月起,京师图书馆“存款罄尽”,被迫对馆员欠薪,各项业务建设基本陷于停滞。

1925年6月,中华教育文化基金董事会①在天津举行第一次年会,提出为“促进有永久性质之文化事业,如图书馆之类”,将图书馆列为其重要的资助项目。10月23日,中华教育文化基金董事会与民国教育部协商订约,决定合办“京师图书馆”。11月26日,教育部下达第206号令,谓“原设方家胡同之京师图书馆,应改为‘国立京师图书馆’,暂移北海地方。该馆旧址,以现设之京师图书馆分馆②移入,京师图书馆原有普通书籍酌留二万册,以一万册拨给京师图书馆分馆,合分馆所有之科学书籍,并供众览,改为京师第一普通图书馆③。”12月2日教育部训令第313号聘梁启超、李四光为国立京师图书馆正副馆长,令曰:“此次本部与中华教育文化基金董事会协商,组织国立京师图书馆委员会,将该馆改名为‘国立京师图书馆’并经派定委员在案。现经本部函聘梁启超为国立京师图书馆馆长,李四光为副馆长。合函令行该馆,仰即遵照可也。此令。”但双方合办图书馆的计划由于当时民国政府国库空虚而告落空。中华教育文化基金董事会转而自办图书馆,地点在北海的庆霄楼,即“北京图书馆”,南京国民政府成立后,北京改称北平,“北京图书馆”更名“北平北海图书馆”。合办馆虽未成功,但中华教育文化基金董事会答应拨付京师图书馆建新馆的经费如期而至,1931年5月20日,国立北平图书馆的新馆④顺利落成。

1926年4月6日,陆军部颁发京师图书馆用地执照:“陆军部为发给执照事:据教育部函称,京师图书馆请拨北海西外养蜂夹道路东陆军部所有营产,恳请准予承领,并备具图说、商号保结等情前来,当经饬查相符,其应缴之价,共计银洋贰万圆,业已收讫。合行填给执照,以资存证。”10月2日,教育部训令第218号直辖京师图书馆改为国立京师图书馆并办理接交。

1927年北伐功成,全国统一,国民政府成立,定都南京,北京更名为“北平”。7月18日,南京国民政府大学院通知京师图书馆:“中央命令改为‘北平图书馆’,现已派员筹备。”7月24日,大学院通知京师图书馆改为“北平图书馆”,属大学院,请陈垣、马裕藻、马衡、陈懋治、黄世晖为筹备委员。8月7日,国民政府电拨中南海居仁堂归北平图书馆使用。1929年8月,国立北平图书馆与北平北海图书馆合并。居仁堂馆舍为一馆,庆霄楼馆舍为二馆,正式用名“国立北平图书馆”。

3 京师图书馆与北京公共文化空间的构建

京师图书馆的创办历程可谓是历经艰难,办馆地点多有变换,从什刹海北岸的广化寺到方家胡同的原国子监南学旧址,再到中南海居仁堂,一直到1929年国立北平图书馆与北平北海

---

① 中华教育文化基金董事会,又名,中华教育文化基金会,成立于1924年9月18日北京,它是负责保管和处置美国第二次退还中国庚子赔款的管理机构。1949年解放战争期间迁入台湾,此后一直持续到1970年结束。

② 该分馆为京师图书馆原在前青厂所设之分馆。

③ 此即首都图书馆前身。

④ 即今国家图书馆古籍馆(位于文津街)。

图书馆合并,形成居仁堂馆舍为一馆,庆霄楼馆舍为二馆的分布格局,其藏书数量、公共服务能力不断提升,成为当时北京城十分重要的公共文化活动空间。京师图书馆馆址的多次变更虽是京师图书馆发展举步维艰的体现,但从另一侧面看,馆址的变迁也是京师图书馆公共文化活动空间不断扩大的过程,是公共服务职能不断提升的表现。

京师图书馆是在近代西方公共图书馆观念与实践的影响下建立起来的,因此其自身便具备西方公共图书馆的基本职能——存储知识、传播知识。这两项职能一直都是图书馆核心价值的重要体现。

3.1 存储知识

图书馆的创建起源于早期人类的公共需求。它最初存在的意义就是保存馆藏文献或知识。可以说,公共性是公共图书馆制度的本质属性,保存资源是图书馆一个古老而又永存的使命。面向每个社会公民服务,为他们提供免费的知识信息是图书馆义不容辞的责任和义务。

在 1909 年至 1928 年期间,京师图书馆有大量的书籍入藏,补充了馆藏,提升了公共服务能力。京师图书馆的基本馆藏有清代内阁大库所保存的历史典籍、文牍、档案之残存部分,其中有一些宋元明时期的典籍,甚至是孤本秘籍;其次是国子监的藏书和民间进献的图书;最后是政府调拨的珍贵书籍等。据 1992 年书目文献出版社出版的《北京图书馆馆史资料汇编(1909—1949)》中记载,1909 年至 1928 年期间,主要的入藏记录如下:

1910 年 10 月 29 日学部咨送存储库伦大臣拓印唐开元御制故阙特勤碑文。

1910 年 11 月 12 日学部续送京师图书馆敦煌经卷片。

1911 年 6 月 28 日学部咨送京师图书馆瞿氏①书籍片。

1912 年 7 月 16 日教育部函告翰林院所存《永乐大典》残本送京师图书馆收藏。

1913 年 9 月 11 日教育部令第 44 号照准拨给《古今图书集成》一部。

1915 年 8 月 6 日教育部致内务部关于文津阁《四库全书》移交京师图书馆函及 8 月 25 日及 30 日复函。

1916 年 3 月 8 日教育部片奏内务部立案之出版图书请饬该部分送京师图书馆收藏折:"饬下内务部以后全国出版图书依据出版法报部立案均令一部送京师图书馆庋藏,以重典策而光文治,似于教育政化裨益匪浅。"图书呈缴制度由此建立,从而确立了京师图书馆作为国家图书馆的地位。

1921 年 6 月 24 日教育部训令第 172 号令京师图书馆接收留外毕业生呈送毕业论文。教育部认为"此项论文有关学术,随同问卷存部,无以供学子研究考订之资嗣。"这一制度延续至今,国内大学研究生(包括硕士、博士)毕业论文均需缴送一份备国家图书馆收藏。

上述典籍、图书、论文的入藏成为京师图书馆的基本馆藏。由于各方的支持和公共努力,到民国元年(1912)四月,京师图书馆的藏书已经达到了一定规模。民国二年(1913)一月三十日京师图书馆呈送教育部藏书书目,计有善本书 880 部 28 412 卷 10 822 册;阅览书 4544 部 122 963 卷 41 504 册;又有敦煌石室唐人写经长短卷共计 8662 卷。除藏书之外,这一时期制

---

① 瞿绍基,瞿氏铁琴铜剑楼的主人。

定的出版品呈缴、馆际互借、毕业论文送缴等制度都延续至今。

3.2 传播知识

图书馆是人类知识的宝库和文献信息资源中心。人类已有的知识文献,最大量、最集中地储存在图书馆。图书馆因有文化的历史积淀而生存发展,文化因有“图书馆”这一载体而得以传承并泽被后世。

图书馆做好传播知识职能的重要前提是图书馆各项规章制度的建立。宣统二年(1910),学部请求颁行《京师图书馆及各省图书馆通行章程》。该章程共有20条,从开办图书馆的意义、图书馆的馆址建筑、人员组成、收藏范围、阅取原则等方面都比较全面地为全国各级各类图书馆制定了一个统一的规定。1912年7月10日,京师图书馆馆长江翰呈文国民政府教育总长蔡元培,请审定《京师图书馆暂定阅览章程》,该章程共18条,规定了图书的收藏范围、阅览的条件手续、借阅过程以及开放时间。1916年12月经教育部核准公布的《京师图书馆暂行办事规则》是一部内容较为详尽的组织大纲,对京师图书馆的组织架构、各部门的职责分工、人员编制及考勤制度详为规定。1917年1月12日,《京师图书馆暂行图书阅览规则》重新修订后为19条,明确开馆日期、阅览程序取阅册数,允许善本书摄影、接待参观等。

1919年1月,京师图书馆呈请教育部准按拟订的《征求书籍简章》,向各省图书馆、学校及公私藏书家广征书籍。

1919年5月京师图书馆制定《交换阅览图书简则》和《阅览互借图书暂行规则》,藏书中除善本、四库及其他一些珍籍或不便携取者外,均可应读者要求相互移借,馆际互借服务由此开始。

1923年3月,京师图书馆对《暂行办事规章》再次修订并报教育部核准。这次修订的规章中首次明确“本馆为国立图书馆”,并规定“至国立图书馆全体计划成功之日止重改新章”。京师图书馆作为国家图书馆的地位得以确立。

在制定各项规章制度、做好书籍借阅服务的同时,京师图书馆还积极地参加各类展览、推介馆藏。文献展览,是图书馆宣传、揭示馆藏的一种很好的方式。通过展览所特有的全方位、立体展示的形式,为读者了解馆藏、利用馆藏带来了极大的便利。京师图书馆曾应邀参加过两次图书展览会,向世人公开展示采访所得珍品,以达到社会教化目的。第一次是1924年7月3日,参加在南京贡院旧址举办的为期7天的“全国教育品展览会”。送展藏品包括宋元古籍、晋唐写经、古本图画,满、蒙古、藏、唐古忒文字文献,《四库全书》中最精湛摹绘等共数十件。第二次是1925年5月30日至6月3日,参加为欢迎美国来华考察团的鲍伟士(A. E. Bostwick)博士,在中央公园举办的“京师图书馆展览会”,陈列的展品大都是精本和古本书籍,计有宋、金、元、明刊本200余种,敦煌石室写经3000轴。两次展览,深受国内学术界欢迎。由参加展览到自办展览,京师图书馆服务读者、构建近代文化空间的能力不断提升。其中自办展览成为京师图书馆的特色服务,并一直延续至今。2014年9月9日,以专门展示国家图书馆宏富馆藏的国家典籍博物馆正式向公众开放,国家图书馆服务社会、服务大众的能力进一步提升。

京师图书馆的创办及其初步发展,一方面是由于19世纪中叶和20世纪以来的社会变革,另一方面则是受到了西方近代图书观念以及实践的影响。鸦片战争以后,西方资产阶级民主思想和文化传入中国,其中西方图书馆观念与实践的潮流不断地冲击着中国传统的藏书楼文化。在藏书楼向公共藏书楼以及近代图书馆的转变过程中,京师图书馆无疑最具有代表性。作为国家级的图书馆,它对近代中国以及北京地区的公共文化空间的构建起到了及其重要的引领作用。它所制定的一系列图书馆管理制度,像是借阅规则、呈缴制度、图书寄存及捐助、古籍征集方式、展览形式等,不仅成为近代图书馆效仿的典范,更成为延续至今的图书馆管理制度。

京师图书馆作为当时北京城的新型公共空间,扩大了市民阶层的学习、休闲方式,尤其是京师图书馆各项展览的举办,吸引了大量观众的参观,扩大了京师图书馆在北京的影响力。1923 年京师图书馆作为国家图书馆的地位确立后,它在国内外的影响力骤增。成立于 1924 年的 3 月的北平图书馆协会,其宗旨是研究图书馆学学术,发展图书馆事业,谋求图书馆间的协作。北平图书馆协会的成立是近代中国图书馆事业发展史上的一件大事,它深受北京地区图书馆事业发展的影响,开启了近代图书馆事业的专业化之门,同时也扩大了图书馆这一新型公共文化空间在大众心目中的影响力。其中京师图书馆的影响不可小觑。

参考文献

[1] 刘文科."西学东渐"对中国近代图书馆文化的影响[J].图书情报工作,2006(7):139-141,13.

[2] 考察政治大臣端方、戴鸿慈奏陈各国导民善法请次第举办折[N].大公报,1906-08-15(7).

[3] 李希泌,张椒华.中国古代藏书与近代图书馆史料(春秋至五四前后)[M].北京:中华书局,1996.

[4] 李致忠,中国国家图书馆馆史(1909—2009)[M].北京:国家图书馆出版社,2009.

[5] 北京图书馆业务研究委员会.北京图书馆馆史资料汇编(1909—1949)(上)[M].北京:书目文献出版社,1992.

[6] 中华教育文化基金董事会.中华教育文化基金董事后第一次报告[M].上海:书林书局,1926:3.

[7] 李致忠.中华教育文化基金会与国立京师图书馆[J].国家图书馆学刊,2008(1):6-10.

[8] 万爱雯,夏海燕.关于公共图书馆公共空间发展的思考[J].农业图书情报学刊,2012(6):127-130.

[9] 王致翔.国家图书馆早期(1929—1936)举办的文献展览[J].国家图书馆学刊,2005(2):78-82.

"互联网+"模式下图书馆的发展研究

周 辰(展览部)

1 "互联网+"概述

国内"互联网+"理念的提出,最早可以追溯到 2012 年 11 月于扬在易观第五届移动互联网博览会的发言。易观国际董事长兼首席执行官于扬首次提出"互联网+"理念[1]。2014 年 11 月,李克强总理出席首届世界互联网大会时指出,互联网是大众创业、万众创新的新工具。2015 年 3 月 5 日上午十二届全国人大三次会议上,李克强总理在政府工作报告中首次提出"互联网+"行动计划。李克强在政府工作报告中提出:"制定'互联网+'行动计划,推动移动互联网、云计算、大数据、物联网等与现代制造业结合,促进电子商务、工业互联网和互联网金融(ITFIN)健康发展,引导互联网企业拓展国际市场。”其中“大众创业、万众创新”正是本届政府工作报告中的重要主题,被称作中国经济提质增效升级的“新引擎”,可见其重要作用[2]。2015 年 7 月 4 日,经李克强总理签批,国务院印发《关于积极推进“互联网 +”行动的指导意见》(以下简称《指导意见》),这是推动互联网由消费领域向生产领域拓展,加速提升产业发展水平,增强各行业创新能力,构筑经济社会发展新优势和新动能的重要举措[3]。

2 “互联网 + 图书馆”的发展模式

伴随着物联网、大数据、云计算、RFID、VR 等现代信息技术的崛起和广泛运用到传统行业中,图书馆也参与了其中,提出创建“互联网 + 图书馆”的发展方向。所谓“互联网 + 图书馆”,就是以数字化、网络化、智能化等现代化信息技术为基础,以互联、高效、便利为主要特征,以读者为中心的本质的现代化图书馆。以读者服务为中心,通过各种技术手段和途径将图书馆资源融入读者的工作、学习和生活中,为读者提供个性化服务,使读者处于图书馆无处不在、无时不在的知识环境当中,随时随地从图书馆获取自己需要的信息资源,不受时间和空间的限制将是新时代图书馆建设的目标和宗旨。

3 “互联网 + 图书馆”在发展中的现状

3.1 移动资源建设的现状

据 2017 年 1 月中国互联网络信息中心(CNNIC)发布的第 39 次《中国互联网络发展状况统计报告》显示,截至 2016 年 12 月,我国手机网民规模达 6.95 亿,手机网民占比达 95.1%[4],移动设备已成为大众阅读的主要工具。随着互联网技术的不断变革,智能手机和其他移动终端设备的广泛应用对用户阅读习惯、资源获取方式产生了极大的冲击。据亚马逊联合新华网发布的“2016 全民阅读调查报告”显示,在受访者中读过电子书的比例高达 84%,比上一年提高了 6%[5]。可见,数字阅读的大众接受度也在不断提高。2017 年 4 月,李克强总理在国务院常务会议上指出:“一个国家养成全民阅读习惯非常重要,而这与公共图书馆普及密不可分。”[6]。可见,图书馆的移动化建设在全民化阅读推进中扮演着多么重要的角色,其中移动数字资源的质量、平台设施等对促进全民阅读的开展具有重要的战略意义。

上海图书馆从 2005 年开始移动数字资源建设,随后各地区省级馆也相继开展这一工作。总体上看,我国公共图书馆移动数字资源的建设已初步建设完成。除国家图书馆等少数图书馆实行全部移动数字资源对读者开放之外,绝大多数省级馆的移动数字资源仅向读者开放部分内容。我国公共图书馆移动数字资源建设的地区差异显著,东部地区各省级馆移动数字资源建设不仅建设时间早、持续时间长,而且建设的总体情况也是优于其他地区。

2008 年 12 月 22 日,国家图书馆推出移动服务“掌上国图”。“掌上国图”是指利用手机、平板电脑、手持阅读器等多种移动终端,通过通信运营商、WiFi 及互联网使用国家图书馆的服务和资源。目前,“掌上国图”可以提供的服务包括:手机短彩信服务、国家图书馆手机门户(http://wap.nlc.gov.cn)和应用程序,其应用程序的核心应用是数字图书馆移动阅读平台。

目前,国家图书馆数字图书馆移动阅读平台以服务和资源为两条主线,为读者提供使用国图服务、利用国图资源的便捷方式。该应用包括以下功能:①书目检索:应用支持关键词检索、条形码检索,可获得国图馆藏信息以及全国几十家图书馆馆藏信息,可以查看豆瓣网友的书评信息并能转到电子商务网站便捷购书;②二维 QR 码识别:识别 QR 码,识别文本、电话、邮件、国图讲座信息、vcard 名片等多种信息格式;③微阅书刊:内含国家图书馆馆藏图书资源与相关书评,读者可以随心阅读。应用引入多种手机电子期刊,国家图书馆用户登录后可在线阅读;④经典视听:选取优秀的"文津讲坛"资源,支持用户在线视听;⑤读者卡服务:应用向拥有国家图书馆读者卡的用户提供借阅信息查询、续借、预约等功能;⑥同步欣赏国图展览:在线观看国图最新在线展览;⑦发布图书馆相关讲座预告以及新闻动态;⑧通过手机进行表单、电话等多种方式咨询;⑨在线下载国家图书馆发布的所有应用[7]。

3.1.1　地区间建设不平衡,差异大

各地区经济发展的水平、个人的收入,对本地区图书馆建设移动数字资源的能力有很大程度的影响。一个地区经济发展的好,人民的受教育水平高,这个地区的移动资源建设就会比其他地方领先。

3.1.2　移动客户端有待完善

目前开发出的 App 包含的功能均有图书借阅、学术资源、文献检索等基本的图书馆服务,但在使用对象的分类方面,却很少有区分。比如,当前国家图书馆也并没有针对儿童或者残障人士专门的 App 客户端。

3.1.3　相关标准体系尚未成熟

数字图书馆标准规范体系架构是指导我国数字图书馆标准规范建设的顶层设计,是为适应我国数字图书馆发展需求而构建的体系框架,目的是从整体上系统地把握数字图书馆标准规范的涵盖内容,明确未来重点建设领域及标准的作用与发展方向[8]。数字图书馆信息组织规范标准化对于图书馆的数字化建设有着长远深厚的意义,能为民众提供更加便利更加优良的服务。20 年来,我国数字图书馆的发展取得了丰硕的成果,数字图书馆标准规范在向体系化方向发展的道路上迈出坚实的一步。但也存在诸如标准规范可操作性不强、不同系统间标准规范不统一、关键领域标准规范缺失等问题。

3.2　图书馆的跨界融合势在必行

当今世界,互联网融入社会各行各业之势愈发明显,极大地影响改变了人们的生活方式,"互联网 +"成为一种社会发展态势,用连接一切的方式改造着传统的产业生产模式。跨界融合是"互联网 +"的显著特征和出路,互联网的发展既为图书馆的发展带来了挑战同时也带来了新的机遇。图书馆要做好面对各类挑战的准备,百度、谷歌等强大的搜索引擎及信息平台,已然危及图书馆传统的文化服务核心地位,图书馆若还不能采取新的技术方法,把新的资源融合到自身的服务当中去,不能满足用户的需求和体验,必然会导致图书馆的客户群持续流失,甚至被抛弃。

3.3　图书馆工作人员专业素养有待提高

互联网时代中,公共图书馆面临着全面发展的新要求。在这场变革中,图书馆工作人员的作用始终无可替代。但要想在转型的关键时期有所作为,不管是在专业知识的储备、职业素养、专业技能上,还是资源的组织和管理能力上,对图书馆工作人员都提出了更高的要求。目前,我国公共图书馆的工作人员的专业素养还有待提高,专业技能的缺乏、服务意识淡薄等问题,极大影响了"互联网+"时代公共图书馆服务工作的质量。

4 "互联网+"模式下图书馆发展的建议对策

4.1 移动端资源建设的对策

4.1.1 整体全面建设,发展要均衡

要想解决移动数字资源建设均衡化的问题,政府应当在经济政策上给予大力扶持,各地区有关部门要极力配合,制定出切实有效的措施,在技术应用上、资源挖掘上、人员素养培训上都加大工作力度。先进的地区要帮助落后地区赶上建设的步伐,促使全国的移动资源建设齐头并进。

4.1.2 完善客户端设计,加强平台建设

我国国家图书馆及各省级图书馆中移动客户端的服务架构已经比较完善,接下来要更多地将精力用在资源更新、个性化资源开发中。比如针对少年儿童还有残障人士等特殊群体,要多开发适合他们使用的App,这不仅是全民阅读的社会责任,更是人文关怀的体现。在现有的技术平台上,明确资源建设的方向目标,进行相关的提升改造,为用户提供更方便、更全面、更精良的数字资源服务。

4.1.3 提出更权威全面的标准体系

从整个数字图书馆标准规范框架体系分析看,服务与管理方面的标准规范缺失较多。比如评估与统计规范、新媒体服务规范还有整合服务规范,这些都是比较薄弱的环节,应是未来建设的重点。

4.2 整合资源,加强融合,延伸服务范围

"互联网+"环境下图书馆的跨界融合指:在"互联网+"环境下,利用不断发展的科学技术,特别是网络信息技术、移动互联网等,实现图书馆与其他行业资源的互补共享、合作共建,进而实现人力资源、资本、信息、技术等要素的深度整合,最终达到图书馆为用户提供更加优质服务的目的。图书馆跨界融合本质是借助科技的力量,打破服务壁垒,最大限度地发挥自身功能,维护用户公平获取信息的权利。跨界融合是手段而非目的,决不能为了跨界而跨界,融合中需要确保图书馆自身的利益和服务的宗旨[9]。图书馆提供融合服务应关注以下几个方面。

4.2.1 图书馆之间建立联盟

为用户提供区域集群服务,即图书馆利用互联网将某一地区或某一单位的图书馆联合起来,共建区域集群服务平台。杭州万向职业技术学院图书馆加入了杭州图书馆服务体系,成为杭州图书馆——万向学院分馆。1996年,教育部开始实施"全国高等教育文献保障系统"(CALIS),并建立了以全国中心、地区中心和高校图书馆为核心要素的三级保障体系,这是关于我国图书馆信息资源共享的第一个较为完备的全国性解决方案。2002年,文化部开始实施"全国文化信息资源共享"工程,构建了一个由国家中心、省级分中心和县、乡、社区基层网点共同组成的联网服务体系。浙江图书馆公布了《开放融合,连接一切——浙江省公共图书馆"互联网+"行动计划》,通过流程重组、服务上线、跨界融合、数据共享和开拓创新等五个措施开展"互联网+图书馆"行动。

4.2.2 打造全媒体融合服务

全媒体融合图书馆服务就是将图书馆的数字资源融入所有的社交媒体中,利用各类社交媒体的黏着性和亲民性,提高馆藏资源的利用率以及资源受众的覆盖面。全媒体融合服务不仅能让用户利用社交媒体带来的方便,还能使其享受图书馆提供的信息知识服务。如今,越来越多的图书馆选择利用新媒体(微信,微博,二维码)做推广服务,同时利用自身开发的图书馆App进行服务的拓展。国家图书馆通过购买、自建、合作共享的方式,积累大量的数字资源,通过"国家数字图书馆"向公众提供数字化服务。2015年4月,上海图书馆的图书查询功能在微信和支付宝平台陆续上线,吸引了广大市民,市民的热情让图书馆真正体会到'互联网+'带来的巨大吸引力,"互联网+"结合"图书馆+"能让更多优质服务获得更大触及率。上海图书馆在两大平台还推出了一键续借、查找附近的图书馆、查询和预订图书馆活动、推荐电子书资源等功能。上海图书馆成为全国首家接入支付宝"城市服务"的公共图书馆。这样的例子在互联网时代比比皆是。图书馆要多发挥网络平台的宣传功效,让读者随时随地都能掌握图书馆的信息,以增强图书馆的社会功能,通过互联网访问将图书馆的服务延伸到社会生活的各个角落,成为现代人生活中必不可少的部分。

4.2.3 与文化休闲类机构融合,打造"第三空间"

近年来,图书馆+咖啡店,图书馆+花店等场所悄然出现,用户可以随时随地定位到喜欢的"咖啡图书馆"并查询里面的藏书信息。公共图书馆也可以尝试与其他文化休闲机构合作,以"第三空间"的身份,兼顾自身文化服务的核心功能以及为大众提供休闲服务的社会功能,打造图书馆服务新亮点。

4.3 加强人才队伍培养建设

归根结底,"互联网+"时代图书馆的建设还是要依靠图书馆工作人员,只有打造出一支综合素养高、专业技能水平过硬的队伍,才能为图书馆建设做好坚实的基础。

随着信息技术的快速发展,图书馆信息化程度不断提高,这就要求图书馆工作人员不仅要具备专业知识和技能,还要学习信息技术、数字化技术、多媒体技术等。图书馆要重视工作人员的培训学习,使图书馆工作人员及早掌握先进的网络知识和技能,以顺应时代要求,跟上"互联网+"步伐,为读者提供更优质的服务。

如今,我们已经越来越感受到互联网信息技术对传统各行各业带来的颠覆与变革,"互联网+"浪潮的兴起,给图书馆带来了前所未有的发展机遇,随之而来的也有各种挑战。图书馆应对自身的各项服务进行重新审视,利用"互联网+"技术,探索出更多的服务模式,充分挖掘自身优势,才能应对信息时代带来的冲击,使图书馆,在新的历史时期仍然能为广大人民群众提供更优质的服务。

参考文献

[1] 于扬:所有传统和服务应该被互联网改变[EB/OL].[2018-03-09].http://www.netofthings.cn/GuoNei/2016-03/7651.html.

[2] 中国有了"互联网+"计划[EB/OL].[2018-03-09].http://www.netofthings.cn/GuoNei/2015-03/5505.html.

[3] 互联网 +. [EB/OL]. [2018 - 03 - 09]. https://baike. baidu. com/item/% E4% BA% 92% E8% 81% 94% E7% BD% 91% 2B
[4] 第 39 次《中国互联网络发展状况统计报告》[EB/OL]. [2018 - 03 - 09]. http://www. cac. gov. cn/cnnic39/in-dex. html.
[5] 亚马逊中国发布《2016 全民阅读调查报告》[EB/OL]. [2018 - 03 - 09]. http://www. ccn. com. cn/344/570610. html.
[6] 李克强:一个国家养成全民阅读习惯很重要[EB/OL]. [2018 - 03 - 09]. http://www. mohrss. gov. cn/syrlzyhshbzb/dongtaixinwen/shizhengyaowen/201704/t20170424-269917. html.
[7] 周升川. 对国家图书馆移动终端应用的思考——基于中美图书馆 iPhone 客户端的功能对比[J]. 图书馆工作与研究,2016(6):43 - 47.
[8] 赵悦. 我国数字图书馆标准规范体系构建研究[J]. 数字图书馆论坛,2016(9):9 - 13.
[9] 司姣姣. 互联网 + 环境下图书馆跨界融合的实践与模式[J]. 图书情报工作,2017(20):87 - 96.

抗战时期国立北平图书馆的文献征辑活动

——以中日战事史料征辑会为例

刘　畅(展览部)

目前关于“中日战事史料征辑会”(下文简称“史料征辑会”)的研究仅限于几篇回忆性论文、国家图书馆馆史研究以及有关国立西南联合大学(下文简称“西南联大”)的史料中。主要相关著作有书目文献出版社于 1992 年出版的《北京图书馆馆史资料汇编(1909—1949)》,此书从馆史的角度出发,以时间为序将 1909—1949 年有关北京图书馆(现国家图书馆)历史的信件影印出版,其中对于史料征辑会的记述主要集中于该机构成立目的、史料征辑方式、组织机构、经费解决等问题。国家图书馆出版社于 2009 年出版了李致忠等人编写的《中国国家图书馆馆史资料长编(1909—2008)》(上)中,对史料征辑会的发起、运作进行了记述,同时有关史料征辑会的论文亦收录其中,其内容多参见《北京图书馆馆史资料汇编(1909—1949)》一书,对史料征辑会的内容多有补充。由北京大学、清华大学、南开大学以及云南师范大学于 1998 年主编的《国立西南联合大学史料(三)教学·科研卷》中,就史料征辑会的组织办法、双方职责、经费解决等八条办法做了原文出版。与史料征辑会相关的论文主要有当时国立北平图书馆(下文简称“北平图书馆”)的馆员戚志芬以史料征辑会参与者的角度对这一事件进行过较为详细的回忆性记述,参见论文《袁同礼先生与中日战争史料征辑会》(《国家图书馆学刊》1989 年第 1 期)及《战火中的抗日战争史料征辑委员会》(《百年潮》2011 年第 3 期)。宁波大学教授郑善庆《抗战时期史料文献征集编纂活动述要》〔《宁波大学学报(人文科学版)》2013 年第 3 期〕对中日战事史料征辑会的人员组成、机构运行、短期成果做了简要叙述。北京大学博士生吴文浩发表在《抗战史料研究》2016 年第 1 辑的《中日战事史料征辑会初探》,较为详细地叙述了史料征辑会的成立、工作成果、所面临的困境等。其他关于史料征辑会的研究零散分布于各类论文书籍中,对其暂不做描述。现有著作及论文中对于史料征辑会的成立背景、组织原则、经费运用等的叙述较为分散,且关于国立北平图书馆在史料征辑会中的作用以及对中共抗战史料征辑的前后历史事实等较少讨论。故撰此文进行论述,以展示图书馆人在抗战时期的文献搜访成就。

1 中日战事史料征辑会的成立背景

1937 年 7 月 7 日,卢沟桥事件爆发。8 月 28 日,国民政府教育部分别授函私立南开大学校长张伯苓、国立清华大学校长梅贻琦以及国立北京大学校长蒋梦麟,指定三人分任长沙临时大学筹备委员会委员,三校在长沙合并组成长沙临时大学,后迁至昆明,组建"国立西南联合大学"。在此期间,北平图书馆袁同礼副馆长于 7 月 31 日主持馆务会议,提出北平图书馆"要维持到底,不可瓦解",并于 8 月上旬南下长沙,与临时大学酝酿合组图书馆,解决南迁的高等院校并中央研究院等学术单位服务的问题[1]。当时,袁同礼副馆长以深远的战略眼光意识到搜集保存抗战史料的重要性,联合众多知名学者大声疾呼对抗战文献加以搜集整理。

> 抗日战争爆发后,院校匆匆南迁,袁先生也偕北图一部分同仁南下……在此期间,深感此次中国人民的抗日战争是我国反对帝国主义侵略空前伟大的民族解放战争。关于此次战争的文献,亟应及时搜集整理,加以保存,以备将来纂成专书,记录我中华民族此次伟大的奋斗经过。[2]327

早在史料征辑会成立之前,北平图书馆即在昆明成立"国立北平图书馆昆明办事处",此办事处的工作之一便是史料征辑。1938 年 3 月 11 日北平图书馆委员会在香港九龙柯思甸道蔡元培宅开会讨论留平业务与在滇临大有关工作,出席人员有蔡元培、任鸿隽、傅斯年、袁同礼、蒋梦麟,此次会议通过了《国立北平图书馆昆明办事处工作大纲》,其中就昆明办事处的采访工作给予规定:征购西南文献(包括各特种民族照片);传拓西南石刻;办理新书呈缴(包括期刊及舆图)及整理中文期刊;征购抗战史料;征购安南缅甸文献;征购西文书籍及整理西文期刊;征辑专门论文单行本;整理日报及舆图[3]550-551。1939 年,北平图书馆发布征辑抗战史料的启事时,也提到:"按此次对日抗战,为前古未有而意义重大之民族战争,又为我国救亡图存之关键。惟历史陈迹,最易汩没,其资料苟不加搜集,转瞬即逝。如甲午之役、淞沪之战,现存史料寥寥无多,即由于当时未加注意。今兹中华民族抗战之事迹,既系即可宝贵之史料,且可为后世之殷鉴,则其亟应从速搜集,加以整理,善为保存,传之方来,自不待言。"[3]326由此不难看出,筹建史料征辑会不仅是西南联合大学与北平图书馆共同创建的结果,同时这也是北平图书馆馆务的重要组成部分。

当时的西南联大与北平图书馆都已经意识到这批战事资料的珍贵性:"此次中日战事,其规模之广、意义之大,为我国历史中空前所未有;关于此次战事之文献,亟应搜集整理,加以保存,以备将来国史之采择,及战后研究政治经济社会各种问题者之参考。"[3]687此前国立北京大学历史系教授姚从吾在长沙临时大学时"深感对日抗战为民族发展史上一件大事,是关系生死存亡的长期战争",因而发起组织史料征辑会,开始征辑抗战史料,南迁昆明后,征辑会又与北平图书馆驻昆明办事处合作,继续并扩大搜集工作[4]。据冯友兰回忆,创立中日战事史料征辑会是姚从吾的主意,此建议得到冯友兰与袁同礼的支持。

中日战事史料征辑会于1939年开办至1946年,这个会的创办是姚从吾的主意。姚从吾……在联大任历史系教授。他同我说,他的最大志愿就是在抗战后写一部详细的抗战史……应该有一个机构收集史料。我同意他的意见。他又去同北平图书馆馆长袁同礼(引者注:袁同礼此时为副馆长)联系。袁也同意。我在联大常委会提出建议。常委会决定用联大的名义同北平图书馆合办"中日战事史料征辑会"。[5]

2 中日战事史料征辑会的组织运行

1938年8月,姚从吾在西南联合大学蒙自分校时就拟了一份《卢沟桥事变以来中日战争史料搜辑计划书》,北平图书馆与西南联大以此为指导,于1938年12月30日正式成立"中日战事史料征辑会"。袁同礼任史料征辑会的主席,冯友兰任副主席。征辑会正式开始工作的时间为1939年1月4日,经费由两机构分摊。初期参加史料会具体工作的有:万斯年(中文、日文采访),王育伊(中文资料整理工作),高亚伟(中文战事书籍提要),赵芳瑛(中文杂志索引),周正福(中文剪报),颜泽霭、刘金宝(西文采访和西文资料整理工作),王厚真(西文杂志索引)等[6]。从这份名单及任务分配中,我们可以获知,当时史料征辑会征辑资料的范围很广,中文、外文皆有,图书、杂志、日报、剪报等均有涉及。

为保证史料编纂工作的开展,史料征辑会特制定相关组织条例。《国立西南联合大学、国立北平图书馆合组中日战事史料征辑会办法》[7]中规定如下:

……

第二条　本会设立委员会主持会务,委员七人由两机构共同组织。

第三条　为办事便利起见,得设常务委员会,下设助理员分组办事。

第四条　关于中文及日文资料,由西南联大担任;关于欧美资料由北平图书馆担任。各立财产薄,分别登录。

第五条　关于征辑采访,由西南联大及北平图书馆分别办理。

第六条　关于整理编辑,由西南联大历史社会学系教授督同学生担任之。

第七条　除文具纸张家具由西南联大担任外,购置费暂定一万元,由西南联大与北平图书馆各认半数。

第八条　助理馆员之薪金由原派机关分别担任,遇必要时得接受其他机关之补助费。

在经费不足时,史料征辑会亦多方寻求资助。如,1939年6月3日管理中英庚款董事会同意补助中日战事史料经费[3]669。1939年10月3日,管理中英庚款董事会致函北平图书馆,补助一万元出版中日战事史料[3]693。当时征辑会还创办刊物《中日战事史料征辑会集刊》,总编辑姚从吾,副总编辑刘崇鋐。《中日战事史料征辑会集刊》是中日战事史料征辑会的会刊,由蒋梦麟题写刊名,于1940年6月出版第一期,但仅仅发行了1期,就因为经费困难而不再出版。

中日战事史料征辑会的工作任务主要有两项:征集与整编。北平图书馆负责采访、征辑和初步整理工作,西南联大负责整理、编纂工作。

以北平图书馆负采访搜集之责，西南联大负整理编纂之责。所集史料之性质，不仅限于战事，即政治社会经济交通教育各方面，亦均注意；采访之范围不限于本国，即敌国以及各中立国之出版品，凡与此次战争有关者，亦均搜集，以故本会工作。[3]687

北图还在沦陷区搜集敌伪资料。此项工作袁先生交给驻上海办事处的钱存训先生来做……奉命搜集日本和伪组织方面的刊物和文件，小至居住证、通行证、配给证、单、布告，以至中日文合刊的各级伪政府公报及地方报纸，都是在京沪两地搜集寄到香港办事处，再转送昆明。[6]61

本馆搜集抗战史料，尤注重小册子、私人稿件及一切临时文献，如传单、宣言者，悉以此类文献。[7]

这些资料大大丰富了抗战时期战事资料的种类。

中日战事史料征辑会的工作虽已有明确分工，但由于西南联大负责的整理编纂工作须待战争结束，各方面资料充实后，方能作有系统的撰述，当时只能做些准备工作。因此国立北平图书馆负责的搜集保存工作便成为史料征辑会前期工作的重点。由此可见国立北平图书馆在史料征集会中所起的重要作用。

3　中日战事史料征辑会与中国共产党

中日战事史料征辑会的工作也得到了中国共产党的支持。

1939 年 3 月，袁同礼致函周恩来，征辑解放区的抗战文献。3 月 16 日，第十八集团军重庆办事处周怡（中共重庆办事处通讯处处长）函复袁同礼：同礼先生：恩来同志因公赴前方，于月前即已离渝。……现除将先生大函留交恩来同志外，已函延安方面搜集有关抗战文献，直寄昆明。[3]679-680

1939 年 4 月 10 日，国民革命军第十八集团军驻陕办事处林伯渠致李乐知（即中科院前学术部委员李俨）转送国立北平图书馆联共历史等 50 册图书函（原件）：李乐知先生大鉴：径启者，国立北平图书馆前函索各种书籍由尊处代转，兹特送联共历史等共五十本，请查收并转为荷。[3]681-682

1939 年 7 月 17 日，国民革命军第十八集团军重庆办事处致北平图书馆馆长赠书函：“馆长先生，兹有周副部长（周恩来）交下书籍数十本，特函附上并附上书单一纸张，收到后希即赐复。今后尚有书继续寄上……”

附赠书清单

1.《什么是马克思主义》，列宁，中国出版社，28 年 4 月再版，1 册。

……

12.《毛泽东救国言论选集》，新华日报，1939 年出版，1 册。

……

25.《吴玉章抗战言论集》，中国出版社，1938 年，1 册。

……

27.《拂晓报》一份。

《捷报号外》一份。[2]325-326

《毛泽东救国言论选集》便是在这一时期被征辑到国家图书馆,成为国家图书馆抗战史料的重要馆藏。

与此同时北平图书馆积极与延安解放社、新华日报社、新华书店等中国共产党的文化机关取得联系并建立经常性的订购业务关系。

1939年2月21日,延安解放社致函北平图书馆昆明办事处寄赠文献:来函已收到,兹奉寄《共产国际七次决议》二册,至《解放周刊》,最好向重庆《新华日报》去要,因彼此负责翻印敝刊,地距较便故也。……延安解放社启,拟请文书组根据此函备文重庆新华日报馆,请补《解放》后列各期:1—39,41—42,47至最近,寄赠昆明办事处。并请以后源源惠赠,如有其他刊物见赠,尤所欢迎,该馆地址如右:重庆苍坪街69号。[3]677

1939年4月3日,延安新华书店致函北平图书馆,通知寄赠文献:兹按期寄奉《解放》《中华》《新华日报》各一份。[2]324

1939年4月3日及6月24日,解放社及新华书店致昆明办事处赠书函(原件),通知继续寄赠事宜:五月卅一日台函敬悉。所需本社出版图书,准照尊嘱,以后如有出版,已开赠户,当不断寄来。本社所处西北高原,诸多不便,谒盼时予以指教并帮助,谨此简复,致抗礼。[2]691

从现有资料看,史料征辑会对中共战事史料的征集工作主要集中在1939年至1940年,双方之间的往来信函较多,涉及的书籍、报刊等史料也十分丰富。但1940年后,双方之间的互动很少甚至没有,所见资料中仅有1941年10月28日的时候,延安新华书店依然与战事史料征辑会有往来,并询问更为详细的通讯地址[3]734。1942年3月2日,新华日报复函北平图书馆:

大函已悉一切。所云补寄《解放》,查该报三期均已无存,未便照办。赠阅一节,因该刊系新知书店翻印,务祈与该书店函给为荷。该店地点:重庆武库街100号二楼。[2]329

这是仅有的1940年后,双方互动的资料。推其原因是因为1940年10月19日"皖南事变"爆发,国共第二次合作关系破裂。在这样的形势下,由国民政府支持的史料征辑会对中共抗战史料的征辑工作自然受到很大影响。虽然现有资料无法查询到较为详细的资料,但我们从史料征辑会从中共处所征辑的资料次数、资料数量等,可以窥见一斑。另据《中日战事史料征辑会报告》,"皖南事变"恰好是史料征辑会对中共征辑抗战史料的一个分水岭。

在社会政治形势不断变化以及战火纷飞的抗日战争这一艰苦时期,史料征辑会的全体成员经过艰苦卓绝的努力,将中共早期革命文献和抗战文献征辑、编纂、保存下来,并公开入藏北平图书馆实属不易,这批文献为后来的学者了解当时社会现状、研究中日战争提供了难得的丰富资料。

4　中日战事史料征辑会的成果及历史意义

中日战事史料征辑会的征辑、编撰工作成绩显著，为后人留下了宝贵的资料。正如姚从吾所认为的“将此日我国民为国家民族抗战图存所留之记载及时征辑，整理保存，以为后来治国史者之采用，固书生应尽之责也”[8]。可见征辑战事史料是书生应尽之责，也是当时的文人学者爱国救国的一种表现。

据统计，仅昆明部分，入藏有中文书 518 种（约 6000 册），小册子 400 册，杂志 2350（此系连同已停刊者在内，现仍有出版者 485 种），报纸 169 种；日文书籍 520 册，杂志 120 种，报纸 8 种；西文书籍 1922 册，杂志 373 种，报纸 49 种。整理工作，已编就者有各战区资料长编 14 种，《抗战书目提要》1 种（由中国文化服务社印行）。此外集有抗战论文索引 3 万余条，分类剪贴报纸 50 大箱，辑录欧美论中国之各种论文数百篇[9]。1940 年 1 月 6 日，在中日战事史料征辑会成立一周年之际，该会在昆明举行抗战史料展览，“将有关抗战书籍、杂志、报章、图画、照片、地图、统计图表、信札、日记、布告、报告以及各种宣传品全数陈列，以供展览”[10]。

史料征辑会的图书资料托运是和西南联大的图书仪器一起由昆明运抵平津的，到 1947 年夏始陆续运回平馆。当时这些史料存北海静心斋，派专人管理，并继续征辑。1948 年 5 月 16 日，在北海静心斋举办抗战史料展览。……此项史料为国内仅有之一部，展览对各次战役及游击战等珍贵重要史料均已陈列，展览充分展示出八年艰苦努力结出的累累硕果[6]77。

中日战事史料征辑会是在抗日战争这一极其艰难的时期，中国的文化机构、文人、学者为民族、为国家保留战事史料而创办，其宗旨便是为国家存史料，为后世治史者提供可借鉴、参考的战事资料。这批战事史料是由专门的工作人员搜集整理而成，且受到当时的学者刘崇鋐、陈寅恪、钱端升、傅斯年以及顾颉刚等人的指导，因而这批资料的文献价值、史料价值、版本价值甚至经济价值极高。国立北平图书馆作为当时重要的文化机构肩负搜访战事史料文献的重任，上至馆长下至馆员，皆任劳任怨、排除万难，最终不辱使命、不负众望。这不仅是一批珍贵的文献资料，更是一笔宝贵的精神财富。这批战事史料是中国近代化历程中不可或缺的重要组成部分，正因为有了这批资料才让我们后人更全面地了解中国抗日战争的真实情况，以史为鉴，从而为中华民族的前进提供充足的经验与教训，实现中华民族的伟大复兴之梦。

参考文献

[1] 李以娣. 蔡元培关于北平图书馆南下问题的两封信[G]//国家图书馆 105 周年馆庆纪念编委会. 记忆国图. 北京：国家图书馆出版社，2014：33.
[2] 李致忠. 中国国家图书馆馆史资料长编（1909—2008）[M]. 北京：国家图书馆出版社，2009.
[3] 北京图书馆业务研究委员会. 北京图书馆馆史资料汇编（1909—1949）[M]. 北京：书目文献出版社，1992.
[4] 王德毅. 姚从吾先生年谱[M]. 台北：新文丰出版股份有限公司，2000：30－31.
[5] 冯友兰. 我在西南联大所犯罪行的补充交代（1968 年 5 月 29 日）[G]//蔡仲德. 冯友兰先生年谱长编（上）. 北京. 中华书局，2014：285－286.
[6] 戚志芬. 袁同礼与中日战争史料征辑会[J]. 北京图书馆通讯，1989（1）.
[7] 北京大学. 国立西南联合大学史料 3：教学、科研卷[M]. 昆明：云南教育出版社，1998：719－720.
[8] 姚从吾. 提议从速编纂抗战史以重战时文献案[J]. 中日战事史料征辑会集刊，1940（1）：35.
[9] 戚志芬. 袁同礼与中日战事史料征辑会[G]//北京图书馆业务研究委员会. 北京图书馆馆史资料汇编

(1909—1949):下,北京:国家图书馆出版社,2009:326.
[10] 中日战事史料会定期举行抗战史料展览[J].中华图书馆协会会报,1940(14):29.

融合创新　继往开来

——中国图书馆中博物馆的发展之路

全凤燕(展览部)

图书馆与博物馆是文化事业的两个重要机构。二者自诞生起,便有紧密的联系。世界上最早的图书馆出现于古巴比伦或古埃及。公元前37年,罗马的第一座公共图书馆对外开放。语源学意义上的博物馆指向神庙,至迟在公元前3世纪,出现了亚历山大图书馆,这被视为最早的博物馆,带有一定图书馆的公共属性。

1　北平图书馆与中国博物馆协会的诞生

中国最早的博物馆组织——中国博物馆协会的建立也与北平图书馆有紧密的联系。1934年,时任北平图书馆副馆长的袁同礼作为中国代表出席国际博物馆协会会议,归国后提议组建中国博物馆协会。同年,袁同礼与故宫博物院院长马衡、中央博物院筹备处主任傅斯年以及朱启钤、叶恭绰、张元济、卢作孚等68人共同发起倡议,筹备成立中国博物馆协会,会址暂设北平陟山门大街三号原清朝稽查内务府御史衙门。1935年5月18日,中国博物馆协会成立于北平景山绮望楼。1935年5月28日,执行委员会会议抽签,决定各执行委员任期。会议选举马衡为主席,袁同礼为书记兼会计,钱桐、李书华、翁文灏、李济和胡先骕为常务委员。北平学术群体给予中国博物馆协会筹备工作强有力的支持。北平图书馆不仅是协会主要的发起者,也是贡献最大的机构之一。率先成为个人永久会员的是马衡和袁同礼,首批机关会员则是故宫博物院和北平图书馆。此外,向达、刘节、赵万里、徐鸿宝、贺昌群等6位北平图书馆员工也成为中国博物馆协会会员。在1936年举办的第一次年会中,袁同礼和马衡分别代表中国图书馆协会和中国博物馆协会做总结汇报。在中国博物馆行业最初的发展过程中,北平图书馆起到了至关重要的推动作用。袁同礼不仅对中国博物馆协会的成立厥功甚伟,对展览工作的人才培养也极为支持。他推荐大批青年赴美国、加拿大学习图书馆学和博物馆学。其时国内各公私图书馆、博物馆单位负责人,多出其门。

2　民国时期中国的图书馆与博物馆

图书馆与博物馆在国内的发展大抵经历了相互影响、相互借鉴的历程。回顾中国的图书馆事业,便会发现早期的中国图书馆与博物馆之间具有密不可分的联系。

2.1 北平图书馆的展览

中国近代的图书馆和博物馆都是受“西学东渐”的影响而产生的。中国近代图书馆基本是按照西方图书馆的体制建立的。早在1912年，京师图书馆就开展过图书类的展览。其时，清翰林院所存《永乐大典》残本，由北洋政府国务院交由京师图书馆储藏。《永乐大典》到馆后，京师图书馆就举办了《永乐大典》展览。1924年，京师图书馆奉教育部令应中华教育改进社邀请，将馆藏珍品数十件送南京“全国教育展览会”展出。1925年，京师图书馆将部分馆藏图书拿到北京中央公园进行展览，其中不乏宋元善本。在1929年北洋政府教育部核准的《国立北平图书馆组织大纲》中，已经将陈列展览作为重要内容列入图书馆职责当中。此后的几年，每逢国庆日北平图书馆都举办图书展览会，并出版展品目录。1931年北平图书馆除展示馆藏以外，还向傅沅叔、朱翼庵、周叔弢、邢赞庭、朱逿先、郑西谛、孙伯桓等藏书家借展。展览所得收入五百元用于江淮地区水灾救助当中，并于当年出版筹赈水灾图书展览会目录作为纪念。

据相关统计，仅1929年至1936年，国立北平图书馆就举办展览14个。此后，又筹办“英国印刷珍本图书展”“五四史料展”等展览。展览不仅数量多，而且主题丰富。既有对馆藏的宣传和推广，也有对新技术引进和答谢性质的展览，可谓多种多样。北平图书馆在当时已经具备展览职能，并且具备承办展览的能力。从博物馆的职能定义上看，传统意义上博物馆的收藏、研究、教育、展示等职能在北平图书馆均得到体现。

2.2 其他图书馆的展览业务

不仅北平图书馆为中国博物馆事业做出贡献，民国时期的其他图书馆也已经逐渐将展览纳入到日常业务中。在具有业界指导作用的《图书馆行政》一书中，明确将图书展览会作为图书馆的宣传手段。此外，书中还将展览进行分类，一为实物类，旨在培养读者兴趣；二为教育类，带有教育或广告性质。同时还对展品选择列出七点原则，将展品按照不同内容分为三大类。整体上看，对展览主题、展品确认、展品类型和形式进行分析和说明，图书馆内展览几乎已经形成固定流程，反映了图书馆人丰富的展览经验。如河南图书馆在1914年增设了金石陈列馆和标本陈列馆，重视省内各地碑碣拓片及书版的收藏。

3 1949—1978年图书馆的展览工作

3.1 北京图书馆的展览工作

1949年后，中国图书馆事业发展进入了新的阶段。北京图书馆的展览工作有了长足的进步。如1950年为配合“反对美帝侵略台湾朝鲜运动”举办的展览中，展出资料215件、杂志书报24种88件，地图4件，开展14天，观众达5887人；与北京苏联对外文化协会举办的苏联版画展，共计展出130余件版画。1954年举办列宁逝世三十周年纪念展览。1955年，“第一个五年计划”图片图书展等。1975年，举办“中国古代科技文献”展。1976年，举办了“北京地区农业书刊资料”展览。1977年，举办了“敬爱的周总理永远活在我们心中”图片文献展览和“纪念伟大领袖和导师毛主席逝世一周年”图片文献展览。这些展览都取得了巨大的成功，其成功经验使得各地图书馆纷纷前来学习效仿。

从举办展览的目的来看，这一时期北京图书馆举办的这些展览大部分是作为读者服务的拓展项目进行的。观众通过展览了解馆藏文献，同时展览也是图书馆自身宣传的重要手段。这一时期展出的文献包括唐以前写本、宋元刻本等珍贵善本，还有古器物拓本、舆图等，充分体现了北平图书馆的丰富馆藏。同时也举办有对新购西夏文图书、天一阁藏书等进行介绍的展览。此外，北平图书馆还与其他单位合作，共同参加世界博览会图书馆展览、现代工业展览会等，积极扩大北平图书馆的国际影响力。展览主题也向多元化发展。

3.2 其他图书馆的展览情况

这一时期全国其他公共图书馆也积极举办展览活动。广东省立图书馆举办了“鸦片战争以来史料”展览。辽西省立图书馆向东北文物管理处申请调拨新石器时代石锛、石镰等文物，举办“新石器时代社会生活”展览。江苏省立图书馆联合苏州新华书店及东吴大学，共同举办图书文物联合展览会，培养人们对读书的兴趣。河南省图书馆举办庆祝“五一”劳动节、“六一”儿童节、“七一”党的诞生等大、小型展览多次。这一时期的展览多归类于读者活动，展览政治性较强，通常配合图书阅览活动开展。

4 改革开放时期的图书馆展览工作

4.1 北京图书馆举办的展览

改革开放后，中国图书馆事业经历了大发展时期。1980 年，举办中国图书馆学会出版物展、“安娜·路易斯·斯特朗逝世十周年”图书图片展、“纪念中国伟大的文学家蒲松龄诞生340 周年”图片展。1981 年，为庆祝鲁迅一百周年诞辰，与版本图书馆、文物出版社和鲁迅博物馆联合举办鲁迅著作版本展。1982 年，与中国科技情报研究所、劳动人民文化宫、北京市环保所在劳动人民文化宫联合举办环境保护书刊资料展。1983 年，与中共中央马恩列斯著作编译局、中央档案馆、中国革命博物馆联合举办“马克思生平事迹和马克思、恩格斯著作在中国”展览。这一年，还派员赴德国参观法兰克福书展。1984 年，北京图书馆与中国科技情报研究所等单位联合在北京劳动人民文化宫举办新技术情报图书资料展。1985 年，与文化部图书馆事业管理局、中国图书馆学会和中国民族图书馆联合举办全国图书馆设备用品展览订货会、在香港展览中心举办“中国古代书史”展览。这一时期北京图书馆的展览主题主要可以归纳为以下几类：①人物类，如马克思、恩格斯生平事迹及著作展；②新书或专题类图书推介展，如中国图书馆协会出版物展；③馆藏古代文献类，如中国古代书史展。

1987 年，北京图书馆新馆建成，一个现代化的展览厅和一批专门设计制作的展具投入使用，并明文规定北京图书馆的十项具体工作任务之一便是“通过举办图书馆展览、学术讲座等方式，向人民群众宣传马列主义、毛泽东思想，交流科学研究经验，传播科学文化知识”。北京图书馆相继举办“巴金文学创作生涯六十年”展、软科学图书资料展、澳大利亚历史图片展、“冰心文学创作生涯七十年”展、罗马尼亚现代图书展、“纪念郑振铎诞辰 90 周年”展等。这一时期的展览主题可分为人物系列展、新书或专题类图书推介展、古代典籍展等，举办结合馆藏文献，对与北京图书馆相关的重要人物及其贡献宣传的进行展览是这一时期的新特点。

4.2 其他图书馆的展览事业

十一届三中全会以来我国图书馆事业发展取得了巨大的成就。大部分图书馆的面积有所扩大，北京图书馆、上海图书馆已成为国际上为数不多的超大型图书馆，为海内外所瞩目。新的图书馆不断被建立。这一时期国内图书馆举办了大量展览。1978 年，首都图书馆与中国图书进出口公司等单位联合举办港台科技图书展。1980 年，辽宁省图书馆举办了刘少奇同志生平著述展，展出图书、报刊、照片、资料等 200 余种(份)。1981 年，天津市人民图书馆与天津艺术博物馆联合举办周叔弢、张叔诚捐献文物、图书展，共展出文物、图书 1717 件。1987 年，常熟图书馆举办常熟作者著作展，展出图书 300 余册。展览的主题主要可以分为人物展、新文献入藏展、名人藏书展等。已经出现了结合地方特色的展览，如常熟籍作者著作展。

4.3 新时代图书馆与博物馆的融合创新

2012 年 7 月，中央机构编制委员会办公室批准正式挂牌成立国家典籍博物馆。国家典籍博物馆建筑总面积 11 549 平方米，共 10 个展厅。作为国内首家图书馆中的博物馆，国家典籍博物馆为公众提供了更广阔的参观空间、更好的休闲场所和更佳的博物馆体验。2014 年，国家典籍博物馆正式对公众开放，开馆首展"国家图书馆馆藏精品大展"，全面生动地呈现中华民族多元丰富的书籍文化以及国家图书馆丰富的馆藏。凭借丰富的馆藏资源和特色，典籍博物馆在众多博物馆中脱颖而出。

此后利用国家图书馆丰富的馆藏资源和独特的典籍特色，典籍博物馆以名家手稿的长期陈列为基础，连续举办"传承文明　服务社会——全国图书馆文献缩微工作成果展""我们的文字""国家图书馆馆藏传统楹联文献展""正定历史文化展""中国百年童书展""珍贵古籍雕版特展""中国古琴文化大展""从莎士比亚到福尔摩斯：大英图书馆的珍宝"等展览。这些展览突破原有的人物、新入藏典籍的限制，在展览主题上更加丰富多元。2015 年，典籍博物馆举办了"甲骨文记忆展"。展览荣获 2015 年全国十大精品展，这是博物馆行业的最高荣誉。这些展览不仅能促进中华民族优秀传统文化的传承和弘扬，也是国家图书馆坚定文化自信，推动社会主义文化繁荣兴盛的重要举措。

国家典籍博物馆成立后，各省典籍博物馆相继成立。2017 年 9 月 28 日，作为吉林省典籍博物馆的首展"墨雅余香　纸润流芳——吉林省图书馆藏珍籍展"在吉林省图书馆拉开帷幕，标志着吉林省典籍博物馆正式落成并对外开放。2017 年 12 月 26 日，湖北典籍博物馆正式建成开馆，"荆楚宝典——湖北省图书馆馆藏珍贵古籍展"同时开展。这些博物馆不仅薪火相传，也不断与时俱进、推陈出新。越来越多的图书馆逐渐走向专业化的展示和研究道路，去实践"推动中华文明创造性转化和创新性发展，激活其生命力，把跨越时空、超越国度、富有永恒魅力、具有当代价值的文化精神弘扬起来，让收藏在博物馆里的文物、陈列在广阔大地上的遗产、书写在古籍里的文字都活起来，让中华文明同世界各国人民创造的丰富多彩的文明一道，为人类提供正确的精神指引和强大的精神动力"的历史使命。

参考文献

[1] 吴慰慈. 图书馆学基础[M]. 北京：高等教育出版社，2017：127.

[2] 徐坚. 名山：作为思想史的早期中国博物馆史[M]. 北京：科学出版社，2016：127.

[3] 王致翔. 国家图书馆早期(1929—1936)举办的文献展览[J]. 国家图书馆学刊，2005(2)：78 – 82.

[4] 苏全有，程华. 河南图书馆百年史稿[M]. 北京：线装书局，2012：7.

[5] 图书馆博物馆报道[J]. 文物参考资料，1950(7)：42.

[6] 广东省立图书馆举办鸦片战争以来史料展览[J]. 文物参考资料,1950(7):24.
[7] 李致忠. 中国国家图书馆百年纪事[M]. 北京:国家图书馆出版社,2009:80 - 97.
[8] 王致翔. 北京图书馆展览工作浅析[J]. 北京图书馆馆刊,1995,1(2):13.
[9] 李向东,曹培根. 常熟图书馆史[M]. 南京:江苏凤凰教育出版社,2015:151 - 178.

新时代下图书馆发展模式研究

刘婧怡(后勤服务管理中心)

1 图书馆发展研究综述

随着信息技术的快速发展,互联网深入到各行各业,高新科技充斥在社会生活的方方面面。新技术的发展在改变我们生活的同时也对图书馆行业产生着巨大的影响。近几年,对图书馆在新时期如何发展的研究越来越多,为图书馆迎接新时代的机遇与挑战奠定了理论基础。本文从图书馆对信息技术融合和新形式探索两方面进行研究。

在图书馆与信息技术发展融合方面,魏大威等在《万物互联背景下我国公共图书馆新业态发展思考》中指出公共图书馆发展的新特点,构建公共图书馆新业态需做到五项工作:构建数字图书馆一体化网络、建设标准化图书馆业务系统、丰富公共图书馆服务内容、创新公共图书馆服务形式、营造公共图书馆发展良好氛围。对万物互联背景下公共图书馆发展的要求做出三方面的改进:公共图书馆需提升理念、转变模式、创新服务[1]。张芳宁、陈鹰在《图书馆全媒体融合服务的路径和动因》中分析了全媒体发展特征和图书馆新媒体服务趋势,归纳出全媒体融合服务的创新路径,提出融合服务已由多网络、多终端并存向更为集成、融合演进的关键时点,并提出数字化 + 物联网 + 云计算的发展趋势是融合服务的主要动因[2]。张松鸽在《"互联网 + 图书馆"融合的信息资源微服务研究》总结了图书馆依托互联网提供微服务的意义并对图书馆开展微服务提出了几点策略,根据用户的需求,把用户体验做到极致,以推动"互联网 + 图书馆"信息资源微服务的创新发展[3]。张兴旺在《当图书馆遇上"互联网 +"》中介绍了"互联网 +"的起源、发展历程与基本概念,再结合图书馆管理与服务实际,提出图书馆、"互联网 +"的概念,并对其六种基本特征及发展过程中存在的四个主要问题进行了分析,最后,就图书馆如何应对"互联网 +"带来的挑战进行了分析,提出了图书馆"互联网 +"应对方法、实施原则及其创新发展的对策建议[4]。

在图书馆新形式探索方面,王焕景,隋欣欣在《媒介融合视角下真人图书馆形态创新探析》中对从真人图书馆到新媒介出现后真人图书馆的形式与特征进行分析。并在信息与知识的主流载体从纸质形式向数字化形式转化的过程中进行分析。最终验证时代的变化影响着图书馆的变革与发展[5]。周天旻、杨庆书在《试论真人图书馆与传统图书馆服务模式的融合与创新发展》中指出真人图书馆面对面互动交流的服务理念与模式是对传统图书馆服务方式的一种补充和延伸。将传统图书馆服务模式、数字图书馆服务模式和真人图书馆有机融合,能够促进图书馆服务多样化发展，促使读者深度阅读，促进隐性知识和显性知识的相互传递和转化，有利于拓宽图书馆阅读推广服务的领域[6]。

全媒体时代和互联网时代的到来创造出了新的发展领域，给图书馆的工作带来新的启示、创新与改变，图书馆应在新与旧的接触融合中探索出新模式，以适应新时代的步伐。本文对新时代图书馆与技术的融合以及图书馆的新发展形式进行研究，阐述图书馆应与时俱进探索属于图书馆的发展道路。

2 图书馆与新技术的融合

2.1 图书馆全媒体融合服务

图书馆全媒体融合服务是指在信息传播网络融合环境下，传统文献与数字文献深度融合产生的服务。将传统纸质文献与数字资源文献进行有效结合，通过数字化、多媒体处理形成一个全新的可以进行共享的资源，方便读者通过互联网等平台和微信、微博等多种移动客户端获取相同或者不同的信息资源内容。

全媒体时代，数字互联网的频繁应用，使得读者获取信息资源的方式和途径发生着不断地变化，同时阅读方式也不再局限于纸质文献和图书馆提供的数字资源。全媒体时代下，读者希望能够高效、便捷地获取信息资源，获取方式也更加个性化，读者喜欢在互联网上进行信息资源的互动，这就要求图书馆不仅能够提供全方位、多元化、便捷的服务，还要提供共享、互动的信息服务，以及更加人性化、个性化的定制资源提供服务。正是在这种背景下催生出了图书馆全媒体融合服务。

2.2 "互联网+"图书馆

2.2.1 数字图书馆

数字图书馆，是利用数字技术存储和处理各种图文文献的图书馆，它的本质是一种多媒体制作的分布式信息系统。它把各种不同载体、不同地理位置、不同记载形式的信息资源用互联网等技术存储起来，以便于不同区域，不同阅读对象通过网络进行查询与传播。数字图书馆就像是一个跨越时间、空间的一种没有限制的虚拟图书馆，是在新时代全媒体、"互联网+"环境下建立的可共建可共享的知识网络扩展系统，它不仅可以实现智能检索的无缝衔接，而且不受时间和空间的限制，是一种分布式的大规模的知识中心。

2.2.2 图书馆微服务

图书馆微服务是指图书馆以用户为中心(包括以用户为信息接收中心和以用户为信息扩散中心)，依托各种全媒体信息技术，通过便捷的移动通信设备，为用户提供图文并茂的细致化的、个性化的全方位的服务[7]。图书馆微服务摒弃以往"大而空泛"的服务方式，根据读者对阅读的个性化需求，走拉进与用户之间的距离，为用户提供个性化服务。

2.3 新时代图书馆之间的融合

图书馆之间不仅要广泛合作，更需要图书馆与各行各业之间进行广泛的合作，通过政策导向，激励多方参与，创新新读者服务，通过馆内和馆外、国内和国外的联合，实现资源共享，使各个图书馆能够进行相互学习取长补短形成良性互动。在新时代下图书馆之间的合作融合变得更加紧密,互联网带给了图书馆资源融合的便利条件,新时代下运输、信息技术的快速发展同时也创造了图书馆资源交换的快捷渠道。这使得天南海北的图书馆可以紧密地结合在一起,资源的交流互换使各地的读者受益。

在新时代下阅读可以不受时间、空间的限制,获取知识、传播知识的方式、渠道也变得灵活多样,图书馆利用高新技术通过网络可以链接各种移动终端,为读者提供多元化、个性化的服务,以满足不同读者对知识、资源的各种需求,并建立"互联网+"的阅读服务格局。这使得现今微服务在图书馆对读者服务方面得到了积极的推动和发展。数字图书馆融合微服务平台的思想在这样的背景之下一定能够为图书馆迎接新时代下的挑战奠定基础与保障,同时也为图书馆的不断进步做出更大的贡献[8]。新时代下传统图书馆的服务也得到了积极的发展,图书馆之间的交流合作变得紧密,这不光能使图书馆之间的资源可以通过线上进行交流互换,同时也可以通过线下进行传播推广。新技术与传统的融合打开了图书馆发展的新篇章。

3 新时代下图书馆发展形式探索

3.1 虚拟现实技术+图书馆

虚拟现实技术(VirtualReality,简称 VR),是通过计算机技术与 VR 设备,充分调动人的视觉、听觉甚至触觉等感官,构建出一种多源信息融合的、交互式的三维动态视景和实体行为的系统,用以创建和体验虚拟世界。虚拟现实技术具有沉浸性、交互性和构想性的特点,所以 VR 可以为读者创建出一个全新的虚拟世界,注重读者的沉浸体验。VR 与众不同的特点是创造出一个虚幻的环境,可以带给读者身临其境的沉浸感和虚拟世界的趣味性[9]。虚拟现实技术的发展为真人图书馆的空间再造、信息呈现提供了技术创新支持。

真人图书馆(Living Library)是一种阅读理念,通过读者"借"一个活生生的人交谈,获得更多知识的活动,理念源于丹麦哥本哈根。真人图书馆作为图书馆的一种形式,必然要承担图书馆应有的使命,即让读者获取自己需要的知识、资料,同时还可以拉近人与人之间、人与知识之间跨越时间与空间的距离,还可以增强人们之间的互信和安全感,这也是以前纸质图书所不能给予读者最直接感受的一种全新阅读体验。

VR 式真人图书馆是在真人图书馆活动中应用虚拟现实技术(VR)进行的真人图书馆活动。斯坦福大学教授杰里米·拜伦森(Jeremy Bailenson)认为,利用 VR 技术可以创造一个虚拟的"你",它可以具备现实生活中"你"的特点并对"你"的行为进行优化,从而呈现出一个优化过的"你"的形象,完善现实中的"你",甚至会超越现实中的"你",目的在于更容易让人接受[10]。VR 式真人图书馆通过采用虚拟现实设备可以创造出一部"真人"图书,通过设备进一步改良优化真人的形象和行为,进一步拉近读者与图书的距离感,使读者有种在书中遨游与书中人物近距离接触的身临其境的感受,就像在现实世界里和"图书"说话一样,距离的拉近和对虚拟世界的好奇,可以使读者更愿意接受了解真人图书,使读者可以近距离地与图书交流互动,使阅读效率变得更为有效。

VR 式真人图书馆可以把真人图书的相关介绍、主要经历和真人图像呈现在读者眼前,VR 式真人图书馆主要是建立真人图书的虚拟模型,把将真人图书提前录制好的视频、音频、图像或者通过计算机技术设计出的虚拟真人图书等信息添加到模型中,这样读者在参与 VR 式真人图书馆活动时,只需要一套 VR 设备,就可以进入已经营造好的虚拟环境中。读者在阅读真人图书与真人图书交流时仿佛真人图书就在自己身边一样，此时会有种穿越时空亲身经历一般的真实感。

VR 式真人图书馆可以把已经录制做好的音频、视频等予以保存并且可以反复使用，使读者可以多次体验相同的场景，也减少了真人图书的工作量，VR 式真人图书馆意在打造一个虚拟逼真的阅读环境，是通过人机交互的方式使读者在虚拟的环境下沉浸在阅读中，这种虚拟环境的体验容易让读者产生好奇、探索的兴趣，并且愿意沉浸其中，享受 VR 式真人图书馆带来的乐趣，使读者接受并且喜欢上这种全新的阅读体验方式。

3.2 增强现实技术 + 图书馆

增强现实技术（Augmented Reality，简称 AR），是一种实时地计算摄影机影像的位置及角度并加上相应图像的技术，这种技术的目标是在屏幕上把虚拟世界套在现实世界并进行互动。AR 是将虚拟环境中的景象与真实生活中的场景相融汇[11]。AR 强调的是增加读者在虚拟环境中的真实感觉，其目的是实现用户与虚拟世界的无缝连接。

将 AR 技术与真人图书馆相结合，把视频、音频、图像等多种媒体与真实图书馆相结合的方式，用以丰富图书馆人与人之间的交流活动，增强真人图书馆虚拟环境的拟人感，从而使读者与真人图书的交流打破了时间空间的界限，实现了跨越时空的融合。AR 式真人图书馆意在将虚拟阅读环境与真实生活场景相融合，是使读者感觉自己和机器在现实的生活中交谈，读者在 AR 式真人图书馆中阅读，就像在自己熟悉的环境中阅读一样，而不只是单纯的营造自己熟悉的场景，AR 的形式更真实，没有了机器干扰会让读者觉得更舒服、更贴近现实。

读者在纸质文献中汲取的精华，在数字图书馆获取的电子资源、在微服务中获取的网络资源，再通过 VR 和 AR 创造出的真人图书馆，将这些资源与新技术相融合，可以补充传统纸质文献和数字图书馆、微服务所欠缺的部分，这些新技术、新平台和传统资源相互挖掘各自的潜能并进行融合，并随着图书馆的创新和变革，相信在未来的图书馆中，各种新平台与新技术之间的融合会更加频繁、更加紧凑，与传统图书馆服务的边界会逐步消弭，渐渐呈现出一个数字化、多元化、服务化的新图书馆读者服务形式。

将拉近人与人距离的真人图书馆与当下最先进的 VR、AR 技术相融合，必将会打开连接真实与虚拟的大门，发现意想不到的新世界，这种方式一定会吸引更多读者前去探索。

图书馆是知识与文化的中心，是传承人类文化精华的重要平台。中华民族是一个具有悠久文明、文化、历史的民族，我们的文化传统需要我们一代代人弘扬、传播下去，图书馆作为传播文化的平台，更应肩负起历史赋予的使命，做好传播、传承文化的媒介和渠道。近几年通过大数据分析发现，读者对图书馆的需求发生了变化。新时代读者获取信息消息的渠道、选择变得多样化，获取资源的要求也更加个性化。促使读者对信息的个性化需求越来越感兴趣，这种兴趣增长给图书馆读者服务带来了巨大的挑战，使图书馆开始探索多渠道、多样化、更便捷的阅读新形式[12]。当下移动客户端、互联网、人工智能等新一代信息技术层出不穷地出现在我们面前，并改变着我们的工作和生活方式之时，图书馆应当顺应时代潮流，以新理念加强图书馆队伍建设，主动顺应新时代社会信息化的深入持续发展，不断满足广大读者更加个性化、精准化和便捷化的服务需求。做好传统与现代的融合，搭建新形式与旧方法的连接平台，构建现实与虚拟的通道，探索新时代图书馆的新形式，为强化读者服务、增强读者阅读体验，努力创建与时俱进、日新月异的图书馆。

参考文献

[1] 魏大威,李春明,温泉,等. 万物互联背景下我国公共图书馆新业态发展思考[J]. 中国图书馆学报,2014(6):22-32.

[2] 张芳宁,陈鹰. 图书馆全媒体融合服务的路径和动因[J]. 图书与情报,2012(3):76-79.

[3] 张松鸽. "互联网+图书馆"融合的信息资源微服务研究[J]. 创新科技,2017(2):79-81.

[4] 张兴旺,李晨晖. 当图书馆遇上"互联网+"[J]. 图书与情报,2015(4):63-70.

[5] 王焕景,隋欣欣. 媒介融合视角下真人图书馆形态创新探析[J]. 图书馆学研究,2017(23):11-14.

[6] 周天旻,杨庆书. 试论真人图书馆与传统图书馆服务模式的融合与创新发展[J]. 图书馆工作与研究,2016(243):101-115.

[7] 刘丽萍,庞彩云. 图书馆微服务研究[J]. 图书馆建设,2013(4):60-63.

[8] 何芳,臧英杰. "互联网+图书馆"融合的信息资源微服务初探[J]. 中小企业管理与科技,2016(1):263-264.

[9] 曹娟,赵旭阳,米文鹏,等. 浅析虚拟现实技术[J]. 计算机与网络,2011(10):65-66.

[10] 拜伦森. The BIG Talk:"虚拟现实"时代已经到来[EB/OL]. [2017-08-01]. http://www.iqiyi.com/v_19rrmtvx88.html.

[11] 李震,李艳诚. 图书馆应用移动增强现实技术(AR)探究[J]. 图书馆学研究,2014(21):17-21.

[12] 吴鸣谦,韩跃杰. 大数据时代的图书馆用户服务创新[J]. 技术与创新管理,2014(5):427.

旧方志中人物传记资料的整理和数字化现状

于春媚(国家图书馆出版社)

1 人物传记是重要的社科文献资料

人物传记是历史的镜子。历史人物的传记可以生动、形象地反映传主所处历史与时代的面貌,再现人类社会生活的丰富多彩。人物研究是社会科学研究中最基本、最重要的环节,是历史研究乃至整个社会科学研究的基础和关节点。钱穆先生认为:"中国一向以人物为历史中心。"章学诚在《文史通义校注》中认为:"传状志述,一人之史也;家乘谱牒,一家之史也;部府县志,一国之史也;统记一朝,天下之史也。"核心思想即人物传记与构成中华历史大厦的三大支柱——家谱、方志、正史一脉相承,甚至这三者正是以人物之史为联系的关节点。因此,人物研究不仅本身具有重要性,与社科领域中其他研究亦有着广泛的关联性。了解历史人物传记,对于人们认识历史、认识家史、认识自身,进而认识当下,有着不可忽视的现实意义。

2 人物传记资料的整理(以国家图书馆出版社为例)

据统计,二十四史和《清史稿》中的人物,约有2.3万人,这个数量,和漫长的中国历史进程出现的人物相比，只占据非常少的一部分，大量的历史人物资料则需要在方志和家谱中寻找。在地方志中，“人物志”都放在了重要位置上，不仅占据了大量的篇幅，而且人物的分类也特别详细。方志人物门类大致包括：各类人物传记，一般分名宦、乡贤、乡宦、仕进、孝友、节烈、耆旧、寿民、方伎、流寓、列女等；各种表志，如职官表、选举表等；另有金石、艺文类中的墓志、碑铭、传诔、去思录等。方志人物传记的基本特点，是所收人物大大超过了正史的范围，多为一些名不见经传的地方名贤，且方志对人物的叙述一般没有限制，内容比较详尽，记载十分丰富，有着正史人物传记所不能比拟的优势。在上述浩如烟海的典籍中，如何将这些人物史料一一整合，编织出一幅立体的人物图像，历来是学术研究和文献整理方面的难点所在。历史上对于人物传记资料的整理，一直以来都在延续。特别是近代，研究者利用编制人物传记索引、人名词典、各种丛书等方法，梳理了大量历史人物资料，为相关研究带来了极大的方便。进入现代，计算机技术的发展，又使这些文献整理的成果扩大化，为学术研究和文献整理加工带来更为快捷方便的应用。

对这一部分文献的专题整理，首推国家图书馆出版社（原北京图书馆出版社）从 2001 年开始出版的“历代地方志人物传记资料丛刊”（以下简称《丛刊》）系列影印图书。该丛书历时 16 年，近期终于按全国 7 个行政区划出齐，分别是西北卷、东北卷、华北卷、华东卷（分上下编）、西南卷、华南卷和中南卷。《丛刊》收录上述门类中的人物传记资料，时限上远及上古，下迄民国；在范围上，无论帝王将相、三教九流，无所不包；其中还穿插着不少当时的编纂者（多为历史文化名人）所做的按语。《丛刊》共计 586 册，收录方志 3000 多种，参考的方志多达 6000 多种，涉及人物估计在 60 万以上，卷帙浩大。然为检索方便，丛刊每卷均编有总目，每一册编有细目。为保证编目质量，还组织专家为每卷编制《人物姓名拼音索引》和《人物姓名笔画索引》（绝大多数只有姓氏的“列女”除外），与每册细目相互补充，以目录统类、以索引统人，构成相对完整、极其方便的人物传记资料检索系统（后三卷因出版较晚，索引编制尚未完成）。

除此之外，该社还根据朱士嘉先生的《宋元方志传记索引》，从现存宋元方志中辑录出有关人物传记资料汇编为一书，为《宋元方志人物传记资料丛刊》（全 10 册）。该书收录 33 种宋元方志的人物 3949 人，是发挥图书馆优势，“按图索骥”搜集原文而成。原始资源与索引相得益彰，极大地增加了使用者的便利。

3 索引编制：人物传记资料数字化的先导

对方志人物的整理，编制索引是一个传统而有效的方法。方志人物索引的编制大体分为四类，如 1939 年江苏省立图书馆曹允源编制的《吴县列传人名索引》，可能是我国最早的方志人物传记索引，收录 5000 余人，是单种志的人物索引。还有的方志人物索引是区域性的，如《山西通志人物传记索引》《东北方志人物传记资料索引》《北京天津地方志人物传记索引》《广西方志传记人名索引》等。另外，台湾地区编制了《中日现藏三百种明代地方志传记索引》，与《宋元方志传记索引》一样，是以方志年代为限的，与此类似的还有《天一阁明代方志选刊》所编的“人物资料人名索引”。而《中国地方志宋代人物资料索引》则又是一种新的类型，从历代方志中择取某一朝代人物。收录了《宋元方志丛书》《天一阁藏明代方志选刊》《天一阁藏明代方志选刊续编》《日本藏中国罕见地方志丛刊》四套地方志中 320 种地方志的宋代人物资料信息 100 044 条。另外，日本也编制有一些中国地方志人物索引，还有一些方志人物索引为 60、70 年代内部刊物，现在较难见到。

索引的编制对于人们查找方志中的人物起到了积极作用,同时也存在着一些问题。首先,索引的编制都是与一定范围的原始文献配合使用的。如果使用者想查找某个人物的具体信息,必须翻查原始文献。然而上述索引只提供线索,还需要使用者自行搜寻原始文献,不够便捷。其次,因为人工索引的工作量巨大、工作程序复杂,纸质方志人物传记资料索引,检索点主要是人物姓名,少数有籍贯、字、号,只有个别的有生卒年和类目,检索途径较为单一。这样就十分不便于使用者分门别类或多字段地查找。第三,近年来方志全文数字化的不断推进,也从客观上减弱了方志索引的功能,这使得方志人物索引的编制工作越来越少出现新作。

另一方面,由于地方志卷帙浩繁,数字化成本非常高昂,全文化程度并不高。近年来大规模的方志数字化主要有:国家图书馆将馆藏方志中的6000种进行了数字化,但仅可从局域网访问,外网阅览有页数限制。稽古轩数字公司制作的商业数据库《中国数字方志库》,据介绍收录12 000种不同版本方志(含山水志),并完成了其中几千种方志的全文化。但该库售价高昂,也未能普惠学林。其实,即便将现存方志全部实现全文化,也无法解决人物搜索的知识服务问题。因为古代人物称谓极其复杂,一个人除了姓名外,还有以字、号、谥号、诨号、室名、官名、排行等称谓的,还有简称、敬称,加之人物关系等对称谓的干扰等,从全文化的历史资料中查找方志人物的全部信息也会有很多疏漏。因此将要全面整理方志人物,或者检索某一个人物在方志中记载的全面情况,还需要专门的方志人物传记知识库产品的出现。

4　人物传记资料数字化范例:“中国历史人物传记资源库”

“中国历史人物传记资源库”是国家图书馆出版社的数字出版产品,历经3年完成。资源库的文献来源以国家图书馆的馆藏为主,以其他图书馆的馆藏为补充,库中文献标引基础主要是国家图书馆出版社几十年来对历史人物传记资源的持续整理形成的核心数据,同时吸收近现代以来历史人物传记资料的索引整理和数字化成果,如哈佛燕京引得编纂处的人物传记引得、北京大学数据分析中心人物传记知识服务系统等。“中国历史人物传记资源库”是目前世界范围内涵盖中国古代人物数量最多的数据库,达到50万人以上。收集历代人物资料近万种,扫描图300多万张,资源容量达到2.5TB以上。资源内容涵盖中国历史上人物传记的完整脉络,从正史、别史到地方志,从总传、别传到文集中的传记篇章,从年谱、家谱到日记、手札,从纪传体例到表册名录,从书册到金石碑传,举凡人物传记资料,都予收录,使传主资料呈现立体化、全面化。详见图1。

图1　中国历史人物传记资源库

笔者作为该库的主要建设参与者,希望能分享一下该库中方志人物数字化的情况。该库对方志人物的数字化有如下几点值得注意:

4.1 方志人物是资源库主体

资源库50多万人中,约有40多万人来自于方志中人物。国图社出版的《宋元方志传记资料丛刊》及《地方志人物传记资料丛刊》系列中的"华北卷""东北卷""西北卷""华东卷"已入资源库;"西南卷""中南卷""华南卷"人物资料尚未入库,入库后预计方志人物将达到60—70万人。此外,出版社还计划将近年出版的"著名图书馆藏稀见方志系列"丛书中的方志人物传记进行整理,届时,库中方志人物将得到更为全面的补充。可以说,从该库目前所收的史、志、传文献看(库中2000多种家谱人物信息尚未细化到人,仅到姓氏籍贯),方志人物在库中占到四分之三强的数量,十分可观。详见表1。

表1 资源库分类数据

资源类别	资源数量
正史类(二十四史、清史稿)	3765卷23 394人
编年类(《资治通鉴》)	294卷35 096人
别史类	29 699人
年谱类	1578种1178人
家谱类	2394种
方志类	1432种440 597人
总传类	108 371人
别传类	2063人
杂传类	2164人
表册类	12 323人
金石(碑传)类	5647人
目录类	30 975人
文学类	32 739人

4.2 资源库以人物为坐标,通过对人物信息深度标引,可以整合人物所有传记原始文献

该库以历史人物为坐标,不仅可查找某人在何地方志中有记载,还能延伸阅读此人在其他文献中的传记资料。其中重要历史人物均有小传及人物关系、作品篇目等,每种传记资料都可看到原始文献。通过这样的整合,某一人物的各种传记资料可以得到全方位呈现,使研究者的资料占有更为翔实,便捷,大大节省查找资料的时间。详见图2、图3。

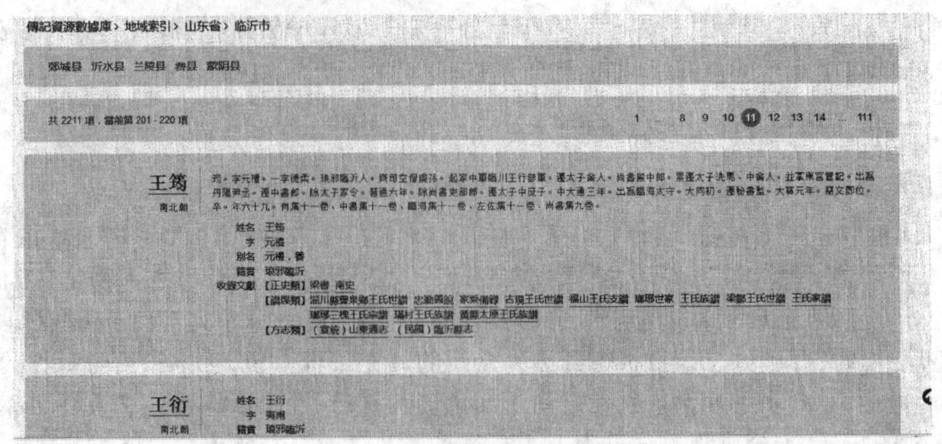

图 2　人物信息检索结果

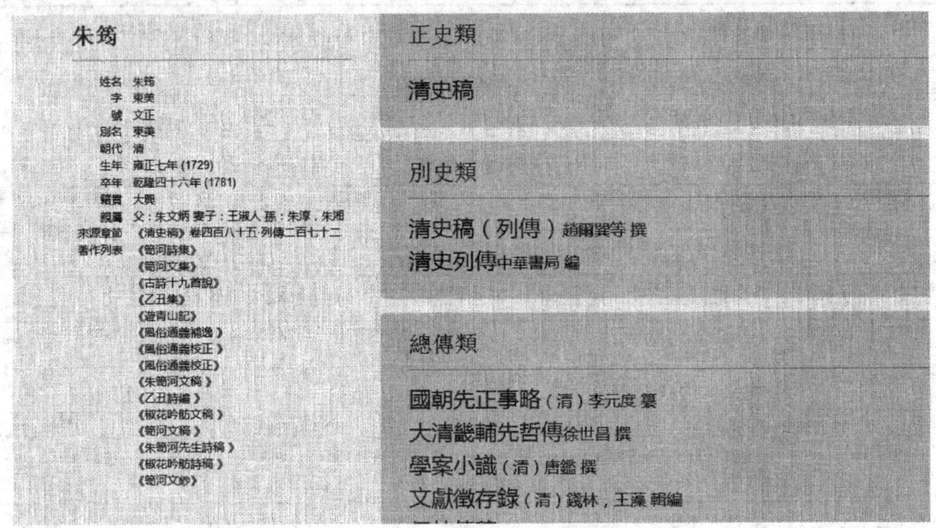

图 3　文献资源检索结果

4.3　支持同一人物的异称归集，可在姓氏、时间和地域上进行关联性检索

资源库同姓名人物的标引区分，将某人异称统一于小传文献，在检索中支持体现。同时支持历史与地域的对应，以现代省市县三级区划对应不同历史时期地理称谓。可将人物检索与籍贯（地域）、时代一一对应，具有一定知识服务功能。可单独抽取某一地区、某一时代、某一姓氏人物。同一个人很可能出现在不同方志的不同类目中；同一地区不同时期对某一个人记载的不同，也可以体现出方志纂修过程中的因循承递关系与人物评价的异同。详见图 4。

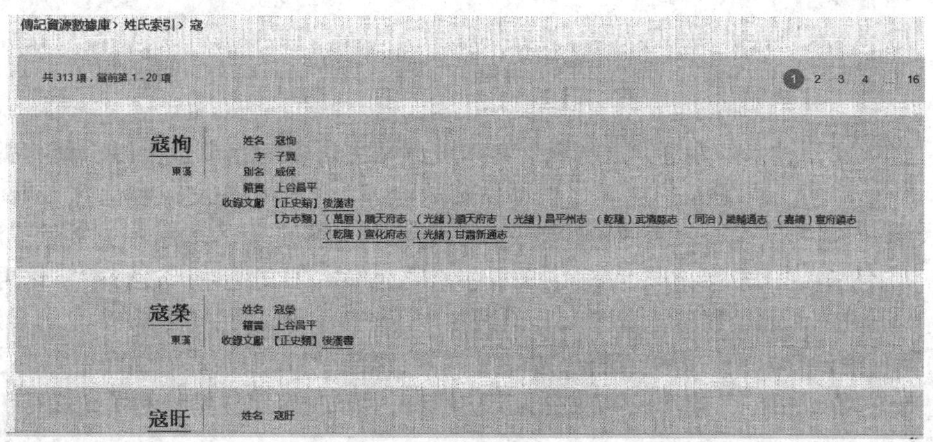

图4　姓氏索引检索结果

4.4　界面友好，功能全面；不断更新，后续可期

除人物检索等核心功能外，资源库还辅以时代转换、诗文反查、康熙字典等工具，支持超大字符集和简繁通检，支持生僻字的显示、古今地名对照和个人数据管理等其他功能。针对一些方志页面人物姓名众多，为便于使用者查找，还对检索人物进行了高亮坐标设置。详见图5。

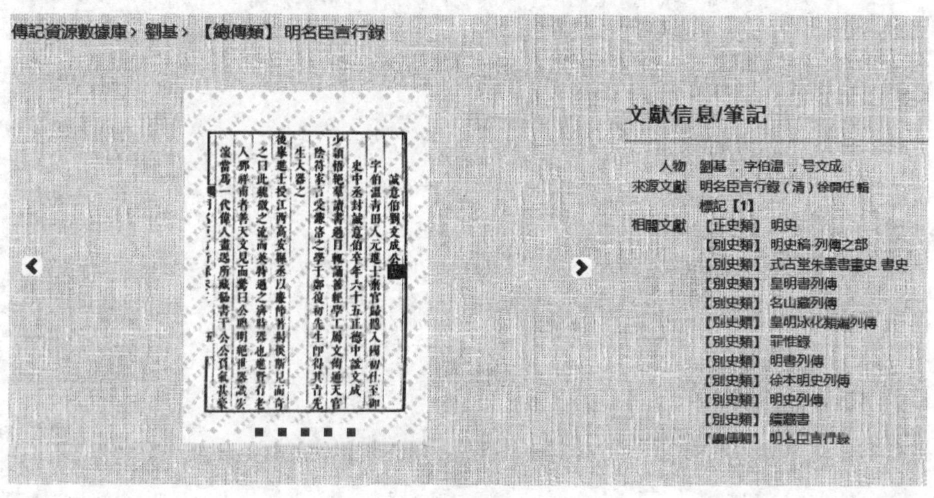

图5　文献信息显示页面

出版社承诺将以一年不少于5万人或2000种文献的速度递增资源；目前入库方志只有不到2000种，还有近四分之三的志书人物传记没有入库。之前一些地区方志人物索引的成果也并未进入资源库，这主要是源于索引没有资源匹配的问题，相信这些问题都可以通过方志数字化的进程不断加快得到解决。这都是我们未来建设内容的重要目标。我们还将对人物信息进行进一步标引，除年代、籍贯外，设置身份、类别等人物标签，以便于检索利用。部分重要文献将逐步开通全文检索功能。

5 展望

综上，随着科学技术的发展，今天，我们终于可以站在历史的制高点上以一种前所未有的方法重构古代历史人物，为人们获取知识提供新的途径。人物历史文献和地理文献、名物文献、事件文献等知识库，结合汉语语料和语义网的建设将构成庞大的国家历史文献资源平台，这是古籍数字化整理的发展方向，同时也是从国家层面对本国文化遗产进行数字化再生性保护的方向。旧方志中的人物传记资源和其他人物传记资源一样，是中华传统文化的宝贵财富。人物历史资料中含有丰富的历史人物事迹以及民族、家族、姓氏源流，人们可以通过这些史料追寻祖先遗迹，探寻中华民族形成与发展的历史轨迹，对于凝聚民族精神和发扬优秀传统文化将产生积极的作用。